図説 子ども事典

- 第1章　生活
- 第2章　文化
- 第3章　環境
- 第4章　福祉
- 第5章　教育

[責任編集]
谷田貝公昭

一藝社

まえがき

　保育・教育とは、被教育者としての子どもを、望ましい方向に向かって変容させていくことをねらいとしている。したがって、子どもを保育・教育する者にとって、彼らそのものを理解することが、その出発点となる。子どもを理解することなしには、いくら努力しても、彼らの保育・教育の十分な効果をあげることを期待することはできないのである。保育・教育は子どもを理解することから始まり、かつ終わるということができるであろう。

　フランスの教育思想家ルソー（Rousseau, Jean-Jacques　1712 ～ 1778）は名著『エミール』の序文で、「おとなは子どもというものをまるで知らない」と述べているが、今日でも多くのおとなは子どもについての情報を備えているとはいいがたい。たしかに、児童心理学その他保育・教育関係の諸科学は近年、長足の進歩を示した。しかし、子どもが何を求めているのか、といったことについて、科学は人間を無理解にしてしまったかのように思われる。

　われわれは、保育・教育の主体が子どもそのものであることの認識を新たにしなければならない。このゆえに、子どもの成長・発達の過程について十分に理解し、その発達段階の実態を確実に把握することが、保育・教育にとっての出発点となることを再認識する必要があろう。

　そこで、子どもの置かれている状況を様々な側面から幅広く把握し、それらの資料をありのままの図や表にして視覚的に提示したものが本事典である。

　前著『図解子ども事典』を刊行してから、15年が経過している現在、子どもと「生活」「文化」「環境」「福祉」「教育」との関係も大きく変化してきている。そこで構成は前書に倣い、内容を全面的に見直すことにした。
① 　各章とも編者が中心となって、できる限り最も新しい資料を収集すべく努力した。
② 　普遍的なもの、古典的なものについては年代にこだわらないで取り上げた。
③ 　各章の初めに総説として、その章の統括あるいは特徴を記した。
④ 　図表は各章100点計500点を収集し、そのすべてに簡単なコメントをつけた。

　本書が子ども理解の一助となれば望外の喜びとするところである。さらによりよいものにしていくために、諸方からの批判叱正を賜れば幸甚である。

　また、本事典編集作業をしていくなかで、当初より第2章でいろいろご教示下さった元・横浜女子短期大学今井田道子教授に記してお礼申し上げる。最後に本書の出版企画にあたって、全面的に協力推進していただいた一藝社の菊池公男会長、小野道子社長、そして面倒な編集作業を担当してくれた川田直美さんに深甚の謝意を表したい。

　　　　　　　　　　　　　令和元年夏　　目白大学名誉教授　谷田貝公昭

図説子ども事典・もくじ

まえがき	3
索引	15

第1章　生　活

[総説]　18

第1節　発達

(1) 子ども観の変遷・子どもの歴史
　①～④　19

(2) 主要な発達の原理　23

(3) 発達期と発達段階　24

(4) ハヴィガーストの発達課題　25

(5) スキャモンの発達曲線　26

(6) 乳歯・永久歯の生歯の時期　27

(7) 運動の発達の順序　28

(8) ハイハイが可能になる順序　29

(9) 乳幼児の手（手の労働）の発達
　段階　30

(10) 愛着の発達　32

(11) ブリッジスによる情緒の分化　33

(12) 社会的生活能力検査　34

(13) パーテンらによる遊びの型における
　年齢的変化　36

(14) コールバーグの道徳性の発達
　段階　37

(15) 乳幼児（男子・女子）体重および
　身長の比較　38

(16) 幼・小・中・高の身長・体重・座高
　の平均値の推移　39

(17) 一般調査による乳幼児の運動
　機能通過率と言語機能通過率　40

(18) 幼児の身長体重曲線（男女）　42

(19) 児童・生徒・青少年の体力・運動
　能力（平成11・27年度、男女）
　および新体力テスト合計点　44

(20) 低出生体重児の出生割合の推移　45

第2節　病気

(1) 肥満・痩身傾向児の出現率の
　推移　46

(2) 裸眼視力1.0未満の者の推移
　および割合の推移　49

(3) 学校種別ぜん息者の推移　51

(4) むし歯（う歯）の者の割合の推移　52

(5) 3歳児におけるアレルギー疾患
　の罹患率状況の推移　53

(6) 年齢層別アレルギー性鼻炎有病率　55

(7) 気管支ぜん息の発作程度の見
　分け方　56

(8) 各アレルギー疾患の有病者数・
　有病率　57

(9) アナフィラキシー症状をきたした
　児童生徒を発見した時の対応　58

(10) 食物アレルギーの原因食品と
　診断を受けている人数に対する
　割合　59

(11) 食物アレルギーにより引き起こ
　される症状　60

第3節　事故

(1) 年齢階級別、不慮の事故の死
　因別死亡数の推移　61

(2) 場所別、転落・転倒の事例数　63

(3) 転倒・転落、家の居室以外に関
　する事例数、および家の外に関
　する事例数　64

(4) 0歳児の死因順位別死亡率の比較　66

(5) 1～4歳児の死因順位別死亡率
　の比較　67

第4節　しつけ

(1) しつけや教育の情報源　68

(2) しつけや教育の情報源
　（母親の年代区分別）　69

(3) 家庭教育の中で伝えていること
　（学校段階別）　70

(4) 家庭での約束やルールがある
　割合（学校段階別）　71

(5) 家庭の教育方針（経年比較、
　学校段階別）　72

(6) 家庭と学校の役割分担（経年

比較) 73

（7）子どもまたは親子についてのことわざ・言い伝えとその対訳 74

（8）子どもが最も好きなお手伝い、親が子どもに最も手伝わせたいこと、親が子どもに最もお願いする手伝い 75

第5節　子育て

（1）離乳食の開始時期と完了時期 76

（2）離乳食について困ったこと 77

（3）幼児期の親子の関わりと子育て意識の関係 78

（4）ほしい子どもの人数（5カ国比較） 79

（5）予防接種スケジュール 80

（6）子どもが将来その職業に就きたい理由と保護者が子どもに将来就いてほしい職の状況 81

（7）父親自身の育児に対する評価と配偶者からの評価意識 82

（8）対象の子どもの出産・育児のための休暇取得状況と時期 83

（9）育児休業を利用しなかった理由（父親・経年比較） 84

（10）妻の就労意向について 85

（11）妊娠・出産前後に退職した理由 86

（12）子育てで力を入れていること 87

（13）母親の子育て観 88

（14）夫婦の家事・子育て分担（2015年） 89

（15）子どもの面倒を見てくれる人（年齢別、就園状況別、経年比較） 90

（16）父母と子どもたちの会話時間 91

（17）幼稚園・保育園への要望（経年比較） 92

（18）絵本や本の読み聞かせの頻度と子どもが1人で絵本や本を読む（見る）頻度（小1） 93

（19）夫の休日の家事・育児時間別にみた第2子以降の出生の状況 94

（20）夫（有業者）の育児行動者率と平均時間の推移 95

（21）6歳未満の子どもを持つ夫婦の家事・育児関連時間（1日当たり・国際比較） 97

（22）平日子どもと一緒に過ごす時間（父親） 98

（23）現在の家事・育児へのかかわり（父親） 99

（24）子育てや自分の生活で不安なこと 100

（25）子育てでどのようなことで悩んでいるか 101

（26）子育ての不安要素 102

（27）理想の子ども数を持たない理由（妻の年齢別） 103

第6節　生活技術

（1）箸・鉛筆が正しく持てる・使える割合、ナイフで鉛筆が削れる割合 104

（2）幼児・小学生の箸の持ち方・使い方、鉛筆の持ち方・使い方 105

（3）幼児・小学生の親世代の箸の持ち方・使い方、幼児・小学生の親世代の鉛筆の持ち方・使い方 106

（4）手指の巧緻性―折り紙・おはじき・お手玉・定規での線引き、および自立比較 107

（5）足指の巧緻性 109

第7節　生活習慣

（1）「おはしを使って食事をする」の達成率 110

（2）「おむつをしないで寝る」の達成率 111

（3）3歳児におけるトイレットトレーニングに関する発達 112

（4）子どもの平日の就寝時間の変化 113

（5）子どもの平日の就寝時間別にみた朝食の有無の状況 114

（6）小中高校生の朝食をとらない理由 115

（7）朝食摂取状況と「ルールを守って行動する」こととの関係（中高生） 116

（8）現在子どもの食事について困っていること 117

（9）子どもの共食（朝食・夕食）の状況 118

（10）社会経済的要因と主要食物の摂取頻度 119

（11）	基本的生活習慣の自立の標準年齢	122
（12）	就寝時刻の分配—S11 年とH15 年の比較—	124
（13）	排便習慣と子どもの起床時刻	125
（14）	学校でうんちをしたくなった時、我慢することはありますか	127
（15）	子どもの食・生活習慣と便秘の関係性	128
（16）	生活習慣	129
（17）	肥満度別　保護者の子どもの体格に関する認識	130
（18）	1 日に平均で体を動かしている時間（2～6 歳児）	131
（19）	就寝・起床の平均時刻	132
（20）	小・中・高校生の平均睡眠時間	133
（21）	外での遊び・スポーツの時間	134
（22）	平日、幼稚園・保育園以外で一緒に遊ぶ人	135
（23）	園での子どもの遊び込む経験、および遊び込む経験別子どもの「学びに向かう力」	136
（24）	沖縄の幼児の生活習慣	137

第 2 章　文　化

［総説］		140

第 1 節　読書・絵本

（1）	学習指導要領における読書指導内容	141
（2）	学習指導要領における読むことの言語活動例	142
（3）	前言語期のコミュニケーションの発達のめやす	143
（4）	幼児期の言葉の発達のめやす	144
（5）	全体・絵本の種類別所有割合	145
（6）	絵本に内在する機能：人を経由した流れ図	146
（7）	累計 200 万部以上を発行した絵本ランキング	147
（8）	最近 1 ヶ月に読んだ本の冊数	148
（9）	最近 1 ヶ月に読んだ本の冊数（授業や宿題とは関係なく自分から読んだ本のみ）	149
（10）	これまでの読書習慣についての認識	150

（11）	読む本の分野	151
（12）	読む本の分野（マンガやアニメ等に関連する本）	152
（13）	何のために本を読むかの認識	153
（14）	本を読むきっかけになっていると思うこと	154
（15）	現在本をあまり読まない理由	155
（16）	本を読むことについてこれまでに影響を受けたと思うこと（小学生、複数回答）	156
（17）	本を読むことについてこれまでに影響を受けたと思うこと（中学生、複数回答）	157
（18）	本を読むことについてこれまでに影響を受けたと思うこと（高校生、複数回答）	158
（19）	2018 年 5 月 1 ヶ月に読んだ本（男子）	159
（20）	2018 年 5 月 1 ヶ月に読んだ本（女子）	161
（21）	少年向けコミックスの発行部数（2018．10～12）	163
（22）	少女向けコミックスの発行部数（2018．10～12）	164
（23）	スマホやタブレットなどを使って読書をしたことがあるか	165
（24）	紙の本とスマホやタブレット、どちらが読みやすいか	166

第 2 節　遊び

（1）	遊びの配分	167
（2）	遊びの古典理論	168
（3）	遊びの近代・現代理論	170
（4）	遊びの分類表	173
（5）	社会的見地から見た遊びの分類	174
（6）	興味の変化による遊びの発達	175
（7）	よくする遊び（経年比較）	176
（8）	友だちと外で遊ぶ頻度（幼稚園）（保育園）	177
（9）	小学生の外遊びの時間（平日・休日）	179
（10）	子どもの普段遊んでいる場所／（親が）子どもの頃遊んでいた場所	180
（11）	小中学生の遊びの内容 TOP5	181

（12）	好きな外遊び（小学生）	182
（13）	子どもと一緒にすること	183
（14）	学校の授業以外で子ども（小中学生）が時間を使っていることTOP5	184
（15）	友だちと遊ぶときの人数（小学生）	185
（16）	どこの友人が最も多いですか	186
（17）	今の子どものスポーツや外遊びの環境の変化および変化したところ	187
（18）	最も思い出に残っている遊び（昭和生まれ、平成生まれ）上位10位	189

第3節　音楽・表現

（1）	これからは心の豊かさか、まだ物の豊かさか（時系列）	190
（2）	文化芸術振興による効果	191
（3）	子どもの文化芸術体験で重要なこと	192
（4）	子どもの文化芸術体験の効果	193
（5）	子どもに芸術文化を実際に生で体験する機会を与えたいと思いますか	194
（6）	お子さんに経験する機会を与えたい芸術文化のジャンルはどれですか	195
（7）	この一年間で、お子さんに実際にそういった機会を与えましたか？	196
（8）	子どもが家庭で親しむ楽器	197
（9）	お子さんは、どんな音楽の楽しみ方をしていますか？お子さんに、どんな音楽体験をさせたいですか？	198
（10）	子どもが生きていくうえで、どんな力が必要だと思いますか	199
（11）	コミュニケーションを育てる科目	200
（12）	心の豊かさを育てる科目	201
（13）	子どもが音楽を聴くときに使用する機器	202
（14）	子どもの絵の発達段階	203
（15）	絵画表現発達段階区分比較表	204

第4節　メディア

（1）	子どもの1週間のメディア活用状況（テレビ番組）	206
（2）	子どもの1週間のメディア活用状況（ビデオ・DVD）	207
（3）	子どもの1週間のメディア活用状況（タブレット端末）	208
（4）	子どもの1週間のメディア活用状況（スマートフォン）	209
（5）	スマートフォンを使い始めた時期（子どもの年齢別、2013年、同2017年）	210
（6）	メディアを使い始めた時期（子どもの年齢別、2017年）	212
（7）	携帯電話、スマートフォン、タブレット端末、パソコンで子どもにさせること（2017年）	214
（8）	NHK・民放でよく見られている番組（年齢別、放送時間10分以上）	215
（9）	家庭内で自由に使える通信機器（小学生）	216
（10）	通信機器の利用目的・時間（小学生）	217
（11）	閲覧する動画のジャンル（小学生）	218
（12）	新しく買いたいもの	219
（13）	SNSの印象	220
（14）	メディアの信頼性について	221
（15）	家庭内で自由に使える通信機器（高校生）	222
（16）	通信機器の利用目的と費やす時間（高校生）	223
（17）	テレビを見る時間／日	224

第5節　玩具

（1）	子どもの遊びの発達と玩具	225
（2）	子どもの発達に合わせたおもちゃのめやす	228
（3）	玩具市場規模とゲームソフト売上高	229
（4）	玩具の国内市場規模	230
（5）	おもちゃの歴史（明治から昭和）	231
（6）	おもちゃの歴史（平成）	232
（7）	好きなキャラクターランキング	233

（8）　好きなキャラクターランキング
　　　（男女別・年齢別）　　　　　　234
（9）　最も好きなキャラクターのために
　　　使った年間の平均金額（年齢別）
　　　および 2013 年からの推移　　　235
（10）　親から子へのクリスマスプレゼント　236
（11）　おもちゃの種類別所有割合　　　237

第6節　体験・生き方
（1）　小・中・高校生が 1 年間に経験
　　　した事　　　　　　　　　　　238
（2）　子どもの体験活動と意識の関係　239
（3）　子どもの頃の体験と大人に
　　　なってからの資質・能力の関係　240
（4）　小・中・高校生の自己肯定感　　241
（5）　高校生の自己肯定感
　　　（4カ国比較）　　　　　　　242
（6）　名前ランキング生まれ年別ベス
　　　ト 10（男）　　　　　　　243
（7）　名前ランキング生まれ年別ベス
　　　ト 10（女）　　　　　　　244
（8）　児童福祉文化財として読んで
　　　ほしい「本」　　　　　　　245
（9）　児童福祉文化財としてみてほし
　　　い「舞台芸術」　　　　　　246
（10）　児童福祉文化財としてみてほし
　　　い「映像・メディア」　　　247
（11）　中高生の修学旅行先
　　　（2016 年度実施）　　　　248
（12）　高校生の将来の目標
　　　（国際比較）　　　　　　　249
（13）　犬猫飼育頭数　　　　　　　250
（14）　ペットが子どもに与える影響　251
（15）　将来つきたい職業
　　　（小学生、高校生）　　　　252

第 3 章　環　境

［総説］　　　　　　　　　　　　254
第1節　基礎統計
（1）　出生数及び合計特殊出生率の
　　　年次推移　　　　　　　　　255
（2）　合計特殊出生率の年次推移
　　　（年齢階級別内訳）　　　　256

（3）　年齢 3 区分別人口の割合の推移　257
（4）　都道府県別こどもの数及び割合
　　　（平成 29 年 10 月 1 日現在）　258
（5）　児童の有無・及び児童数別に
　　　みた世帯数の構成割合・平均
　　　児童数の年次推移　　　　　259
（6）　世帯人員別にみた世帯数の
　　　構成割合の年次推移　　　　260
（7）　児童有（児童数）無の年次推移　261
（8）　児童の有無及び児童数にみた
　　　1 世帯当たり平均所得金額及び
　　　世帯人員 1 人当たり平均所得金額　262
（9）　学校給食実施率　　　　　　263
（10）　学校給食費の平均月額　　　264
（11）　生活保護の保護率の推移　　265
（12）　子どもの数別養育費
　　　（1 世帯平均月額）の状況　266
（13）　幼稚園 3 歳から高等学校第 3
　　　学年までの 15 年間の学習費総額　267
（14）　国公私立大学の授業料の推移　268
（15）　学生数に対する奨学金貸与割合　269
（16）　就職（内定率）の推移（大学）　270
（17）　典型 7 公害の種類別公害苦情
　　　受付件数の推移　　　　　271
（18）　主な発生原因別公害苦情受付
　　　件数の割合　　　　　　　272

第2節　子どもと地域社会
（1）　「地域の教育力」が世の中全般
　　　に低下していると思いますか　273
（2）　「地域の教育力」をあげるため
　　　には、何が必要だと思いますか　274
（3）　コミュニティスクール（学校運営
　　　協議会制度）の仕組み　　　275
（4）　コミュニティスクールを実施して
　　　いる学校種別の内訳　　　　276
（5）　現在の地域での付き合いの程度　277
（6）　望ましい地域での付き合いの程度　278
（7）　近所の人や知り合いの人に
　　　あいさつをすること（小 4 小 6 中 2）　279
（8）　地域の人とあなたのかかわりは
　　　どのようなものですか（近所の人、
　　　町内会などの知人、消防団
　　　などの地域活動での知人、塾や

習い事での知人、参加している
NPO 法人など　280

（9）「家の人にほめられること」と
生活習慣の関係　281

（10）生活体験と道徳観・正義感の関係　282

（11）放課後や休日の遊び場
（学校段階別）　283

（12）人とすごす時間　284

（13）家庭の役割　285

第3節　子どもの将来

（1）学校以外の学習時間や習い事
等の行為者率　286

（2）スポーツ活動の活動率、
芸術活動の活動率　287

（3）塾・習い事の現状と推移　289

（4）学校以外での学習時間、
習い事の時間（時：分）　290

（5）就寝時間が遅くなる理由　291

（6）習い事で1番続いている、もしく
は続いていたのは何ですか？　292

（7）小学生の習い事　293

（8）子どもの年齢帯別　子ども一人
当たりの習い事数と金額　294

（9）習い事の種類（学校段階別）　295

（10）教室学習活動の活動率　296

（11）人口別小学生通塾率ランキング　297

（12）自身の将来について、明るい
見通しをもっているか、
不安を抱いているか　298

（13）自分の10年後を具体的に考え
ているか　299

（14）将来の夢（複数回答形式）　300

（15）自宅から小学校までの通学時間
はどれくらいですか？　301

（16）もし、今後引っ越しを行うとしたら
「夫の通勤」と「お子さんの通学」
とどちらを優先して考えますか？　302

（17）私立小学校に通う小学生の塾
や習い事にかかる毎月の費用
（合計額）　303

（18）お子さんが通っている塾や習い事
は何ですか？　304

第4節　子どもとインターネット

（1）青少年のインターネット利用
インターネット利用率　305

（2）青少年のインターネット利用時
間（平日1日あたり）　306

（3）青少年のインターネット利用に
関する保護者の取組（平成29年度）　307

（4）青少年のスマートフォン・携帯
電話の所有・利用状況　308

（5）インターネットの利用開始時期　309

（6）インターネットの利用目的　310

（7）インターネット利用のルール
学校種別：児童・生徒／保護者
比較　311

（8）インターネット利用時のルール内容　312

（9）決められたルールを守っているか
学校種別：児童・生徒／保
護者比較　313

（10）ルールを守れなかった理由
学校種別：児童・生徒／保護者
比較　314

（11）トラブルや嫌な思い／お子さん
から受けた相談　学校種別：
児童・生徒／保護者比較　315

（12）サイバー空間をめぐる脅威　316

（13）サイバー犯罪の検挙率　317

（14）インターネット・ホットライン
センターにおける取組　318

（15）ＳＮＳ等に起因する事犯の被害
児童数の推移　319

（16）携帯電話・スマートフォン・イン
ターネットを、お子さんが正しく
使用するために、保護者として
必要な課題は何だと思います
か（2つまで）　320

第5節　子どもと交通事故

（1）歩行者交通事故に関するデータ　321

（2）自転車乗用中等交通事故に関
するデータ　323

（3）自転車乗車中の年齢層別・損傷
部位別死傷者数（平成24年）　325

（4）年齢階級別・人口10万人当たり
自動車乗車中交通事故死者数　326

9

（5）中学生・小学生・幼児別・曜日
　　別交通事故死傷者数内訳
　　（2011 年）　　　　　　　　　327
（6）中学生・小学生・幼児別・時間
　　帯別交通事故死傷者数　　　328
（7）歩行中の中学生・小学生・幼児
　　別・通行目的別交通事故死傷
　　者数内訳　　　　　　　　　329
（8）歩行中の中学生・小学生・幼児
　　別・道路形状別交通事故死傷
　　者数内訳　　　　　　　　　330
（9）歩行中の中学生・小学生・幼児
　　別・自宅からの距離別交通事故
　　死傷者数内訳　　　　　　　331
（10）（チャイルドシート）使用状況結果
　　（使用率の経年推移：年齢層別）　332
（11）（チャイルドシート）乗車位置と
　　使用・不使用状況割合（6 歳未
　　満全体）と使用・不使用の内訳
　　（6 歳未満全体と 1 歳未満）　333
（12）乳児用シートにおける取付け時
　　のミスユース　　　　　　　335
（13）都道府県別チャイルドシート使用
　　状況調査結果（6 歳未満全体）　336
（14）小学生のヘルメットの着用状況
　　とかぶらない理由　　　　　337
（15）人口 10 万当たり年齢層別自転
　　車乗用中死者数（第 1・2 当事者）
　　及び違反有無別割合
　　（平成 27 年）　　　　　　　338
（16）15 歳以下の人口 10 万人当たり
　　交通事故死者数の推移　　　339

第 6 節　子どもと犯罪
（1）罪種別犯行時の職業別検挙人員
　　（平成 27 年）　　　　　　　340
（2）昭和 24 年以降における刑法犯少年の
　　検挙人員及び人口比の推移　　341
（3）刑法犯少年の包括罪種別検挙
　　人員の推移（平成 18 年〜 27 年）　342
（4）少年が主たる被害者となる刑法
　　犯の認知件数の推移
　　（平成 18 〜 27 年）　　　　343
（5）刑法犯少年の再犯者の推移　　344

（6）犯行時年齢別初犯者数の推移　345
（7）少年による刑法犯検挙人員・
　　人口比の推移（男女別）　　346
（8）少年の性犯罪被害の推移　　347
（9）少年の刑法犯被害（主たる被害
　　者の学識別）の推移　　　　348
（10）少年による特別法犯送致人員
　　の推移　　　　　　　　　　349
（11）少年による覚せい剤取締法違
　　反等送致人員の推移　　　　350
（12）少年による家庭内暴力認知件
　　数の推移（就学・就労状況別）　351
（13）非行少年に対する手続きの流れ　352
（14）少年鑑別所被収容者の年齢層
　　別構成比の推移（男女別）　353
（15）少年鑑別所被収容の非行名別
　　構成比（男女別、年齢層別）　354
（16）少年院入院者の人員・人口比
　　の推移（年齢層別）　　　　355
（17）少年院入院者の非行名別構成比
　　（男女別、年齢層別）　　　356
（18）少年院入院者の保護者状況別
　　構成比（男女別）　　　　　357
（19）児童福祉法、児童買春・児童ポ
　　ルノ禁止法、出会い系サイト規
　　制法等違反　　　　　　　　358

第 4 章　　福　　祉

［総説］　　　　　　　　　　　360
第 1 節　法制度
（1）児童福祉法の概要　　　　　361
（2）児童福祉法等の一部を改正する
　　法律案の概要　　　　　　　362
（3）児童憲章　　　　　　　　　363
（4）社会福祉の実施体制　　　　364
（5）児童福祉行政のしくみ　　　365
（6）市町村・児童相談所における
　　相談援助活動系統図　　　　366
（7）各種法令における児童の呼称
　　及び年齢区分　　　　　　　367
（8）子ども・子育て支援新制度の概要　368
（9）児童の権利に関する条約等の
　　歴史的展開　　　　　　　　369

（10）「放課後児童クラブ運営指針」
　　　の概要　　　　　　　　　　　370

第2節　保育

（1）「保育所保育指針」新旧対比　371
（2）認可保育所の設備・運営に関する
　　　基準　　　　　　　　　　　　372
（3）保育所に関わる規制緩和事項　373
（4）保育所の公立私立別施設数の
　　　年次推移　　　　　　　　　　374
（5）小規模認可保育所認可基準と
　　　保育事業数　　　　　　　　　375
（6）就学前児童の保育状況　　　　376
（7）登録された保育士と勤務者数
　　　の推移　　　　　　　　　　　377
（8）保育所等待機児童数　　　　　378
（9）保育所・幼稚園の状況　　　　379
（10）ベビーホテル・認可外保育施設
　　　の状況　　　　　　　　　　　380

第3節　子育て支援

（1）共働き世帯数　　　　　　　　381
（2）保育所等待機児童数及び放課後
　　　児童クラブの利用を希望する
　　　が利用できない児童数の推移　382
（3）待機児童解消加速化プラン　　383
（4）認定こども園の概要と法改正　384
（5）地域子ども・子育て支援事業の種類　386
（6）「利用者支援事業」の概要　　387
（7）地域型保育事業　　　　　　　388
（8）子育て短期支援事業　　　　　389
（9）ファミリー・サポート・センター事業
　　　（子育て援助活動支援事業）　390
（10）企業主導型保育事業の運営・
　　　設置基準　　　　　　　　　　391

第4節　少子化対策

（1）これまでの取組（少子化対策）　392
（2）エンゼルプランと新エンゼルプラン
　　　の主な数値目標　　　　　　　393
（3）子ども・子育て応援プラン、子ども・
　　　子育てビジョン、少子化社会
　　　対策大綱（2015）の主な数値目標　394
（4）婚姻件数及び婚姻率の年次推移　395

（5）年齢（5歳階級）別未婚率の
　　　推移（男性）（女性）　　　　396
（6）50歳時の未婚率（生涯未婚率）
　　　の推移と将来推計　　　　　　397
（7）平均初婚年齢と出生順位別母
　　　の平均年齢の年次推移　　　　398
（8）諸外国の合計特殊出生率の
　　　動き（欧米）　　　　　　　　399
（9）各国の家族関係社会支出の
　　　対GDP比の比較　　　　　　400
（10）女性の出産後の継続就業率　401

第5節　虐待

（1）虐待の定義（厚生労働省：虐待
　　　の定義）（児童虐待の防止に関
　　　する法律　第二条）　　　　　402
（2）児童相談所での児童虐待相談
　　　対応件数とその推移　　　　　404
（3）被虐待者の年齢別対応件数の
　　　年次推移、児童虐待の相談種別
　　　対応件数の年次推移　　　　　405
（4）死亡事例数及び人数（心中以外
　　　の虐待死）（心中による虐待死）　407
（5）死亡時点の子どもの年齢（心中以外
　　　の虐待死）（心中による虐待死）　408
（6）死因となった主な虐待の類型
　　　（心中以外の虐待死）　　　　409
（7）虐待死した子どもの直接の死因　410
（8）加害の動機（心中以外の虐待死）　411
（9）妊娠期・周産期の問題
　　　（心中以外の虐待死）　　　　412
（10）児童虐待の発生予防と早期発見・
　　　早期対応のための連携　　　　414

第6節　社会的養護

（1）児童福祉施設の種類と目的　　415
（2）社会的養護の現状
　　　（施設数、里親数、児童数等）　416
（3）養護問題発生理由別児童数　　417
（4）児童養護施設の形態の現状　　418
（5）里親制度の概要、養育里親の
　　　研修と認定の流れ　　　　　　419
（6）施設の小規模化と家庭的養護
　　　の推進　　　　　　　　　　　421

11

（7）　施設職員の基本配置の引き上げ　　422

（8）　児童相談所における相談援助
　　　活動の体系・展開　　423

（9）　児童相談所の相談の種類及び
　　　内容、種類別相談対応件数の
　　　年次推移　　424

（10）　要保護児童対策地域協議会に
　　　ついて　　426

第7節　ひとり親家庭

（1）　母子及び父子並びに寡婦福祉法
　　　の用語の定義　　427

（2）　母子家庭と父子家庭の状況　　428

（3）　ひとり親家庭等の自立支援策
　　　の体系　　429

（4）　ひとり親家庭の子育て・生活支援
　　　関係の主な事業　　430

（5）　ひとり親家庭の就業支援関係
　　　の主な事業　　431

（6）　民法における面会交流、養育費等
　　　の取り決めの明確化　　432

（7）　母子（父子）世帯の母（父）の
　　　養育費の取り決め状況等、母子
　　　（父子）世帯の母（父）の養育費
　　　の取り決めをしていない理由　　433

（8）　母子（父子）世帯の母（父）の
　　　養育費の受給状況　　436

（9）　母子（父子）世帯の母（父）の
　　　面会交流の取り決め状況等　　437

（10）　児童扶養手当制度の概要　　439

第8節　子どもの貧困

（1）　子どもの貧困対策の推進に
　　　関する法律　　440

（2）　子どもの貧困対策法のポイント　　441

（3）　子どもの貧困率の国際比較　　442

（4）　ひとり親世帯の子どもの貧困率　　443

（5）　世帯タイプ別子ども（20歳未満）
　　　の貧困率　　444

（6）　相対的貧困率の年次推移　　445

（7）　父親・母親の年齢別子どもの
　　　貧困率（2012年）　　446

（8）　子どもの出生時の父親年齢
　　　（嫡出子のみ）　　447

（9）　保護者（母親）の属性と貧困率　　448

（10）　要保護及び準要保護児童生徒数
　　　の推移（平成7～27年）　　449

第9節　障害児関係

（1）　新たな障害保健福祉施策を
　　　講ずるための関係法律の整備に
　　　関する法律の概要　　450

（2）　障害児支援の体系―平成24年
　　　児童福祉法改正による障害児
　　　施設・事業の一元化　　451

（3）　障害を理由とする差別の解消の
　　　推進に関する基本方針　　452

（4）　障害児通所支援の利用児童数
　　　の推移　　453

（5）　保育所における障害児の受け
　　　入れ状況について　　454

（6）　障害児支援の事業所数の推移　　455

（7）　児童発達支援の現状　　456

（8）　児童養護施設入所児童等のうち
　　　障害等を有する児　　457

（9）　法制度における発達障害の
　　　位置付け　　458

（10）　発達障害者支援センターの概要　　459

（11）　障害児支援の体系
　　　（児童発達支援）　　460

（12）　障害児支援の体系
　　　（放課後等デイサービス）　　461

（13）　障害児支援の体系
　　　（保育所等訪問支援）　　462

第10節　福祉の専門職

（1）　児童福祉施設の配置職員　　463

（2）　保育士倫理綱領　　464

（3）　児童福祉司の任用資格要件に
　　　ついて　　465

（4）　児童指導員及び指導員の資格
　　　要件等　　466

（5）　児童発達支援センター等の人員
　　　配置基準　　467

（6）　保育士資格の取得の特例の概要　　468

（7）　幼稚園免許状取得の特例の概要　　469

第5章 教育

[総説]	472

第1節 家庭教育・幼児教育

（1）幼児をもつ母親の子育て意識	473
（2）6歳未満の子供を持つ夫の家事・育児関連時間（1日当たり・国際比較）	474
（3）子育てで心がけていること	475
（4）朝食の摂取状況	476
（5）教育についての考え	477
（6）子どもの将来に期待すること	478
（7）親の学習へのかかわり	479
（8）学校教育の満足度	480
（9）幼稚園設置者別学校数の推移	481
（10）幼稚園の学級数・年齢別園児数	483
（11）各国の就学前教育の在籍率	484
（12）保育室等の施設基準	486

第2節 教育制度

（1）初等中等教育機関の学校数、在学者数、教員数	487
（2）就園率・進学率の推移	488
（3）小学校の設置者別学校数	489
（4）小学校の学年別児童数、小学校の児童数の推移	490
（5）中学校の設置者別学校数、中学校の編制方式別学級数	492
（6）中学校の学年別生徒数、中学校の生徒数の推移	493
（7）高等学校の設置者別学校数	495
（8）高等学校卒業後の状況、高等学校卒業者の進路状況	496
（9）中等教育学校の学校数、生徒数	499
（10）短期大学の設置者別学校数	501
（11）大学の設置者別学校数	503
（12）学生数（短期大学）・関係学科別学生数（短期大学本科）	505
（13）学生数（大学）	506
（14）日本の学校系統図	507
（15）在学者1人あたりの使途別年間教育支出総額（2013年）	508
（16）教育機関に対する支出の私費負担割合（2013年）	509
（17）学校系統図（学制による制度）1944（昭和19）年	510
（18）センター試験志願者数・受験者数等の推移	512

第3節 教科・授業

（1）学習時間・授業時間の変化（ゆとり教育に関して）	514
（2）授業時数の変化（小学校）	517
（3）授業時数の変化（中学校）	518
（4）学校外の学習時間と宿題の種類と頻度	519
（5）教科や活動の好き嫌い	521
（6）PISA順位（2015）日本の成績変化	523
（7）平成29年度職業体験・インターンシップ実施状況調査	524
（8）外国語教育担当教員数と学級数	525
（9）青少年の自然体験（経年比較）	527
（10）原爆が投下された時の様子をだれから聞いたか	529
（11）各学校種における人権教育の取組状況および力を入れている項目	530
（12）主に導入しているアクティブラーニングの手法	532
（13）教育課程の編成に関する小学校との連携	533
（14）教師同士、教師と保育士の交流	534
（15）教員のICT活用指導力の推移	535

第4節 学校内問題行動

（1）就学免除猶予者数および一年以上居所不明者数	536
（2）長期欠席児童生徒数の推移	537
（3）不登校児童生徒の推移	538
（4）学年別不登校児童生徒数の推移	540
（5）不登校の要因（小学校）	541
（6）不登校の要因（中学校）	542
（7）高校中途退学者数及び中途退学率の推移	543
（8）事由別中途退学者数の構成比の推移と学年別中途退学者数	544
（9）都道府県・指定都市における小学生、中学生および高校生に関する教育相談件数	546

（10）	体罰を受けた児童生徒数の推移	
	（公立学校）	547
（11）	体罰が行われた場所	548
（12）	体罰の態様と被害の状況	549
（13）	いじめの認知（発生）件数の推移	550
（14）	いじめの認知件数の学年別・	
	男女別内訳	551
（15）	いじめに起因する事件の原因・	
	動機別の推移	554
（16）	いじめの問題に対する対応	555
（17）	いじめられた児童生徒への特別な	
	対応の推移	556
（18）	いじめの認知件数に対するネット	
	いじめの構成比の推移	557
（19）	学校の管理下・管理下以外における暴力	
	行為発生件数の推移	558
（20）	学校の管理下における暴力行為	
	発生件数の推移	559

第5節　学校文化

（1）	校則見直し状況、改訂された校則の	
	内容、校則見直しの手続き	560
（2）	食育への関心度、食育への関心理由	562
（3）	栄養教諭の配置数の推移	564
（4）	栄養教諭の配置状況と児童の食育	
	に関する認識や実践の関連	565
（5）	保健室利用状況の比較	566
（6）	保健室利用者の来室理由	567
（7）	学校行事の実施状況（小学校、中学校）	568
（8）	運動部活動参加率等	570

第6節　多文化教育・国際化教育

（1）	就学別・地域別在留邦人（学齢期）	
	子女数（長期滞在者）	572
（2）	地域別在留邦人（学齢期）子女数	
	（長期滞在者）推移	574
（3）	小学校子女数（長期滞在者）推移と	
	中学生子女数（長期滞在者）推移	576
（4）	日本語指導が必要な外国籍の	
	児童生徒が在籍する学校数	578
（5）	日本語指導が必要な外国籍の	
	児童生徒の母語別在籍状況	579
（6）	日本語指導が必要な外国籍の	
	児童生徒数	580

（7）	国際理解教育目標構造図	581
（8）	子ども多文化共生サポーターの	
	派遣事業	582
（9）	英語に関する意識	583
（10）	社会での英語の必要性と自分が英語を	
	使うイメージ、身につけたい英語力	584

第7節　特別支援教育

（1）	特別支援学校における校内体制の	
	整備	585
（2）	特別支援学校（幼稚部・小学部・	
	中学部・高等部）に在学する	
	幼児児童生徒数、国公私立計	586
（3）	小中学校における特別支援学級に	
	在籍する児童生徒数、国公私立計	587
（4）	小中学校における通級による指導を受け	
	ている児童生徒数、公立	588
（5）	特別支援学校（高等部）卒業後	
	の状況調査	589

第8節　校外生活

（1）	小・中学生の家庭学習時間の推移	590
（2）	若者（13〜29歳）のボランティアに	
	対する興味および、興味がある理由	591
（3）	年代別投票率、および世界各国・地域の	
	選挙権年齢	593

第9節　教員の免許・研修

（1）	大学における教員養成の現状	594
（2）	教員免許状授与件数	595
（3）	試験区分（志願者数、受験者数、	
	採用者数、競争率）	596
（4）	公立学校における本務教員の	
	年齢構成	597
（5）	教員の平均年齢の推移	
	（幼稚園〜高等学校）	600
（6）	校長等人数及び登用者数	601
（7）	校長・副校長・教頭に占める女	
	性の割合	602
（8）	免許状更新講習	603
（9）	教育研修の実施体系	604

編集委員紹介	605

索引

※各章図表タイトルからの索引です。

あ

遊び	36, 134, 136, 167, 168, 170, 173, 174, 175, 176, 179, 181, 182, 187, 189, 225, 283
育児	82, 83, 84, 94, 95, 97, 99, 474
いじめ	550, 551, 554, 555, 556, 557
インターネット	305, 306, 307, 309, 310, 311, 312, 318
栄養	564, 565
SNS	220, 319
絵本	93, 145, 146, 147
親子	74, 78

か

外国	399, 525, 578, 579, 580
学習	141, 142, 267, 286, 290, 296, 479, 514, 519, 590
学生	269, 505, 506
家事	89, 94, 97, 99, 474
学級	483, 492, 525, 587
学校	51, 70, 71, 72, 73, 127, 184, 263, 264, 275, 276, 283, 286, 290, 295, 311, 313, 314, 315, 480, 481, 487, 489, 492, 495, 499, 501, 503, 507, 510, 519, 530, 547, 558, 559, 568, 578, 597
起床	125, 132
虐待	402, 404, 405, 407, 408, 409, 410, 411, 412, 414
休日	94, 179, 283
給食	263, 264
携帯電話	214, 320
高校生	115, 133, 158, 222, 223, 238, 241, 242, 249, 252, 546
高等学校	267, 495, 496, 600
子育て	87, 88, 89, 100, 101, 102, 368, 386, 389, 390, 394, 430, 473, 475
子ども	19, 74, 75, 79, 81, 83, 90, 91, 93, 97, 98, 103, 113, 114, 117, 118, 125, 128, 130, 136, 180, 183, 184, 187, 192, 193, 194, 197, 199, 202, 203, 206, 207, 208, 209, 210, 212, 214, 225, 228, 239, 240, 251, 266, 294, 368, 386, 394, 408, 410, 440, 441, 442, 443, 444, 446, 447, 478, 582

さ

在学	487, 508, 586
児童	44, 58, 245, 246, 247, 259, 261, 262, 311, 313, 314, 315, 319, 358, 361, 362, 363, 365, 366, 367, 369, 370, 376, 378, 382, 383, 402, 404, 405, 414, 415, 416, 417, 418, 423, 424, 426, 439, 449, 451, 453, 456, 457, 460, 463, 465, 466, 467, 490, 537, 538, 540, 547, 556, 565, 578, 579, 580, 586, 587, 588
自転車	323, 325
死亡	61, 66, 67, 407, 408
授業	149, 184, 268, 514, 517, 518
出産	83, 86, 401
出生	45, 94, 255, 256, 398, 399, 447
障害児	451, 453, 454, 455, 460, 461, 462
小学校	301, 303, 489, 490, 517, 533, 541, 568, 576
職業	81, 252, 340, 524
人口	257, 297, 326, 338, 339, 341, 346, 355
スマートフォン	209, 210, 214, 308, 320
生活	34, 100, 122, 128, 129, 137, 265, 281, 282, 430
世帯	259, 260, 262, 266, 381, 433, 436, 437, 443, 444
相談	315, 366, 404, 405, 423, 424, 546
卒業	496, 589

た

退学	543, 544
大学	268, 270, 501, 503, 505, 506, 594
待機児童	378, 382, 383
体重	38, 39, 42, 45
短期大学	501, 505
男女	42, 44, 234, 346, 353, 354, 356, 357, 551
地域	273, 274, 277, 278, 280, 386, 388, 426, 572, 574, 593
父親	82, 84, 98, 99, 446, 447
チャイルドシート	332, 333, 336
中学校	492, 493, 518, 542, 568, 587, 588
中学生	157, 181, 327, 328, 329, 330, 331, 546, 576, 590
朝食	114, 115, 116, 118, 476

登校 ……………………… 538, 540, 541, 542	不登校 …………………… 538, 540, 541, 542
道徳 …………………………………… 37, 282	保育所 …………………… 371, 372, 373, 374, 375, 378,
特別支援学校 ………………… 585, 586, 589	379, 382, 454, 462
友だち …………………………………177, 185	平均 ……………… 39, 95, 131, 132, 133, 235,
	259, 262, 264, 266, 398, 600
	保育 ………… 92, 135, 177, 371, 372, 373, 374, 375, 376,

な

習い事 ……………… 280, 286, 289, 290, 292, 293,	377, 378, 379, 380, 382, 388, 391, 454, 462,
294, 295, 303, 304	464, 468, 486, 534
日本語 …………………… 578, 579, 580	放課後 …………………… 283, 370, 382, 461
認可 …………………………… 372, 375, 380	母子 ……………… 427, 428, 433, 436, 437
妊娠 ……………………………………… 86, 412	本 ……………… 93, 145, 146, 147, 148, 149, 151, 152, 153,
年齢 ……… 36, 55, 61, 90, 103, 122, 210, 212, 215, 234, 235,	154, 155, 156, 157, 158, 159, 161, 166, 245
256, 257, 294, 325, 326, 332, 338, 345, 353, 354,	
355, 356, 367, 396, 398, 405, 408, 446, 447, 483,	

ま

593, 597, 600	メディア ……………… 206, 207, 208, 209, 212, 221, 247

は

や

発達 ……… 23, 24, 25, 26, 28, 30, 32, 37, 112, 143, 144, 175,	養育 …………………… 266, 419, 432, 433, 436
203, 204, 225, 228, 456, 458, 459, 460, 467	幼児 ……… 30, 38, 40, 42, 78, 105, 106, 137, 144, 327, 328,
母 …………… 88, 91, 398, 427, 428, 433, 436, 437, 446, 448,	329, 330, 331, 473, 586
473, 579	幼稚園 ………… 92, 135, 177, 267, 379, 469, 481, 483, 600
被害 ………………… 319, 343, 347, 348, 549	

ら

非行 …………………………… 352, 354, 356	ランキング ……………… 147, 233, 234, 243, 244, 297
ひとり親 …………… 429, 430, 431, 443	離乳食 ……………………………………… 76, 77
肥満 ……………………………………… 46, 130	連携 ……………………………………414, 533
貧困 ………………440, 441, 442, 443, 444, 445, 446, 448	労働 ……………………………………… 30, 402
不安 …………………………… 100, 102, 298	
夫婦 ……………………………………… 89, 97	
福祉 ………… 245, 246, 247, 358, 361, 362, 364, 365,	
415, 427, 450, 451, 463, 465	

第 **1** 章
生活

総説

第 1 節	発達	19
第 2 節	病気	46
第 3 節	事故	61
第 4 節	しつけ	68
第 5 節	子育て	76
第 6 節	生活技術	104
第 7 節	生活習慣	110

編集委員

髙橋弥生
本間玖美子
福田真奈

第1章 生活

総説

子どもの成長は大人に支えられており、子ども自身ではその生活を安全で安心なものにすることはできない。子どもの生活が変化するとしたら、それは大人の社会や生活が変化したためであろう。近年、大人社会の変化による影響で子どもの生活は様々な面で脅かされている。

子どもの発達についてはスキャモンの発達曲線に示されるように、誕生から20歳くらいまでに心身共に急激な成長をする。生物学的には、子どもの成長過程は変化しておらず、この時期の成長は生涯に影響を与えるものとなる。ゆえに生物学的に成熟するまでの生活は、その子どもの一生を左右する大きな問題であるといえるだろう。しかし近年は子どもの生活を取り巻く環境にマイナスの要素が多く見受けられる。

身体的な問題では、肥満と痩せの両方の子どもが増えていることである。肥満は当然のことながら生活習慣病を引き起こす危険をはらんでいる。しかし、極端な痩せ志向にも大きな問題があり、筋肉や骨の成長に影響を及ぼし、体力も低下することになる。これらの問題は、親の生活や食事、体形に対する思い込みなどから発生している。

食物アレルギーを持つ子どもも増加している。アレルゲンとなる食品も、アレルギーが問題になり始めたころに多かった牛乳や卵といった食品だけでなく、果物、魚介、穀物など多岐にわたるようになった。そのため、近年では給食での対応に細かい配慮が求められている。対応を間違えたことによる死亡事故も発生していることから、給食に関わる栄養士、調理員のみならず、保育者、教員にもアレルギーに対する十分な知識が必要である。

生活習慣の側面から見ると、食事、睡眠、排泄面に大きな問題を抱えている。特に子どもの睡眠時間は大人の生活の影響を大きく受けており、他国に比べて1～2時間短い状況が続いている。幼児期には夜間の睡眠不足を昼寝で補うような睡眠形態になっているため、自律起床ができず寝起きの悪い幼児も少なくないのである。排泄面では、子どもの便秘が問題である。毎日の排泄が習慣づいている小学生は半数にも満たない状況で、学年が上がっても改善される兆候はない。便秘は食事や精神面にも影響を及ぼす問題であり軽視できないのであるが、親世代がさほど重視していない状況である。

少子化問題は子どもの生活に直結した問題である。きょうだい数が少ないために、かつては家庭生活において経験できたことができないままに成長することになる。きょうだいで一緒に遊ぶ楽しさ、きょうだいがいることの安心、けんかによる葛藤やライバル心の芽生え、異年齢との関わり等、多くの経験ができないのである。また、少子化問題は親の子育て不安にもつながっている。というのも、現代の親世代はすでに少子化社会になって以降に生まれており、我が子を持つまで乳幼児に関わったことが少ないことから、子育ての小さなトラブルでも不安が増大してしまうのである。また、核家族化により祖父母とも離れていることから、子育てのアドバイスや、不安な時に支えてもらう事ができない。そのため、子育てに対する負担感が大きく、希望より少ない子ども数しか産めない現状がある。このような社会状況から少子良育の志向が強くなり、子どもがすることを親が決めることが多くなったり将来子どもが困らないように早期教育に力を入れたりといったように、しつけや子どもの将来に関する考え方にも変化がみられている。

また、家事・育児を中心的に行っているのは母親で、父親は育休の取得率も非常に低く、夫婦で協力して子育てをしているという状況ではない。そのため父親を育児に参加させようと、イベントや本、SNSなどでの啓発活動が盛んに行われている。昔のように家事・育児は女性の仕事、といった性別役割分業の意識を持った男性は減少傾向にあるようで、子育てしたい父親は増えてきている。しかし、妻から求められる家事・育児のレベルは高く、妻からの評価は低くなりがちである。長時間労働が常となっている夫の働き方を変えることができなければ、現状を大きく変えることは難しいのであろう。子どもを持つ家庭もしくは持ちたいと考えている家庭が、夫婦で協力して子育てを行える社会になっていないことが、子ども数が増えない大きな原因なのではないだろうか。

上記のような近年の多くの問題により、子どもを取り巻く生活は、「子どもにとって望ましい生活」からはかけ離れたものになっていくことが危惧されるのである。

(髙橋弥生)

第1章 生活

第1節 発達

（1）子ども観の変遷・子どもの歴史①〜④

子ども観の変遷・子どもの歴史①

縄文・弥生・古墳時代	
・一夫一婦の核家族単位、血縁による数軒の親族共同体構成（農耕社会） ・生活は厳しく平均寿命は短く乳幼児の死亡率はきわめて高い ・死を免れた子どもは両親によって生活習慣・知識・技能・態度を教えられる ・大人の行動を手本とし、伝統的儀式・信仰を身につけ、祖父母からその意味を学ぶ ・一定の年齢（15歳から18歳）に達すると通過儀礼として抜歯が行われた（大人に生まれかわって試練に立ち向かうことの意味）	

奈良・平安時代	
庶民の子ども	・6歳で口分田班給の資格を得る ・17歳で課役を義務づけられる ・17歳以下は自家の労働に従事 ・農村では野良仕事・草刈り・牛の放牧・菜摘み・薪採りなど ・漁村では魚つり・網引き（大人といっしょに） ・その他、労賃を得て働く童部・童の存在 ・日常的な飢餓状態の中で子女売買が行われた ・自由な時間がなく遊びは無縁なもの
貴族の子ども	・貴族としての特権と栄誉を約束された恵まれた生活 ・五位以上の者の子どもは21歳になると父の地位・身分に応じて位階が与えられた（蔭位の特典） ・教育機関として、男子は13歳から16歳以下で大学寮に入学 ・女子は家庭で父母から手習・音楽の教育を受けた。平安時代に入るとこれに和歌が加わった ・奈良時代の遊び：蹴鞠・双六・打毬・唐独楽 ・平安時代の遊び：鞦韆・趨競・迷蔵・十六むさし・雛遊など ・通過儀礼：湯殿始・着衣始・産養・髪剃・真菜始・髪置・戴餅・着袴・書始を経て男子は元服・女子は裳着を行って一人前の成人として認められる

鎌倉・室町時代	
武士の子ども	・武人として1日も早く成長して名を惜しみ家名をはずかしめないことを期待された（「兵の道」とか「武者の習」） ・女児も剛健勇壮な気性と篤信の美徳・従順・貞節が理想とされた ・7歳ごろから寺院に入り（寺入り）手習・漢字・和歌・音楽などの知育をうけ13歳ごろ下山した ・武芸・弓矢の修得につとめる。5〜6歳で弓馬のけいこ。15〜16歳で元服・戦場に赴く
公家の子ども	・学問・文化の維持、発展の後継者として期待された ・6〜7歳で読書を始める。13〜14歳までに「孝経」「論語」「大学」「中庸」「孟子」の四書及び書経など五経を学ぶ ・就学に当たって厳しゅくな儀式（手習始・読書始）が行われた ・成長にともなって多くの細かな通過儀礼が行われた

子ども観の変遷・子どもの歴史②

庶民の子ども	・戦乱が続き、天災・地変・地頭の横暴の中で餓死・他国への流亡が多く、子どもは売られ、また労働の対象や従弟・丁稚として働く ・経済力のある者の子どもは教育の場として寺院が開かれていた
子どもの遊び （身分階層の別なく）	・男女共：水遊び・土遊び・摘菜遊び・迷蔵・子を捕ろ子捕ろ・趣競 ・男児：紙老鴟・毬杖・独楽・輪鼓・相撲・竹馬 ・女児：雛遊 ・室内遊び：貝合・乱碁・双六

安土・桃山・江戸時代

武士の子ども	・特権階級として文武兼備が理想とされ社会の指導者としての自覚のもとに厳しく育てられた ・家庭では日常の礼儀作法、ことば遣い、忠孝の念、有事の心構えが厳しくしつけられた ・武芸の手ほどき、四書五経、長じては武芸道場、家塾に通って治世の武士として立つ教養を培った ・藩校の設立により8歳くらいから15～16歳ごろまでに就学し、儒学と武芸の治者教育をうけた（体罰はさけ名誉心に訴える教育） ・女児も武家の子女として厳しく育てられ、武家の良き妻、良き母として従順の精神が説かれた。裁縫、歌道、茶道、花道は女のたしなみとされた
町民の子ども	・町民階級の台頭とその経済力が高まる中で、自然発生的に生まれた庶民教育機関「寺子屋」が普及した ・6～7歳ごろから14～15歳くらいの子どもが4～5年間、読・書・数の教育をうける ・このあと、商家の子どもは丁稚にいき、17～18歳ごろ元服し、30歳ごろに自立した ・職人もほとんど同じ。12～13歳ごろ弟子として親方の家に住み込み仕事を見習った。18～19歳で元服し、21～22歳ごろ年季明けを迎え1人前の職人となる ・女子も「お屋敷奉公」や「女中奉公」があった
農民の子ども	・大多数の農民は貧しく子どもの教育の余裕はなく、幼少時から家内の雑務や奉公が待ちうけていた ・時代が下がり江戸時代には「寺子屋」が農村にも普及 ・7歳ぐらいから「子供組」「子供仲間」などの教育組織に入り、集団訓練をうけた ・15歳くらいから「若者組」「若連中」に入る ・女子は「若者組」に相当する「娘組」「娘連中」が存在した

子ども観の変遷・子どもの歴史③

子どもの遊び	・平和な時代を迎え子どもの遊びの種類が増加し、内容も豊かになった ・男女共：骨牌・折り羽・目隠し・道中双六・堂々廻り・籠目籠目・子を捕ろ子捕ろ・福引・隠れん坊・鬼ごっこ・天神様の細道・芋虫ごろごろ・ずいずいずっころばし・じゃん拳 ・男児：破魔弓・紙鳶・独楽・鞠投げ・竹馬・雪転がし・お山の大将・輪廻し・相撲・木登り・縄跳び ・武士の子ども：いくさごっこ・印地・吹矢・相撲・水泳 ・女児：手鞠・お手玉・羽子・ままごと・綾取り・折紙・おはじき・お山のお山のお狐さん・雛遊
明治期	
子どもと学校	・学制（1872〈明治5〉年）が発布され、近代学校制度が始まる ・全国の小学校教育が統一（1900〈明治33〉年）、寺子屋教育がなくなり、一斉授業が行われる ・洋算、地理、歴史、理科などが導入され、教科書が定められた ・高等小学校の教科：修身・国語・算術・日本歴史・地理・理科・図画・唱歌・体操・裁縫（女）・（農業・工業・手工・英語） ・試験制度が導入され、学力で子どもの能力が測定される ・「教育勅語」が発令され（1890〈明治23〉年）、「富国強兵」の国策に教育がくみこまれていく
働く子ども	・家の中の重要な働き手、家事・家業を手伝う（子どもが一人前になるためのしつけのひとつ） ・貧しい家では11歳ごろから子どもを「奉公」に出し住み込みで働かす ・商人や手工業職人になるために「丁稚奉公」や「従弟奉公」に出された ・貧しい家庭の女子は「子守奉公」に出された ・働かなくてはならない子どもたちに「貧民学校」「子守学校」「工場内教育所」が設けられた（1887〜1897〈明治20〜30〉年）
子どもの遊び	・伝統的あそび：芋虫ごろごろ・手鞠つき・お手玉・かごめかごめ・子を捕ろ子捕ろ ・男女共：縄跳び・石けり ・男児：たこあげ・こままわし・竹馬・肩車・木登り・輪まわし ・女児：羽根つき・手鞠つき・姉さんごっこ・お手玉・あやとり・竹がえし ・新しい遊び：軍ごっこ

子ども観の変遷・子どもの歴史④

大正・昭和（戦前）期		
子どもの生活の変化	・近代化に応じて子どもの生活が変化	
	・名前の変化：男子は〜平、〜吉、〜治から、〜男、〜夫、〜雄が増加。女子はイネ・ハナ・ウメから〜子が多くなる	
	・衣服の変化：着物から洋服に変る	
	・食生活の変化：ビスケット・パン・キャラメル・ドロップといった洋菓子が普及する	
	・遊びの変化：スポーツが導入され、野球などがさかんとなる	
	・乳幼児死亡率の減少	
新教育運動	・「児童中心主義」のもとに「自由主義教育運動」がおこる	
	・鈴木三重吉の童話雑誌「赤い鳥」を中心に児童文化が開花	
厳しい生活	・「奉公」システムはくずれていくが、小学校（義務教育）をおえると、働きに出る子どもは依然として多い	
	・女子は製糸紡績工場、子守、女中として働く。芸妓見習・酌婦として売られることもあった	
	・男子は見習工、商店の丁稚になる	
昭和（戦時中・戦後）期		
戦争と学校	・満州事変（1931〈昭和6〉年）、日中戦争（昭12）、太平洋戦争（1941〈昭和16〉年）の15年間は子どもの生存それ自体をおびやかした	
	・国民学校令（1941〈昭和16〉年）の公布により、小学校が国民学校と改称され、初等科（6年間）と高等科（2年間）となる	
	・勤労作業が教育の一環として組み込まれる（1938〈昭和13〉年）。中学生は「団体的訓練」として農作業に従事	
	・戦争の進行と共に、「勤労動員」とよばれ、初等科以外は軍需工場に動員された	
	・戦争末期は空襲が激しくなり、大都市などの国民学校初等科児童は、「縁故先疎開」や学校ごとの「集団疎開」が行われた	
戦争中の子ども	・満州への移民政策の一環として（1938〈昭和13〉年）、「満蒙開拓青少年義勇軍」が実施された	
	・国民学校卒業以上の年少労働者は、女子は「女子挺身隊」、男子は「産業少戦士」として軍需工場に動員された	
	・国民学校高等科卒業程度で志願した少年兵が特別攻撃隊に配属され命を散らす	
戦後の子ども	・戦争は終わって家は焼かれ、深刻な食糧危機にみまわれ、疎開の子どももすぐ家に帰れなかった	
	・戦争で両親を失った子どもは浮浪児になる者が多かった	
	・占領軍兵士とその間に生まれた混血児の多くは、貧困と差別に苦しめられた	
	・学校は、校舎の焼失、教育環境の荒廃、教育内容の混乱、教材不足といった窮乏状態であった	
	・野外での授業「青空教室」が行われ、「墨塗り教科書」が使われた	
	・戦前とはうって変った教師や大人の姿は子どもたちに強い不信感をつのらせ、価値観の変化の中で戦後を迎えることになる	

出典：久木幸男他編著『日本子どもの歴史全7巻』第一法規出版、1977〜1980年を基に『旧版子ども事典』制作委員会が作成

　『日本子どもの歴史全7巻』（1997年）を基に『旧版子ども事典普及版』にて、子ども観の変遷・子どもの歴史として表にまとめられた。縄文・弥生時代から、昭和時代まで、それぞれの時代において、子どもの生活がどのように変化し、子ども観がどのように変遷したのかが分かりやすく示されている。教育制度・学校制度の変遷、身分制度、子どもの仕事等、子どもの生活に影響を与えた背景についても触れられている。

(福田)

第1章 生活

第1節　発達

（2）主要な発達の原理

項目	説明
1. 発達は一定の順序で起こる	すべての子どもは歩く前に立ち、立つ前に這い這いをする。移動運動、手腕運動、言語、問題解決行動、社会的行動などに順序が見出されている。
2. 発達には方向がある	「頭部から脚部」（cephalo-caudal sequence）と「中心部から周辺部」（proximo-distal sequence）がある。
3. 発達は連続的である	各発達段階にはそれぞれ特徴があるが、注意深く観察すると連続的である。したがって前段階での経験は後段階の発達に役立つ。
4. 発達は異なった速度で進む	発達は連続しながらも、それぞれの時期によって速度が異なる。身長は誕生時と青年期に、語いは幼児期に急に増加する。
5. 発達には相関がある	知的発達と身体的発達　知的発達と社会的発達、情緒や認知能力の発達と社会的発達とは関係がある。
6. 発達には個人差がある	発達には順序性と連続性はあるが、すべての人が同じ速度で発達するわけではなく個人差がある。
7. 発達は個体と環境の相互作用による	個体的要因と環境的要因の相互作用によって発達は生ずる。
8. 発達は分化と統合の過程である	未分化で混とんとした状態から分化し、それが統合される。
9. 発達過程には臨界期がある	ある刺激や経験がその時期だけ重要な影響を及ぼすことがある。

出典：山本多喜司編『児童心理学図説』北大路書房、1979 年

　発達とは、人間の受精から死に至るまでの機能や行動の変化の過程と言える。発達にみられる共通の特質や傾向をまとめた基本的な法則を「発達の原理」と呼ぶ。主要な発達の原理には次に示すような9つの原理が知られている。1順序性、2方向性、3連続性、4異なる速度（スキャモンの発達曲線）、5他領域との相関、6個人差、7個体（遺伝）と環境の相互作用、8分化と統合、9臨界期（敏感期）である。

（福田）

（3）発達期と発達段階

出典：高野清順・林邦雄編『図解児童心理学事典』学苑社、1975年

区分の観点	研究者	発達段階（年齢 0〜20歳）
社会的習慣	Meumann, E.(1913)	児童期／少年期・少女期／処女期／青年期
社会的習慣	Spranger, E.(1924)	児童期／中間期／少年少女期／中間期／成熟期(男)(女)
社会的習慣	Goodenough, F. L(1945)	言語前期／幼児期／幼稚園期／児童期(男)(女)／青年期
社会的習慣	Hurlock, E. B.(1924)	新生児乳児期／児童前期／児童後期(男)(女)／思春期／青年期
社会的習慣	青木誠四郎	新生児乳児期／幼児期／児童期(男)(女)／青年期
社会的習慣	文部省教育心理(1945)	乳児期／幼児期／児童期／青年期／[注]**充実期(女) *充実期(男)
身体発達	Stratz, C. H.(1922)	乳児期／第一充実期／第一伸長期／第二充実期(男)(女)／第二伸長期(男)(女)／第三*／第三**／成熟期
身体発達	Cole, L.(1922)	乳児期／児童前期／児童中期(男)(女)／児童後期(男)(女)／青年前期(男)(女)／青年中期(男)(女)／青年後期
精神構造の変化	Stern, E.(1923)	乳児期／未分化融合期／分化統一期／成熟前期／分化統一期
精神構造の変化	Kroh, O.(1928)	幼児期／第一反抗期／児童期／第二反抗期／成熟期
精神構造の変化	Bühler, Ch.(1937)	第一期客観の時期／第二期主観化の時期／第三期客観化の時期／第四期主観化の時期／第五期客観化の時期
精神構造の変化	牛島義友(1941)	身辺生活時代／想像生活時代／知識生活時代／精神生活時代
精神構造の変化	武政太郎(1955)	乳児期／幼児期／児童期／青年期
特定の精神機能	松本亦太郎(用箸運動)	幼児期／児童期／青年期
特定の精神機能	楢崎浅太郎(握力)	幼児期／児童期／少年期／青年前期／青年後期
特定の精神機能	阪本一郎(読書興味)	昔話期／寓話期／童話期／物語期／文学期／思想期
特定の精神機能	Piaget, J.(物活論的世界観)(思考)	1)第一期／2)第二期／3)第三期／4)第四期；感覚運動／前概念期／直感的思考／具体的操作期／形式操作期
特定の精神機能	Sears, R. R.(動機づけ)	基礎的行動の段階／二次的動機づけの段階／家族中心の学習／家族外の学習
特定の精神機能	Erikson, E. H.(社会化)	基本的信頼感の段階／自律感の段階／主導感の段階／勤勉感の段階／同一性の段階／親密感の段階
特定の精神機能	Maier, N. R. F.(対人関係)	一時的依存の確立／自己看護確立／意味ある二次的関係の確立／二次的依存の確立／依存と独立のバランスの達成
特定の精神機能	Nowogrodzki, T.(唯物論)	幼児期／就学前期／学童期／成熟期／青年期

1)万物に意識ありとする時期　2)動く物すべてに意識ありとする時期
3)自力で動く物には意識ありとする時期　4)動物だけに意識ありとする時期

　かつての発達心理学では、発達は成人期にはピークに達し、後退していくと考える傾向があった。しかし現在では上昇、ピーク、下降といったとらえ方ではなく、それぞれの発達期にはそれぞれの発達課題があり、それをこなしていく過程が発達そのものであるという考え方も台頭してきている。発達段階の設定は発達現象を質的に捉え、その時期特有の特徴で他の時期から区別でき、その幾つかのまとまりを発達段階という。

（福田）

第1節　発達

（4）ハヴィガーストの発達課題

発達段階	発達課題
乳幼児期（0〜5歳）	a. 移行の学習　b. 固形食摂取の学習　c. 話すことの学習 d. 大小便排泄習慣の自立　e. 性の相違及び性の慎みの学習 f. 生理的安定の獲得　g. 社会や事物についての単純な概念形成 h. 両親・兄弟及び他人に自己を情緒的に結びつけることの学習 i. 正・不正の区別の学習と良心の発達
児童期（6〜12歳）	a. ゲーム（ボール遊びや水泳など）に必要な身体的技能の学習 b. 成長する生活体としての自己に対する健全な態度の養成 c. 同年齢の友だちと遊ぶことの学習 d. 適切な性役割の学習 e. 読み、書き、計算の基礎的技能の学習 f. 日常生活に必要な概念の習得 g. 良心、道徳性、価値の尺度の発展 h. 人格の独立性の達成 i. 社会的集団並びに諸機関に対する態度の発達
青年期	a. 同年齢の男女との洗練された親しい関係の発展 b. 自己の身体構造の理解と性役割の理解 c. 両親や他の大人からの情緒的独立 d. 経済的独立に関する自信の確立 e. 職業の選択及び準備 f. 結婚と家庭生活の準備 g. 市民的資質に必要な知的技能と概念の発展 h. 社会的に責任ある行動を求め、成し遂げること i. 行動の指針としての価値や論理の体系の学習。適切な科学的世界像と調和した良心的価値の確立

出典：Havighurst,R.J,1953

　発達課題とは、個人が社会的に健全に乳幼児期から老年期まで各発達段階において習得すべき課題である。ある段階の課題が学習されれば次の段階への移行も順調であり、ある課題の達成に失敗すれば次の段階の達成も困難になると考えられている。発達課題を箇条書きにして示した。乳幼児期の発達課題は歩行や言葉の獲得、児童期の発達課題は読み書き計算の基礎的な技能や友達関係、青年期の発達課題は親からの心理的離乳や職業選択があげられる。

（福田）

（5）スキャモンの発達曲線

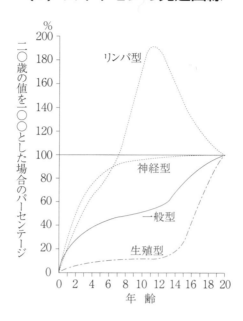

出典：Scammon,R.E,1930

　人間の諸器官の発育発達を臓器の重さから、神経型（脳・神経）、リンパ型（リンパ腺など）、一般型（筋肉・骨）、生殖型（生殖器など）の4つの型に分けて発育曲線で示したものである。20歳の時の重さを100とした割合で表している。成長には規則性があり、身体の発達はすべてが同じ速度で進むのではなく、各臓器により時期や早さが異なる。幼児期には神経の発達が著しく、それに比べ生殖器の発達は遅いことがわかる。

（本間）

第1節　発達

（6）乳歯・永久歯の生歯の時期

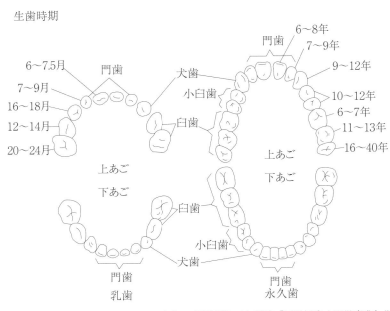

出典：高野清純・林 邦雄『図説児童心理学事典』学苑社、1975 年

　子どもの歯は乳歯と永久歯の歯の入れ替えが特徴である。歯の無い歯茎だけの可愛い乳幼児の口に、最初の乳歯が生えるのは生後 6 ヶ月過ぎごろである。乳歯の時期の門歯は幼児の特徴的な口元である。それから生後 2 年程度で乳歯は生えそろう。一方最初の永久歯は 6 歳頃に生え、以後最も奥の大臼歯（親知らず）をのぞいて 13 歳頃には永久歯が生えそろうと言われている。「親知らず」については、生えない場合も多く、個人差が大きい。

（本間）

第1章 生活

第1節 発達

（7）運動の発達の順序

出典：Shirley,M,M.,1993; 山下俊郎、1971

　からだの発達には2つの方向性がある。1つめは頭部から尾部へという方向で、運動機能が寝返り（頭）、ハイハイから歩行（足）へと発達していくことであり、2つめは中心から周辺へという方向である。寝返りや座位での姿勢変化はからだの向きを変え、徐々に大雑把な手の動きから微細な動きへと発達的変化のポイントが中心から周辺へと移行する。シャーレイは歩行に至る発達を胎児の姿勢から、2足歩行ができることまでを図示した。

（本間）

第1節　発達

（8）ハイハイが可能になる順序

a　新生児の姿勢

b　首が安定

c　頭と肩の統制が可能

d　上体を起こせる

e　骨盤と肩の統制の不調和

f　よろめきながら四つんばいが可能

g　ハイハイが可能

出典：McGraw,M.B.,1935

　ハイハイが可能になる順序を図で示した。新生児の姿勢から、頭部の首のすわり（安定）から肩で頭を上げ、次に上体を自分で起こせるようになり、次第に脚部の方へ移り、四つんばいができるようになり、ハイハイが可能になるという発達の方向性、すなわち頭部から尾部への原理にしたがっている。乳児期の四つんばいの姿勢や、ハイハイは次の歩行への準備段階として、重要な発達段階なのである。

（本間）

第1節　発達

（9）乳幼児の手（手の労働）の発達段階

乳幼児の手（手の労働）の発達①

	乳　児　期	幼　児　前　期
	「つかむ手」獲得の時代	「つかう手」獲得の時代
	手　の　操　作	対　象　的　行　為
対象性	対象に向かって行為する。 ①対象に手をのばす。 ②ものに働きかける（しかし、ものの扱いになっていない）。 ③簡単なもの（日常で使う）を使いはじめる（スリッパ、スプーンなど）。	ものに従った手の動きをする。ものの扱いを覚える。 ①主として右手をつかい、大まかな動きからなるもの（荷物を運ぶ、コップの水をのむなど）→細かな動きからなるもの（お箸の使用）。 ②はじめ両手をつかうが左手は補助的役割をする（ふたつきのびんをあける）→おわりごろ両手ともにつかい、協応する（ホーキとチリトリ）。 ③二人の間でのスプーンで食べさせるとか積木を運ぶなどのことは、中頃からできる（人に対する対象性の芽ばえ）。
随意性	自分の意のままに手を動かす。 ①把握が随意的になる。 ②両手の初歩的な分化、協応（両手にもてる、もちかえる）。 ③指の分化、協応（拇指と四指の分化：拇指と四指の対置〈つかむ〉→人さし指、中指の分化〈つまむ〉）。 ④足と手の分化。	ものから、ものに働きかける手の動きの分離がはじまる（イメージがもてる）。 ①かなり自由に手、指が動くようになる、しかし、薬指、小指が弱い。 ②両手交互開閉、両手がき（円だけ）がゆっくりならできる子がでてくる。 ③「あれちょうだい」「～してちょうだい」と要求できる。 ④小さいものにはつまむ形、大きいものにはつかむ形の手をして手をのばす。 ⑤お箸、スプーンの使用がそらでできるようになる。 ⑥しかし、ものが変わるとこわれる（代理物の使用がむずかしい、終わりごろから少しずつ可）。
きき手・きき足	きき手らしき方の手（多くは右手）が、みえてくる。しかし、交代したりして、不安定。	不安定な両手きき、しかし、やや右の方が優勢。歩行を開始した足では、はじめ左右差なし。しかし、終わりごろ、多くは、右足で、左足より多くの体重をささえ、先にスキップが可能になる。そして、この足の方に、土踏まずの形成がはじまる。
備考	「随意性」優位の時期：随意性優位のため（というより対象性を伴わない随意性のため）物の論理に従わず手の論理に合わせて勝手にものをいじくりまわす。 子ども―ひとの系（エリコニン）	「対象性」優位の時期：二歳前後からコトバの目ざましい習得とともに行為のものからの分離がはじまる。しかし、対象性優位のため、ものにかなり規定される。そのため代理物を用いることがむずかしい。 　子ども―ものの系（エリコニン） 　前概念的思考（ピアジェ）の時代。 　基本的生活習慣の自立 etc →「つもり」行動（田中昌人）へ。 　第一反抗期はじまる。
手の骨と足のうら（土踏まず）形成の状態	（1歳）　（赤ちゃんの足:支持作用のみ）	（3歳）　（男子3.5歳、女子3歳：右の場合が多い）

（注）1.対象性とは、対象の要求（対象のもつ論理）に合わせてものを扱うこと、はじめもの（道具・事物）との間で、やがて人との間で要求される。（自→対象）。
　　　2.随意性とは、意のままにものを扱うこと、はじめものから、やがて人（自分、相手）から独立して（分離して）、ものの扱いが意のままになる。（自←対象）。

第1章　生活

乳幼児の手（手の労働）の発達②

		幼児後期	学童前期（小学校低学年）
		「つくる手」「遊ぶ手」「はたらく手」獲得の時代	「書く手」獲得の時代
		ごっこ遊び、製作、日常的学習	学習、製作、日常的労働
対象性		人との間での対象性の習得がはじまる。 ①共同作業の段階では、協応的な動きだけでなく、やがて分業的な動きにおいても可能となる。 ②ものの扱いでは、ものの扱いの随意性の習得にもとづいてそれを人との間に移しかえようとするがうまくいかずどちらかといえば各自のやり方をもちこむことからはじまる。しかし、中頃から同じ動作の同時反復（なわまわし）が可能となり→交代（のぼり人形）→異なる動きによる共同（ハサミで切る）が可能となる（しかし、この点はまだ弱い）。	相手とあわせあう―共同作業と共に共同製作が可能になる。
随意性		人（自分、相手）からの行為の分離がはじまる。ものからの分離がすすむ。 ①かなり自由に手、指が動くようになる。薬指、小指も分化する。 ②両手交互開閉、両手がきがなめらかにできるようになる。 ③日常的に使用したり、行っていることなら上手につかいこなす。動きになめらかさがでてくる。 ④いろんなことがそらでできる。ある程度言語化もできる（しかし、道具的操作ではむずかしい）。 ⑤終わり頃には、代理物でも可能となる。 ⑥人との間では、お手伝いができる。一緒に一つのものをつかって遊べる。 ⑦コトバでもってある程度誘導が可能。	人からの行為の分離が道具操作の水準で可能となる。またものからの分離も運動（道具操作）の特徴の分離が可能となる（実物がなくても再演が可能となる）。つまり、お互いの行為のイメージが道具操作の段階でお互いにもてるようになる。
きき手・きき足		終わりごろ、きき手（多くは右手）の定着はじまる。足の方は、左足の方で、より体重をささえはじめる。左足でもスキップが可能となり、土踏まずが形成される。手、足がのび、すっきりしてくる。	きき手が確立（八歳）
備考		随意性優位の時期：ものからの行為の分離がつづく中で相手とあわせあおうとする。しかし、はじめは対象性が十分ついていないため、マイペース。やがて、相手にもあわせ（ついていくのみ）ていくようになり、最後にお互いに調整可能となりはじめる。 　子ども―ひとの系 　ひとりごとがはじまり、四―五歳で最高潮。 　直感的思考（ピアジェ）の時代。 　「ながら」行動から「けれども」行動へ（田中）。	対象性優位の時期：道具を扱い、ものを扱い、そしてものをつくる段階で共同が可能となる。またコトバでもっての指示、誘導は道具操作の水準でも可能となる。 　○子ども―ものの系 　○文字の習得　○内言化 　○具体的思考（ピアジェ）の時代
手の骨と足のうら（土踏まず）の形成の状態		（6歳）　　　　　　　（6歳：大人の足の仲間入り）	（13歳）

出典：丸山尚子「幼児と手の労働」丸山尚子、とくしま "手の労働" 研究会編『手で考える』黎明書房、1981年

　人間の手の特殊性は、識別能力と繊細な動きであり、いろいろな神経の終末器官が手のひらの手指に密に分布していることから第二の脳などといわれる。スキャモンの発育曲線からみる幼児期の神経系の著しい発達とあわせて、手の活用、手の労働は重要である。乳児期から学童期にかけて、つかむ手→つかう手→つくる手・遊ぶ手・はたらく手→書く手へと発達していくことは、手の労働の発達として捉えることができる。

(本間)

第1章 生活

第1節　発達

（10）愛着の発達

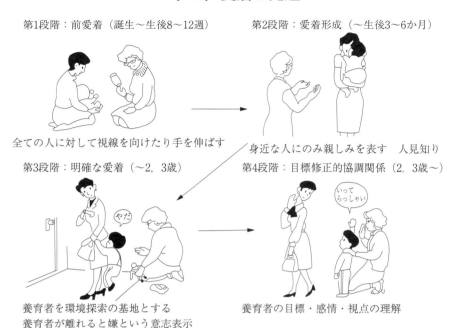

出典：川島一夫編『図で読む心理学 発達』福村出版、1991年

　愛着の発達の第1段階では、特定の人だけでなく誰でも定位行動や発信行動をする。第2段階では、乳児の定位行動、発信行動がよく関わる特定の人に向けられる。第3段階では、よく関わる人と見知らぬ人を区別し人見知りが始まる。特定の人への愛着も深まり、不安が生じた時には安全基地として、母親への接触を求める。第4段階では、母親などが安全基地として絶えず視野内に存在しなくとも、情緒的な安定が図れるようになる。

（福田）

第1節 発達

（11）ブリッジスによる情緒の分化

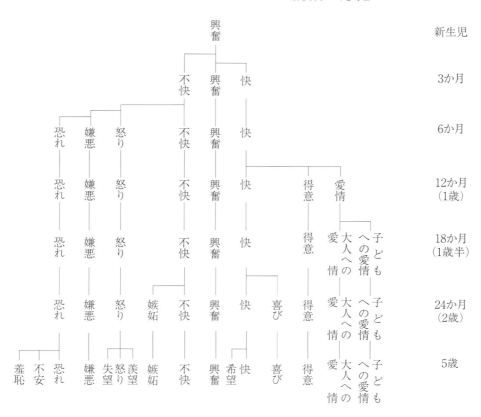

出典：Bridges,K,M,B.,1932

　ブリッジスによって、施設に育てられている乳幼児を対象に行われた、誕生から2歳までの詳細な観察に基づいた研究の結果である。情緒の発達は、誕生直後の漠然とした興奮状態から快不快が分化し、快からは得意や愛情といったポジティブな情緒が、不快からは怒りや嫌悪、恐れと言ったネガティブな情緒が現れるとされてきた。しかし現在では乳児の発達研究に基づいて、誕生直後から基本的な情緒が備わっていると考えられるようになってきた。

（福田）

第1節　発達

（12）社会的生活能力検査

年齢	番号	+−	問題	年齢	番号	+−	問題	年齢	番号	+−	問題
1	1		スプーンの使用ができる		24		ひもが結べる		45		のこぎりが使える　（男）お手玉遊びができる（女）
	2		自分でお茶わんから飲める		25		歯をみがく		46		自分で包帯をする
	3		排尿の予告をする		26		踏切を1人で渡れる		47		時々雨戸を開閉したり自分の室の掃除をする
	4		キャラメルなどの包装紙を開く		27		すごろくやカルタができる		48		交叉点を信号通りに渡れる
	5		庭を歩く	5	28		時々自分の寝具を片づけるあるいは掃除する	8	49		木の名7以上（30秒以内）
2	6		スプーンとお茶わんと両手に使用できる		29		4キロ歩ける		50		竹細工ができる
	7		おむつを使わなくなる		30		厚紙が切れる		51		8キロ歩ける
	8		上衣が脱げる		31		小けがに自分で薬をつける		52		キャッチボールをする　（男）布でふとんがつくれる　（女）
	9		おはしの使用ができる		32		鉛筆が削れる		53		父親のことを甘えたいい方をしなくなる
	10		完全に一人で食事ができる		33		行きなれた所なら1キロくらいの所へ1人でゆける		54		農業の手伝いをする
	11		手を洗う	6	34		時々炊事の片づけをする		55		野菜の名9以上（スラスラと）
3	12		上衣のぼたんがかけられる		35		野菜の名6以上（30秒以内）		56		2寸くぎがうちこめる　（男）のこぎりがひける　（女）
	13		くつが1人ではける		36		草取りをする	9	57		ひとりで乗り物を利用する
	14		排尿の自立		37		自分で爪を切る		58		将棋、トランプなどをする
	15		顔を洗う		38		お客に行ったら行儀よくふるまう		59		敬語を適当に使える
	16		新聞などとってくる		39		順序を守って乗り物に乗ったり対面交通を守る		60		毎日自分の寝具を片づける
	17		鼻をかむ		40		小鳥の名4以上（30秒以内）		61		野球ができる　（男）童話を読むことができる（女）
	18		小さなけがでは泣かない		41		マッチに点火できる				
4	19		排便の自立		42		友だちを呼ぶのに○○チャンといわなくなる	10	62		魚の名10以上（スラスラと）
	20		自分の着物をきる		43		鋭利な小刀をもたせても安全		63		手紙のやりとりをする
	21		魚の名3以上（30秒以内）	7	44		ガスに点火できる。あるいは炭火をおこしたりマキをもやせる		64		少しはなれた町まで1人で行く
	22		長上の人にあいさつする						65		毎日定まった家業の手伝いをする
	23		はさみで切り抜く								

出典：日名子太郎『乳幼児の発達と保育』日本保育協会、1982年

牛島義友（1906 ～ 1999）による、子どもの社会的生活能力を測定する項目である。本検査は保護者、教師が評定し、子どもの偶発的能力でなく日常生活において示される能力から判定する。各項目に関し可能不可能を判定し、できる（＋）が 5 項目以上続いた場合、これ以前の項目は合格とみなし、できない（ー）が 5 項目続いた場合はそれ以後の項目は不合格とみなす。採点はまず得点を出す。これを標準点数表により偏差値を求める。

（福田）

第1節　発達

（13）パーテンらによる遊びの型における年齢的変化

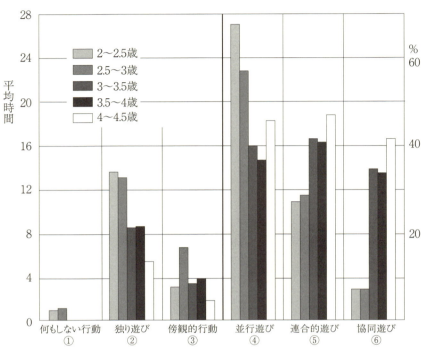

出典：Parten,M., & Newhall,S,M.,1943

　パーテンは子供の自由遊びを観察し、2〜4.5歳の遊びの発達を分類した。何もしない行動、独り遊び、傍観的行動、並行遊び、連合的遊び、協同遊びの6分類とした。2歳代で見られた独り遊びは減少し、加齢に伴い並行遊びも減少する。連合的遊びや協同遊びは、3歳以降に増加する。乳幼児期の遊びは、自分一人の遊びから他児の遊びを観察し、他児と同じような遊びをし、徐々に共通の目的をもち、役割分担するなど協同していく。

（福田）

第1節　発達

第1章　生活

（14）コールバーグの道徳性の発達段階

	発達段階	内　容
レベル1	社会的通念獲得以前の水準	罰の回避や報酬の獲得・見返りを求めるという外的なものにより統制されている。
段階1	他律的道徳性の段階	行動が報酬を受けるか罰せられるかによって判断。罰を回避するため権威に服従。人や所有物に物理的損害を与えないことがよいとされる。
段階2	個人主義の段階	結果が自分や愛する人の利益となるかどうかで判断。自分の関心や必要に一致し、他人にも同じことをさせるような規則だけを守る。公平・平等な交換・取引が正義とされる。
レベル2	社会通念の水準	有意な個人や依存する権威が有する規則に適合しようとする。行為の統制は外的なものであるが、動機は権威からの承認である。
段階3	人相互の間の期待・関係、相互間一致の尊重（「よい子」志向性）の段階	権威を持っている人が是認するか否定するかにもとづいて判断される。自分に身近な人の期待を裏切らないためによい子であろうとする願望、他人やその感情に対する配慮にもとづいている。
段階4	社会の組織と良識の尊重の段階	社会の法に従うか法を犯すかによって判断される。役割・ルールを規定するシステムの視点がとられる。
レベル3	脱社会通念の水準	内的基準を持ち、行為の決定は内省による正邪の判断でなされる。
段階5	社会的な契約・有用性、個人の権利の尊重の段階	協力的な援助にもとづいて広く行きわたっている社会的な契約から判断される。
段階6	普遍的な倫理的原理の獲得の段階	時間や文化を超えて適用される倫理的原則にもとづいて判断される。

出典：『旧子ども事典』編集委員会作成、2003年

　ピアジェの道徳判断の発達論を、発展させたのがコールバーグである。道徳ジレンマを扱った設問を用いて、物語の主人公がどのようにすべきかその理由を尋ねる方法をとった。道徳性の発達を3レベル6段階に分類した。社会的通念獲得以前の水準から、社会的通念の水準を経て脱社会通念の水準に進むとした。発達段階で示される順序は不変で、ある段階を飛び越して後の段階が現れること、前後の順序が入れ替わることはないと主張した。

（福田）

第1節 発達

(15) 乳幼児（男子・女子）体重および身長の比較

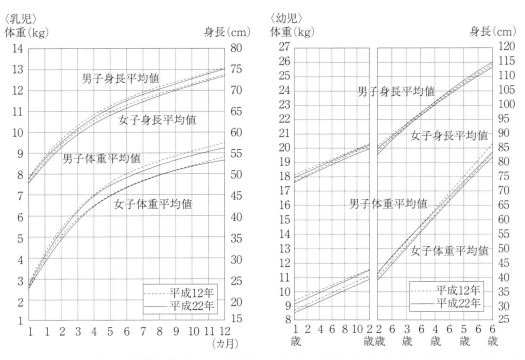

出典：厚生労働省雇用均等・児童家庭局「平成22年乳幼児身体発育調査報告書」より筆者作成

　乳幼児期は身長、体重の変化が、生涯にわたる発達のなかで最も著しい時期である。厚生労働省雇用均等・児童家庭局が10年ごとに施行する「乳幼児身体発育調査」によれば、2000（平成12）年と2010（平成22）年では、体重および身長を比較すると男女ともにやや減少している。生後から1年の変化をみると、男女ともに体重が3倍に、身長は約1.5倍になり、1歳を過ぎると成長は緩やかになるが、6歳までに体重も身長も大きくのびる。

（本間）

第1節　発達

（16）幼・小・中・高の身長・体重・座高の平均値の推移

<table>
<tr><td colspan="2" rowspan="2">区　分</td><td colspan="4">男　子</td><td colspan="4">女　子</td></tr>
<tr><td>幼</td><td>小</td><td>中</td><td>高</td><td>幼</td><td>小</td><td>中</td><td>高</td></tr>
<tr><td></td><td>年度</td><td>5 歳</td><td>11 歳</td><td>14 歳</td><td>17 歳</td><td>5 歳</td><td>11 歳</td><td>14 歳</td><td>17 歳</td></tr>
<tr><td rowspan="6">身長（cm）</td><td>昭和 33</td><td>106.9</td><td>135.1</td><td>153.6</td><td>164.3</td><td>105.5</td><td>136.6</td><td>149.9</td><td>153.5</td></tr>
<tr><td>43</td><td>109.0</td><td>139.7</td><td>159.7</td><td>167.3</td><td>108.1</td><td>141.7</td><td>153.4</td><td>155.3</td></tr>
<tr><td>53</td><td>110.3</td><td>142.4</td><td>163.0</td><td>169.3</td><td>109.4</td><td>144.4</td><td>155.5</td><td>156.6</td></tr>
<tr><td>63</td><td>110.8</td><td>144.1</td><td>164.1</td><td>170.3</td><td>110.1</td><td>145.9</td><td>156.3</td><td>157.8</td></tr>
<tr><td>平成 10</td><td>110.8</td><td>145.3</td><td>165.3</td><td>170.9</td><td>110.0</td><td>147.0</td><td>156.8</td><td>158.1</td></tr>
<tr><td>28</td><td>110.4</td><td>145.2</td><td>165.2</td><td>170.7</td><td>109.4</td><td>146.8</td><td>156.5</td><td>157.8</td></tr>
<tr><td rowspan="6">体重（kg）</td><td>昭和 33</td><td>17.6</td><td>30.2</td><td>44.2</td><td>55.7</td><td>17.1</td><td>31.3</td><td>44.6</td><td>50.3</td></tr>
<tr><td>43</td><td>18.3</td><td>33.2</td><td>48.8</td><td>57.9</td><td>17.9</td><td>34.8</td><td>47.6</td><td>51.7</td></tr>
<tr><td>53</td><td>18.9</td><td>35.6</td><td>51.8</td><td>59.9</td><td>18.4</td><td>36.8</td><td>48.9</td><td>52.0</td></tr>
<tr><td>63</td><td>19.2</td><td>37.4</td><td>53.6</td><td>61.8</td><td>18.9</td><td>38.5</td><td>49.9</td><td>52.7</td></tr>
<tr><td>平成 10</td><td>19.2</td><td>39.4</td><td>55.2</td><td>62.7</td><td>18.9</td><td>40.1</td><td>50.6</td><td>53.1</td></tr>
<tr><td>28</td><td>18.9</td><td>38.4</td><td>53.9</td><td>62.5</td><td>18.5</td><td>39.0</td><td>50.0</td><td>52.9</td></tr>
<tr><td rowspan="6">座高（cm）</td><td>昭和 33</td><td>61.0</td><td>73.8</td><td>83.0</td><td>89.7</td><td>60.4</td><td>75.0</td><td>82.7</td><td>84.7</td></tr>
<tr><td>43</td><td>61.8</td><td>75.6</td><td>85.7</td><td>90.1</td><td>61.3</td><td>77.2</td><td>84.0</td><td>85.0</td></tr>
<tr><td>53</td><td>61.7</td><td>76.4</td><td>86.6</td><td>90.4</td><td>61.2</td><td>77.9</td><td>84.2</td><td>84.9</td></tr>
<tr><td>63</td><td>62.6</td><td>77.2</td><td>87.2</td><td>90.9</td><td>62.2</td><td>78.7</td><td>84.5</td><td>85.2</td></tr>
<tr><td>平成 10</td><td>62.2</td><td>77.9</td><td>87.8</td><td>91.3</td><td>61.7</td><td>79.5</td><td>84.7</td><td>85.2</td></tr>
<tr><td>26</td><td>61.8</td><td>77.6</td><td>88.1</td><td>92.0</td><td>61.3</td><td>79.3</td><td>84.9</td><td>85.9</td></tr>
</table>

出典：文部科学省「平成 28 年学校保健統計調査報告書」

　学校保健安全法により実施される健康診断の結果に基づき 5 歳から 17 歳までの発育状態（身長・体重・座高）の平均値の推移を示したものである。身長の平均値の推移は 1998（平成 10）年から 2016（平成 28）年にかけては横ばい状態である。体重の平均値の推移は 1998（平成 10）年から 2016（平成 28）年にかけて 14 歳男子、11 歳男子・女子において減少傾向にある。座高は規則が改正され、平成 28 年度より計測廃止となった。

（本間）

第1節　発達

（17）一般調査による乳幼児の運動機能通過率と言語機能通過率

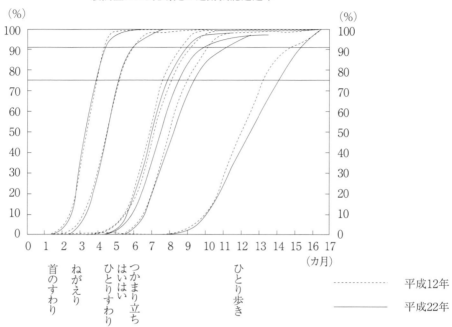

一般調査による乳幼児の運動機能通過率

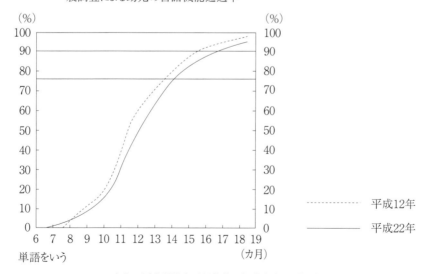

一般調査による幼児の言語機能通過率

出典：厚生労働省雇用均等・児童家庭局「平成22年乳幼児身体発育調査報告書」

前回調査の 2000（平成 12）年と比較したものである。運動機能は「首のすわり」と「寝返り」では前回に近い値を示し、それ以外は全般的にやや遅くなる傾向がある。言語機能では「言葉を話しますか」と問い、実際の対象をさして発音される単語がある場合は「はい」とし、その単語の数を算用数字で記入する調査であるが「単語を言う」は一語以上のことばを話す乳幼児の割合を示している。こちらも前回調査よりやや遅くなっている。

（本間）

第1節 発達

（18）幼児の身長体重曲線（男女）

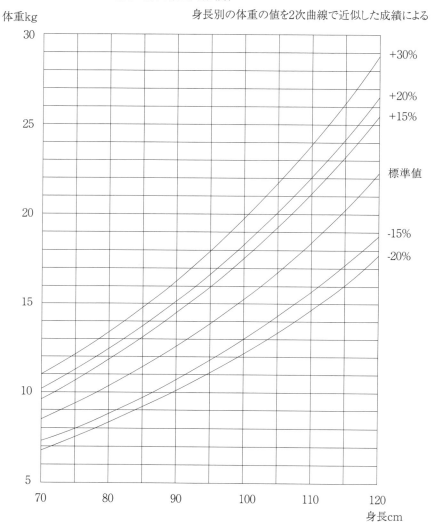

幼児の身長体重曲線（女）

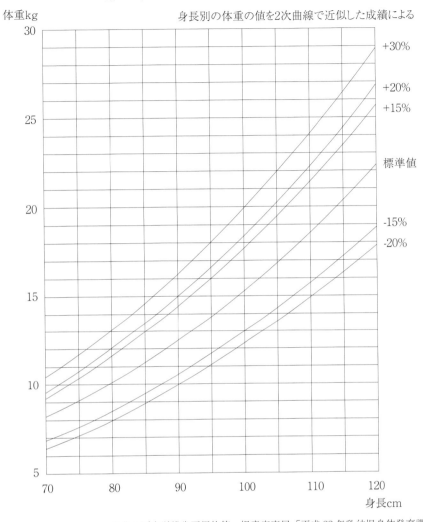

出典：厚生労働省雇用均等・児童家庭局「平成22年乳幼児身体発育調査報告書」

　身長・体重の調査結果をもとに男児と女児の肥満度判定のために作成した身長体重曲線である。これは、1歳以上の子どもについて、身長に対する体重の値を、身長の2次式［体重＝a X 身長＋b X 身長＋c］によって表したものである。子どもの身長と体重の値が標準値からどの範囲の％に留まるかをみて肥満度を判定できる。30％以上は太りすぎ、－15％ +15％はふつう、－20％以下はやせすぎ、などの目安とする。

（本間）

第1節 発達

（19）児童・生徒・青少年の体力・運動能力（平成11・27年度、男女）および新体力テスト合計点

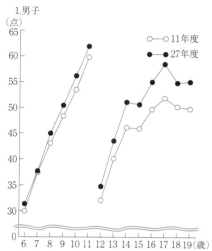

1. 男子

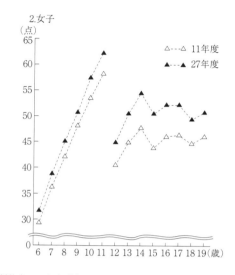

2. 女子

注）
1. 平成27年度の調査対象は、表の通り。小学生・中学生・高校生は平成27年5～7月調査。それ以外は平成27年5～10月。
2. 新体力テスト：平成11年4月から、全国で6～79歳までを対象に行われている新体力測定。小学生（6～11歳）は①握力、②上体起こし、③長座体前屈、④反復横とび、⑤20mシャトルラン（往復持久走）、⑥50m走、⑦立ち幅とび、⑧ソフトボール投げで、中学生～大学生（12～19歳）は⑧がハンドボール投げになり、⑤の20mシャトルラン（往復持久走）が持久走と選択実施になる。
3. 数値は、新体力テストの合計点の年齢平均値を表す。
4. 新体力テストの総得点合計は、6～11歳が80点、12～19歳が90点。
5. 6～11歳と12～19歳及び男女の得点基準は異なる。

区分	回収数（人）	回収率（％）
小学校	13,514	99.8
中学校	8,453	99.9
高等学校（全日制）	7,552	99.2
高等学校（定時制）	1,328	88.3
高等専門学校（男子）	549	91.5
短期大学（女子）	419	69.8
大学	2,195	91.5

3. 新体力テスト合計点

（点）

年齢	男子平均値 平成11年度	男子平均値 27年度	女子平均値 平成11年度	女子平均値 27年度
6歳	29.94	31.29	29.55	32.01
7	37.41	37.69	36.45	38.90
8	43.07	44.95	42.19	45.08
9	48.34	50.31	48.30	51.05
10	53.48	56.10	53.77	57.55
11	59.78	61.82	58.58	62.52
12	32.12	34.75	40.87	45.13
13	39.99	43.39	45.19	50.83
14	46.22	50.99	48.06	54.53
15	45.93	50.60	44.15	50.52
16	49.80	55.15	46.60	52.42
17	51.92	58.71	46.84	52.53
18	50.29	54.82	45.31	49.72
19	49.94	55.23	46.57	51.34

出典：文部科学省スポーツ・青少年局「平成11年度体力・運動能力調査報告書」2000年「平成27年度体力・運動能力調査報告書」2016年　『日本子ども資料年鑑2017』中央出版

　文部科学省スポーツ・青少年局は1999（平成11）年度より、全国で6歳から19歳までを対象に体力と運動能力を調査する新体力測定を実施している。図表の数値は新体力テストの合計点の年齢別平均値を表している。どの年齢においても、平均値は1999（平成11）年度より高い数値を示している。ただし、小学生と中学生で体力測定内容が異なり、総得点合計も異なる。そのため、11歳と12歳では平均値がいったん下がる。

（本間）

第1章 生活

第1節　発達

（20）低出生体重児の出生割合の推移

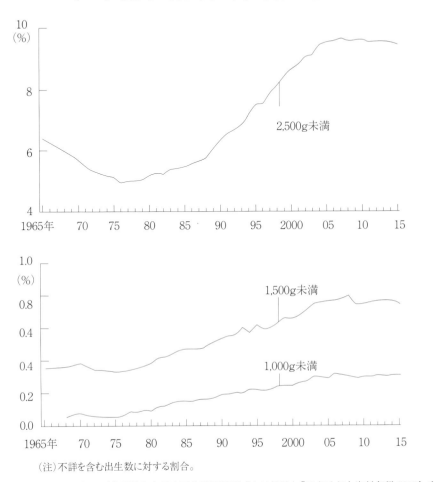

(注) 不詳を含む出生数に対する割合。

出典：厚生労働省大臣官房統計情報部「人口統計」『日本子ども資料年鑑2017』中央出版

　全出生児に対する、不詳を含む2500g未満の低出生体重児の出生割合の推移である。1965年から2015年までの50年間でみていくと、1975年まで減少していたが、1980年以降から増加傾向にあり、2005年ころには10％近くとなり、その後は横ばい傾向でここ数年は微減している。1,500g未満、1,000g未満の超低出生体重児が増加していることがわかる。母親の出産平均年齢と関わりがあるのではないかと推測する。

(本間)

第1章 生活

第2節 病気

（1）肥満・痩身傾向児の出現率の推移

年齢別　肥満傾向児及び痩身傾向児の出現率

(%)

区分		肥満傾向児					
		男子			女子		
		平成30年度 A	29年度 B	前年度差 A-B	平成30年度 A	29年度 B	前年度差 A-B
幼稚園	5 歳	2.58	2.78	△0.20	2.71	2.67	0.04
小学校	6 歳	4.51	4.39	0.12	4.47	4.42	0.05
	7	6.23	5.65	0.58	5.53	5.24	0.29
	8	7.76	7.24	0.52	6.41	6.55	△0.14
	9	9.53	9.52	0.01	7.69	7.70	△0.01
	10	10.11	9.99	0.12	7.82	7.74	0.08
	11	10.01	9.69	0.32	8.79	8.72	0.07
中学校	12 歳	10.60	9.89	0.71	8.45	8.01	0.44
	13	8.73	8.69	0.04	7.37	7.45	△0.08
	14	8.36	8.03	0.33	7.22	7.01	0.21
高等学校	15 歳	11.01	11.57	△0.56	8.35	7.96	0.39
	16	10.57	9.93	0.64	6.93	7.38	△0.45
	17	10.48	10.71	△0.23	7.94	7.95	△0.01

区分		痩身傾向児					
		男子			女子		
		平成30年度 A	29年度 B	前年度差 A-B	平成30年度 A	29年度 B	前年度差 A-B
幼稚園	5 歳	0.27	0.33	△0.06	0.35	0.29	0.06
小学校	6 歳	0.31	0.47	△0.16	0.63	0.64	△0.01
	7	0.39	0.53	△0.14	0.53	0.61	△0.08
	8	0.95	0.95	0.00	1.19	1.07	0.12
	9	1.71	1.57	0.14	1.69	1.86	△0.17
	10	2.87	2.66	0.21	2.65	2.43	0.22
	11	3.16	3.27	△0.11	2.93	2.52	0.41
中学校	12 歳	2.79	2.96	△0.17	4.18	4.36	△0.18
	13	2.21	2.26	△0.05	3.32	3.69	△0.37
	14	2.18	2.05	0.13	2.78	2.74	0.04
高等学校	15 歳	3.24	3.01	0.23	2.22	2.24	△0.02
	16	2.78	2.50	0.28	2.00	1.87	0.13
	17	2.38	2.09	0.29	1.57	1.69	△0.12

肥満傾向児の出現率の推移

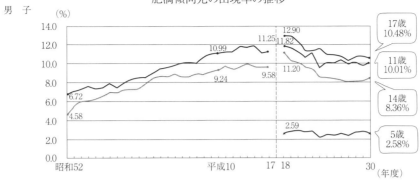

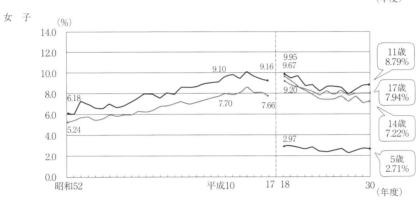

痩身傾向児の出現率の推移

男子

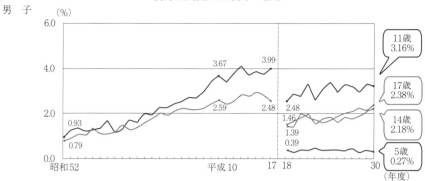

女子

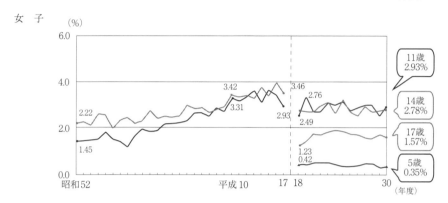

出典：文部科学省「学校保健統計調査報告書」平成 31 年

　1977（昭和 52）年度から 2018（平成 30）年度まで推移のグラフであるが、2006（平成 18）年度から算出方法を変更しており、単純比較はできない。5 歳および 17 歳は平成 18 年度から調査を実施している。肥満傾向児の出現率の推移は、男女とも年齢層によりばらつきがあるが平成 15 年あたりからおおむね減少傾向である。痩身傾向は、年によってばらつきがあり、おおむね出現率の傾向は男女ともに 5 歳 11 歳で減少、14 歳 17 歳で上昇傾向にある。

（本間）

第2節　病気

（2）裸眼視力 1.0 未満の者の推移および割合の推移

裸眼視力 1.0 未満の者の推移

(%)

区　　分		昭和 54 年度	63	平成 10	20	26	27	28	29	30
幼稚園	計	16.47	23.21	25.84	28.93	26.53	26.82	27.94	24.48	26.68
	1.0 未満 0.7 以上	12.21	16.65	18.15	22.03	17.55	19.55	20.01	18.05	19.04
	0.7 未満 0.3 以上	3.91	6.09	7.18	6.11	8.01	6.57	7.08	5.71	6.78
	0.3 未満	0.35	0.48	0.51	0.78	0.97	0.70	0.85	0.72	0.86
小学校	計	17.91	19.59	26.34	29.87	30.16	30.97	31.46	32.46	34.10
	1.0 未満 0.7 以上	9.47	8.34	10.49	11.23	10.72	11.12	11.16	11.48	12.01
	0.7 未満 0.3 以上	5.77	7.12	9.91	11.60	11.29	11.53	11.68	12.25	12.81
	0.3 未満	2.67	4.13	5.94	7.05	8.14	8.32	8.62	8.72	9.28
中学校	計	35.19	39.39	50.31	52.60	53.04	54.05	54.63	56.33	56.04
	1.0 未満 0.7 以上	9.65	10.17	11.58	12.38	11.31	11.68	11.53	11.50	11.27
	0.7 未満 0.3 以上	12.47	13.37	16.66	17.80	16.75	17.07	16.42	18.37	19.22
	0.3 未満	13.06	15.85	22.07	22.42	24.97	25.31	26.68	26.46	25.54

裸眼視力1.0未満の者の割合の推移

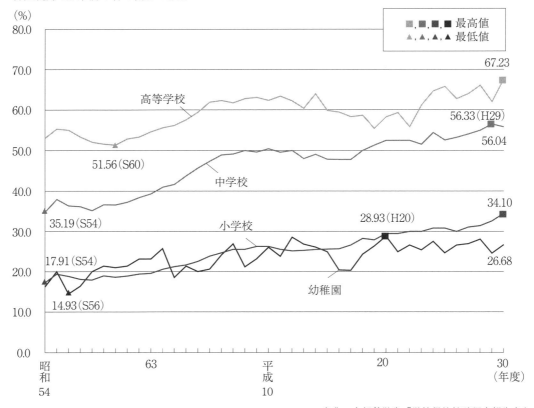

出典：文部科学省「学校保健統計調査報告書」

　「裸眼視力1.0未満の者」は、1979（昭和54）年度から調査を実施している。2018（平成30）年度を前年度と比較すると、幼稚園、小学校、高等学校で増加しており、幼稚園以外は過去最高となった。中学校も過去最高の割合となった前年度と同様の高い割合である。「裸眼視力0.3未満の者」の割合も、小学校および高等学校で過去最高となった。推移をみても、裸眼視力1.0未満の者の割合は全体的に増加傾向であることは間違いない。

（本間）

第2節　病気

（3）学校種別ぜん息者の推移

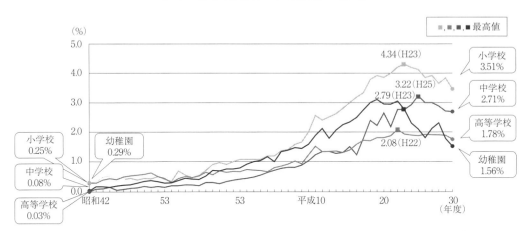

※幼稚園については昭和46年度は調査していない。
出典：文部科学省「学校保健統計調査報告書」

　53年間のぜん息者推移である。調査実施開始の1967（昭和42）年度では、幼稚園0.29％、小学校0.25％、中学校0.08％、高等学校0.03％でその後増加傾向であった。2010～2013（平成22～25）年度にピークを迎えた後は、どの学校種でもおおむね減少傾向となっている。2018（平成30）年度の数値は、幼稚園1.56％、小学校3.51％、中学校2.71％、高等学校1.78％で前年度と比較しても中学校以外の学校段階では減少している。

（本間）

第1章 生活

第2節 病気

（4）むし歯（う歯）の者の割合の推移

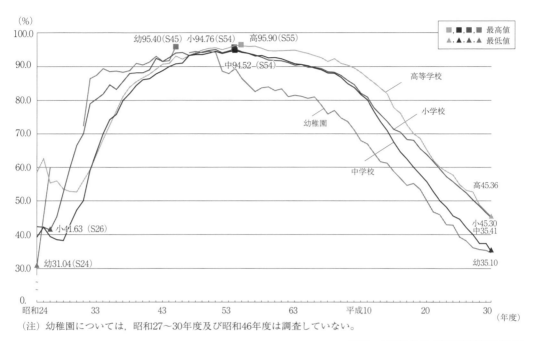

（注）幼稚園については，昭和27～30年度及び昭和46年度は調査していない。

出典：文部科学省「学校保健統計調査」

　1949（昭和24）年からの推移である。2018（平成30）年度の割合は、幼稚園35.10％、小学校45.30％、中学校35.41％、高等学校45.36％である。すべての学校段階で前年度より減少し、中学校及び高等学校においては過去最低の割合となった。幼稚園は1970（昭和45）年度に95.40％、小、中学校では昭和54年度にそれぞれ94.76％、94.52％、高等学校では1980（昭和55）年代に95.90％とピークを迎え、その後は右肩下がりの減少傾向にある。

(本間)

第2節 病気

（5）3歳児におけるアレルギー疾患の罹患率状況の推移

各アレルギー疾患のり患状況
（症状有かつ診断有）

	平成26年度 人数	平成26年度 ％
ぜん息　　　　　　（n=3,357）	331	9.9
（再掲）2回以上の呼吸器症状	287	8.5
食物アレルギー　　（n=3,368）	563	16.7
アトピー性皮膚炎　（n=3,351）	376	11.2
アレルギー性鼻炎　（n=3,341）	301	9.0
アレルギー性結膜炎（n=3,336）	159	4.8
じんましん　　　　（n=3,350）	416	12.4
その他のアレルギー疾患（n=3,282）	42	1.3
何らかのアレルギー疾患あり（n=3,407）	1,338	39.3

（参考）過去の調査結果

	平成11年度 ％	平成16年度 ％	平成21年度 ％
ぜん息	-	-	-
（再掲）2回以上の呼吸器症状	7.9	10.5	9.3
食物アレルギー	7.1	8.5	14.4
アトピー性皮膚炎	16.6	15.3	15.8
アレルギー性鼻炎	6.1	9.2	11.1
アレルギー性結膜炎	4.6	4.5	4.8
じんましん	11.9	8.7	11.3
その他のアレルギー疾患	3.0	2.2	4.6
何らかのアレルギー疾患あり	36.8	36.7	38.8

（注）各疾患別のn：各症状及び疾患ごとの無回答を除く
　　　何らかのアレルギー疾患のn：全症状及び全疾患の無回答の28人を除く

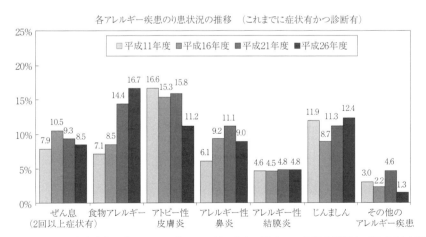

各アレルギー疾患のり患状況の推移　（これまでに症状有かつ診断有）

出典：東京都健康安全研究センター「アレルギー疾患に関する3歳児全都調査（平成26年度）報告書」

3歳児のこれまでの調査結果で「何らかのアレルギー症状があり」は、平成11年36.8%、16年36.7%、21年38.8%、26年39.3%と各年度高い割合である。しかし症状が有り、かつ診断ありの3歳児において、症状別の棒グラフで推移をみると、症状によっては、年度によって減少している年もある。診断を受け、的確な治療で症状が回復すると推察できる。呼吸器症状という全般的な表現での罹患率は、ぜん息と診断されることで減少する。

（本間）

第2節　病気

（6）年齢層別アレルギー性鼻炎有病率

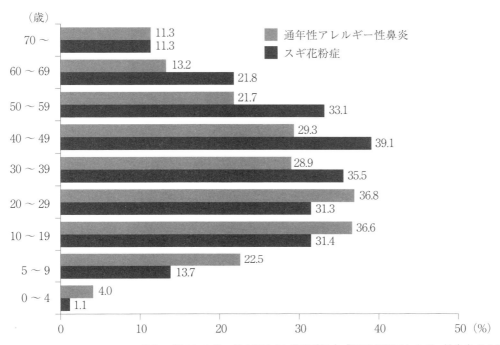

出典：鼻アレルギーガイドライン作成委員会「2016年版アレルギー性鼻炎ガイド」

　アレルギー性鼻炎は、種類によって年齢に差がある。スギ花粉症が中年の人の発症が多いのに対し、通年性アレルギー性鼻炎は若年齢層に多く見られる。鼻炎の増加は、スギ花粉の増加、都市化と生活環境の変化、などが理由として挙げられる。通年性アレルギー性鼻炎は10〜19歳と20〜29歳にピークがあり、スギ花粉症のピークは30歳代40歳代に多く見られる。また、複数の花粉に反応する人も増加している。

（本間）

第2節　病気

（7）気管支ぜん息の発作程度の見分け方

	小発作	中発作	大発作	呼吸不全
基本的な発作の目安				
呼吸のしかた				
ぜん鳴　　軽度	明らか	著明	弱い（呼吸不全を来した場合、ぜん鳴は弱くなるので要注意）
陥没呼吸　なし（あっても、のどの部分に軽度）	明らか	著明	著明
起座呼吸　なし	横になれる程度	あり	あり
チアノーゼ　なし	なし	あり	顕著　その他・尿便失禁・興奮(あばれる)・意識低下など
日常生活の様子				
遊び　　・ふつう	・ちょっとしか遊ばない	・遊べない	―
給食　　・ふつう	・少し食べにくい	・食べられない	―
会話　　・ふつう	・話しかけると返事はする	・話しかけても返事ができない	―
授業　　・ふつう	・集中できない	・参加できない	―

キーワード

ぜん鳴
発作にともなって生じるゼーゼー・ヒューヒューという気管支ぜん息発作特存の気道音。

陥没呼吸
息を吸うときに下図の部位が引っ込む呼吸や状態。
※陥没呼吸が起こる部位

起座呼吸
息苦しくて横になることができない呼吸や状態。

チアノーゼ
体内の酸素が不足した状態。くちびるやつめが青くなる。

出典：公益財団法人日本学校保健会「学校のアレルギー疾患に対する取り組みガイドライン」平成20年

　気管支ぜん息は、罹患している子どもにとっては大変苦しい発作である。ごく軽い小発作から死に至りかねない呼吸不全まで、その程度はさまざまだが、症状や生活上での制約などから現在起きている発作の程度（小発作・中発作・大発作・呼吸不全）を推測することができる。発作の程度により対応も異なるが、基本的な発作の目安（ぜん鳴からチアノーゼ）を参考にして、早期に発見することが大切である。

（本間）

第2節　病気

（8）各アレルギー疾患の有病者数・有病率

学校種別		児童生徒数	ぜん息		アトピー性皮膚炎		アレルギー性鼻炎		アレルギー性結膜炎		食物アレルギー		アナフィラキシー	
			児童生徒数	割合	児童生徒数	割合	児童生徒数	割合	児童生徒数	割合	児童生徒数	割合	児童生徒数	割合
小学校	男子	3,581,576	291,925	8.2%	233,259	6.5%	380,412	10.6%	136,303	3.8%	106,613	3.0%	6,547	0.18%
	女子	3,405,598	181,123	5.3%	204,816	6.0%	235,517	6.9%	107,290	3.2%	87,832	2.6%	4,171	0.12%
	合計	6,987,174	473,048	6.8%	438,075	6.3%	615,929	8.8%	243,593	3.5%	194,445	2.8%	10,718	0.15%
中学校	男子	1,721,781	104,127	6.0%	83,807	4.9%	200,876	11.7%	70,556	4.1%	45,585	2.6%	2,957	0.17%
	女子	1,626,330	65,952	4.1%	80,504	5.0%	141,873	8.7%	58,310	3.6%	42,489	2.6%	2,063	0.13%
	合計	3,348,111	170,079	5.1%	164,311	4.9%	342,749	10.2%	128,866	3.8%	88,074	2.6%	5,020	0.15%
高校学校	男子	1,210,686	49,416	4.1%	45,737	3.8%	122,430	10.1%	36,930	3.1%	22,572	1.9%	1,413	0.12%
	女子	1,226,306	37,853	3.1%	50,879	4.1%	99,463	8.1%	32,971	2.7%	24,306	2.0%	1,169	0.10%
	合計	2,436,992	87,269	3.6%	96,616	4.0%	221,893	9.1%	69,901	2.9%	46,878	1.9%	2,582	0.11%
中等教育学校	男子	543	41	7.6%	38	7.0%	84	15.5%	34	6.3%	13	2.4%	0	0.00%
	女子	734	29	4.0%	46	6.3%	94	12.8%	25	3.4%	13	1.8%	3	0.41%
	合計	1,277	70	5.5%	84	6.6%	178	13.9%	59	4.6%	26	2.0%	3	0.23%
男子児童生徒合計数		6,514,586	445,509	6.8%	362,841	5.6%	703,802	10.8%	243,823	3.7%	174,783	2.7%	10,917	0.17%
女子児童生徒合計数		6,258,968	284,957	4.6%	336,245	5.4%	476,947	7.6%	198,596	3.2%	154,640	2.5%	7,406	0.12%
児童生徒合計数		12,773,554	730,466	5.7%	699,086	5.5%	1,180,749	9.2%	442,419	3.5%	329,423	2.6%	18,323	0.14%

出典：アレルギー疾患に関する調査研究委員会「アレルギー疾患に関する調査報告書」資料編　平成 19 年

　児童生徒のアレルギー疾患有病率である。少し前のデータとなるが、学校において調査時期までに実施された健康診断による情報に基づく貴重なデータである。ぜん息、アトピー性皮膚炎、アレルギー性鼻炎について有病率はおおむね高い。アレルギー疾患はまれな疾患でなく、学校やクラスに各種のアレルギー疾患を持つ児童生徒がいることを前提とした学校保健の取り組みが求められている。

（本間）

第2節　病気

（9）アナフィラキシー症状をきたした児童生徒を発見した時の対応

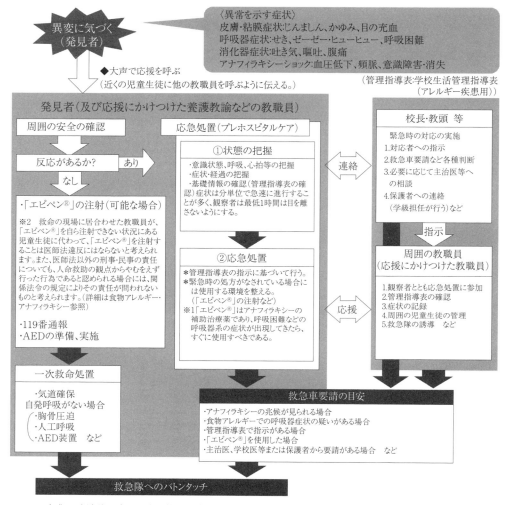

出典：公益財団法人日本学校保健会「学校のアレルギー疾患に対する取り組みガイドライン」平成20年

　アナフィラキシーとは、摂取した食物に対するアレルギー反応が2臓器以上（例：皮膚〈発疹〉と気管支〈呼吸困難〉など）に出現したものをいう。さらに血圧の低下や意識の消失にまで至った状態をアナフィラキシーショックという。アナフィラキシーはまれな疾患であるが、起きた場合には生命に関わる重篤な疾患であり、緊急時の対応等は、学校生活のなかでの初発例があることも踏まえ、事前に学校で共通理解を図っておく必要がある。

（本間）

第2節 病気

（10）食物アレルギーの原因食品と診断を受けている人数に対する割合

平成 24 年度（5,264 人中）

	食品名	割合（%）
1	鶏卵	38.8
2	牛乳	28.9
3	ピーナッツ	18.4
4	種実類	15.2
5	キウイフルーツ	12.7
6	乳製品	11.4
7	そば	11.1
8	えび	9.9
9	魚卵	9.5
10	かに	6.8
	キウイフルーツ以外の果物	9.8

平成 27 年度（5,423 人中）

	食品名	割合（%）
1	鶏卵	33.9
2	牛乳	26.7
3	ピーナッツ	17.7
4	キウイフルーツ	12.0
5	種実類	12.0
6	乳製品	11.0
7	魚卵	10.5
8	えび	10.1
9	そば	9.6
10	かに	7.0
	キウイフルーツ以外の果物	15.4

出典：横浜市教育委員会「アレルギー対応の児童生徒対応マニュアル」平成 28 年 3 月改訂

　横浜市内の小学校を対象に行った実態調査の結果である。2012（平成 24）年度と 2015（平成 27）年度で比較すると、鶏卵・牛乳・ピーナッツの割合が低くなっている一方、キウイフルーツ以外の果物の割合が増加傾向にある。アレルギーを起こす頻度とアレルギー症状の強さに違いはあるが、たんぱく質を含む全ての食品がアレルゲンになる可能性を持っている。しかし、実際には摂取頻度や摂取量の多い一部の食品が原因になっている。

（本間）

第1章 生活

第2節　病気

（11）食物アレルギーにより引き起こされる症状

皮膚症状	瘙痒感、じんましん、血管性浮腫、発赤、湿疹	
粘膜症状	眼症状	結膜充血・浮腫、瘙痒感、流涙、眼瞼浮腫
	鼻症状	くしゃみ、鼻汁、鼻閉
	口腔咽頭症状	口腔・口唇・舌の違和感・腫脹. 咽頭の痒み・イガイガ感
消化器症状	腹痛、悪心、嘔吐、下痢、血便	
呼吸器症状	喉頭絞扼感、喉頭浮腫、嗄声、咳嗽、喘鳴、呼吸困難	
全身性症状	アナフィラキシー	多臓器の症状
	アナフィラキシーショック	頻脈、虚脱状態（ぐったり）、意識障害、血圧低下

出典：厚生労働省科学研究班による食物アレルギーの診療の手引き 2014 検討委員会「厚生労働省科学研究班による食物アレルギーの診療の手引き 2014」

　食物アレルギーとは、「食物によって引き起こされる抗原特異的な免疫学的機序を介して生体にとって不利益な症状が惹起される現象」をいう。食中毒、毒性植物による反応、ヒスタミン中毒、食物不耐症は含まない。摂取した食物が原因となって起こる症状でも、細菌や毒素などによる食中毒や牛乳を飲むとおなかがごろごろするといった乳糖不耐症は免疫を介しておこるものではないので食物アレルギーとは区別する。

（本間）

第3節　事故

（1）年齢階級別、不慮の事故の死因別死亡数の推移

(人，%)

区分			不慮の事故総数	交通事故	転倒・転落	煙，火及び火災への曝露	不慮の溺死及び溺水	不慮の窒息	その他
0歳	昭和60年	1985	451	20 （4.4）	14 （3.1）	9 （2.0）	35 （7.8）	347 （76.9）	26 （5.8）
	平成 7	95	329	18 （5.5）	8 （2.4）	5 （1.5）	22 （6.7）	231 （70.2）	45 （13.7）
	12	2000	217	16 （7.4）	8 （3.7）	6 （2.8）	7 （3.2）	160 （73.7）	20 （9.2）
	17	05	174	11 （6.3）	7 （4.0）	6 （3.4）	9 （5.2）	133 （76.4）	8 （4.6）
	22	10	113	9 （8.0）	4 （3.5）	3 （2.7）	6 （5.3）	85 （75.2）	6 （5.3）
	26	14	78	2 （2.6）	3 （3.8）	－ （－）	2 （2.6）	64 （82.1）	7 （9.0）
	27	15	81	3 （3.7）	1 （1.2）	1 （1.2）	4 （4.9）	69 （85.2）	3 （3.7）
1〜4歳	昭和60年	1985	1,002	312 （31.1）	49 （4.9）	58 （5.8）	414 （41.3）	84 （8.4）	85 （8.5）
	平成 7	95	630	176 （27.9）	33 （5.2）	31 （4.9）	176 （27.9）	90 （14.3）	124 （19.7）
	12	2000	308	104 （33.8）	40 （13.0）	25 （8.1）	77 （25.0）	49 （15.9）	13 （4.2）
	17	05	236	71 （30.1）	21 （8.9）	37 （15.7）	56 （23.7）	39 （16.5）	12 （5.1）
	22	10	151	44 （29.1）	19 （12.6）	21 （13.9）	32 （21.2）	28 （18.5）	7 （4.6）
	26	14	113	29 （25.7）	11 （9.7）	10 （8.8）	21 （18.6）	34 （30.1）	8 （7.1）
	27	15	109	37 （33.9）	10 （9.2）	3 （2.8）	27 （24.8）	29 （26.6）	3 （2.8）
5〜9歳	昭和60年	1985	728	362 （49.7）	17 （2.3）	38 （5.2）	242 （33.2）	18 （2.5）	51 （7.0）
	平成 7	95	525	216 （41.1）	13 （2.5）	28 （5.3）	112 （21.3）	13 （2.5）	143 （27.2）
	12	2000	242	119 （49.2）	17 （7.0）	22 （9.1）	63 （26.0）	14 （5.8）	7 （2.9）
	17	05	230	109 （47.4）	8 （3.5）	22 （9.6）	61 （26.5）	15 （6.5）	15 （6.5）
	22	10	125	56 （44.8）	10 （8.0）	11 （8.8）	34 （27.2）	10 （8.0）	4 （3.2）
	26	14	102	50 （49.0）	5 （4.9）	6 （5.9）	32 （31.4）	8 （7.8）	1 （1.0）
	27	15	87	37 （42.5）	7 （8.0）	4 （4.6）	29 （33.3）	7 （8.0）	3 （3.4）
10〜14歳	昭和60年	1985	407	231 （56.8）	19 （4.7）	20 （4.9）	95 （23.3）	9 （2.2）	33 （8.1）
	平成 7	95	370	117 （31.6）	15 （4.1）	16 （4.3）	52 （14.1）	17 （4.6）	153 （41.4）
	12	2000	166	86 （51.8）	12 （7.2）	16 （9.6）	33 （19.9）	12 （7.2）	7 （4.2）
	17	05	150	71 （47.3）	14 （9.3）	14 （9.3）	25 （16.7）	11 （7.3）	15 （10.0）
	22	10	121	45 （37.2）	11 （9.1）	13 （10.7）	34 （28.1）	11 （9.1）	7 （5.8）
	26	14	85	34 （40.0）	6 （7.1）	7 （8.2）	25 （29.4）	8 （9.4）	5 （5.9）
	27	15	74	25 （33.8）	2 （2.7）	8 （10.8）	27 （36.5）	9 （12.2）	3 （4.1）

15〜19歳	昭和60年	1985	2,249	1,978 (88.0)	34 (1.5)	17 (0.8)	127 (5.6)	10 (0.4)	83 (3.7)
	平成 7	95	1,769	1,406 (79.5)	50 (2.8)	17 (1.0)	69 (3.9)	11 (0.6)	216 (12.2)
	12	2000	1,052	869 (82.6)	44 (4.2)	11 (1.0)	82 (7.8)	8 (0.8)	38 (3.6)
	17	05	615	461 (75.0)	33 (5.4)	15 (2.4)	49 (8.0)	23 (3.7)	34 (5.5)
	22	10	424	292 (68.9)	27 (6.4)	9 (2.1)	45 (10.6)	16 (3.8)	35 (8.3)
	26	14	312	214 (68.6)	21 (6.7)	1 (0.3)	44 (14.1)	9 (2.9)	23 (7.4)
	27	15	288	199 (69.1)	20 (6.9)	4 (1.4)	41 (14.2)	10 (3.5)	14 (4.9)

出典：厚生労働省大臣官房統計情報部「人口動態統計」中央出版『日本子ども資料年鑑2017』

　0歳から19歳までの年齢別で、昭和60年、平成22年、平成27年と比較してみると、年々総数は減少している。しかし、不慮の窒息死は平成22年、平成27年ともに、0歳児では、72.5％、85.2％、とほぼかわらず不慮の事故の中でも大きい割合を占めている。年齢が増すにつれてその割合は減少するが、交通事故の15歳から19歳においては、平成22年で68.9％、平成27年では69.1％と高い割合を示している。

(本間)

第3節　事故

（2）場所別、転落・転倒の事例数

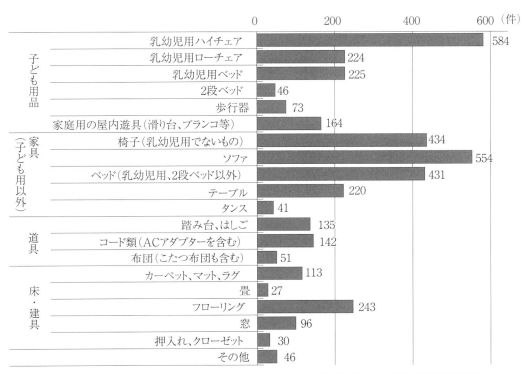

家の居室に関する全事例数:3,879件

出典：東京都生活文化局消費生活部「ヒヤリ・ハット調査『乳幼児の転落・転倒による危険』」平成26年

　回答者1人に対し最大3件の事例を求めた。乳幼児の転落・転倒における、家の居室に関する事例数全3,879件のうち、高い順に、乳幼児用ハイチェア584件、ソファ554件、椅子434件、ベッド431件である。次に200件台を示すものは、フローリング243件、乳幼児用ベッド225件、乳幼児用ローチェア224件、テーブル220件である。乳幼児からの目線で見ると、比較的高い位置からの事例数が高いことがわかる。身近な生活用品からの転落・転倒が多い。

(本間)

第3節　事故

（3）転倒・転落、家の居室以外に関する事例数、および家の外に関する事例数

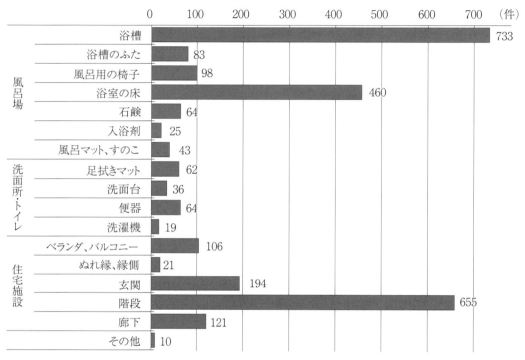

転倒・転落、家の居室以外に関する事例数

分類	項目	件数
風呂場	浴槽	733
風呂場	浴槽のふた	83
風呂場	風呂用の椅子	98
風呂場	浴室の床	460
風呂場	石鹸	64
風呂場	入浴剤	25
風呂場	風呂マット、すのこ	43
洗面所・トイレ	足拭きマット	62
洗面所・トイレ	洗面台	36
洗面所・トイレ	便器	64
洗面所・トイレ	洗濯機	19
住宅施設	ベランダ、バルコニー	106
住宅施設	ぬれ縁、縁側	21
住宅施設	玄関	194
住宅施設	階段	655
住宅施設	廊下	121
	その他	10

家の居室以外に関する全事例数：2,794件

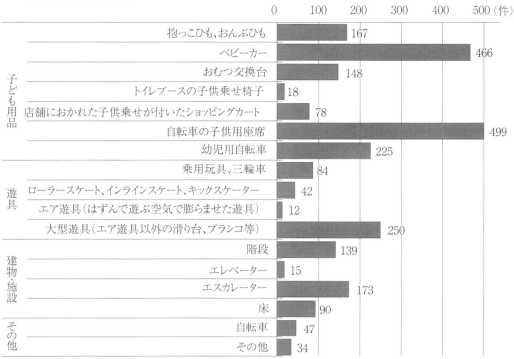

出典：東京都生活文化局消費生活部「ヒヤリ・ハット調査『乳幼児の転落・転倒による危険』」平成26年

　家の居室以外に関する全事例数2,794件（回答者1人に対し最大3件）のうち、浴槽733件、階段655件が高い件数である。一方、家の外に関する事例数全2,487件（回答者1人に対し最大2件）のうち、自転車の子ども用座席499件、ベビーカー466件、大型遊具250件、幼児用自転車225件である。保護者が一緒にいる時に起こる事故もあれば、保護者が目を離した隙に起こる場合、子ども単独の場合に起こることも予想できる。

(本間)

第3節　事故

（4）0歳児の死因順位別死亡率の比較

(出生 100,000 対)

区分	昭和55（1980）	平成2（1990）	12年（2000）	17年（2005）	22年（2010）	26年（2014）	27年（2015）
第1位	出産時外傷、低酸素症、分娩仮死及びその他の呼吸器病態 246.4	先天異常 166.0	先天奇形、変形及び染色体異常 116.3	先天奇形、変形及び染色体異常 96.5	先天奇形、変形及び染色体異常 85.5	先天奇形、変形及び染色体異常 74.8	先天奇形、変形及び染色体異常 71.1
第2位	先天異常 198.6	出産時外傷、低酸素症、分娩仮死及びその他の呼吸器病態 97.0	周産期に特異的な呼吸障害及び心血管障害 50.6	周産期に特異的な呼吸障害及び心血管障害 39.0	周産期に特異的な呼吸障害及び心血管障害 31.8	周産期に特異的な呼吸障害及び心血管障害 26.0	周産期に特異的な呼吸障害及び心血管障害 24.7
第3位	不慮の事故及び有害作用 41.8	不慮の事故及び有害作用 28.3	乳幼児突然死症候群 26.6	乳幼児突然死症候群 16.4	乳幼児突然死症候群 13.1	乳幼児突然死症候群 14.5	乳幼児突然死症候群 9.5
第4位	詳細不明の未熟児 41.7	心疾患 14.7	不慮の事故 18.2	不慮の事故 16.4	不慮の事故 10.5	不慮の事故 7.8	胎児及び新生児の出血性障害及び血液障害 8.3
第5位	肺炎及び気管支炎 37.3	敗血症（新生児敗血症を含む）13.8	胎児及び新生児の出血性障害及び血液障害 17.4	胎児及び新生児の出血性障害及び血液障害 15.0	胎児及び新生児の出血性障害及び血液障害 7.9	胎児及び新生児の出血性障害及び血液障害 6.3	不慮の事故 8.1
第6位	心疾患 16.9	肺炎及び気管支炎 12.1	心疾患（高血圧性を除く）9.8	心疾患（高血圧性を除く）13.0	心疾患（高血圧性を除く）6.3	妊娠期間及び胎児発育に関連する障害 5.9	心疾患（高血圧性を除く）5.0
第7位	敗血症（新生児敗血症を含む）14.6	その他の外因 7.3	敗血症 7.1	敗血症 6.7	妊娠期間及び胎児発育に関連する障害 6.1	心疾患（高血圧性を除く）5.2	妊娠期間及び胎児発育に関連する障害 3.9
第8位	その他の外因 10.2	詳細不明の未熟児 5.4	周産期に特異的な感染症 7.1	妊娠期間及び胎児発育に関連する障害 6.2	周産期に特異的な感染症 5.3	周産期に特異的な感染症 4.3	周産期に特異的な感染症 3.3
第9位	髄膜炎 8.4	悪性新生物 4.1	肺炎 6.1	周産期に特異的な感染症 5.6	敗血症 4.3	敗血症 4.0	その他の新生物 2.4
第10位	新生児の出血及び新生児出血性疾患 8.4	新生児の出血及び新生児出血性疾患 2.3	妊娠期間及び胎児発育に関連する障害 6.1	肺炎 4.5	肺炎 3.9	肺炎 3.3	肺炎 2.4

※平成7年より死因分類項目が変更。0歳の死亡率は出生10万対の率。敗血症には新生児の細菌性敗血症を含まない。死亡数が同じものは間の罫線を省略。

出典：厚生労働省大臣官房統計情報部「人口動態統計」『日本子ども資料年鑑2017』中央出版

　約40年前の1980（昭和55）年と近年では死因も大きく異なる。2000〜2015年では死因第1位〜第3位まで同じ死因であり、死亡率は減少の傾向にある。しかし、2014年、2015年では、死因「不慮の事故」が7.8％、8.1％であり、「胎児及び新生児の出血性障害及び血液障害」は6.3％、8.1％を示した。共に2015年では死亡率の増加傾向にありながらも、2014年との比較では、第4位と第5位が入れ替わった。

（本間）

第1章 生活

第3節 事故

（5）1～4歳児の死因順位別死亡率の比較

（1～4歳の人口100,000対）

区分	昭和55（1980）	平成2（1990）	12年（2000）	17年（2005）	22年（2010）	26年（2014）	27年（2015）
第1位	不慮の事故及び有害作用 24.5	不慮の事故及び有害作用 13.8	不慮の事故 6.6	不慮の事故 5.2	先天奇形、変形及び染色体異常 3.8	先天奇形、変形及び染色体異常 3.5	先天奇形、変形及び染色体異常 4.0
第2位	先天異常 10.2	先天異常 8.6	先天奇形、変形及び染色体異常 5.3	先天奇形、変形及び染色体異常 4.1	不慮の事故 3.6	不慮の事故 2.7	不慮の事故 2.7
第3位	悪性新生物 6.0	悪性新生物 3.3	悪性新生物 2.5	悪性新生物 2.2	悪性新生物 2.0	悪性新生物 2.1	悪性新生物 1.7
第4位	肺炎及び気管支炎 4.4	心疾患 3.0	肺炎 1.9	肺炎 1.6	肺炎 1.7	肺炎 1.3	肺炎 1.3
第5位	心疾患 2.7	中枢神経系の非炎症性疾患 2.8	心疾患（高血圧性を除く）1.7	心疾患（高血圧性を除く）1.3	心疾患（高血圧性を除く）1.4	心疾患（高血圧性を除く）1.0	心疾患（高血圧性を除く）1.3
第6位	中枢神経系の非炎症性疾患 2.5	肺炎及び気管支炎 2.7	乳幼児突然死症候群 1.0	その他の新生物 0.6	腸管感染症 0.8	敗血症 0.6	敗血症 0.7
第7位	他殺 2.0	他殺 0.7	他殺 0.8	他殺 0.6	敗血症 0.6	インフルエンザ 0.5	腸管感染症 0.5
第8位	喘息 1.0	出産時外傷、低酸素症、分娩仮死及びその他の呼吸器病態 0.6	その他の新生物 0.7	敗血症 0.5	他殺 0.5	腸管感染症 0.4	その他の新生物 0.5
第9位	良性及び性質不詳の新生物 1.0	良性及び性質不詳の新生物 0.6	インフルエンザ 0.6	インフルエンザ 0.5	その他の新生物 0.3	他殺 0.4	他殺 0.3
第10位	胃腸炎 0.9	麻疹 0.5	喘息 0.4	乳幼児突然死症候群 0.5	周産期に発生した病態 0.2	その他の新生物 0.3	急性気管支炎 0.2

※平成7年より死因分類項目が変更された。死亡数が同じものは、間の罫線を省略。
出典：厚生労働省大臣官房統計情報部「人口動態統計」『日本子ども資料年鑑2017』中央出版

　1980（昭和55）年から2005（平成17）年までの死因第1位は「不慮の事故」である。2010年から2015年は「不慮の事故」は第2位、第1位は「先天奇形、変形及び染色体異常」となった。1990年から2015年まで第3位は変化なく「悪性新生物」である。2000年から2015年まで第4位は「肺炎」、第5位は「心疾患」である。世界の自然環境の変化による疾病の発生が死因にも影響を与えていると捉える。

（本間）

第4節　しつけ

（1）しつけや教育の情報源

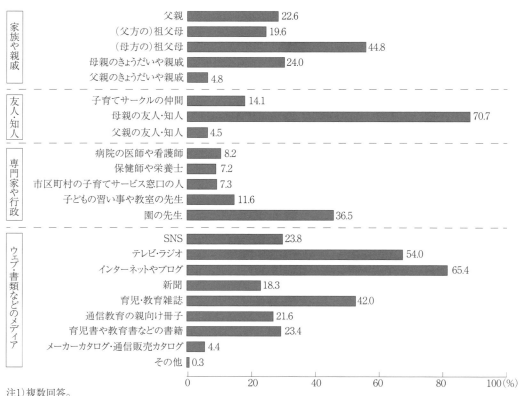

注1）複数回答。
注2）0歳6か月～6歳11か月の子どもをもつ母親の回答を分析。
注3）母親のみ分析（3838人）。そのため、「（お子様の）母親」の項目を省略。
注4）0歳6か月～6歳11か月の年齢層で分析する際のウェイトを用いて集計した。

出典：ベネッセ教育総合研究所「第5回幼児の生活アンケートレポート2016年」

　子どものしつけや教育の情報源をどこから得ているか、複数回答の調査結果である。多い順から「母親の友人・知人」が70％、「インターネットやブログ」が65％、「テレビ・ラジオ」が54％、「（母方の）祖父母」が44.8％、「育児、教育雑誌」が42.0％と続く。未就園児を持つ母親も多いことから、「園の先生」と答えた割合は36.5％である。多くの母親が家族、友人、メディアなど、様々な分野から情報を得ていることがわかる。

（福田）

第1章 生活

第4節　しつけ

（2）しつけや教育の情報源（母親の年代区分別）

(%)

	20 代（219）	30 代（1,864）	40 代以上（826）
（お子様の）父親	18.9	23.7	21.5
（父方の）祖父母	22.4	21.4	12.3
（母方の）祖父母	61.6	46.6	32.2
母親のきょうだいや親戚	21.8	24.4	22.9
父親のきょうだいや親戚	3.7	4.4	4.1
子育てサークルの仲間	15.5	13.5	9.4
母親の友人・知人	56.0	72.4	73.0
父親の友人・知人	4.1	4.0	3.0
病院の医師や看護師	11.2	7.2	6.6
保健師や栄養士	5.2	6.1	3.5
市区町村の子育てサービス窓口の人	6.3	6.1	4.5
子どもの習い事や教室の先生	6.9	12.6	15.7
園の先生	30.6	41.3	45.1
SNS(Facebook, Twitter, LINE などのソーシャルメディア)	38.1	24.9	14.8
テレビ・ラジオ	52.0	54.8	54.7
インターネットやブログ	71.7	65.4	56.8
新聞	4.7	17.6	26.3
育児・教育雑誌	38.9	39.4	35.1
通信教育の親向け冊子	18.3	22.8	23.1
育児書や教育所などの書籍	16.9	21.5	23.4
メーカーカタログ・通信販売カタログ	2.2	3.8	3.4
その他	0.4	0.3	0.2
無答不明	0.0	0.0	0.0

注1）複数回答。

注2）母親のみ分析。そのため、「（お子様の）母親」の項目を省略。（　）内はサンプル数。

注3）網かけは、年代区分別で 10 ポイント以上の差がある項目の最大値。

出典：ベネッセ教育総合研究所「第 5 回幼児の生活アンケートレポート」2016 年

　しつけや教育の情報源について、母親の年代区分別で差があるかどうかをみたものである。子どもが小さいほど母親も若くなるため、子どもの年齢を 1 歳 6 ヶ月以上に限定している。20 代では双方の祖父母、インターネットから情報を得る傾向が高い。インターネット情報は玉石混交であるため見極めが大切である。一方、40 代以降でみると、「母親の友人・知人」「園の先生」「新聞」の割合が高い。

（福田）

第4節　しつけ

（3）家庭教育の中で伝えていること（学校段階別）

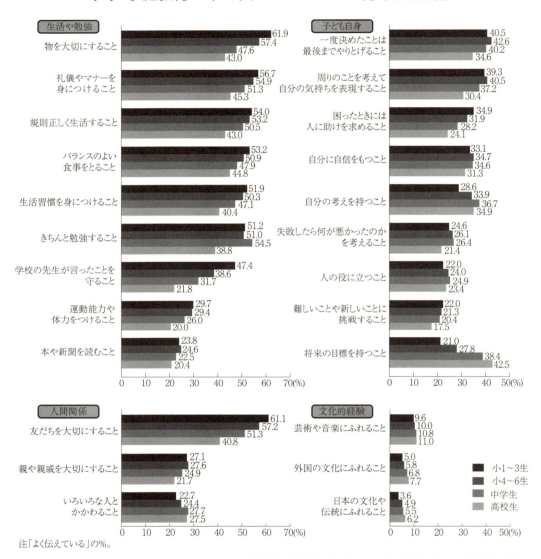

出典：ベネッセ教育総合研究所「子どもの生活と学びに関する追跡調査2015」

　「家庭で次のことの大切さをどれくらい伝えているか」の割合をみた。小学生では「物を大切にすること」、中学生では「きちんと勉強すること」、高校生では「礼儀やマナーを身につけること」が最も高い。「将来の目標を持つこと」は学校段階があがるにつれ高くなる。子どもの成長に合わせて保護者が重視することは異なっている。しかし「日本文化や伝統にふれること」「外国の文化にふれること」の割合はどの学校段階においても低い。

（福田）

第4節　しつけ

（4）家庭での約束やルールがある割合（学校段階別）

	小1〜3生	小4〜6生	中学生	高校生	（%）
テレビやゲームの時間	74.3	75.0	57.7	31.4	
勉強の時間	66.2	63.8	47.7	27.5	
お手伝い	48.6	53.2	45.8	34.4	
お金の使い方	43.8	57.0	54.0	44.7	
携帯電話やスマートフォンの使い方	37.0	42.9	56.7	52.3	

注1　「とてもあてはまる」＋「まああてはまる」の%。

出典：ベネッセ教育総合研究所「子どもの生活と学びに関する追跡調査2015」

　家庭における約束やルールがあるかを学校段階別に尋ねたところ「携帯電話やスマートフォンの使い方」にルールがある小学生は4割前後、中・高校生では5割台となっている。「テレビやゲームの時間」にルールがある小学生は7割程度、中学では5割、高校では3割となっている。「勉強の時間」については小学生の保護者の6割以上がルールが「ある」と回答し、学習習慣を重視する保護者の姿勢がうかがえる。

（福田）

第4節　しつけ

（5）家庭の教育方針（経年比較、学校段階別）

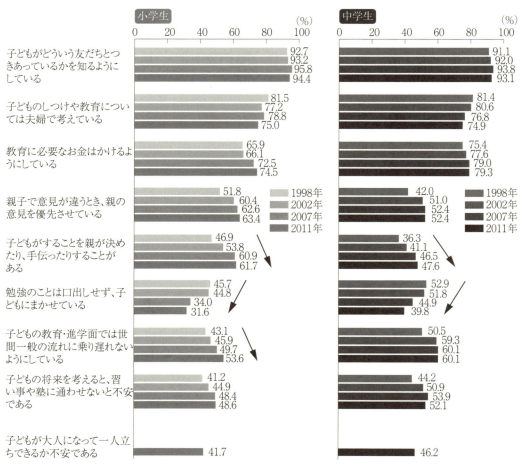

※「とてもあてはまる」＋「まああてはまる」の％
※「小学生」は3年～6年生、「中学生」は1年～3年生の数値。
※12項目中、9項目を図示した。
※「子どもが大人になって一人立ちできるか不安である」は、2011年から。

出典：ベネッセ教育研究開発センター「第4回子育て生活基本調査ダイジェスト」(2012年)

　小学生と中学生がいる家庭の教育方針に関する1998年、2002年、2007年、2011年の経年比較である。「子どもがすることを親が決めたり、手伝ったりすることがある」と「子どもの教育・進学面では世間一般の流れに乗り遅れないようにしている」の割合が増加している。逆に減っているのは「勉強のことは口出しせず、子どもにまかせている」である。これは小・中学生どちらも同様の傾向である。

(福田)

第4節　しつけ

（6）家庭と学校の役割分担（経年比較）

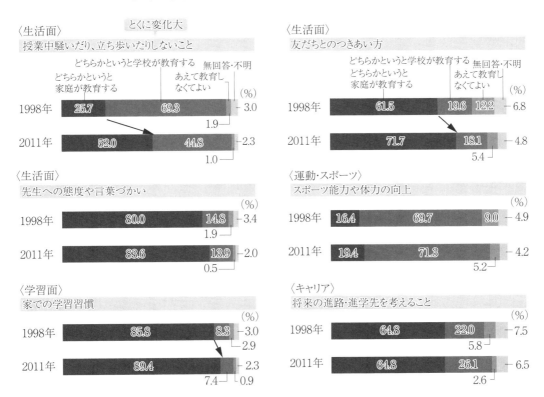

※小3〜中3生の数値。
※10項目中、6項目を図示した。

出典：ベネッセ教育研究開発センター「第4回子育て生活基本調査（小中版）ダイジェスト」2012年

　「生活面」「学習面」等の家庭と学校の役割分担に関する1998年と2011年の経年比較である。生活面のしつけは家庭ですべきという考えが増加した。「授業中騒いだり、立ち歩いたりしないこと」「友だちとのつきあい方」は特に変化が大きく「家での学習習慣」も家庭が教育することだと考える比率が高まった。しつけや教育を家庭の役割分担という考えがほとんどの項目で増え、子育ての負担感がますます増加していくこととと思われる。

（福田）

第1章 生活

第4節　しつけ

（7）子どもまたは親子についてのことわざ・言い伝えとその対訳

①門前の小僧、習わぬ経を読む
The sparrows near a school sing the primer.

②三つ子の魂百まで
The child is father of the man.
What is learned in the cradle iscarrued to the grave.

③氏より育ち
Better is breeding than birth.
Birth is much, breeding is more.

④瓜の蔓に茄子はならぬ
An onion will not produce a rose.
Like father, Like son.

⑤親の因果が子に報う
The father's sins are visited on the children.
When fathers eat sour grapes, their children's teeth will be set on edge.

⑥可愛い子には旅をさせよ
Spare the rod and spoil the child.

⑦子は鎹
A child is a pledge of affection.

⑧子は親の鏡
As the old bird sings, so the young ones twiter.

⑨憎まれっ子世にはばかる
Ill weeds grow apace

⑩よく学びよく遊べ
All work and no play makes jack a dull boy.

出典：『旧子ども事典』編集委員会が選択し作成、2003 年

　日本の諺、言い伝えと同類のもので外国にあるものを示した。古来、発達を規定する遺伝要因と環境要因について議論されてきた。遺伝は成熟と、環境は学習と密接な関係がある。遺伝が重要と考える「遺伝説」、環境が重要と考える「環境説」、遺伝も環境も重要と考える「輻輳説」や「相互作用説」がある。現在では遺伝か環境か，成熟か学習か二者択一的にとらえず、「相互作用説」が発達を規定する要因を最も合理的であると考えられている。

（福田）

第1章 生活

第4節 しつけ

(8) 子どもが最も好きなお手伝い、親が子どもに最も手伝わせたいこと、親が子どもに最もお願いする手伝い

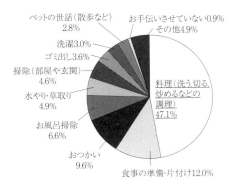

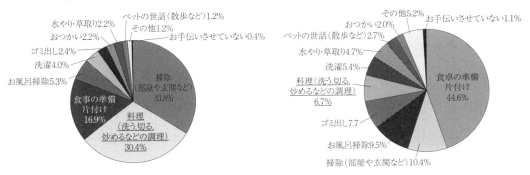

出典：オイシックス、小学館集英社プロダクション、ドラゼミ教育研究所「お子さんのお手伝いに関する調査」2014年

　小学生以下の「子どもが最も好きなお手伝い」は料理（47.1％）食事の準備・片付け（12％）だった。「親が子どもに最も手伝わせたいこと」は掃除（33.8％）、料理（30.4％）、食卓の準備・片付け（16.9％）であった。「親が子どもに最もお願いする手伝い」は食卓の準備・片付け（44.6％）、掃除（10.4％）であり、子どもが好きなお手伝いの料理は6.7％にとどまった。親がさせている手伝いと子どもが好きな手伝いは一致していない。

(福田)

第5節　子育て

（1）離乳食の開始時期と完了時期

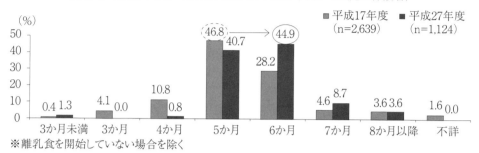

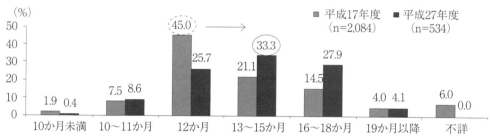

出典：厚生労働省「平成27年度乳幼児栄養調査結果の概要」

　2015（平成27）年度の0～2歳児の保護者と、2005（平成17）年度の0～2歳児の保護者の離乳食の開始時期、離乳食の完了時期を比較したものである。離乳食の開始時期は「6か月」の割合が44.9％と最も多く、2005（平成17）年度よりピークが1か月遅くなっていた。離乳食の完了時期は「13～15か月」の割合が33.3％と最も多く、2005（平成17）年度の「12か月」よりもピークが遅くなっていた。開始時期、完了時期ともに遅くなっていることがわかる。

（福田）

第5節　子育て

(2) 離乳食について困ったこと

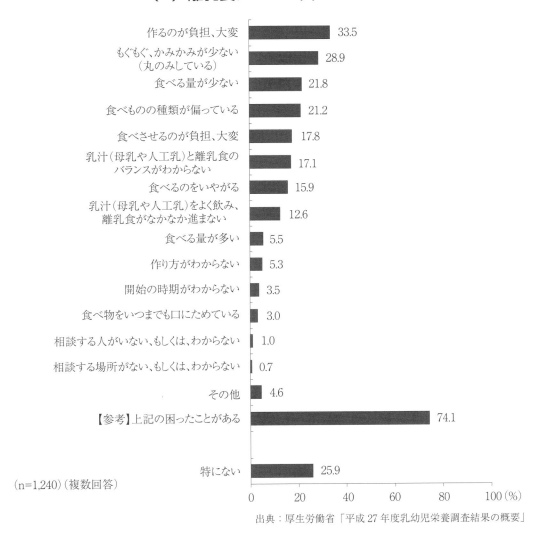

(n=1,240)（複数回答）

出典：厚生労働省「平成27年度乳幼児栄養調査結果の概要」

　0～2歳児の保護者に聞いたところ、離乳食に関して困ったことは多い順から「作るのが負担、大変」33.5％、「もぐもぐ、かみかみが少ない（丸のみしている）」28.9％、「食べる量が少ない」21.8％、「食べものの種類が偏っている」の21.2％、「食べさせるのが負担、大変」17.8％だった。離乳食について困ったことは「特にない」と回答した者の割合は25.9％であり、全体の約7割の保護者は、離乳食に関し何らかの困りごとを抱えていた。

(福田)

第5節　子育て

（3）幼児期の親子の関わりと子育て意識の関係

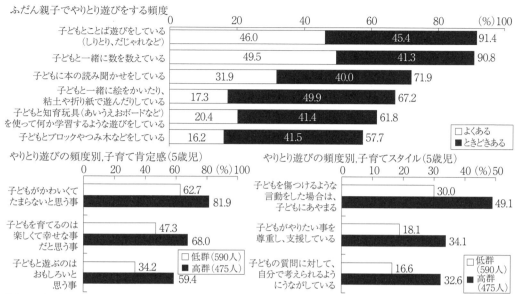

出典：ベネッセ教育総合研究所「幼児期から小学校1年生の家庭教育調査・縦断調査」2015年

　教育的な内容を含む6項目を「知的なやりとり遊び」と総称し、全国の4～5歳児を持つ母親に聞いてみたところ、子どもとことば遊びをしたり、一緒に数を数えたりする割合は約9割となった。さらに、子どもと知的なやりとり遊びをよくする母親のほうが、「子どもがかわいくてたまらないと思う事」等、子育て肯定感が高い。また、「子どもがやりたい事を尊重し、支援している」等、子どもの思考を尊重していることがわかる。

（福田）

第5節　子育て

（4）ほしい子どもの人数（5カ国比較）

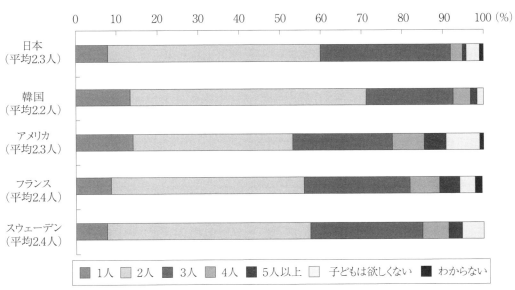

資料：内閣府「少子化社会に関する国際意識調査報告書」より厚生労働省政策統括官付政策評価官室作成
（注）1.「あなたは、全部で何人の子どもを欲しいですか。すでにお子さんがいる場合には、そのお子さんも含めてお答えください。」と尋ねた問に対して答えた人の割合。
　　 2. 調査対象者：20〜49歳までの男女、各国約1,000人。
　　 3. 調査時期：2010年10〜12月

出典：厚生労働白書平成25年版「〈内閣府 少子化に関する国際意識調査報告書〉より厚生労働省政策統括官付政策評価官室作成」

　ほしい子どもの数を20〜49歳までの男女に対し、5カ国（日本・韓国・アメリカ・フランス・スウェーデン）で、各約1,000人に調査し比較したところ、どの国でも2〜3人と答えた割合が多い。7〜8割を占めている。しかし、韓国、アメリカは1人の割合が日本の2倍程度である。日本では4人以上と答えた人の割合が5%程度であるのに対し、アメリカ、フランス、スウェーデンでは4人以上の割合が1割近くとなっている。

（福田）

第1章 生活

第5節　子育て

（5）予防接種スケジュール

ワクチン		出生直後	6週	2カ月	3カ月	4カ月	5カ月	6カ月	7カ月	8カ月	9カ月～11カ月
Hlb（ヒブ）定期 不活化				①	②	③					
小児用肺炎球菌 定期 不活化				①	②	③					
B型肝炎 定期 不活化				①	②				③		
ロタウィルス 任意 生	1価			①	②			※生後24週まで			
	5価					③		※生後32週まで			
4種混合 定期 不活化					①	②				③	
BCG 定期 生									①		

- ■ 定期接種の推奨期間
- ▨ 定期接種の摂取可能な期間
- ▨ 任意接種の推奨期間
- ▨ 任意接種の摂取可能な期間

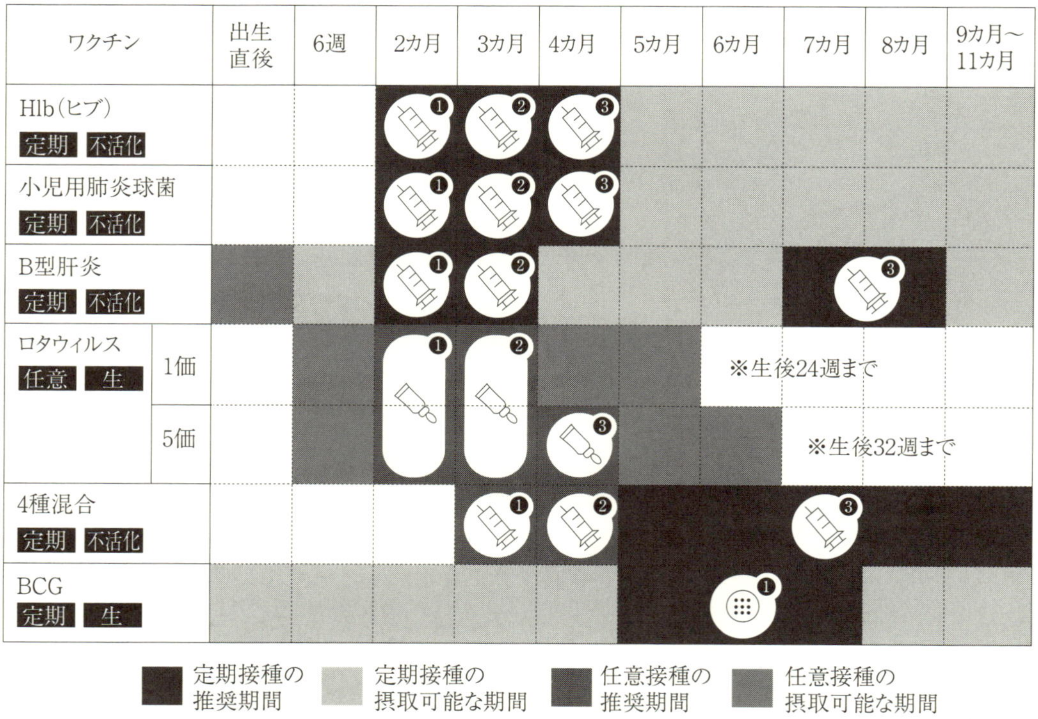

出典：ワクチンネット公益社団法人日本小児科学会「日本小児科学会が推奨する予防接種スケジュール」より一部改変

　予防接種は、感染症の予防のために人為的に免疫を与えられる方法である。予防接種法によって定期接種、任意接種に分けることができる。任意接種は受けなくてよいわけでなく、必要なワクチンである。０歳で接種するワクチンは種類も多い。そのため同時接種も行われる。ワクチンによって接種する年齢や回数・間隔が異なる。子どもにあったスケジュールを立て、最もよい時期に接種できるようにすることが望ましい。

（福田）

第1章 生活

第5節 子育て

（6）子どもが将来その職業に就きたい理由と保護者が子どもに将来就いてほしい職の状況

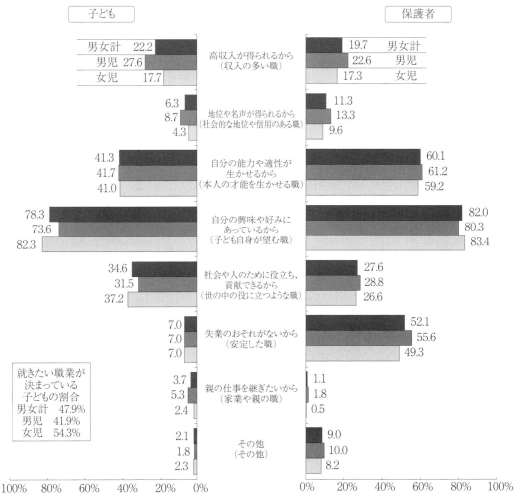

注：第13回調査の回答を得た者のうち、「就きたい職業が決まっている」に回答ありの者をそれぞれ100として集計。

出典：厚生労働省「21世紀出生児縦断調査（平成13年出生児）」平成25年調査

　2001（平成13）年出生児の中学1年時の調査で「就きたい職業が決まっている」と答えた子どもに聞いた職業に就きたい理由と、その保護者が子どもに将来就いて欲しい職の状況である。「自分の興味や好みにあっているから」（子ども）「子ども自身が望む職」（保護者）の割合が最も多い。子どもと保護者で違いが見られるのは、保護者の「安定した職」の割合が52.1％に対し、子どもの「失業のおそれがないから」の割合は7.0％となっている。

（福田）

第1章 生活

第5節 子育て

（7）父親自身の育児に対する評価と配偶者からの評価意識

※首都圏の父親のみ（2014）。

出典：ベネッセ教育総合研究所「第3回乳幼児の父親についての調査研究レポート 2014年」

　父親自身の自分の育児に対する評価である。「非常によくやっている」と「よくやっている」を合わせると、53.1％と半数以上となっている。「配偶者はあなたの育児にどう思っていると思うか」では、さらに増え、56.1％となっている。一方で、「まったくやっていない」が自分の評価3.4％から配偶者の評価意識7.1％となっているので、夫婦間でのずれがあると認識している父親が一定数いるということがわかる。

（福田）

第5節　子育て

（8）対象の子どもの出産・育児のための休暇取得状況と時期

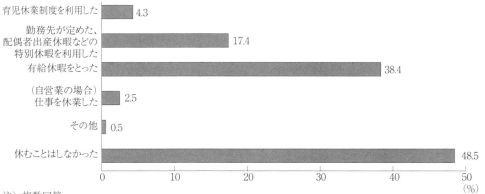

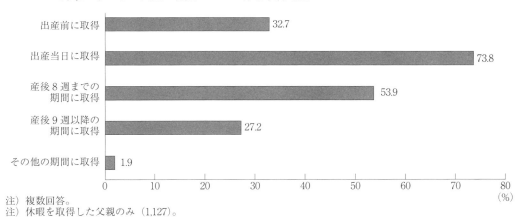

出典：ベネッセ教育総合研究所「第3回乳幼児の父親についての調査研究レポート 2014年」

　子どもの出産育児のための休暇取得状況として、最も多かったのは「有給休暇をとった」が38.4％、ついで「勤務先が定めた配偶者出産休暇などの特別休暇を理由した」が17.4％だった。休むことをしなかった人は48.5％いた。「育児休業制度を利用した」は4.3％しかいなかった。休暇をとった父親のうち、休暇取得時期を聞いたところ、73.8％が出産当日に休んでいる。次に産後8週までの期間に取得したものは53.9％いた。

（福田）

第5節 子育て

（9）育児休業を利用しなかった理由（父親・経年比較）

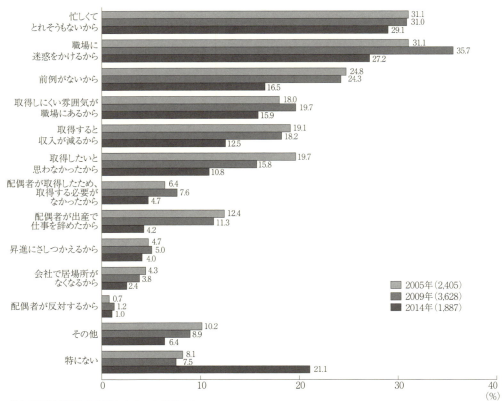

注）育児休業制度を利用しなかった父親のみ。
注）各年、20～45歳の父親。
注）あてはまるものを3項目まで選択。
注）2014年の降順で図示。

出典：ベネッセ教育総合研究所「第3回乳幼児の父親についての調査研究レポート2014年」

　育児休業制度を利用しなかった20～45歳の父親に理由を聞いた。12項目から3項目選んでもらい、05年、09年、14年で比較した。3時点とも、上位3位は同様で「忙しくとれそうもないから」「職場に迷惑をかけるから」「前例がないから」であった。しかし、14年度は「前例がないから」09年より7.8ポイント減少していた。10年に改正育児・介護休業法が施行されたことが影響しているかもしれない。

（福田）

第5節　子育て

（10）妻の就労意向について

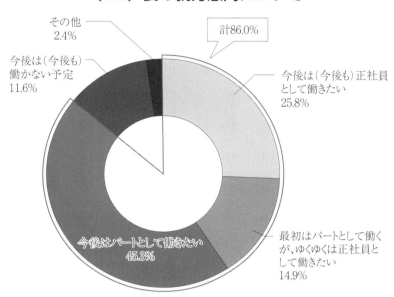

出典：内閣府「都市と地方における子育て環境に関する調査報告書」2011年

　妻の今後の就労意向（12,289人）をみると「今後はパートとして働きたい」が45.3%、「最初はパートとして働くがゆくゆくは正社員として働きたい」が14.9%とパートもしくは当面はパートとして働きたいという回答が6割であった。パートや正社員など就業形態は異なるが何らかの形で働きたいという回答は86%だった。今後は（今後も）働かない予定は11.6%であり、一定数存在するものの妻の就労志向の割合が多い。

（福田）

第5節　子育て

（11）妊娠・出産前後に退職した理由

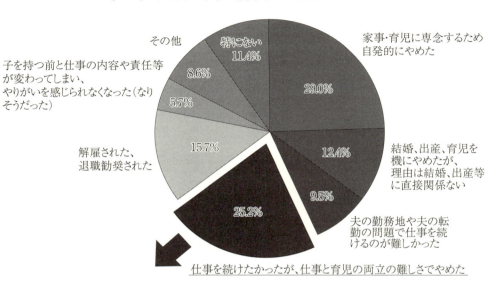

注）就業形態は正社員（末子妊娠時）

出典：三菱UFJリサーチ＆コンサルティング「平成27年度仕事と家庭の両立支援に関する実態把握のための調査研究事業報告書」

　一番多かったのは「家事・育児に専念するため自発的にやめた」が29.0％であった。ついで「仕事を続けたかったが仕事と育児の両立の難しさでやめた」が25.2％で、その具体的理由は「勤務時間があいそうもなかった」「自分の体力がもたなさそうだった」「職場に両立を支援する雰囲気がなかった」「子どもの病気」が多い順である。以下、「解雇された、退職勧奨された」が15.7％「出産等を機にやめたが直接関係ない」が12.4％であった。

（福田）

第5節　子育て

（12）子育てで力を入れていること

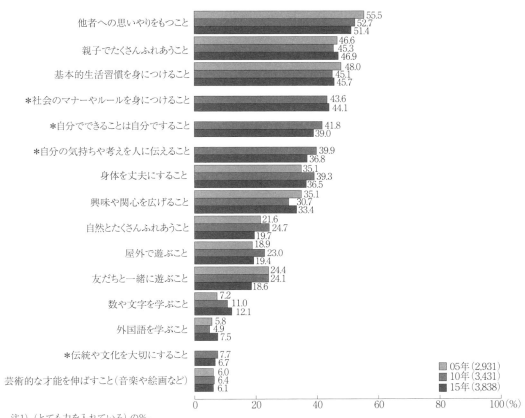

注1）（とても力を入れている）の％。
注2）0歳6か月～6歳11か月の子どもをもつ母親の回答を分析。
注3）＊は10年調査以降の項目。
注4）（　）内はサンプル数。
注5）0歳6か月～6歳11か月の年齢層で分析する際のウェイトを用いて集計した。

出典：ベネッセ教育総合研究所「第5回幼児の生活アンケートレポート 2016」

　母親が子育てで力を入れていることについて、05年、10年、15年の変化を示したものである。他者への思いやり、親子のふれあい、基本的生活習慣に力を入れる比率は一貫して高い水準を維持している。しかし、友達と一緒に遊ぶことに力を入れる比率は10年前の調査から5.8ポイント減少し、子どもの友達づきあいに関する母親の意識が弱くなっている。その一方で数値は低いものの、数や文字の学習を重視する母親が増加している。

（福田）

第5節 子育て

(13) 母親の子育て観

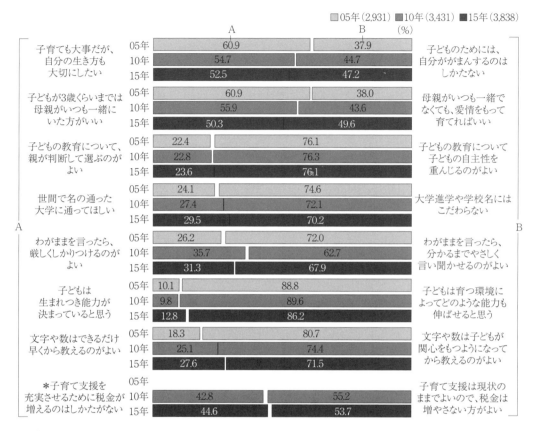

注1) 0歳6か月～6歳11か月の子どもをもつ母親の回答を分析。
注2) 無答不明があるため、Aの意見とBの意見の数値を合計しても100%にはならない。
注3) ＊は10年調査以降の項目。
注4) （ ）内はサンプル数。
注5) 0歳6か月～6歳11か月の年齢層で分析する際のウェイトを用いて集計した。

出典：ベネッセ教育総合研究所「第5回幼児の生活アンケートレポート 2016」

　母親の子育て観に関して05年、10年、15年の変化を示したものである。自分の生き方よりも子どもや子育てを重視する母親が増えている。また母親がいつも一緒でなくても愛情をもって育てればよいと思っている母親が増加しており、「3歳児神話」を信じている母親とほぼ半数ずつの選択率となった。子どもの学歴を重視する傾向や、早い時期から文字や数を教えたほうがよいと考える母親の比率は増加している。

(福田)

第5節　子育て

（14）夫婦の家事・子育て分担（2015年）

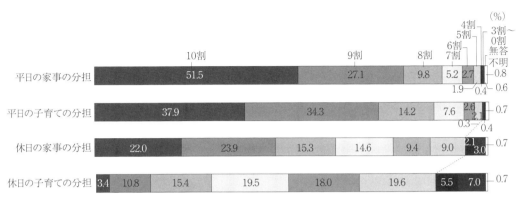

注1）配偶者がいる母親のみ回答(3,774)。
注2）0歳6か月～6歳11か月の子どもをもつ母親の回答を分析。
注3）「母10割父0割」を「10割」、「母9割父1割」を「9割」、「母0割父10割」を「0割」のように図示している。
注4）0歳6か月～6歳11か月の年齢層で分析する際のウェイトを用いて集計した。

出典：ベネッセ教育総合研究所「第5回幼児の生活アンケートレポート2016」

　家事や子育てを夫婦はどのように分担しているのか。母親の86.4％が平日の子育てについて自分が8割以上分担していると回答した。平日の家事と子育てを母親が多く担っており、休日には父親も家事と子育てに関わっている傾向が見られた。母親の就業状況別に、平日と休日の家事と子育ての分担についての比較を行った。母親が常勤者である場合、パートタイムや専業主婦よりも父親が家事と子育てを行う比率は高い傾向が見られた。

（福田）

第１章 生活

第５節　子育て

（15）子どもの面倒を見てくれる人（年齢別、就園状況別、経年比較）

(%)

	0歳6か月〜1歳5か月		1歳6か月〜3歳11か月				4歳0か月〜6歳11か月			
	未就園児		未就園児		保育園児		幼稚園児		保育園児	
	10年	15年	10年	15年	10年	15年	10年	15年	10年	15年
父親	64.9	72.6	64.0	70.9	68.7	76.0	55.7	56.3	70.1	69.5
祖父母やあなたのきょうだい、親戚	76.9	72.3	82.0	76.7	83.6	75.2	76.1	76.6	76.6	74.9
保育園の一時預かりや幼稚園の預かり保育	1.6	1.6	5.6	3.6	1.7	1.5	13.5	8.8	5.5	4.4
父親・母親の友人（パパ友、ママ友）	5.1	4.2	8.7	5.5	4.0	3.1	25.5	22.1	13.9	9.7
近所の人	0.2	0.6	0.3	0.3	0.5	2.7	0.5	0.3	2.4	1.8
民間の託児サービス（一時預かり）	6.3	10.3	12.1	12.1	10.8	9.8	28.4	31.3	7.1	5.6
自治体の育児支援サービス	6.4	6.2	5.5	6.1	2.2	3.4	4.2	4.0	3.1	3.1
ベビーシッター・お手伝い	8.2	7.2	5.2	4.7	6.0	7.3	2.7	3.1	5.2	5.2
その他	0.0	0.0	0.1	0.1	0.0	0.3	0.7	0.2	0.0	0.3

注1)　複数回答。　注2)　母親のみ回答。子どもの面倒を見てくれる人（機関・サービス）が「いる（ある）」
　　　と回答した人のみ回答。
注3)　0歳6か月―6歳11か月の子どもをもつ母親の回答を分析。
注4)　網かけは、10年と15年で、5ポイント以上の差がある項目の大きいもの。
注5)　（　）内はサンプル数。
注6)　0歳6か月―6歳11か月の年齢層で分析する際のウェイトを用いて集計した。

出典：ベネッセ教育総合研究所「第5回幼児の生活アンケートレポート2016」

　　子どもの年齢区分別、就園状況別に、面倒を見てくれる人を経年比較した。その結果、
6カ月〜1歳5か月、1歳6か月〜3歳11か月で「祖父母やあなたのきょうだい、親
戚」が減っていた（未就園児：5.3ポイント差、保育園児：8.2ポイント差）。そして「父
親」が増えていた（未就園児：6.9ポイント差、保育園児：7.3ポイント差）。子ども
の年齢が低い場合、面倒を見てくれる人は祖父母や兄弟、親戚が減り父親が増えていた。

（福田）

90

第5節　子育て

（16）父母と子どもたちの会話時間

◆父母と子供たちとの会話時間について、10時間に満たない者の割合が、母親で25.2%、父親では半数に上った。

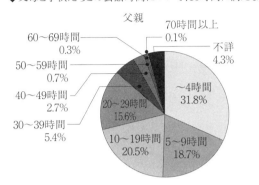
父親

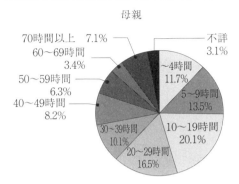
母親

出典：厚生労働省「全国家庭児童調査平成21年」

　18歳未満の児童のいる世帯に行われた調査である。父母と子どもたちの1週間の会話時間について、10時間に満たない者の割合が母親で25.2%であるのに対し、父親では半数にのぼった。父親との会話時間では4時間以内が一番多く（31.8%）、10～19時間が20.5%、5～9時間が18.7%、20～29時間が15.6%であった。母親との会話時間は10～19時間が一番多く（20.1%）、20～29時間が16.5%、5～9時間が13.5%、4時間以内が11.7%であった。

（福田）

第5節　子育て

（17）幼稚園・保育園への要望（経年比較）

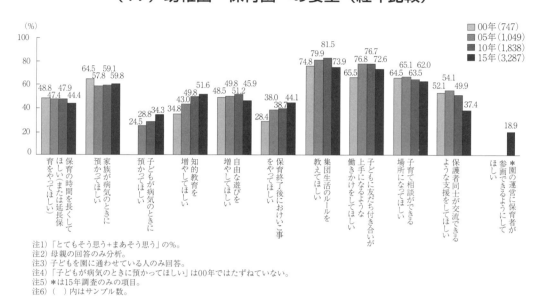

注1）「とてもそう思う＋まあそう思う」の％。
注2）母親の回答のみ分析。
注3）子どもを園に通わせている人のみ回答。
注4）「子どもが病気のときに預かってほしい」は00年ではたずねていない。
注5）＊は15年調査のみの項目。
注6）（　）内はサンプル数。

出典：ベネッセ教育研究所「第5回幼児の生活アンケートレポート」2016年

　2015年の調査で増加傾向にある要望の項目は、「知的教育を増やしてほしい」「保育終了後におけいこ事をやってほしい」である。2010年から大きく減った項目が「保護者同士が交流できるような支援をしてほしい」である。全体をみると、社会性は身につけてほしいけれど、教育やおけいこといったプラスαの要望がある。保護者の交流は園ですでに十分用意されているか、もしくは交流を敬遠する傾向にあると予測される。

(本間)

第5節　子育て

（18）絵本や本の読み聞かせの頻度と子どもが1人で絵本や本を読む（見る）頻度（小1）

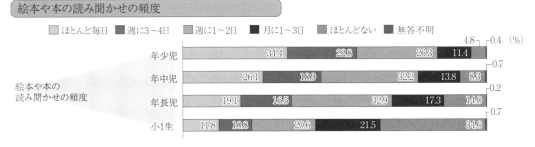

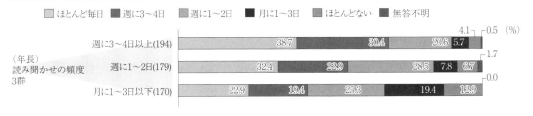

※（　）内はサンプル数。

出典：ベネッセ教育研究所「速報版 幼児期から小学1年生の家庭教育調査」2016年

　年長児期に読み聞かせを「週に3〜4日以上」していた場合、小学1年で子どもが1人で絵本を読む（見る）比率は「ほとんど毎日」が38.7％で、読み聞かせが「月に1〜3日以下」では22.9％であった。年長児期に読み聞かせをしてもらった子どもほど、1人で絵本や本を読む（見る）頻度が高い傾向にある。親の声を聞きながら子どもと親が時間を共有することにより、安定した読書習慣が身につき、子ども自身の絵本や本への関心を高めると推察した。

（本間）

第1章 生活

第5節　子育て

（19）夫の休日の家事・育児時間別にみた第2子以降の出生の状況

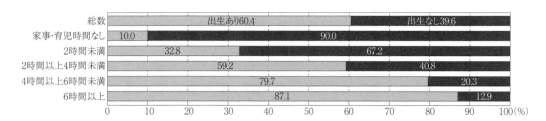

資料：厚生労働省「第14回21世紀成年者縦断調査（平成14年成年者）」（2015年）
注：1. 集計対象は、①または②に該当し、かつ③に該当する同居夫婦である。ただし、妻の「出生前データ」が得られていない夫婦は除く。
　①第1回調査から第14回調査まで双方から回答を得られている夫婦
　②第1回調査時に独身で第13回調査までの間に結婚し、結婚後第14回調査まで双方から回答を得られている夫婦
　③出生前調査時に子ども1人以上ありの夫婦
2. 家事・育児時間は、「出生あり」は出生前調査時の、「出生なし」は第13回調査時の状況である。
3. 13年間で2人以上出生ありの場合は、末子について計上している。
4. 「総数」には、家事・育児時間不詳を含む。

出典：厚生労働省「第14回21世紀成年者縦断調査（平成14年成年者）」2015年

　既に第1子がいる家庭での第2子出生については、家族間での理解と協力が欠かせない。家事・育児への夫の協力水準が高ければ第2子の出生も期待できる。夫が休日の日に家事・育児に費やす時間が6時間以上の場合、第2子の出生は87.1％と高い水準である。4時間以上6時間未満で79.7％、2時間以上4時間未満で59.2％、2時間未満で32.8％であり、夫の休日の家事・育児時間と第2子以降の出生の割合には正の関係が見られる。

（本間）

第5節 子育て

（20）夫（有業者）の育児行動者率と平均時間の推移

夫（有業者）の育児行動者率の推移

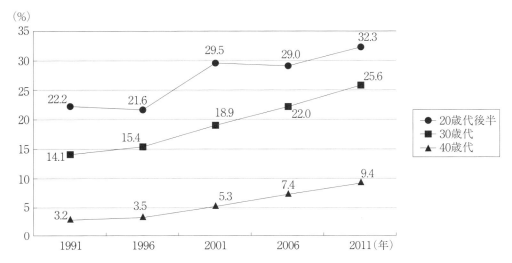

資料：1991年及び1996年は内閣府「国民生活白書（平成17年版）」、2001年以降は総務省統計局「社会生活基本調査」より厚生労働省政策統括官付政策評価官室作成。

（注） 1. 行動者率は、以下の式により表される。
・行動者数÷各年齢層別の総人口×100
2. 1991年と1996年に関しては以下の算式により行動者数を推計し、それを基に行動者率を算出した。
・行動者数＝（総平均時間×年齢層別人口）÷行動者平均時間
なお、各値は小数点以下第二位を四捨五入している。
3. 社会生活基本調査のデータ上、20歳代は25～29歳のデータを利用。
4. 「子どものいる世帯」とは夫婦と子どもからなる世帯を指す。
5. 有業者とは、ふだんの状態として、収入を目的とした仕事を続けている人。なお、家族従業者は、無給であってもふだん継続して仕事をしていれば有業者となる

第1章 生活

夫（有業者）の育児行動者平均時間の推移

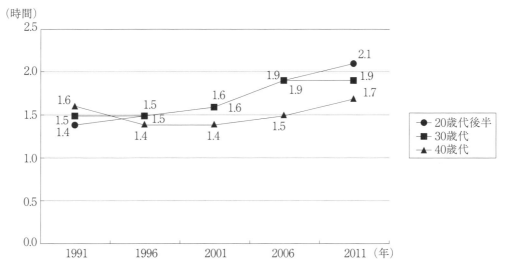

資料：1991年及び1996年は内閣府「国民生活白書（平成17年版）」、2001年以降は総務省統計局「社会生活基本調査」より厚生労働省政策統括官付政策評価官室作成。

(注) 1. 時間は一人1日当たりの平均行動時間数で、ここでは、育児をした人の週全体の行動者平均時間を利用。
2. 社会生活基本調査のデータ上、20歳代は25～29歳のデータを利用。
3. 有業者とは、ふだんの状態として、収入を目的とした仕事を続けている人。なお、家族従業者は、無給であってもふだん継続して仕事をしていれば有業者となる。
4. 「子どものいる世帯」とは夫婦と子どもからなる世帯を指す。
5. 各値は小数点以下第二位を四捨五入している。

出典：平成25年版厚生労働白書

　夫の育児行動率は20歳代の夫では32.3％と大きく増えている。一方40歳代の夫では9.4％という水準である。若い父親が子育てに参加する機運が広がりつつある結果と捉えることができる。夫の育児行動者平均時間は、20歳代の夫で1996年は1.5時間であり、2011年では2.1時間と1人当たりの育児時間が大きく増えた。30歳代と40歳代での変化はあまりみられない。20歳代の育児参加に対する積極的な姿勢に、男性の育児参加への広がりを期待する。

(本間)

第5節 子育て

(21) 6歳未満の子どもを持つ夫婦の家事・育児関連時間（1日当たり・国際比較）

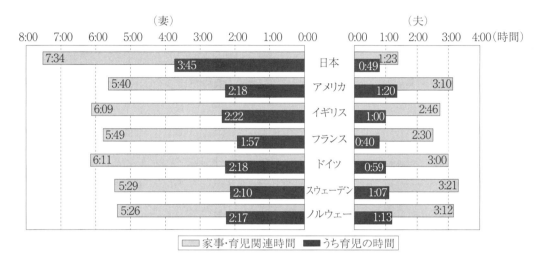

（備考）1. Eurostat "How Europeans Spend Their Time Everyday Life of Women and Men" (2004)、Bureau of Labor Statistics of the U.S. "American Time Use Survey" (2016)及び総務省「社会生活基本調査」（2016年）より作成。
2. 日本の数値は、「夫婦と子供の世帯」に限定した夫と妻の1日当たりの「家事」、「介護・看護」、「育児」及び「買い物」の合計時間（週全体）である。

出典：内閣府資料

　子育てや家事に費やす時間をみると、6歳未満の子どもを持つ夫の家事育児関連時間は1日当たり、1時間23分である。特に3時間以上の水準を示す、スウェーデン、ノルウェー、ドイツと比較すると先進国の中で最低の水準にとどまっている。対して、日本の妻の家事・育児関連時間は7時間34分と諸外国と比較しても突出して多く、今後女性の社会参加の機会が増すであろうことを考えると大きな課題である。

(本間)

第5節　子育て

（22）平日子どもと一緒に過ごす時間（父親）

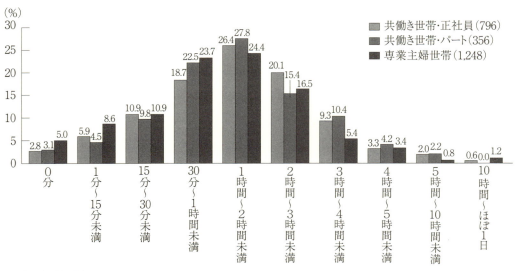

※父親が有職者・首都圏のみ。

出典：ベネッセ教育総合研究所「第3回乳幼児の父親についての調査研究レポート」2014年

　父親が有職者で、母親が正社員、パートの共働き世帯、母親が専業主婦世帯のいずれも、最も多いのは「1時間～2時間未満」の時間帯であった。1995（平成7）年総務庁青少年対策本部の調査では1時間程度が最も多かったので、子どもと一緒に過ごす時間は増加傾向にあるといえる。三者の中で最も子どもと過ごす時間が多いのは共働き世帯・正社員の父親で「2時間～3時間未満」20.1％であり、平日過ごす時間の長さは、父親の帰宅時間が大きく影響しているとみられる。

（髙橋）

第5節　子育て

（23）現在の家事・育児へのかかわり（父親）

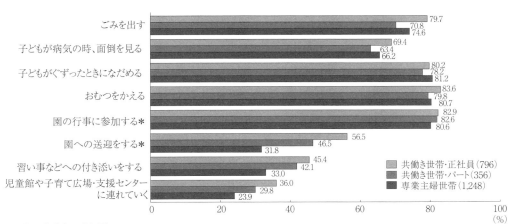

※父親が有職者・首都圏のみ。
※「いつもする」「ときどきする」の合計。
※（＊）は、園に通う人のみが回答。

出典：ベネッセ教育総合研究所「第3回乳幼児の父親についての調査研究レポート」2014年

　夫婦ともに正社員世帯、父親が正社員で母親がパートの共働き世帯、母親が専業主婦世帯の三者に差がみられるのは、食事の支度や片づけ、掃除やゴミ出しなどで、夫婦ともに正社員世帯の父親が行っている頻度が高い。また、園への送迎も夫婦正社員世帯の父親の関わりが多い。三者ともに70％を超えるのは、ゴミ出し、子どもがぐずったときになだめる、おむつを替える、園行事に参加する、である。

(髙橋)

第5節　子育て

（24）子育てや自分の生活で不安なこと

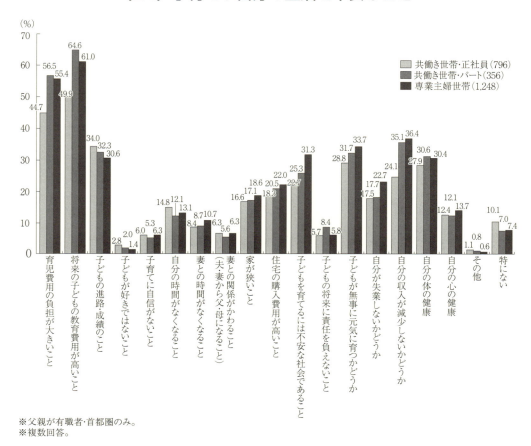

※父親が有職者・首都圏のみ。
※複数回答。

出典：ベネッセ教育総合研究所「第3回乳幼児の父親についての調査　研究レポート」2014年

　夫婦ともに正社員世帯、父親が正社員で母親がパートの共働き世帯、母親が専業主婦世帯の三者ともに高い割合を占めるのは、育児費用の負担が大きいこと、将来の子どもの教育費が高いこと、の2点である。しかし夫婦ともに正社員の場合は、ほかの二者に比べ10〜15%程度低い値である。母親がパートの共働き世帯や母親が専業主婦の世帯では、自分の収入が減少しないか、という点を不安に感じている割合も高めである。

（髙橋）

第5節　子育て

（25）子育てでどのようなことで悩んでいるか

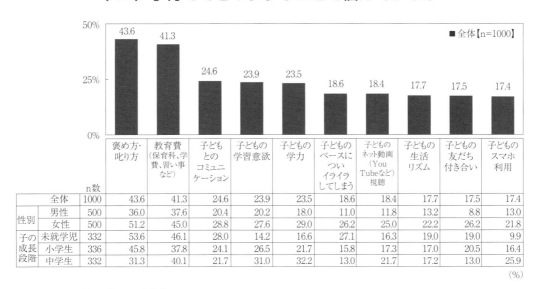

※複数回答、上位10位までを抜粋

出典：メディケア生命「イマドキのパパ・ママのくらしと子育てに関する調査2018」

　子育ての悩みで最も回答が多かったのは、母親は「褒め方・叱り方」で、父親は「教育費」であった。母親と父親を比較すると、母親の方が全項目で父親より高い。子どもの年齢別にみると、「褒め方・叱り方」については低年齢の方が割合が高く、学力や学習意欲については年齢が上がるほど悩む割合が増加してくる。また、スマホ利用やネット動画の視聴についても成長とともに増加する傾向があり、中学生の親の4分の1が悩んでいる。

（髙橋）

第5節　子育て

（26）子育ての不安要素

(%)

		N	子育てするのが大変そう	仕事をしながら子育てすることが難しそう	きちんとした子供に育てられるか自信がない	仕事にさしさわりがでそう	配偶者の家事・子育てへの協力が期待できない	親の協力が期待できない	保育サービスを利用できない	経済的にやっていけるか	自分や夫婦だけの時間がとれない	子供と一緒に過ごす時間を十分にとれない	子育てをする体力がない	その他	特にない	無回答
全体		(2,643)	37.0	51.1	40.7	15.5	10.3	7.6	10.1	63.9	23.7	23.3	12.8	2.0	5.7	0.7
男性全体		(1,125)	35.8	40.3	32.5	10.8	4.1	5.6	8.0	64.8	22.6	28.1	6.5	1.6	7.6	0.8
女性全体		(1,518)	37.9	59.2	46.7	18.9	14.8	9.1	11.7	63.2	24.5	19.8	17.5	2.4	4.3	0.7
未婚	未婚全体	(1,215)	48.3	57.1	42.0	15.5	7.5	4.8	10.6	65.1	23.0	18.9	12.8	2.1	5.7	0.8
	男性	(585)	41.7	46.7	34.4	10.9	3.4	3.1	6.2	66.5	18.8	23.6	6.2	2.1	7.7	0.9
	20代	(354)	43.8	48.9	34.7	10.2	4.0	3.4	5.9	66.1	18.9	26.6	5.1	2.0	6.5	0.6
	30代	(231)	38.5	43.3	33.8	12.1	2.6	2.6	6.5	67.1	18.6	19.0	7.8	2.2	9.5	1.3
	女性	(630)	54.4	66.8	49.0	19.7	11.3	6.3	14.8	63.8	26.8	14.6	19.0	2.2	3.8	0.8
	20代	(450)	54.9	68.0	49.8	18.7	9.8	5.1	15.1	64.0	26.7	14.9	12.4	2.0	2.9	0.7
	30代	(180)	53.3	63.9	47.2	22.2	15.0	9.4	13.9	63.3	27.2	13.9	35.6	2.8	6.1	1.1
既婚	既婚全体	(1,428)	27.5	46.0	39.6	15.5	12.6	10.0	9.7	62.8	24.3	27.0	12.7	2.0	5.7	0.6
	男性	(540)	29.4	33.3	30.6	10.7	4.8	8.3	10.0	63.0	26.7	33.0	6.9	1.1	7.4	0.7
	20代	(83)	43.4	36.1	32.5	13.3	4.8	3.6	15.7	65.1	20.5	30.1	3.6	0.0	4.8	0.0
	30代	(457)	26.9	32.8	30.2	10.3	4.8	9.2	9.0	62.6	27.8	33.5	7.4	1.3	7.9	0.9
	女性	(888)	26.2	53.7	45.0	18.4	17.3	11.0	9.6	62.7	22.9	23.4	16.3	2.5	4.6	0.6
	20代	(174)	32.8	62.6	47.1	17.8	16.1	9.8	12.1	59.2	29.9	22.4	8.0	2.3	2.9	0.0
	30代	(714)	24.6	51.5	44.5	18.5	17.6	11.3	9.0	63.6	21.1	23.7	18.3	2.5	5.0	0.7
	子有り	(1,118)	21.8	42.1	39.4	13.5	13.8	10.3	8.5	63.6	25.2	27.9	11.4	1.7	6.2	0.7
	子無し	(308)	48.1	60.1	39.6	22.7	8.1	9.1	14.3	60.4	20.8	23.7	17.2	2.9	3.9	0.3

※　複数回答

出典：内閣府「平成27年版少子化社会対策白書」平成26年度

　最も多いのは「経済的にやっていけるか」で全体の6割前後が感じており、子育てにおいて経済的不安が非常に大きいことがうかがえる。次に「仕事をしながら子育てすることが難しそう」の割合が高いが、既婚男性は未婚女性の半分程度である。また、子どもがいる人の方が不安は軽減しており、未婚の子どものいない女性の不安が最も高い。ほかに「きちんとした子供に育てられる自信がない」が続く。

（髙橋）

第5節　子育て

（27）理想の子ども数を持たない理由（妻の年齢別）

（複数回答）

妻の年齢	（客体数）	経済的理由			年齢・身体的理由			育児負担	夫に関する理由			その他	
		子育てや教育にお金がかかりすぎるから	自分の仕事（勤めや家業）に差し支えるから	家が狭いから	高年齢で生むのはいやだから	欲しいけれどもできないから	健康上の理由から	これ以上、育児の心理的、肉体的負担に耐えられないから	夫の家事・育児への協力が得られないから	一番末の子が夫の定年退職までに成人してほしいから	夫が望まないから	子どもがのびのび育つ社会環境ではないから	自分や夫婦の生活を大切にしたいから
30 歳未満（51）		76.5%	17.6	17.6	5.9	5.9	5.9	15.7	11.8	2.0	7.8	3.9	9.8
30〜34 歳（133）		81.2	24.8	18.0	18.8	10.5	15.8	22.6	12.0	7.5	9.0	9.0	12.0
35〜39 歳（282）		64.9	20.2	15.2	35.5	19.1	16.0	24.5	8.5	6.0	9.9	7.4	8.9
40〜49 歳（787）		47.6	11.7	8.3	47.1	28.5	17.4	14.4	10.0	8.0	7.4	5.1	3.6
総数（1,253）		56.3	15.2	11.3	39.8	23.5	16.4	17.6	10.0	7.3	8.1	6.0	5.9
第 14 回（総数）（1,835）		60.4	16.8	13.2	35.1	19.3	18.6	17.4	10.9	8.3	7.4	7.2	5.6
第 13 回（総数）（1,825）		65.9	17.5	15.0	38.0	16.3	16.9	21.6	13.8	8.5	8.3	13.6	8.1

注：対象は予定子ども数が理想子ども数を下回る初婚どうしの夫婦。理想・予定子ども数の差の理由不詳を含まない選択率、複数回答のため合計値は 100％を超える。予定子ども数が理想子ども数を下回る夫婦の割合は、それらの不詳を除く 30.3％である。

出典：国立社会保障・人口問題研究所「第 15 回出生動向基本調査」平成 27 年版厚生労働白書

　夫婦にたずねた理想的な子どもの数（平均理想子ども数）は低下傾向にあり、2013（平成 25）年の厚生労働白書では 2.32 人である。しかし予定する子ども数は理想子ども数に比べ 2.01 人に下がり、実際の子ども数はさらに低い数値となる。理想の子供数を持たない理由として、最も多いのが、「子育てや教育にお金がかかりすぎるから」（56.3％）であり、年代別にみると、若い世代ほど割合が高くなる傾向がみられ経済状況の厳しさがうかがわれる。

（髙橋）

第1章 生活

第6節 生活技術

（1）箸・鉛筆が正しく持てる・使える割合、ナイフで鉛筆が削れる割合

848 名対象

年代	箸 正しい持ち方	箸 正しい使い方	鉛筆 正しい持ち方	鉛筆 正しい使い方	鉛筆削り 経験あり	鉛筆削り できる
3〜4歳	7.3%	4.6%	8.3%	4.6%	0.0%	3.7%
5〜6歳	8.7%	4.8%	12.7%	6.3%	0.8%	3.2%
小1・2年	16.3%	12.7%	15.1%	6.6%	0.0%	1.8%
小3・4年	23.2%	18.5%	14.6%	7.3%	0.7%	8.6%
小5・6年	32.7%	29.4%	15.0%	7.2%	0.0%	22.2%
中学生	47.4%	38.9%	16.8%	11.6%	2.1%	27.4%
高校生	41.7%	33.3%	12.5%	4.2%	0.0%	33.3%
18〜20歳	50.0%	41.7%	25.0%	16.7%	20.8%	58.3%

出典：NPO法人子どもの生活科学研究会　2015年

　箸・鉛筆ともに、持ち方・使い方の両面で3〜20歳で自立がみられる年齢はない。箸については、矯正箸などの流行もあり、保護者の意識が高まっているが、小学校高学年でも正しく使える割合は3割程度である。鉛筆の使い方に関してはどの年齢も成績が悪く、持ち方・使い方に対する関心の低さがわかる。鉛筆をナイフで削る経験はどの年齢も少ない。しかし年齢が上昇すると削れる割合が高くなる。

（髙橋）

第1章 生活

第6節 生活技術

（2）幼児・小学生の箸の持ち方・使い方、鉛筆の持ち方・使い方

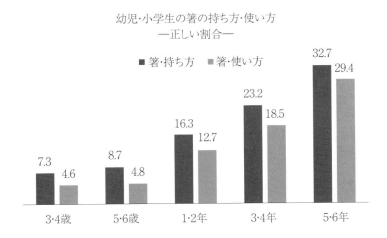

幼児・小学生の箸の持ち方・使い方
―正しい割合―

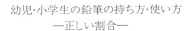

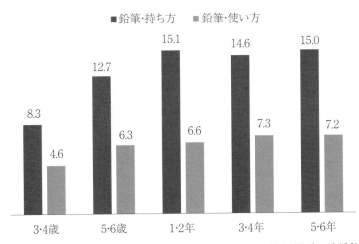

幼児・小学生の鉛筆の持ち方・使い方
―正しい割合―

出典：NPO法人子どもの生活科学研究会　2016年

　食事で多くの子どもが箸を使うようになるのは4歳ころである。しかし、3・4歳で箸を正しく使える割合は5%にも満たない。小学校5・6年生でも3割程度である。鉛筆の持ち方は、箸の持ち方と共通するが、鉛筆の持ち方・使い方の方がかなり成績が悪い。箸は年齢の上昇とともに成績もわずかに上昇していくが、鉛筆に関しては年齢による変化はほとんど見られない。小学校では、筆圧の弱さも話題になっている。

（髙橋）

第6節　生活技術

（3）幼児・小学生の親世代の箸の持ち方・使い方、幼児・小学生の親世代の鉛筆の持ち方・使い方

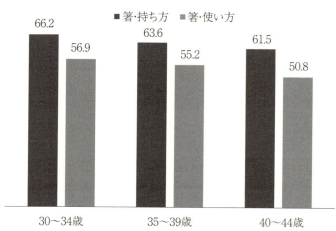

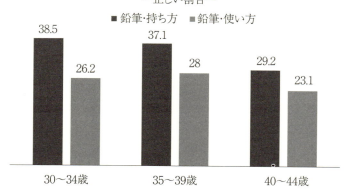

出典：NPO法人子どもの生活科学研究会　2016年

　親世代で箸を正しく使える割合は、どの年齢段階も5割前後である。世代による違いは見られない。鉛筆を正しく使える親の割合はさらに低く、3割に満たない。鉛筆についても世代による差はない。幼児・小学生の親として、箸や鉛筆を正しく使えないだけではなく、正しい持ち方・使い方を知らないため、子どもの指導ができないという実態がある。それにより、子どもが箸や鉛筆を正しく使えないという状況が生じているといえる。

（髙橋）

第1章 生活

第6節　生活技術

（4）手指の巧緻性―折り紙・おはじき・お手玉・定規での線引き、および自立比較

手指の巧緻性―折り紙・おはじき・お手玉・定規での線引き―

2010 年調査結果　　　　　　　　　　　　　　（%）

	長方形（大）	長方形（小）	三角形（大）	三角形（小）	作品（大）	作品（小）
1 年	82.4	76.9	67.0	73.6	45.1	37.4
2 年	86.2	86.2	83.1	81.5	60.0	53.8
3 年	88.8	86.3	71.3	87.5	55.0	60.0
4 年	87.5	87.5	76.6	79.7	56.3	64.1
5 年	95.1	90.2	85.2	88.5	75.4	77.0
6 年	92.7	90.9	85.5	85.5	60.0	63.6
	おはじき 1	おはじき 2	おはじき 3	お手玉	定規（10cm）	定規（20cm）
1 年	65.9	65.9	27.5	15.4	35.2	11.0
2 年	66.2	58.5	32.3	55.4	66.2	60.0
3 年	73.8	75.0	46.3	60.0	87.5	66.5
4 年	76.6	70.3	48.4	73.4	87.5	70.3
5 年	86.9	86.9	49.2	83.6	91.8	80.3
6 年	63.6	74.5	50.9	74.5	92.7	87.3

第1章 生活

1980 年と 2010 年の自立比較

長方形（大）	1980	5 歳 0 ヶ月
	2010	1 年生（82.4%）
長方形（小）	1980	5 歳 0 ヶ月
	2010	1 年生（76.9%）
三角形（大）	1980	5 歳 0 ヶ月
	2010	2 年生（83.1%）
三角形（小）	1980	5 歳 0 ヶ月
	2010	1 年生（73.6%）
作品（大）	1980	5 歳 0 ヶ月
	2010	自立せず
作品（小）	1980	5 歳 0 ヶ月
	2010	自立せず
おはじき 1	1980	5 歳 6 ヶ月
	2010	3 年生（73.8%）
おはじき 2	1980	6 歳 6 ヶ月
	2010	3 年生（75.0%）
おはじき 3	1980	自立せず
	2010	自立せず
お手玉	1980	9 歳 0 ヶ月（70.8%）
	2010	4 年生（73.4%）
定規（10cm）	1980	
	2010	3 年生（87.5%）
定規（20cm）	1980	8 歳 0 ヶ月（77.4%）
	2010	5 年生（80.3%）

出典：NPO 法人子どもの生活科学研究会（日本保育学会 2011 年発表）

　小学生の手指の巧緻性を、遊びや学校生活で行う動作によって調査している。1980 年に実施した調査を 2010 年に追試したところ、ほとんどの項目で自立の遅れが明らかになっている。折り紙は、簡単な作品を作ることについて 2010 年調査では 6 年生段階でも 6 割程度しかできていない。定規については、2 点を定規を使用して直線で結ぶという調査で、10cm 間隔は 3 年生、20cm 間隔は 5 年生で自立する状況である。

（髙橋）

第6節　生活技術

第1章 生活

（5）足指の巧緻性

右足	5指開	1/2指重	2/1指重	5指鉛筆	1/2指鉛筆
3.4歳男子	15.6%	40.6%	15.6%	40.6%	28.1%
3.4歳女子	9.4%	45.3%	13.2%	60.4%	37.7%
5.6歳男子	23.3%	30.2%	29.9%	72.1%	27.9%
5.6歳女子	30.6%	44.4%	33.3%	83.3%	47.2%
小1男子	26.9%	51.9%	30.8%	55.8%	34.6%
小1女子	36.4%	51.5%	31.8%	59.1%	51.5%
小2男子	20.0%	53.3%	40.0%	48.9%	37.8%
小2女子	32.5%	55.0%	32.5%	65.0%	51.3%
小3男子	43.1%	79.3%	50.0%	63.8%	36.2%
小3女子	43.1%	64.7%	43.1%	58.8%	43.1%
小4男子	31.9%	61.7%	51.1%	59.6%	38.3%
小4女子	52.5%	68.9%	42.6%	68.9%	36.1%
小5男子	32.9%	68.4%	42.1%	69.7%	50.0%
小5女子	40.6%	71.0%	47.8%	63.8%	44.9%
小6男子	50.0%	75.9%	60.3%	43.1%	37.9%
小6女子	41.7%	81.3%	52.1%	58.3%	35.4%
左足	5指開	1/2指重	2/1指重	5指鉛筆	1/2指鉛筆
3.4歳男子	9.4%	37.5%	21.9%	50.0%	28.1%
3.4歳女子	15.1%	34.0%	11.3%	73.6%	34.0%
5.6歳男子	25.6%	39.5%	25.6%	58.1%	27.9%
5.6歳女子	36.1%	47.2%	19.4%	77.8%	50.0%
小1男子	30.8%	48.1%	32.7%	59.6%	50.0%
小1女子	33.3%	60.6%	34.8%	65.2%	60.6%
小2男子	26.7%	57.8%	46.7%	60.0%	51.1%
小2女子	32.5%	62.5%	33.8%	66.3%	55.0%
小3男子	37.9%	79.3%	50.0%	51.7%	46.6%
小3女子	47.1%	70.6%	37.3%	56.9%	47.1%
小4男子	38.3%	70.2%	42.6%	44.7%	48.9%
小4女子	49.2%	70.5%	37.7%	57.4%	44.3%
小5男子	47.4%	77.6%	46.1%	55.3%	53.9%
小5女子	53.6%	71.0%	55.1%	69.6%	52.2%
小6男子	53.4%	79.3%	69.0%	62.1%	46.6%
小6女子	54.2%	81.3%	64.6%	70.8%	47.9%

出典：NPO法人子どもの生活科学研究会　2016年

　足指の動きを、5指を開く・親指に人差し指を重ねる（1/2指重）・人差し指に親指を重ねる（2/1指重）・5指で鉛筆をつかむ・人差し指と親指の2指で鉛筆をつかむ、の5項目で調査している。男女差はない。左右差については左足の成績が良いが、理由は不明である。自立がみられるのは、人差し指に親指を重ねる動作のみである。2指で鉛筆をつかむ動作や5指を開く動作については成績が悪く、足指が思うように動かせない実態が明らかになっている。

（髙橋）

第7節　生活習慣

（1）「おはしを使って食事をする」の達成率

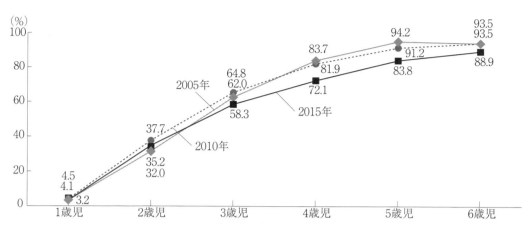

注1）「できる」の％。
注2）0歳6か月〜6歳11か月の年齢層で分析する際のウェイトを用いて集計した。

出典：ベネッセ教育総合研究所「第5回幼児の生活アンケートレポート」 2016年

　2005年、2010年、2015年の調査を比較している。どの年も箸を使って食事をする子どもの割合が70％を超えるのは4歳児であるが、数値を見ると2015年の4歳児の成績が他の2回の調査に比べ約10％悪い状況である。5歳児段階でもその差は縮まらないが、6歳児段階での成績は3回調査における差がほとんど見られない。ただし、この数値は箸の使用を調べているので、正しく使用しているわけではない。

（髙橋）

第7節　生活習慣

（2）「おむつをしないで寝る」の達成率

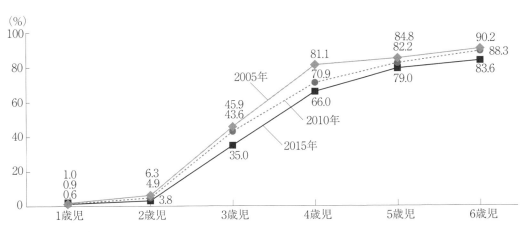

注1）「できる」の％。
注2）0歳6か月〜6歳11か月の年齢層で分析する際のウェイトを用いて集計した。

出典：ベネッセ教育総合研究所「第5回幼児の生活アンケートレポート」 2016年

　2005年、2010年、2015年に調査を実施して比較している。おむつなしで寝る子は2005年、2010年の調査では4歳児で70％を超えるが、2015年調査では4歳児66.0％で、5歳児になって79.0％となり、やっと自立する。2015年調査は、6歳児でも83.6％であり、2割近い子どもが夜間におむつを使用していることになる。日中のおむつ離れも遅くなっている傾向があるが、夜間も同様の傾向といえ親の意識と子どもの発達の両面の問題と考えられる。

(髙橋)

第7節　生活習慣

（3）3歳児におけるトイレットトレーニングに関する発達

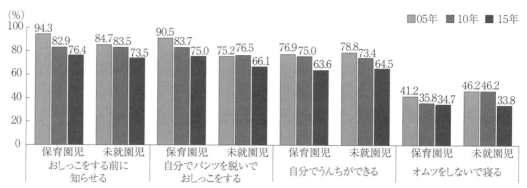

注1）「できる」の％。
注2）0歳6か月～6歳11か月の年齢層で分析する際のウェイトを用いて集計した。
注3）サンプル数は、05年（保育園53人、未就園258人）、10年（保育園136人、未就園330人）、15年（保育園224人、未就園340人）。

出典：ベネッセ教育総合研究所「第5回幼児の生活アンケートレポート」2016年

　3歳児の保育園児と未就園児のトイレットトレーニングの状況を、2005年から5年ごとに3回調査した結果である。保育園児と未就園児に差がみられるのは、「おしっこをする前に知らせる」と「自分でパンツを脱いでおしっこをする」の2項目で、いずれも保育園児の方が良い成績である。調査年度による差をみると、2005年から徐々に成績が低下してきており、特に2015年は1～2割の低下がみられる項目もある。

（髙橋）

第7節　生活習慣

（4）子どもの平日の就寝時間の変化

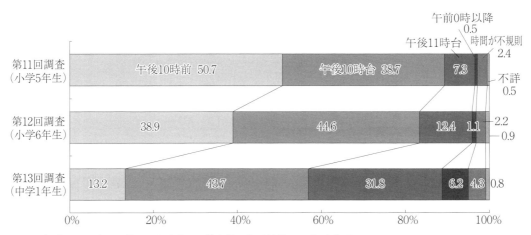

注：1）第11回調査から第13回調査まで回答を得た者（総数28,732）を集計。
　　2）第11回調査と第12回調査は、「登校日」の就寝時間である。

出典：厚生労働省「21世紀出生児縦断調査（平成13年出生児）」

　小学5年から中学1年までの就寝時間の変化を追跡した。小学5年では10時前に半数が就寝し、11時までに約9割が就寝している。しかし6年時には10時前に就寝する子どもが1割以上減少し、11時以降の就寝が増加している。さらに中学に入ると10時前の就寝は1割ほどに激減し、代わりに11時以降の就寝が4割を超えるようになる。中学に入学すると同時に部活や塾などの影響で、生活時間が変化することが影響していると思われる。

（髙橋）

第7節　生活習慣

（5）子どもの平日の就寝時間別にみた朝食の有無の状況

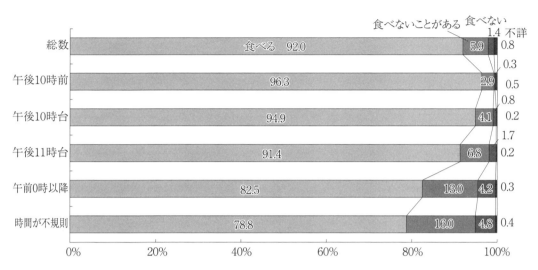

注：第13回調査の回答を得た者（総数30,331）を集計。

出典：厚生労働省「21世紀出生児縦断調査（平成13年出生児）」

　就寝時間が朝食の摂取習慣に影響があるかについてのデータである。全体では9割以上の子どもが朝食を摂取しているが、就寝時刻が早いほど朝食の摂取習慣が確立している。就寝時刻が午前0時を超えると、朝食の摂取率が急に1割ほど減少し、朝食を食べない割合が増加する。睡眠の習慣が朝食に影響を与えていることがはっきりとうかがえる。朝食を摂取しないと、午前中の活動に必要なエネルギーが不足することになる。

（髙橋）

第7節　生活習慣

（6）小中高校生の朝食をとらない理由

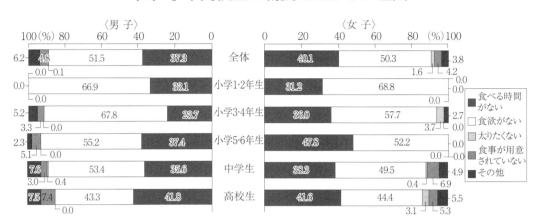

出典：公益財団法人日本学校保健会「平成26年度児童生徒の健康状態サーベイランス事業報告書」2016

　朝食をとらない理由は、小学生の場合約半数が「食欲がないから」であった。しかし中学・高校と学年が進むにつれて「食欲がないから」という理由は減少し、「時間がないから」という理由が増加してくる。時間がない理由には、通学に時間がかかるようになり、朝食をとる時間が無くなる、就寝時刻が遅くなったことで起床時間が遅くなる、といった原因が考えられる。「食事が用意されていない」という理由も微増している。

（髙橋）

第7節　生活習慣

（7）朝食摂取状況と「ルールを守って行動する」こととの関係（中高生）

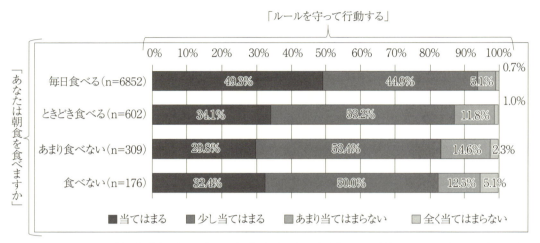

出典：文部科学省「睡眠を中心とした生活習慣と子供の自立等との関係性に関する調査の結果」2015年

　朝食摂取状況と、「ルールを守って行動する」との関係についてみた調査である。中学生と高校生では、朝食を毎日食べるグループは、ルールを守って行動するについて「当てはまる」の割合が約半数で、「少し当てはまる」と合わせると、94.2%ととても高い割合になり、規範意識が高いことがわかる。ただし、朝食を毎日食べる以外のグループ間では、それほどの大きな差は見られない。朝食を食べる習慣を身につけることの重要性がうかがわれる。

（髙橋）

第7節　生活習慣

(8) 現在子どもの食事について困っていること

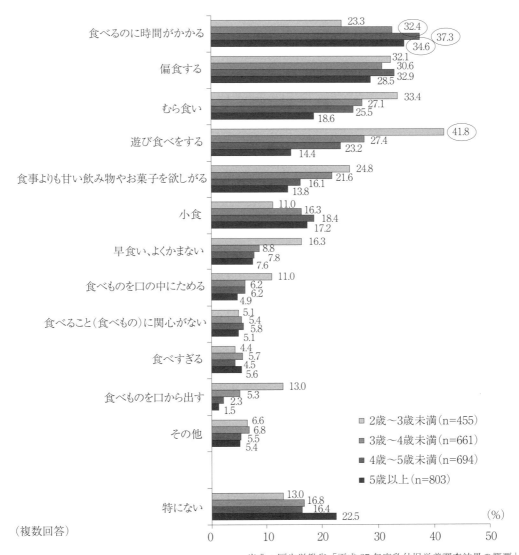

出典：厚生労働省「平成27年度乳幼児栄養調査結果の概要」

　幼児期の子どもの食事について、特に悩みがないと回答している割合は、5歳以上でも2割ほどで、多くの保護者が子どもの食事について何らかの悩みを持っている。全体的にみると、「食べるのに時間がかかる」ことに困っている保護者が多い。特に2歳〜3歳未満の年齢では「遊び食べをする」ことに4割の保護者が困っており、子どもの年齢や発達に応じたアドバイスを必要としている様子がわかる。

(髙橋)

第7節 生活習慣

（9）子どもの共食（朝食・夕食）の状況

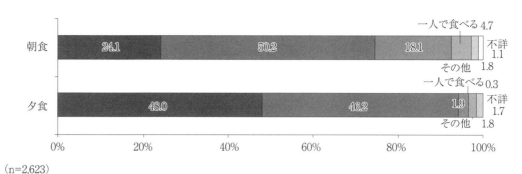

出典：厚生労働省「平成27年度乳幼児栄養調査結果の概要」

　2～6歳児の幼児が、朝食や夕食を誰と食べているか調査した結果である。夕食に関しては、約半数が家族そろって食べており、残りの半数もほとんどが大人の家族と一緒に食事をしている。子どもだけもしくは一人で食べる子どもは2％程度である。朝食に関しては家族そろって食べる割合は夕食の半数程度で、約5割は大人の家族の誰かと食べている。また、子どもだけや一人で食べる割合も2割以上となっている。

（髙橋）

第7節　生活習慣

（10）社会経済的要因と主要食物の摂取頻度

野菜の摂取

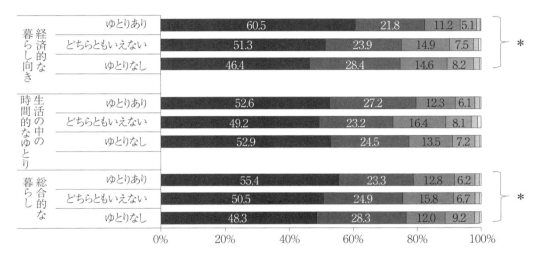

インスタントラーメンやカップ麺の摂取

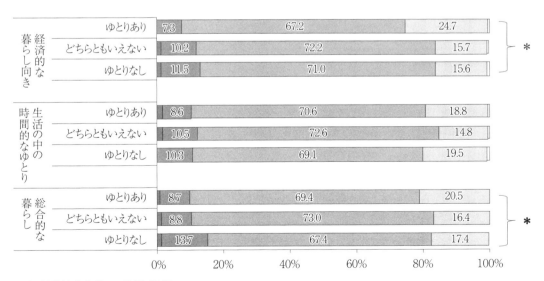

＊カイ2乗検定を行い、P値＜0.05

出典：厚生労働省「平成27年度乳幼児栄養調査結果の概要」

第1章 生活

　2～6歳児の保護者に聞いた経済な暮らし向きや生活のゆとりによって、食生活に差が出るのかどうか調査した結果である。野菜の摂取に関しては、経済的なゆとりの差によって摂取状況に差がある。ゆとりがある家庭は毎日2回以上野菜を摂取する割合が6割以上であるのに対し、ゆとりのない家庭は5割以下である。インスタント～の摂取に関しては、経済的なゆとりがない家庭で摂取率が高く、週に1～3日食べる割合が1割を超える。

（髙橋）

第1章　生活

第7節　生活習慣

（11）基本的生活習慣の自立の標準年齢

年齢	食事		睡眠		排泄
	山下（昭和11年）	谷田貝（平成15年）	山下（昭和11年）	谷田貝（平成15年）	山下（昭和11年）
1.0		自分で食事をしようとする			排尿排便の事後通告
1.6	自分でコップを持って飲む スプーンを自分で持って食べる	自分でコップを持って飲む スプーンを自分で持って食べる・食事前	就寝前の排尿		排尿排便の予告
2.0		こぼさないで飲む		就寝前後の挨拶	
2.6	スプーンと茶碗を両手で使用 こぼさないで飲む 箸と茶碗を両手で使用	スプーンと茶碗を両手で使用			おむつの使用離脱・付き添えばひとりで用が足せる
3.0	こぼさないで食事をする 食事前後の挨拶 箸の使用	こぼさないで食事をする			パンツをとれば用が足せる
3.6	箸を正しく使う 一人で食事ができる	箸の使用 一人で食事ができる	昼寝の消失	寝間着に着替える・就寝前の排尿	排尿の自立
4.0		握り箸の終了 箸と茶碗を両手で使用	添い寝の終止 就寝前後の挨拶		排便の自立 夢中粗相の消失
4.6					排便の完全自立（紙の使用）
5.0			就寝前の排尿の自立		
5.6			就寝時の付き添いの終止　寝間着に着替える		
6.0		箸を正しく使う		昼寝の終止　就寝前の排尿の自立	
6.6				添い寝の終止 就寝時の付き添いの終止	
7.0					

第1章 生活

	着脱衣		清潔	
谷田貝（平成 15 年）	山下（昭和 11 年）	谷田貝（平成 15 年）	山下（昭和 11 年）	谷田貝（平成 15 年）
		ひとりで脱ごうとする		就寝前の歯磨き
	ひとりで脱ごうとする くつをはく	ひとりで着ようとする		
排尿排便の事後通告	ひとりで着ようとする	くつをはく・帽子をかぶる	手を洗う	うがい手を洗う
排尿排便の予告・付き添えば ひとりで用が足せる		パンツをはく		顔を拭く 石鹸の使用
おむつの使用離脱・排尿の自立 パンツをとれば用が足せる	帽子をかぶる	前ボタンをかける・両袖を通す・靴下をはく・脱衣の自立・着衣の自立	石鹸の使用	食前の手洗い
排尿の自立	パンツをはく 前のボタンをかける		うがい・顔を洗う・顔を拭く・鼻をかむ	顔を洗う・髪をとかす鼻をかむ
夢中粗相の消失	両袖を通す 靴下をはく			
排便の完全自立（紙の使用・和式洋式の利用）	紐を前で結ぶ・脱衣の自立		口ゆすぎ（朝）　食前の手洗い・髪をとかす	朝の歯磨き
			朝の歯磨き	
	着衣の自立			
		紐を前で結ぶ（8 歳）		

出典：谷田貝・高橋『データでみる幼児の基本的生活習慣』一藝社、2007 年

　5 つの習慣に関して、1935 ～ 36（昭和 10 ～ 11）年に山下俊郎（1903 ～ 1982）が行ったアンケート調査を、2003（平成 15）年に追試したものである。食事・睡眠・排泄の習慣に関しては、70 年間に成績が低下している項目が多い。着脱衣については自立が早まっている項目もあるが、簡易に着脱できる服によるものであると思える。紐を結ぶことについては自立がかなり遅れている。清潔の習慣は成績が向上している。

（髙橋）

第7節　生活習慣

（12）就寝時刻の分配―S11年とH15年の比較―

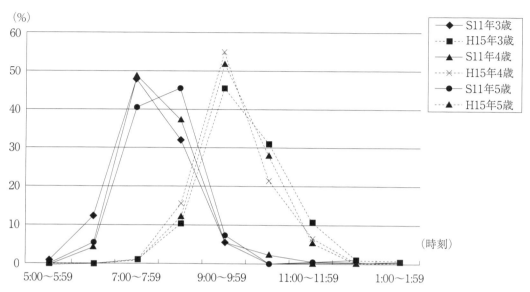

出典：谷田貝・髙橋『データでみる幼児の基本的生活習慣』2007年を基に筆者作成

　就寝時刻について、1935（昭和11）年に実施された山下俊郎の調査結果と2003（平成15）年に実施された谷田貝・髙橋の調査結果を比較したものである。最も多くの幼児が就寝する時間帯を比較すると、2003（平成15）年は1935（昭和11）年より約2時間遅くなっている。また、1935（昭和11）年には9時以降に就寝する幼児は1割程度だったが、2003（平成15）年には9時以前に就寝している幼児がわずか2割弱しかいない状況である。

（髙橋）

第7節 生活習慣

（13）排便習慣と子どもの起床時刻

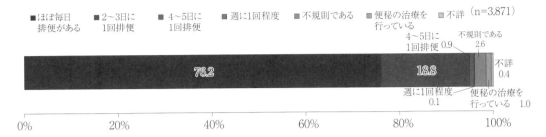

排便習慣（回答者：0～6歳児の保護者）

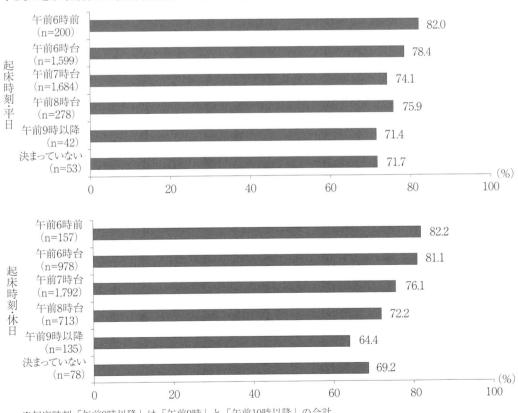

※起床時刻「午前9時以降」は「午前9時」と「午前10時以降」の合計

出典：厚生労働省「平成27年度乳幼児栄養調査結果の概要」

0〜6歳の乳幼児のうち毎日排便のある子どもの割合は76.2%、2〜3日に1回の子どもは18.8%である。本来毎日排便があることが望ましいが、1/4の子どもは毎日排便しているわけではないということである。また、毎日排便がある子どもの排便時間が一定しているかどうかはわからない。さらに起床時間の早い子ほど排便の習慣が確立しているといえる。起床時間が早いことで朝の時間にゆとりが生じるためかもしれない。

（髙橋）

第7節　生活習慣

（14）学校でうんちをしたくなった時、我慢することはありますか

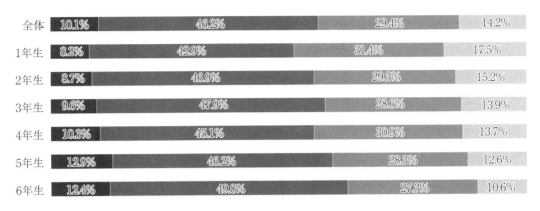

出典：NPO法人日本トイレ研究会「小学生の排便と生活習慣に関する調査」2017年6月

　全学年を通して半数以上が学校での排便は、我慢する傾向があることがわかった。しかし、健康上の観点から考えると、排便を我慢することで便秘を悪化させたり、ひどくなると腹痛を引き起こしたりする。排便は恥ずかしくないこと、我慢することは体に良くないこと、などを日ごろから子どもに伝えていくことが大切である。また、排便習慣はできるだけ朝、登校前に済ませる習慣をつける方が良い。

(髙橋)

第7節　生活習慣

（15）子どもの食・生活習慣と便秘の関係性

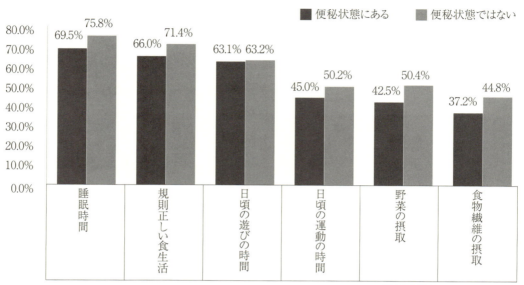

※「便秘状態」のスコアで降順ソート

出典：NPO法人日本トイレ研究会「小学生の排便と生活習慣に関する調査」2017年6月

　便秘の子どもの方が、そうでない子どもに比べ、調査したすべての項目について成績が悪かった。特に差が目立つのは、「野菜の摂取」と「食物繊維の摂取」の2項目である。便秘と食習慣が強く影響しあっていることがわかる。その他、睡眠時間も影響していることがわかる。起床時間が早いほど便秘をしない、という結果があるが、起床時間が一定しており、しかも早い時間に起きることが排便習慣の確立に良い影響を与える。

(髙橋)

第7節　生活習慣

（16）生活習慣

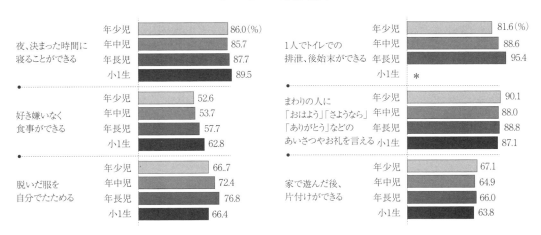

＊年少児から年長児までの項目

出典：ベネッセ教育総合研究所「幼児期から小学校1年生の家庭教育調査」2016年3月

　加齢とともに成績が良くなるのは、「トイレでの排泄と後始末」「好き嫌いなく食事をする」の2項目である。しかし、小学1年でも自立しない（70％を超えない）のは「好き嫌いなく食事をする」と、さらに「まわりの人にあいさつやお礼を言える」の2項目となっている。加齢に伴う変化が見られない、またはわずかに低下しているのが「就寝時刻」と「まわりの人にあいさつやお礼を言える」と「片づけ」である。

(髙橋)

第7節　生活習慣

（17）肥満度別　保護者の子どもの体格に関する認識

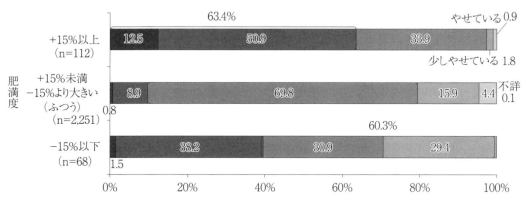

出典：厚生労働省「平成27年度乳幼児栄養調査結果の概要」

　太り気味の体格の子どもの親の6割は子どもが「太っている」と感じている。しかしその内訳としては50%が「少し太っている」で、「ふつう」と感じている割合も3割いる。さほど気にしていない親も相当数存在しているということである。やせ気味の子どもの親の6割が子どもは「やせている」と感じているが、「少しやせている」は3割、「やせている」3割で、太り気味の親より子どもの状況を正しく認識している。

(髙橋)

第7節　生活習慣

（18）1日に平均で体を動かしている時間（2〜6歳児）

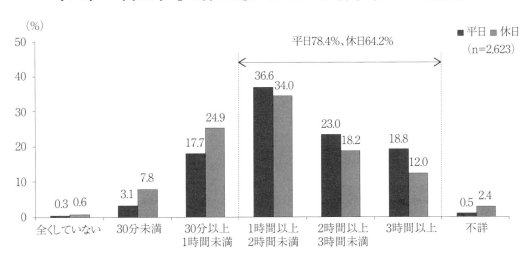

〈参考〉幼児は様々な遊びを中心に、毎日、合計60分以上、楽しく体を動かすことが大切です！
（幼児期運動指針、文部科学省、平成24年3月）

出典：厚生労働省「平成27年度乳幼児栄養調査結果の概要」

　平日に60分以上体を動かす幼児は約8割である。この群の子どもは、休日より平日の方が運動量は多い。幼稚園や保育所で、好んで体を動かす傾向があるといえる。平日60分未満の運動量の子どもは約2割で、この群の子どもは休日の方が体を動かす傾向がある。平日、休日とも、60分〜2時間未満の運動をしている子どもが最も多く、約35％を占める。また、全体の7割以上が平日に60分以上体を動かしている。

(髙橋)

第7節　生活習慣

（19）就寝・起床の平均時刻

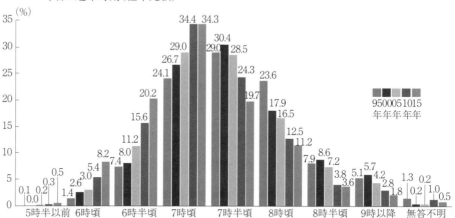

平日の起床時刻（経年比較）

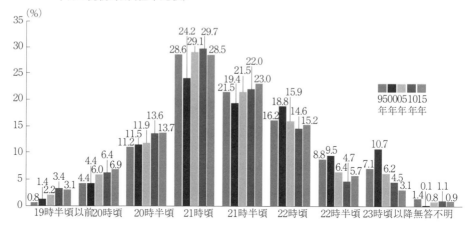

平日の就寝時刻（経年比較）

※「19時以前」「19時半頃」を「19時半頃以前」に、「23時頃」「23時半以降」を「23時頃以降」としている。

出典：ベネッセ教育総合研究所「第5回幼児の生活アンケートレポート」2016年

　平日の幼児の起床・就寝時刻について、1995年から2015年まで5年ごとに調査を実施した結果である。起床時刻は、7時までに起床する割合が増加する傾向がある。1995年には7時までに起床する幼児は3割強だったが、2015年には約7割弱と増加している。就寝時刻に関しても、若干早まる傾向がみられるものの、起床時刻ほどの変化はなく、2015年は全体の7割近くが21時～22時の時間帯に就寝している。

（髙橋）

第7節　生活習慣

（20）小・中・高校生の平均睡眠時間

※就寝の平均時刻は、「10時より前」を「21時30分」、「2時よりあと」を「2時30分」、起床の平均時刻は、「6時より前」を「5時30分」、「8時よりあと」を「8時30分」のように置き換えて、就寝または起床の時刻が無回答・不明の場合を除いて算出した。睡眠の平均時間は、就寝時刻から起床時刻までを計算した。

出典：ベネッセ教育総合研究所「第2回放課後の生活時間調査（特報版）」2014年

　学校がある日の就寝時刻・起床時刻である。ともに2008年と2013年では起床時刻の早まりほど就寝時刻が早まっておらず、その分睡眠時間が短くなっている。睡眠時間は、小・中学生で平均2分の減少がみられる。小学生は9〜10時間ほどの睡眠が必要とされており、健康を維持するためには不足している。中学・高校と進むにつれ、1時間ずつ睡眠時間が減少しており、子どもの睡眠不足は深刻な状況である。

(髙橋)

第7節　生活習慣

（21）外での遊び・スポーツの時間

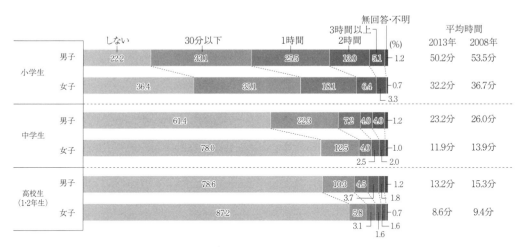

※「外での遊び・スポーツの時間」には、習い事や部活動の時間は含まれていない。
※「30分以下」には、「5分」〜「30分」の%、「3時間以上」は、「3時間」〜「4時間より多い」の%。
※平均時間は「しない」を0分、「4時間」を240分、「4時間より多い」を300分のように置き換えて、無回答・不明を除いて算出した。

出典：ベネッセ教育総合研究所「第2回放課後の生活時間調査（特報版）」2014年

　どの年齢段階も女子の方が外での遊び時間が少なく、年齢とともに減少し、高校段階では8割近い男子、9割近い女子が外で遊ばないと回答している。ただし、部活動や習い事の時間は含んでいないため、運動時間が減少しているとは一概に言えない。小学生までは外遊びが多いものの、学年が進むと遊び方が変化するものと考えられる。2008年と2013年を比較すると、どの年齢段階も外遊びは減少する傾向にある。

（髙橋）

第7節　生活習慣

（22）平日、幼稚園・保育園以外で一緒に遊ぶ人

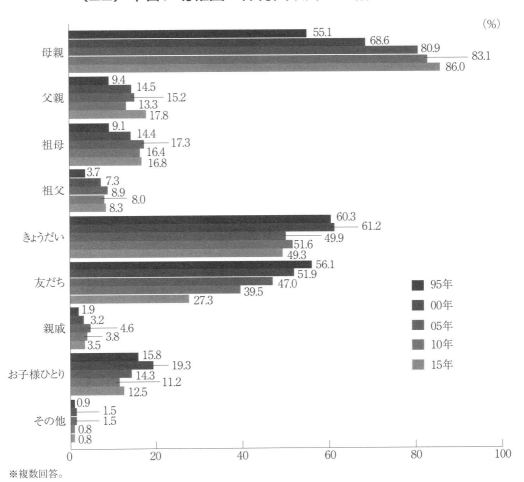

※複数回答。

出典：ベネッセ教育総合研究所「速報版第5回幼児の生活アンケート」2016年

　1995年には、きょうだいと遊ぶ子どもが最も多く60.3％、次いで友達と遊ぶ子どもが56.1％であった。母親と遊ぶ子どもは3番目の55.1％となっている。しかし2000年以降、母親が遊び相手の一番となり、次いできょうだい、友達となり、順位が変化している。その後も母親と遊ぶ割合は増加し、2015年には86.0％に増えた。その分きょうだいや友達と遊ぶ割合は減少し、少子化の影響がみられる。

(髙橋)

第7節　生活習慣

（23）園での子どもの遊び込む経験、および遊び込む経験別子どもの「学びに向かう力」

園での子どもの遊び込む経験

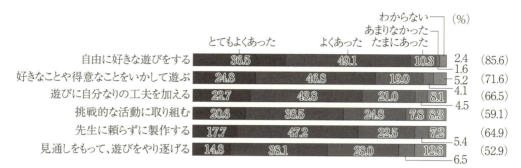

遊び込む経験別子どもの「学びに向かう力」

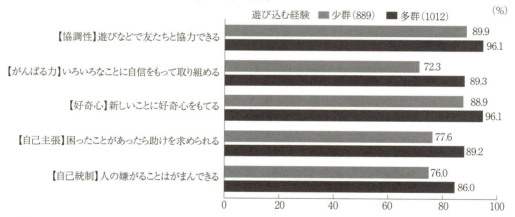

※「学びに向かう力」は、5つの領域（好奇心・協調性・自己規制・自己主張・がんばる力）に関わる15の質問項目から構成される。各領域を代表する質問項目を1つずつ図示。
※「とてもあてはまる」＋「まああてはまる」の％。※「遊び込む経験」は、6項目について、「とてもよくあった」を4点、「よくあった」を3点、「たまにあった」を2点、「あまりなかった」を1点として合計値を得点化し、2区分した。1項目でも「わからない」を選択した人は除く。
※（）内はサンプル数。

出典：ベネッセ教育総合研究所「園での経験と幼児の成長に関する調査」2016年

　すべての項目において遊び込み経験の多い群の方が「学びに向かう力」を身に付けているという結果である。特にいろいろなことに自信をもって取り組むという「がんばる力」と困ったことがあったら助けを求められるという「自己主張」の力については、遊び込む経験の少ない群より10％以上多い。遊びには非認知能力を伸ばす効果があることを示しており、子どもが遊び込める環境の大切さが示されている。

（髙橋）

第7節　生活習慣

（24）沖縄の幼児の生活習慣

自立項目	自立年齢	自立時%
寝るときはいつもパジャマに着替える	5歳	78.9%
昼間おむつを使用していない	3歳	88.4%
夜間おむつを使用していない	4歳	71.3%
一人でおしっこができる	4歳	92.6%
一人でうんちができる	4歳	86.8%
自分でお尻がふける	6歳	81.6%
パンツを全部脱がなくても排泄ができる	5歳	74.9%
規則的（毎日、一日おきなど）に排便がある	6歳	70.1%
ボタンのかけ外しができる	4歳	70.3%
ファスナーの開け閉めができる	5歳	82.9%
Tシャツやトレーナーの着脱が一人でできる	4歳	86.8%
靴下を一人ではける	4歳	87.5%
靴を一人ではける	3歳	85.8%
お風呂にいつも入る	3歳	93.8%

出典：髙橋・谷田貝・村越、日本保育学会 2016 年

　沖縄の幼児の生活習慣について、70%を超えて自立した項目である。3歳で自立するのは、毎日お風呂に入ることと靴を一人ではける、昼間におむつを使用しない、の3項目である。保護者や保育者の関わりによって身についているといえる。着脱衣に関する習慣の多くは4歳で自立がみられるが、排泄、特に排便に関する習慣の自立は6歳である。お尻を拭く、毎日排便する、といったことは就学に向けて身に付けたい習慣である。

（髙橋）

第 **2** 章
文化

総説

第 1 節	読書・絵本	141
第 2 節	遊び	167
第 3 節	音楽・表現	190
第 4 節	メディア	206
第 5 節	玩具	225
第 6 節	体験・生き方	238

編集委員

村越 晃

おかもとみわこ

渡辺厚美

谷田貝 円

総説

子どもたちは多種多様な環境の中で、様々な文化的影響を受けて健やかに成長していく。子どもたちを取り巻く一切の文化、児童文学、唱歌などの芸術的な創作だけでなく、遊びや歌、言葉、または商品的にマーケットとして提供されるようなものまで含めて子どもの文化としてとらえ、この文化分野の章では、第1節「読書・絵本」(24項目)、第2節「遊び」(18項目)、第3節「音楽表現」(15項目)、第4節「メディア」(17項目)、第5節「玩具」(11項目)、第6節「体験・生き方」(15項目)100項目のデータを提示している。

動物の行動はもっぱら遺伝と本能によって支えられているが、人間は、それに加えて、経験と模倣、および言語を通して、集団の一員としての思考、感情、行動を仲間から学習し、獲得したものを同世代、後世代の人々に伝達する。こうして人間が社会を作る一員として学習し獲得し伝達されるものの総体を文化と呼ぶことができる。

文化は人間集団によって作られるわけであるから、日本文化や下町文化、室町文化など地理的、歴史的なまとまりにしたり、オタク文化のように集団を構成する人を基準にしたり、出版文化や食文化のように人の活動の種類にしたりと、個々の文化は様々な形で定義され概念化される。さらに、小規模な集団にも企業の社風、学校の校風、ある家系の家風などがあり、地域社会、血縁関係などの社会組織ごとに固有の文化がある。

子どもに関する文化は、日本では大正・昭和初期に「児童文化」という用語が成立し普及する。子どもは大人とは異なる感受性や能力を有する特別な存在として認識し、子どもを対象とする文化財や文化的な環境を大人が意識的に構築しようとする考えである。子ども期にはよりふさわしい文化があり、子どもがより望ましい方向に育つために物的精神的により良い文化を大人が整備しなければならないという発想である。それに伴い玩具、遊具、絵本などが児童文化財として積極的に整備されていく。

1980年代に入ると、大人が考える児童のための文化と区別して、遊びに代表される子ども自身が主体的に創造し、子どもの間で分有され伝達される生活の仕方を「子ども文化」と規定していく。つまり、子ども文化とは、子どもの遊びや行事を通じて形成される子どもの生活様式的文化である。

子ども文化は、子どもたちの生活に即して生活文化的要素を強めながら、子どもたちにとって掛け替えのない存在となっていく。特に子どもの成長発達に深く関わっていくことになる。遊びを例にとるなら、遊びを通して楽しさを味わうとともに、身体的健康、運動能力、知的能力、生活技術、情緒、欲求、人間関係の構築、社会性、いじめや悪の体験等々様々な多くのことを体験できる。

しかし、平成に入り子どもたちを取り巻くあらゆる環境は加速度的に変化してゆく。以前から問題視されている自然環境の減少、子どもを取り巻く空間的変化、時間的制約、安全性確保の問題、生活リズムの乱れ、そして何よりもインターネットによる情報機器の出現普及である。テレビ、各種ゲーム機器、携帯電話、タブレット、スマートフォン等であり、LINE、YouTube、Twitter、Facebook、Instagram等々である。この章でもデータとして提示したがスマートフォンの普及率はすさまじいものがある。

それに反し、今まで子どもの育ちに大きく関わっていた数々の児童文化財は、子どもたちとの接点をますます離脱し続けている。読書量の減少、音楽・表現活動の減少、玩具との出会いの減少、文化活動の減少、生活体験の不足等々であり、何より遊びの体験不足である。子ども文化の土台骨は遊びである。その遊びが子どもたちから離脱し始めている。

身体を触れ合い言葉を交わし子どもと子どもが心を交わす本来の子ども文化の影が薄くなってきているといえよう。

子どもたちは顔を合わせずとも、ましてや目を合わせることも言葉を発することもなく会話し、意思疎通を図ろうとする。人間関係や心理的発達もまだまだ未成熟な子どもたちが無防備のままそのような生活にさらされているのである。

文化財が、文化的な要素を破壊していく凶器として存在していくのではないかと危惧されてならないのは、過敏であろうか。

（村越 晃）

【参考文献】

首藤美香子「「児童文化」「子ども文化」の定義をめぐって」日本子ども学会編『チャイルドサイエンス』第6号、P.8-11、2010年

「文化とは」『デジタル版日本大百科事典』（ニッポニカ）、小学館（https://kotobank.jp/word/ 文化 -128305）2019年7月9日確認

「文化」『フリー百科事典　ウィキペディア日本語版』（http://ja.wikipedia.org/）2019年7月9日15時（日本時間）現在での最新版を取得

第1節　読書・絵本

（1）学習指導要領における読書指導内容

第1学年及び第2学年	第3学年及び第4学年	第5学年及び第6学年	中学校第1学年
エ　読書に親しみ、いろいろな本があることを知ること。	オ　幅広く読書に親しみ、読書が、必要な知識や情報を得ることに役立つことに気づくこと。	オ　日常的に読書に親しみ、読書が、自分の考えを広げることに役立つことに気付くこと。	オ　読書が、知識や情報を得たり、自分の考えを広げたりすることに役立つことを理解すること。

出典：東洋館出版社『小学校学習指導要領解説国語編』文部科学省（平成29年7月）より筆者作成

　文部科学省は読書を、国語科で育成を目指す資質・能力をより高める重要な活動の一つであるとしている。自ら進んで読書をし、読書を通して人生を豊かにしようとする態度を養うために、国語科の学習が読書活動に結びつくよう発達段階に応じて系統的に指導することが求められている。本を読むことに加え、新聞雑誌を読んだり、何かを調べたりするために関係する資料を読んだりすることも含んでいる。

（村越）

第1節　読書・絵本

（2）学習指導要領における読むことの言語活動例

第1学年及び第2学年	第3学年及び第4学年	第5学年及び第6学年
ア　事物の仕組みを説明した文章などを読み、分かったことや考えたことを述べる活動。	ア　記録や報告などの文章を読み、文章の一部を引用して、分かったことや考えたことを説明したり、意見を述べたりする活動。	ア　説明や解説などの文章を比較するなどして読み、分かったことや考えたことを、話し合ったり文章にまとめたりする活動。
イ　読み聞かせを聞いたり物語などを読んだりして、内容や感想などを伝え合ったり、演じたりする活動。	イ　詩や物語などを読み、内容を説明したり、考えたことなどを伝え合ったりする活動。	イ　詩や物語、伝記などを読み、内容を説明したり、自分の生き方などについて考えたことを伝え合ったりする活動。
ウ　学校図書館などを利用し、図鑑や科学的なことについて書いた本などを読み、分かったことなどを説明する活動。	ウ　学校図書館などを利用し、事典や図鑑などから情報を得て、分かったことなどをまとめて説明する活動。	ウ　学校図書館などを利用し、複数の本や新聞などを活用して、調べたり考えたりしたことを報告する活動。

出典：東洋館出版社『小学校学習指導要領解説国語編』文部科学省（平成29年7月）より抜粋し筆者作成

　低学年、中学年、高学年別に言語活動例を提示している。各学年のアには、主として説明的な文書を読んで分かったことや考えたことを表現する言語活動例を例示している。イには、主として文学的な文書を読んで内容を説明したり考えたことなどを伝え合ったりする、言語活動を例示している。ウには主として、学校図書館などを利用し、本などから情報を得て活用する言語活動を例示している。

（村越）

第1節　読書・絵本

（3）前言語期のコミュニケーションの発達のめやす

年　齢	人との関係	言葉と知性の発達
新　生　児　期	・泣く ・ほほえむ ・あやされると泣きやむ	・「ア〜」「ウ〜」などの声を出す
3〜4カ月ころ	・あやすと声を出して笑う ・目が合う	・話しかけると「アー」「ブー」と応じるようになる
6〜7カ月ころ	・機嫌よく一人で遊ぶ ・人見知りをする	・声を出して話しかけようとする
9〜10カ月ころ	・指差しができる ・後追いをする ・人の動作をまねる	・一語文（パパ、ママ）を言おうとする ・物のやり取りを楽しむ
1　歳　こ　ろ	・親から離れると不安になる ・「バイバイ」「チョーダイ」などの身ぶりをする	・簡単な言葉がわかる ・探索期が始まる
1〜2歳ころ	・自己主張が通らないとかんしゃくを起こす ・自分の名前を呼ばれるとわかる	・「ナニ？」と物の名を尋ねる ・「イヤ」「ダメ」を言うようになる

出典：谷田貝公昭監修、中野由美子・神戸洋子編著『言葉（新保育内容シリーズ4）』一藝社、2010 年

　言葉の前のコミュニケーションの発達過程があって、初めて幼児は言葉を理解し発するようになる。言葉ではない行動や表情・目線やジェスチャーによって子どもの思いやる心・欲求を理解できる大人が求められる。新生児期は人との関係として泣く、ほほえむ、あやされると泣き止み、言葉と知性の発達では「ア〜」「ウ〜」などの声を出すことがあげられている。月齢ごとにコミュニケーションの発達のめやすを示している。

（おかもと）

第1節　読書・絵本

（4）幼児期の言葉の発達のめやす

年　齢	人との関係	言葉と知性の発達
2歳ころ	・友達に関心を示す ・自分でやろうとする（反抗期が始まる）	・2語文・3語文を話す（パパ、カイシャ、イッタ） ・自分の名前を言う（〜ちゃん）
3歳ころ	・友達遊びを喜ぶ ・友達とのけんかが多い	・自分の姓名を言う ・「ボク」「ワタシ」と言う
4歳ころ	・「見て」「聞いて」と自己主張をする ・自制心ができ、泣かなくなる	・経験したことをよく話す ・考えたことをしゃべりたがる
5歳ころ	・他人の気持ちを思いやることができる ・競争心や自尊心が現れる	・思い出して絵を描く ・「なぜ」「どうして」と質問をする ・文字に関心をもつ
6歳ころ	・相手の気持ちになって行動できる ・欲しい物でも我慢ができる	・多様なイメージを言葉で表現する ・ひらがなの自分の名前の読み書きをする

出典：谷田貝公昭監修、中野由美子・神戸洋子編著『言葉（新保育内容シリーズ4）』一藝社、2010年

　言葉の発達は月齢や男女差、生活環境などで個人差はあるものの大まかな目安として、2歳ごろは2語文から3語文を話すようになり、友達に関心を示す。3歳ごろからは自分の名称を言い、4歳ごろからは自分が経験したことや自分の意思を言葉で表現できるようになる。5歳児になると他人の気持ちを思いやることができ、文字に関心を持つようになる。6歳児になると相手の気持ちを理解することができ、ひらがなの読み書きができるようになる。

（おかもと）

第1節　読書・絵本

（5）全体・絵本の種類別所有割合

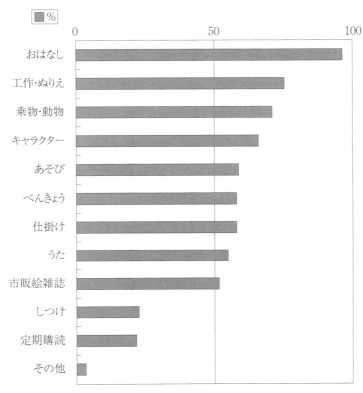

出典：永田桂子『絵本という文化財に内在する機能』風間書房、2013年

　絵本の種類別所有率は「おはなし」が最も多く、次いで「工作・ぬりえ」「乗物や動物」と続いている。「工作・ぬりえ」の所有の多さは「おもちゃの種類別所有割合《第5節玩具（11）》」で示している玩具の「ぬりえ」所有割合が多いことを考え合わせ、絵本の機能として春山行夫（1902～1994、詩人、随筆家、編集者）が指摘した図工的部分が、子どもたちに楽しまれていることの表れであろう。

（おかもと）

第1節　読書・絵本

（6）絵本に内在する機能：人を経由した流れ図

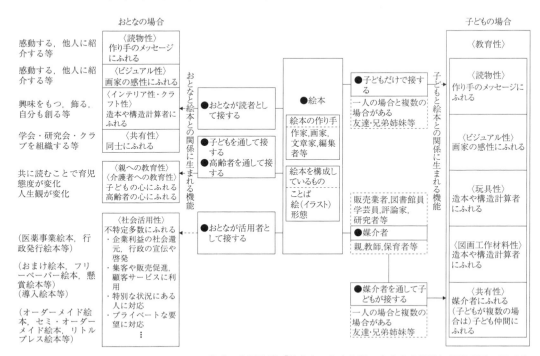

出典：永田桂子『絵本という文化財に内在する機能』風間書房、2013 年

　絵本を中心として、右端に子どもと絵本との関係に生まれる機能、左端に大人と絵本との関係に生まれる機能を配し、〔機能〕と〔絵本〕とを〔人と接し方〕でつないでみたものである。子どもには、子ども単独で接する場合と大人の関わりのもとで接する2通りがある。その結果教育性が生まれる。本の機能としての比重が高く、読物性、ビジュアル性、インテリア性、クラフト性、共有性などの複数の機能が生まれている。

（おかもと）

第1節　読書・絵本

（7）累計 200 万部以上を発行した絵本ランキング

単位：万部

順位	書名	著者名	出版社	初版年月	定価	累計発行部数
1	いないいないばあ	松谷みよ子	童心社	67.4	756	606.7
2	ぐりとぐら	なかがわりえこ／おおむらゆりこ	福音館書店	67.1	972	487
3	はらぺこあおむし	エリック・カール	偕成社	76.5	1,296	383.2
4	てぶくろ	エウゲーニー・M・ラチョフ	福音館書店	65.11	1,080	305
5	おおきなかぶ	A・トルストイ	福音館書店	66.6	972	284
6	ぐりとぐらのおきゃくさま	なかがわりえこ／おおむらゆりこ	福音館書店	67.6	972	274
7	ねないこだれだ	せなけいこ	福音館書店	69.11	756	282
8	しろくまちゃんのほっとけーき	わかやまけん	こぐま社	72.10	864	279
9	三びきのやぎのがらがらどん	マーシャ・ブラウン	福音館書店	65.7	1,296	258
10	ノンタンぶらんこのせて	キヨノサチコ	偕成社	76.8	648	250.4
11	いないいないばあ　あそび	きむらゆういち	偕成社	88.12	734	249.4
12	しろいうさぎとくろいうさぎ	ガース・ウィリアムズ	福音館書店	65.6	1,296	247
13	ノンタンおやすみなさい	キヨノサチコ	偕成社	76.8	648	233.4
14	ノンタン！サンタクロースだよ	キヨノサチコ	偕成社	78.11	756	231.1
15	からすのパンやさん	かこさとし	偕成社	73.9	1,080	230.9
16	きんぎょがにげた	五味太郎	福音館書店	82.8	972	240
17	じゃあじゃあびりびり	まついのりこ	偕成社	83.7	648	226.8
18	新ウォーリーをさがせ！	マーティン・ハンドフォード	フレーベル館	87.12	1,404	229
19	ぐるんぱのようちえん	堀内誠一	福音館書店	66.12	972	226
20	はじめてのおつかい	林　明子	福音館書店	77.4	972	222
21	はらぺこあおむし　ボードブック	エリック・カール	偕成社	97.10	972	216.7
22	おしいれのぼうけん	古田足日	童心社	74.11	1,404	218.1
23	ウォーリーのふしぎなたび	マーティン・ハンドフォード	フレーベル館	89.11	1,404	212
24	100 万回生きたねこ	佐野洋子	講談社	77.1	1,512	213
25	しょうぼうじどうしゃじぷた	渡辺茂男／山本忠敬	福音館書店	66.6	972	208
26	新タイムトラベラーウォーリーをおえ！	マーティン・ハンドフォード	フレーベル館	88.6	1,404	202

※トーハン発表「ミリオンぶっく 2015 年版」を基に最新部数に更新。

※累計発行部数は 2016 年 6 月時点のもの。

出典：全国出版協会『出版指標年報』2017 年度版

　1967（昭和 42）年に発売され、今でも日本中の赤ちゃんに愛され続けている『いないいないばあ』は累計 600 万部を突破している。第 2 位は 1963（昭和 38）年に発行された『ぐりとぐら』でシリーズ化され半世紀にわたり、子どもたちから愛されている本である。第 3 位は、『はらぺこあおむし』である。絵本は子どもが読み兄弟姉妹で共有し、さらに次の世代まで読み継がれるという他のジャンルにはない読まれ方をするのが特徴である。

（おかもと）

第1節　読書・絵本

(8) 最近1ヶ月に読んだ本の冊数

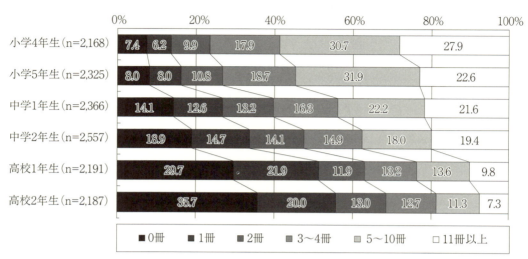

※数字で回答を得たものを再分類して集計結果を示した。無効回答は除いて集計した

出典：文部科学省「子ども読書の情報館」
http://www.kodomodokusyo.go.jp/happyou/books.html　2019年2月6日確認

　全体的にみると、小学生では比較的本が読まれているが、学年が上がるにつれて読書量は減少していく。この1ヶ月に1冊も本を読まなかった者は、小学4年生の7.4%から高校2年生の35.7%であり、学年が上がるにつれ多くなっている。高校生に至っては、三分の一以上の者が1冊も読んでいない。高校生の読書離れが顕著である。これらの要因としては、学業や部活等の忙しさと共にスマートフォン等の普及も一因と推測される。

（おかもと）

第1節　読書・絵本

(9) 最近1ヶ月に読んだ本の冊数（授業や宿題とは関係なく自分から読んだ本のみ）

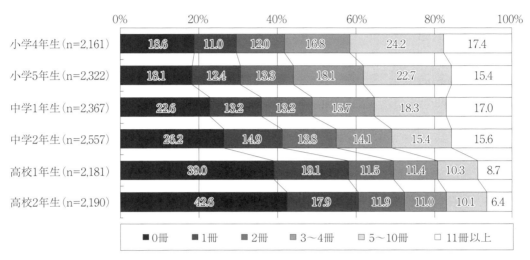

※数字で回答を得たものを再分類して集計結果を示した。無効回答は除いて集計した

出典：文部科学省「子ども読書の情報館」
http://www.kodomodokusyo.go.jp/happyou/books.html　2019年2月6日確認

　課題とされたものでなく自ら進んで読んだ本の数である。全体的にみると、学年が上がると読書量は少なくなり、課題を含めたよりもさらに少なくなっている。高校生では1冊も読まない者が4割を超えている。(8)とこの(9)を比較すると、小学生は授業や宿題として読書量を得ていて、中高生はその傾向が少ないともとらえられる。本来の読書量の意味では、この(9)調査のほうが、中身があるようである。

（おかもと）

第1節 読書・絵本

（10）これまでの読書習慣についての認識

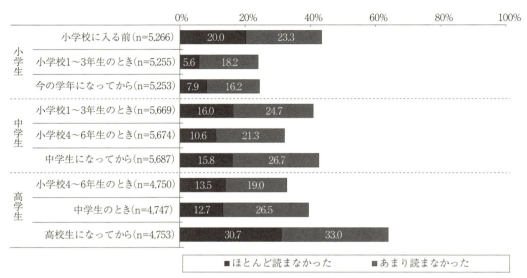

※「ほとんど読まなかった」「あまり読まなかった」の回答割合を掲載した。無効回答は除いて集計した。

出典：文部科学省「子ども読書の情報館」
http://www.kodomodokusyo.go.jp/happyou/books.html　2019年2月6日確認

　現在と過去の読書習慣における読書量の認識を聞いたものである。入学以前あまり読んでいないのは、文字が読めないので当然の認識と思われる。小学校段階ではあまり読んでいないとは認識していない者が多い。中学校段階では高学年あたりで割合読んでいて、中学生になってからはあまり読んでいない。高校生になると、小学校時代は割合読んでいて、中学生になると読書量が減って、今はほとんど読んでいないと約60％が認識している。

（おかもと）

第1節　読書・絵本

（11）読む本の分野

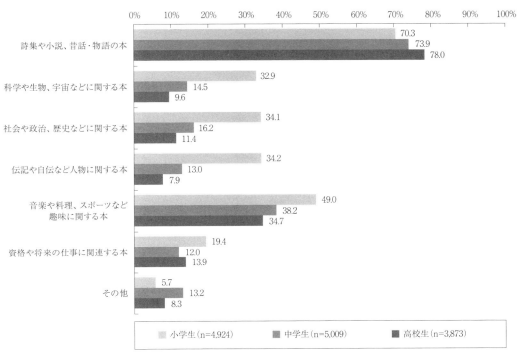

※それぞれ、「どれもあまり読まない」の回答と無効回答は除いて集計した。

出典：文部科学省「子ども読書の情報館」
http://www.kodomodokusyo.go.jp/happyou/books.html　2019年2月6日確認

　小学生・中学生・高校生がそれぞれどの分野の本を読むかについて集計したところ「詩集や小説、昔話・物語」の回答が最も高く、小学生で70.3%、中学生で73.9%、高校生で78%であった。次いで「音楽や料理、スポーツなど趣味に関する本」の回答が高く、小学生で49.0%、中学生で38.2%、高校生で34.7%であった。中学生、高校生よりも、小学生のほうが、さまざまな分野の本に触れているように見受けられる。

（おかもと）

第1節　読書・絵本

（12）読む本の分野（マンガやアニメ等に関連する本）

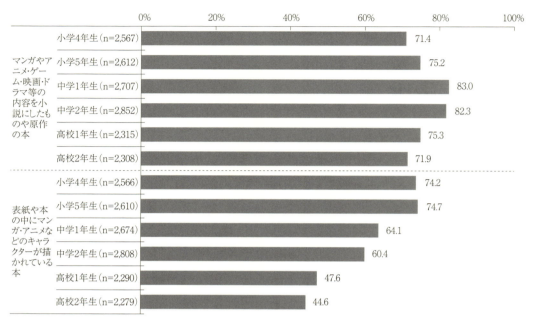

※それぞれ、「読む」の回答割合を集計した。無効回答は除いて集計した。
※本をあまり読む習慣がない児童・生徒も集計の対象に含まれている。

出典：文部科学省「子ども読書の情報館」
http://www.kodomodokusyo.go.jp/happyou/books.html　2019年2月6日確認

　上段のグラフは「マンガやアニメ・ゲーム・映画やドラマ等～」を読んだり見たりして、それを動機にそれらの小説や原作を読む割合を表したものである。マンガやアニメ等から読書に入る傾向が小中高生に多いことがわかる。下段のグラフは、表紙や本の中にマンガやアニメ等のキャラクターが描かれているだけでその本を読むかを聞いたものであるが、小学生はその傾向が高いが、中高生になるとその傾向は低くなる。
（おかもと）

第1節　読書・絵本

（13）何のために本を読むかの認識

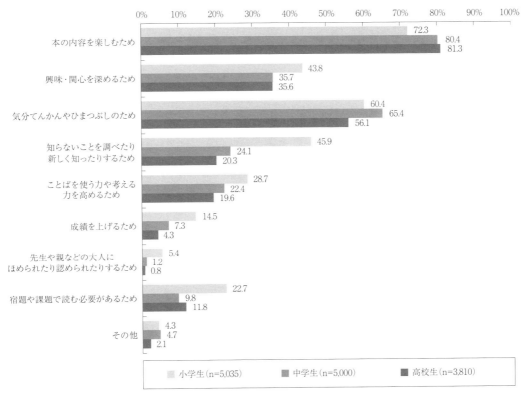

※それぞれ、「本はあまり読まない」の回答、無効回答は除いて集計した。

出典：文部科学省「子ども読書の情報館」
http://www.kodomodokusyo.go.jp/happyou/books.html　2019年2月6日確認

　何のために本を読むかについて回答の割合が最も高かったのは、小学生・中学生・高校生ともに「本の内容を楽しむため」で、小学生では7割以上、中学生・高校生では8割以上となっている。次いで「気分てんかんやひまつぶしのため」の回答割合が高く、6割前後となっている。小学生が相対的に高い割合を占めているのが、「知らないことを調べたり新しく知ったりするため」で、中学生と高校生との割合の差が大きい。

（おかもと）

第1節　読書・絵本

（14）本を読むきっかけになっていると思うこと

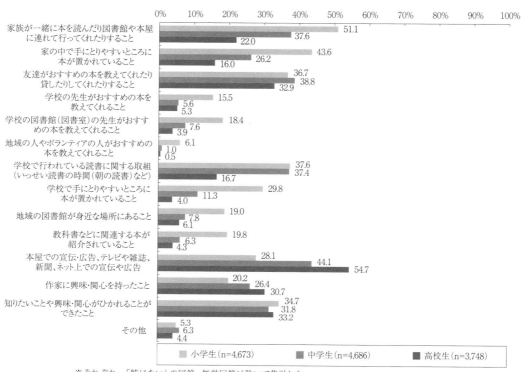

出典：文部科学省「子ども読書の情報館」
http://www.kodomodokusyo.go.jp/happyou/books.html　2019年2月6日確認

　本を読むきっかけで最も多かったのは、小学生では「家族が一緒に本を読んだり図書館や本屋に連れて行ってくれたりすること」が5割以上である。中学生・高校生で最も回答の割合が高かったのが「本屋での宣伝・広告、テレビや雑誌、新聞、ネット上での宣伝や広告」で、中学生は4割以上、高校生は5割以上となった。小学生は家族の影響や家庭環境の影響が背景にあり、高校生はメディアの宣伝・広告による影響がある。

（おかもと）

第1節　読書・絵本

（15）現在本をあまり読まない理由

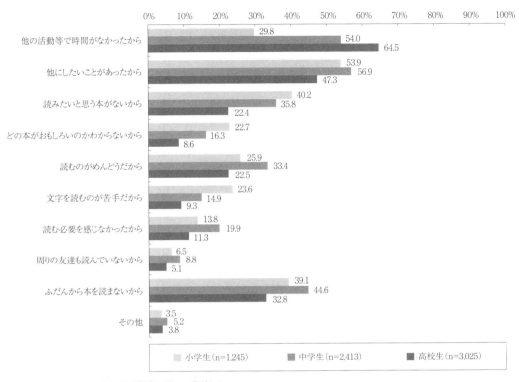

出典：文部科学省「子ども読書の情報館」
http://www.kodomodokusyo.go.jp/happyou/books.html　2019年2月6日確認

　本を読まない理由として、小学生は「他にしたいことがあったから」53.9％「読みたいと思う本がないから」40.2％「ふだんから本を読まないから」39.1％であり、中学生は「他にしたいことが〜」56.9％「他の活動等で時間がなかったから」54.0％、「ふだんから本を読まない〜」44.6％であり、高校生は「他の活動等で〜」64.5％、「他にしたいことが〜」47.3％「ふだんから本を読まない〜」32.8％である。

（おかもと）

第1節　読書・絵本

（16）本を読むことについてこれまでに影響を受けたと思うこと（小学生、複数回答）

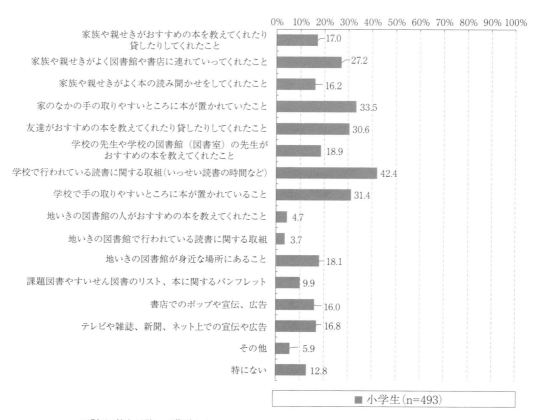

※「無回答」は除いて集計した。

出典：文部科学省「子供の読書習慣等の実態」2017年7月
http://www.kodomodokusyo.go.jp/happyou/books.html
2019年2月6日確認

　1ヶ月に本を読んだ冊数が1冊以上であった児童・生徒に、本を読むことについてこれまでに影響を受けたと思うことを尋ねたところ、最も回答率が高いのは「学校で行われている読書に関する取り組み（いっせい読書の時間など）」の42.4％であった。次いで、回答率が高いのは、「家のなかの手にとりやすいところに本が置かれていること」が33.5％であった。様々な環境が影響されている。

(おかもと)

第1節　読書・絵本

（17）本を読むことについてこれまで影響を受けたと思うこと（中学生、複数回答）

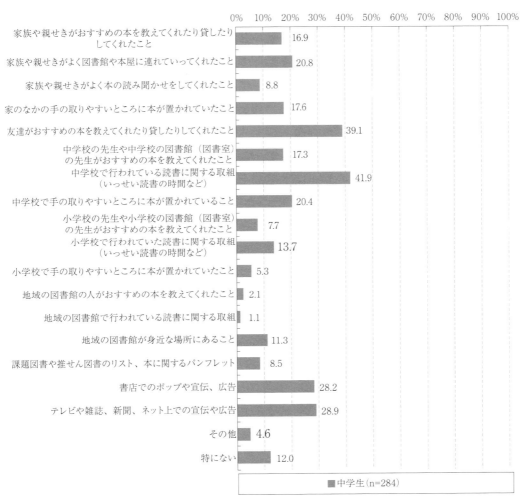

※「無回答」は除いて集計した。

出典：文部科学省「子供の読書習慣等の実態」2017 年 7 月
http://www.kodomodokusyo.go.jp/happyou/datas.html　2019 年 3 月 4 日確認

　1ヶ月に本を読んだ冊数が1冊以上であった中学生に、本を読むことについてこれまでに影響を受けたと思うことを尋ねたところ、最も回答率の高いのは「中学校で行われている読書に関する取組（いっせい読書の時間など）」の41.9％であった。次いで回答率が高いのは39.1％の「友達がおすすめの本を教えてくれたり貸したりしてくれたこと」さらに「テレビや雑誌、新聞、ネット上での宣伝や広告」が28.9％であった。
（おかもと）

第1節　読書・絵本

（18）本を読むことについてこれまで影響を受けたと思うこと（高校生、複数回答）

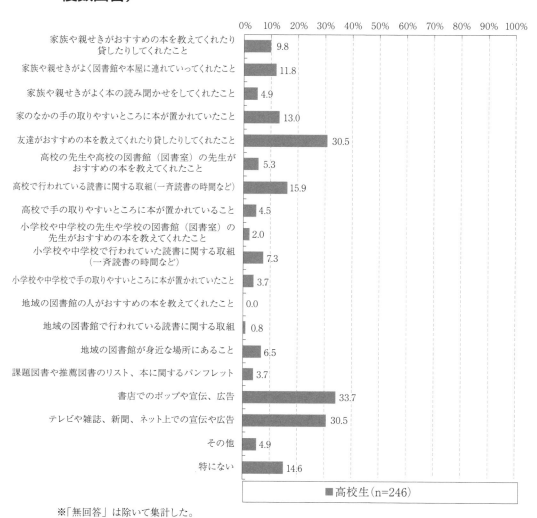

出典：文部科学省「子供の読書習慣等の実態」2017年7月
http://www.kodomodokusyo.go.jp/happyou/datas.html　2019年3月4日確認

　1ヶ月に本を読んだ冊数が1冊以上であった高校生に、本を読むことについてこれまでに影響を受けたと思うことを尋ねたところ、最も回答率の高いのは「書店でのポップや宣伝、広告」の33.7％であった。次いで回答率が高いのは30.5％の「友達がおすすめの本を教えてくれたり貸したりしてくれたこと」と「テレビや雑誌、新聞、ネット上での宣伝や広告」であった。家庭内の影響から変化してきている。

（おかもと）

第1節　読書・絵本

（19）2018年5月1ヶ月に読んだ本（男子）

下表は、小・中・高とも出度数順に配列（右の数字は出度数）。○数字は巻号。
＊：複数の巻からなるもの　☆：同一書名で著者が異なるもの
◆：1校のみで大量に得票しているもの

第2章　文化

小4		小5		小6	
人体のサバイバル＊	29	日本の歴史☆＊	31	日本の歴史☆＊	45
100万回生きたねこ	19	ざんねんないきもの事典	23	ざんねんないきもの事典	16
日本の歴史☆＊	18	名探偵コナンから紅の恋歌	15	織田信長☆	14
ざんねんないきもの事典	17	ハリー・ポッターと謎のプリンス＊	11	シャーロック・ホームズシリーズ＊	14
昆虫世界のサバイバル＊	16	シャーロック・ホームズシリーズ＊	10	君たちはどう生きるか	13
ロボット世界のサバイバル＊	15	ハリー・ポッターと賢者の石	10	君の名は。☆	11
かいけつゾロリのてんごくとじごく	12	ハリー・ポッターと不死鳥の騎士団＊	10	空想科学読本③	11
白いぼうし	12	名探偵コナン純黒の悪夢	10	三国志☆＊	11
かいけつゾロリつかまる！！	10	ピカソ☆◆	9	戦国ベースボール①	11
りゅうがあります	10	エジソン☆	8	続ざんねんないきもの事典	11
かいけつゾロリの大金もち	9	かいけつゾロリあついぜ！ラーメンたいけつ	8	ぼくらの七日間戦争	11
かいけつゾロリのきょうふのプレゼント	9	水晶さがしにいこう◆	8	空想科学読本⑤	10
かいけつゾロリのなぞのおたから大さくせん＊	9	手塚治虫☆	8	空想科学読本①	10
グレッグのダメ日記なんとか、やっていくよ	9	発明対決①◆	8	西遊記☆＊	9
このあとどうしちゃおう	9	発明対決⑤◆	8	毒のある生きもの超百科◆	9
続ざんねんないきもの事典	9	ハリー・ポッターと炎のゴブレット＊		豊臣秀吉☆	8
ぱんつくったよ。◆	9	忘れていた怪談聞の本	8	ドラえもん科学ワールドからだと生命の不思議◆	8
干したから…	9	織田信長☆	7	ドラえもん科学ワールドロボットの世界◆	8
りんごかもしれない	9	川◆	7	ふしぎ駄菓子屋銭天堂①	8
イシガメの里	9	君たちはどう生きるか	7	名探偵コナンから紅の恋歌	8
異常気象のサバイバル＊	8	君の名は。☆	7		
おそうじ隊長	8	発明対決②◆	7		
かいけつゾロリのきょうふのカーニバル	8	発明対決⑦◆	7		
かわいそうなぞう	8	ハリー・ポッターと死の秘宝＊	7		
給食番長	8	名探偵コナン沈黙の15分	7		
恐竜世界のサバイバル＊	8				
砂漠のサバイバル	8				
じごくのそうべえ◆	8				
徳川家康☆	8				
春のお客さん	8				
ミッケ！＊	8				
名探偵コナンゼロの執行人	8				

中1		中2		中3	
君の名は。☆	23	西遊記☆＊◆	12	三国志☆＊	14
ぼくらの七日間戦争	16	君の名は。☆	11	君の名は。☆	9
名探偵コナンゼロの執行人	11	三国志☆＊	11	カゲロウデイズ	8
日本の歴史☆◆	10	日本の歴史☆＊	11	君の膵臓をたべたい	8
5分後に意外な結末①	9	君の膵臓をたべたい	9	化物語＊	7
ハリー・ポッターと炎のゴブレット＊	9	ハリー・ポッターと賢者の石＊	8	×ゲーム	7
君たちはどう生きるか	8	黒子のバスケ①	7	A型自分の説明書	5
三国志☆＊	8	ソードアート・オンライン①	7	カゲロウデイズ②	5
ソードアート・オンライン①	8	バケモノの子	7	ソードアート・オンライン①	5
ヒマラヤのサバイバル＊◆	8	ぼくらの七日間戦争	7	ハリー・ポッターと炎のゴブレット＊	5
君の膵臓をたべたい	7	ハイキュー！！ショーセツバン！！	6	青くて痛くて脆い	4
名探偵コナンから紅の恋歌	7	バッテリー①	6	永遠の0	4
名探偵コナン沈黙の15分	7	ハリー・ポッターと呪いの子	6	終物語＊	4
王様ゲーム滅亡6.11	6	君たちはどう生きるか	5	カゲロウデイズ③	4
5分後に意外な結末②	6	黒子のバスケ②	5	空想科学読本①	4
ざんねんないきもの事典	6	この素晴らしい世界に祝福を！①	5	ソードアート・オンライン②	4
ソードアート・オンライン②	6	5分後に意外な結末①	5	ソードアート・オンラインオルタナティブ ガンゲイル・オンライン①	4
ぼくらの大冒険	6	5分後に意外な結末②	5	ナミヤ雑貨店の奇跡	4
名探偵コナン天空の難破船	6	最後の医者は雨上がりの空に君を願う＊◆	5	バケモノの子	4
リアル鬼ごっこ	6	世界から猫が消えたなら	5	夢をかなえるゾウ	4
		関ヶ原☆＊	5		
		ナミヤ雑貨店の奇跡	5		
		ぼくらの大冒険	5		
		Re：ゼロから始める異世界生活①	5		

高1		高1		高2		高2		高3		高3	
君の膵臓をたべたい	9	カゲロウデイズ①	3	君たちはどう生きるか	11	Re：ゼロから始める異世界生活⑮	3	ソードアート・オンラインオルタナティブ ガンゲイル・オンライン①	4	ゴブリンスレイヤー①	2
屋上のテロリスト	6	君たちはどう生きるか	3	空飛ぶタイヤ＊	5	青鬼復讐編	2	青くて痛くて脆い	3	三国志☆＊	2
ノーゲーム・ノーライフ①	6	この素晴らしい世界に祝福を！⑥	3	ソードアート・オンライン⑳	4	青くて痛くて脆い	2	王様ゲーム終極	3	ストライク・ザ・ブラッド④	2
ノーゲーム・ノーライフ②	6	この素晴らしい世界に祝福を！⑩	3	ダンジョンに出会いを求めるのは間違っているだろうか①	4	いなくなれ、群青	2	君の膵臓をたべたい	3	ストライク・ザ・ブラッド⑤	2
君の名は。☆	5	この素晴らしい世界に祝福を！⑪	3	エロマンガ先生①	3	永遠の0	2	冴えない彼女の育て方⑬	3	精霊幻想記①	2
ソードアート・オンライン㉑	5	この素晴らしい世界に祝福を！⑫	3	神様の御用人①	3	映画暗殺教室	2	ソードアート・オンライン⑰	3	ソードアート・オンラインオルタナティブ ガンゲイル・オンライン②	2
ノーゲーム・ノーライフ	5	この素晴らしい世界に祝福を！⑬	3	キケン	3	王様ゲーム終極	2	ノーゲーム・ノーライフ⑩	3	痴女の誕生アダルトメディアは女性をどう描いてきたのか	2
ソードアート・オンライン①	4	冴えない彼女の育て方⑫	3	君に恋をするなんて、ありえないはずだった	3	オーバーロード⑬＊	2	化物語＊	3	デート・ア・ライブ⑱	2
ソードアート・オンライン②	4	鹿の王＊	3	この素晴らしい世界に祝福を！⑩	3	かがみの孤城	2	氷菓	3	ハリー・ポッターと死の秘宝＊	2
ノーゲーム・ノーライフ④	4	ソードアート・オンライン③	3	ストライク・ザ・ブラッド⑱	3	君に恋をするなんて、ありえないはずだったそして、卒業	2	Re：ゼロから始める異世界生活①	3	非オタの彼女が俺の持ってるエロゲに興味津々なんだが……⑦	2
ノーゲーム・ノーライフ⑤	4	ソードアート・オンライン⑳	3	ソードアート・オンライン①	3	君の膵臓をたべたい	2	ワールド・ティーチャー	3	緋弾のアリア②	2
ノーゲーム・ノーライフ⑥	4	手紙☆	3	ナミヤ雑貨店の奇跡	3	君の名は。☆	2	いたいのいたいの、とんでゆけ	2	ほか	
ラプラスの魔女	4	人間失格	3	ようこそ実力至上主義の教室へ①	3	君は月夜に光り輝く	2	オーバーロード①	2		
Re：ゼロから始める異世界生活⑯	4	ノーゲーム・ノーライフ⑦	3	ようこそ実力至上主義の教室へ②	3	空想科学読本①	2	Only Sense Online①	2		
ヴァイオレット・エヴァーガーデン＊	4	ノーゲーム・ノーライフ⑧	3	ようこそ実力至上主義の教室へ⑥	3	クロックワーク・プラネット①	2	カラフル	2		
永遠の0	3	ノーゲーム・ノーライフ⑩	3	ようこそ実力至上主義の教室へ⑦	3	恋物語	2	傷物語＊	2		
86—エイティシックス—①	3	バカとテストと召喚獣①	3	Re：ゼロから始める異世界生活⑭	3	ほか		こころ	2		

出典：公益社団法人全国学校図書館協議会『学校図書館』2018年11月号

　　小学生男子には図書室で入手しやすい『かいけつゾロリシリーズ』の定番をはじめ、戦国武将の伝記等が人気である。また、『ざんねんないきもの事典』『君たちはどう生きるか』はテレビ等ニュースでも取り上げられたことにより、2017 〜 2018 年のベストセラーになった作品である。中学生、高校生になるとアニメや映画のノベライズが多くなる。文芸作品やノンフィクション等はあまり挙がらない。

（おかもと）

第1節　読書・絵本

（20）2018年5月1ヶ月に読んだ本（女子）

下表は、小・中・高とも出度数順に配列（右の数字は出度数）。○数字は巻号。
＊：複数の巻からなるもの　☆：同一書名で著者が異なるもの
◆：1校のみで大量に得票しているもの

小4		小5		小6	
りんごかもしれない	15	赤毛のアンシリーズ＊	15	ハリー・ポッターと炎のゴブレット＊	12
赤毛のアンシリーズ＊	14	水晶さがしにいこう◆	15	名探偵コナンから紅の恋歌	10
白いぼうし	14	ざんねんないきもの事典	14	動物と話せる少女リリアーネ③	10
ざんねんないきもの事典	13	川◆	12	動物と話せる少女リリアーネ⑨＊	10
日本の歴史☆＊	12	君の名は。☆	11	シャーロック・ホームズシリーズ＊	9
春のお客さん	12	終わらない怪談赤い本	11	西の魔女が死んだ	9
ヘレン・ケラー☆	11	怪談オウマガドキ学園①	8	日本の歴史☆＊	9
ミッケ！＊	11	こども電車	8	ヘレン・ケラー☆◆	9
ミルドレッドの魔女学校	11	5分後に意外な結末③	8	ミッケ！＊	9
りゅうがあります	11	シャーロック・ホームズシリーズ＊	8	君の名は。☆	8
アンネ・フランク☆	10	マザー・テレサ☆	8	くりぃむパン	8
かいけつゾロリの大かいぞく	10	魔女の宅急便	8	二日月	8

小4（続）		小5（続）		小6（続）	
グレッグのダメ日記	10	ひるなかの流星☆	10	ぼくらの七日間戦争	8
100万回生きたねこ◆	10	アンネ・フランク☆	9	一期一会恋学期。友学期。	7
かいけつゾロリのだ・だ・だ・だいぼうけん！＊	9	一期一会運命ってヤツ。	9	怪盗ルパンシリーズ＊	7
クレオパトラ☆	9	怪盗ルパンシリーズ＊	9	黒魔女さんが通る！！①	7
こんにちはたまごにいちゃん◆	9	ふたり☆	9	ざんねんないきもの事典	7
ふしぎ駄菓子屋銭天堂①	9	終わらない怪談赤い本	11	小説ちはやふる中学生編	7
二日月	9	ナイチンゲール☆	11	絶叫学級終わりのない欲望編	7
若おかみは小学生！①	9	日本の歴史☆＊＊	11	ベートーベン☆	7
		ハッピーバースデー	11	名探偵コナンゼロの執行人	7
		待っている怪談白い本	11	りゅうがあります	7
		あさが来た＊◆	10	わすれものチャンピオン	7
		一期一会ちょっとの勇気。	10		

中1		中2		中3	
君の膵臓をたべたい	19	君の膵臓をたべたい	34	君の膵臓をたべたい	25
赤毛のアンシリーズ＊	17	君の名は。☆	13	かがみの孤城	8
かがみの孤城	11	君たちはどう生きるか	10	ひるなかの流星☆	8
小説ちはやふる上の句☆	10	ひるなかの流星☆	10	交換ウソ日記	7
小説ちはやふる結び☆	10	青空エール☆	9	8年越しの花嫁	7
ひるなかの流星☆	10	赤毛のアンシリーズ＊	9	映画聲の形＊	6
星の王子さま	10	ナミヤ雑貨店の奇跡	9	か「」く「」し「」ご「」と「	6
青空エール☆	10	か「」く「」し「」ご「」と「	8	告白☆	6
告白予行練習	9	5分後に意外な結末①	7	告白予行練習金曜日のおはよう	6
5分後に意外な結末①	8	ラプラスの魔女	7	屍人荘の殺人	6
小説ちはやふる下の句☆	8	青くて痛くて脆い	6	西の魔女が死んだ	6
カゲロウデイズ①	7	コード・ブルードクターヘリ緊急救命	6	また、同じ夢を見ていた	6
小説ちはやふる中学生編	7	告白予行練習	6	ラプラスの魔女	6
絶叫学級禁断の遊び編	7	心が叫びたがってるんだ。☆	6	青くて痛くて脆い	5
打ち上げ花火、下から見るか？横から見るか？☆	6	絶叫学級禁断の遊び編	6	表参道高校合唱部！①	5

中1（続）		中2（続）		中3（続）	
orange①	6	星の王子さま	6	カゲロウデイズ①	5
君の名は。☆	6	天久鷹央の推理カルテ①	6	君たちはどう生きるか	5
5分後に意外な結末②	6	いなくなれ、群青	6	告白予行練習ハートの主張	5
5分後に思わず涙。世界が赤らむ、その瞬間に	6	学年ビリのギャルが1年で偏差値を40上げて慶應大学に現役合格した話	5	殺戮の天使③	5
12歳。だけど、すきだから	6	告白☆	5	植物図鑑	5
小説ちはやふる中学生編②	6	5分後に意外な結末②	5	世界から猫が消えたなら	5
たったひとつの君との約束また、会えるよね？	6	5分後に意外な結末③	5	図書館戦争	5
名探偵コナンゼロの執行人	6	小説ちはやふる結び☆	5	氷菓	5
		謎解きはディナーのあとで①	5	文豪ストレイドッグス太宰治の入社試験	5
		謎解きはディナーのあとで⑨	5	夜が明けたら、いちばんに君に会いにいく	5
		羊と鋼の森	5	羅生門	5
		火花	5		
		ママレード・ボーイ☆	5		
		六兆年と一夜物語	5		

高1		高2		高3	
君の膵臓をたべたい	23	君たちはどう生きるか	23	君の膵臓をたべたい	8
かがみの孤城	5	君の膵臓をたべたい	11	かがみの孤城	6
君の名は。☆	5	青くて痛くて脆い	7	人間失格	6
人間失格	5	かがみの孤城	6	がんばる理由が、君ならいい	5
8年越しの花嫁☆	5	8年越しの花嫁☆	5	ハリー・ポッターと呪いの子	4
ツナグ	4	また、同じ夢を見ていた	5	ラプラスの魔女	4
文豪ストレイドッグス太宰治の入社試験	4	桜のような僕の恋人	4	か「」く「」し「」ご「」と「	3
星の王子さま	4	honey ☆	4	嫌われる勇気	3
ラプラスの魔女	4	よるのばけもの	4	世界から猫が消えたなら	3
青くて痛くて脆い	3	か「」く「」し「」ご「」と「	3	冷たい校舎の時は止まる*	3
か「」く「」し「」ご「」と「	3	去年の冬、きみと別れ	3	また、同じ夢を見ていた	3
がんばる理由が、君ならいい	3	グラスホッパー	3	アルゼンチンババア	2
恋空*	3	砂漠	3	暗黒女子	2
殺戮の天使①	3	女王はかえらない	3	乙女ゲームの破滅フラグしかない悪役令嬢に転生してしまった…⑥	2
小説ちはやふる結び☆	3	植物図鑑	3	オレンジの壺*	2
植物図鑑	3	ノーゲーム・ノーライフ①	3	神様のカルテ	2

高1		高2		高3	
プリンシパル〜恋する私はヒロインですか？〜☆	3	文豪ストレイドッグス太宰治の入社試験	3	カラダ探し*	2
ぼくは明日、昨日のきみとデートする	3	星の王子さま	3	キノの旅⑧	2
夜行観覧車	3	母性	3	君が落とした青空	2
夜のピクニック	3	ラプラスの魔女	3	君たちはどう生きるか	2
				君は月夜に光り輝く	2
				去年の冬、きみと別れ	2
				源氏物語*	2
				コード・ブルードクターヘリ緊急救命 2nd season*	2
				告白☆	2
				サマーウォーズ☆	2
				スマホを落としただけなのに	2
				ツナグ	2
				何者	2
				ファミレス*	2
				文豪ストレイドッグス探偵社設立秘話	2
					ほか

出典：公益社団法人全国学校図書館協議会『学校図書館』2018 年 11 月号

　　小学生女子は『赤毛のアン』等の定番物をはじめとして、欧米の女性の伝記が人気である。男子同様、ベストセラーの『ざんねんないきもの事典』『君たちはどう生きるか』のほか、『ちはやふる』『ひるなかの流星』『君の名は。』といったアニメ化や映画化された作品や原作本もある。しかし男子ほど多くはない。中学生女子では 2018 年本屋大賞受賞作『かがみの孤城』がランクインしている。

（おかもと）

第1節　読書・絵本

（21）少年向けコミックスの発行部数（2018.10 〜 12）

雑誌名	出版社名	印刷証明付き発行部数
月刊少年マガジン	講談社	324,000
週刊少年マガジン	講談社	744,583
月刊少年シリウス	講談社	9,700
ウルトラジャンプ	集英社	33,667
週刊少年ジャンプ	集英社	1,706,923
月刊コロコロコミック	小学館	663,333
サンデージェネックス	小学館	8,333
週刊少年サンデー	小学館	296,250
少年サンデー超（スーパー）	小学館	27,333
別冊コロコロコミックスペシャル	小学館	75,000
ジャンプスクエア	集英社	175,000
ゲッサン	小学館	22,000
コロコロイチバン 1	小学館	66,667
別冊少年マガジン	講談社	57,333

出典：日本雑誌協会　https://www.j-magazine.or.jp/user/printed/index/43/14　2019 年 3 月 4 日確認

　少年向けコミック誌の公表発行部数をまとめたものである。1 位は『週刊少年ジャンプ』の 1,706,923 部で、2 位の『週刊少年マガジン』の発行部数は 744,583 部である。『週刊少年ジャンプ』は『週刊少年マガジン』の約 1.5 倍の発行部数である。次いで『月刊コロコロコミック』の発行部数は 663,333 部である。少年向けコミックスの公表発行部数を発表している出版社は、小学館、講談社、集英社の 3 社のみである。

（おかもと）

第1節 読書・絵本

（22）少女向けコミックスの発行部数（2018.10 ～ 12）

雑誌名	出版社名	印刷証明付き発行部数
なかよし	講談社	80,875
別冊フレンド	講談社	60,167
ザ・マーガレット	集英社	33,000
別冊マーガレット	集英社	120,000
マーガレット	集英社	35,083
りぼん	集英社	141,250
Sho-Comi	小学館	76,667
Cheese！	小学館	33,667
ちゃお	小学館	365,000
ベツコミ	小学館	25,333
花とゆめ	白泉社	110,917
LaLa	白泉社	105,000
LaLa DX	白泉社	40,000

出典：日本雑誌協会
https://www.j-magazine.or.jp/user/printed/index/43/29　2019 年 3 月 4 日確認

　少女向けコミック誌の公表発行部数をまとめたものである。1 位は『ちゃお』の365,000 部である。2 位の『りぼん』の発行部数は 141,250 部で、3 位は『別冊マーガレット』の 120,000 部で、『ちゃお』は『別冊マーガレット』と『りぼん』の約 2.5 倍の発行部数である。少女向けコミックスの出版社は、小学館、講談社、集英社の 3 社のほか、白泉社も挙がっている。少女向けコミック誌の発行部数は少年向けと比べて5 分の 1 程度である。

（おかもと）

第1節　読書・絵本

(23) スマホやタブレットなどを使って読書をしたことがあるか

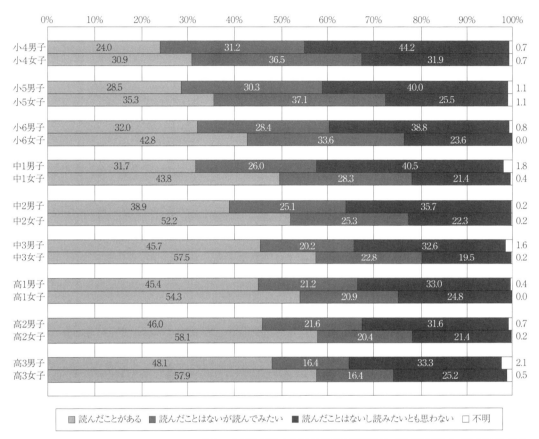

出典：公益社団法人全国学校図書館協議会『学校図書館』2018年11月号

　電子書籍の読書経験は、全体的に男子よりも女子のほうが圧倒的に高い。女子は中学2年生から約50%超え、男子は高校3年でも50%に満たない。このことから、電子書籍のコンテンツが女子向けかという推測もできる。また、電子書籍を読んだこともないし、読みたいとも思わないという割合が男子はどの学年も多い。今後、ますます電子書籍は普及していくと思われるが、今後の調査が気になるところである。

(おかもと)

第1節　読書・絵本

（24）紙の本とスマホやタブレット、どちらが読みやすいか

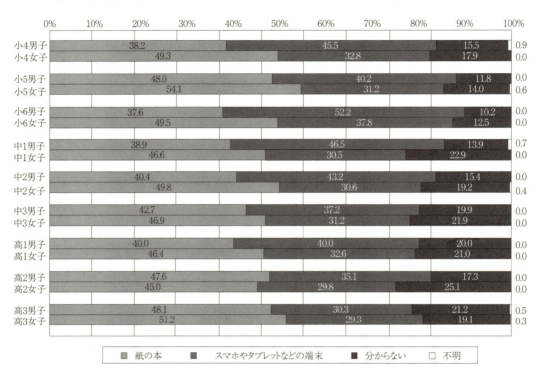

出典：公益社団法人全国学校図書館協議会『学校図書館』2018年11月号

　電子書籍の読書経験者に、紙の本とどちらが読みやすいかを聞いた結果である。女子はどの学年も約50％の割合で「紙のほうが読みやすい」と回答している。男子はモバイルのほうが読みやすいという回答が小学4年では45.5％いるのだが、小学6年で52.2％と一旦増加するものの、しだいと減少し高校3年になると、30.3％まで低くなる。紙同様、モバイルでより読みやすく体裁を整えるコンテンツも増えていくだろう。今後の動向も見守りたい。

（おかもと）

第2節　遊び

（1）遊びの配分

	アゴーン（競争）	アレア（運）	ミミクリー（模擬）	イリンクス（眩暈）
パイディア ▲ 喧騒 混乱 哄笑 凧揚げ 穴送り ペイシェンス クロスワード ・パズル ▼ ルドゥス	ルールのない ｛競争／闘争／など 陸上競技 ボクシング、ビリヤード フェンシング、チェッカー サッカー、チェス スポーツ競技一般	番決め唄 表か裏か 賭け ルーレット 宝籤 （単式、複式、繰越式）	子どもの物真似 幻想の遊び 人形遊び 玩具の武具 仮面、変装 演劇 一般のスペクタクル芸術	子どものくるくる回り 回転木馬 ブランコ ワルツ ボラドレス、祭りの見世物 スキー 登山 綱渡り

（注）　どの欄においても、いろいろな遊びは、大体のところ、上から下へ、パイディアの要素が減り、ルドゥスの要素が増す順序に従って並べてある。

	社会機構の外部にある 文化的形態	社会生活に組み入れら れた制度的形態	変　質
アゴーン （競争）	スポーツ	商業上の競争 試験、コンクール	暴力、権力への意志、術策
アレア （運）	宝籤、カジノ 競馬場 私設賭博	株式投機	迷信、占星術、他
ミミクリー （模擬）	カーニヴァル 演劇 映画 スター崇拝	ユニフォーム、儀礼、芸能	狂気、二重人格
イリンクス （眩暈）	登山 スキー、曲乗り スピードの陶酔	眩暈の克服を含む職業	アルコール中毒と麻薬

出典：　R.カイヨワ、清水幾太郎・霧生和夫訳『遊びと人間』岩波書店、1991年

　R.カイヨワは、遊びとはパイディアとルドゥスという2つの力を極とした自由奔放でありながら、何か見えない規則に縛られている一見矛盾した行動であると位置付け、遊びを成立させるための基本的な範疇を、競争、運、模擬、眩暈の4つに分類した。さらに社会構造の外部にある文化的形態、社会生活に組み入れられた制度的形態、変質の3視点から分析した。これにより、遊びが持つ教育的意味を探ることができる。

（渡辺）

第2節　遊び

（2）遊びの古典理論

名　称	遊びの原因	理論の前提	問題点
1a.　剰余エネルギー説Ⅰ	生存に必要とする以上の剰余エネルギーの存在によって遊びはひき起こされる	1. エネルギーは一定の比率でつくられる 2. 蓄積されても貯蔵するには限界がある 3. 過分なエネルギーは消費されねばならない 4. その消費は、遊びとして定義される顕在的な行動によって行われる	1. 子どもたちは、疲れているとき、あるいはどうにもならないほど疲れきっているときでも遊ぶので、剰余エネルギーは遊びにとって必要ではない 2. 進化の過程は、利用できるエネルギーがあればそれを必要なエネルギーに仕立ててしまったことであろう
1b.　剰余エネルギー説Ⅱ	反応剥奪期の後に増大した反応傾向によって遊びはひき起こされる	1. 身体の反応システムはすべて反応傾向をもっている 2. 反応閾は使用されないあいだに低下する 3. 使用されない期間が過ぎると、結局は利用できるすべての反応が、ある刺激的な事象によってかあるいは自発的にか、いずれかによって、放出されるに十分な低い反応閾に達するであろう	1. 人が利用できる反応には、決して使用されることのない反応もある
2.　本能説	遊び行為をする生得的能力の遺伝によって遊びはひき起こされる	1. われわれの構造を決定する遺伝因子情報をわれわれが受け継ぐのと同じやり方で、行動を決定する要素が遺伝される 2. そうした決定要素のいくつかが遊びをひき起こす	1. われわれが遊びとして分類している新しい反応を学習する人間の明白な能力を無視している 2. 観察された行動の種類ごとに手軽に本能の名称をつけることは、「遊びがあるから本能と呼ばれる原因があるに違いない」ということでしかない

名　称	遊びの原因	理論の前提	問題点
3. 準備説	後年の生活に備えて遊ぶ人の努力によって、遊びはひき起こされる	1. 新しい反応の仕方を準備する人たちによってだけ遊びは行われる 2. 遊ぶ人は、後年決定的に重要になる反応を本能的に準備する 3. 遊ぶ人を支配している本能は不完全に遺伝されている。子ども時代はこの不完全に遺伝されたメカニズムが完成される時期である	1. 遊びは、急速に変化する状況の中で生活する動物においてもっとも頻繁に起こる 2. この理論は、遊ぶ人はどの反応が後年重要になるかを予想する能力を遺伝的に与えられていることを前提条件にしている 3. 準備がどうにか完了しているおとなになっても、人々はおそらく遊びをやめない
4. 反復説	種の発展の歴史をその成長期間中に反復する遊び手によって遊びはひき起こされる	1. 人間の進化のあいだに起こる重要な行動は遺伝に備えて暗号化される 2. 個人は成長期間中に、これらの行動のすべてについて、それに近いものを発現する 3. これらの行動は当面は無関係なものなので、それらは遊びである 4. われわれの進化の段階が個人の発達においてもたどられるであろう	1. 遊びの発達には種の発達を反映していると考えられるような直線的な進歩はない。少年期後期と青年期のある時点では、スポーツやゲームと狩猟や闘争などの行動とのあいだに類似性があるかもしれないが、しかしそれ以前にもそれ以後にも関心はほとんどない 2. 現在の進歩した科学技術に依存する遊び活動については説明されない
5. 気晴らし説	元気を回復するために、労働でなされる反応とは別の反応を個人が必要とすることによって遊びはひき起こされる	1. 遊ぶ人は働く 2. 遊びは労働の反応とは違った反応の発現を伴う 3. 違った反応の発現は、労働の有害な副産物を除去する	1. 労働においてなされた活動が遊びにおいてもなされるということを説明しない 2. 子どもたちの遊び―子どもたちが一日のうちのある一部を明らかに働いている場合を除いて―について説明しない

出典：M.J.エリス、森楙・大塚忠剛他訳『人間はなぜ遊ぶか―遊びの統合理論』（心理学選書）黎明書房、2000年

　遊び理論研究者のエリスは200名以上による遊びに関する理論を古典、近代、現代に分けた上で分類を試み、遊びの原因、理論の前提、問題点から分析している。古典理論に関しては、1a. 剰余エネルギー説Ⅰ、1b. 剰余エネルギー説Ⅱ、2. 本能説、3. 準備説、4. 反復説、5. 気晴らし説の5つに分類している。遊びの意味や問題点を明確にしていく上でよりどころとなる基礎的な理論が整理されている。

（渡辺）

第2節　遊び

（3）遊びの近代・現代理論

名　称	遊びの原因	理論の前提	問題点
1.　般化説	労働において報酬を受けてきた経験を遊びに用いる遊び手によって遊びはひき起こされる	1.　行動には少なくとも二つの分離可能なカテゴリーがある 2.　遊び手は、他の場面で報酬を受けた行動を遊びとか余暇に転移させる 3.　労働においては何が個人に報いているかを理解することは有用である	1.　修学前の子どもたちの遊びは除外されると思われる 2.　労働には少なくともなんらかの報われる面があると仮定している
2.　代償説	労働によっては満たせない、あるいは生み出せない心的欲求を満たすために遊びを利用する遊び手によって遊びはひき起こされる	1.　行動には少なくとも二つの分離可能なカテゴリーがある 2.　遊び手は心的欲求充足の経験を満たしてはくれない労働の場での行動を遊びとか余暇においては避ける 3.　労働の場における欲求と満足とのまずい組み合わせを理解することは役立つ（逆の場合も同じ）	1.　就学前の子どもたちの遊びは除外されると思われる 2.　労働はいくつかの欲求をそこなう、あるいは満たさないと仮定している
3.　浄化説	乱れた情動を、社会的に認められた活動に形を変えて、無害なやり方で表出しようとする欲求によって、遊びは一部ひき起こされる。この概念はこれまでもほとんど全面的に攻撃の問題に限られてきたが、ここでもそうすることになろう	1.　ねらいが挫折することによって、挫折者に対する敵意が生じる 2.　この挫折や敵意は他の活動へ向け変えることができる 3.　この敵意は、心身のストレス軽減のために表出させねばならない	1.　敵意によってひき起こされる代償的行動についてのみ部分的に説明している 2.　是認された攻撃性は攻撃性を増大させることが資料によってはっきりと示されている 3.　攻撃性のはけ口を準備しようとする活動計画は攻撃性を支持することになる

名　称	遊びの原因	理論の前提	問題点
4a.　精神分析説Ⅰ	非常に不快な経験を遊びの形で繰り返すことで深刻さを減らし、不快な経験を同化する遊び手によって、遊びは一部ひき起こされる	1.　他の場面で不快な経験を刺激することは、それらの経験の残りの結果の不快さを軽減する	
4b.　精神分析説Ⅱ	遊んでいるあいだに極めて不快な経験の消極的な受容者としての役割を逆転し、同じような方法で他の受容者を積極的に支配し、そうすることで不快な結果を浄化する遊び手によって遊びは一部ひき起こされる	1.　支配を達成することは、それが模擬的な経験によるものであっても、類似の経験を他の人とか物とかに移すことによって、不快な経験の産物を除くことができる	1.　ⅠⅡとも、極めて不快な経験の産物を除こうとする欲求によって動機づけられているとは考えられない遊びを無視している。
5.　発達説	子どもの知力が発達する行程によって遊びはひき起こされる。したがって遊びは、子どもの知的能力の成長によってひき起こされ、それに条件づけられる。遊びは、子どもが現実に対して自分自身の概念や制約を課すことができるとき生ずる	1.　遊びは知的能力をふくむ 2.　遊びの結果として知的能力は複雑さを増す 3.　人間におけるこの過程はいくつかの段階に区分することができる 4.　子どもはこの段階を順次通り抜ける	1.　もし知的能力が発達をやめるなら、この理論では遊びについて説明できないことになる
6.　学習説	学習を生みだす正常な過程によって遊びはひき起こされる	1.　子どもは、楽しい出来事の確率を増やすために行動する 2.　子どもは、不快な出来事の確率を減らすために行動する 3.　環境は楽しい結果と不快な結果との複合体である 4.　環境はその居住者の遊び行動を選択し活力を与える	1.　明白な結果が存在しない事態での行動については説明しない（けれどもこの説はこうした場面は存在しないと言い張るだろう） 2.　個体の遺伝的性質が果たした行動への原初的な寄与については説明しない

名　称	遊びの原因	理論の前提	問題点
7. 覚醒―追求としての遊び説	個体にとって最適の状態を目指して覚醒（興味あるいは刺激の水準）を向上させるところの環境または自己との相互作用を生みだそうとする欲求によって遊びはひき起こされる	1. 最適覚醒に対する欲求が存在する 2. 最適に向かっての覚醒の変化は快適である 3. 有機体は、結果として快適な感情を生みだす行動を学習する。その逆の場合も同じ 4. 刺激によって覚醒能力は変化する 5. 覚醒刺激は、新奇性、複雑性および、または不協和を含んでいる刺激、すなわち情報である 6. 有機体は、変化のある行動をしたり、覚醒刺激との関わりを維持したりすることを強制されるだろう	1. 非常に一般的ではあるが、労働と遊びの問題を等しく適切に扱っている。要するに、労働と遊びとを分離することの妥当性を問題にしている
8. 能力―効力説	環境の中で効果を生みだそうとする欲求によって遊びはひき起こされる。こうした結果は能力を証明し効力感を生みだす	1. 能力の証明は効力感になっていく 2. 効果があがることは楽しい 3. 効果があがると、能力をためす可能性が増大する	1. 有機体にとって、効果をなお相当生みだすことができるかどうかを絶えずためすためには、結果についての不確かさが必要であるようだ。不確かさまたは情報は、まさしく覚醒的な刺激の属性であると考えられる 2. 能力―効力行動は一種の覚醒―追求であるといえる

出典：出典：M.J. エリス、森楙・大塚忠剛他訳『人間はなぜ遊ぶか―遊びの統合理論』（心理学選書）黎明書房、2000 年

　エリスは遊びに関する近現代の学説を 8 つに要約し、遊びの原因、理論の前提、問題点から整理している。これらの理論からどれか一つを選択するのではなく、遊びと進化、変化に対応する適応力の遺伝、遊びの多様性、学習と遊び、発達（遺伝と経験）といった観点からの統合を試み、最終的には、覚醒―追求としての遊び、学習としての遊び、発達主義的子ども観の三つの統合を主張し、遊びの実践的意義を強調している。
　　　　　　　　　　　　　　　　　　　　　　　　　　　　　　　　　　　　　（渡辺）

第2節　遊び

（4）遊びの分類表

Bühler, Ch. 1928	Piaget, J. 1945	Nowogrodzki, T. 1955	Parten & Newhall, 1943
機能遊び	実践の遊び		何もしていない行動
想像遊び※	象徴的遊び※	創作遊び※	ひとり遊び
受容遊び	ルールのある遊び	規則遊び	傍観的行動
創造遊び		構成遊び	平行的遊び
		知的訓練を伴う遊び	連合的遊び
			組織的遊び

出典：日名子太郎『保育の過程・構造論』学芸図書、1986 年

　様々な発達心理学者や研究者が、それぞれの見地から遊びの分類を試みている。それをまとめた表である。例外はあるが、この表では上段は幼児早期からみられる遊びで、発達に応じて、徐々に下段の遊びがみられるようになってくる。なお、表中の※印は、ほぼ同じ内容の遊びを示している。左から二つ目のピアジェの分類は、彼の発生的認識論と関連付けられており、子どもの遊びの実態とはやや異なる。

（渡辺）

第2節　遊び

（5）社会的見地から見た遊びの分類

1. 何もしていない行動	その時その時に興味あることをながめている。目をひくものがなければ、ぶらぶらしているというような行動。
2. ひとり遊び	ひとりぼっちで、他の子どもがいても無関係に遊ぶ。
3. 傍観者的行動	他の子どもの遊びを傍観している。ものを言ったり教えたりするが、自分は遊びには加わらない。
4. 平行遊び	ひとりだけの独立の遊びであるが、他人と同じような道具で遊び、いっしょにはならないが他人のそばで遊ぶ。
5. 連合的な遊び	他の子どもといっしょになって遊ぶ。おのおのが同じような活動をしている。年齢とともに多くなる。
6. 協同的あるいは組織的な遊び	何かを作ったり、ゲームをしたりするために組織を作って遊ぶもので、指導的地位を占める者が現れる。

出典：Parten & Newhall 1943

　パーテンとニューホールは遊びを社会的見地から分類している。何もしていない行動から、ひとり遊び、傍観者的行動、平行遊び、連合的な遊び、協同・組織的遊びなど、他者、社会との交流の視点からみて、6つに類型化している。3歳ごろまでは、傍観・ひとり遊び・平行遊びなど、社会性の希薄な型が大勢を占めるが、4〜5歳になると、連合遊びや協同遊びといった社会性の高い遊びの型が多くなってくる。

（渡辺）

第2節　遊び

（6）興味の変化による遊びの発達

1.　機能的遊び	身体的機能を使用する遊びであり、乳児期からあらわれる。使用される機能によって次の2つに分類される。 ①感覚遊び……物をなめる、音を聞く、物に触ってみるというように、感覚器官を使用する遊び。 ②運動遊び……紙を破る、自転車乗り、サッカーのように運動機能が発達するとあらわれる。
2.　想像的遊び 　　象徴的遊び	象徴機能が発達することによってあらわれ、ままごとや怪獣ごっこのように、外界の事象を模倣することに喜びを感じる。2歳頃から始まり、4歳頃に盛んになる。
3.　受容的遊び	絵本を読む、童話を聞く、テレビを見るなどのように鑑賞することに喜びを感じる。1歳半から3歳にかけて盛んになる。
4.　構成的遊び	ブロック遊び、砂遊び、工作のように、自分でイメージしたものをつくりだす遊び。1歳頃から始まり、年齢とともに盛んになる。

出典：Bühler, Ch. 1928

　ビューラーは興味の変化から遊びの発達を機能的遊び、創造的遊び・象徴的遊び、受容的遊び、構成的遊びの4つに分類した。それぞれの遊びがあらわれる時期や遊びの内容、意味等が説明されている。年齢を重ね、心身の発達とともに遊びが複雑になっていくこと、どの遊びも子どもの成長には大きな意味を持っていること等が読み取れる。子どもの発達に合わせた遊びについて考える上で重要な資料といえる。

（渡辺）

第2節　遊び

（7）よくする遊び（経年比較）

(%)

	95 年	00 年	05 年	10 年	15 年
公園の遊具（すべりだい、ブランコなど）を使った遊び	66.0	68.4	76.1	78.1	80.0
つみ木、ブロック	55.0	55.5	63.1	68.0	68.4
人形遊び、ままごとなどのごっこ遊び	51.2	53.5	56.9	56.6	60.5
絵やマンガを描く	45.0	43.6	57.5	53.5	50.4
ミニカー、プラモデルなど、おもちゃを使った遊び	39.5	43.8	45.5	46.1	49.8
砂場などでのどろんこ遊び	49.5	52.0	57.6	53.6	47.7
ボールを使った遊び（サッカーや野球など）	35.0	33.2	46.8	46.9	46.2
自転車、一輪車、三輪車などを使った遊び	46.3	51.5	53.9	49.5	45.7
マンガや本（絵本）を読む	30.4	28.1	44.9	44.5	43.8
石ころや木の枝など自然のものを使った遊び	26.2	33.8	37.6	40.2	40.3
ジグソーパズル	21.9	17.9	28.8	32.9	33.0
おにごっこ、缶けりなどの遊び	13.9	13.6	20.9	23.0	27.7
カードゲームやトランプなどを使った遊び	19.4	17.8	26.2	25.6	27.7
なわとび、ゴムとび	14.1	12.6	19.3	21.1	20.5
＊携帯ゲーム				17.8	18.1
テレビゲーム	24.2	20.2	15.1	17.0	10.5
その他	7.2	9.2	13.2	10.1	9.6

注1）複数回答。

注2）「＊」は 10 年調査、15 年調査のみの項目。

注3）項目は 15 年調査結果の降順に図示。

出典：ベネッセ教育総合研究所「第5回幼児のアンケート」 2016

　幼児がよくする遊びについて、1995 年、2000 年、2005 年、2010 年、2015 年の変化をまとめたものである。「公園の遊具（すべりだい、ブランコなど）を使った遊び」がもっとも多く、「つみ木、ブロック」、「人形遊び、ままごとなどのごっこ遊び」、「絵やマンガを描く」が続き、20 年間を通して遊びの順位には大きな変化はみられない。携帯ゲーム機等の普及により、テレビゲームをする子どもは減少傾向にあるようだ。

(渡辺)

第2節　遊び

（8）友だちと外で遊ぶ頻度（幼稚園）（保育園）

幼稚園

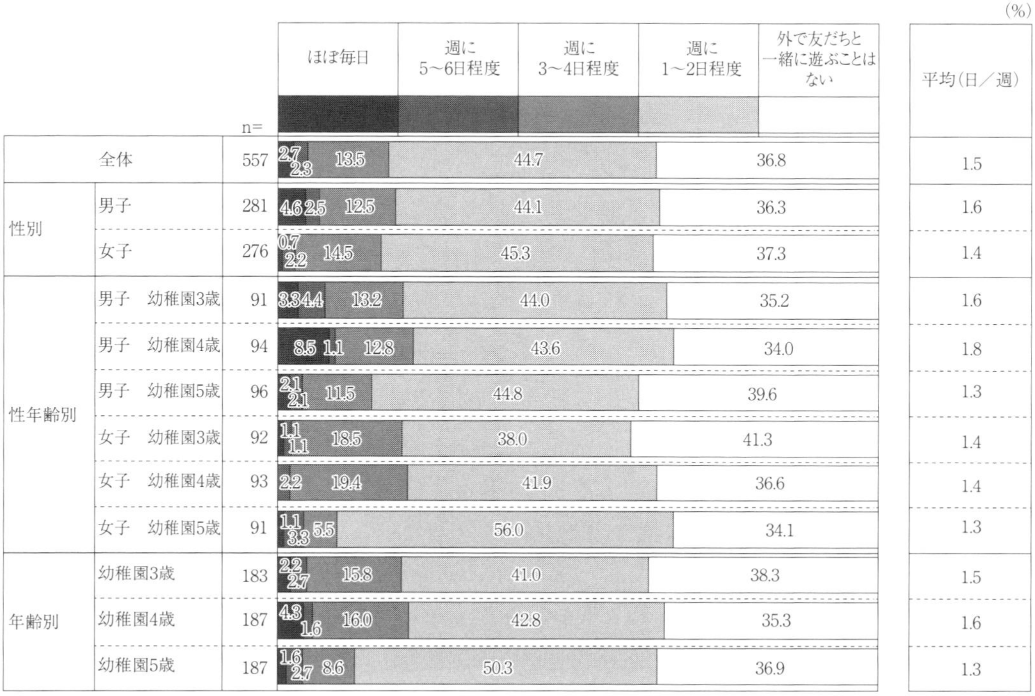

(%)

		n=	ほぼ毎日	週に5〜6日程度	週に3〜4日程度	週に1〜2日程度	外で友だちと一緒に遊ぶことはない	平均(日／週)
	全体	557	2.7 / 2.3		13.5	44.7	36.8	1.5
性別	男子	281	4.6 2.5		12.5	44.1	36.3	1.6
	女子	276	0.7 / 2.2		14.5	45.3	37.3	1.4
性年齢別	男子　幼稚園3歳	91	3.3 4.4		13.2	44.0	35.2	1.6
	男子　幼稚園4歳	94	8.5 1.1		12.8	43.6	34.0	1.8
	男子　幼稚園5歳	96	2.1 / 2.1		11.5	44.8	39.6	1.3
	女子　幼稚園3歳	92	1.1 / 1.1		18.5	38.0	41.3	1.4
	女子　幼稚園4歳	93	2.2		19.4	41.9	36.6	1.4
	女子　幼稚園5歳	91	1.1 / 3.3	5.5		56.0	34.1	1.3
年齢別	幼稚園3歳	183	2.2 / 2.7		15.8	41.0	38.3	1.5
	幼稚園4歳	187	4.3 1.6		16.0	42.8	35.3	1.6
	幼稚園5歳	187	1.6 / 2.7	8.6		50.3	36.9	1.3

保育園

(%)

	n=	ほぼ毎日	週に5〜6日程度	週に3〜4日程度	週に1〜2日程度	外で友だちと一緒に遊ぶことはない	平均(日／週)
全体	567	4.6	2.8	6.7	30.3	55.6	1.2
性別　男子	284	4.9	2.8	7.0	27.5	57.7	1.2
性別　女子	283	4.2	2.8	6.4	33.2	53.4	1.2
性年齢別　男子　保育園3歳	96	6.3	5.2	5.2	30.2	53.1	1.4
性年齢別　男子　保育園4歳	93	5.4	3.2	7.5	22.6	61.3	1.2
性年齢別　男子　保育園5歳	95	3.2		8.4	29.5	58.9	1.0
性年齢別　女子　保育園3歳	95	2.1	4.2	5.3	26.3	62.1	1.0
性年齢別　女子　保育園4歳	93	7.5	2.2	9.7	31.2	49.5	1.5
性年齢別　女子　保育園5歳	95	3.2	2.1	4.2	42.1	48.4	1.1
年齢別　保育園3歳	191	4.2	4.7	5.2	28.3	57.6	1.2
年齢別　保育園4歳	186	6.5	2.7	8.6	26.9	55.4	1.3
年齢別　保育園5歳	190	3.2	1.1	6.3	35.8	53.7	1.0

出典：学研教育総合研究所（Gakken）「幼児白書Web版（2017年8月調査）」

　　幼児が幼稚園や保育園以外の外で、友だちと遊ぶ機会はどのくらいあるのだろうか。幼稚園児では「週に1〜2日程度」（44.7%）が最も多く、平均すると約半数以上（63.2%）の幼稚園児が、週に1.5日程度は外で友だちと一緒に遊んでいる。それに対して、半数以上（55.6%）の保育園児が「外で友だちと一緒に遊ぶことはない」と回答している。幼稚園と保育園の降園時間の違いが関連している可能性がある。

（渡辺）

第2節　遊び

（9）小学生の外遊びの時間（平日・休日）

外遊びの時間・平日（30分単位）

	n=	2時間30分以上	2時間	1時間30分	1時間	30分	なし	平均	中央値
全体	1200	5.7	15.8	10.7	24.7	23.9	19.3	1時間0分	1時間0分
男子・小学1年生	100	4.0	15.0	8.0	29.0	23.0	21.0	55分	1時間0分
男子・小学2年生	100	8.0	17.0	13.0	28.0	24.0	10.0	1時間10分	1時間0分
男子・小学3年生	100	5.0	24.0	15.0	20.0	20.0	16.0	1時間9分	1時間0分
男子・小学4年生	100	4.0	21.0	9.0	26.0	23.0	17.0	1時間1分	1時間0分
男子・小学5年生	100	5.0	19.0	11.0	28.0	25.0	12.0	1時間9分	1時間0分
男子・小学6年生	100	5.0	16.0	17.0	20.0	22.0	20.0	1時間3分	1時間0分
女子・小学1年生	100	6.0	21.0	8.0	20.0	26.0	19.0	1時間4分	1時間0分
女子・小学2年生	100	6.0	11.0	7.0	29.0	30.0	17.0	55分	1時間0分
女子・小学3年生	100	5.0	15.0	6.0	32.0	29.0	13.0	1時間1分	1時間0分
女子・小学4年生	100	4.0	15.0	14.0	22.0	22.0	23.0	57分	1時間0分
女子・小学5年生	100	8.0	8.0	9.0	25.0	25.0	25.0	54分	45分
女子・小学6年生	100	8.0	8.0	11.0	17.0	18.0	38.0	48分	30分
小学1年生	200	5.0	18.0	8.0	24.5	24.5	20.0	1時間0分	1時間0分
小学2年生	200	7.0	14.0	10.0	28.5	27.0	13.5	1時間3分	1時間0分
小学3年生	200	5.0	19.5	10.5	26.0	24.5	14.5	1時間5分	1時間0分
小学4年生	200	4.0	18.0	11.5	24.0	22.5	20.0	59分	1時間0分
小学5年生	200	6.5	13.5	10.0	26.5	25.0	18.5	1時間1分	1時間0分
小学6年生	200	6.5	12.0	14.0	18.5	20.0	29.0	55分	1時間0分

性・学年別（男子・小学1年生〜女子・小学6年生）／学年別（男女計）（小学1年生〜小学6年生）

外遊びの時間・休日（30分単位）

	n=	5時間以上	4時間〜4時間30分	3時間〜3時間30分	2時間〜2時間30分	1時間〜1時間30分	30分	なし	平均	中央値
全体	1200	6.2	7.2	11.8	18.4	26.8	15.5	14.2	1時間45分	1時間0分
男子・小学1年生	100	5.0	3.0	12.0	23.0	33.0	12.0	12.0	1時間40分	1時間30分
男子・小学2年生	100	6.0	10.0	12.0	21.0	33.0	12.0	6.0	1時間58分	1時間30分
男子・小学3年生	100	7.0	7.0	12.0	26.0	26.0	13.0	9.0	1時間55分	2時間0分
男子・小学4年生	100	8.0	7.0	15.0	18.0	19.0	18.0	15.0	1時間50分	1時間30分
男子・小学5年生	100	10.0	9.0	11.0	19.0	19.0	21.0	11.0	1時間55分	1時間15分
男子・小学6年生	100	9.0	7.0	11.0	14.0	31.0	13.0	15.0	1時間47分	1時間0分
女子・小学1年生	100	5.0	11.0	17.0	19.0	25.0	11.0	12.0	1時間58分	2時間0分
女子・小学2年生	100	2.0	4.0	13.0	20.0	33.0	23.0	5.0	1時間33分	1時間0分
女子・小学3年生	100	7.0	7.0	14.0	17.0	28.0	17.0	10.0	1時間50分	1時間30分
女子・小学4年生	100	6.0	6.0	6.0	13.0	34.0	16.0	19.0	1時間33分	1時間0分
女子・小学5年生	100	5.0	8.0	10.0	16.0	22.0	17.0	22.0	1時間36分	1時間0分
女子・小学6年生	100	4.0	7.0	8.0	15.0	19.0	13.0	34.0	1時間19分	1時間0分
小学1年生	200	5.0	7.0	14.5	21.0	29.0	11.5	12.0	1時間49分	1時間30分
小学2年生	200	4.0	7.0	12.5	20.5	33.0	17.5	5.5	1時間45分	1時間0分
小学3年生	200	7.0	7.0	13.0	21.5	27.0	15.0	9.5	1時間52分	1時間30分
小学4年生	200	7.0	6.5	10.5	15.5	26.5	17.0	17.0	1時間42分	1時間0分
小学5年生	200	7.5	8.5	10.5	17.5	20.5	19.0	16.5	1時間45分	1時間0分
小学6年生	200	6.5	7.0	9.5	14.5	25.0	13.0	24.5	1時間33分	1時間0分

性・学年別（男子・小学1年生〜女子・小学6年生）／学年別（男女計）（小学1年生〜小学6年生）

出典：学研教育総合研究所（Gakken）「小学生白書Web版（2014年9月調査）」

　全学年の平均は、それぞれ、平日1時間、休日1時間45分、外で遊んでいる。男子では、平日、休日ともにあまり学年で差が見られない。小学2〜5年生の男子は休日約2時間遊んでいるが、女子の外遊びの時間はやや少なめで、学年が上がると少なくなる傾向があり、小学6年生女子では、外遊び「なし」が平日38.0％、休日34.0％と、まったく外で遊ばない子どもも3〜4割を占めている。これは現代の子の特徴の1つといえよう。

（渡辺）

第2節　遊び

(10) 子どもの普段遊んでいる場所／（親が）子どもの頃遊んでいた場所

（複数回答n=869　※「遊ぶ」と回答した人のみ）

子どもの遊び場所TOP5		
1位	自宅	92.1%
2位	公園	49.3%
3位	友達の家	48.0%
4位	ショッピングモール	21.6%
5位	学校の屋外（運動場など）	21.3%

親が子どもの頃遊んでいた場所TOP5		
1位	自宅	80.9%
2位	友達の家	50.2%
3位	公園	48.1%
4位	学校の屋外（運動場など）	27.4%
5位	空き地	26.9%

（親が）子どもの頃遊んでいた場所

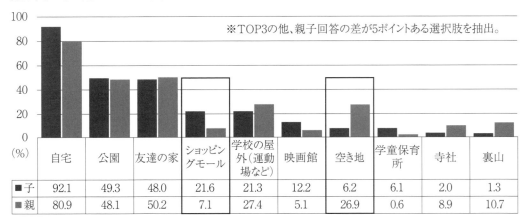

出典：小中学生の"遊び"に関する意識調査2018　バンダイこどもアンケートレポート　http://www.bandai.co.jp/kodomo/　2019年2月7日確認

　子どもが普段遊ぶ場所と親が子どもの頃遊んでいた場所を比べると、親が子どもの頃遊んでいた「空き地」は、子どものTOP5から消え「ショッピングモール」が入っている。子どもが遊べるような空き地の減少と、ゲームセンター等遊べる空間が用意された大きなショッピングモールが増えたことの影響は大きい。「自宅」は親子とも1位であるが、子どもの方のポイントが約10%高い。家庭用ゲーム機浸透の影響も考えられる。

（渡辺）

第2節　遊び

（11）小中学生の遊びの内容 TOP5

（複数回答 n=900）

全体 TOP5		
1位	スマートフォン・携帯電話・タブレット端末・パソコン	45.3%
2位	ゲーム（家庭用）	40.1%
3位	お買い物	39.7%
4位	ゲーム（携帯用）	38.2%
5位	球技（サッカー、バスケットボール、ドッジボールなど）	36.0%

小学生 TOP5		
1位	遊具遊びや鬼ごっこ・かくれんぼ	51.2%
2位	ゲーム（家庭用）	44.8%
3位	おもちゃで遊ぶ（ごっこ遊び・ままごと含む）	41.5%
4位	球技（サッカー、バスケットボール、ドッジボールなど）	40.2%
5位	ゲーム（携帯用）	39.8%

中学生 TOP5		
1位	スマートフォン・携帯電話・タブレット端末・パソコン	63.3%
2位	お買い物	41.0%
3位	娯楽施設（映画館、カラオケ、ゲームセンター、ボウリング場など）で遊ぶ	36.3%
4位	ゲーム（携帯用）	35.0%
5位	ゲーム（家庭用）	30.7%

出典：小中学生の"遊び"に関する意識調査2018　バンダイこどもアンケートレポート　http://www.bandai.co.jp/kodomo/　2019年2月7日確認

　中学生の1位はスマートフォン・タブレット等情報機器である。中学生が生活や授業で情報端末を使うようになることも関連している可能性がある。また、中学生の2位は「お買い物」、3位は「娯楽施設で遊ぶ」であり、小学生に比べて行動範囲が広がっていることがわかる。一方、小学生では、「ゲーム（家庭用）」が2位ではあるが、1位が「遊具遊びや鬼ごっこ・かくれんぼ」である等、友だちと身体を動かして遊ぶ傾向があるといえる。

（渡辺）

第2節　遊び

（12）好きな外遊び（小学生）

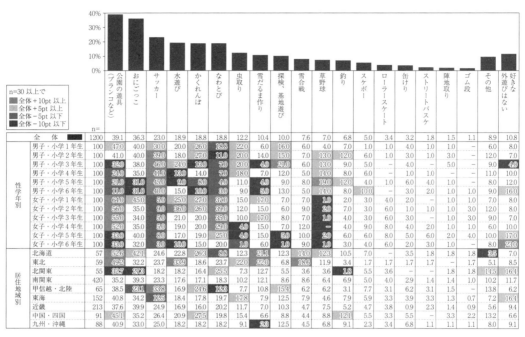

出典：学研教育総合研究所（Gakken）「小学生白書 Web 版（2014 年 9 月調査）」

　全学年では、「公園の遊具」が 39.1％で最も多く、「おにごっこ」36.3％、「サッカー」23.0％が続く。外遊びの好みには、学年・男女差が大きいものがあり、「公園の遊具」は低・中学年に人気で、1～4 年生女子の半数以上が好きと回答しているが、高学年男子では 1～2 割である。「サッカー」や「なわとび」にも男女差がみられる。男女差、学年差があまりみられないものは「おにごっこ」で小学生全体の 4 割前後が好きだと回答している。

（渡辺）

第2節　遊び

（13）子どもと一緒にすること

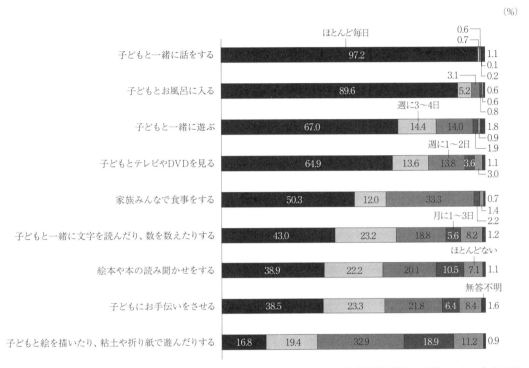

出典：ベネッセ教育総合研究所「速報版幼児の生活アンケート」2016

　「子どもと一緒に遊ぶ」ことを「ほとんど毎日」と答えた層は、67.0％で第3位であった。1位は「子どもと一緒に話をする」で97.2％。2位は「子どもとお風呂に入る」で89.6％である。子どもとの会話や風呂に入ることの多さに比べ、「家族みんなで食事をする」を「ほとんど毎日」と回答したのは50.3％と少ない。食事に家族全員が揃わない家庭の多さの原因として、両親の仕事の影響が考えられる。

(渡辺)

第2節　遊び

（14）学校の授業以外で子ども（小中学生）が時間を使っていること TOP5

（複数回答※ n=900）

全体 TOP5		
1位	屋内で遊ぶ・屋外で遊ぶ	94.0%
2位	学校の宿題	79.3%
3位	テレビを見る	71.6%
4位	家族と過ごす	55.4%
5位	テレビ以外で動画視聴（You Tube など）	43.4%

※以下、全17項目より複数回答を実施。
学校の宿題、塾に行く、塾の宿題、学校や塾以外の勉強、習い事、習い事の自主練習、学童、部活動、テレビを見る、テレビ以外で動画視聴（You Tube など）、メールや SNS（LINE、Twitter、Facebook など）、読書、屋内で遊ぶ、屋外で遊ぶ、家族と過ごす、家事手伝い、その他（フリーアンサー）
出典：小中学生の"遊び"に関する意識調査2018　バンダイこどもアンケートレポート　http://www.bandai.co.jp/ kodomo/　2019年2月7日確認

　学校の授業以外の過ごし方では、「屋内で遊ぶ・屋外で遊ぶ」が1位で、94%と多くの子どもが遊んで過ごしていることがわかる。また、2位「学校の宿題」、3位「テレビを見る」、4位「家族と過ごす」からは、家で過ごす時間が多いこともうかがえる。5位「テレビ以外での動画視聴（You Tube など）」からは、スマートフォンやタブレットが子どもにも普及していることや、動画サイトの人気の高さも読み取れる。

（渡辺）

第2節　遊び

（15）友だちと遊ぶときの人数（小学生）

(%)

		n=	5人以上	4人	3人	2人	友だちと遊ぶことはほとんどない	平均（人）
	全体	1,200	12.2	16.7	40.3	17.6	13.3	2.8
性別	男子	600	16.5	18.7	38.2	13.5	13.2	3.0
	女子	600	7.8	14.7	42.5	21.7	13.3	2.7
性学年別	男子 小学1年生	100	13.0	12.0	44.0	10.0	21.0	2.7
	男子 小学2年生	100	17.0	13.0	35.0	22.0	13.0	2.9
	男子 小学3年生	100	22.0	20.0	39.0	8.0	11.0	3.2
	男子 小学4年生	100	17.0	21.0	38.0	13.0	11.0	3.1
	男子 小学5年生	100	18.0	20.0	37.0	14.0	11.0	3.1
	男子 小学6年生	100	12.0	26.0	36.0	14.0	12.0	3.0
	女子 小学1年生	100	9.0	10.0	41.0	18.0	22.0	2.4
	女子 小学2年生	100	6.0	15.0	44.0	21.0	14.0	2.6
	女子 小学3年生	100	2.0	19.0	43.0	24.0	12.0	2.6
	女子 小学4年生	100	9.0	17.0	38.0	26.0	10.0	2.8
	女子 小学5年生	100	11.0	11.0	46.0	21.0	11.0	2.8
	女子 小学6年生	100	10.0	16.0	43.0	20.0	11.0	2.8
学年別	小学1年生	200	11.0	11.0	42.5	14.0	21.5	2.6
	小学2年生	200	11.5	14.0	39.5	21.5	13.5	2.8
	小学3年生	200	12.0	19.5	41.0	16.0	11.5	2.9
	小学4年生	200	13.0	19.0	38.0	19.5	10.5	2.9
	小学5年生	200	14.5	15.5	41.5	17.5	11.0	2.9
	小学6年生	200	11.0	21.0	39.5	17.0	11.5	2.9

出典：学研教育総合研究所（Gakken）「小学生白書 Web 版（2017 年 8 月調査）」

　遊ぶときの友だちの人数を小学生に聞いた。男女別でみると、男子は 5 人以上で遊ぶ割合が 16.5％もいるが、女子はその半分以下の 7.8％しかない。男子は大人数で遊び、女子は少人数で遊ぶ傾向がみられる。全体で最も多い回答は、3 人で 40.3％。次いで2 人 17.6％、4 人 16.7％、5 人以上 12.2％である。そして「友だちと遊ぶことはほとんどない」という回答も 13.3％の割合であり、決して低くない。

（渡辺）

第2節　遊び

（16）どこの友人が最も多いですか

(%)

		n=	学校の同じクラス	学校の同学年の違うクラス	塾(習い事)	近所(幼なじみ)	自分よりも高学年のクラス	自分よりも低学年のクラス	同じ幼稚園・保育園	その他
	全体	1,200	73.0	13.1	2.6	5.4			3.5	0.8
性別	男子	600	73.0	13.0	2.8	6.0			2.5	1.2
	女子	600	73.0	13.2	2.3	4.8			4.5	
性学年別	男子 小学1年生	100	61.0	12.0	2.0	6.0	4.0		11.0	4.0
	男子 小学2年生	100	82.0	9.0	2.0	5.0				1.0
	男子 小学3年生	100	71.0	13.0					13.0	
	男子 小学4年生	100	78.0	11.0	3.0				6.0	
	男子 小学5年生	100	70.0	18.0		6.0		1.0	2.0	3.0
	男子 小学6年生	100	76.0	15.0		4.0			4.0	1.0
	女子 小学1年生	100	59.0	5.0	4.0	11.0	2.0		18.0	1.0
	女子 小学2年生	100	77.0	9.0	3.0	6.0			3.0	1.0
	女子 小学3年生	100	73.0	13.0	1.0				8.0	4.0
	女子 小学4年生	100	82.0	12.0	1.0				1.0	
	女子 小学5年生	100	77.0	19.0		1.0				
	女子 小学6年生	100	70.0	21.0		1.0			4.0	1.0
学年別	小学1年生	200	60.0	8.5	3.0	8.5	3.0		14.5	2.5
	小学2年生	200	79.5	9.0	2.5	5.5				1.0
	小学3年生	200	72.0	13.0	1.0				10.5	3.0
	小学4年生	200	80.0	11.5	2.0				3.5	
	小学5年生	200	73.5	18.5		3.5			2.0	2.0
	小学6年生	200	73.0	18.0		4.0			2.5	1.0

出典：学研教育総合研究所（Gakken）「小学生白書 Web 版（2017 年 8 月調査)」

　どこの友人が多いかを小学生に聞いた調査である。最も多いのは、「学校の同じクラス」である。学年別で見ても、男女別でも、1位となっている。学年が上がるにつれて「学校の同学年の違うクラス」が男女とも増えてくる。これは、クラス替え等で分かれた元クラスメイトとの仲が続いていると考えられる。小学生の交友関係は、一緒に過ごす時間の長さ等、生活・環境に影響されるといえよう。

（渡辺）

第2章 文化

第2節 遊び

(17) 今の子どものスポーツや外遊びの環境の変化および変化したところ

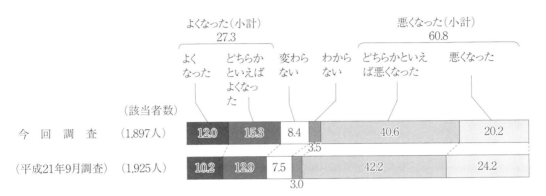

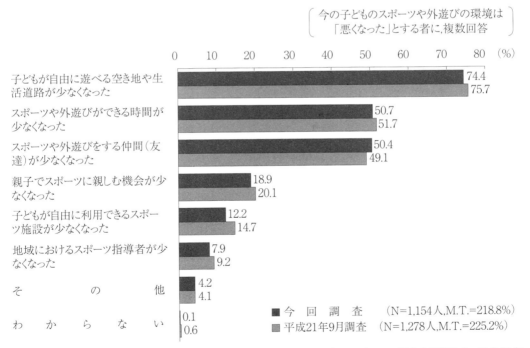

出典：スポーツ庁　体力・スポーツに関する世論調査　平成25年

自分の子どもの頃と比較して、今の子どものスポーツや外遊びの環境について、「悪くなった」は 60.8％であった。「悪くなった」とする者に変化したところを聞いてみると、「子どもが自由に遊べる空き地や生活道路が少なくなった」が 74.4％で最も高い。「スポーツや外遊びができる時間が少なくなった」50.7％、「スポーツや外遊びをする仲間が少なくなった」50.4％と続く。要因としては遊び場の減少や塾等による忙しさが考えられる。

（渡辺）

第2節　遊び

（18）最も思い出に残っている遊び（昭和生まれ、平成生まれ）上位
　　10位

※上位10位までを表示

	平成生まれ【n=500】	人
1位	ケイドロ・ドロケイ	47
2位	鬼ごっこ	47
3位	ゲーム/テレビゲーム	30
4位	ドッジボール	15
5位	缶蹴り	14
6位	かくれんぼ	11
7位	なわとび	10
7位	ポケモン	10
7位	野球	10
10位	遊戯王	7

	昭和生まれ【n=500】	人
1位	缶蹴り	52
2位	ゴム飛び	35
3位	かくれんぼ	15
4位	鬼ごっこ	15
5位	なわとび	13
6位	野球	12
7位	テレビゲーム	10
7位	ドッジボール	10
7位	ままごと	10
10位	インベーダーゲーム/ビー玉 ケイドロ・ドロケイ	各9

出典：ソニー生命調べ「平成生まれ・昭和生まれの生活意識調査」2018

　平成生まれの回答では、1位「ケイドロ・ドロケイ」、2位「鬼ごっこ」である。昭和生まれでは、1位「缶蹴り」、2位「ゴム飛び」である。平成生まれの回答には、「ゴム飛び」は入っていない。路地等で「ゴム飛び」はよく遊ばれていたが、そのような遊び場所が減少しており、それに伴い遊びそのものも消えていくと考えられる。平成生まれの「ポケモン」「遊戯王」などについても、遊びは子どもを取り巻く環境の影響を受けるといえる。

（渡辺）

第3節　音楽・表現

（1）これからは心の豊かさか、まだ物の豊かさか（時系列）

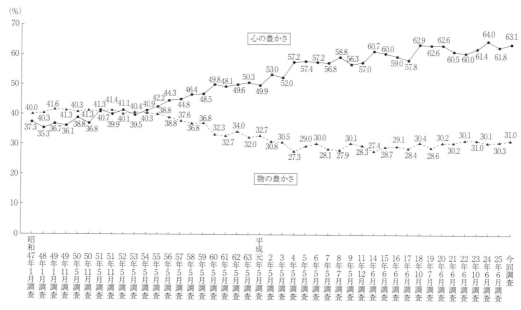

（注）　心の豊かさ　→　「物質的にある程度豊かになったので,これからは心の豊かさやゆとりのある生活をすることに重きをおきたい」
　　　　物の豊かさ　→　「まだまだ物質的な面で生活を豊かにすることに重きをおきたい」

出典：内閣府「国民生活に関する世論調査」2014（平成26）年度

　人々の求める豊かさを「心の豊かさ」と「物の豊かさ」とを比較することから探っている。近年は、国民の約6割が「物質的にある程度豊かになったので、これからは心の豊かさやゆとりある生活をすることに重きをおきたい」としていると考えられる。このことが、日常生活の中で、文化芸術を鑑賞したり、文化活動を行ったりすることを大切にしたいという考えや子どもの文化芸術体験を重要だとする考えに結びついている。

（渡辺）

第3節 音楽・表現

（2）文化芸術振興による効果

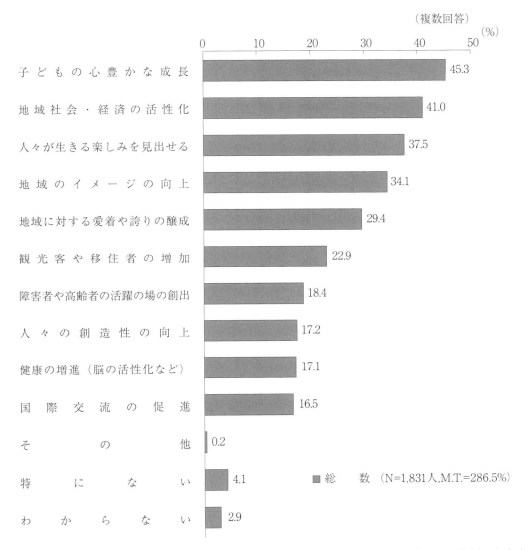

出典：内閣府「文化に関する世論調査」2016（平成28）年度

　日本の文化芸術の振興を図ることにより社会にもたらされる効果として期待することは何かという設問に対して、「子どもの心豊かな成長」を挙げた者の割合が45.3％と最も高い。以下、「地域社会・経済の活性化」、「人々が生きる楽しみを見出せる」、「地域のイメージの向上」と続くが、「観光客や移住者の増加」、「国際交流の促進」を指示する者は少なく、文化芸術の振興には、それぞれの地域での人々の心豊かな生活が期待されている。

（渡辺）

第3節　音楽・表現

（3）子どもの文化芸術体験で重要なこと

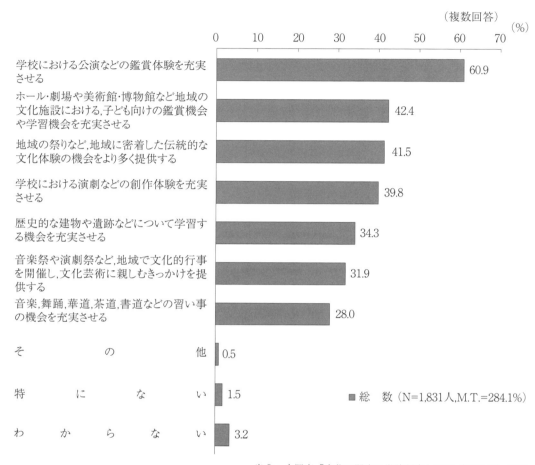

出典：内閣府「文化に関する世論調査」2016（平成28）年度

　子どもの文化芸術体験についての設問である。「学校における公演などの鑑賞体験を充実させる」を挙げた者の割合が60.9％と最も高い。これに対し、「音楽祭や演劇祭など、地域で文化的行事を開催し、文化芸術に親しむきっかけを提供する」、「音楽、舞踊、華道、茶道、書道などの習い事の機会を充実させる」はどちらも約30％で、文化芸術体験に関しては、学校での鑑賞体験への期待が大きい。

（渡辺）

第3節　音楽・表現

（4）子どもの文化芸術体験の効果

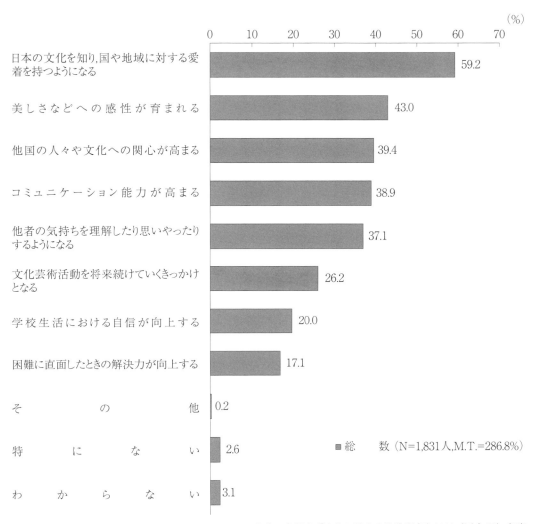

出典：内閣府「文化に関する世論調査」2016（平成28）年度

　子どもの文化芸術体験で期待される効果については、「日本の文化を知り、国や地域に対する愛着を持つようになる」を挙げた者が59.2％と最も高い。次いで、「美しさなどへの感性が育まれる」が43％、「他国の人々や文化への関心が高まる」が39.4％である。「文化芸術活動を将来続けていくきっかけとなる」は、26.2％と低く、文化芸術体験よる子どもの内面的な成長にその効果が期待されている。

（渡辺）

第3節　音楽・表現

(5) 子どもに芸術文化を実際に生で体験する機会を与えたいと思いますか

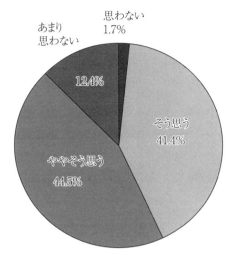

出典：TOA株式会社「音楽と教育の意識調査」2010年

（1）であったように国民の約6割が「物質的にある程度豊かになったので、これからは心の豊かさやゆとりある生活をすることに重きをおきたい」と考える中、子どもに芸術文化を実際に生で体験する機会を与えたいと考える親も「そう思う」41.4％、「ややそう思う」44.5％と合わせて85.9％を占めている。一方で、機会を与えたいと思うことが、そのまま機会を与えることにつながっているとはいえない現実がある。

(渡辺)

第3節　音楽・表現

（6）お子さんに経験する機会を与えたい芸術文化のジャンルはどれですか

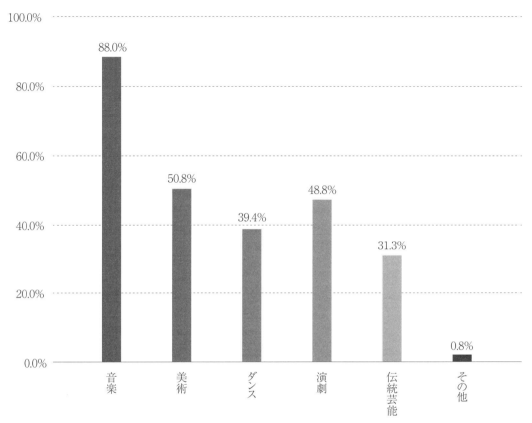

出典：TOA株式会社「音楽と教育の意識調査」2010年

　子どもに経験する機会を与えたい芸術文化は、という調査である。ジャンルは「音楽」「美術」「ダンス」「演劇」「伝統芸能」と多岐にわたっている。その中で、最も多いのは「音楽」で88％にのぼる。かなり下がって「美術」が50.8％となり、次いで「演劇」が48.8％、「ダンス」が39.4％の順となった。「伝統芸能」に関しては31.3％が経験する機会を与えたいと考えている。実際の経験まで結びついているかを次の（7）で聞いている。

（渡辺）

第3節　音楽・表現

（7）この一年間で、お子さんに実際にそういった機会を与えましたか？

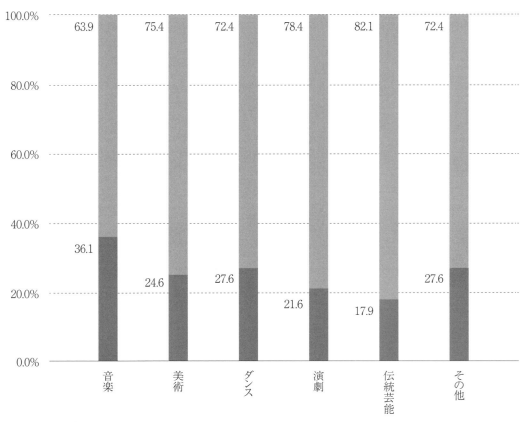

出典：TOA株式会社「音楽と教育の意識調査」2010年

　（5）で聞いた、子どもに芸術文化を実際に生で体験する機会を与えたいと考える親は85.9％の割合でいる中で、実際に体験の機会を与えたかの調査である。最も多かった「音楽」で機会を与えたい88％に対して実体験は36.1％にとどまっている。最も少なかった「伝統芸能」では17.9％、芸術文化平均では28％にとどまり、子どもに芸術文化を実際に生で体験する機会を与えたいという希望と実際とのギャップが明らかになっている。

（渡辺）

第3節　音楽・表現

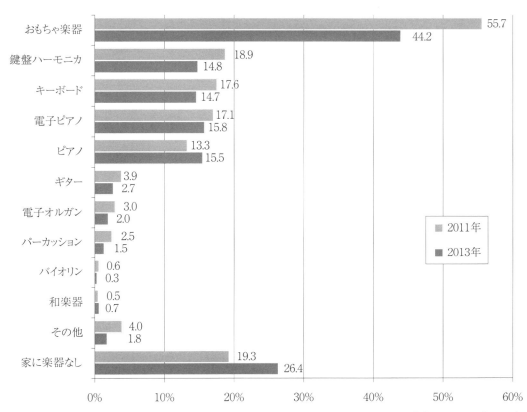

（8）子どもが家庭で親しむ楽器

出典：ヤマハ音楽研究所調査レポート「現代における子どもと音楽のかかわり」2013年

　子ども（4、5歳児）が家庭で親しむ楽器は、2011年、2013年どちらの調査でも「おもちゃ楽器」が最も多い。以下、「鍵盤ハーモニカ」、「キーボード」、「電子ピアノ」と鍵盤楽器が続く。楽器の所有率に関しては、「ピアノ」と「和楽器」を除くほとんどの楽器で2011年よりも2013年の調査で低下しており、「家に楽器なし」は、2013年では26.4％になっている。習い事の多様化や住宅事情が影響していると考えられる。

（渡辺）

第3節 音楽・表現

(9) お子さんは、どんな音楽の楽しみ方をしていますか？お子さんに、どんな音楽体験をさせたいですか？

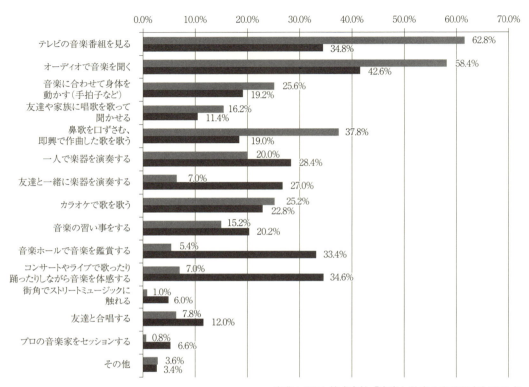

出典：TOA株式会社「音楽と教育の意識調査」2011年

　上が普段している体験で、下がどんな体験をさせたいかの結果である。トップは「テレビで音楽番組を見る」で、以下「オーディオで音楽を聞く」が続く。どちらも子どもの音楽の楽しみ方として約6割を占めている。日常生活で気軽に音楽に触れられるメディアでの音楽体験が多いと言える。一方、親は音楽ホールでの音楽鑑賞やコンサート、ライブなど生の音楽に触れるという楽しみ方を期待しているが、実際には1割にも満たない。

(渡辺)

第3節　音楽・表現

(10) 子どもが生きていくうえで、どんな力が必要だと思いますか

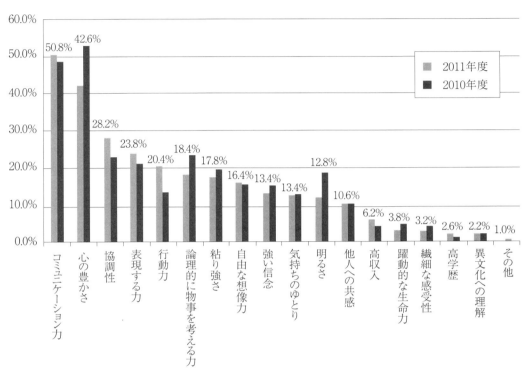

出典：TOA 株式会社「音楽と教育の意識調査」2011 年

　「子どもが生きていくうえで必要な力」についてどう考えるかを、保護者を対象として調査したものである。「コミュニケーション力」と「心の豊かさ」が突出して上位を占めている。次に、「協調性」、「表現する力」、「行動力」が続いている。一方、「高学歴」や「高収入」のポイントは低く、不安定な社会においても、保護者が子どもの内面の力を生きていく上で重要と考えていることがわかる。

(渡辺)

第3節 音楽・表現

(11) コミュニケーションを育てる科目

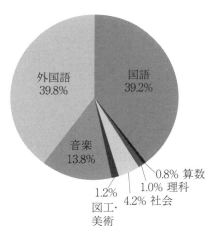

出典：TOA株式会社「音楽と教育の意識調査」2010年

　「子どもが生きていくうえで必要な力」として多くの保護者が「コミュニケーション力」をあげている。そのコミュニケーション力を育むのに、最も役立つ授業科目を保護者がどう捉えているかを調査したものである。1位と2位は僅差で「外国語」(39.8%)と「国語」(39.2%)となっている。3位は13.8%で「音楽」となっている。保護者が音楽に言語へ頼らない、多様で自由な自己表現手段としての可能性を感じていることがうかがえる。

(渡辺)

第3節　音楽・表現

（12）心の豊かさを育てる科目

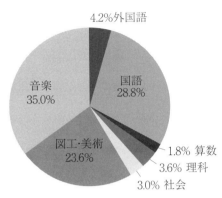

出典：TOA株式会社「音楽と教育の意識調査」2010年

　保護者が考える「心の豊かさ」を育てる授業科目としては、1位が「音楽」（35.0%）で、2位「国語」（28.8%）、3位「図工・美術」（23.6%）と続く。子どもの成長過程において、音楽、文学、絵画等の芸術作品に触れることや、音楽、文章、図画工作等で多様な自己表現をし、また友だちの表現を知ること等が、豊かな感性、豊かな心を育む上で重要だと多くの保護者が考えているといえる。

（渡辺）

第３節　音楽・表現

（13）子どもが音楽を聴くときに使用する機器

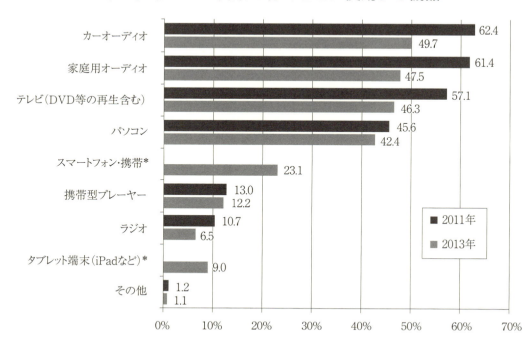

＊2013年調査の際に新たに追加した選択肢
出典：ヤマハ音楽研究所「現代における子どもと音楽のかかわり」2013年

　「子どもが音楽を聴くときや保護者が子どもに音楽を聴かせるときに使用する機器」についての調査である。「カーオーディオ」が最も多く、ここからは移動中に音楽を聴くというライフスタイルが推察される。次いで「家庭用オーディオ」、「テレビ」「パソコン」が大きな割合を占めている。スマートフォン・携帯、携帯型プレーヤー、タブレット端末等の使い方は明らかではないが、子どもがひとりで音楽を聴いているという可能性も推察できる。

(渡辺)

第3節　音楽・表現

（14）子どもの絵の発達段階

子どもの絵の発達段階					
年齢	擦画期 （さつがき）	錯画期 （さくがき）	象徴期 （しょうちょうき）	カタログ期	図式期前期
1					
2					
3					
4					
5					
6					

出典：髙橋弥生『子ども学がやってきた』一藝社、2017 年

　発達段階は子どもの発達の一般的な過程を示した表である。1歳から2歳半ごろまでの描き方の名称を、擦画期、なぐりがき、乱画、錯画期と言う。2歳から3歳ごろは象徴期（意味づけ期）、3歳ごろから5歳ごろまでを図式期前期（前半、円の時期、後半カタログ期）、4歳から8歳ごろまでを図式期（覚えがきの時期）である。個人差にもよるが、発達の一つの過程であることがわかり、手がかりになる。

（おかもと）

第3節　音楽・表現

（15）絵画表現発達段階区分比較表

研究者＼年齢	1〜18歳 区分	文献
ケルシェンスタイナー G.Kershen-steiner	①始原描画時代　②観念描画時代／現実的想像期／弛緩的想像期　③自覚描画時代　④再生描画時代	Die Entwickelung der zeich-nerishe Begobung. Munchen 1905
リュケ G. H. Luquet	①偶然的写実期　②不完全写実期　③知的写実期　④視覚的写実期	Le dessin entantin. Paris.1927
プフライデラー W. Pfleiderer	①錯画表現期　②空間的象徴的表現期　③概念的表現期　④線表現期　⑤色による空間構成期	Die Geburt des Bildes. Stulget. 1930
ブリッシュ G. Britsh	乱画（なぐり描き）　図式化（象徴主義）　中間期（過渡期）　外見写実主義　写実主義（思春期）	Theorie der Bildendenkun-st. Ratingen. 1931
ユング H. Enge	錯画の時期（なぐり描きの期）　錯画から形式的描写への過渡期（部分配列の期）　形式的描画の時期	The Psychiology of childrens Drawing form theFirst sroke to the colord Drawing. London. Routledge 1931
バート S. Burt	らくがき・線の時期（3歳絶頂）（4歳）　叙述的象徴の時期　叙述的写実の時期　視覚的写実の時期　抑圧の時期　芸術的復活期（初期青年期）	by H. Read "Education thorgh Art" London. 1942
ローウェンフェルド V. Lowenfeld	なぐり描き／無秩序／たてよこなぐり／円形がき／意味づけ　前図式期（図式表現をする前）　図式期（図算の成立）シェーマ　中間期（初期写実時代）　擬リアリズム期（理詰め時代）　決定の時期（思春期の危機）	Creative and Mental Growth. New York.1947
ハーバード・リード H・Read	錯画期　線の時期　叙述的象徴の時期　叙述的写実の時期　視覚的写実の時期　抑圧の時期　芸術的復活の時期	
絵画製作 幼稚園絵画製作 教育指導書（文部省）	なぐり描き期　象徴期　前図式期　図式期　前写実期　写実期／もて遊びをする時期（無意味期）　象徴期　創作活動期（つくりあそびをする期）（つくってから意味づける期）	by 美術教育の基盤原理 林部伝七（学芸図書）1965
ゴードン F. Goodnougn	言語前期　心理発達段階／幼児期　幼稚園期　児童期　男／女　青春期	Measurement of Inteli-gence by Drawing. 1926
キンツル R. Kinzle	幼児期の発達段階　1歳・線がかなり偶然的・模倣的／1歳2か月から・右手と左手の円弧状なぐり描き／1歳6か月から・円形なぐり描き／1歳8か月から・散らばったなぐり描き／1歳9か月から・遊離したなぐり描き（ジグザグ・渦巻き）／2歳・から・紙上に秩序だった配置／2歳10か月から説明なぐり描き（ママ・ワンワン・なぐり描きのしくみ）／2歳〜3歳・記号段階（図式）／2歳7か月から・頭足人／2歳7か月から3歳迄・場面の画／3歳5か月から4歳迄・文字描き／3歳5か月から5歳迄・装飾的付加分化（頭,紐飾り）／4歳8か月から・家屋／4歳9か月から・対象（机,椅子,線路,自動車）／6歳から・リアルなものの加味（風景,動物）／7歳・位置づけ空間配置,空間表現	by Woltgang Grczinger "Kinder Krizeln Zeichen malen." Munchen 1961
ケロッグ R. Kellogg	なぐり描き（スクリブル）期の発達段階　2歳〜4歳／①様式時代（偶発ダイヤグラム）②形態時代（ダイヤグラム…輪郭線を用いてある明確な形を描く）③デザイン時代（マンダラ,太陽,放散型線構成）④絵画時代（人間,動物,建物,植物）	Analizing Children's Art 1969
竹内　清	①未分化スクリブル期（運動感覚的経験,動作はまだ統合されていない）②経線スクリブル期（一定の動きの反復,運動感覚的動作と視知覚との間に連合を作り出す）③円形スクリブル期（別種の動作に発展,自由自在に線を引き得ることによって自信を得る）④註釈スクリブル期（運動感覚的思考から想像的思考への変化）	創造的発達概論 黎明書房 1948
鳥居昭美	言語の発達段階　喃語期（情緒的音声表生）　片言期　命名期（音声と意味の結合）　模倣期・羅列期（多語の表現）　成熟期　適応期　0 1 2 3 4 5 6 7（なぐり描きの段階）（様式化前の段階）（様式化の段階）／表現の発達段階　←意味づけ期→　表現と言語の結合（表現内容の確立）	第3回 美術教育連合研究発表会 パンフレット 1968

出典：花篤實『幼児教育法講座造形表現＜理論・実践編＞』三晃書房、1990 年

ドイツの教育学者ケルシェンスタイナー（1854 ～ 1932）をはじめとした研究者と文部省時代の教育指導書による、絵画表現発達段階研究区分比較表である。子どもの絵画表現の発達段階に関する研究は、世界各国で発表されている。これらの研究者たちのデーターは現代の幼児教育の実態と異なる点もあるが、我が国の美術教育に与えた影響は大きい。教育現場においては、現代でも参考にされている。

（おかもと）

第2章　文化

第4節　メディア

（1）子どもの1週間のメディア活用状況（テレビ番組）

テレビ番組（録画を除く、2017年）

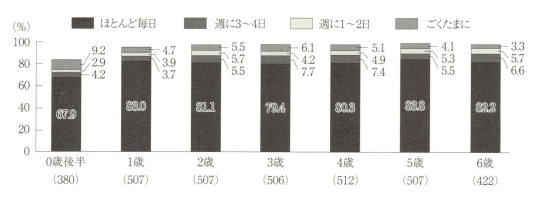

テレビ番組（録画を含む、2013年）

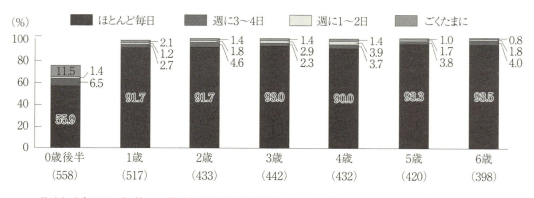

出典：ベネッセ教育総合研究所「第2回乳幼児の親子のメディア活用調査レポート」2018年

　メディアを所有する家庭に聞いた、「テレビ番組の視聴」に関する調査結果である。2013年と2017年の経年比較では、1歳から6歳まではほとんど毎日見ている割合は減っているが、0歳後半では逆に増えている。2017年においては「録画を除く」の数値であるので、単純比較はできないが、乳幼児のテレビ視聴頻度が高くなっていることは確かである。テレビ番組の視聴は、乳幼児の生活にもはや欠かせないものとなっているようである。

（谷田貝　円）

第4節　メディア

（2）子どもの1週間のメディア活用状況（ビデオ・DVD）

注1)（　）内はサンプル数。　注2)2013年は無答不明を除く。　注3)そのメディアが家庭にある人のみ。

出典：ベネッセ教育総合研究所「第2回乳幼児の親子のメディア活用調査レポート」2018年

　（1）と同様、ビデオ・DVDの活用状況の比較である。0歳後半では2013年と比較して、2017年は活用が「ほとんど毎日」を含め増えているが、それ以外の年齢層では軒並み視聴が減っていることがわかる。これはビデオやDVD以外の手軽に視聴できるメディア（YouTubeを始めとする動画）が登場したからではないかと予測される。子どもに動画を見せる育児現象は一部で話題にもなっていることでもある。

（谷田貝　円）

第4節 メディア

（3）子どもの1週間のメディア活用状況（タブレット端末）

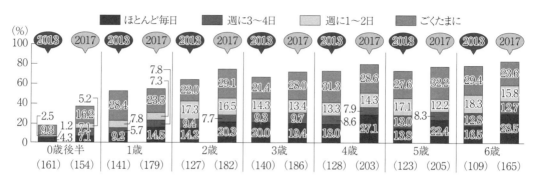

注1)（　）内はサンプル数。　注2) 2013年は無答不明を除く。　注3) そのメディアが家庭にある人のみ。

出典：ベネッセ教育総合研究所「第2回乳幼児の親子のメディア活用調査レポート」2018年

　（1）（2）と同様、タブレット端末の活用状況の比較である。0歳後半から6歳までの全てで、2013年に比べて、2017年は活用が「ほとんど毎日」を含めて増えていることがわかる。とくに0歳後半の増え方が目に留まる。画面が大きく、操作しやすいタブレット端末は、手の小さい未就学児童には使い勝手の良いメディアと思われる。タブレット端末を利用した家庭学習システムも増加しているようである。

（谷田貝　円）

第4節　メディア

（4）子どもの1週間のメディア活用状況（スマートフォン）

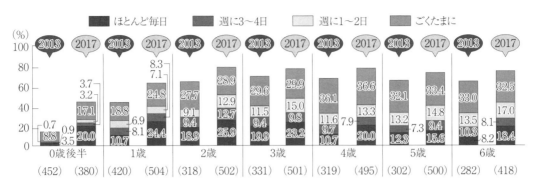

注1)（　）内はサンプル数。　注2)2013年は無答不明を除く。　注3)そのメディアが家庭にある人のみ。

出典：ベネッセ教育総合研究所「第2回乳幼児の親子のメディア活用調査レポート」2018年

　（1）（2）（3）と同様、スマートフォンの活用状況の比較である。タブレット端末同様、0歳後半から6歳までの全てで、2013年に比べて、2017年は活用が「ほとんど毎日」を含め増えている。特に0歳から2歳の増加幅が大きい。子ども専用ではなく親のスマートフォンを使っているとしても、すべての年齢段階で20%程の幼児がスマートフォンをほぼ毎日使用している、この浸透率の高さには驚きである。

（谷田貝　円）

第4節　メディア

(5) スマートフォンを使い始めた時期（子どもの年齢別、2013年、同2017年）

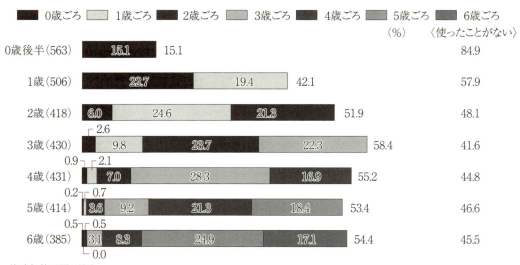

注1）無答不明は除く。
注2）（　）内はサンプル数。

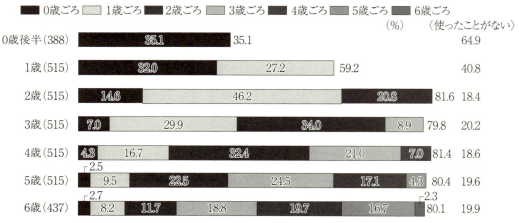

注）（　）内はサンプル数。

出典：ベネッセ教育総合研究所「第2回乳幼児の親子のメディア活用調査レポート」2018年

スマートフォンを使い始めた時期、子どもの年齢別の結果である。2013 年と 2017 年の結果を並べた。0 歳後半の使い始めが、この 4 年で倍以上の割合となっている。6 歳に至っては、使ったことがないという回答は、2013 年では 45.5％であったが 2017 年ではわずか 19.9％と、使い始めの低年齢化が著しい。身近な必需品となると、今後は乳幼児のスマートフォン利用方法が問題となっていくであろう。

（谷田貝 円）

第2章 文化

第4節　メディア

（6）メディアを使い始めた時期（子どもの年齢別、2017年）

(%)

現在の年齢		使い始めた年齢							
		0歳ごろ	1歳ごろ	2歳ごろ	3歳ごろ	4歳ごろ	5歳ごろ	6歳ごろ	使ったことがない
テレビ番組（録画を含む）	0歳後半（388）	77.1							22.9
	1歳（515）	72.4	23.1						4.5
	2歳（515）	60.6	36.5	2.1					0.8
	3歳（515）	53.0	37.7	8.5	0.8				0.0
	4歳（515）	51.7	35.1	9.3	1.7	1.2			1.0
	5歳（515）	46.4	36.1	12.8	3.1	0.2	0.0		1.4
	6歳（437）	39.6	40.0	13.3	4.3	1.1	0.0	0.0	1.6
ビデオ・DVD	0歳後半（388）	40.7							59.3
	1歳（515）	43.1	24.7						32.2
	2歳（515）	31.8	40.8	15.7					11.7
	3歳（515）	24.7	43.5	21.4	4.9				5.6
	4歳（515）	27.2	39.0	21.2	7.2	1.6			3.9
	5歳（515）	25.2	34.2	21.2	11.7	2.3	0.2		5.2
	6歳（437）	22.4	35.7	18.8	13.7	4.3	1.1	0.0	3.9
パソコン	0歳後半（388）	9.3							90.7
	1歳（515）	5.0	8.2						86.8
	2歳（515）	4.7	12.4	10.3					72.6
	3歳（515）	3.7	9.3	14.2	7.2				65.6
	4歳（515）	2.3	7.4	11.5	12.6	4.7			61.6
	5歳（515）	1.7	6.0	10.7	11.3	6.2	4.3		59.8
	6歳（437）	2.7	3.4	5.0	13.3	9.8	8.2	4.1	53.3
タブレット端末	0歳後半（388）	12.6							87.4
	1歳（515）	8.3	14.2						77.5
	2歳（515）	5.6	16.1	11.7					66.6
	3歳（515）	3.7	10.3	14.8	6.8				64.5
	4歳（515）	1.7	8.0	15.1	12.8	5.6			56.7
	5歳（515）	1.0	3.5	10.3	13.8	8.3	5.8		57.3
	6歳（437）	1.8	3.0	5.9	10.5	9.4	8.9	4.8	55.6
スマートフォン	0歳後半（388）	35.1							64.9
	1歳（515）	32.0	27.2						40.8
	2歳（515）	14.6	46.2	20.8					18.4
	3歳（515）	7.0	29.9	34.0	8.9				20.2
	4歳（515）	4.3	16.7	32.4	21.0	7.0			18.6
	5歳（515）	2.5	9.5	22.5	24.5	17.1	4.3		19.6
	6歳（437）	2.7	8.2	11.7	18.8	19.7	16.7	2.3	19.9
携帯電話	0歳後半（388）	3.6							96.4
	1歳（515）	3.5	3.1						93.4
	2歳（515）	2.7	6.4	2.9					88.0
	3歳（515）	2.1	3.9	5.0	2.3				86.6
	4歳（515）	1.2	3.3	6.6	4.3	2.1			82.5
	5歳（515）	1.6	3.9	5.6	5.2	2.9	0.6		80.2
	6歳（437）	1.8	2.7	4.1	5.7	5.3	3.0	2.3	75.1

据え置き型ゲーム機	0歳後半(388)	1.8							98.2
	1歳 (515)	0.6	0.8						98.6
	2歳 (515)	1.0	1.2	2.3					95.5
	3歳 (515)	0.4	1.2	3.1	3.5				91.8
	4歳 (515)	0.2	1.7	1.6	3.7	7.2			85.6
	5歳 (515)	0.8	0.4	2.7	5.0	8.5	6.6		75.9
	6歳 (437)	0.9	0.5	1.4	5.0	6.2	9.2	4.3	72.5
携帯型ゲーム機	0歳後半(388)	1.3							98.7
	1歳 (515)	0.8	1.4						97.9
	2歳 (515)	0.4	1.7	2.1					95.7
	3歳 (515)	0.6	1.2	3.9	3.3				91.1
	4歳 (515)	0.6	1.4	2.7	4.3	5.6			85.4
	5歳 (515)	0.2	0.2	3.9	4.3	5.2	4.1		82.1
	6歳 (437)	1.1	0.5	1.1	5.0	4.6	11.9	7.3	68.4
音楽CD	0歳後半(388)	27.1							72.9
	1歳 (515)	28.3	4.7						67.0
	2歳 (515)	25.2	7.6	3.3					63.9
	3歳 (515)	24.7	7.6	4.7	2.5				60.6
	4歳 (515)	23.7	5.6	5.8	4.5	2.3			58.1
	5歳 (515)	16.9	8.5	5.8	5.0	3.1	1.6		59.0
	6歳 (437)	16.2	7.6	5.0	5.7	5.5	2.3	1.4	56.3

注1）網かけは、15％以上のもの（「使ったことがない」を除く）。

注2）（ ）内はサンプル数。

出典：ベネッセ教育総合研究所「第2回乳幼児の親子のメディア活用調査レポート」2018年

　メディアの活用率を年齢別にみたものである。録画を含むテレビ番組は、0歳で7割以上、1歳ごろまでに約8割以上が見みはじめることがわかる。スマートフォンは、世間的にも急速に広まった時期と重なったようで、浸透率がどの年齢層も高い結果である。音楽CDはいずれの年齢層でも、0歳から活用している割合が最も高い。胎教として音楽を聴かせるブームもあり、ほぼ当たり前の行為となっているようだ。

（谷田貝 円）

第4節　メディア

（7）携帯電話、スマートフォン、タブレット端末、パソコンで子どもにさせること（2017年）

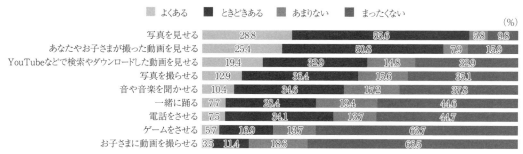

※その機器は「家庭にない」「使わない」場合も回答（全員回答）

出典：ベネッセ教育総合研究所「第2回乳幼児の親子のメディア活用調査レポート」2018年

　インターネット接続をして、子どもにメディアを使わせる方法について聞いたものである。よくある、ときどきある、の合計が多い順から「写真を見せる」84.4%、「動画を見せる（子どもや親が撮ったもの）」76.2%、「YouTube等のダウンロード動画を見せる」52.3%の順となった。以下「写真を撮らせる」、「音や音楽を聴かせる」、「一緒に踊る」、「電話をさせる」、「ゲームをさせる」、「動画を撮らせる」と続く。

（谷田貝　円）

第4節　メディア

（8）NHK・民放でよく見られている番組（年齢別、放送時間10分以上）

(%)

曜日	放送時刻	局	番組名	視聴率	曜日	放送時刻	局	番組名	視聴率
		2歳					3歳		
月水	前8:00	Eテレ	#おかあさんといっしょ	38	火	前8:00	Eテレ	#おかあさんといっしょ	32
水	前7:45	Eテレ	#みいつけた！	35	水	前7:45	Eテレ	#みいつけた！	28
火水	前8:25	Eテレ	#いないいないばあっ！	33	木	前7:35	Eテレ	#コレナンデ商会	23
木	前7:35	Eテレ	#コレナンデ商会	30	火	後5:45	Eテレ	#キッチン戦隊クックルン	22
月	前7:15	Eテレ	#アニメ　はなかっぱ	29	土	前8:25	Eテレ	ムジカ・ピッコリーノ	21
月	前7:00	Eテレ	#シャキーン！	28	日	後6:00	フジ	ちびまる子ちゃん	21
土	前8:25	Eテレ	ムジカ・ピッコリーノ	27	火	前8:25	Eテレ	#いないいないばあっ！	21
水	後5:10	Eテレ	#えいごであそぼ with Orton	24	火	後5:35	Eテレ	コレナンデ商会	20
水	後5:25	Eテレ	#アニメ　はなかっぱ	24	火	後6:00	Eテレ	#アニメ　わしも	20
水	後5:00	Eテレ	#にほんごであそぼ	23	土	前8:35	Eテレ	アニメ　おさるのジョージ	20

(%)

曜日	放送時刻	局	番組名	視聴率	曜日	放送時刻	局	番組名	視聴率
		4歳					5・6歳		
金	後7:00	朝日	ドラえもん	32	金	後7:00	朝日	ドラえもん	27
月	後6:10	Eテレ	#アニメ　忍たま乱太郎	30	火	前7:45	Eテレ	#みいつけた！	26
月	後6:00	Eテレ	#アニメ　わしも	29	金	後7:30	朝日	クレヨンしんちゃん	26
金	後7:30	朝日	クレヨンしんちゃん	28	火	前7:35	Eテレ	#コレナンデ商会	24
月	後6:20	Eテレ	#天才てれびくんYOU	26	火	前8:00	Eテレ	#おかあさんといっしょ	23
月	前7:45	Eテレ	#みいつけた！	26	日	前8:30	朝日	HUGっと！プリキュア	21
日	前8:30	朝日	HUGっと！プリキュア	26	火	後5:45	Eテレ	#キッチン戦隊クックルン	21
金	前8:00	Eテレ	#おかあさんといっしょ	24	日	後6:00	フジ	ちびまる子ちゃん	20
金	前7:35	Eテレ	#コレナンデ商会	23	月	後6:00	Eテレ	#アニメ　わしも	20
月	後5:45	Eテレ	#キッチン戦隊クックルン	22	月	後6:10	Eテレ	#アニメ　忍たま乱太郎	20
日	後6:30	フジ	サザエさん	22					

▨ Eテレ番組

出典：NHK放送文化研究『放送研究と調査』2018年10月号

　2歳から6歳の年齢別にみた、テレビ番組の視聴割合である。2歳では全てのランキング、3歳では1番組を除いて、Eテレ（NHK）の番組の視聴割合が圧倒的である。子ども向け番組が充実しているからであろう。4歳以上になると、民放のアニメ番組が上位に挙がる。4歳と5〜6歳では、『ドラえもん』が第1位。通園が始まる子どもがほとんどとなり、NHKの番組を見る機会も減少する一因と思われる。

（谷田貝 円）

第4節 メディア

（9）家庭内で自由に使える通信機器（小学生）

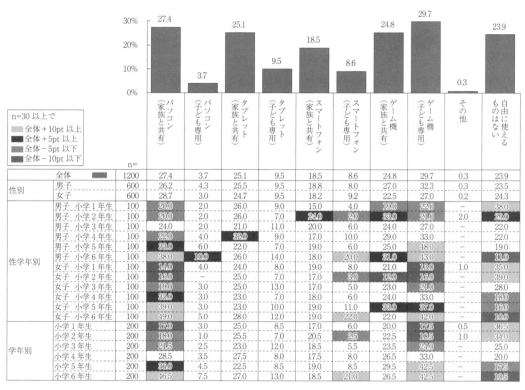

出典：学研教育総合研究所（Gakken）「小学生白書Web版（2018年9月調査）」

　家庭内で自由に使える通信機器を聞いた。複数回答可である。家族と共用で使う物としてパソコン27.4％、タブレット25.1％、ゲーム機24.8％の順となった。本人専用の機器となると、ゲーム機29.7％、タブレット9.5％、スマートフォン8.6％の順となる。また、「自由に使えるものはない」という回答も23.9％ある。小学生の8割が、なんらかの通信機器を自由に使っており、身近なツールとなっていることがわかる。

（谷田貝 円）

第4節　メディア

第2章 文化

（10）通信機器の利用目的・時間（小学生）

利用目的	n=	6時間以上	5時間～6時間未満	4時間～5時間未満	3時間～4時間未満	2時間～3時間未満	1時間30分～2時間未満	1時間～1時間30分未満	30分～1時間未満	30分未満	この目的は行わない	平均
家族との連絡手段	913								65.1		37.7	0時間11分
友だちとの連絡手段	913			22.7					69.7			0時間09分
勉強のための情報収集	913			25.5					62.9			0時間12分
趣味のための情報収集	913					27.1			55.3			0時間17分
動画の閲覧	913		13.9		21.6		27.1			26.6		0時間40分
動画の投稿	913		7.9				85.0					0時間07分
物語など活字の本を電子書籍で読む	913						81.8					0時間08分
雑誌を電子書籍で読む	913		11.2				86.4					0時間07分
学習サービス（学習アプリを含む）を利用する	913		7.6	13.4			74.9					0時間11分
漫画を電子書籍で読む	913		8.0				84.7					0時間07分
ゲームをする	913		12.9			23.8		28.9		24.6		0時間40分
その他	21	4.8					90.5					0時間21分

※n=30未満は参考値のため灰色。

出典：学研教育総合研究所（Gakken）「小学生白書Web版（2018年9月調査）」

　上記の表は通信機器を使っている小学生が対象で、どのくらいの時間を何に費やしているのかを聞いた結果である（「この目的は行わない」という層を除く）。ゲームをする75.4%、動画の閲覧73.4%の2つが大変多くなっている。1時間以上もの時間を費やしてゲームをするという割合が22.7%、動画の閲覧だと24.7%もいる。ゲームも動画もいったんはじめると、なかなかやめられないということが結果に表れている。

（谷田貝　円）

第4節 メディア

（11）閲覧する動画のジャンル（小学生）

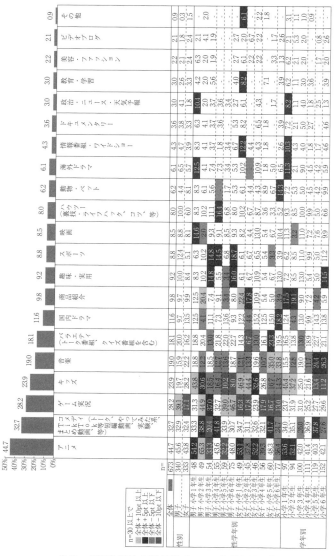

出典：学研教育総合研究所（Gakken）「小学生白書Web版（2018年9月調査）」

　（10）の調査による、1日平均40分の視聴をするという小学生に、動画配信サービスでよく視聴するジャンルを聞いた。全体では、アニメ44.7％、コメディ32.7％、ゲーム実況28.2％の順の人気である。ゲーム実況は男子全体に人気があり、音楽は5、6年の女子に人気が高い。コメディは、YouTuber（YouTubeクリエイター）の「やってみた」系等がそれに当たる。動画視聴は小学生にとって身近なコンテンツとなっている。

（谷田貝 円）

第4節 メディア

(12) 新しく買いたいもの

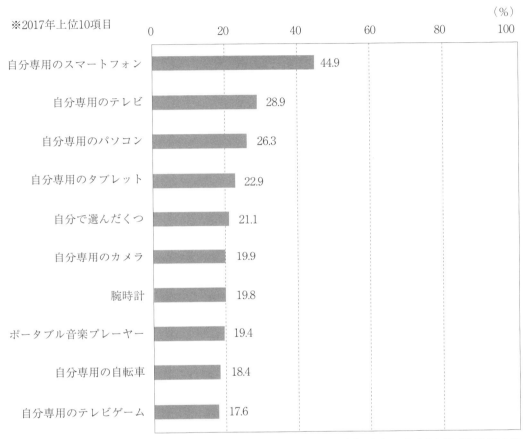

出典：博報堂生活総合研究所「こども20年変化」調査結果2017年

　小4から中2の子どもたちが対象の調査結果である。一番欲しいものは「自分専用のスマートフォン」が最も多く、44.9％である。次が「自分専用のテレビ」で28.9％、「自分専用のパソコン」26.3％、「自分専用のタブレット」22.9％と続く。「新しく買いたいもの」という質問ではあるが、上位ランキングの欲しいものは、すべてメディア機器という結果となった。上位10位以内には、腕時計や自転車もかろうじてランクインしている。

（谷田貝 円）

第4節　メディア

（13）SNSの印象

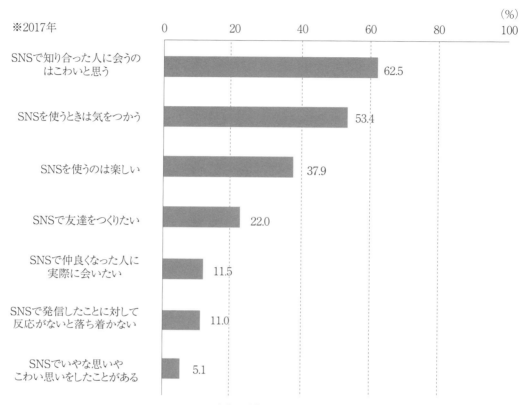

出典：博報堂生活総合研究所「こども20年変化」調査結果 2017年

　（12）と同様、小4から中2の子どもたちが対象の調査結果である。「SNSで知り合った人に会うのはこわいと思う」が62.5％、「SNSを使うときは気をつかう」53.4％と全体の半分以上が答えている。いわゆる「バイトテロ」（悪質なSNS動画投稿）が世間を賑わせていたが、子どもたちの間ではSNSとは慎重に付き合っている様子が伺われる。2017年のみの調査なので、今後どうなるか気になるところである。

　　　　　　　　　　　　　　　　　　　　　　　　　　　　（谷田貝　円）

第4節　メディア

（14）メディアの信頼性について

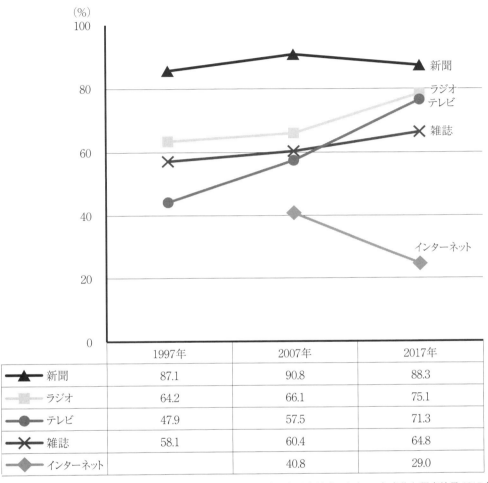

	1997年	2007年	2017年
新聞	87.1	90.8	88.3
ラジオ	64.2	66.1	75.1
テレビ	47.9	57.5	71.3
雑誌	58.1	60.4	64.8
インターネット		40.8	29.0

出典：博報堂生活総合研究所「こども20年変化」調査結果 2017年

　（12）（13）と同様、小4から中2の子どもたちが対象の調査結果である。メディアの信頼性について1997年、2007年、2017年の経年変化をグラフで表した。2017年では「テレビの話は本当のことが多い」が71.3％、「インターネットの話は本当のことが多い」は29.0％である。テレビの信頼性は過去最高に、インターネットは前回調査からだが、40.8％から大きく下がっている。信頼度が最も高いのは、2007年調査から微減となったが「新聞」である。

（谷田貝　円）

第4節 メディア

（15）家庭内で自由に使える通信機器（高校生）

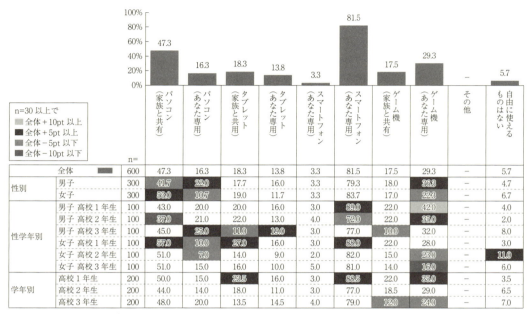

出典：学研教育総合研究所（Gakken）「高校生白書 Web 版（2018年9月調査）」

　家庭での通信機器の使用状況である。高校生ともなると、専用率がかなり高い。利用率が高い順に「スマートフォン」「パソコン（家族と共用）」「ゲーム機」となった。全体ではスマートフォンを家族と共有することは3.3％と最も低く、逆に家族と共有が高いのはパソコンで47.3％である。小さい頃からデジタル機器に囲まれ、インターネットが普及した環境の高校生でも、「自由に使えるものはない」の割合が5.7％いる。

（谷田貝　円）

第4節　メディア

（16）通信機器の利用目的と費やす時間（高校生）

利用目的	n=	6時間以上	5時間～6時間未満	4時間～5時間未満	3時間～4時間未満	2時間～3時間未満	1時間30分～2時間未満	1時間～1時間30分未満	30分～1時間未満	30分未満	この目的は行わない	平均
家族との連絡手段	566								10.2	71.7	8.1	0時間28分
友だちとの連絡手段	566				1.6	3.2	6.5	11.7	45.6	18.7	7.8	0時間55分
勉強のための情報収集	566					2.5	5.3	8.1	43.5	18.2	19.3	0時間40分
趣味のための情報収集	566		2.8	2.5		5.3	9.5	16.6	20.0	27.4	7.1	1時間21分
動画の閲覧	566		2.8	5.5		13.3	12.2	19.8	17.3	18.7	6.2	1時間33分
動画の投稿	566					4.1	3.7			25.8	59.2	0時間21分
物語など活字の本を電子書籍で読む	566					5.1	5.3			28.4	53.4	0時間25分
雑誌を電子書籍で読む	566					4.2	4.8			25.8	59.0	0時間21分
学習サービス（学習アプリ）を利用する	566					4.6	11.0			30.6	47.2	0時間26分
漫画を電子書籍で読む	566		4.8	4.6	7.4	11.7			30.6		40.5	0時間32分
ゲームをする	566	3.7	4.1	9.2	8.5	15.2	16.1		22.4		15.9	1時間22分
その他	17	17.6	5.9	11.8	5.9	11.8		5.9	35.2		35.2	2時間09分

（%）

※n=30未満は参考値のため灰色。

出典：学研教育総合研究所（Gakken）「高校生白書 Web 版（2018 年 9 月調査）」

　高校生の通信機器の利用目的は（「この目的は行わない」の割合が低いもの）、高い順に「動画の閲覧」（93.8％）「趣味のための情報収集」（92.9％）「友達との連絡手段」（92.2％）の順となった。利用目的のどの場合も、SNS 利用も含まれているものと考えられる。平均では動画の閲覧時間が 1 時間 33 分と一番多い。逆に「この目的は行わない」割合の高いのは、動画の投稿（59.2％）、雑誌を電子書籍で読む（59.0％）である。

（谷田貝 円）

第4節　メディア

（17）テレビを見る時間／日

(%)

	n=	2時間以上	1時間30分～2時間未満	1時間～1時間30分未満	30分～1時間未満	30分未満	テレビは観ない	平均
全体	600	13.7	13.0	24.7	24.3	15.2	9.2	1時間04分
性別　男子	300	13.7	11.7	25.7	22.7	17.7	8.7	1時間03分
性別　女子	300	13.7	14.3	23.7	26.0	12.7	9.7	1時間04分
性学年別　男子 高校1年生	100	14.0	13.0	26.0	25.0	19.0	3.0	1時間07分
性学年別　男子 高校2年生	100	11.0	10.0	32.0	21.0	15.0	11.0	1時間01分
性学年別　男子 高校3年生	100	16.0	12.0	19.0	22.0	19.0	12.0	1時間01分
性学年別　女子 高校1年生	100	13.0	13.0	23.0	28.0	14.0	9.0	1時間03分
性学年別　女子 高校2年生	100	15.0	11.0	29.0	27.0	9.0	9.0	1時間06分
性学年別　女子 高校3年生	100	13.0	19.0	19.0	23.0	15.0	11.0	1時間04分
学年別　高校1年生	200	13.5	13.0	24.5	26.5	16.5	6.0	1時間05分
学年別　高校2年生	200	13.0	10.5	30.5	24.0	12.0	10.0	1時間04分
学年別　高校3年生	200	14.5	15.5	19.0	22.5	17.0	11.5	1時間03分

出典：学研教育総合研究所（Gakken）「高校生白書 Web 版（2018 年 9 月調査）」

　（10）や（16）の結果の通り、メディア通信機器の利用目的では動画視聴人気が高い。これは平日のテレビ視聴についての結果である。高校生のテレビ視聴時間の平均は 1 時間 4 分で、学年や性別で大きな差はなかった。別の調査で「22 時以降の過ごし方」の質問では、テレビは第 5 位（1 位ラインやメール 2 位インターネット、3 位ゲーム、4 位勉強）である。高校生のテレビ離れは進んでいるといえよう。

（谷田貝 円）

第5節　玩具

（1）子どもの遊びの発達と玩具

発達方向と遊びの種類	年齢段階／遊びの段階	0～0:6 玩具との出会い	0:6～1:2 玩具に遊ばされている	1:2～2:6 玩具に誘われて遊ぶ	2:6～4:6 玩具といっしょに遊ぶ	4:6～6:0 玩具をいかして遊ぶ
①感覚誘発への道→感覚遊び		にぎにぎ・おしゃぶり・ガラガラ・オルゴール・つりメリーゴーランド	——	——	——	
②鑑賞・表現への道→音楽リズム遊び	——	親しみやすい名曲・レコード	リズムへの関心をさそう快い音・卓上ピアノ・たいこ・ラッパ・笛	親しめる歌・リズムと旋律楽器鉄琴・木琴・トライアングル・シンバル・ハンドカスタ・ドラム	本格的な旋律楽器・バイオリン・ピアノ・オルガン・ハーモニカ・シロホン・タテ笛
③認識・鑑賞への道→絵本遊び	——	さぐる動きから遊べる絵本へ・遊べる絵本	身近なものの正確な描写から物の特徴をつかんだ実感的な絵本へ・写真集・のりもの・動物	知識がふくらみ空想の世界が開けるスジの楽しめる絵本・外国のこと・想像絵物語・内外の童話・マンガ・動物の生活・童話絵本・かんたんな物語	文字・数への接近を助ける本や機械・8ミリ映画・テープレコーダー・スライド・名画集・各種物語・いろは絵本百科・紙芝居
④伝達への道→ことば・数遊び	——	気持ちのあらわれをさそう玩具・だき人形・シーソー・動物・コミック・ぬいぐるみ	話すことがさそわれる玩具・声を出す人形	話すことが活発になる玩具・電話機・話す人形・トランプあそび	遊びながら文字・数が覚えられる玩具・カルタ・文字あそびスタンプセット・文字あそびセット・いろはあそび・ABCブロック・いろはマグネット・文字カード・けいさんおもちゃ・こども時計・カレンダー
⑤創造・観察への道→造形遊び	——	ぬたくる活動の素材・水・砂・ドロ	かく喜びをおぼえる素材・ろう石・色白ぽく・マジックペン・画用紙・鉛筆・クレヨンボード・クレヨン・色紙	自主的につくる意欲をのばす素材・フィンガーペイント・粘土・はり絵・カラートーン・はさみ・のり・じょうろ・ばけつ・シャベル	はば広くつくる活動がひろがる素材・大工道具・ビーズ・造形モール・紙テープ・カラーカード・折紙・木炭・水彩エノグ・色鉛筆・ビニールテープ・むしかご

第2章　文化

発達方向と遊びの種類	遊びの段階	0～0:6	0:6～1:2	1:2～2:6	2:6～4:6	4:6～6:0
		玩具との出会い	玩具に遊ばされている	玩具にさそわれて遊ぶ	玩具といっしょに遊ぶ	玩具をいかして遊ぶ
⑥構想への道→構成・想像遊び		──	軽くて安全な積木・プラスチック積木	積みやすく動作をさそう積木・トンカチ・Cブロック・タル型遊び	考えて使え変化をもたらす積木・組み積木・ヒルダー積木・汽車積木・トンカチ積木・トロッコ積木・透明積木・キューブ・ブロック	集団できめの細かい総合構成をたのしめる積木・中・大型積木・組木・ブロック
⑦問題解決への道→探求遊び		──	ゆっくり動かして変化を楽しめる玩具・プラスチック・手動自動車	簡単な動作です ぐ動かせる玩具・ミニカー・動物ひき車・のりものひき車・木製トラック・連結汽車	操作を加え構造への興味が育つ玩具・おもちゃ箱兼用ののりもの・フリクションのりもの・キャリヤカー・電池動物のりもの・プラレール汽車・リモコン自動車・ゼンマイ動物ロボット	変化がつくれて課題を解くのに役立つ玩具・磁石セット・地球ごま・あぶり出し・望遠鏡・双眼鏡・プリズム・虫めがね・幻灯・カメラ
⑧適応への道→適応遊び		──	固有な性質を保って変化する玩具・プラスチック・手動自動車	すじみちの理解がつく玩具・ミニカー・動物ひき車・のりものひき車・木製トラック・連結汽車	すじみちを立てた考えが育つ玩具・かたあわせ・ピクチュアパズル・パズル積木	すじみちを選択して考えることが育つ玩具コレクション・ミニチュアカー・動物・指輪パズル・キーホルダーパズル・プラパズル・ラッキーパズル・ちえのわ・レーシングカー・手品
⑨役割行為への道→役割遊び		──	だれかに似て親しめる人形・ビニール動物（小）・つるし人形・ぬいぐるみ・五月人形・三月人形・シール動物	ふれ合って楽しめる人形・抱き人形（小）・ビニール人形（大）・人形動物・キューピー・ぬいぐるみ（中）・布製抱き人形（中）	友だちになって遊友べる人形・仲よし人形・おしゃべり人形・抱き人形（大）・うば車（小）	役をつけて遊べる人形から鑑賞人形へ・指人形・手おどり首ふり人形・シール動物（大）・カール人形・着せかえ人形・うば車（大）・ファッションドール・鑑賞用西洋人形・日本人形・マスコット人形

発達方向と遊びの種類	年齢段階	0～0:6	0:6～1:2	1:2～2:6	2:6～4:6	4:6～6:0
	遊びの段階	玩具との出会い	玩具に遊ばされている	玩具にさそわれて遊ぶ	玩具といっしょに遊ぶ	玩具をいかして遊ぶ
役割行為への道→役割遊び		──	伝統的文化の継承人形・五月人形・三月人形	社会的な行動をさそう玩具・抱き人形（小）・ソフトビニール人形・キューピー・ぬいぐるみ（中）・布製抱き人形（中）	社会的な関係を体験できる玩具・ひとり電話・おしゃべり電話・ままごとセット・ケーキ屋セット・八百屋セット・パン屋セット・有線電話	社会的活動を有機的に理解できる玩具・家具セット・キッチンセット・電気器具・さいふ・金庫・ミシン・ドクターセット・車掌ごっこ・うで時計・ペンダント・首かざり・化粧ケース・はかり
⑩協同への道→協同・競争遊び		──	ともだちといっしょになれる場所・遊びのコーナー・すな場・ボール	いっしょに遊んで楽しい玩具・プール・すべり台	遊びの中で順序がおぼえられる玩具・すごろく・テーブル輪投げ・玉入れ・パチンコ・コリントゲーム	ルールによって集団遊びを楽しむ玩具・トランプ・絵合わせ・ドミノ・しょうぎ・碁・ダイアモンドゲーム・野球盤
⑪健康への道→運動遊び		──	手足の動きをうながす遊具・ピンポン玉・起上がりこぼし・ビニールボール（中）	手足の動きを活発にしバランス感覚の基礎をつくる遊具・はずまぬボール・カタカタ・テニスボール・ビニール動物（大）・木馬・箱式ブランコ・いす式ブランコ	大きな全身運動を活発にしバランス感覚を育てる遊具・ずべり台・三輪車・1人用ブランコ・シーソー・ビニールボール（大）・ジャングルジム	細かな動作の組合せをさそいルールのある集団遊びを活発にする遊具・ローラースケート・自転車・タコ・ドッジボール・輪投げ・ボーリング・バトミントン・ベビーゴルフ・野球セット

出典：松村康平『子どものおもちゃと遊びの指導』フレーベル館、1970年を基に旧版『子ども事典』編集委員会が作成

　子どもの遊びの発達方向を「感覚誘発への道→感覚遊び」から「健康への道→運動遊び」までの11段階に分類し、縦軸に示す。横軸では0歳から6歳までを5段階に分け、各段階の遊びを玩具との関わり方から例示する。その結果、子どもの遊び発達と各段階にふさわしい遊びが促される玩具を知ることができる。1970年刊行の書籍ゆえ、玩具は現代には即していないものも若干見受けられるが骨子は参考になる。

（村越）

第5節　玩具

（2）子どもの発達に合わせたおもちゃのめやす

年齢	発育特徴	おもちゃの条件	準備するとよいおもちゃ
0〜3ヶ月	・目で動いているものを追う	・明快な色・明るく響く音	・モビール・メリーオルゴール・おしゃぶり・ぬいぐるみ
3〜6ヶ月	・手に持たせるとつかむ、握る、口に持っていく・無色と有色で反応が違ってくる・いろいろな音に反応する	・握れるもの（握りの長さは45ミリ以上）・振れるもの・明快な色・明るく響く音	・ガラガラ・起き上がり小法師・引っ張ったりつかむもの
6〜12ヶ月	・モノをつかむ、たたく、さわる、いじる、ひっくり返す・這いはじめ、立つようになる・両手ではさみこむようにして持つ	・指をあてたり、たたいたり、あるいは、つかまって押すなどのいろいろな動作ができるもの・全身を動かすもの	・大きなボール・風呂遊び用・歯がため・ラッパ・一片3センチ位の積木2〜3個・押したり引いて歩くもの（おもちゃ収納箱）
12〜18ヶ月	・巧みにモノが握れる・歩くようになる・ボールを転がしたり投げたりできる・いわゆる「お気に入り」ができてくる	・片手でつかんで押したり、投げられるもの・手首を動かすもの・引いて歩くもの・出したり入れたり並べたりできるもの	・小さなボール・抱き人形・片手でつかめる自動車類・木馬や乗用玩具・太鼓・鉄琴・木琴・オルゴール入り人形（親用に片手使い人形や指人形）
18〜24ヶ月	・身の回りのことがらに強い関心を示し、とくに母親のまねをする・個々の形態を見分けるようになる・動き回ろうとする衝撃が強い・発話が長くなる	・日常生活のまねができるもの・大きさや形の違いを見分けられるもの・重ねられるもの、はめこみのできるもの	・ままごと・砂遊び用・人形と人形布団・立体パズル・重ね箱・足こぎ自転車・太いクレヨン（直径14ミリ位）と大きな紙（B3以上）
2歳	手の運動発達と知能の発達が密接に関連してくる・お手伝いをしたがる・着替えに関心をもちはじめる・外でよく遊ぶ	・目と手の連携を深めるもの・家事ごっこのできるもの・高く積み上げて遊べるもの・はめこんで遊べるもの・屋外で使えるもの	・ブロック類・キャラクター人形・ままごと・水鉄砲・トンカチ遊び・室内用すべり台やジャングルジム・絵かき遊び・先の丸いハサミ・キャリアカー・型はめや型あわせ
3歳	足どりが「しっかりしてくる・手首の回転がなめらかになってくる・声のコントロールが少しずるできるようになる・一人で長時間遊べる	・体を大きく動かすもの・並べたり、積み重ねたり、組み合わせたりして形が作れるもの・想像を働かせて遊べるもの	・三輪車や幼児用自転車・ジグソーパズルや型合わせ・レールつき列車・簡単な着せ替え人形・人形の家や家具・電話・腕時計・双眼鏡
4歳	・運動器官は声を含めて細かいコントロールができるようになる・文字や数字に興味を持つ・友だちとよくしゃべる・自分が負けるとくやしがる・語彙が増える・いろいろなおもちゃを組み合わせて遊びをつくりだす	・やや細かい手作業を必要とするもの・文字や数字を読んだり聞いたりするもの・友だち2〜3人で遊べるもの・簡単な勝負のできるもの	・粘土・折り紙・ねじくぎ遊び・文字列や数字遊び・かるた・トランプ・子ども用テープや椅子・「多い少ない」「速い遅い」を競うゲーム・シャボン玉・風船・人形用乳母車・大型のキッチンやドレッサー、洗濯機、レンジなどの実物に近いもの
5〜6歳	・手先の運動の確実さやなめらかさが増す・じゃんけんの勝負が分かる・知的な遊びに興味を示す	・組み立てたり、組み合わせたり・数人のグループで遊べるもの・知的な興味を満足させるもの	・簡単な模型・ファミリーゲーム・コマやけん玉などの伝統的玩具・スポーツ玩具・なわとび
小学校1、2年	友だちとの仲間意識が強くなる・外によく出かける	・友だちと遊べるもの・野外で遊べるもの	・カードゲーム・ボードゲーム・野球セット・サッカー・虫取り網と虫かご・流行のもの
小学3年〜	具体的な事物の範囲内で理論的にものごとをとらえようとする	・実物に近いもの、あるいは実物	・ラジコン・テレビゲーム・囲碁・将棋・工芸や手芸用品・スポーツ用品

出典：おもちゃとあそび研究会編「おもちゃとあそび－その理論と実際」1996年

　おもちゃは、感性や想像・創造力、体力、知力、我慢する力、コミュニケーション能力など、子どもの心と体の成長に必要な栄養分をとることができる、まさに宝物である。「触る、つかむ、押す、叩く」から「並べる、重ねる、組み合わせる」と遊び方も変化していく。発育に合わせたおもちゃを与えることで、また時には一緒に遊びながら、子どもの成長を効果的にサポートすることができる。おもちゃは発達段階を映す鏡である。

（村越）

第5節　玩具

（3）玩具市場規模とゲームソフト売上高

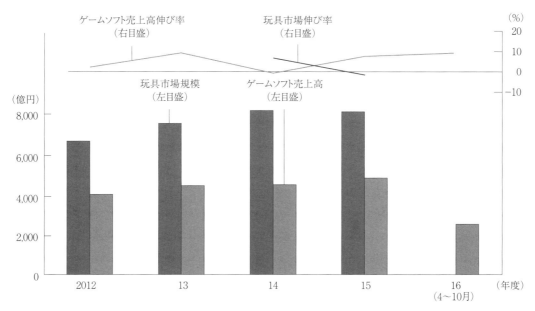

出典：日本玩具協会「玩具市場規模調査」、経済産業省「特定サービス産業動態統計調査」
注1：玩具市場規模の2012年度は実売価格ベース、2013年度以降はメーカー希望小売価格ベース。
　　　2013年までの伸び率は未算出
注2：2016年4〜10月数値はゲームソフト売上高のみ掲載。伸び率は前年同期比

出典：帝国データバンク 2017年2月

　玩具・ゲームソフト業界とも、ヒット商品の有無に業況が大きく左右される。国内の一般玩具市場は、少子化や市場の成熟から横ばいで推移、各メーカーは海外向け事業の強化や、海外製造によるコスト圧縮等を進めている。ゲームはスマートフォン向けが好調だが、玩具市場全体としては、国内市場の成長は鈍化している。中国や新興国等が、海外市場に向けて販売を強化していることが影響していると思われる。
（村越）

第5節　玩具

（4）玩具の国内市場規模

(単位：百万円)

分類	主な商品	2016年度	2017年度	2016vs2017
01 ゲーム	一般ゲーム（含ミニ電子ゲーム）、立体パズル、その他（含パーティ、ジョーク、手品）	16,497	18,051	109.4%
02 カードゲーム、トレーディングカード		104,569	87,615	83.8%
03 ジグソーパズル		10,276	9,841	95.8%
04 ハイテク系トレンドトイ	インタラクティブトイ、ロボット、カメラ、アプリ系	4,768	7,247	152.0%
05 男児キャラクター		72,665	74,406	102.4%
06 男児玩具	ミニカー、レールトイ、トイR/C、電動、その他（レーシング、ゼンマイ、金属玩具ほか）	49,366	50,775	102.9%
07 女児玩具	着せ替え（人形、ハウス）、ままごと、女児ホビー、女児キャラクター、女児コレクション、抱き人形、その他（含アクセサリー、女児化粧品）	58,690	62,011	105.7%
08 ぬいぐるみ	キャラクターぬいぐるみ、ノンキャラクターぬいぐるみ	23,411	24,653	105.3%
09 知育・教育	ブロック、木製、プリスクール、幼児キャラクター、ベビー（ベビートイ、バストイ、ベビー用品）、乗用（含ベビーカー、チャイルドシート、三輪車）、その他（含楽器、電話、絵本、遊具、キッズビデオ、電動動物）	169,355	169,392	100.0%
10 季節商品	玩具花火、サマートイ、サマーグッズ、小物玩具、スポーツトイ、スポーツ用品、アウトドア	53,695	51,942	96.7%
11 雑貨	バラエティ、ギフト、インテリア、ハウスウェア、ステーショナリー、アパレル、その他	94,428	99,049	104.9%
12 ホビー	プラモデル、ホビーR/C、鉄道模型、フィギュア、その他	132,395	132,098	99.8%
13 その他		12,357	12,956	104.8%
合計		802,472	800,036	99.7%

①各年度はそれぞれ4月1日～3月31日までを当該期間としています。
②玩具市場の範囲は以下の通りです
　・原則として（一社）日本玩具協会の会員企業（傘下団体の会員企業）ならびに東京おもちゃショーに出展している企業のオリジナル商品、自社ブランド商品が創出する市場で流通は問いません。
　・ただし「知育・教育」の中のベビー、乗用は独自の市場を築いている面もあり、ドラッグストア流通などは除外してあります。
　・ホビーは模型流通も含まれます。
③金額は上代価格（メーカー希望小売価格ベース）です。

出典：一般社団法人日本玩具協会「玩具市場規模データ」2017年度

　玩具の国内市場規模を、日本玩具協会の会員企業及び東京おもちゃショーに出典している企業の出荷額をベースに様々な角度から調査、推計したものである。その結果、知育・教育玩具が最大の市場規模であり、市場全体の2割強を占めていることがわかる。次にホビー、雑貨と続き、この上位3分野で全市場の5割以上を占める。カードゲーム、男児キャラクター、男児玩具、女児玩具をはるかにしのいでいる。

（村越）

第5節　玩具

（5）おもちゃの歴史（明治から昭和）

年代	主な出来事
明治5（1872）	ブリキ製金属玩具などの欧米玩具の輸入始まる
明治18（1885）	トランプ発売
明治37（1904）	戦争玩具、戦争（行軍）将棋、勲章玩具など人気
昭和元（1926）	めんこ、ベーゴマ流行
昭和6（1931）	紙芝居「黄金バット」に人気
昭和8（1933）	「のらくろ」玩具面爆発的売れ行き
昭和18（1943）	「愛国百人一首」「愛国いろはかるた」など登場
昭和25（1950）	国産プラスチック製玩具製作開始
昭和27（1952）	食用玩具「風船ガム」流行
昭和29（1954）	ミルク飲み人形流行
昭和31（1956）	ホッピング大流行
昭和33（1958）	フラフープ大流行
昭和35（1960）	ビニール人形「ダッコちゃん」大流行
昭和39（1964）	マスコミ玩具「鉄腕アトム」「鉄人28号」など登場
昭和41（1966）	オバケのQ太郎登場、大流行する
昭和42（1967）	着せ替え人形「リカちゃん」登場
昭和45（1970）	タイガーマスク玩具流行
昭和47（1972）	「仮面ライダー」玩具流行
昭和48（1973）	オセロゲームがヒット
昭和49（1974）	ジグソーパズル流行。「モンチッチ」登場
昭和52（1977）	スーパーカー大流行
昭和54（1979）	ウルトラマン人形全国的に大ヒットインベーダーゲーム大流行
昭和55（1980）	ルービックキューブ大流行「ゲーム・ウォッチ」発売
昭和56（1981）	「機動戦士ガンダム」のプラモデル大ブーム「チョロQ」登場。「アラレちゃん」人気
昭和58（1983）	「ファミリー・コンピュータ」発売。大ヒット「キン肉マン」人気
昭和60（1985）	「シルバニアファミリー」登場
昭和61（1986）	ファミコンソフト「ドラゴンクエスト」発売
昭和63（1988）	「ファイナルファンタジー」「ドラゴンクエスト3」などテレビゲームソフトが大ヒット

出典：おもちゃ情報net.「おもちゃの歴史年表」を基に本書編集委員会が作成

https://www.toynes.jp/rekishi/　2019年4月12日確認

　明治から昭和のおもちゃの歴史をまとめたものである。鎖国からの解放により、外国からのおもちゃの刺激を受けながら、国産のおもちゃの開発経過がよくうかがえる。戦争時には、戦意を鼓舞する玩具が登場している。戦後は技術の向上、原材料の変化に伴い、さまざまな種類のおもちゃの開発がされている。子どもの興味関心の捉え方、経済力の向上等もあい交わって、次々とヒット商品を提供している。

（村越）

第5節　玩具

（6）おもちゃの歴史（平成）

年代	主な出来事
平成元（1989）	ゲームボーイ発売
平成2（1990）	キャラクターぬいぐるみがクレーンゲームでヒット
平成4（1992）	トイザらスオープン、「セーラームーン」登場で女児玩具が好調
平成5（1993）	キッズコンピュータ「ピコ」登場。
平成6（1994）	32ビットテレビゲーム登場。「セガサターン」「プレイステーション」ほか
平成7（1995）	ミニ四駆大ヒット。関連玩具流行
平成8（1996）	「たまごっち」登場。キーチェーンゲームのブーム到来
平成9（1997）	「ポケットモンスター」大ヒットで関連グッズ続々登場
平成10（1998）	「遊戯王」関連グッズヒット。「ゲームボーイカラー」発売。携帯ゲーム機好調
平成11（1999）	「だんご3兄弟」大フィーバー、社会現象に
平成12（2000）	新型ゲーム機「PS2」発売
平成13（2001）	「ベイブレード」テレビアニメ放映で大ブレイク
平成14（2002）	新型テレビゲーム機「Xbox」発売
平成15（2003）	「トリビアの泉」の「1/1へぇボタン」発売。ブームに
平成16（2004）	「甲虫王者ムシキング」「ふたりはプリキュア」大ブレイク
平成17（2005）	「オシャレ魔女ラブ and ベリー」ゲームとグッズで大ブームに
平成18（2006）	タカラとトミーが合併し「タカラトミー」設立
平成19（2007）	「∞プチプチ」発売。「リカちゃん」40周年
平成20（2008）	「のりまきマッキー」「とろりんチョコポット」などクッキングトイの人気高まる
平成21（2009）	「デュエル・マスターズ」「遊戯王」「バトルスピリッツ」などカードゲーム人気続く
平成22（2010）	記録的猛暑で浮き輪やビーチボール、ウォーターガンなどの水もの商品人気
平成23（2011）	東日本大震災の影響で節電・イエナカ需要高まり、アナログゲーム好調に
平成24（2012）	「プリティーリズム」の大ヒット、JS（女子小学生）の動向が注目される
平成25（2013）	ご当地キャラ・ゆるキャラが注目を浴びる
平成26（2014）	「妖怪ウォッチ」「アナ雪」が社会現象に。
平成27（2015）	「トミカ」「リカちゃん」「シルバニアファミリー」「メルちゃん」など定番商品が好調
平成28（2016）	ゲームアプリ「ポケモン GO」世界中で大ヒット
平成29（2017）	「ニンテンドースイッチ」入荷しても即完売

出典：おもちゃ情報 net.「おもちゃの歴史年表」を基に本書編集委員会が作成

https://www.toynes.jp/rekishi/　2019年4月12日確認

　（5）から続く平成の歴史である。平成時代は、バブル絶頂期から始まり、共働き世帯の増加、さらにインターネットやSNSの普及等生活に大きな変化があり、時代の移り変わりや流行を反映した商品が多数登場した。それとともに昭和時代から人気のある玩具が、新素材を採用したり、スマートフォンと連動させたり、AIを導入したり、音声認識やセンサー等の新しい技術を取り入れ、より高度化した現象がみられる。

（村越）

第5節　玩具

（7）好きなキャラクターランキング

（各 n = 800）

2018 年　男女総合 TOP10		
1 位	それいけ！アンパンマン	11.5%
2 位	ドラえもん	8.0%
3 位	プリキュアシリーズ	5.6%
4 位	仮面ライダーシリーズ	4.4%
5 位	すみっコぐらし	4.3%
6 位	ディズニープリンセス	各 3.8%
	ミニオン	
8 位	いないいないばあっ！	3.5%
9 位	クレヨンしんちゃん	3.4%
10 位	名探偵コナン	3.3%

2017 年　男女総合 TOP10		
1 位	それいけ！アンパンマン	11.5%
2 位	ドラえもん	7.1%
3 位	妖怪ウォッチ	5.6%
4 位	ポケットモンスター	5.3%
5 位	プリキュアシリーズ	4.5%
6 位	名探偵コナン	4.1%
7 位	アナと雪の女王	3.4%
8 位	いないいないばあっ！	3.3%
9 位	しまじろう	3.1%
10 位	きかんしゃトーマスとなかまたち	各 3.0%
	スーパー戦隊シリーズ	

出典：バンダイ「バンダイこどもアンケートレポート」2018 年

　0 ～ 12 歳の子どもを持つ親を対象とした 2017 年と 2018 年の比較である。「それいけ！アンパンマン」が 2 年連続 1 位で「ドラえもん」も同様に昨年に続き 2 位と定番キャラクターは根強い人気がある。さらに昨年から順位を上げた「プリキュアシリーズ」は (6) おもちゃの歴史で 2004 年に登場したキャラクターである。「仮面ライダーシリーズ」や「すみっコぐらし」は、昨年圏外からのランクインとなった。

（村越）

第5節　玩具

（8）好きなキャラクターランキング（男女別・年齢別）

（男女・年齢別　各 n＝100）

男子0～2歳 TOP3		
1位	それいけ！アンパンマン	31.0%
2位	きかんしゃトーマスとなかまたち	14.0%
3位	いないいないばあっ！	13.0%

女子0～2歳 TOP3		
1位	それいけ！アンパンマン	32.0%
2位	いないいないばあっ！	14.0%
3位	ドラえもん	各6.0%
	しまじろう	

男子3～5歳 TOP3		
1位	仮面ライダーシリーズ	16.0%
2位	それいけ！アンパンマン	13.0%
3位	新幹線変形ロボシンカリオン	11.0%

女子3～5歳 TOP3		
1位	プリキュアシリーズ	28.0%
2位	アナと雪の女王	各13.0%
	ディズニープリンセス	

男子6～8歳 TOP3		
1位	ドラえもん	16.0%
2位	仮面ライダーシリーズ	12.0%
3位	スーパーマリオブラザーズ	9.0%

女子6～8歳 TOP3		
1位	プリキュアシリーズ	14.0%
2位	すみっコぐらし	13.0%
3位	ドラえもん	各8.0%
	ディズニープリンセス	

男子9～12歳 TOP3		
1位	ドラえもん	13.0%
2位	名探偵コナン	12.0%
3位	ONE PIECE	9.0%

女子9～12歳 TOP3		
1位	すみっコぐらし	17.0%
2位	ミニオン	9.0%
3位	ディズニープリンセス	各7.0%
	名探偵コナン	

出典：バンダイ「バンダイこどもアンケートレポート」2018年

　0～2歳では男女ともに「それいけ！アンパンマン」が1位で未就園児に人気が高い。3～5歳になると、男女の違いが見られ「仮面ライダーシリーズ」「プリキュアシリーズ」がそれぞれ1位になった。ともに、息の長い定番キャラクターである。男子6～8歳の「スーパーマリオブラザーズ」、男女9～12歳の「名探偵コナン」等、新たにランクインする定番キャラクターが見受けられるのも特徴である。

（村越）

第5節　玩具

（9）最も好きなキャラクターのために使った年間の平均金額（年齢別）および2013年からの推移

年齢	全体（n=527）	0～2歳（n=120）	3～5歳（n=147）	6～8歳（n=139）	9～12歳（n=121）
平均金額	8,310 円	8,803 円	9,502 円	7,924 円	6,818 円

	2018 年	2017 年	2016 年	2015 年	2014 年	2013 年
年間金額平均	9,593 円（8,310 円）	10,304 円（8,604 円）	10,520 円	11,135 円	10,852 円	12,753 円

※調査対象：2016 年まで長子のみとしていたが、2017 年より長子に限定せずに回収。

※ 2013 年からの推移は、長子のみの平均額。2017 年以降の（　　）は調査サンプル全体の平均額。

出典：バンダイ「バンダイこどもアンケートレポート」2018 年

　過去 1 年間に子どもの最も好きなキャラクターのために親が使った年間の平均金額を調査した結果である（過去 1 年間に購入・体験したものがある人のみ）。平均金額は8,310 円で、過去数年間と比較すると、かなり金額が低くなっていることがわかる。年齢別でみると、3 ～ 5 歳が 9,502 円と最も高い。これはちょうど幼稚園児の年齢に当たるが、キャラクターを好む年代のボリュームゾーンと思われる。

(村越)

第5節　玩具

（10）親から子へのクリスマスプレゼント

2018 年親が子どもに買ってあげたい クリスマスプレゼント総合 TOP5	
1 位	ぬいぐるみ・人形・フィギュア	14.3%
2 位	車玩具	8.5%
3 位	ゲームソフト	8.4%
4 位	絵本・本・図鑑	6.0%
5 位	知育玩具	5.3%

・親から子へのクリスマスプレゼント総合 TOP5（2012 年〜 2017 年　過去 6 年分）（単一回答）

2017 年		
1 位	知育玩具	各 10.8%
2 位	ゲームソフト	
3 位	ぬいぐるみ・人形・フィギュア	10.5%
4 位	絵本・本・図鑑	8.9%
5 位	車玩具	7.4%

2016 年		
1 位	ゲームソフト	12.5%
2 位	ぬいぐるみ・人形・フィギュア・ロボット	10.8%
3 位	絵本・本・図鑑	8.2%
4 位	車玩具	7.3%
5 位	知育玩具	7.0%

2015 年		
1 位	知育玩具	13.5%
2 位	ゲームソフト	13.1%
3 位	ぬいぐるみ・人形・フィギュア・ロボット	10.4%
4 位	車玩具	7.8%
5 位	絵本・本・図鑑	7.0%

2014 年		
1 位	ゲームソフト	20.5%
2 位	知育玩具	13.1%
3 位	ぬいぐるみ・人形・フィギュア・ロボット	8.9%
4 位	絵本・本・図鑑	8.1%
5 位	キャラクターのなりきり・変身玩具	7.4%

2013 年		
1 位	ゲームソフト	16.9%
2 位	知育玩具	12.9%
3 位	絵本・本・図鑑	8.8%
4 位	ぬいぐるみ・人形・フィギュア・ロボット	7.4%
5 位	電車玩具	6.6%

2012 年		
1 位	ゲームソフト	16.6%
2 位	知育玩具	12.6%
3 位	ぬいぐるみ・人形・フィギュア・ロボット	7.3%
4 位	車玩具	7.0%
5 位	キャラクターのなりきり・変身玩具	6.8%

出典：バンダイ「バンダイこどもアンケートレポート」2018 年

　親から子どもへのクリスマスプレゼントの第 1 位が「ぬいぐるみ・人形・フィギュア」14.3%となった。2012 年からの過去の調査では「ゲームソフト」や「知育玩具」がトップだったことが多く、「ぬいぐるみ〜」は 2018 年が初のトップである。子どもの年齢に合わせたプレゼントを選ぶことから、乳児期のぬいぐるみ、幼児期の人形、そしてフィギュアというように年齢があがっても好むアイテムとなったと予想される。

（村越）

第5節　玩具

（11）おもちゃの種類別所有割合

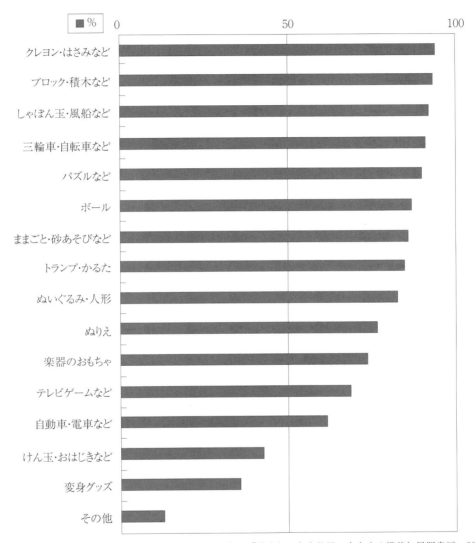

出典：永田桂子『絵本という文化財に内在する機能』風間書房、2013年

　所有しているおもちゃを種類別に挙げると「クレヨン・ハサミなど」「ブロック・積木など」「しゃぼん玉・風船など」「三輪車・自転車など」「パズルなど」「ボール」と大差なく続き、幼児が多くの種類の玩具を数多く所有していることがわかる。その他への記入は、なかなか実物と見分けにくいもの、手作りのもの、雑誌の付録の物など、玩具の概念や分類に当てはまるのに迷うものもあったと思われる。

（おかもと）

第6節　体験・生き方

（1）小・中・高校生が1年間に経験した事

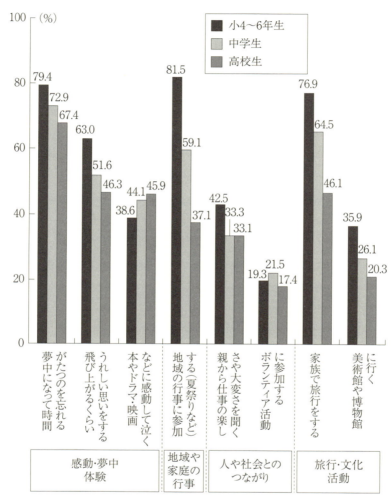

資料：東京大学社会科学研究所／ベネッセ教育総合研究所「子どもの生活と学びに関する親子調査2015-2016（速報版）」2017

出典：東京大学社会科学研究所／ベネッセ教育総合研究所「子どもの生活と学びに関する親子調査2015～2016（速報板）」2017

　ほとんどの項目で小学生が中高校生に比べて経験の割合が高くなっている。特に「地域の行事に参加する」は小学生の8割が経験しているという結果である。しかし、「本やドラマ・映画などに感動して泣く」は高校生のほうが高い。「ボランティア活動に参加する」は小学生、高校生より中学生が高いが、それでも21.5％という割合である。「家族で旅行する」は小学生でないと経験できない傾向にあるようである。

（村越）

第6節　体験・生き方

（2）子どもの体験活動と意識の関係

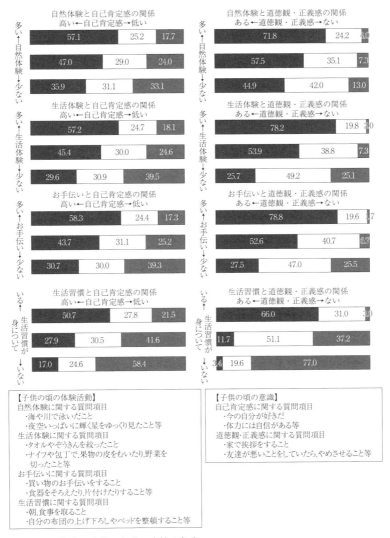

※調査の対象は小学4〜6年生、中学2年生、高校2年生
出典：国立青少年教育振興機構「青少年の体験活動に関する実態調査（平成26年調査）」平成28年5月

　自己肯定感と、道徳観・正義感の習得が、自然体験・生活体験・お手伝い・生活習慣とどのように関わっているかをみたものである。体験活動をより多く体験していて、生活習慣が身についている子は、自己肯定感も、道徳観・正義感も高いことがわかる。とりわけ道徳観・正義感においてはその傾向が顕著である。小さいころから様々な体験をすることがいかに大切であるかということを示唆するデータである。

(村越)

第2章 文化

第6節 体験・生き方

（3）子どもの頃の体験と大人になってからの資質・能力の関係

自然体験（子供の頃）と人間関係能力（大人）の関係

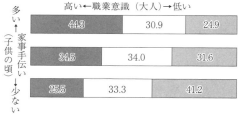

家事手伝い（子供の頃）と職業意識（大人）の関係

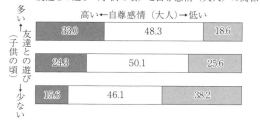

友達との遊び（子供の頃）と自尊感情（大人）の関係

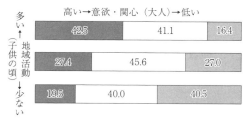

地域活動（子供の頃）と意欲・関心（大人）の関係

※本調査の対象者は，20代から60代の成人である。

【子供の頃の体験】
自然体験に関する質問項目
・海や川で貝を採ったり，魚を釣ったりしたこと
・夜空いっぱいに輝く星をゆっくり見たこと等
家事手伝いに関する質問項目
・家の中の掃除や整頓を手伝ったこと
・食器をそろえたり，片付けたりしたこと等
友達との遊びに関する質問項目
・かくれんぼや缶けりをしたこと
・ままごとやヒーローごっこをしたこと等
地域活動に関する質問項目
・祭りに参加したこと
・地域清掃に参加したこと等

【資質・能力】
人間関係能力に関する質問項目
・人前でも緊張せずに自己紹介ができる
・初めて会った人とでもすぐに話ができる等
職業意識に関する質問項目
・自分にはなりたい職業や，やってみたい仕事がある
・大人になったら仕事をするべきだと思う等
自尊感情に関する質問項目
・自分のことが好きである
・家族を大切にできる人間だと思う等
意欲・関心に関する質問項目
・もっと深く学んでみたいことがある
・分からないことはそのままにしないで調べたい等

出典：国立青少年教育振興機構「子どもの体験活動の実態に関する調査研究」平成22年10月

　子どもの頃の体験と大人になってからの資質・能力との関係を表したものである。自然体験・家事手伝い・友達との遊び・地域活動の体験が豊かな人ほど、大人になってからの人間関係や自尊感情、職業意識、意欲関心といった資質・能力が高い傾向がみられる。よって子どもの頃からの様々な体験が人間形成上、きわめて大切であることを示唆し、現代の子育てに警鐘を鳴らすデータであると言える。

(村越)

第6節　体験・生き方

（4）小・中・高校生の自己肯定感

1. 小学5年生

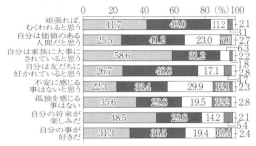

2. 中学2年生

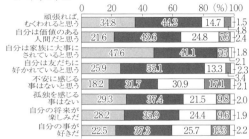

3. 16・17歳

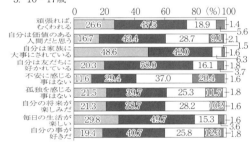

出典：東京都（首都大学東京調査）「東京都子供の生活実態調査報告書（小中高校生等調査）2017

　「とても思う」「思う」を合わせると、「自分は家族に大事にされている」が、小学生89.8％、中学生88.7％、高校生90.6％、「自分は友達に好かれている」は小学生75.5％、中学生81.0％、高校生78.3％と、人間関係の肯定感は高い。「頑張ればむくわれる」は小学生83.7％、中学生79.0％、高校生74.1％で高めの割合だ。「不安に感じることはないと思う」は小学生55.7％、中学生49.9％、高校生41.0％と成長につれ少なくなっていく。

（村越）

第6節　体験・生き方

（5）高校生の自己肯定感（4カ国比較）

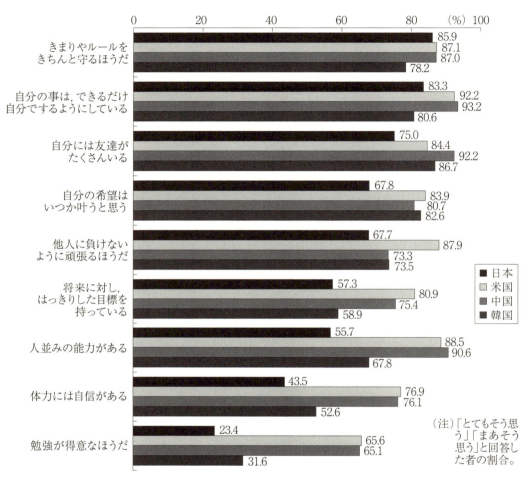

出典：国立青少年教育振興機構「高校生の生活と意識に関する調査報告書」2015

　日本の高校生は、ほとんどすべての項目で他国よりも自己肯定感が低い。「勉強が得意なほうだ」「体力には自信がある」「人並みの能力がある」の3項目は他国に比べて半分ほどで極端に低い。まさにこの3項目は「知・体・心」の教育の本髄を示すものであり、我が国の教育の根本が問われる数値であるかもしれない。日本人の謙虚さから出た控えめな回答であるともうかがえるが、それを差し引いても驚きのデータである。

(村越)

第6節　体験・生き方

（6）名前ランキング生まれ年別ベスト10（男）

年／順位	1位	2位	3位	4位	5位	6位	7位	8位	9位	10位
明治45年 1912	正一	清	正雄	正	茂	武雄	正治	三郎	正夫	一郎
大正15年 1926	清	勇	博	実	茂	三郎	弘	正	進	一男
昭和20年 1945	勝	勇	進	清	勝利	博	勲	弘	稔	修
昭和35年 1960	浩	浩一	誠	浩二	隆	修	徹	浩之	聡	博
昭和50年 1975	誠	大輔	学	剛	大介	直樹	健一	淳	崇	亮
昭和64・平成元年 1989	翔太	拓也	健太	翔	達也	雄太	翔平	大樹	亮	健太郎
平成20年 2008	大翔	悠斗	陽向	翔太	悠人 颯太		悠太 翔		蓮	駿 陸
平成21年 2009	大翔	翔	瑛太 大和		蓮	悠真 陽斗		悠斗	颯真 颯太	
平成22年 2010	大翔	悠真	翔	颯太 歩夢		颯真 蒼空 優斗			大雅 颯	
平成23年 2011	大翔 蓮		颯太	樹 大和 陽翔			陸斗 太一		海翔	蒼空 翼
平成24年 2012	蓮	颯太	大翔	大和	翔太 湊 悠人 大輝				蒼空 龍生	
平成25年 2013	悠真	陽翔	蓮	大翔 湊		大和	颯太	陽向 翔		蒼空 大輝 悠人
平成26年 2014	蓮	大翔	陽向	陽太	悠真	湊 悠人 陸 駿				朝陽
平成27年 2015	大翔	悠真	蓮 陽太		湊	颯太 陽翔 颯			陽向 大和 結翔 悠翔	
平成28年 2016	大翔	蓮	悠真	陽翔	朝陽	樹	悠	陽太	湊 新 葵	
平成29年 2017	悠真 悠人 陽翔			湊	蓮 蒼		新	陽大	陽太 大和	
平成30年 2018	蓮	湊	大翔	大和	陽翔	悠真	樹	陽太 朝陽		悠人 蒼

※明治45・大正1（1912）年〜昭和63（1988）年のベスト10については、昭和64・平成1（1989）年時点における保険加入者を対象に調査を行なったもの。昭和64・平成1（1989）年以降は毎年、その年の保険加入者および既契約情報を対象に調査を行なったもの。

出典：明治生命「名前ランキング生まれ年別ベスト10」を基に本書作成委員会が抜粋
https://www.meijiyasuda.co.jp/enjoy/ranking/year_men/index.html　2019年3月7日確認

　明治、大正、昭和時代は漢字一文字の名前が圧倒的に多いが、昭和も後期になると漢字二文字の名前が多くを占める。近年では、「大翔」「蓮」が人気を集め、翔・陽・悠・太・大の漢字を組みわせた名前が多数を占めている。昭和時代は昭、和の漢字が目立った年もあるようだが（表にはない）、平成元年はその漢字は平しか見当たらない。2019年に元号が令和に変わったが、この漢字を使用した名前も新たにランクインしそうである。

（村越）

第6節　体験・生き方

（7）名前ランキング生まれ年別ベスト10（女）

年	1位	2位	3位	4位	5位	6位	7位	8位	9位	10位
明治45年 1912	千代	ハル	ハナ	正子	文子	ヨシ	千代子	キヨ	静子	はる
大正15年 1926	久子	幸子	美代子	照子	文子	和子	信子	千代子	光子	貞子
昭和20年 1945	和子	幸子	洋子	節子	弘子	美智子	勝子	信子	美代子	京子
昭和35年 1960	恵子	由美子	久美子	智子	浩子	裕子	洋子	明美	幸子	和子
昭和50年 1975	久美子	裕子	真由美	智子	陽子	優子	純子	香織	美穂	美紀
昭和64・平成元年 1989	愛	彩	美穂	成美	沙織	麻衣	舞	愛美	瞳	彩香
平成20年 2008	陽菜	結衣	葵	さくら	優奈	美優	心優	莉子 美桜 結菜		
平成21年 2009	陽菜	美羽 美咲		美桜	結愛	さくら 結菜		彩乃	七海	ひなた 愛莉 杏奈 優奈
平成22年 2010	さくら	陽菜 結愛 莉子			美桜	美羽	葵 結衣	美咲 結菜		
平成23年 2011	陽菜 結愛		結衣	杏	莉子 美羽 結菜 心愛 愛菜					美咲
平成24年 2012	結衣	陽菜 結愛 莉子	結菜	結愛 ひなた 心春			心愛	凜	美桜 芽依 優奈 美結 心咲	
平成25年 2013	結菜	葵	結衣	さくら	凜	花	結愛 花音 心結 陽葵			
平成26年 2014	陽菜 凜		結菜	葵	結愛	愛莉 美咲		結衣	桜	凜心 春杏 愛梨
平成27年 2015	葵	陽菜 結愛 莉子	結衣	さくら	凜	花	結愛 花音 心結 陽葵			
平成28年 2016	葵	さくら	陽菜	凜	結菜 咲良 莉子			結衣	結愛	花
平成29年 2017	結菜 咲良		陽葵	莉子	芽依			結愛 凜		
平成30年 2018	結月	結愛	結菜	杏	さくら 凜	さくら 結衣杏	芽依 葵		紬	莉子 陽菜 美月

※明治45・大正1（1912）年〜昭和63（1988）年のベスト10については、昭和64・平成1（1989）年時点における保険加入者を対象に調査を行なったもの。昭和64・平成1（1989）年以降は毎年、その年の保険加入者および既契約情報を対象に調査を行なったもの。
出典：明治生命「名前ランキング生まれ年別ベスト10」を基に本書作成委員会が抜粋
https://www.meijiyasuda.co.jp/enjoy/ranking/year_men/index.html　2019年3月7日確認

　明治時代はハル・キヨ・ヨシなどといった短い名前が連なるが、大正から昭和時代にかけカタカナ2文字は全くなくなり、「子」の付けた名前が圧倒的となった。やがて「子」の付く名前が少なくなり、平成になると「陽菜」、「葵」、「結菜」が人気を集めるようになる。陽・菜・結・咲・愛といった漢字の組み合わせた名前が多くみられる。また、女子は男子よりも多様な漢字が使用されている印象である。

（村越）

第6節　体験・生き方

（8）児童福祉文化財として読んでほしい「本」

タイトル	対象	出版社
『誰もボクを見ていない』	高校生	ポプラ社
『わたしたちが自由になるまえ』	中学生	ゴブリン書房
『スピニー通りの秘密の絵』	中学生・小学校高学年以上	あすなろ書房
『介護というお仕事』	小学校高学年以上	講談社
『コウノドリ』	小学校高学年以上	講談社
『タイガー・ボーイ』	小学校高学年以上	鈴木出版
『珍獣ドクターのドタバタ診察日記』	小学校高学年以上	ポプラ社
『マンモス』	小学校高学年	誠文堂新光社
『チキン！』	小学校高学年	文研出版
『みどりの町をつくろう』	小学校高学年・小学校中学年	福音館書店
『わたり鳥』	小学校高学年・小学校中学年	童心社
『グリムのむかしばなしⅠ』	小学校中学年以上	のら書房
『地球を旅する水のはなし』	小学校中学年以上	福音館書店
『どこにいるのイリオモテヤマネコ』	小学校中学年以上	小学館クリエイティブ
『まるごと発見！校庭の木・野山の木』	小学校中学年以上	福音館書店
『森のおくから』	小学校中学年以上	ゴブリン書房
『キワさんのたまご』	小学校中学年	ポプラ社
『こころのふしぎたんけんえほん』	小学校中学年・小学校低学年	PHP研究所
『とうだい』	小学校中学年・小学校低学年	福音館書店
『夜空をみあげよう』	小学校中学年・小学校低学年	福音館書店
『レッド』	小学校中学年・小学校低学年	子ども未来社
『きみょうなこうしん』	小学校低学年以上	現代企画室
『わたしたちのたねまき』	小学校低学年以上	のら書房
『海のなか　のぞいた』	小学校低学年	福音館書店
『甲虫のはなし』	小学校低学年	ほるぷ出版
『ごちそうの木』	小学校低学年	西村書店
『夏がきた』	小学校低学年	あすなろ書房
『エルマーとブルーベリーパイ』	小学校低学年・幼児	ほるぷ出版
『さかなのたまご』	小学校低学年・幼児	ポプラ社
『かわ』	幼児以上	福音館書店
『ぼくの草のなまえ』	幼児以上	福音館書店

出典：厚生労働省 社会保障審議会推薦　児童福祉文化財 平成30年度版

厚生労働省では、子どもたちの健やかな育ちに役立ててほしいと、絵本や児童図書等の出版物の作品を毎年推薦している。平成30年度の児童福祉文化賞受賞作品は『マンモス―絶滅の謎からクローン化まで―』である。ほか『チキン！』『わたり鳥』『グリムのむかしばなしⅠ・Ⅱ』『どこにいるのイリオモテヤマネコ』『まるごと発見！校庭の木・野山の木〈全8巻〉』『森のおくから』は、特別推薦となっている。

（村越）

第6節　体験・生き方

（9）児童福祉文化財としてみてほしい「舞台芸術」

タイトル	規格	対象	会社
ジャングル・ブック	ミュージカル 90 分	小学生以上・一般	夢団
いまからいえでにいってきます	ドラマ 60 分	幼児、小学校低学年、保護者・指導者等、一般	劇団風の子九州
このゆびと〜まれ！	ドラマ 75 分	小学生、一般	劇団風の子九州
おじさんとおおきな木	ドラマ 55 分	幼児、小学生、保護者・一般	劇団なんじゃもんじゃ
夜明けの落語	ドラマ 90 分	小学生	劇団うりんこ
アラビアンナイト〜魔法のランプと明日のヒカリ〜	人形劇 90 分	小学生以上、保護者・指導者等、一般	人形劇団むすび座
遍歴の騎士ドン・キホーテ	ドラマ 110 分	小学校高学年以上	劇団うりんこ
プレジャー B のコメディ・クラウン・サーカス	クラウン 90 分	幼児以上、保護者・指導者、一般	プレジャー企画
サーカスの灯	クラウン 60 分	幼児以上、保護者・指導者等、一般	プレジャー企画
ぱらりっとせ	児童演劇 60 分	幼児・小学生、保護者・指導者等	劇団風の子
ピノッキオ	ドラマ 65 分	小学校中学年以上、保護者・指導者等、一般	劇場創造ネットワーク

出典：厚生労働省 社会保障審議会推薦　児童福祉文化財 平成 30 年度版

　（8）同様に、厚生労働省では演劇やミュージカルといった舞台芸術部門として推薦された平成 30 年度版の作品一覧である。11 作品のうち、『おじいさんとおおきな木』『アラビアンナイト』『プレジャー B のコメディ・クラウン・サーカス』は特別推薦となっている。舞台芸術部門の平成 30 年度児童福祉文化賞受賞作品はステージ・サーカスを収録した『プレジャー B のコメディ・クラウン・サーカス』である。

（村越）

第6節　体験・生き方

（10）児童福祉文化財としてみてほしい「映像・メディア」

タイトル	規格	対象	会社
ブランカとギター弾き	ドラマ77分	中学生以上、保護者・指導者等、一般（啓発）	トランスフォーマー
ギフト　僕がきみに残せるもの	ドキュメント111分	小学校高学年以上、保護者・指導者等、一般（啓発）	トランスフォーマー
一陽来復 Life Goes On	ドキュメント81分	中学生以上、保護者・指導者等、一般（啓発）	平成プロジェクト
気象災害から身を守ろう！台風・大雨・落雷・土砂災害・竜巻	ドキュメント19分	小学校中学年・高学年	映学社
火災から人を守る町を守る消防しょのはたらき	ドキュメント20分	小学校中学年・高学年	映学社
なぜ防げないの！地球温暖化	ドキュメント20分	小学校中学年・高学年	映学社
スポーツ事故を防ぐ　1どう守る頭部・頸部外傷　2なくそう！突然死	ドキュメント21分20分	中学生以上、保護者・指導者等	映学社
ふるさとめぐり日本の昔ばなし	アニメ30分	幼児以上、保護者・指導者等	トマソン
子どもが教えてくれたこと	ドキュメント80分	小学校高学年以上、保護者・指導者等、一般（啓発）	ドマ
「買って来て！」は詐欺です若者を狙うプリペイドカード（電子マネー）詐欺	ドキュメント19分	中学生以上、一般（啓発）	映学社
生き方を学ぶ職場体験第1巻事前学習編第2巻体験学習編第3巻事後学習編	ドキュメント第1巻19分第2巻26分第3巻16分	中学生、保護者・指導者等	映学社
志乃ちゃんは自分の名前が言えない	ドラマ110分	中学生以上、保護者・指導者等	ビターズ・エンド
マザーズ〜"特定妊婦"オンナだけが悪いのか。	ドキュメント60分	小学校高学年以上、保護者・指導者等、一般（啓発）	中京テレビ

出典：厚生労働省 社会保障審議会推薦　児童福祉文化財 平成30年度版

　（8）（9）同様、映像・メディア部門として推薦された平成30年度版の作品一覧である。13作品のうち、『ギフト 僕が君に残せるもの』『一陽来復 Life Goes On』『ふるさとめぐり　日本の昔ばなし』『子どもが教えてくれたこと』は特別推薦となっている。映像・メディア部門の平成30年度児童福祉文化賞受賞作品は、東日本大震災を扱った心温まるドキュメンタリー『一陽来復 Life Goes On』である。

（村越）

第6節　体験・生き方

（11）中高生の修学旅行先（2016年度実施）

中学				高校			
順位	旅行先	件数	構成比%	順位	旅行先	件数	構成比%
1（1）	京都	419	20.9	1（1）	沖縄	273	15.2
2（2）	奈良	353	17.6	2（2）	東京	192	10.7
3（3）	東京	216	10.8	3（3）	京都	181	10.1
4（4）	千葉	194	9.7	4（4）	大阪	169	9.4
5（5）	大阪	163	8.1	5（5）	千葉	160	8.9
6（6）	沖縄	82	4.1	6（6）	奈良	115	6.4
7（7）	神奈川	64	3.2	7（7）	北海道	102	5.7
8（9）	福岡	64	3.2	8（11）	兵庫	82	4.6
9（8）	長崎	60	3	9（12）	神奈川	70	3.9
10（11）	広島	58	2.9	9（8）	長崎	70	3.9
11（10）	兵庫	42	2.1	11（13）	広島	66	3.7
12（13）	北海道	31	1.5	12（9）	福岡	64	3.6
13（14）	山梨	24	1.2	13（10）	長野	52	2.9
14（18）	岩手	22	1.1	14（16）	佐賀	28	1.6
15（15）	長野	20	1	15（17）	新潟	20	1.1
16（12）	熊本	19	0.9	16（25）	岡山	12	0.7
17（20）	滋賀	18	0.9	17（15）	鹿児島	11	0.6
18（28）	秋田	16	0.8	18（17）	群馬	10	0.6
19（19）	佐賀	16	0.8	18（23）	香川	10	0.6
20（24）	青森	13	0.6	20（14）	熊本・宮城 各9件	18	1
その他		111	5.5	その他		88	4.9
合計		2005	100	合計		1793	100

※滞在時間に関係なく訪問した都道府県をカウントした。旅行中、複数回滞在してもカウントは1とした。

出典：日本修学旅行協会『教育旅行年報データブック2018』を基に本書作成委員会が抜粋

　2016年度実施の国内修学旅行の中学、高校の都道府県別旅行先の上位20である。カッコ内は昨年の順位だが、大きな変化はない。中学校の修学旅行先は昔から変わらず京都・奈良が不動の旅行先で、これは歴史学習の目的からである。高校になると、飛行機利用が増えるためか沖縄が1位となった。これは平和学習の目的であろうか。ほか、中高ともに大阪と千葉が多いのは人気テーマパークへの訪問によるものであろう。

（村越）

第6節 体験・生き方

（12）高校生の将来の目標（国際比較）

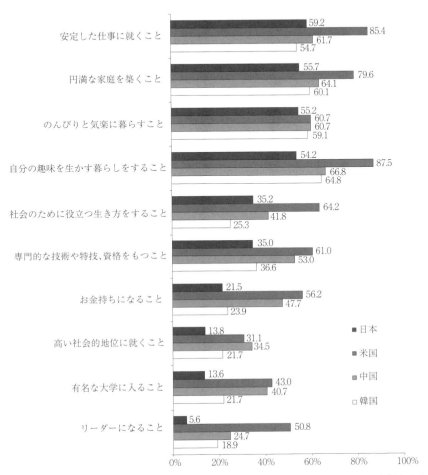

出典：国立青少年教育振興機構「高校生の勉強と生活に関する意識調査報告書」平成29年

　「将来どのような目標をもっているか」という項目から「とてもそう思う」と答えた割合の国際比較である。米国は「高い社会的地位に就く」が2番目だが、他はすべてトップである。日本は「社会のために役立つ生き方をする」が3番目であるが、他9項目すべてが4番目である。特に「高い社会的地位に就くこと」「リーダーになること」「有名な大学に入ること」への願望が低い。将来の希望が控えめな様子がうかがえる。

(村越)

第6節　体験・生き方

（13）犬猫飼育頭数

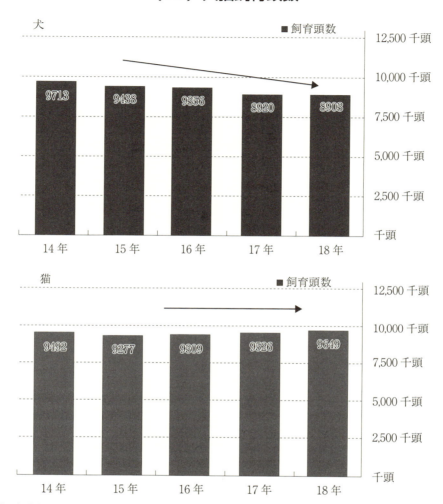

＊世帯数×飼育率＝飼育世帯×平均飼育頭数＝飼育頭数で、世帯率は、総務省「住民基本台帳に基づく人口、人口動態及び世帯数より。施設など一般世帯以外も含む。

出典：ペットフード協会「平成30年全国犬猫飼育実態調査」

　2014年から2018年の経年比較である。2018年10月現在、全国の犬の飼育頭数が約8,903千頭、猫の飼育頭数は約9,649千頭と推計される。はじめて上回った2017年に引き続き、2018年も猫の飼育数が犬の飼育数を超える結果となった。犬の飼育頭数は近年減少傾向あるが、猫は横ばいから微増である。住宅事情や散歩の有無、餌や病院費用等で犬よりも猫のほうが飼育しやすいという事情によるものと思われる。

（村越）

第6節　体験・生き方

（14）ペットが子どもに与える影響

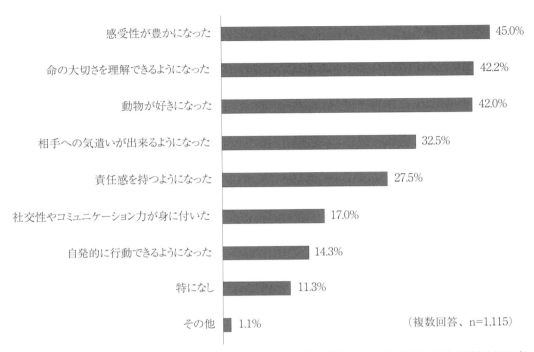

出典：アイペット損害保険「ペットと子どもに関する調査」2018年

　子どもが小学校卒業するまでにペット（犬・猫）を飼育した経験を持つ人に聞いた結果である。現在、国内の15歳未満の子どもの数（1,571万人、総務省統計局）よりもペットの飼育頭数（1,844万頭、ペットフード協会調査）の方が上回っている。この調査では、ペットを飼う子どもは「感受性が豊かになった」という割合が45.0％でトップになった。以下、「命の大切さを理解できるようになった」42.2％「動物が好きになった」42.0％が続く。

(村越)

第6節　体験・生き方

（15）将来つきたい職業（小学生、高校生）

小学生

順位	全体	n=1,200
1	パティシエ（ケーキ屋）	5.5%
2	プロサッカー選手	3.8%
3	YouTuber などのネット配信者	3.5%
4	警察官	3.0%
5	医師（歯科医師含む）	2.8%
6	看護師	2.7%
7	保育士・幼稚園教諭	2.2%
8	大工さん・建築家	2.2%
9	プロ野球選手	2.1%
10	漫画家・イラストレーター	2.1%
11	パン屋	2.1%
12	歌手・アイドル	1.9%
13	教師・先生	1.8%
14	研究者（科学者、考古学者など）	1.8%
15	運転士	1.8%
16	ファッション関係	1.8%
17	その他スポーツ選手	1.7%
18	獣医師	1.5%
18	花屋	1.5%
20	エンジニア・技術者	1.3%
	わからない	31.0%

高校生

順位	全体	n=600
1	公務員	5.2%
2	プログラマー・プログラムエンジニア	4.7%
3	教師・先生	4.5%
4	看護師	3.2%
5	エンジニア・技術者	2.2%
6	漫画家・イラストレーター	2.2%
7	研究者（科学者、考古学者など）	2.0%
8	薬剤師	2.0%
9	保育士・幼稚園教諭	1.8%
10	CA（キャビンアテンダント）	1.8%
11	ファッション関係	1.8%
12	会社員	1.8%
13	医師（歯科医師含む）	1.5%
14	小説家	1.3%
15	大工さん・建築家	1.3%
16	芸能人（俳優、お笑い芸人など）	1.3%
17	起業家	1.3%
18	福祉の仕事	1.2%
18	弁護士・裁判官	1.2%
18	モデル	1.2%
	わからない	30.0%

出典：学研教育総合研究所（Gakken）「小学生白書 Web 版、高校生白書 Web 版（2018 年 9 月調査）」

　小学生と高校生の将来つきたい職業をまとめたものである。小学生はパティシエやプロサッカー選手、YouTuber といった夢のある職業を挙げているが、高校生になると、公務員、プログラマー、教師、と現実味のある職業が上位に挙がる。成長とともに子どもの視点がガラリと変化する様子が興味深い。一方、「わからない」と答える層はどちらも約 30％と、小学生も高校生も変わらない一定数の子がいる。

（村越）

第**3**章
環境

総説

第 1 節	基礎統計	255
第 2 節	子どもと地域社会	273
第 3 節	子どもの将来	286
第 4 節	子どもとインターネット	305
第 5 節	子どもと交通事故	321
第 6 節	子どもと犯罪	340

編集委員

西方 毅

杉山倫也

野末晃秀

総説

子どもは、取り巻く様々な環境（家庭環境、社会環境、自然環境など）が複雑に相互作用し、影響する中で育っていく。その影響は、単に知的な発達のみならず、情緒の発達、身体の発達、行動様式の獲得、道徳性の発達など多岐にわたる。

しかしながら、このような理解が生まれ、子どもに対する環境の影響に配慮するようになったのは最近のことである。20世紀の初頭、スエーデンの教育学者エレン・ケイ（Ellen Key:1849-1926）が「児童の世紀」を著し、児童の健全な発達に世界の未来がかかっていると説いた。しかし、その後も児童の健全な発達に対する大人の意識はすぐには高まらなかった。

流れが大きく変わるきっかけとなったのが、1990年に発効したUNESCOによる「児童の権利に関する条約」（「子どもの権利条約」）であった。それは、すべての子どもが持つ、基本的で交渉の余地のない人権について詳しく定めたものであり、世界中でもっとも広く批准されている人権条約である。子どもの健全な発達の保証は、子どもの権利の一つであり、それを実現するために我々大人は努力しなければならない。その中に、子どもを取り巻く環境の整備が含まれている。エレン・ケイが述べたように、よい環境により健全な発達を保証された子どもたちがよりよい未来を築いていくのである。

「子どもの権利条約」の中では、「児童が、その人格の完全なかつ調和のとれた発達のため、家庭環境の下で幸福、愛情及び理解のある雰囲気の中で成長すべきであることを認め、」と、特に家庭環境について触れている。さて、現在の子どもを取り巻く環境、特に家庭環境はどうであろうか。

家庭内人間関係は、20世紀を通して大きく変化してきた。現代社会においては、核家族の増加、離婚などによる単親世帯の増加、兄弟姉妹人数の減少など、子どもの健全発達を阻害するさまざまな状況が生じている。このような状況は、親の世話やしつけが行き届くというプラスの効果ももたらすであろうが、一方、干渉が過度になり自主性の喪失や虐待などとして表れる元にもなる。

家庭の経済環境も子どもの生活に大きな影響を与える。「一億総中流」と呼ばれた1970年代から後、経済格差は次第に開き、現代では、貧困層と呼ばれる人々が増加しつつある。ある程度富裕な層は子ども世代に富を継承し、教育に十分投資ができる。一方、貧困層では十分な教育環境を整備できない故に、必要な教育を受けさせることができない。塾通いに明け暮れる子どももいる反面、高等教育を受ける機会のない子どももいる。

それらが、子どもの未来に大きな影響を与えると同時に、学校内のいじめや不登校などの問題行動となって表れることもある。

地域社会の人間関係も変化しつつある。都市化の進展に伴う近隣との交流の減少は、地域社会における子どもを守る機能、育てる機能を失わせ、子どもの生活に、子どもの成長に適切な環境ではなくなりつつある。それを取り戻そうとする試みも行われている。それらは、今後どのように進んでいくであろうか。

子どもを取り巻く物質的な環境に目を向けると、そこでも多様な問題が生じていることに気づく。子どもの心身の健康的な発達において、自然は大きな役割を果たしている。健康な空気、健康な木々や花、川、森、そしてそれらの中で行われる多様な活動。それらが子どもの健全な発達に大きな役割を果たしていることは言うまでもない。

それらが都市化や公害などによって失われ、子どもは20世紀前半のように、自然の中で自由にのびのびと遊ぶことはできなくなった。それどころか、自然は、空気も水も、社会の発展に伴い排出される様々な有害物質によって汚染され、子どもの心身をむしばむようになってきている。

また、都市化や情報化の発展は、我々大人世代が経験したことのない、便利で快適な、多様な活動を可能にする環境を提供したが、それは、反面、交通事故や新しいタイプの非行、インターネット犯罪など増加をもたらし、子どもの健全な発達を阻害する要因となってきている。

現在の子どもの置かれている家庭環境、社会環境、自然環境、情報環境などは、急速に変化しつつあり、子どもの発達にさまざまな影響を与えている。良い面も多くあるであろうが好ましくない面も多い。

ユニセフの精神、子どもの健全な発達を保証するために、我々大人は、子どもを取り巻く環境を十分に検討し、よりよいものにするよう努力しなければならない。

（西方毅）

第1節　基礎統計

（1）出生数及び合計特殊出生率の年次推移

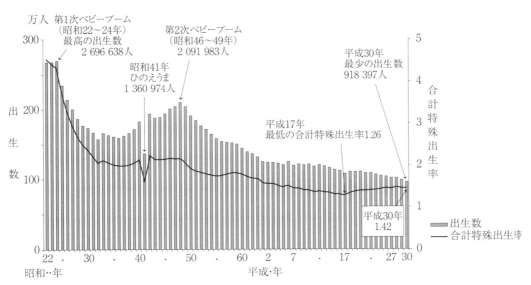

出典：厚生労働省　平成30年人口動態統計月報年計（概数）の概況
2019年6月18日確認

　1947（昭和22）年に始まる第一次ベビーブームでは、年間約270万人の出生数であった。1971（昭和）46年〜の第二次ベビーブーム時の出生数は約210万人。第一次ベビーブーム時に比べて60万人も減少している。第三次ベビーブームは起こらず、2018（平成30）年は過去最低の約91万人の出生数となった。日本の総人口も減少していくことは確実であり、労働人口の減少による経済への影響、社会福祉への影響などが懸念される。

（西方）

第1節 基礎統計

（2）合計特殊出生率の年次推移（年齢階級別内訳）

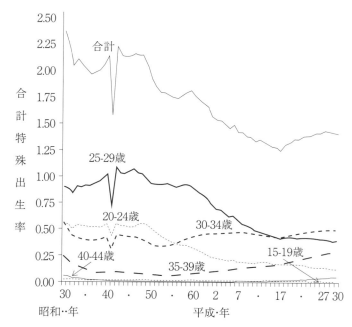

出典：厚生労働省 平成29年
2019年7月18日確認

　全体として減少の一途をたどっているが、落ち込みが激しいのは、25～29歳であり、第二次ベビーブームの1973（昭和47）年頃は特に著しい。当時、この世代は一人以上の子どもを持っていた。2017（平成29）年現在では0.5人程度と、半減している。20～24歳の世代はさらに落ち込みが激しい。一方、35～39歳代では出生率はわずかながら上昇している年もあるが、少子化・晩婚化傾向を明確に示している。

（西方）

第1節　基礎統計

（3）年齢3区分別人口の割合の推移

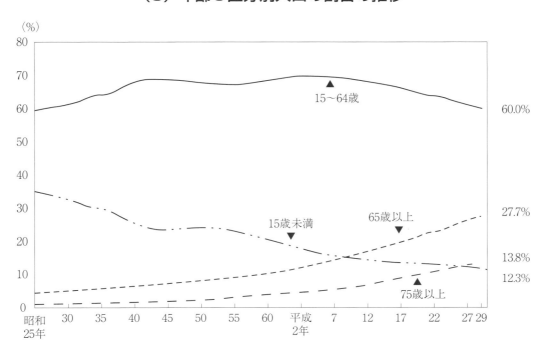

出典：総務省　人口推計　平成30年
https://www.stat.go.jp/data/jinsui/2017np/pdf/gaiyou.pdf　2019年1月21日確認

　年齢3区分別の人口割合の推移のグラフである。1950（昭和25）年当時、0〜14歳人口は2943万人、日本の全人口の35.4%を占めていた。しかし、年々減少を続け、2017（平成29）年までの67年間で全人口の12.3%までに減少した。逆に65歳以上、75歳以上の人口は上昇を続けており、27.7%と過去最高になっている。今後、ますます高齢者の割合は増えていくと予測される。

（西方）

第1節　基礎統計

（4）都道府県別こどもの数及び割合（平成29年10月1日現在）

割合順位	都道府県	こどもの数（千人）	こどもの割合（%）	対前年差 数（千人）	対前年差 割合（ポイント）	割合順位	都道府県	こどもの数（千人）	こどもの割合（%）	対前年差 数（千人）	対前年差 割合（ポイント）
－	全　国	15,592	12.3	－ 188	－ 0.1						
45	北 海 道	588	11.1	－ 12	－ 0.1	2	滋 賀 県	200	14.1	－ 2	－ 0.2
46	青 森 県	141	11.0	－ 4	－ 0.2	34	京 都 府	308	11.9	－ 4	－ 0.1
41	岩 手 県	144	11.5	－ 3	－ 0.1	28	大 阪 府	1,069	12.1	－ 14	－ 0.2
28	宮 城 県	280	12.1	－ 5	－ 0.1	15	兵 庫 県	692	12.6	－ 10	－ 0.1
47	秋 田 県	101	10.1	－ 3	－ 0.2	28	奈 良 県	163	12.1	－ 3	－ 0.2
36	山 形 県	130	11.8	－ 3	－ 0.1	36	和歌山県	112	11.8	－ 2	－ 0.2
39	福 島 県	220	11.7	－ 5	－ 0.2	14	鳥 取 県	72	12.7	－ 1	－ 0.1
24	茨 城 県	355	12.3	－ 6	－ 0.1	21	島 根 県	85	12.4	－ 1	0.0
19	栃 木 県	245	12.5	－ 4	－ 0.1	12	岡 山 県	243	12.8	－ 4	－ 0.1
24	群 馬 県	241	12.3	－ 6	－ 0.2	9	広 島 県	368	13.0	－ 4	－ 0.1
24	埼 玉 県	899	12.3	－ 8	－ 0.1	34	山 口 県	164	11.9	－ 3	－ 0.1
28	千 葉 県	755	12.1	－ 7	－ 0.1	42	徳 島 県	85	11.4	－ 1	－ 0.1
44	東 京 都	1,542	11.2	7	－ 0.1	21	香 川 県	120	12.4	－ 2	－ 0.1
24	神奈川県	1,122	12.3	－ 13	－ 0.1	28	愛 媛 県	164	12.1	－ 3	－ 0.1
39	新 潟 県	265	11.7	－ 6	－ 0.1	43	高 知 県	80	11.3	－ 2	－ 0.1
36	富 山 県	124	11.8	－ 3	－ 0.2	8	福 岡 県	675	13.2	－ 2	－ 0.1
15	石 川 県	145	12.6	－ 2	－ 0.2	3	佐 賀 県	113	13.7	－ 2	－ 0.1
10	福 井 県	101	12.9	－ 1	－ 0.2	12	長 崎 県	173	12.8	－ 3	0.0
33	山 梨 県	99	12.0	－ 2	－ 0.2	4	熊 本 県	237	13.4	－ 2	－ 0.1
19	長 野 県	260	12.5	－ 5	－ 0.2	21	大 分 県	143	12.4	－ 2	－ 0.1
10	岐 阜 県	258	12.9	－ 5	－ 0.1	4	宮 崎 県	146	13.4	－ 2	－ 0.1
15	静 岡 県	464	12.6	－ 8	－ 0.2	4	鹿児島県	217	13.4	－ 3	0.0
4	愛 知 県	1,010	13.4	－ 8	－ 0.2	1	沖 縄 県	247	17.1	－ 1	－ 0.1
15	三 重 県	226	12.6	－ 5	－ 0.2						

注）割合　　　：都道府県別人口に占めるこどもの割合。
　　対前年差：平成29年のこどもの数（割合）－平成28年のこどもの数（割合）

出典：「人口推計」総務省統計局　統計トピックス No.19
https://www.stat.go.jp/data/jinsui/topics/topi1090.html　2019年1月28日確認

　　15歳未満の子どもの人数は平成29年現在、全国で1,559万2千人であり、日本の全人口の12.3%である。都道府県別で一番多いのが東京都で154万2千人、次いで神奈川県の112万2千人、大阪府106万9千人、愛知県の101万人。埼玉県の89万9千人、千葉県の75万5千人、兵庫県の69万2千人を合計すると708万9千人となり、全国の子どもの約半数が、首都圏と大阪府・兵庫県及び愛知県に集中している。

（西方）

第1節　基礎統計

（5）児童の有無・及び児童数別にみた世帯数の構成割合・平均児童数の年次推移

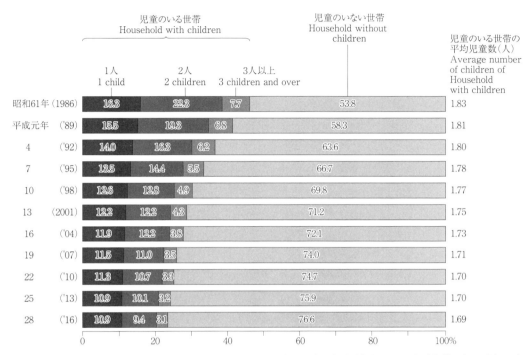

児童の有無及び児童数別にみた世帯数の構成割合と、平均児童数の推移である。
1986（昭和61）年は、1世帯の子ども人数は、1人が16.3%、2人が22.3%、3人以上が7.7%であったが、30年後の2016（平成28）年には、それぞれ、10.9%、9.4%、3.1%と急速に少なくなっている。逆に、子どものいない家庭は、1986年は53.8%であったが2016年には76.6%で児童のいる世帯の平均児童数は1.69人と、少子化の一途をたどっている。

（西方）

第1節　基礎統計

（6）世帯人員別にみた世帯数の構成割合の年次推移

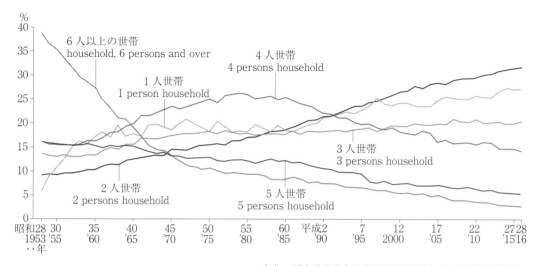

出典：厚生労働省大臣官房統計情報部　国民生活基礎調査
平成30年 http://www.mhlw.go.jp/toukei/list/dl/20-21-h25.pdf　2019年1月21日確認

　63年間の推移である。1953（昭和28）年は、6人以上の世帯が40％近くもあった。5人の世帯も15％以上ある。2016（平成28）年には、6人以上の世帯が5％未満、5人世帯もそれに近い。一方で、1人、2人世帯の合計は全世帯の50％を超えており、世帯構成が激変した。家族は、福祉的機能、教育的機能などさまざまな働きをもっているが、世帯構成員の減少はそれらの機能の低下をもたらす。

（西方）

第1節　基礎統計

（7）児童有（児童数）無の年次推移

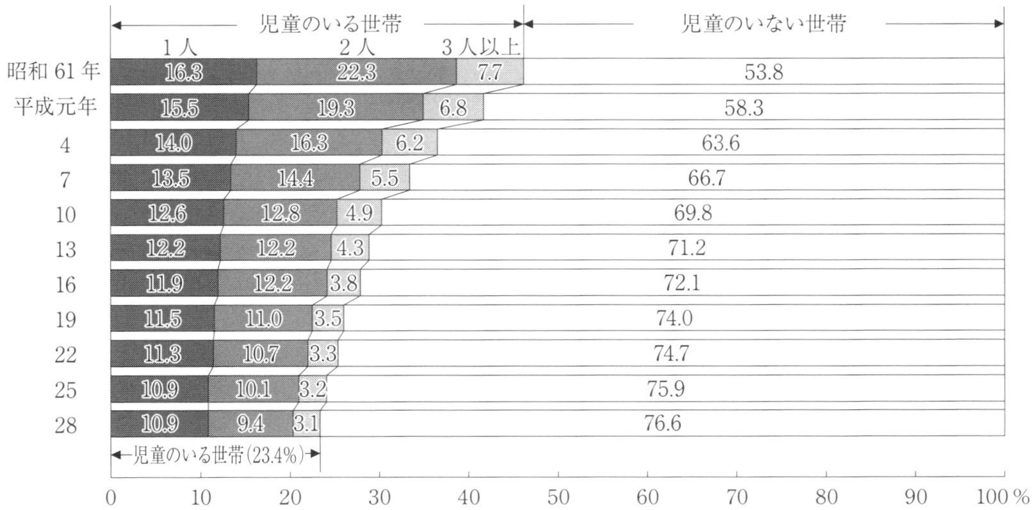

	児童のいる世帯			児童のいない世帯
	1人	2人	3人以上	
昭和61年	16.3	22.3	7.7	53.8
平成元年	15.5	19.3	6.8	58.3
4	14.0	16.3	6.2	63.6
7	13.5	14.4	5.5	66.7
10	12.6	12.8	4.9	69.8
13	12.2	12.2	4.3	71.2
16	11.9	12.2	3.8	72.1
19	11.5	11.0	3.5	74.0
22	11.3	10.7	3.3	74.7
25	10.9	10.1	3.2	75.9
28	10.9	9.4	3.1	76.6

←児童のいる世帯（23.4%）→

0　10　20　30　40　50　60　70　80　90　100 %

注：1）平成7年の数値は、兵庫県を除いたものである。
　　2）平成28年の数値は、熊本県を除いたものである。

出典：厚生労働省　国民生活基礎調査の概況（H28）

　児童有無の推移である。1986（昭和61）年は、日本の高度経済成長期の末期にあたり、第二次ベビーブームの親世代がまだ残存していた頃である。児童のいない家庭は全家庭数のおよそ半分であった。1995（平成7）年からの10年間で児童のいる家庭は急速に減少、その後も減少は止まらない。2016（平成28）年には児童のいない世帯が76.6%、全世帯の4分の3までになった。家族構造の大きな変化がうかがえる。

（西方）

第3章　環境

> 第1節　基礎統計

（8）児童の有無及び児童数にみた1世帯当たり平均所得金額及び世帯人員1人当たり平均所得金額

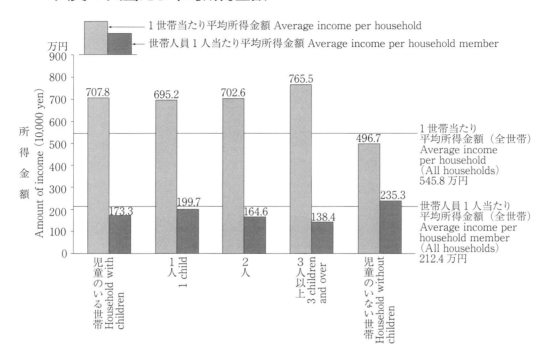

注：所得については、平成27年分である。
Note: Amount of income is that earned 2015

出典：厚生労働省大臣官房統計情報部　国民生活基礎調査
平成30年 https://www.mhlw.go.jp/toukei/list/dl/20-21-h28.pdf　2019年1月28日確認

　世帯の平均の所得金額である。児童のいる世帯の平均所得金額は707.8万円であり、児童のいない世帯の平均496.7万円より200万円近く多い。図には記載されていないが児童のいる世帯の親の年齢は、30〜40代であるのに対して、児童のいない世帯の年齢は20代〜30代が多く含まれ、親の年齢が高いほど、所得金額が多いことが影響している可能性がある。なお、児童の数による所得金額の差はほとんどないことがわかる。

（西方）

第1節　基礎統計

（9）学校給食実施率

区分		学校総数	実施率（学校数比）			
			計	完全給食	補食給食	ミルク給食
小学校	平成 28 年	19,675 校	99.2%（19,510 校）	98.6%	0.3%	0.3%
	平成 27 年	20,325 校	99.1%（20,146 校）	98.5%	0.3%	0.3%
中学校	平成 28 年	10,159 校	88.9%（　9,032 校）	83.7%	0.4%	4.8%
	平成 27 年	10,419 校	88.1%（　9,184 校）	82.6%	0.4%	5.2%
義務教育学校	平成 28 年	22 校	100.0%（　　22 校）	100.0%	0.0%	0.0%
	平成 27 年	－ 校	－ %（　　－ 校）	－ %	－ %	－ %
特別支援学校	平成 28 年	1,103 校	89.3%（　985 校）	88.0%	0.1%	1.2%
	平成 27 年	1,111 校	89.5%（　994 校）	88.0%	0.2%	1.3%
夜間定時制高等学校	平成 28 年	565 校	72.6%（　410 校）	56.3%	16.1%	0.2%
	平成 27 年	574 校	77.5%（　445 校）	59.1%	18.1%	0.3%
計	平成 28 年	31,524 校	95.0%（29,959 校）	92.6%	0.6%	1.8%
	平成 27 年	32,429 校	94.9%（30,769 校）	92.3%	0.7%	1.9%

※中学校の数値には、中等教育学校（前期課程）を含む。

出典：平成 28 年度　文部科学省

http://www.mext.go.jp/b_menu/toukei/chousa05/kyuushoku/kekka/k_detail/__icsFiles/afieldfile/2017/10/31/1
387614_1.pdf　2019 年 1 月 28 日確認

　2016（平成 28）年度における学校給食実施率は、小学校で 99.2%、中学校で約 88.9% である。また、小中一貫の義務教育学校では 100%、特別支援学校は 89.3% となっている。なお、夜間定時制高等学校でも 72.6% が実施されていることは、意外と知られていない。小学校、中学校で実施されていないところがそれぞれ 0.8%、11.1% である。中学で給食を実施していない自治体としては、神奈川県横浜市が有名である。

（西方）

第1節 基礎統計

（10）学校給食費の平均月額

区分	平成 28 年		平成 27 年	
	給食回数	給食費月額	給食回数	給食費月額
小学校	190 回	4,323 円	190 回	4,301 円
中学校	186 回	4,929 円	187 回	4,921 円

※給食費月額とは、保護者の年間負担額を 11 か月で除した額。

※中学校の数値には、中等教育学校（前期課程）を含まない。

出典：平成 28 年度　文部科学省

http://www.mext.go.jp/b_menu/toukei/chousa05/kyuushoku/kekka/k_detail/__icsFiles/afieldfile/2017/10/31/1 387614_2.pdf　2019 年 1 月 28 日確認

　学校給食は、子どもたちの身体の健全な発育に役立ち、食育としての意義も高い。給食費は、体格差から当然ではあるが小学校と中学校では異なっており、小学校では 1 食あたり 250 円であるのに対して 1 食あたり 292 円と高くなっている（表より計算）。なお、2016（平成 28）年には、前年よりも、小学校で月額 22 円、中学校で月額 8 円高くなっている。わずかの差ではあるが、物価の上昇などが影響したものであろう。

（西方）

第1節　基礎統計

（11）生活保護の保護率の推移

年度	0−14歳被保護	0−14歳全体	割合
H12	129	18,510	0.69%
H17	180	17,590	1.03%
H18	181	17,435	1.04%
H19	179	17,293	1.03%
H20	176	17,179	1.03%
H21	187	17,011	1.10%
H22	208	16,839	1.24%
H23	219	16,705	1.31%

（千人）

出典：http://www.e-stat.go.jp/SG1/estat/GL08020103.do?_toGL08020103_&listID=000001047633&requestSender
=search および http://www.stat.go.jp/data/jinsui/2013np/pdf/gaiyou2.pdf を基に筆者作成

　表は0歳〜14歳の子どもの家庭の生活保護率の推移である。平成12年（2000年）当時、生活保護を受けているものは0.69%であったが、11年後には倍近くになっている。生活保護家庭では、教育の機会が限られてくるために学歴の差が生じ、それが貧富の差の拡大をもたらすといった連鎖が生じる危険がある。保育、教育関係者も関心を持つべき現象であると言えよう。

（西方）

第1節　基礎統計

（12）子どもの数別養育費（1世帯平均月額）の状況

	総　　数	1人	2人	3人	4人	不詳
平成23年 母子世帯 　　1世帯平均月額	43,482円	35,438円	50,331円	54,357円	96,111円	＊
父子世帯 　　1世帯平均月額	32,238円	28,125円	31,200円	46,667円	－	＊
平成28年 母子世帯 　　1世帯平均月額	43,707円 （　610）	38,207円 （　328）	48,090円 （　222）	57,739円 （　46）	68,000円 （　9）	37,000円 （　5）
父子世帯 　　1世帯平均月額	32,550円 （　25）	29,375円 （　11）	32,222円 （　11）	42,000円 （　3）	－ （　－）	－ （　－）

注：1）養育費を現在も受けている又は受けたことがある世帯で、額が決まっているものに限る。

注：2）この表における（　）内の数値は集計世帯数である。

出典：厚生労働省　平成28年度全国ひとり親世代等調査結果報告　養育費の状況

https://www.mhlw.go.jp/file/06-Seisakujouhou-11920000-Kodomokateikyoku/0000188168.pdf　2019年1月28日確認

　　単身世帯は、子どもの養育費および子どもの世話の負担が極めて大きく、教育上重大な問題になりやすい。そのような単身世帯を支援するための特別養育費は2016（平成28）年で、子ども一人の場合約3万8千円であり、その後は一人増えるごとに約1万円増加する。なお、この額は母親のみの世帯であり、父親のみの世帯では、男女の経済力の差が反映され、それよりも約1万円少なくなっている。

（西方）

第1節　基礎統計

(13) 幼稚園3歳から高等学校第3学年までの15年間の学習費総額

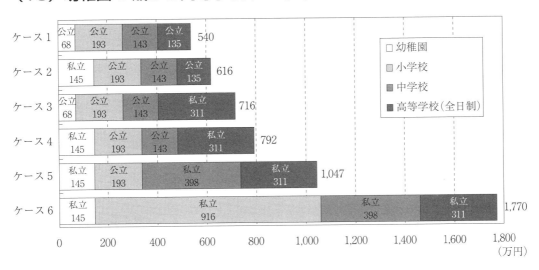

出典：「子供の学習費の調査（平成28年度）」文部科学省

　通う学校が全て公立の場合の学習費合計は540万円であり、全て私立の場合は1,770万円と、学習費総額に3倍以上の違いが出てくる。特に小学校では、修業年限が6年と長くなるため私立は教育費が高い。6年間で916万円となり、私立中学校・高等学校の合計6年間709万円よりも高くなっている。この調査は高等学校までの総額であり、大学等、この後の進路にかかる費用は含まれていない。

(西方)

第1節　基礎統計

（14）国公私立大学の授業料の推移

年度	国立大学 授業料	国立大学 入学料	公立大学 授業料	公立大学 入学料	私立大学 授業料	私立大学 入学料
	円	円	円	円	円	円
昭和 50	36,000	50,000	27,847	25,068	182,677	95,584
51	96,000	↓	66,582	74,220	221,844	121,888
52	↓	60,000	78,141	80,152	248,066	135,205
53	144,000	↓	110,691	90,909	286,568	157,019
54	↓	80,000	134,618	104,091	325,198	175,999
55	180,000	↓	157,412	119,000	355,156	190,113
56	↓	100,000	174,706	139,118	380,253	201,611
57	216,000	↓	198,529	150,000	406,261	212,650
58	↓	120,000	210,000	167,265	433,200	219,428
59	252,000	↓	236,470	178,882	451,722	225,820
60	↓	↓	250,941	179,471	475,325	235,769
61	↓	150,000	252,000	219,667	497,826	241,275
62	300,000	↓	290,400	230,514	517,395	245,263
63	↓	180,000	298,667	261,639	539,591	251,124
平成 元	339,600	185,400	331,686	268,486	570,584	256,600
2	↓	206,000	337,105	287,341	615,486	266,603
3	375,600	↓	366,032	295,798	641,608	271,151
4	↓	230,000	374,160	324,775	668,460	271,948
5	411,600	↓	405,840	329,467	688,046	275,824
6	↓	260,000	410,757	357,787	708,847	280,892
7	447,600	↓	440,471	363,745	728,365	282,574
8	↓	270,000	446,146	371,288	744,733	287,581
9	469,200	↓	463,629	373,893	757,158	288,471
10	↓	275,000	469,200	375,743	770,024	290,799
11	478,800	↓	477,015	381,271	783,298	290,815
12	↓	277,000	478,800	383,607	789,659	290,691
13	496,800	↓	491,170	387,200	799,973	286,528
14	↓	282,000	496,800	394,097	804,367	284,828
15	520,800	↓	517,920	397,327	807,413	283,306
16	↓	↓	522,118	397,271	817,952	279,794
17	535,800	↓	530,586	401,380	830,583	280,033
18	↓	↓	535,118	400,000	836,297	277,262
19	↓	↓	536,238	399,351	834,751	273,564
20	↓	↓	536,449	399,986	848,178	273,602
21	↓	↓	536,632	402,720	851,621	272,169
22	↓	↓	535,962	397,149	858,265	268,924
23	↓	↓	535,959	399,058	857,763	269,481
24	↓	↓	537,960	397,595	859,367	267,608
25	↓	↓	537,933	397,909	860,266	264,417
26	↓	↓	537,857	397,721	864,384	261,089
27	↓	↓	537,857	397,721	868,447	256,069
28	↓	↓	537,809	393,426	877,735	253,461
29	↓	↓	538,294	394,225	-	-

（注）①年度は入学年度である。
②国立大学の平成 16 年度以降の額は国が示す標準額である。
③公立大学・私立大学の額は平均であり、公立大学入学料は地域外からの入学者の平均である。

出典：文部科学省
http://www.mext.go.jp/a_menu/koutou/shinkou/07021403/__icsFiles/afieldfile/2017/12/26/1399613_03.pdf
2019 年 1 月 28 日確認

　授業料は、国立および公立大学ではほぼ同額であるが、私立大学は国公立の 2 倍近い。国公立大学の授業料は、1975（昭和 50）年から 1976（昭和 51 年）にかけ 3 倍近い額に変更された。このとき、私立大学では 15％程度増額され以後、毎年 2 ～ 5 万円くらいずつ増額されたが、2005（平成 17）年から増額は止まり、むしろ減額される年が増える。インフレの時代が終わり、デフレの時代が始まったことが、この表の数値にも明瞭に現れている。

（西方）

第1節　基礎統計

（15）学生数に対する奨学金貸与割合

学種	貸与割合	
	平成 18 年度	平成 28 年度
大学・短大（通信除く）	3.6 人に 1 人　（27.9%）	2.6 人に 1 人　（38.1%） → 約 1.4 倍
大学院	2.6 人に 1 人　（38.7%）	3.1 人に 1 人　（32.0%） → 約 0.8 倍
高等専門学校	9.1 人に 1 人　（11.0%）	12.5 人に 1 人　　（8.0%） → 約 0.7 倍
専修学校専門課程	4.7 人に 1 人　（21.1%）	2.5 人に 1 人　（40.8%） → 約 1.9 倍
計	3.7 人に 1 人　（27.1%）	2.7 人に 1 人　（37.7%） → 約 1.4 倍

（注）貸与割合は 28 年度貸与実績／ 28 年度学生数（実員）

出典：日本学生支援機構（平成 30 年度）

https://www.jasso.go.jp/about/ir/minkari/__icsFiles/afieldfile/2018/03/20/30minkari_ir.pdf　2019 年 1 月 28 日確認

　2016（平成 28）年度の調査では、学生の 2.7 人に 1 人が日本学生支援機構の奨学金を借りている。大学の学費が高いため、奨学金の貸与を希望するものが増加するのであろう。大学院と高等専門学校も含めた全体の貸与率は、2006（平成 18）年から 10 年間で 1.4 倍まで増加している。なお、高等専門学校は逆に減少しているが、そのほとんどが国立であり授業料が安いことが影響していると考えられる。

（西方）

第1節　基礎統計

（16）就職（内定率）の推移（大学）

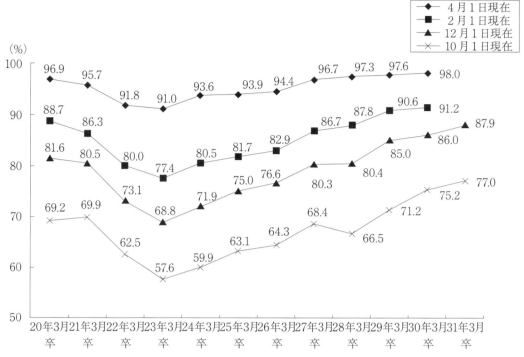

出典：「平成31年3月大学等卒業予定者就職内定状況」就職状況調査　文部科学省　平成30年
http://www.mext.go.jp/b_menu/houdou/31/01/__icsFiles/afieldfile/2019/01/18/1412605_1.pdf　2019年1月28日確認

　1990（平成2）年代から2000（平成12）年代半ばまで続いた「就職氷河期」には、「有効求人倍率」が1を切ることもあり、当然内定率は低かった。これは日本の高度成長期が終わり、いわゆる「バブル崩壊」による不景気に基づくものである。ところが2018（平成30）年12月現在で87.9％が内定獲得しており、ここ10年を見ても内定率は極めて高い。これは日本の景気の回復というよりは、少子化による人手不足に基づくものであると考えられる。

（西方）

第1節　基礎統計

（17）典型7公害の種類別公害苦情受付件数の推移

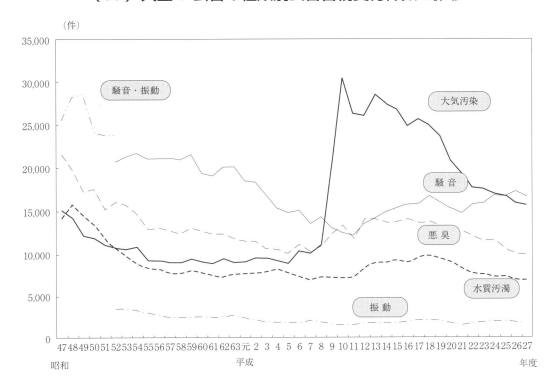

注1）「土壌汚染」及び「地盤沈下」は苦情件数が少ないため、表示していない。
注2）「騒音」と「振動」は、昭和51年度以前の調査においては、「騒音・振動」として捉えていた。

出典：公害等調整委員会事務局「平成25年度公害苦情調査結果報告書」平成26年　http://www.soumu.go.jp/main_content/000336758.pdf　2018年12月28日確認

　公害は子どもの成長に影響を与えるが、特に、大気汚染はアレルギーなどの元になるために重要である。図によると、1995（平成8）年頃より、大気汚染に対する苦情が急増している。同年5月に大気汚染防止法が改正され、低濃度ではあるが長期曝露によって人の健康を損なうおそれのある有害大気汚染物質について人々の意識が向上したことが関係するものと考えられる。現在は騒音が件数では一番多い。

（西方）

第1節 基礎統計

（18）主な発生原因別公害苦情受付件数の割合

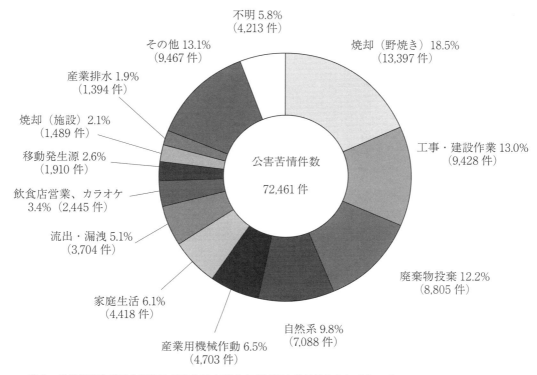

出典：公害等調整委員会事務局「平成25年度公害苦情調査結果報告書」平成26年　http://www.soumu.go.jp/main_content/000336758.pdf　2018年12月28日確認

　公害の苦情受付件数を発生原因別にみた。環境を悪化させる様々な公害要因があるが、最も大きいのは焼却（野焼き）であり、次いで工事・建設作業、廃棄物投棄と、この3種類で合計が43.7％を占める。農業に伴う合法的なものは苦情が少ないであろうが、個人が庭で草や生活ゴミを燃やすなどは苦情が出やすい。なお、都市部では屋外の焚き火は禁止されている地区が多い。

（西方）

第2節　子どもと地域社会

(1)「地域の教育力」が世の中全般に低下していると思いますか

(n＝463)

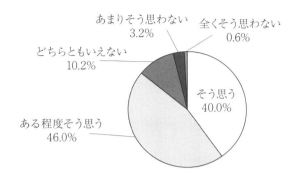

『そう思う（計）』（86.0%）＝「そう思う」＋「ある程度そう思う」
『そう思わない（計）』（3.8%）＝「全くそう思わない」＋「あまりそう思わない」

出典：東京都「家庭と地域で取り組む子どもの健全育成調査（H26）」
http://www.metro.tokyo.jp/INET/CHOUSA/2015/02/60p22100.htm
2018年12月28日確認

　現代社会は地域とのつながりが薄くなっていると言われるが、この調査結果もそのことを示している。地域の教育力が低下しているかと思うかという問いに「そう思う」が40.0%、「ある程度そう思う」が46.0%、と、合計86.0%が「低下している」と回答している。子どもの健全発達のためには、地域全体での関わる力、「地域の教育力」を高める必要があるであろう。ただし、この結果は東京都の調査である。

(西方)

第2節 子どもと地域社会

(2)「地域の教育力」をあげるためには、何が必要だと思いますか

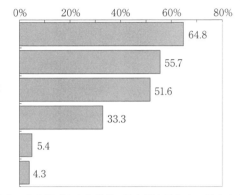

出典：東京都「家庭と地域で取り組む子どもの健全育成調査（H26）」
http://www.metro.tokyo.jp/INET/CHOUSA/2015/02/60p22100.htm
2018年12月28日確認

　「地域の教育力」について聞いた。都の調査では「子供にいろいろな世代との交流体験の機会を増やす」、「他人の子供でも『地域の子』『社会の子』として育成するように心がける」「学校・地域・家庭が連携して「心の教育」や「体験学習に取り組む」などがそれぞれ64.8％、55.7％、51.6％となった。いずれの対策も有効であろう。それらを実現することで地域の教育力が上がることが期待される。

(西方)

第2節　子どもと地域社会

（3）コミュニティスクール（学校運営協議会制度）の仕組み

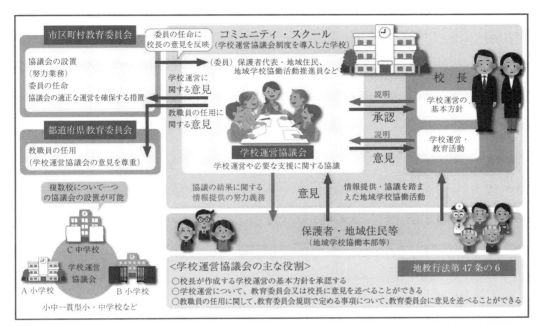

出典：文部科学省
http://www.mext.go.jp/a_menu/shotou/community/　2019年1月28日確認

　コミュニティ・スクールは、コミュニティの力を取り込み、地域との協力の中で子供たちの豊かな成長を支える学校づくりを進める仕組みである。具体的には、保護者や地域の人々による学校運営委員会を設置し、そこで学校運営に関して話し合いを行う。委員は、学校長から学校の運営方針などの説明を受けると共に、それに対して意見を述べることができる。また、教員の認容についても教育委員会へ意見を述べることができる。

（西方）

第2節　子どもと地域社会

（4）コミュニティスクールを実施している学校種別の内訳

	設置校数	増加数（前年度比）
幼稚園	147 園	32 園増
小学校	3,265 校	965 校増
中学校	1,492 校	418 校増
義務教育学校	39 校	15 校増
中等教育学校	1 校	0 校増
高等学校	382 校	317 校増
特別支援学校	106 校	85 校増
合計	5,432 校	1,832 校増

出典：文部科学省「コミュニティスクールの導入・推進状況（平成 30 年 4 月 1 日）」
http://www.mext.go.jp/a_menu/shotou/community/shitei/detail/1405722.htm　2019 年 1 月 28 日確認

　コミュニティスクール導入の学校数である。2018（平成 30）年の調査では、幼稚園で 32 園増加、同様に小学校で 965 校、中学校で 418 校が増加していている。平成 30 年度の文部科学省による学校基本調査によれば、小学校が国公立、私立合計 19,892 校、中学校が同様 10,270 校であるから、決して数多くはない。今後ますます増加することが望まれる。学校と地域の連携・協働は、子どもたちの健全な育ちに欠かせないであろう。

（西方）

第2節　子どもと地域社会

（5）現在の地域での付き合いの程度

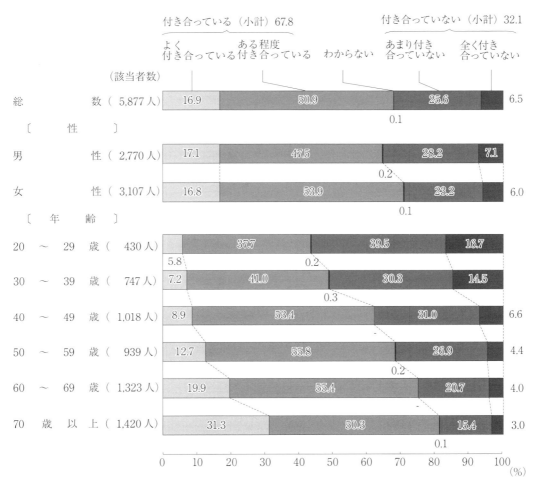

出典：内閣府「世論調査平成27年度」
https://survey.gov-online.go.jp/h27/h27-shakai/zh/z13.html
2018年12月28日確認

　近隣の人々との接し方には年代によって大きな異なっている。図は、世代別の比較であるが、年齢が高いほど地域での付き合いが多い様子が見られる。20代、30代では「よく付き合っている」は約7％であるが、60代では約20％となっている。逆に、「まったく付き合っていない」は、20代、30代では15％前後であるのに対して、60代、70代では4％、3％となっている。地域のつながりはますます薄くなっていくことを予見させる。

（西方）

第２節　子どもと地域社会

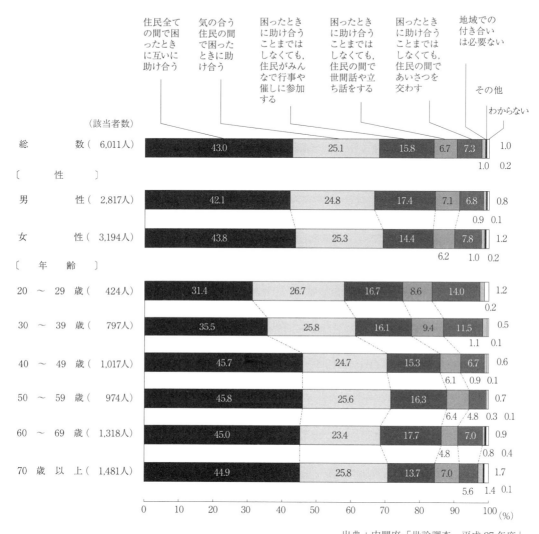

（6）望ましい地域での付き合いの程度

出典：内閣府「世論調査　平成27年度」
https://survey.gov-online.go.jp/h27/h27-shakai/zh/z15.html　2019年1月28日確認

　地域のつながり希薄化という現実があるにも関わらず（あるからこそ余計にと言うべきか）、「困ったときに助け合う」ことの必要性は、多くの住民が意識している。若年世代でも30％以上、中年以降の世代では実に約45％が、「住民すべての間で困ったときに互いに助け合う」ことが望ましいと答えている。しかし、現実には前項で見たように、実際にはつきあいは希薄化しているわけであり、実態と期待との間には大きな差が見られる。

（西方）

第2節　子どもと地域社会

（7）近所の人や知り合いの人にあいさつをすること（小4小6中2）

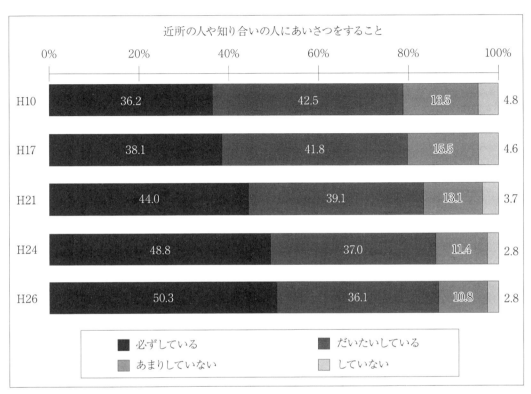

出典：国立青少年教育振興機構　青少年の体験活動等に関する実態調査（H26）
http://www.niye.go.jp/kanri/upload/editor/84/File/gaiyou.pdf　2019年1月29日確認

　調査結果では、子どもたちが近隣の人との挨拶などの機会が、年と共に増加していることを示している。「必ずしている」という子どもの割合は、1998（平成10）年には36.2%であったものが、16年後、2014（平成26）年には50%を超えている。なぜこのような変化が現れたか理由は明確ではない。知らない大人から声をかけられると不審者となるが、子どもから知り合いに挨拶することは防犯になると言えるかもしれない。

（西方）

第2節　子どもと地域社会

（8）地域の人とあなたのかかわりはどのようなものですか（近所の人、
町内会などの知人、消防団などの地域活動での知人、塾や習い事
での知人、参加している NPO 法人など）

	n	そう思う	どちらかといえばそう思う	どちらかといえばそう思わない	そう思わない	そう思う（計）	そう思わない（計）
会話やメール等をたくさんしている	6000	5.3	13.8	25.0	55.8	19.2	80.9
何でも悩みを相談できる人がいる	6000	4.7	13.5	25.1	56.7	18.2	81.8
楽しく話せる時がある	6000	6.6	21.2	24.4	47.8	27.8	72.3
困ったときは助けてくれる	6000	5.7	20.8	25.8	47.8	26.4	73.6
他の人には言えない本音を話せることがある	6000	4.5	12.8	25.6	57.2	17.2	82.8
強いつながりを感じている	6000	4.3	15.8	27.8	52.1	20.2	79.9

出典：内閣府　子ども・若者の意識に関する調査（H28）

https://www.8.cao.go.jp/youth/kenkyu/ishiki/h28/pdf/s2-2-2.pdf　2019 年 1 月 28 日確認

　地域の関わりとしては、様々な関わりが考えられるが、「そう思う」、「どちらかと言えばそう思う」の合計が一番高かったのは、「楽しく話せる時がある」27.8%、「困ったときは助けてくれる」26.5% であった。次いで「強いつながりを感じている」20.1%。逆に「会話やメールをたくさんしている」という現代社会特有の関わり方も 19.1% あった。複数回答であることを考慮しても、つながりの薄さが感じられる結果である。

（西方）

第2節　子どもと地域社会

(9)「家の人にほめられること」と生活習慣の関係

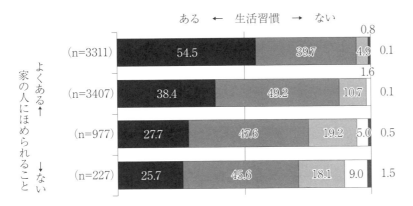

生活習慣に関する質問項目
- 朝、顔を洗ったり、歯をみがいたりすること
- 朝、食事をとること
- 自分のふとんの上げ下ろしやベッドを整頓すること
- 朝、人に起こされないで自分で起きること
- 家であいさつをすること
- 近所の人や知り合いにあいさつをすること
  - 生活習慣に関する質問項目である上記6項目を得点化（「必ずしている」を1点、「だいたいしている」を2点、「あまりしていない」を3点、「していない」を4点）し、5段階に分類したもの。

出典：国立青少年教育振興機構 青少年の体験活動等に関する実態調査 平成24年度調査報告書
平成26年
http://www.niye.go.jp/kanri/upload/editor/84/File/gaiyou.pdf　2019年1月28日確認

　生活習慣に関する質問項目は、顔を洗ったり、食事をしたり、あいさつをしたりとどれも基本的なものである。自己申告によるものではあるが、「家の人にほめられること」がよくある子ほど、生活習慣もきちんとついているという結果である。生活習慣を身につけるということは、毎日の積み重ねによるものである。このことは、保護者の養育態度やしつけ意識の間に深い関係があることを示すものと言えよう。

(西方)

第2節　子どもと地域社会

（10）生活体験と道徳観・正義感の関係

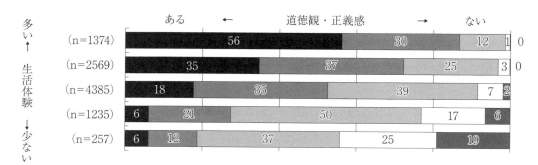

生活体験に関する質問項目
- ナイフや包丁で、果物の皮をむいたり、野菜を切ったこと
- タオルやぞうきんなどを絞ったこと
- 道路や公園などに捨てられているゴミを拾ったりしたこと
- 弱い者いじめやケンカをやめさせたり、注意したこと
- 赤ちゃんのおむつをかえたり、ミルクをあげたこと
- 小さい子どもを背負ったり、遊んであげたりしたこと
  ○生活体験に関する質問項目、上記6項目を得点化（「何度もある」を1点、「少しある」を2点、「ほとんどない」を3点）し、5段階に分類したもの。

道徳観・正義感に関する質問項目
- 家であいさつすること
- 近所の人や知り合いの人にあいさつすること
- バスや電車で体の不自由な人やお年寄りに席をゆずること
- 友達が悪いことをしていたら、やめさせること
  ○道徳観・正義感に関する質問項目、上記4項目を得点化（「必ずしている」を1点、「だいたいしている」を2点、「あまりしていない」を3点、「していない」を4点）し、5段階に分類したもの。

出典：国立青少年教育振興機構 青少年の体験活動等に関する実態調査 平成24年度調査報告書（平成26年）
http://www.niye.go.jp/kanri/upload/editor/84/File/gaiyou.pdf　2019年1月28日確認

　生活体験と道徳観・正義感の相関を調査した。生活体験が豊富な小・中学生（小4・小6・中2）ほど、道徳観・正義感が高い傾向にあるという結果になった。56％と半数以上である。生活体験は、ナイフや包丁の扱いや、赤ちゃんや小さい子どもとのふれあい等、子どもの力だけではできないこともあるので、保護者やそれに代わる人のかかわりも重要である。保護者やそれに代わる人に、余裕がないと行えない。

（西方）

第2節　子どもと地域社会

(11) 放課後や休日の遊び場（学校段階別）

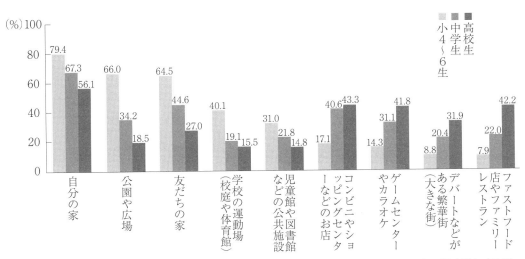

出典：ベネッセ教育研究所　子どもの生活と学びに関する親子調査（2015）
https://berd.benesse.jp/up_images/research/kodomoseikatsu_digest_03.pdf
2018年12月27日確認

　遊び場について聞いたものである。どの学校段階でも「自分の家で過ごす」が多く、小学生79.4％、中学生67.3％、高校生56.1％となっている。小学生は「公園や広場」、「友だちの家」、「学校の運動場」の順、中学生は「友だちの家」、「コンビニ……などのお店」、「公園や広場」の順、高校生は「コンビニ……などのお店」、「ゲームセンターやカラオケ」、「ファーストフード……」の順となり、生活空間が次第に広がる様子がうかがえる。

（西方）

第2節　子どもと地域社会

（12）人とすごす時間

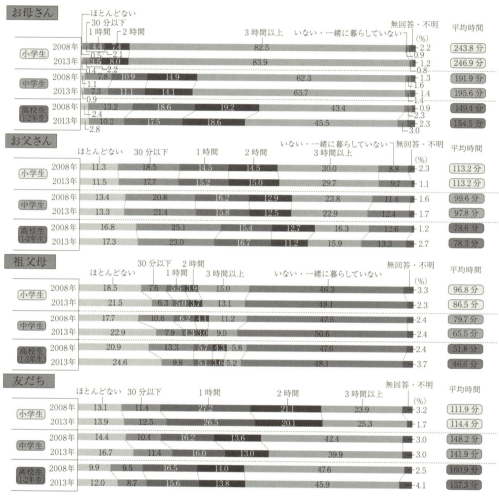

注1　「人とすごす時間」には、学校の授業の時間や睡眠時間は含まれていない。
注2　「30分以下」は「15分」「30分」の％、「3時間以上」は「3時間」〜「4時間より多い」の％。
注3　平均時間は、「ほとんどない」を0分、「4時間」を240分、「4時間より多い」を300分のように置き換えて、「いない・一緒に暮らしていない」と無回答・不明を除いて算出した。

出典：ベネッセ教育研究所　放課後の生活時間調査（2013）
https://berd.benesse.jp/up_images/research/2014_houkago_02.pdf　2019年1月28日確認

　全体として共通するのは、2008（平成20）年と2013（平成25）年で大きな変化がないこと、「祖父母と過ごす時間」が少ないことである。これは、祖父母が「いない・一緒に暮らしていない」家庭が全体の半分近いので当然であろう。目立つのは、学校段階が上がるにつれて母親と過ごす時間が減少することである。父親と一緒の時間も減少するが、それほど大きく変化しない。父親が仕事で家にいない時間が多いことによるものであろう。

（西方）

第2節　子どもと地域社会

（13）家庭の役割

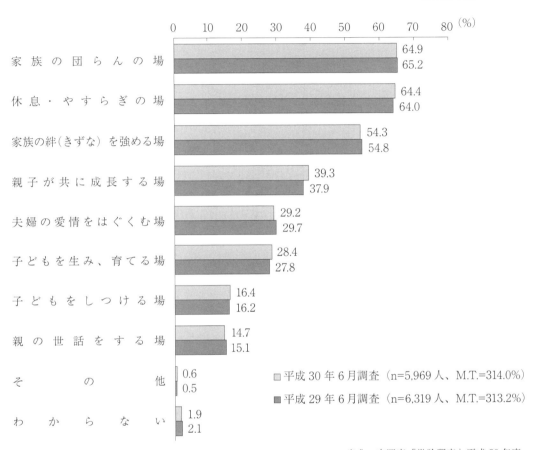

出典：内閣府「世論調査」平成30年度

　家庭の役割について聞いたものである。「家庭はどのような意味を持っているか」の問いに、「家族の団らんの場」の割合が64.9％、「休息・やすらぎの場」が64.4％と高い。次いで「家族の絆を強める場」が54.3％、「親子が共に成長する場」39.3％の順となった。「子どもを生み、育てる場」、「子どもをしつける場」はともに微増。全体でも前回調査と大きな変化はない。

（西方）

第3節　子どもの将来

（1）学校以外の学習時間や習い事等の行為者率

	学校以外の学習時間	習い事時間	放課後児童クラブ利用時間	遊び時間（外遊び、内遊び）	電子ゲーム時間	電話・携帯、メール時間	TV・PC・インターネット時間
全学年平均	82.0%	23.9%	8.0%	74.1%	41.2%	0.4%	84.5%
水曜日	92.6%	22.1%	11.8%	68.3%	37.8%	0.4%	82.3%
木曜日	92.1%	23.9%	11.8%	70.0%	37.7%	0.4%	81.8%
土曜日	60.3%	25.8%	0.0%	84.5%	48.4%	0.2%	89.7%
平日	92.3%	23.0%	11.8%	69.1%	37.7%	0.4%	82.1%
1年生	93.8%	24.4%	23.8%	73.1%	29.4%	0.0%	83.1%
2年生	89.5%	25.0%	13.7%	73.4%	30.6%	0.0%	80.6%
3年生	96.4%	31.4%	18.2%	64.2%	33.6%	0.0%	89.1%
4年生	93.7%	15.7%	11.9%	62.9%	34.0%	0.0%	78.6%
5年生	98.2%	22.0%	3.0%	65.5%	44.0%	1.8%	81.5%
6年生	82.1%	21.0%	1.9%	75.9%	53.1%	0.6%	79.6%
1〜3年生	93.3%	26.8%	19.0%	70.3%	31.1%	0.0%	84.3%
4〜6年生	91.4%	19.6%	5.5%	68.1%	43.8%	0.8%	80.0%

注）その活動項目に関して行動している人の数を示す。

出典：一般財団法人こども未来財団　子どもの生活時間に関する調査結果（H25）
https://www.mhlw.go.jp/file/05-Shingikai-12601000-Seisakutoukatsukan-Sanjikanshitsu_Shakaihoshoutantou/000
0184127.pdf　2018 年 12 月 27 日確認

　小学生の学校以外の学習時間と習い事時間は、子どもの学校外生活の中で一定の時間を占める。小学生はどの学年も 90％前後の子どもが学習していると答えており、学校以外でもよく勉強していると言える。一方、習い事の比率は低く、小学校 3 年生の31.4％、4 年生の 15.7％を除き、他は 20％台となっている。学年による一貫した傾向は見られない。放課後児童クラブ利用は学年が上がると多くの施設で対象から外れるため、減っていく。

（西方）

第3節　子どもの将来

（2）スポーツ活動の活動率、芸術活動の活動率

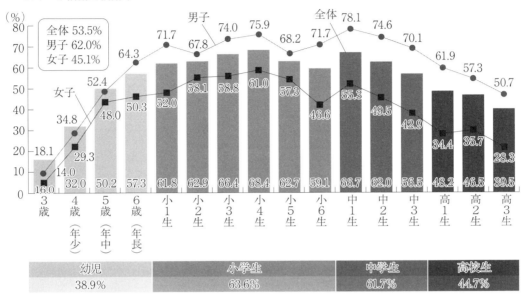

注　スポーツ活動の選択肢のうち、いずれかを選択した比率（％）。

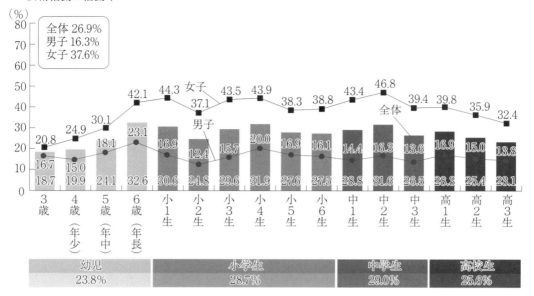

　この結果は「定期的にしていた」活動、学校のクラブ活動、各種教室での活動が含まれる。活動率はスポーツのほうが高い。スポーツでは男子が女子よりも多く、芸術活動では女子が男子よりも多い。これは、年齢層を問わず一貫した傾向である。大きな違いはスポーツ活動は、男女ともに中学生になると急速に活動率が下がるが、芸術活動では、中学生になっても活動率が下がらないことである。

（西方）

第3節　子どもの将来

（3）塾・習い事の現状と推移

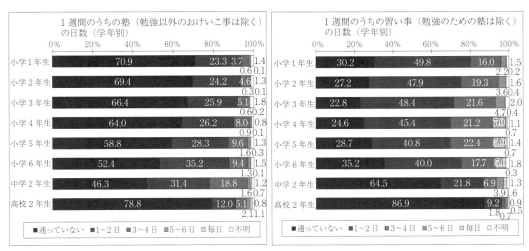

出典：国立青少年教育振興機構　青少年の体験活動等に関する実態調査（H26）
http://www.niye.go.jp/kanri/upload/editor/107/File/20180129gaiyou.pdf
2018年12月27日確認

　学年の上昇に比例して塾に通う子どもの割合が増加し、日数も増えていく。小学校1年生では29.1％、中学2年生では51.7％が「通っている」。高校生では21.2％のみ「通っている」となっている。予備校は塾とは別という認識の違いか、3年生になってから受験勉強を始めるものが多いからであろう。習い事では、塾と異なり小学生ではU字型の変化を見せ、中、高生では、学年が上昇すると減少していく様子が明瞭である。
（西方）

第3節　子どもの将来

（4）学校以外での学習時間、習い事の時間（時：分）

	睡眠時間	学校の時間	学校以外の学習時間	習い事時間	放課後児童クラブ利用時間	遊び時間（外遊び、内遊び）	電子ゲーム	電話・携帯、メール	TV・PC・インターネット
全学年平均	9:15	7:11	1:03	1:42	2:18	1:40	1:10	0:28	1:37
水曜日	9:08	7:05	1:05	1:12	2:16	0:57	0:53	0:26	1:12
木曜日	9:06	7:17	0:54	1:16	2:20	0:52	0:56	0:25	1:16
土曜日	9:33	−	1:15	2:35		2:57	1:35	0:40	2:22
平日	9:07	7:11	1:00	1:14	2:18	0:54	0:54	0:25	1:14
1年生	9:23	6:53	0:41	0:57	2:00	0:58	0:48	−	1:15
2年生	9:25	7:05	0:50	1:13	2:44	1:01	0:45	−	1:10
3年生	9:13	7:07	0:56	1:15	2:20	0:55	0:45	−	1:09
4年生	9:06	7:26	1:12	1:11	2:25	1:00	0:48	−	1:06
5年生	8:55	7:21	1:09	1:22	2:52	0:39	0:51	0:24	1:13
6年生	8:46	7:11	1:06	1:24	1:55	0:53	1:14	0:30	1:29
1〜3年生	9:20	7:01	0:52	1:08	2:16	0:58	0:46	−	1:11
4〜6年生	8:55	7:19	1:00	1:20	2:27	0:50	0:59	0:25	1:16

注）睡眠時間と学校の時間以外は、その活動項目に関して行動している人の活動時間の平均値を示す

出典：一般財団法人こども未来財団　子どもの生活時間に関する調査結果（H25）

https://www.mhlw.go.jp/file/05-Shingikai-12601000-Seisakutoukatsukan-Sanjikanshitsu_Shakaihoshoutantou/0000 184127.pdf　2019年1月28日確認

　高学年になると、睡眠時間が減り、学校の時間が増える。学校以外の学習時間と習い事時間は、4年生を除いて一貫して習い事の方が多くなっている。4年生にしても差は0.01％しかない。学年が上がるにつれ、両方共に時間が長くなる。1年生から3年生までの学習塾平均、習い事の平均時間は、それぞれ0.52、1:08であるのに対して、4年生から6年生までの平均は、それぞれ1:00、1:20と、10分近く増加している。

（西方）

第3節　子どもの将来

(5) 就寝時間が遅くなる理由

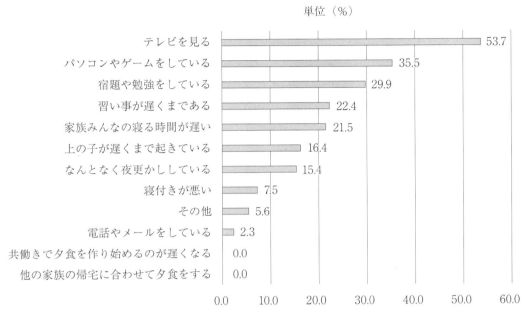

出典：サン・クロレラ研究サイト　子ども（小学生）の生活習慣に関するアンケート　2014
URL：http://lab.sunchlorella.co.jp/research/result_01.html
2019年1月28日確認

　2014年の調査結果である。小学生の就寝時間が遅くなる理由として、夜でも楽しめる遊び・娯楽が理由になっていることがわかる。その第一位はテレビであり、53.7%が理由として挙げている。次いでパソコンやゲームが35.5%、宿題や勉強29.9%、習い事が遅くまであるという理由も22.4%となった。家族みんなの寝る時間が遅い、上の子が遅くまで起きている等、家族環境の理由も多い。

（西方）

第3節　子どもの将来

（6）習い事で1番続いている、もしくは続いていたのは何ですか？

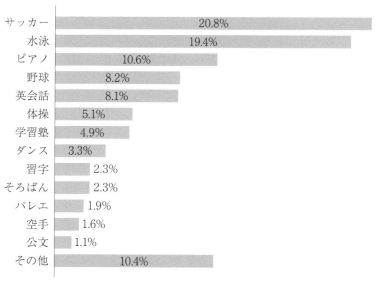

出典：らくらく連絡網調べ　イオレ（0〜12歳）子どもの習い事に関するアンケート（2017）

　最も長く続いている習い事はサッカーと水泳の順で、ともに約20％である。他のスポーツ系の習い事は、野球の8.2％、体操の5.1％、ダンスの3.3％と先の2つの習い事よりもかなり少ない結果になった。この違いの明確な理由はわからない。習い事の手軽さに関係するのであろうか。学習活動では、英会話が8.1％と学習塾の4.9％、習字・そろばんの2.3％より高くなっていて、時代の変化をうかがわせる。

（西方）

第3節　子どもの将来

（7）小学生の習い事

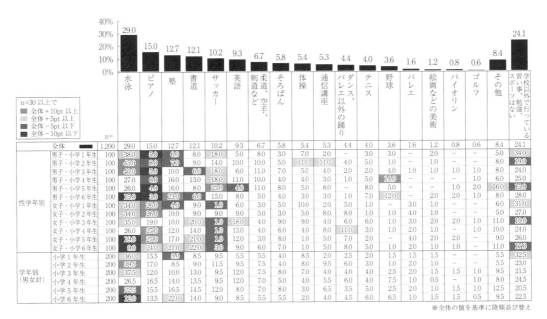

出典：学研教育総合研究所（Gakken）「小学生白書Web版（2015年10月調査）」
https://www.gakken.co.jp/kyouikusouken/whitepaper/201510/chapter9/01.html　2019年1月28日確認

　小学生の習い事では男女では異なる分野の活動に分かれるようだ。ピアノでは圧倒的に女子が多く、学年によって多少異なるが、20%〜30%近い割合となっている。男子では10%にも届かない。逆にサッカーでは男子が15%前後から20%超に対して、女子では小学校2年生を除いて数%となっている。水泳と塾では先の2つの活動と異なり、男女差はあまりない。

（西方）

第3節　子どもの将来

（8）子どもの年齢帯別　子ども一人当たりの習い事数と金額

	全体	未就学児	小学校低学年	小学校高学年
1人当たりの習い事平均数	2.0 個	1.7 個	2.1 個	2.2 個
毎月の合計費用	1万4670円	1万1708円	1万4641円	1万7652円
習い事1つ当たりの平均費用	7296円	6800円	6918円	8045円

※無答の回答者（未就学児）1人を除いて集計しているため、N=926、未就学児：N=308、小学校低学年・高学
　年それぞれ：N=309
※習い事平均数の数値は少数第2位、費用は少数第1位を四捨五入して表記
出典：リクルート「2017年子どもの習い事ランキング」http://www.recruit-mp.co.jp/news/pdf/20171005_02.pdf
2018年12月26日確認

　全体で見ると1人当たりの習い事は2個、毎月の費用は1万5,000円近くとなっている。未就学児の習い事は2個に満たないが、小学校に入ると習い事を増やす傾向があると推測される。小学校に慣れた頃に習い事をさらに増やす家庭も多いのであろう。習い事1つ当たりの費用も、年齢が上がるごとに増えていく。これは1人当たりの結果なので、子どもの数が増えると、それだけ負担額も増えて行くことが予想される。

(西方)

第3節　子どもの将来

（9）習い事の種類（学校段階別）

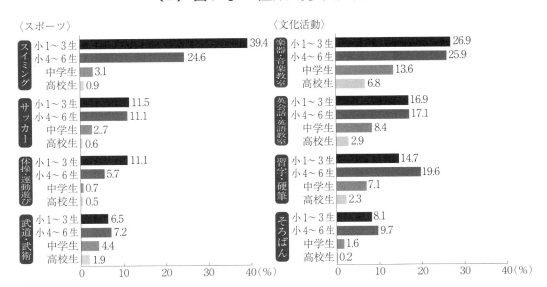

注1　複数回答。
注2　習い事やスポーツクラブに「行っていない」と無回答・不明を含めて算出した。
注3　小1生〜高3生全体で、割合の高い順に8項目を掲載した。

出典：ベネッセ教育総合研究所　子どもの生活と学びに関する親子調査2015
http://berd.benesse.jp/up_images/research/kodomoseikatsu_digest_web_all.pdf
2018年12月26日確認

　習い事のスポーツと文化活動二つの領域別に見ると、スポーツではスイミングで学校段階別の差が著しい。小学校低学年で39.4％が習っているのに対して、中学校で3.1％まで減少する。これは泳ぎを習得し、やめていく子どもが一定数いるからであろう。他のスポーツ系も同様である。文化活動では楽器・音楽が最も多いが、小学生と中学生の差は2倍程度である。総じて、学校段階が上がると習い事は減少していく。

（西方）

第3節　子どもの将来

（10）教室学習活動の活動率

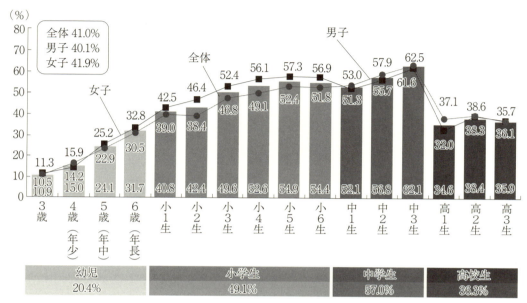

注　教室学習活動の選択肢のうち、いずれかを選択した比率（％）。

出典：ベネッセ教育総合研究所　学校外教育活動に関する調査（2017）
https://berd.benesse.jp/up_images/research/2017_Gakko_gai_tyosa_web.pdf　2019年1月28日

　この調査では学校外教育活動は、「スポーツ、芸術、学習、自然体験」を含めたものと定義している。小学生では、学年が上がるにつれ活動率が増加するが、どの学年で見ても男子よりも女子の活動率が高い。中学生でも学年の上昇につれ活動率は上がるのであるが、性別では小学生と逆にわずかに男子が高くなる。高校生では他の調査でも常にそうであるが、活動率は大きく下がる。これは「予備校」を「塾」と異なるものととらえるのではないかと推測される。

（西方）

第3節　子どもの将来

（11）人口別小学生通塾率ランキング

順位	都道府県	通塾率	偏差値
1	東京都	57.9%	69.72
2	神奈川県	56.9%	68.50
3	兵庫県	54.4%	65.46
4	奈良県	53.8%	64.73
5	和歌山県	52.9%	63.63
6	千葉県	51.0%	61.31
7	大阪府	50.7%	60.95
8	京都府	50.2%	60.34
9	三重県	49.7%	59.73
10	愛知県	49.3%	59.24
11	徳島県	48.8%	58.63
12	滋賀県	48.5%	58.27
13	静岡県	47.4%	56.93
14	岐阜県	46.9%	56.32
15	愛媛県	46.2%	55.46
15	高知県	46.2%	55.46
17	岡山県	46.1%	55.34
18	広島県	45.6%	54.73
19	埼玉県	45.4%	54.49
20	群馬県	44.0%	52.78
20	香川県	44.0%	52.78
22	山口県	42.4%	50.83
23	山梨県	41.7%	49.98
24	栃木県	41.5%	49.74
25	茨城県	41.2%	49.37
26	福岡県	39.6%	47.42
27	長野県	39.5%	47.30
28	大分県	39.4%	47.18
29	福井県	38.0%	45.47
30	宮城県	37.8%	45.23
30	沖縄県	37.8%	45.23
32	長崎県	37.2%	44.49
33	富山県	37.1%	44.37
34	石川県	36.9%	44.13
35	北海道	36.7%	43.89
36	佐賀県	36.5%	43.64
37	鳥取県	35.7%	42.67
38	新潟県	35.5%	42.42
39	熊本県	35.3%	42.18
40	福島県	33.2%	39.62
40	宮崎県	33.2%	39.62
42	鹿児島県	32.3%	38.52
43	島根県	32.1%	38.23
44	山形県	28.2%	33.53
45	青森県	28.1%	33.40
46	岩手県	25.8%	30.60
47	秋田県	22.1%	26.09

出典：都道府県別統計とランキングで見る県民性 by odomon　データは文部科学省平成29年度全国学力・学習状況調査 http://todo-ran.com/t/kiji/14737 2019年6月13日確認

　小学6年生で塾に通っている児童の割合比較（公立校のみ）である。東京、神奈川、兵庫、大阪、京都など大都市圏で通塾率が高く50％を超えている。逆に、熊本、福島、宮崎など九州、山形、青森、岩手など北陸が通塾率は低い。率にして2倍前後異なっている。また、通塾率と偏差値の間にはきれいな比例関係がある。通塾率が高いほど偏差値が高いのである。この傾向ははっきりしており、教育関係者には考えさせられる結果である。

（西方）

第3節　子どもの将来

（12）自身の将来について、明るい見通しをもっているか、不安を抱いているか

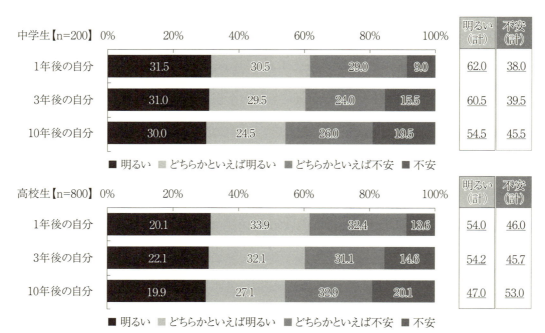

出典：ソニー生命「中高生が思い描く将来についての意識調査2017」　https://www.sonylife.co.jp/company/news/29/files/170425_newsletter.pdf　2018年12月26日確認

　中学生と高校生に聞いた1年後、3年後、10年後の見通しについての問いである。中学生においては明るい見通しをもっている者が過半数上であったのに対し、高校生になると逆転し、不安が多いという回答が過半数以上になってしまう。現在の世の中の状況を感じ取る年代になることで、不安な要素が多いことを実感し、それぞれが危機感を抱いてしまっているものと思われる。

(野末)

第3節　子どもの将来

(13) 自分の10年後を具体的に考えているか

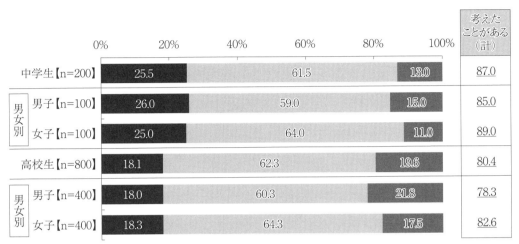

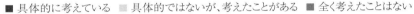

【2011年調査】

出典：ソニー生命「中高生が思い描く将来についての意識調査2017」　https://www.sonylife.co.jp/company/news/29/files/170425_newsletter.pdf　2018年12月26日確認

　自分の10年後に関して、中学生、高校生の男女とも具体的に、もしくは具体的ではないにしても考えたことがあるという回答が8割近くを占めた。高校生よりも中学生の方が自分の10年後について考えた比率が高く、中学生、高校生とも女子の方が10年後を具体的に考えている比率が高い。女性の方がより（子どもの時代から）現実的で、かつ具体的な生き方を考えていると読み取れる。

（野末）

第3節　子どもの将来

（14）将来の夢（複数回答形式）

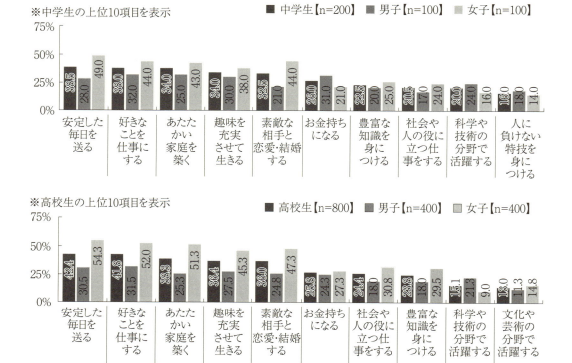

出典：ソニー生命「中高生が思い描く将来についての意識調査2017」 https://www.sonylife.co.jp/company/news/29/files/170425_newsletter.pdf　2018年12月26日確認

　将来の夢に関しては、やはり「安定した毎日を送る」という答えが中学生49.0％、高校生54.3％と、性別を問わず最も多い。中高とも「好きなことを仕事にする」は女子に多くみられ、将来の生活に誰もが切実な気持ちを抱いているといえよう。その反面、「あたたかい家庭を築く」や「素敵な相手と恋愛・結婚する」という回答も多くみられ（どちらも女子が多い）、あたたかく充実した生活に夢を抱く者も多いことは注目すべき点である。

（野末）

第3節　子どもの将来

（15）自宅から小学校までの通学時間はどれくらいですか？

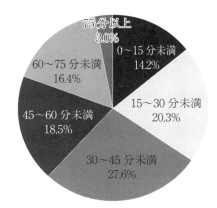

出典：不動産情報サイトアットホーム「私立小学生の通学時間等に関する調査」2012年　https://www.athome.co.jp/contents/at-research/vol15/　2018年12月26日確認

　朝早くから、通勤の満員電車に乗車する制服姿の子どもたちも多くみられるが、首都圏の私立小学校に通う小学生の通学平均時間は、36分（片道）であり、最も多い割合は30〜45分未満と全体の27.6％にあたる。また、1時間以上かけて通学する小学生も19.4％と2割近くあり、遠距離通学を行っている実情がある。首都圏の地元の小学校の場合であれば、ここまでの遠距離通学はないであろう。

（野末）

第3節　子どもの将来

（16）もし、今後引っ越しを行うとしたら「夫の通勤」と「お子さんの通学」とどちらを優先して考えますか？

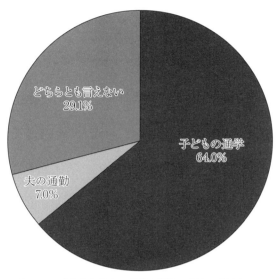

出典：不動産情報サイトアットホーム「私立小学生の通学時間等に関する調査」 2012年　https://www.athome.co.jp/contents/at-research/vol15/　2018年12月26日確認

　私立小学生を抱えていて、今後、子どものために引っ越しをしたいと思っている人に、上記の質問をしたところ、64％と半数以上の母親が「子どもの通学」を優先して引っ越す、と回答した。逆に「夫の通勤」を優先する、と回答した母親は7％に過ぎず、子どもの教育を優先するという回答となった。子どもの通学時間の負担はできるだけ減らしたいのが本音といえよう。

（野末）

第3節　子どもの将来

（17）私立小学校に通う小学生の塾や習い事にかかる毎月の費用（合計額）

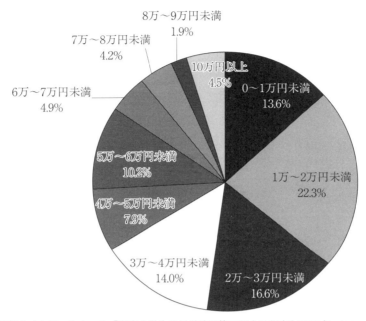

出典：不動産情報サイトアットホーム「私立小学生の通学時間等に関する調査」2012年　https://www.athome.co.jp/contents/at-research/vol15/　2018年12月26日確認

　塾や習い事へかける費用の合計額は、3万円以上という回答は全体の47.6％を占めており、子どもへの期待の高さが推測される。平均では月額3万2,206円を費用として支払っている結果となった。少数ながら4.5％の家庭では月額10万円以上を習い事にかけているとの回答もあった。金銭的な余裕がある家庭が、私立小学校へ通わせているということでもあろう。

（野末）

第3節　子どもの将来

（18）お子さんが通っている塾や習い事は何ですか？

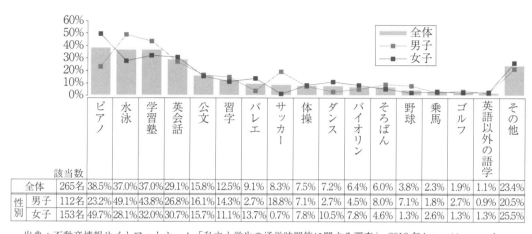

出典：不動産情報サイトアットホーム「私立小学生の通学時間等に関する調査」 2012年 https://www.athome.co.jp/contents/at-research/vol15/ 2018年12月26日確認

　私立小学生が通っている塾、習い事を聞いた結果、習っているもので、一番多いものはピアノ（男子23.2％、女子49.7％）で、2位が水泳（男子49.1％、女子28.1％）、3位が学習塾（男子43.8％、女子32％）となった。またそのあとも、「英会話」「公文」「習字」と続き、学力を高める方向の習い事に多く通う傾向が高い。しかし、本節（7）や（9）のデータを見る限り、大きな違いがあるとは考え難い。

（野末）

第4節　子どもとインターネット

（1）青少年のインターネット利用　　インターネット利用率

	いずれかの機器	スマートフォン	いわゆる格安スマートフォン	子供向けスマートフォン	契約切れスマートフォン	携帯電話	子供向け携帯電話	ノートパソコン
機器の利用率	92.3%	51.6%	3.6%	3.3%	4.0%	4.5%	9.7%	15.7%
インターネット利用率	82.5%	50.0%	3.2%	1.4%	3.1%	1.5%	1.6%	14.6%
	デスクトップパソコン	タブレット	学習用タブレット	子供向け娯楽用タブレット	携帯音楽プレイヤー	携帯ゲーム機	据置型ゲーム機	インターネット接続テレビ
機器の利用率	6.4%	26.8%	4.9%	0.2%	15.5%	39.2%	17.6%	5.5%
インターネット利用率	6.0%	24.8%	3.3%	0.1%	6.1%	24.5%	10.9%	4.0%

出典：内閣府　平成29年度青少年のインターネット利用環境実態調査 調査結果（速報）　https://www8.cao.go.jp/youth/youth-harm/chousa/h29/net-jittai/pdf/sokuhou.pdf
2019年1月28日確認

　2017（平成29）年度の調査では、青少年の82.5％がいずれかの機器でインターネットを利用しており、もはや子どもにとっても生活に欠かせないものとなっている。機器の利用率は1位がスマートフォンで50％と全体の半数、2人に1人が利用する。次いでタブレットが24.8％、携帯ゲーム機が24.5％、ノートパソコンが14.6％となっている。宿題や課題等で調べ学習にも利用されている現状も影響しているものと考えられよう。

（野末）

第4節　子どもとインターネット

（2）青少年のインターネット利用時間（平日1日あたり）

		平成29年度		平成28年度		平成27年度		平成26年度	
		平均利用時間	2時間以上の割合	平均利用時間	2時間以上の割合	平均利用時間	2時間以上の割合	平均利用時間	2時間以上の割合
利用機器の合計	総数	<u>159.3分</u>	57.0%	154.3分	56.3%	141.8分	50.5%	142.6分	49.9%
	小学生	97.3分	33.4%	93.4分	32.5%	84.8分	27.2%	83.3分	24.1%
	中学生	148.7分	56.7%	138.3分	51.7%	127.3分	46.1%	130.2分	47.4%
	高校生	213.8分	74.2%	207.3分	76.7%	192.4分	70.3%	185.1分	67.3%
スマートフォン	総数	148.4分	59.2%	145.8分	60.7%	136.0分	56.0%	140.7分	56.0%
	小学生	68.3分	19.2%	69.7分	24.8%	63.3分	17.4%	63.0分	18.4%
	中学生	127.5分	53.3%	124.2分	52.1%	118.3分	48.1%	123.4分	49.3%
	高校生	177.7分	71.5%	170.3分	72.1%	157.7分	66.8%	154.6分	63.3%

（注1）「利用機器の合計」については、青少年に対して調査した15機器のうち、いずれかの機器でインターネットを利用していると回答した青少年をベースに集計。
平成29年度：総数（n=2713）　小学生（n=664）　中学生（n=1115）　高校生（n=915）　　平成28年度：総数（n=2635）　小学生（n=625）　中学生（n=1051）　高校生（n=953）
平成27年度：総数（n=2743）　小学生（n=650）　中学生（n=1083）　高校生（n=995）　　平成26年度：総数（n=2615）　小学生（n=572）　中学生（n=1055）　高校生（n=965）
（注2）「スマートフォン」については、「スマートフォン」でインターネットを利用していると回答した青少年をベースに集計。
平成29年度：総数（n=1644）　小学生（n=177）　中学生（n=608）　高校生（n=842）　　平成28年度：総数（n=1549）　小学生（n=157）　中学生（n=509）　高校生（n=878）
平成27年度：総数（n=1589）　小学生（n=155）　中学生（n=507）　高校生（n=914）　　平成26年度：総数（n=1475）　小学生（n=98）　中学生（n=483）　高校生（n=874）
（注3）平均利用時間は、「使っていない」は0分とし、「わからない」を除いて平均値を算出，（注4）「利用機器の合計」の利用時間は、回答者が利用している各機器の利用時間を合算したもの。
出典：内閣府　平成29年度青少年のインターネット利用環境実態調査 調査結果（速報）https://www8.cao.go.jp/youth/youth-harm/chousa/h29/net-jittai/pdf/sokuhou.pdf
2019年1月28日確認

　青少年のインターネット利用時間は、一日あたり平均159.3分となり、前年度より5分増加している。2時間以上利用している割合も57%。年齢があがるにつれ長時間利用する傾向が見られ、高校生では213.8分と3時間以上の平均利用時間である。スマートフォンの利用では小学生は19.2%であるが、中学生になると53.3%と半数以上が利用している。もはやインターネットのない生活は考えられないという結果である。

（野末）

第4節　子どもとインターネット

（3）青少年のインターネット利用に関する保護者の取組（平成29年度）

	管理している（計）	ネット利用の管理は行っていない	わからない・無回答	大人の目の届く範囲で使わせている	利用時間等のルールを決めている	子供向けの機器等を使わせている	子供のネット利用状況を把握している	フィルタリングを使っている（注2）	その他の方法で管理している
総数 (n=1768)	84.4%	13.5%	2.1%	31.6%	28.4%	12.0%	36.1%	44.0%	4.6%
小・保 (n=195)	96.4%	3.1%	0.5%	74.9%	41.5%	10.3%	33.3%	27.2%	4.6%
中・保 (n=623)	89.7%	7.9%	2.4%	41.4%	39.6%	13.5%	42.9%	47.4%	6.3%
高・保 (n=934)	78.7%	19.1%	2.2%	16.0%	18.5%	11.3%	32.5%	45.8%	3.5%

（注1）青少年が「スマートフォン」を利用してインターネットを利用していると回答した保護者をベースに集計。

出典：内閣府　平成29年度青少年のインターネット利用環境実態調査 調査結果（速報）https://www8.cao.

go.jp/youth/youth-harm/chousa/h29/net-jittai/pdf/sokuhou.pdf

2019年1月28日確認

　保護者の84.4％がなんらかの形で、子どものインターネット利用を管理している結果となった。一番多い取り組みは「フィルタリング対策」で全体を通して44％、小学校、中学校、高校とどの学校種別でも高い数値となった。小学校では「大人の目の届く範囲で使わせている」が74.9％、中学生では「子供のネット利用状況を把握している」が42.9％と高い。高校生になると、どれも低くなり「ネット利用の管理は行っていない」が増える。

（野末）

第4節　子どもとインターネット

（4）青少年のスマートフォン・携帯電話の所有・利用状況

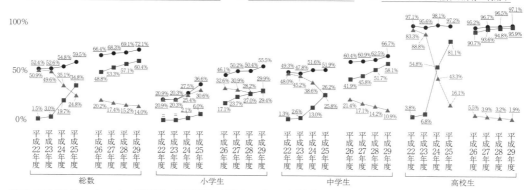

(注1)「青少年のスマートフォン・携帯電話の利用状況」の数値は、回答した青少年全員をベースに集計。回答数は以下のとおり。(青少年調査)
　平成29年度：総合 (n=3288)　小学生 (n=1016)　中学生 (n=1309)　高校生 (n=942)
　平成28年度：総合 (n=3284)　小学生 (n=1012)　中学生 (n=1279)　高校生 (n=987)
　平成27年度：総合 (n=3442)　小学生 (n=1060)　中学生 (n=1349)　高校生 (n=1018)
　平成26年度：総合 (n=3441)　小学生 (n=1080)　中学生 (n=1329)　高校生 (n=1007)
　平成25年度：総合 (n=1817)　小学生 (n=604)　中学生 (n=699)　高校生 (n=503)
　平成24年度：総合 (n=1867)　小学生 (n=669)　中学生 (n=721)　高校生 (n=467)
　平成23年度：総合 (n=1969)　小学生 (n=656)　中学生 (n=734)　高校生 (n=570)
　平成22年度：総合 (n=1314)　小学生 (n=431)　中学生 (n=540)　高校生 (n=342)

(注2) 平成26年度～平成29年度では、「スマートフォン（計）」は、「スマートフォン」、「いわゆる格安スマートフォン」、「子供向けスマートフォン」、「携帯電話の契約が切れたスマートフォン」のいずれかを利用すると回答した青少年、「携帯電話（計）」は、「携帯電話」、「子供向け携帯電話」のいずれかを利用すると回答した青少年。平成25年度では、「スマートフォン（計）」は、「スマートフォン」、「子供向けスマートフォン」のいずれかを持っていると回答した青少年、「携帯電話（計）」は、「携帯電話」、「子供向け携帯電話」のいずれかを持っていると回答した青少年。平成22年度～平成24年度では、「スマートフォン（計）」は、「スマートフォン」を持っていると回答した青少年、「携帯電話（計）」は、「携帯電話」、「子供向け携帯電話」のいずれかを持っていると回答した青少年。

(注3) 平成22年度～平成25年度の調査では、「スマートフォン」及び「携帯電話」の「所有」について択一回答。平成26年度～平成29年度の調査では、「スマートフォン（4機種）」及び「携帯電話（2機種）」の「利用」について複数回答。平成26年度より調査方法等を変更したため、平成25年度以前の調査結果と直接比較できない。

(注4) 平成26年度～平成29年度は複数回答のため、「スマートフォン（計）の所有・利用率」と「携帯電話（計）の所有・利用率」の合計値は、「スマートフォン（計）・携帯電話（計）の所有・利用率」と一致しない。

出典：内閣府　平成29年度青少年のインターネット利用環境実態調査 調査結果（速報）
https://www8.cao.go.jp/youth/youth-harm/chousa/h29/net-jittai/pdf/sokuhou.pdf
2019年1月29日確認

　2010（平成22）年から2017（平成29）年までの7年間において、中学生と高校生で携帯電話の利用は逆転し、現在はスマートフォンを利用する者が多くなった。これは世の中の流れに沿った結果と言える。小学生においては携帯電話とスマートフォンの所有・利用率がほぼ同割合となっている。今後、小学生もスマートフォンの所有・利用率が増加していくであろう。

（野末）

第4節　子どもとインターネット

（5）インターネットの利用開始時期

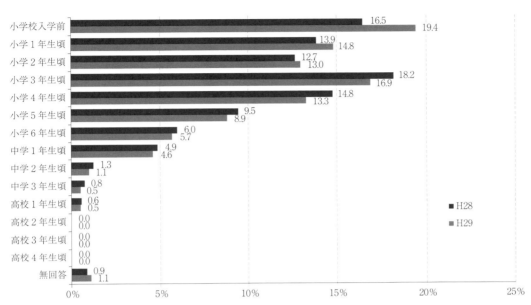

出典：東京都教育庁　平成29年度「児童・生徒のインターネット利用状況調査」調査報告書（概要版）http://www.kyoiku.metro.tokyo.jp/school/document/ict/files/document/29houkoku_gaiyou.pdf　2018年12月18日確認

　90％以上の児童・生徒が小学校の段階でインターネットを利用していることがわかる。2016（平成28）年度は小学校3年頃が18.2％と全体を通して一番多かったが、翌2017（平成29）年度では、小学校入学以前の利用開始が19.4％と一番多くなった。また、ここ2年で、低年齢化が進行している。保護者やそれに代わる人が、インターネットを利用できる環境を子どもに与えているということであろう。

（野末）

第4節　子どもとインターネット

（6）インターネットの利用目的

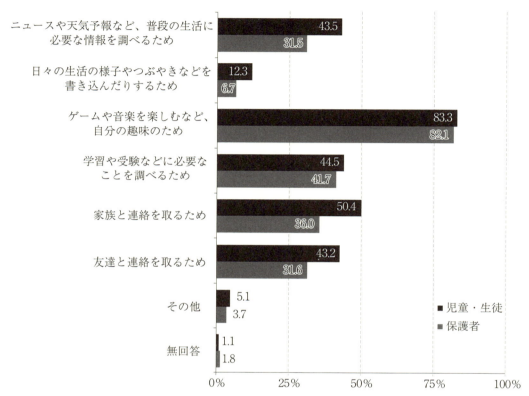

出典：東京都教育庁「平成29年度児童・生徒のインターネット利用状況調査」調査報告書　http://www.kyoiku.metro.tokyo.jp/school/document/ict/files/document/29houkoku1.pdf　2018年12月21日確認

　東京都の調査では「ゲームや音楽を楽しむなど、自分の趣味のため」の利用が8割を超えている。娯楽として使用することが日常となっていることが推測されるが、「学習や受験などに必要なことを調べるため」も40%以上ある。児童・生徒と保護者の利用目的に差がついた項目は、「日々の生活の様子やつぶやきなどを書き込んだりするため」だが多くの項目においては大差のつく部分は少なく、利用目的は似ている傾向にあるといえる。

（野末）

第4節　子どもとインターネット

（7）インターネット利用のルール　学校種別：児童・生徒／保護者比較

| 学校種 | 調査対象 | (n) | インターネット利用時のルール割合（％） | | |
			①決めている	②決めていない	無回答
全　体	児童・生徒	19,817	59.3	38.6	2.1
	保護者	15,903	69.8	28.1	2.1
小学校	児童・生徒	11,433	71.2	26.5	2.2
	保護者	9,383	76.1	21.9	2.0
中学校	児童・生徒	5,204	55.2	43.2	1.6
	保護者	4,389	69.5	28.1	2.3
高等学校	児童・生徒	3,058	21.7	75.7	2.5
	保護者	2,004	41.5	56.3	2.2
特別支援学校	児童・生徒	122	50.8	45.9	3.3
	保護者	127	63.0	35.4	1.6

出典：東京都教育庁「平成29年度児童・生徒のインターネット利用状況調査　調査報告書」

http://www.kyoiku.metro.tokyo.jp/school/document/ict/files/document/29houkoku1.pdf

2018年12月25日確認

　家庭内において、インターネット利用に関してのルールを設けているかとの問いに対する子と保護者の比較である。全体で児童・生徒の59.3％、保護者の69.8％が「決めている」となっている。一方で、「決めていない」もそれぞれ38.6％、28.12％と高い回答となっている。学校種別にみると、高校生では「決めている」の割合が低くなり、児童・生徒21.7％、保護者41.5％と、認識のズレも大きい。

（野末）

第4節　子どもとインターネット

（8）インターネット利用時のルール内容

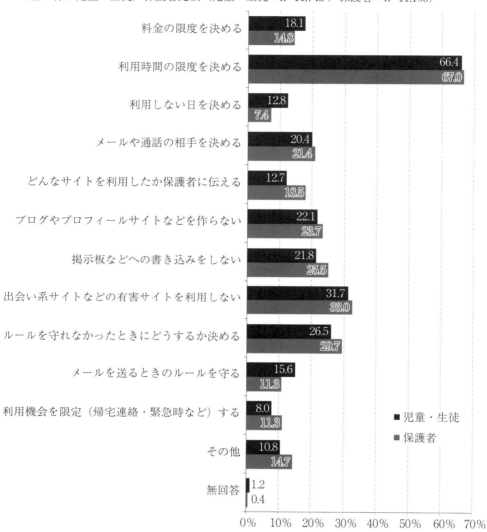

出典：東京都教育庁「平成29年度児童・生徒のインターネット利用状況調査」調査報告書　http://www.kyoiku.metro.tokyo.jp/school/document/ict/files/document/29houkoku1.pdf　2018年12月21日確認

　東京都教育庁の報告書である。インターネット利用時のルール内容に関しては、児童・生徒（66.4%）、保護者（67%）ともに「利用時間を決める」が最も多い。ルール内容に関して児童・生徒と、保護者との間には、認識の大きなズレは見当たらない。情報機器ツールの進化や子どもの成長に伴って、利用実態に応じたルールを話し合い、その内容を決めていくことが重要と思われる。

（野末）

第4節　子どもとインターネット

（9）決められたルールを守っているか 学校種別：児童・生徒／保護者比較

学校種	調査対象	（n）	決めたルールを守っているか割合（%）				
			①守っている	②守れなかったことがある	③守っていない	④分からない	無回答
全　体	児童・生徒	11,743	64.4	31.9	2.8	－	0.8
	保護者	11,105	54.9	38.5	5.2	1.1	0.4
小学校	児童・生徒	8,142	66.5	30.6	2.0	－	1.0
	保護者	7,142	58.8	37.1	3.3	0.4	0.4
中学校	児童・生徒	2,874	58.4	36.5	4.8	－	0.3
	保護者	3,052	45.1	44.1	8.7	1.8	0.3
高等学校	児童・生徒	665	66.2	28.9	3.9	－	1.1
	保護者	831	56.6	29.8	8.3	4.8	0.5
特別支援学校	児童・生徒	62	61.3	32.3	4.8	－	1.6
	保護者	80	60.0	35.0	2.5	2.5	0.0

※「④分からない」は保護者だけの回答選択肢

出典：東京都教育庁「平成29年度児童・生徒のインターネット利用状況調査」調査報告書　http://www.kyoiku.metro.tokyo.jp/school/document/ict/files/document/29houkoku1.pdf　2018年12月21日確認

　学校種別に聞いた結果である。決められたルールを守っているかどうかに関して、「守っている」と答えた児童・生徒は全体で64.4%、保護者は54.9%であった。どの学校種であっても、ルールを「守っている」と答えたものは、保護者ではなく児童・生徒のほうが多くなっている。3分の1ほどの児童・生徒は「守れなかったことがある」と正直に回答していることにも注目したい。

（野末）

第4節　子どもとインターネット

（10）ルールを守れなかった理由　学校種別：児童・生徒／保護者比較

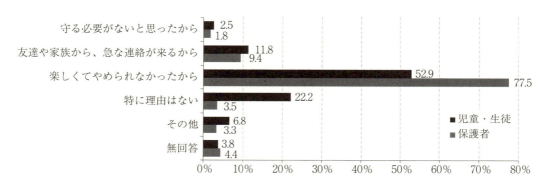

出典：東京都教育庁「平成29年度児童・生徒のインターネット利用状況調査」調査報告書　http://www.kyoiku.metro.tokyo.jp/school/document/ict/files/document/29houkoku1.pdf　2018年12月21日確認

　ルールを守れなかった理由を聞いた。全体では、「楽しくてやめられなかったから」が児童・生徒52.9％、保護者77.5％と、保護者と子の意識の差とともに圧倒的に高い。特に保護者の高さも目につく。次いで、「特に理由はない」となった。今後どうしたらルールを守り、インターネットが楽しくてもやめることができるかについて、家族間で話し合ってルールづくりをしていくことが必要である。

（野末）

第4節　子どもとインターネット

（11）トラブルや嫌な思い／お子さんから受けた相談 学校種別：児童・生徒／保護者比較

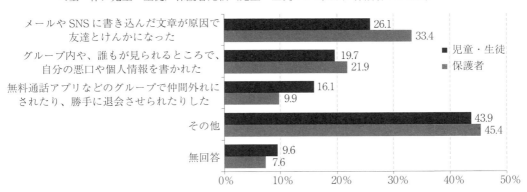

出典：東京都教育庁「平成29年度児童・生徒のインターネット利用状況調査」調査報告書　http://www.kyoiku.metro.tokyo.jp/school/document/ict/files/document/29houkoku1.pdf　2018年12月21日確認

　インターネットでトラブルや嫌な思い等をした経験を子と保護者で比較したものである。割合が両者ともに多い「その他」の中には、「有害サイトや課金サイトに入ってしまった」「迷惑メールが来るようになった」「機器のトラブル」等の回答がある。インターネットリテラシーの程度によりトラブルの理由は様々である。全体では「メールやSNSに書き込んだ文章が原因で友達とけんかになった」の割合が約3割と多くなった。

(野末)

第4節　子どもとインターネット

（12）サイバー空間をめぐる脅威

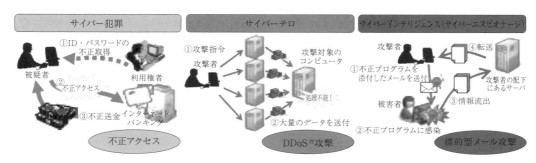

注：Distributed Denial of Service の略。特定のコンピュータに対し、複数のコンピュータから、大量のアクセスを繰り返し行い、コンピュータのサービス提供を不可能にするサイバー攻撃

出典：サイバー空間をめぐる脅威　平成28年度版警察白書
https://www.npa.go.jp/hakusyo/h28/index.html

　サイバー空間における脅威としてはインターネットバンキング等に不正アクセスする「サイバー犯罪」、コンピュータを制御不能にする「サイバーテロ」等がある。「サイバーテロ」は重要インフラの基幹システムが対象である。情報通信技術で機密情報を窃取する「サイバーインテリジェンス（サイバーエスピオナージ）」は、政府機関や先端技術をもつ企業が標的となる。

（杉山）

第4節　子どもとインターネット

（13）サイバー犯罪の検挙率

区分 ＼ 年次	25	26	27	28	29
合計（件）	8,113	7,905	8,096	8,324	9,014
不正アクセス禁止法違反	980	364	373	502	648
コンピュータ・電磁的記録対象犯罪等	478	192	240	374	355
ネットワーク利用犯罪	6,655	7,349	7,483	7,448	8,011
児童買春・児童ポルノ禁止法違反（児童ポルノ）	1,124	1,248	1,295	1,368	1,432
詐欺	956	1,133	951	828	1,084
うちオークション利用詐欺	158	381	511	208	212
青少年保護育成条例違反	690	657	693	616	858
児童買春・児童ポルノ禁止法違反（児童買春）	492	493	586	634	793
わいせつ物頒布等	781	840	835	819	769
著作権法違反	731	824	593	586	398
脅迫	189	313	398	387	376
ストーカー規制法違反	113	179	226	267	323
商標法違反	197	308	304	298	302
名誉毀損	122	148	192	215	223
その他	1,260	1,206	1,410	1,430	1,453

出典：平成 30 年度版警察白書

https://www.npa.go.jp/hakusyo/h30/pdf/07_dai3sho.pdf

2018 年 12 月 25 日確認

　2017（平成 29）年のサイバー犯罪の検挙件数は 9,014 件であった。前年より 690 件（8.3%）増加し、過去最多を記録した。主に子どもに関わる犯罪では、「児童買春・児童ポルノ禁止法違反」（児童ポルノ）は 1,432 件、「青少年保護育成条例違反」858 件、「児童買春・児童ポルノ禁止法違反」（児童買春）793 件、合計 3,083 件であった。これは全体の概ね 30%を占めている。検挙率は全体的に増加傾向である。

（杉山）

第4節　子どもとインターネット

（14）インターネット・ホットラインセンターにおける取組

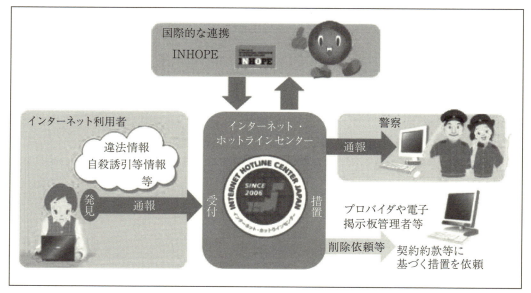

出典：平成30年度版警察白書
https://www.npa.go.jp/hakusyo/h30/pdf/07_dai3sho.pdf
2018年12月25日確認

　インターネット上には違法情報や有害情報が氾濫している。警察庁では、一般のインターネット利用者等から、違法情報等に関する通報を受理し、警察への通報やサイト管理者への削除依頼等を行うインターネット・ホットラインセンター（IHC）を運用している。IHCは2006年に開設された一般社団法人である。2017（平成29）年中にIHCが削除依頼を行った2,187件のうち、1,778件が削除されている。

（杉山）

第4節　子どもとインターネット

（15）SNS等に起因する事犯の被害児童数の推移

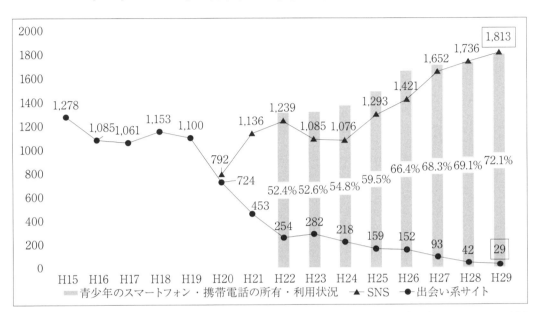

※青少年のスマートフォン・携帯電話の所有・利用状況（統計数値）については、内閣府ホームページから引用
出典：警察庁Webサイト「平成29年におけるSNS等に起因する被害児童の現状と対策について」
http://www.npa.go.jp/safetylife/syonen/H29_sns_shiryo.pdf
2018年12月25日確認

　スマートフォンの所有・利用状況の増加に伴い、SNSへのアクセスが年々容易になっているため、被害児童数はますます増加している。一方で取り締まりの強化により、特定の出会い系サイトにおける被害者は減少傾向にあるが、誰でもアクセスできるSNSにおける被害は全体的に増加しているため、被害児童の総数は年々増大の傾向にある。子どもを狙う犯罪は形を変えて出現している。

(野末)

第4節　子どもとインターネット

（16）携帯電話・スマートフォン・インターネットを、お子さんが正しく使用するために、保護者として必要な課題は何だと思いますか（2つまで）

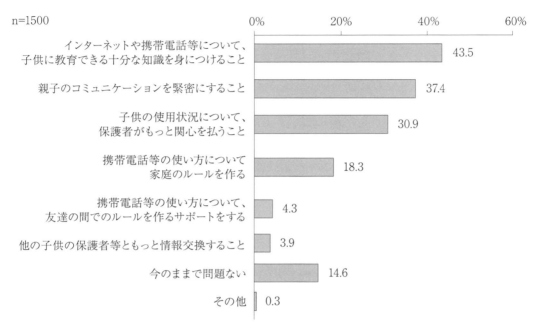

出典：東京都青少年・治安対策本部 平成30年「家庭等における青少年の携帯電話・スマートフォン等の利用等に関する調査報告書」

http://www.seisyounen-chian.metro.tokyo.jp/seisyounen/pdf/seisyounen/pdf/11_chousa/29keitaichousazenbun.pdf

2018年12月25日確認

　選択肢の中から2つ選んだ結果である。「インターネットや携帯電話等について、子供に教育できる十分な知識をつけること」が43.5％、次いで「親子のコミュニケーションを緊密にすること」37.4％となった。保護者の子ども時代には存在していなかったツールということもあり、日々進化する特性を持っているため、付き合い方や対策を共に考えていくことが重要である。

（野末）

第5節　子どもと交通事故

（1）歩行者交通事故に関するデータ

年齢階級別・人口10万人当たり交通事故件数（第1当事者）

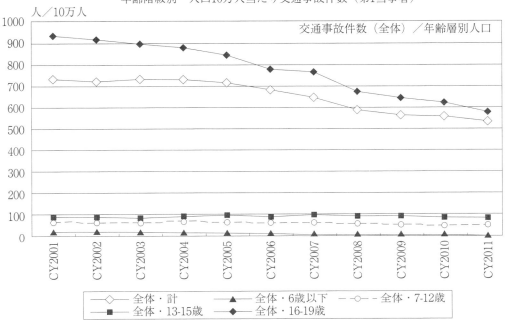

年齢階級別・人口10万人当たり歩行者交通事故件数（第1当事者）

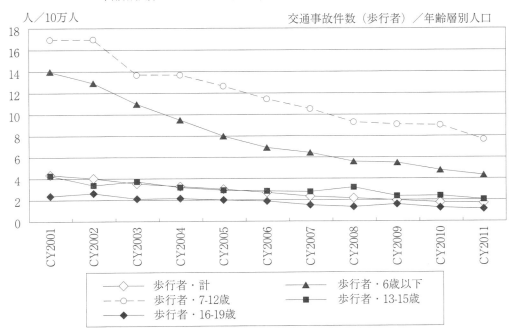

年齢階級別・人口10万人当たり交通事故死者数

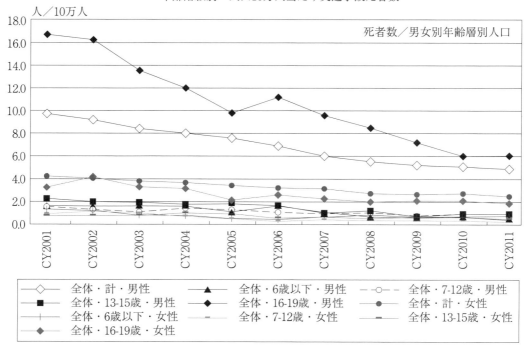

出典：交通事故総合分析センター 『交通統計』『交通事故統計年報』2013年

　2001年から10年間の推移によると交通事故件数は全体的に減少してきている。人口10万人当たりの子どもの交通事故件数（第1当事者）割合は、全体では16～19歳で高い。人口10万人当たりの歩行者交通事故件数の割合は、6歳以下および7～12歳の割合が高い。これを交通事故の死者数として統計を取った場合には、16～19歳の男子である場合が多くなり、負傷者数に関しては男女とも16～19歳の場合が多いことがわかる。

（野末）

第5節　子どもと交通事故

（2）自転車乗用中等交通事故に関するデータ

年齢階級別・人口10万人当たり自転車乗用中交通事故死者数・負傷者数

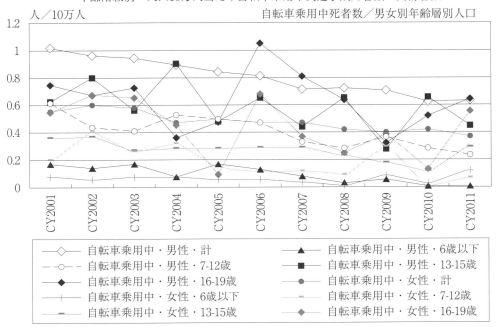

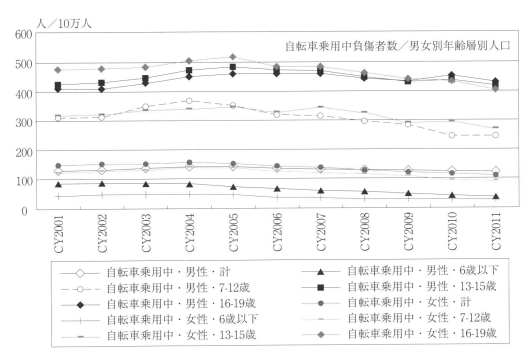

年齢階級別・人口10万人当たり自転車運転中負傷者数・同乗中負傷者数

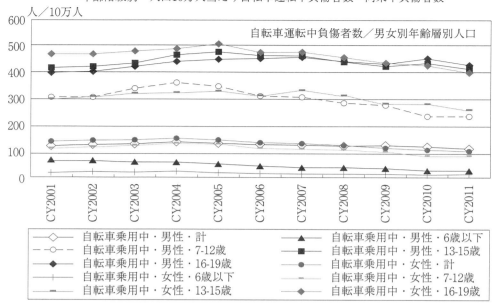

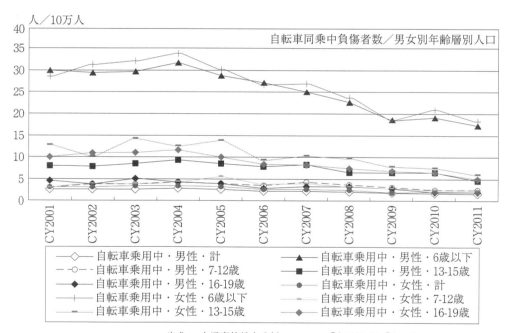

出典：交通事故総合分析センター 『交通統計』『交通事故統計年報』2013年

　人口10万人あたりの子どもの自転車乗車中の死亡事故に関しては、男女とも16〜19歳の割合が高い。一方、負傷者に関しては7〜12歳の乗車中の事故、および13〜15、16〜19歳が高い。自動車と自転車の普及は年々高まる傾向にあるが、事故件数に著しい変化が見られないのは、ヘルメット着用や安全指導の効果によるものと思われる。一方で自転車同乗中の事故（つまり、保護者との同乗＝二人乗り）の事故に関しては減少傾向にあるとは言い難い。

(野末)

第5節　子どもと交通事故

（3）自転車乗車中の年齢層別・損傷部位別死傷者数（平成24年）

年齢層別＼損傷部位別	全損	頭部	顔部	頸部	胸部	腹部	背部	腰部	腕部	脚部	その他	合計
15歳以下	1	3,510	1,490	1,594	817	355	163	1,147	4,600	9,758	4	23,439
構成率	0.0	15.0	6.4	6.8	3.5	1.5	0.7	4.9	19.6	41.6	0.0	100.0
6歳未満同乗中	0	497	147	79	18	10	7	18	181	270	0	1,227
構成率	0.0	40.5	12.0	6.4	1.5	0.8	0.6	1.5	14.8	22.0	0.0	100.0
16〜24歳	2	2,891	1,305	3,238	961	274	217	2,484	5,407	12,594	8	29,381
構成率	0.0	9.8	4.4	11.0	3.3	0.9	0.7	8.5	18.4	42.9	0.0	100.0
25〜64歳	4	5,387	2,238	7,263	2,977	455	462	5,853	11,303	19,744	19	55,705
構成率	0.0	9.7	4.0	13.0	5.3	0.8	0.8	10.5	20.3	35.4	0.0	100.0
65歳以上	17	4,304	989	1,660	1,888	220	214	2,717	4,052	7,157	19	23,237
構成率	0.1	18.5	4.3	7.1	8.1	0.9	0.9	11.7	17.4	30.8	0.1	100.0
計	24	16,092	6,022	13,755	6,643	1,304	1,056	12,201	25,362	49,253	50	131,762
構成率	0.0	12.2	4.6	10.4	5.0	1.0	0.8	9.3	19.2	37.4	0.0	100.0

注「全損」とは、損傷が多数あり、致命傷が複数ある場合をいう。

資料）警察庁交通局（2013年）『平成24年中の交通事故の発生状況』

出典： 交通事故総合分析センター　『交通統計』『交通事故統計年報』2013年

　自転車乗車中の事故に関しての結果である。年齢別にみると特に6歳未満の同乗中の幼児に関しては頭部損傷が圧倒的に多く、全体の40.5％を占める。そのため今後はヘルメット着用や、転倒しても負傷することを防ぎ、保護するような形状の自転車用チャイルドシートの開発が望まれる。一方、すべての年齢層で損傷する部位として最も多いのは脚部であり、全体の4割近くとなる。

（野末）

第5節　子どもと交通事故

（4）年齢階級別・人口10万人当たり自動車乗車中交通事故死者数

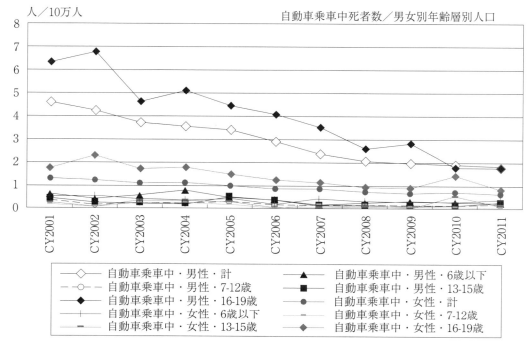

出典：交通事故総合分析センター　『交通統計』『交通事故統計年報』2013年

　2001年から2011年までの推移である。自動車乗車中の交通事故死者、負傷者ともに、自動運転やシートベルト、エアバック、そのほか安全装備の充実によるものから、近年低下方向にある。しかし、全体の年齢比較においては16～19歳が死者、負傷者数ともに多い。幼児などの子どもに関しては2000（平成12）年からのチャイルドシート着用法制化などもあり、全体的にはこの10年間であまり変化のないものとなっている。

（野末）

第5節　子どもと交通事故

(5) 中学生・小学生・幼児別・曜日別交通事故死傷者数内訳（2011年）

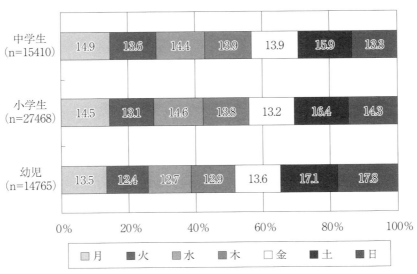

出典： 交通事故総合分析センター　『交通統計』『交通事故統計年報』2013年

　曜日別にみた交通事故死傷者数の内訳である。小学生、中学生ともに、交通事故死傷者数に関しては、特に曜日に関しては際立った差異はない。しかし、幼児に関してはほかの曜日と比較してみると、土日には、5%程度に高まる傾向がある。これは幼児が保護者とともに行動することで、行動範囲が広まり、保護者が目をはなした隙に、交通事故に遭遇する可能性が多くなるということによるものであろう。

(野末)

第5節　子どもと交通事故

（6）中学生・小学生・幼児別・時間帯別交通事故死傷者数

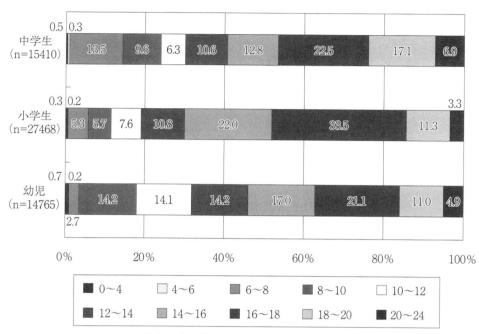

出典：交通事故総合分析センター　『交通統計』『交通事故統計年報』2013年

　交通事故に関する子どもの死傷者数を時間帯でまとめた場合、幼児・小学生に関しては14時から16時、幼稚園、保育所、小学校が終了した後の下校時間や、帰宅したのちの時間帯に多く発生していることが分かる。特に小学生の場合、16時から18時が33.5％と圧倒的に多い。中学生の場合、時間帯が少し遅くなり、18時から20時の視界が悪化する夕方・夜に発生する件数が多くなる傾向にある。これは部活動や通塾のためと考えられる。

（野末）

第5節　子どもと交通事故

(7) 歩行中の中学生・小学生・幼児別・通行目的別交通事故死傷者数内訳

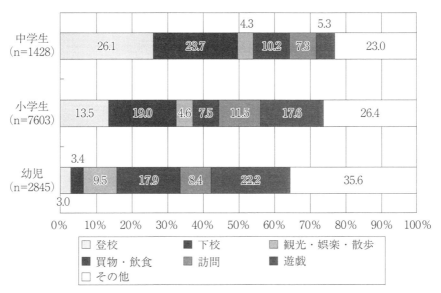

出典：交通事故総合分析センター　『交通統計』『交通事故統計年報』2013年

　歩行中の交通事故を目的別に区分すると、幼児では「買い物・飲食」の時間が最も多く、保護者と共に移動している時間と推測できる。一方、小学生では下校時間における交通事故発生が19％と一番多い。中学生では「登校」の時間帯も26％と多く、「下校」時の23％と合計すると、全体の半数近くが学校の登下校時に発生していることとなる。登下校は注意すべき時間帯であることがわかる。

(野末)

第5節　子どもと交通事故

(8) 歩行中の中学生・小学生・幼児別・道路形状別交通事故死傷者数内訳

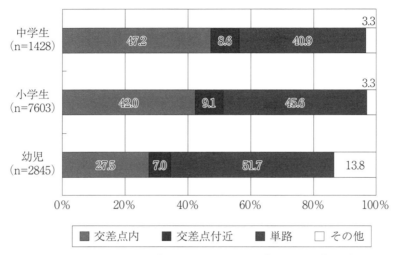

出典：交通事故総合分析センター　『交通統計』『交通事故統計年報』2013年

　幼児の事故では半数以上が単路（交差点ではない、一般の道路、歩道など）で発生している。交通標識等がまだ理解できていない場合も多いのであろう。一方、小学生、中学生と年齢が上がるにつれ、単路での発生は少なくなり交差点内や交差点付近での交通事故が多く、中学生では交差点・交差点付近を合計すると約半数がその近辺で発生していることが分かる。

(野末)

第5節　子どもと交通事故

(9) 歩行中の中学生・小学生・幼児別・自宅からの距離別交通事故死傷者数内訳

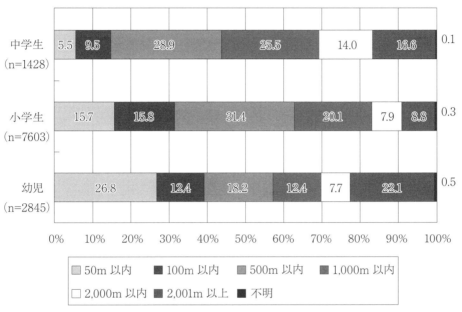

出典：交通事故総合分析センター　『交通統計』『交通事故統計年報』2013年

　子どもの歩行中の交通事故は、中学生においてこそ自宅から「2,001 m以上」といった数値も高いが、「1,000m以内」の近所において発生している場合が多い。小学生では「500m以内」が31.4％と多いのは登下校時の事故であることが考えられる。一方、幼児の事故で「2,001 m以上」が22.1％と多いが、これは保護者と車などで出かけた先で、事故に遭遇した状況が多いためであると思われる。

(野末)

第5節　子どもと交通事故

（10）（チャイルドシート）使用状況結果（使用率の経年推移：年齢層別）

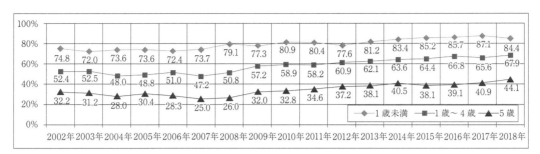

出典：警察庁・日本自動車連盟「チャイルドシート全国使用状況調査」2018年 http://www.jaf.or.jp/eco-safety/safety/data/pdf/crsdata2018.pdf　2018年12月20日確認

　2000（平成12）年の道路交通法の改正後、若干の変動はあるものの、年々チャイルドシート使用状況は高まる傾向にはある。年齢別にみると、1歳未満84.4％と前年比で若干低下している。乳児用のチャイルドシートは使用期間が短いものもあり、節約のために購入を控えているのかもしれない。1歳～4歳に関しては67.9％、5歳児は44.1％と使用状況は上向きである。

（野末）

第5節　子どもと交通事故

(11)（チャイルドシート）乗車位置と使用・不使用状況割合（6歳未満全体）と使用・不使用状況の内訳（6歳未満全体と1歳未満）

乗車位置と使用・不使用割合（6歳未満全体）

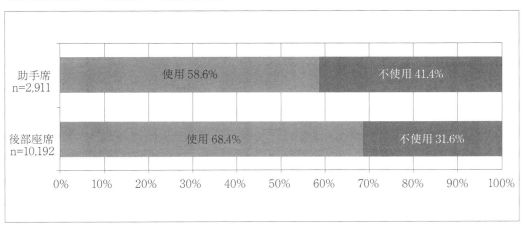

使用・不使用状況の内訳（円グラフ）

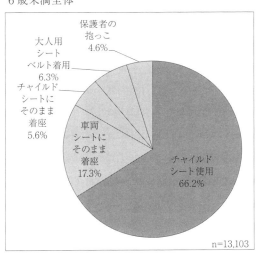

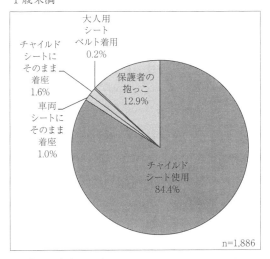

出典：警察庁・日本自動車連盟「チャイルドシート全国使用状況調査」2018年 http://www.jaf.or.jp/eco-safety/safety/data/pdf/crsdata2018.pdf　2018年12月20日確認

チャイルドシートの使用状況である。チャイルドシートの設置使用場所は後部座席に設置する場合が多く（68.4％）、助手席設置は 58.6％となっている。1 歳未満の場合には保護者が抱っこして乗車する場合も多かった（12.9％）。年齢があがるにつれ、シートにそのまま着座させたり（つまりシートベルトもチャイルドシートも不使用）、大人用シートベルトを着用させたりしているが、安全上これは大変危険な状況といえる。

（野末）

第5節　子どもと交通事故

（12）乳児用シートにおける取付け時のミスユース

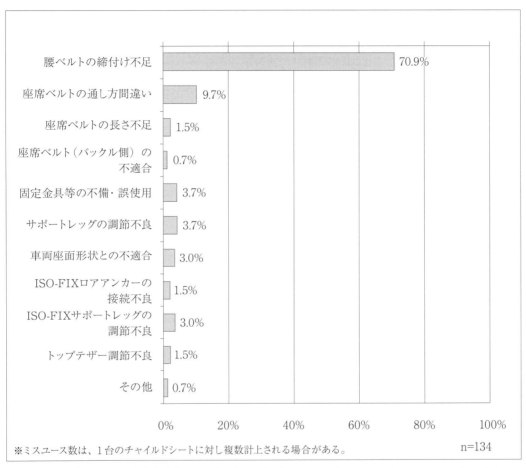

出典：警察庁・日本自動車連盟「チャイルドシート全国使用状況調査」2018年　http://www.jaf.or.jp/eco-safety/safety/data/pdf/crsdata2018.pdf　2018年12月20日確認

　チャイルドシートの中には取付けの難しい製品もあり、正しく設置できない場合もある。昨今ではチャイルドシートの取付け金具の世界統一基準であるISO-FIX（イソフィックス）対応車種やチャイルドシートも増えてきたが、完全な普及にはまだ遠い状況である。なお、ミスユースとして腰ベルトの締付不足が最も多い。これでは十分な効果が発揮できないばかりか、かえって事故につながる危険がある。

(野末)

第5節　子どもと交通事故

（13）都道府県別チャイルドシート使用状況調査結果（6歳未満全体）

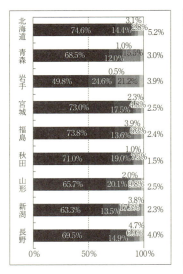
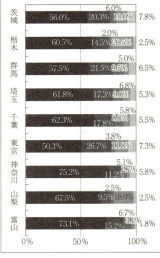
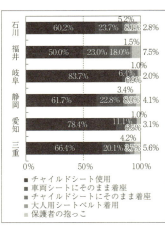

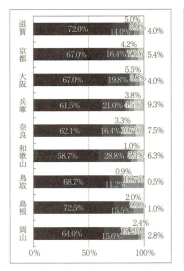
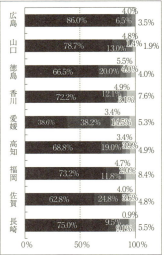
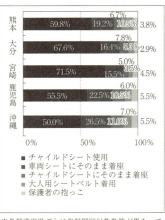

出典：警察庁・日本自動車連盟「チャイルドシート全国使用状況調査」2018年　http://www.jaf.or.jp/eco-safety/safety/data/pdf/crsdata2018.pdf　2018年12月20日確認

　年齢層別対象数等が異なるため比較対象には適さないが、ひとつの目安としてチャイルドシート使用状況の表を挙げる。チャイルドシート使用状況で一番使用率が高いのが岐阜の83.7％、愛知の78.4％、続いて神奈川75.2％。これは自動車による移動の距離や、地域による推進活動（愛知の場合はトヨタ自動車の影響もあると推測）によるものと思われる。装着率が低いワーストは愛媛県の38.6％であり、次いで沖縄、福井の50％である。

（野末）

第5節　子どもと交通事故

（14）小学生のヘルメットの着用状況とかぶらない理由

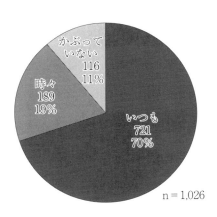

小学生のヘルメットの着用状況

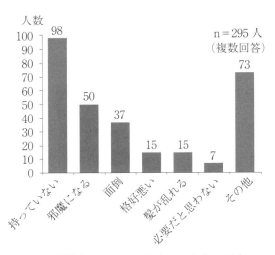

小学生がヘルメットをかぶらない理由

出典：地方消費者行政活性化事業報告書「子どもの自転車事故に関する調査」平成26年消費者庁「子どもを自転車事故から守るために」添付資料
http://www.caa.go.jp/policies/policy/consumer_safety/release/pdf/140425kouhyou_1.pdf　2018年12月20日確認

　長崎県大村市における「Love & Safety おおむら：子どもを事故から守るプロジェクト」によると、自転車に乗る際の小学生のヘルメット着用率は「いつも着用」が70％、「時々」を加えれば89％が着用している。ヘルメットを「かぶっていない」11％の理由は、「持ってない」「邪魔になる」「面倒」が上位であった。予期せぬ衝突や転倒で、頭部を保護するヘルメットの着用は自転車を乗る際に大切である。

(杉山)

第5節　子どもと交通事故

（15）人口10万当たり年齢層別自転車乗用中死者数（第1・2当事者）及び違反有無別割合（平成27年）

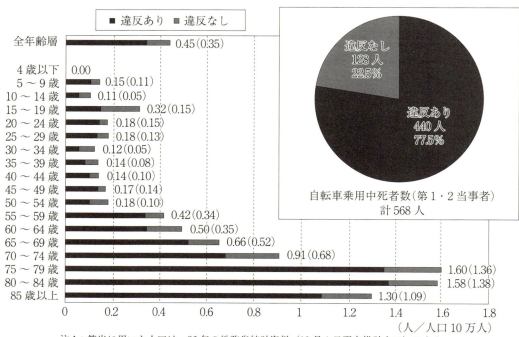

注1：算出に用いた人口は、26年の総務省統計資料（10月1日現在推計人口）による。
　2：（　）内は、人口10万人当たり年齢層別自転車乗用中死者数のうち違反ありの数値を示す。

出典：警察庁「平成28年版警察白書」
https://www.npa.go.jp/hakusyo/h28/pdf/pdf/09_dai5syo.pdf　2018年12月20日確認

　年齢層別自転車乗用中死者数が最も多いのは75〜79歳、それに次いで80〜84歳である。それぞれ、人口10万人あたり、1.60人、1.58人である。55歳頃より除々に増加を始め、75歳以上に激増する。15歳以下では、5〜9歳が0.15人、10〜14歳が0.11人、15〜19歳が0.32人であった。高齢者に多く、子どもは少ない。自転車乗用中の死者に共通するのは、違反をしている者の割合が高いという点で、77.5％が違反者である。

（杉山）

第5節　子どもと交通事故

（16）15歳以下の人口10万人当たり交通事故死者数の推移

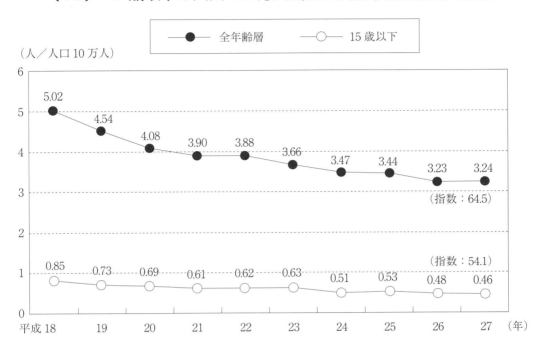

注1：指数は、18年を100とした場合の27年の値である。
　2：算出に用いた人口は、各前年の総務省統計資料「10月1日現在推計 人口」又は「国勢調査」による。

出典：警察庁「平成28年度版警察白書」
https://www.npa.go.jp/hakusyo/h28/index.html　2018年12月20日確認

　交通事故死者は全年齢層では、2006（平成18）年以降減少傾向にある。平成18年が5.02人であったのに対し、2015（平成27）年では3.24人である。平成27年の15歳以下の子どもの交通事故死者数は80人であった。これは10万人当たり、0.46％である。2006（平成18）年を100とした指数が平成27年では、全年齢層で64.5％、15歳以下の子どもで、54.1％であった。状態別では歩行中が約50％、自転車乗用中が約20％である。年齢別では6歳以下が60％以上であった。

（杉山）

第6節　子どもと犯罪

（1）罪種別犯行時の職業別検挙人員（平成27年）

	教員	医療・保健従事者
刑法犯総数 239,355	581	2,107
凶悪犯 4,409	19	37
粗暴犯 52,541	182	492
窃盗犯 123,847	178	1,071
知能犯 13,016	27	110
風俗犯 5,815	51	72
（内）わいせつ 4,892	50	67
その他 39,727	124	325

出典：『警察庁犯罪統計書』に基づき筆者作成（教員、医療・保険従事者を抜粋）https://www.npa.go.jp/toukei/soubunkan/h27/h27hanzaitoukei.htm　2018年12月20日確認

　罪種別犯行時の職業別検挙人員から抜粋した。刑法犯総数に対して、教員の検挙人員の割合は0.24％程度である。医療・保健従事者は0.88％と共に低い。教員に多いのが、粗暴犯と窃盗犯である。それぞれ31％、30％と合わせて60％を超える。粗暴犯とは、暴行や傷害である。医療保健従事者に最も多いのが窃盗犯であり、51％である。風俗犯における「わいせつ」については教員8％、医療・保健従事者3％と、教員がわずかに高い。

（杉山）

第3章　環境

第6節 子どもと犯罪

(2) 昭和24年以降における刑法犯少年の検挙人員及び人口比の推移

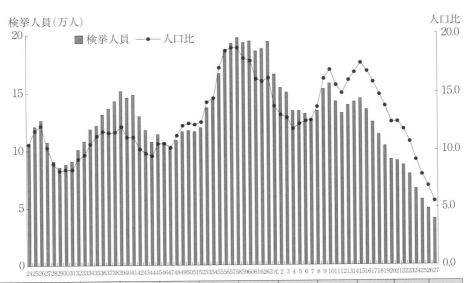

区分 年	24年	25年	26年	27年	28年	29年	30年	31年	32年	33年	34年	35年
検挙人員(人)	107,071	121,003	126,519	106,831	90,588	85,504	87,789	89,789	100,791	107,442	118,087	121,634
人口比	10.5	11.7	12.1	10.2	8.8	8.2	8.3	8.3	9.2	9.6	10.5	11.2

区分 年	36年	37年	38年	39年	40年	41年	42年	43年	44年	45年	46年	47年
検挙人員(人)	131,293	135,879	142,053	151,346	145,626	148,249	129,523	117,125	107,312	113,295	107,107	100,851
人口比	11.6	11.5	11.5	12.0	11.1	11.1	10.1	9.7	9.5	10.5	10.5	10.2

区分 年	48年	49年	50年	51年	52年	53年	54年	55年	56年	57年	58年	59年
検挙人員(人)	108,211	115,453	116,782	115,628	119,199	136,801	143,158	166,073	184,902	191,930	196,783	192,665
人口比	11.2	12.1	12.3	12.2	12.4	14.1	14.5	17.1	18.6	18.8	18.8	17.9

区分 年	60年	61年	62年	63年	元年	2年	3年	4年	5年	6年	7年	8年
検挙人員(人)	194,117	185,373	187,192	193,206	165,053	154,168	149,663	133,882	133,132	131,268	126,249	133,581
人口比	17.7	16.1	15.9	16.2	13.8	13.0	12.8	11.8	12.2	12.5	12.5	13.7

区分 年	9年	10年	11年	12年	13年	14年	15年	16年	17年	18年	19年	20年
検挙人員(人)	152,825	157,385	141,721	132,336	138,654	141,775	144,404	134,847	123,715	112,817	103,224	90,966
人口比	16.1	16.9	15.6	14.9	16.0	16.7	17.5	16.8	15.9	14.8	13.8	12.4

区分 年	21年	22年	23年	24年	25年	26年	27年
検挙人員(人)	90,282	85,846	77,696	65,448	56,469	48,361	38,921
人口比	12.4	11.8	10.7	9.1	7.8	6.8	5.5

出典：警察庁生活安全局少年課 「平成27年中における少年の補導及び保護の概況」より
https://www.npa.go.jp/safetylife/syonen/hodouhogo_gaikyou/H27.pdf 2018年12月20日確認

　1949（昭和24）年から2015（平成27）年の66年間において、人口10万人あたりの最も刑法犯少年の検挙人員が多かったのは、1981～83（昭和56～58）年である。1999（平成11）年と2004（平成16）年に高くなり、その後12年連続して減少を続け、2015（平成27）年は戦後最も低い数値で検挙人員は3万8,921人であった。平成において最も人口比の高かった平成15年の14万4,404人と比べると、10万6,113人減少している。

(杉山)

第6節　子どもと犯罪

（3）刑法犯少年の包括罪種別検挙人員の推移（平成18年〜27年）

罪種＼年	18年	19年	20年	21年	22年	23年	24年	25年	26年	27年
総　　数（人）	112,817	103,224	90,966	90,282	85,846	77,696	65,448	56,469	48,361	38,921
凶　悪　犯	1,170	1,042	956	949	783	785	836	786	703	586
粗　暴　犯	9,817	9,248	8,645	7,653	7,729	7,276	7,695	7,210	6,243	5,093
窃　盗　犯	62,637	58,150	52,557	54,784	52,435	47,776	38,370	33,134	28,246	23,015
知　能　犯	1,294	1,142	1,135	1,144	978	971	962	878	987	936
風　俗　犯	346	341	389	399	437	466	566	523	445	528
その他の刑法犯	37,553	33,301	27,284	25,353	23,484	20,422	17,019	13,938	11,737	8,763
占有離脱物横　　　領	30,528	26,437	20,594	18,971	17,268	14,674	11,658	9,128	7,602	5,584

出典：警察庁生活安全局少年課　「平成27年中における少年の補導及び保護の概況」
https://www.npa.go.jp/safetylife/syonen/hodouhogo_gaikyou/H27.pdf　2018年12月20日確認

　　少年の刑法犯を罪種別にみると、最も多いのが窃盗犯である。2015（平成27）年では、2万3,015人が検挙された。実に総数の60％を占める。2006（平成18）年の6万2,637人から3万9,622人減少している。窃盗の中で最も多いのが万引き、それに自転車盗が続く。逆に2006（平成18）年頃よりも増加傾向にあるのは、風俗犯である。風俗犯とは、賭博とわいせつに大別される。少年の刑法犯の場合、わいせつが圧倒的に多い。

（杉山）

第6節　子どもと犯罪

(4) 少年が主たる被害者となる刑法犯の認知件数の推移（平成18～27年）

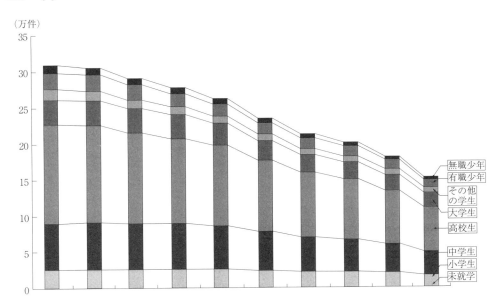

年区分	18年	19年	20年	21年	22年	23年	24年	25年	26年	27年
総数（件）	309,104	304,685	290,206	276,956	260,759	233,725	211,821	199,999	179,915	151,644
未就学	532	527	503	405	472	451	470	461	528	551
小学生	23,935	24,792	24,430	24,684	24,060	21,892	19,908	20,058	18,668	15,319
中学生	64,699	65,536	64,525	63,085	60,382	53,903	47,978	45,436	39,767	31,849
高校生	137,415	134,055	125,414	118,528	111,900	99,361	89,843	82,858	73,832	62,082
大学生	34,199	34,309	33,068	32,276	29,871	26,524	24,421	23,254	21,476	19,444
その他の学生	14,941	13,828	12,094	10,565	10,113	9,605	8,669	8,537	8,125	7,162
有職少年	22,087	21,517	21,051	18,816	16,208	15,256	14,568	14,050	13,149	11,661
無職少年	11,296	10,121	9,121	8,597	7,753	6,733	5,964	5,345	4,370	3,576

出典：警察庁生活安全局少年課　「平成27年中における少年の補導及び保護の概況」
https://www.npa.go.jp/safetylife/syonen/hodouhogo_gaikyou/H27.pdf　2018年12月20日確認

　2006（平成18）年から2015（平成27）年の10年間において、少年が主たる被害者となる刑法犯は、総数としては減少し約半数になった。学識別に見ると、最も多いのは高校生である。全体の41％を占める。ただし、総数としては2006（平成18）年の半数以下となった。注目すべきは、総数が半数になっているにもかかわらず、未就学児ではほぼ横ばいの推移になっていることである。

（杉山）

第6節　子どもと犯罪

（5）刑法犯少年の再犯者の推移

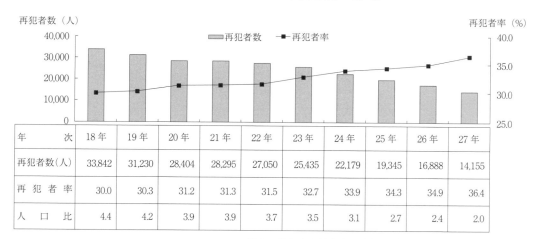

年　　　　次	18年	19年	20年	21年	22年	23年	24年	25年	26年	27年
再犯者数（人）	33,842	31,230	28,404	28,295	27,050	25,435	22,179	19,345	16,888	14,155
再 犯 者 率	30.0	30.3	31.2	31.3	31.5	32.7	33.9	34.3	34.9	36.4
人 口 比	4.4	4.2	3.9	3.9	3.7	3.5	3.1	2.7	2.4	2.0

出典：警察庁生活安全局少年課「少年非行情勢」（平成27年）
http://www.city.kuki.saitama.jp/shisei/kyodo/sanka/fuzoku/fuzoku/kyoiku/kuki_seishonen/kaigiroku/h26seimon_kaigiroku.files/2602_01.pdf　2018年12月20日確認

　2006（平成18）年からの10年間で、再犯者の総数は減少し再犯率は高くなっている。再犯者の数は2006（平成18）年の3万3,842人から、2015（平成27）年の1万4,155人と半数以下に対し、再犯率は10年間上昇し続けている。2005（平成17）年に28.7％であった再犯率が、2015（平成27）年に36.4％となった。この数値は、昭和47年以降でみて最も高い。ただし、人口比から見れば半数以下である。

（杉山）

第6節　子どもと犯罪

（6）犯行時年齢別初犯者数の推移

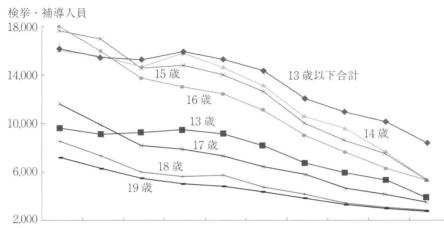

	18年	19年	20年	21年	22年	23年	24年	25年	26年	27年
初犯者数（人） （13歳以下を除く）	78,975	71,994	62,562	61,987	58,796	52,261	43,269	37,124	31,473	24,766
13歳以下	16,161	15,471	15,235	15,858	15,264	14,328	12,047	10,984	10,164	8,403
14歳	16,060	15,578	14,637	15,801	14,606	13,118	10,592	9,565	7,679	5,335
15歳	17,640	16,944	14,605	14,774	13,997	12,589	9,973	8,606	7,434	5,333
16歳	17,982	15,927	13,696	12,975	12,392	11,098	8,999	7,615	6,288	5,267
17歳	11,597	9,915	8,198	7,876	7,316	6,434	5,771	4,640	4,120	3,433
18歳	8,542	7,350	5,982	5,595	5,701	4,700	4,146	3,401	3,017	2,745
19歳	7,154	6,280	5,444	4,966	4,784	4,322	3,788	3,297	2,935	2,653
人口比	10.4	9.6	8.5	8.5	8.1	7.2	6.0	5.2	4.4	3.5
14歳	13.2	13.1	12.1	13.1	12.3	11.0	8.8	8.1	6.5	4.6
15歳	14.5	14.0	12.2	12.2	11.6	10.6	8.4	7.2	6.3	4.5
16歳	14.4	13.1	11.3	10.9	10.2	9.2	7.6	6.4	5.3	4.5
17歳	9.1	8.0	6.7	6.5	6.1	5.3	4.7	3.9	3.5	2.9
18歳	6.5	5.7	4.8	4.6	4.7	3.9	3.4	2.8	2.5	2.3
19歳	5.3	4.7	4.2	4	3.9	3.5	3.2	2.7	2.4	2.2

出典：警察庁生活安全局少年課「少年非行情勢」（平成27年）
http://www.city.kuki.saitama.jp/shisei/kyodo/sanka/fuzoku/fuzoku/kyoiku/kuki_seishonen/kaigiroku/h26seimon_kaigiroku.files/2602_01.pdf　2018年12月20日確認

　初犯者を年齢別に見ると、2006（平成18）年では16歳が最も多く1万7,982人、次いで15歳1万7,640人、14歳1万6,060人と続く。2007（平成19）年になると15歳、2008（平成20）年以降は14歳が最も多くなっている。人口比で見た場合、2009（平成21）年以降は14歳が最も高い。また、2008（平成20）年以降は、13歳以下が14歳を上回っており、犯行の低年齢化の傾向が現れている。

（杉山）

第6節　子どもと犯罪

（7）少年による刑法犯検挙人員・人口比の推移（男女別）

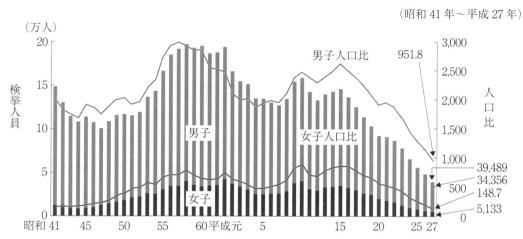

注 1　警察庁の統計、警察庁交通局の資料及び総務省統計局の人口資料による。
　　2　犯行時の年齢による。
　　3　触法少年の補導人員を含まない。
　　4　平成14年から26年は、危険運転致死傷を含む。
　　5　「男子人口比」は、14歳以上の男子少年10万人当たりの、「女子人口比」は、14歳以上の女子少年10万人当たりの、それぞれ刑法犯検挙人員である。

出典：法務省「平成26年版犯罪白書」(3-1-1-4) http://hakusyo1.moj.go.jp/jp/62/nfm/mokuji.html　2018年12月20日確認

　全期間を通じて、男子の数が圧倒的に多い。男子の場合、1983（昭和58）年頃にピークがあり、その後減少。1998（平成10）年、2003（平成15）年頃に再びピークを迎えるも、再び減少に転じている。女子は、全体のピークが1998（平成10）年頃にありしばらく高い数値が続くも、2008（平成20）年より減少している。2015（平成27）年には、1966（昭和41）年以降全期間の最小値を示している。

(杉山)

第6節　子どもと犯罪

（8）少年の性犯罪被害の推移

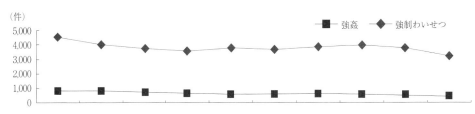

年　　　　次	18年	19年	20年	21年	22年	23年	24年	25年	26年	27年
総　数（件）	5,342	4,791	4,405	4,142	4,331	4,158	4,391	4,506	4,226	3,628
強　　姦	808	770	697	608	549	531	574	556	506	432
強　制わいせつ	4,534	4,021	3,708	3,534	3,782	3,627	3,817	3,950	3,720	3,196

出典：警察庁生活安全局少年課「少年非行情勢」（平成27年）
http://www.city.kuki.saitama.jp/shisei/kyodo/sanka/fuzoku/fuzoku/kyoiku/kuki_seishonen/kaigiroku/
h26seimon_kaigiroku.files/2602_01.pdf　2018年12月20日確認

　少年の性犯罪被害は全般的に減少している。2006（平成18）年の5,342人から翌2007（平成19）年の4,791人へと、500人以上減少している。その後多少の増減があるものの、横ばいであった。2015（平成27）年には、前年の4,226人から、3,628人へと600人近く大幅に減少した。2015（平成27）年には「強制わいせつ」の件数が急減している。全体に対する割合では、88％を占めている。

（杉山）

第6節　子どもと犯罪

（9）少年の刑法犯被害（主たる被害者の学識別）の推移

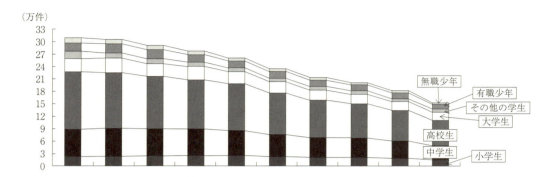

年次	18年	19年	20年	21年	22年	23年	24年	25年	26年	27年
総数（件）	309,104	304,685	290,206	276,956	260,759	233,725	211,821	199,999	179,915	151,644
未就学	532	527	503	405	472	451	470	461	528	551
小学生	23,935	24,792	24,430	24,684	24,060	21,892	19,908	20,058	18,668	15,319
中学生	64,699	65,536	64,525	63,085	60,382	53,903	47,978	45,436	39,767	31,849
高校生	137,415	134,055	125,414	118,528	111,900	99,361	89,843	82,858	73,832	62,082
大学生	34,199	34,309	33,068	32,276	29,871	26,524	24,421	23,254	21,476	19,444
その他の学生	14,941	13,828	12,094	10,565	10,113	9,605	8,669	8,537	8,125	7,162
有職少年	22,087	21,517	21,051	18,816	16,208	15,256	14,568	14,050	13,149	11,661
無職少年	11,296	10,121	9,121	8,597	7,753	6,733	5,964	5,345	4,370	3,576

出典：警察庁生活安全局少年課「少年非行情勢」（平成27年）
http://www.city.kuki.saitama.jp/shisei/kyodo/sanka/fuzoku/fuzoku/kyoiku/kuki_seishonen/kaigiroku/h26seimon_kaigiroku.files/2602_01.pdf　2018年12月20日確認

　少年の刑法犯の被害者を学識別に見た場合、最も多いのは高校生である。次いで、中学生、大学生、小学生の順である。数としては少ないものの、未就学児の被害者は、2014（平成26）年には前年より67件増加し、2015（平成27）年には23件、前年よりも増加した。被害者総数は28,271件減少している。したがって、犯罪被害者総数に対し、未就学児の場合はその割合はむしろ高まっている。

（杉山）

第6節　子どもと犯罪

（10）少年による特別法犯送致人員の推移

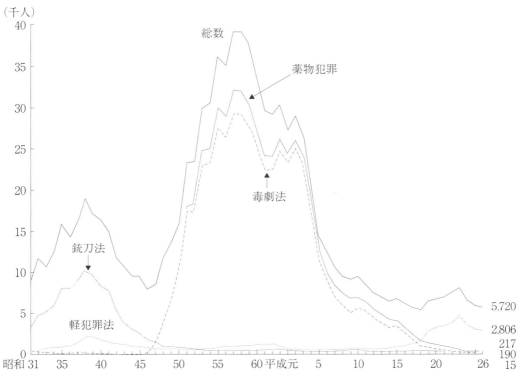

出典：法務省「平成27年版犯罪白書」(3-1-2-1)
http://hakusyo1.moj.go.jp/jp/62/nfm/mokuji.html　2018年12月20日確認

　特別法犯とは、刑法犯以外をいう。例えば、薬物犯罪、銃刀法違反、軽犯罪法違反等である。最大のピークは1982（昭和52）年頃であるが、最初のピークは1963（昭和38）年頃にあった。当時は、銃刀法違反が中心だった。次いで軽犯罪であり、薬物はわずかであった。その後、総数が減少とともに、薬物犯も減少してきた。2006（平成18）年頃より、やや増加したものの、その後は減少している。

（杉山）

第6節　子どもと犯罪

（11）少年による覚せい剤取締法違反等送致人員の推移

（昭和50年～平成26年）

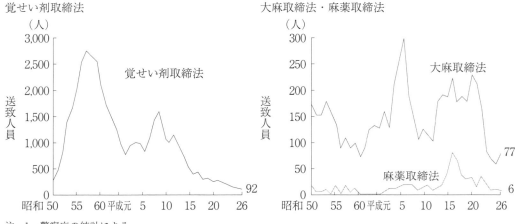

注　1　警察庁の統計による。
　　2　犯行時の年齢による。
　　3　触法少年を含まない。

出典：法務省「平成27年版犯罪白書」(3-1-2-2)
http://hakusyo1.moj.go.jp/jp/62/nfm/mokuji.html　2018年12月20日確認

　少年による覚せい剤取り締まり法違反は、1982（昭和57）年頃と1997（平成9）年頃ピークがあった。大麻取締法・麻薬取締法違反は1993（平成5）年頃をピークとして減少したものの、2003（平成15）年、2008（平成20）年に再び増加。その後減少したが2014（平成26）年頃より増加しつつある。両者を重ねてみれば、覚せい剤取締法違反減少する頃、大麻取り締まり法違反が増える。

（杉山）

第6節　子どもと犯罪

（12）少年による家庭内暴力認知件数の推移（就学・就労状況別）

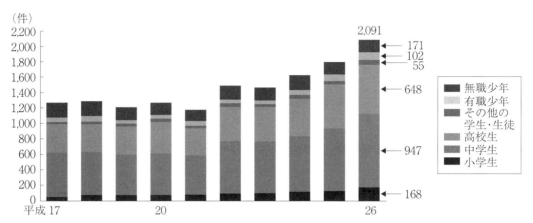

注　1　警察庁生活安全局の資料による。
　　2　検挙時に20歳以上であった者を除く。
　　3　犯行時の就学・就労状況による。
　　4　一つの事件に複数の者が関与している場合は、主たる者の就学・就労状況について計上している。
　　5　「その他の学生・生徒」は、浪人生等である。

出典：法務省「平成27年版犯罪白書」(3-1-4-1)
http://hakusyo1.moj.go.jp/jp/62/nfm/mokuji.html　2018年12月20日確認

　2008（平成20）年までほぼ横ばい、翌年には減少し2010（平成22年）より増加している。2012（平成24）年以降は顕著である。そのほとんどを中学生・高校生が占め76％にもなる。注目は、小学生の件数が増加している点である。2016（平成26）年には、無職少年による件数171件に次いで、168件と有職少年の件数よりも多い。全体の8％という数字は無視できない。ここには記載されていないが、最も多い対象は母親（68％）である。

（杉山）

第6節　子どもと犯罪

（13）非行少年に対する手続きの流れ

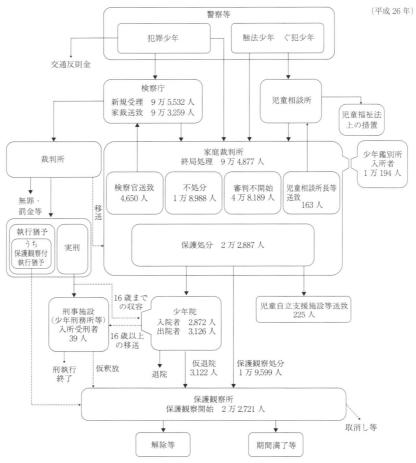

出典：法務省「平成27年版犯罪白書」（3-2-1-1）
http://hakusyo1.moj.go.jp/jp/62/nfm/mokuji.html　2018年12月20日確認

　非行少年は、図表のように大別される。「犯罪少年」は警察より検察庁を経て裁判所もしくは家庭裁判所に送致される。裁判所において実刑となった場合（執行猶予を除く）、少年刑務所等の刑事施設に送られる。「触法少年」「ぐ犯少年」は家庭裁判所に送致されるか、あるいは児童相談所に送られる。家庭裁判所において保護処分となった者は少年院、あるいは児童自律支援施設等に送られる。仮釈放、仮退院したものは、保護観察所にて保護観察となる。

（杉山）

第6節　子どもと犯罪

（14）少年鑑別所被収容者の年齢層別構成比の推移（男女別）

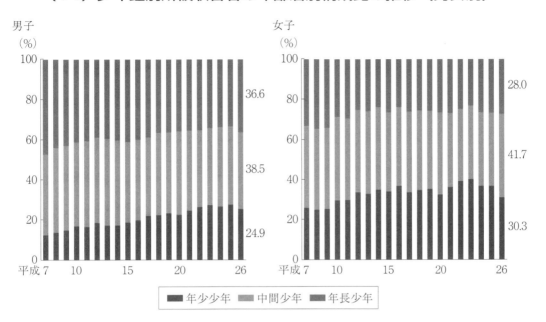

注　1　矯正統計年報による。
　　2　「被収容者」は、観護措置（少年鑑別所送致）及び勾留に代わる観護措置により入所した者で、かつ、当該年において逃走、施設間の移送又は死亡以外の事由により退所した者をいう。
　　3　少年鑑別所退所時の年齢による。
　　4　「年少少年」は、14歳未満の者を含み、「年長少年」は、20歳に達している者を含む。

出典：「平成27年版犯罪白書」（3-2-3-2）
http://hakusyo1.moj.go.jp/jp/62/nfm/mokuji.html　2018年12月20日確認

　全般的に見ると男女共に中間少年（16歳以上18歳未満）の構成比が高い。特に男子は2004（平成16）年以降、中間少年の構成比が高くなった。中間少年、年長少年（18歳〜20歳未満）、年少少年の順である。女子においては、中間少年についで、年少少年（16歳以上18歳未満）の構成比が、男子に比べて高い。中間、年少、年長の順である。年少者の構成が減ったようにも見える。

（杉山）

第6節 子どもと犯罪

（15）少年鑑別所被収容の非行名別構成比（男女別，年齢層別）

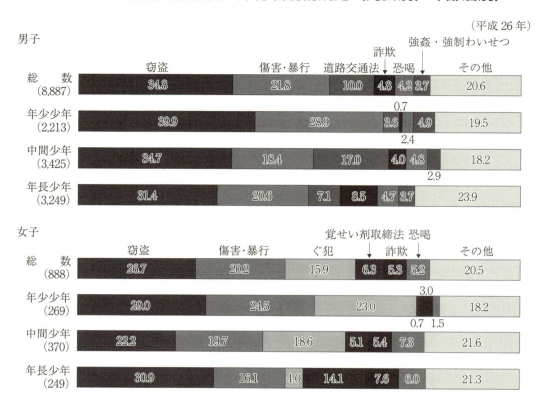

注　1　矯正統計年報による。
　　2　「被収容者」は、観護措置（少年鑑別所送致）及び勾留に代わる観護措置により入所した者で、かつ、平成26年において逃走、施設間の移送又は死亡以外の事由により退所した者をいう。
　　3　少年鑑別所退所時の年齢による。
　　4　「年少少年」は、14歳未満の者を含み、「年長少年」は、20歳に達している者を含む。
　　5　（　）内は、実人員である。

出典：法務省「平成27年版犯罪白書」(3-2-3-2)
http://hakusyo1.moj.go.jp/jp/62/nfm/mokuji.html　2018年12月20日確認

　少年鑑別所に収容された子どもの非行名別構成比である。総数では、圧倒的に男子が多い。約10倍である。総数に見る罪種の構成比では、男女ともに「窃盗」「傷害・暴行」が多く、特に男子では大半を占める。女子では窃盗が最も多く、「覚せい剤」が顕著である。年少から年長へと経過するにつれて、「傷害・暴行」が減少し、「覚せい剤」が激増するという傾向がある。（少年法第3条参照）

（杉山）

第6節　子どもと犯罪

（16）少年院入院者の人員・人口比の推移（年齢層別）

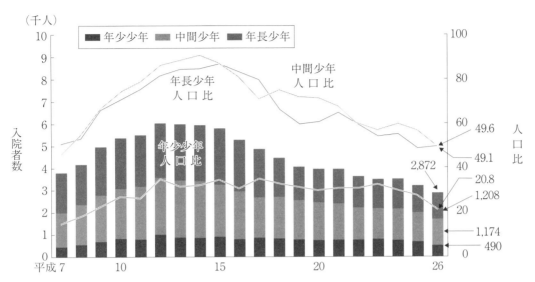

注　1　矯正統計年報及び総務省統計局の人口資料による。
　　2　入院時の年齢による。ただし、「年少少年」は14歳未満の者を含み、「年長少年」は入院時に20歳に達している者を含む。
　　3　「人口比」は、各年齢層10万人当たりの少年院入院者の人員である。

出典：法務省「平成27年版犯罪白書」（3-2-4-1）
http://hakusyo1.moj.go.jp/jp/62/nfm/mokuji.html　2018年12月20日確認

　少子化の影響と予測されるが総数としては、2000（平成12）年をピークとして減少傾向にある。10万人あたりの人口比でみると、特に中間少年と年長少年は、2002（平成14）年頃をピークに減少している。ところが、年少少年は2000（平成12）年をピークとして、やや減少するも、その後はほぼ横ばいを続けている。2004（平成16）年頃より、一時、年長少年と中間少年の比率が逆転するも、全般的には中間少年の比率が高い。

（杉山）

第6節　子どもと犯罪

（17）少年院入院者の非行名別構成比（男女別、年齢層別）

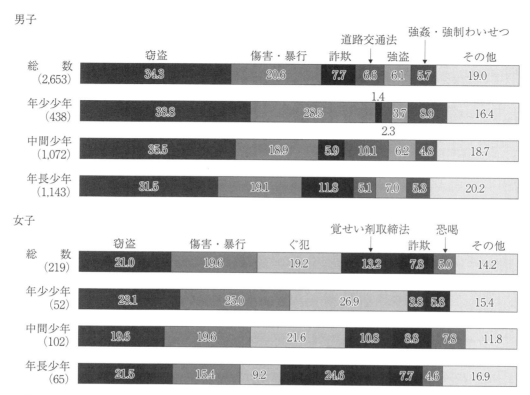

注　1　矯正統計年報による。
　　2　入院時の年齢による。ただし、「年少少年」は14歳未満の者を含み、「年長少年」は入院時に20歳に達している者を含む。
　　3　（　）内は、実人員である。

出典：法務省「平成27年版犯罪白書」（3-2-4-3）
http://hakusyo1.moj.go.jp/jp/62/nfm/mokuji.html　2018年12月20日確認

　少年院入院者の非行名（罪種）の構成比では男子に最も多いのが「窃盗」であるのに対し、女子では「覚せい剤」である。女子の年齢層別において、年少から年長へと経過するにつれて、「傷害・暴行」が減少し、「覚せい剤」が激増する。男子では、「詐欺」「道路交通法」が増加していく。男子には「道路交通法」「強盗」「強姦・強制わいせつ」、女子には「ぐ犯」「覚せい剤」「恐喝」が特徴的である。男女で非行名の構成が違う。

（杉山）

第6節　子どもと犯罪

（18）少年院入院者の保護者状況別構成比（男女別）

（平成27年）

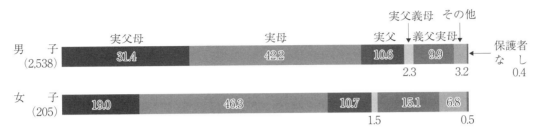

注　1　矯正統計年報による。
　　2　保護者状況は、非行時による。
　　3　「その他」は、養父（母）等である。
　　4　（　）内は、実人員である。

出典：「平成27年版犯罪白書」（3-2-4-7）
http://hakusyo1.moj.go.jp/jp/62/nfm/mokuji.html　2018年12月20日確認

　少年院入院者の保護者状況別の構成比を男女別にみた。保護者の状況別に見た場合、男子も女子も、最も高い割合が実母であった。次いで、実父母、実父であった。数値的には、多少の男女差がある。実父母については、男子31.4に対して、女子が19.0と低い。実母については、女子46.3、男子42.2とやや男子が低いものの、ほぼ同程度とみてよい。実父についても同様である。特徴的なのは、実父義母について、男子9.9に対し、女子15.1という差である。

（杉山）

第6節　子どもと犯罪

（19）児童福祉法、児童買春・児童ポルノ禁止法、出会い系サイト規制法等違反

（平成7年～26年）

年次	児童福祉法 淫行させる行為	児童買春・児童ポルノ禁止法	児童買春	児童ポルノ	その他	出会い系サイト規制法 禁止誘引行為	青少年保護育成条例 みだらな性行為等
7年	368	…	…	…	…	…	2,734
8	332	…	…	…	…	…	2,781
9	385	…	…	…	…	…	2,493
10	392	…	…	…	…	…	2,583
11	443	…	…	…	…	…	2,522
12	251	777	…	…	…	…	1,334
13	345	1,026	898	128	−	…	1,265
14	395	1,366	1,201	165	−	…	1,291
15	455	1,374	1,182	192	−	…	1,281
16	513	1,232	1,093	137	2	29	1,211
17	437	1,336	1,022	312	2	17	1,268
18	392	1,490	1,140	350	−	48	1,434
19	337	1,361	984	377	−	114	1,448
20	388	1,272	860	412	−	367	1,383
21	321	1,515	865	650	−	341	1,232
22	290	1,627	701	926	−	402	1,216
23	332	1,678	662	1,016	−	443	1,077
24	313	1,847	579	1,268	−	357	965
25	332	1,893	641	1,252	−	338	1,067
26	319	1,967	587	1,380	−	275	1,045

注　1　警察庁の統計による。

　　2　「児童買春・児童ポルノ禁止法」の「その他」は、児童買春等目的人身売買である。

　　3　「出会い系サイト規制法」の「禁止誘引行為」は、同法6条に規定する罪をいう。

　　4　「青少年保護育成条例」の平成7年の数値に、取締人員（18歳以上の者）である。

出典：法務省「平成27年版犯罪白書」(6-2-1-7)

http://hakusyo1.moj.go.jp/jp/62/nfm/mokuji.html　2018年12月20日確認

　子どもにまつわる犯罪において淫行させる行為は2004（平成16）年をピークとして減少傾向にある。児童買春については2002（平成14）年以降減少傾向にある。2010（平成22）年以降、児童ポルノについては増加傾向にある。出会い系サイト規制法では、禁止誘引行為が2008（平成20）年以降増加している。みだらな性行為等は、2000（平成12）年以降、減少傾向である。

（杉山）

第**4**章

福祉

総説

第 1 節	法制度	361
第 2 節	保育	371
第 3 節	子育て支援	381
第 4 節	少子化対策	392
第 5 節	虐待	402
第 6 節	社会的養護	415
第 7 節	ひとり親家庭	427
第 8 節	子どもの貧困	440
第 9 節	障害児関係	450
第 10 節	福祉の専門職	463

編集委員
髙玉和子
藤田久美
千葉弘明

総説

　本章では「法制度」、「保育」、「子育て支援」、「少子化対策」、「虐待」、「社会的養護」、「ひとり親家庭」、「子どもの貧困」、「障害児関係」、「福祉の専門職」と、広範囲にわたり子どもに関連する福祉に関する内容を取り上げている。一見すると、各節は独立しているようにとらえられるかもしれないが、目を通していただくとそれらが密接な関係にあることが理解できるであろう。

　日本の社会は「超少子高齢社会」と言われ、国が次々と施策を打ち出しても、子どもの出生数や出生率が低迷し、好転する兆しが見えない状況が続いている。家族形態は時代とともに変化し、主流は核家族であるが、これまで少数であったひとり親家庭や単身世帯が増加してきている。女性の社会進出・参加が進み、1990年半ば以降、専業主婦世帯数と共働き世帯数が逆転し、結婚・出産しても働き続ける女性が増加してきている。女性が高学歴になり、高等教育で学んだ知識や技術を活かして働くようになり、男女が社会で平等に活躍できるようになったことを示している。しかし、母親が働くことになると、昼間子どもを預ける必要があり、保育需要に対し供給が間に合わない現実が「待機児童問題」を引き起こしている。

　また、離婚率の上昇により、ひとり親家庭が増えてきているが、安定した収入を得られないことが多くみられ、そこに「子どもの貧困」という問題が浮上してくる。両親の元で育てられる子ども、ひとり親家庭の子ども、養親と一緒にいる子どもなど、様々な家庭のなかで子どもたちは育てられている。子どもを育てることが難しくなった場合、育てられなくなる事情が生じたり、虐待が起きたりした場合に、社会的養護に頼らざるを得ない。近年「児童虐待」が増加している。児童相談所への通告も増加しており、大きな社会問題になっている。児童虐待で子どもが死亡した事件が後を絶たず、それを受けて、国は児童虐待防止に向けて児童相談所に4年間で約2890人増員し約7620人体制とすることや市町村の人員配置を強化する新しい計画（2019〜22年度）を示した。厚生労働省の調査で、安否未確認の子どもが約3000人近くに上ることも判明した。これらのことは、安心・安全な環境で育てられていない子どもがいる事実があることを私たちに突き付けた。

　このような状況の中で、親（保護者）が子どもの養育を担う第一義的責任をもつことはもとより、国や地方公共団体、全国民が協力して社会全体で子どもを育てていくことを、改めて認識しておく必要がある。子どもにとって「最善の利益」とは何か、を改めて考える時期にきている。日本は国連の「児童の権利に関する条約」に1994年批准したが、法律には明文化していなかった。ようやく改正児童福祉法（2018年）に子どもの「最善の利益」という文言を入れ法定化した。法制度は子どもの人権を擁護するために機能していることは当然であるが、本来親をはじめとしたすべての国民が周知しておくべき事項である。私たちの毎日の生活はそうした法制度によって守られているといっても過言ではない。

　子どもの虐待や貧困、障害がある子ども、あるいは家庭で育てられない子どもたちに対する支援は、実際に保育・養育の現場で行われている。国や自治体が支給する手当や支援サービスなどをはじめ、児童福祉施設には保育士や児童指導員、嘱託医、臨床心理士、家庭支援専門相談員、栄養士、調理員など、多種多様な専門職が配置されている。子どもの日常生活を支える大事な役割を担い、子どもの成長発達を促し見守り、社会性、自律性を養っている。その子どもの抱える課題や問題に対し、適切な支援を行うとともに、保護者と連携・協力をして子どもを育て、その家庭にも支援をしていく。子どもは現在を生きているが、それは過去から、現在、未来へと繋がっている。子どもの前に困難が立ちふさがった場合には、子ども一人の力では乗り越えることは難しく、周囲の大人の手助けが必要である。私的支援だけに頼るのではなく、国や地方公共団体などの公的な支援を活用しながら、適切に対応していくことが求められる。

　そのためには、現状としてどのような問題や課題があるのか、どのような法制度があり、何を活用すればよいのか、専門職がどのような働き・支援をするのか、現場での連携方法はどのようになっているのかなど、理解しておくことが重要である。

　図表と解説を一読するとわかるように、できるだけ平易な言葉で説明をするように心掛けた。ぜひ活用して欲しい。

（髙玉和子）

第1節　法制度

（1）児童福祉法の概要

平成二十九年六月二十三日公布（平成二十九年法律第七十一号）改正

第一章　総則

第一条　全て児童は、児童の権利に関する条約の精神にのつとり、適切に養育されること、その生活を保障されること、愛され、保護されること、その心身の健やかな成長及び発達並びにその自立が図られることその他の福祉を等しく保障される権利を有する。

第二条　全て国民は、児童が良好な環境において生まれ、かつ、社会のあらゆる分野において、児童の年齢及び発達の程度に応じて、その意見が尊重され、その最善の利益が優先して考慮され、心身ともに健やかに育成されるよう努めなければならない。

○2　児童の保護者は、児童を心身ともに健やかに育成することについて第一義的責任を負う。

○3　国及び地方公共団体は、児童の保護者とともに、児童を心身ともに健やかに育成する責任を負う。

第三条　前二条に規定するところは、児童の福祉を保障するための原理であり、この原理は、すべて児童に関する法令の施行にあたつて、常に尊重されなければならない。

第一節　国及び地方公共団体の責務

第三条の二　国及び地方公共団体は、児童が家庭において心身ともに健やかに養育されるよう、児童の保護者を支援しなければならない。ただし、児童及びその保護者の心身の状況、これらの者の置かれている環境その他の状況を勘案し、児童を家庭において養育することが困難であり又は適当でない場合にあつては児童が家庭における養育環境と同様の養育環境において継続的に養育されるよう、児童を家庭及び当該養育環境において養育することが適当でない場合にあつては児童ができる限り良好な家庭的環境において養育されるよう、必要な措置を講じなければならない。

第三条の三　市町村（特別区を含む。以下同じ。）は、児童が心身ともに健やかに育成されるよう、基礎的な地方公共団体として、第十条第一項各号に掲げる業務の実施、障害児通所給付費の支給、第二十四条第一項の規定による保育の実施その他この法律に基づく児童の身近な場所における児童の福祉に関する支援に係る業務を適切に行わなければならない。

○2　都道府県は、市町村の行うこの法律に基づく児童の福祉に関する業務が適正かつ円滑に行われるよう、市町村に対する必要な助言及び適切な援助を行うとともに、児童が心身ともに健やかに育成されるよう、専門的な知識及び技術並びに各市町村の区域を超えた広域的な対応が必要な業務として、第十一条第一項各号に掲げる業務の実施、小児慢性特定疾病医療費の支給、障害児入所給付費の支給、第二十七条第一項第三号の規定による委託又は入所の措置その他この法律に基づく児童の福祉に関する業務を適切に行わなければならない。

○3　国は、市町村及び都道府県の行うこの法律に基づく児童の福祉に関する業務が適正かつ円滑に行われるよう、児童が適切に養育される体制の確保に関する施策、市町村及び都道府県に対する助言及び情報の提供その他の必要な各般の措置を講じなければならない。

第二節　定義

第四条　この法律で、児童とは、満十八歳に満たない者をいい、児童を左のように分ける。

一　乳児　満一歳に満たない者

二　幼児　満一歳から、小学校就学の始期に達するまでの者

三　少年　小学校就学の始期から、満十八歳に達するまでの者

○2　この法律で、障害児とは、身体に障害のある児童、知的障害のある児童、精神に障害のある児童（発達障害者支援法（平成十六年法律第百六十七号）第二条第二項に規定する発達障害児を含む。）又は治療方法が確立していない疾病その他の特殊の疾病であつて障害者の日常生活及び社会生活を総合的に支援するための法律（平成十七年法律第百二十三号）第四条第一項の政令で定めるものによる障害の程度が同項の厚生労働大臣が定める程度である児童をいう。

出典：児童福祉法より抜粋

児童福祉法は 1947 年 12 月 12 日制定以来、児童を取り巻く社会や環境の変化に合わせて改正を重ねている。この法律が制定された際、影響を受けたものが日本国憲法である。1990 年代には、「自立」をキーワードにした改正が行われた。2010 年には、「障害児」を法律に加え、彼らが利用する施設を一元化する等の改正が行われた。2016 年の改正では、第一条が改正され、児童の権利に関する条約の精神が明確化された。

（藤田）

第1節　法制度

（2）児童福祉法等の一部を改正する法律案の概要

　全ての児童が健全に育成されるよう、児童虐待について発生予防から自立支援まで一連の対策の更なる強化等を図るため、児童福祉法の理念を明確化するとともに、母子健康包括支援センターの全国展開、市町村及び児童相談所の体制の強化、里親委託の推進等の所要の措置を講ずる。

改正の概要

1. 児童福祉法の理念の明確化等
（1）児童は、適切な養育を受け、健やかな成長・発達や自立等を保障されること等を明確化する。
（2）国・地方公共団体は、保護者を支援するとともに、家庭と同様の環境における児童の養育を推進するものとする。
（3）国・都道府県・市町村それぞれの役割・責務を明確化する。
（4）親権者は、児童のしつけに際して、監護・教育に必要な範囲を超えて児童を懲戒してはならない旨を明記。

2. 児童虐待の発生予防
（1）市町村は、妊娠期から子育て期までの切れ目ない支援を行う母子健康包括支援センターの設置に努めるものとする。
（2）支援を要する妊婦等を把握した医療機関や学校等は、その旨を市町村に情報提供するよう努めるものとする。
（3）国・地方公共団体は、母子保健施策が児童虐待の発生予防・早期発見に資することに留意すべきことを明確化する。

3. 児童虐待発生時の迅速・的確な対応
（1）市町村は、児童等に対する必要な支援を行うための拠点の整備に努めるものとする。
（2）市町村が設置する要保護児童対策地域協議会の調整機関について、専門職を配置するものとする。
（3）政令で定める特別区は、児童相談所を設置するものとする。
（4）都道府県は、児童相談所に①児童心理司、②医師又は保健師、③指導・教育担当の児童福祉司を置くとともに、弁護士の配置又はこれに準ずる措置を行うものとする。
（5）児童相談所等から求められた場合に、医療機関や学校等は、被虐待児童等に関する資料等を提供できるものとする。

4. 被虐待児童への自立支援
（1）親子関係再構築支援について、施設、里親、市町村、児童相談所などの関係機関等が連携して行うべき旨を明確化する。
（2）都道府県（児童相談所）の業務として、里親の開拓から児童の自立支援までの一貫した里親支援を位置付ける。
（3）養子縁組里親を法定化するとともに、都道府県（児童相談所）の業務として、養子縁組に関する相談・支援を位置付ける。
（4）自立援助ホームについて、22歳の年度末までの間にある大学等就学中の者を対象に追加する。

（検討規定等）
○施行後速やかに、要保護児童の保護措置に係る手続における裁判所の関与の在り方、特別養子縁組制度の利用促進の在り方を検討する。
○施行後2年以内に、児童相談所の業務の在り方、要保護児童の通告の在り方、児童福祉業務の従事者の資質向上の方策を検討する。
○施行後5年を目途として、中核市・特別区が児童相談所を設置できるよう、その設置に係る支援等の必要な措置を講ずる。

施行期日
平成29年4月1日（1、2（3）については公布日、2（2）、3（4）（5）、4（1）については平成28年10月1日）

出典：厚生労働省　https://www.mhlw.go.jp/topics/bukyoku/soumu/houritu/dl/190-31.pdf　2018年10月16日確認

　すべての児童が健全に育成されるよう、児童虐待について発生予防から自立支援まで一連の対策の更なる強化等を図るために、一部が改正された。児童福祉法の理念として、児童が適切な養育を受け、健やかな成長・発達や自立等を保障されるために、国・都道府県・市町村それぞれの役割・責任も明確化された。母子健康包括支援センターの全国展開、市町村及び児童相談所の体制の強化、里親委託の推進が追加されている。

（藤田）

第1節　法制度

（3）児童憲章

制定日：昭和26年5月5日
制定者：児童憲章制定会議（内閣総理大臣により招集。国民各層・各界の代表で構成。）

> われらは、日本国憲法の精神にしたがい、児童に対する正しい観念を確立し、すべての児童の幸福をはかるために、この憲章を定める。
>
> 児童は、人として尊ばれる。
>
> 児童は、社会の一員として重んぜられる。
>
> 児童は、よい環境の中で育てられる。
>
> 1、すべての児童は、心身ともに健やかにうまれ、育てられ、その生活を保障される。
>
> 2、すべての児童は、家庭で、正しい愛情と知識と技術をもつて育てられ、家庭に恵まれない児童には、これにかわる環境が与えられる。
>
> 3、すべての児童は、適当な栄養と住居と被服が与えられ、また、疾病と災害からまもられる。
>
> 4、すべての児童は、個性と能力に応じて教育され、社会の一員としての責任を自主的に果たすように、みちびかれる。
>
> 5、すべての児童は、自然を愛し、科学と芸術を尊ぶように、みちびかれ、また、道徳的心情がつちかわれる。
>
> 6、すべての児童は、就学のみちを確保され、また、十分に整つた教育の施設を用意される。
>
> 7、すべての児童は、職業指導を受ける機会が与えられる。
>
> 8、すべての児童は、その労働において、心身の発育が阻害されず、教育を受ける機会が失われず、また、児童としての生活がさまたげられないように、十分に保護される。
>
> 9. すべての児童は、よい遊び場と文化財を用意され、悪い環境からまもられる。
>
> 10、すべての児童は、虐待・酷使・放任その他不当な取扱からまもられる。あやまちをおかした児童は、適切に保護指導される。
>
> 11、すべての児童は、身体が不自由な場合、または精神の機能が不充分な場合に、適切な治療と教育と保護が与えられる。
>
> 12、すべての児童は、愛とまことによつて結ばれ、よい国民として人類の平和と文化に貢献するように、みちびかれる。

出典：文部科学省 http://www.mext.go.jp/b_menu/shingi/chukyo/chukyo3/004/siryo/attach/1298450.htm　2018年10月15日確認

　日本国憲法の基本理念に則り、1951年5月5日こどもの日に制定されており、1959年の「児童の権利に関する条約」より前に制定された日本独自のものである。これは法律ではなく、道徳的・社会的な規範を示している。児童憲章は、我が国独自に制定されたものであり、前文に挙げた3行には、児童の人権擁護が強く主張されている。児童に対する正しい観念を確立し、すべての児童の幸福を図るために定められた憲章である。

（藤田）

第1節　法制度

（4）社会福祉の実施体制

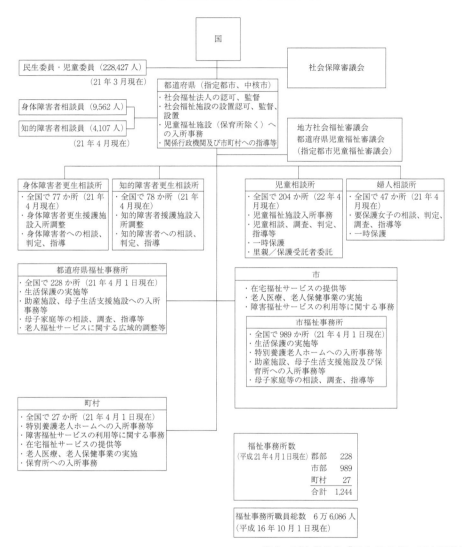

出典：厚生労働省『平成28年版　厚生労働白書』

　我が国の社会福祉は、厚生労働省が社会福祉制度の企画、立案、監督を担っている。社会福祉関係の部局は、社会・援護局、老健局、雇用均等・児童家庭局がある。具体的な福祉活動は、都道府県や市町村に置かれる機関によって担われ、婦人相談所、児童相談所はそれぞれ、専門的な法律に基づいて設置されている。民生委員・児童委員は、民生委員法に基づき、厚生労働大臣の委嘱による非常勤の特別職の地方公務員である。

(藤田)

第1節　法制度

（5）児童福祉行政のしくみ

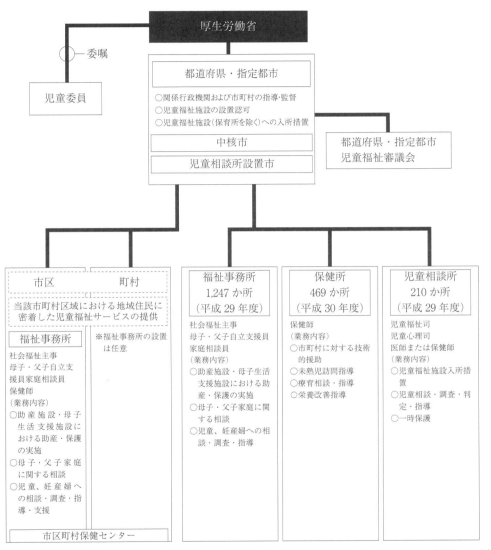

出典：一般社団法人全国保育士養成協会監修『ひと目でわかる保育者のための児童家庭福祉データブック2019』中央法規、2018年

　すべての家庭において児童が健全に育成され、児童を生み育てやすい社会環境を整えるために、厚生労働省の管轄のもとに児童福祉行政の実施体制が整備されている。児童福祉法の一部改正による、2017（平成29）年4月1日より施行される改正事項として、市区町村の体制強化が挙げられ、市区町村における支援拠点の整備や児童相談所設置自治体の拡大等が挙げられた。

（藤田）

第 1 節　法制度

（6）市町村・児童相談所における相談援助活動系統図

市町村・児童相談所における相談援助活動系統図

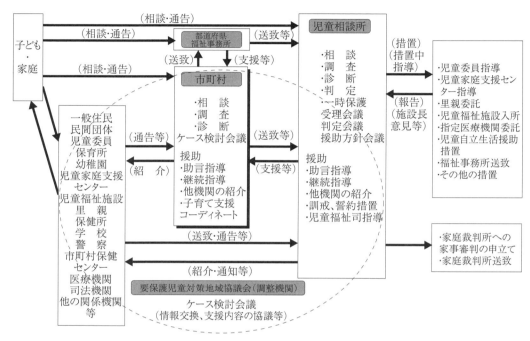

出典：厚生労働省　https://www.mhlw.go.jp/bunya/kodomo/dv-soudanjo-sisin-betten.html　2018年10月15日確認

　児童虐待が発生または疑われる場合、児童の安全を確保するための初期対応が確実・迅速に図られるよう、また市町村・児童相談所における相談援助活動が円滑に行われるように体制を整備している。市町村保健センターについては、一般住民等からの通告等を受け、相談援助業務を実施する場合も想定される。虐待は増加傾向にあり、深刻な問題として取り上げられる今日、虐待の早期発見と迅速な対応ができる質の高い体制が求められる。

（藤田）

第1節　法制度

（7）各種法令における児童の呼称及び年齢区分

法律の名称	呼称等		年齢区分
少年法	少年		20 歳未満の者
刑法	刑事責任年齢		満 14 歳
児童福祉法	児童		18 歳未満の者
		乳児	1 歳未満の者
		幼児	1 歳から小学校就学の始期に達するまでの者
		少年	小学校就学の始期から 18 歳に達するまでの者
児童手当法	児童		18 歳に達する日以後の最初の 3 月 31 日までの間にある者
母子及び寡婦福祉法	児童		20 歳未満の者
学校教育法	学齢児童		6 歳に達した日の翌日以後における最初の学年の初めから，12 歳に達した日の属する学年の終わりまでの者
	学齢生徒		小学校（又は特別支援学校の小学部）の課程を終了した日の翌日以降における最初の学年の初めから，15 歳に達した日の属する学年の終わりまでの者
民法	未成年者		20 歳未満の者
	婚姻適齢		男満 18 歳　女満 16 歳〔未成年者は，父母の同意を得なければならない。〕
労働基準法	年少者		18 歳未満の者
	児童		15 歳に達した日以後の最初の 3 月 31 日が終了するまでの者
勤労青少年福祉法	勤労青少年		〔法律上は規定なし〕　※第 8 次勤労青少年福祉対策基本方針（平成 18 年 10 月厚生労働省）において，「おおむね 35 歳未満」としている。
道路交通法	児童		6 歳以上 13 歳未満の者
	幼児		6 歳未満の者
	大型免許を与えない者		20 歳未満の者
	普通免許，大型特殊免許，大型二輪免許及びけん引免許を与えない者		18 歳未満の者
	普通二輪免許，小型特殊免許及び原付免許を与えない者		16 歳未満の者
独立行政法人国立青少年教育振興機構法	青少年		法律上はなし「子ども夢基金」については，おおむね 18 歳以下の者
子どもの読書活動の推進に関する法	子ども		おおむね 18 歳以下の者
未成年者喫煙禁止法	未成年者		20 歳未満の者
未成年者飲酒禁止法	未成年者		20 歳未満の者
風俗営業等の規制及び業務の適正化等に関する法律	年少者		18 歳未満の者
インターネット異性紹介事業を利用して児童を誘引する行為の規制等に関する法律	児童		18 歳未満の者
青少年が安全に安心してインターネットを利用できる環境の整備等に関する法律	青少年		18 歳未満の者
（参考）児童の権利に関する条約	児童		18 歳未満の者

出典：内閣府『平成 20 年版青少年白書』

第 4 章　福祉

　児童の呼称及び年齢区分は、各法令により異なる。例えば、児童福祉法では、児童と呼称し、さらに、乳児・幼児・少年と区分している。学校教育法では、小学生を「学齢児童」、中学生を「学齢生徒」と呼称している。子ども・若者育成支援推進法の規定に基づき制定された「子ども・若者ビジョン」においては、乳幼児期（義務教育年齢に達するまで）、学童期（小学生）及び思春期（中学生からおおむね 18 歳まで）となっている。

（藤田）

367

第1節　法制度

（8）子ども・子育て支援新制度の概要

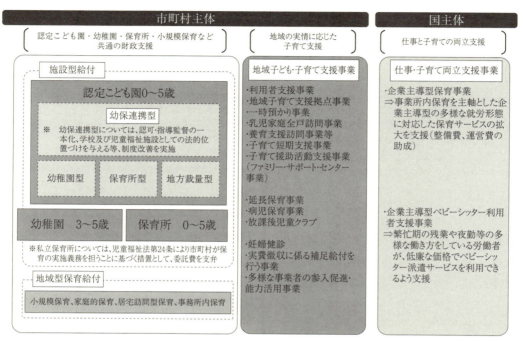

出典：内閣府『子ども・子育て支援新制度について』平成30年

　子ども・子育て支援新制度は2012（平成24）年8月に成立した「子ども・子育て支援法」「認定こども園法の一部改正」「子ども・子育て支援法及び認定こども園法」の一部改正法の施行に伴う関係法律の整備等に関する法律」子ども・子育て関連3法に基づく制度である。この制度は、量と質の両面から子育てを社会全体で支える仕組みになっている。たとえば、幼稚園・保育所・認定こども園などの職員配置の改善や職員の処遇改善が挙げられる。

（藤田）

第1節　法制度

（9）児童の権利に関する条約等の歴史的展開

西暦	世界	日本	特記事項
1924	児童の権利に関する ジュネーブ宣言		1923年2月23日、ジュネーブで発表され、5条で構成されている。世界ではじめての児童の権利宣言である。
1946		日本国憲法	第二次世界大戦後に制定され、第13条に、すべて国民は、「個人として尊重される」とあり、生命、自由及び幸福追求に対する国民の権利について明記されている。また、第26条には「教育を受ける権利」が明記されている。
1947		児童福祉法	日本国憲法の精神に基づいて制定された。児童が心身とも健やかに生まれ、且つ、育成するように努めることやひとしく生活は保障され、愛護されることが明記された。
1948	世界人権宣言		人権および自由を尊重し確保するために、すべての人民とすべての国とが達成すべき共通の基準を宣言したものである。
1951		児童憲章	日本国憲法の精神にしたがい、児童に対する正しい観念を確立し、すべての児童の幸福をはかるために、この憲章を定めたものである。
1959	児童権利宣言		世界人権宣言の影響を受けている。「児童の最善の利益について、最善の考慮が払わなければならない」と明記された。10条で構成される。
1966	国際人権規約		世界人権宣言をもとに条約化したものであり、児童の人権についても明記している。
1989	児童の権利に関する条約 （子どもの権利条約）		「児童の権利に関する宣言」の30周年に、1989年11月20日に国連総会で採択された国際条約である。児童（18歳未満の者）の権利について定めた。通称は「子どもの権利条約」である。
1994		児童の権利に関する条約に批准	日本国内では1994年に批准した。批准国は子の最善の利益のために行動しなければならないと定める（第3条）。
2016		児童福祉法（改正）	児童福祉法の理念規定は、昭和22年の制定当初から見直されていなかったこと、児童が権利の主体であることの記述がなかったため、2016年に改正された。改正による対応としては「児童の権利に関する条約」の精神を基盤としたことである。第1条には、「全ての児童は児童の権利に関する条約の精神にのっとり、適切に養育されること、その生活を保障されること、愛され、保護されること、その心身の健やかな成長及び発達並びにその自立が図られることその他の福祉を等しく保障される権利を有する」とある。

出典：筆者作成

　児童の権利に関する条約等は、「児童の権利に関するジュネーブ宣言」から始まり、戦争等の社会的背景に影響を受けている。1994年に「児童の権利に関する条約（子どもの権利条約）」に日本が批准し、児童の最善の利益のための施策や取組が具体化した。2016年の児童福祉法改正においては、「児童の権利に関する条約」の精神に則り、国民、保護者、国、地方公共団体が支えることが明記されている。

（藤田）

第1節　法制度

（10）「放課後児童クラブ運営指針」の概要

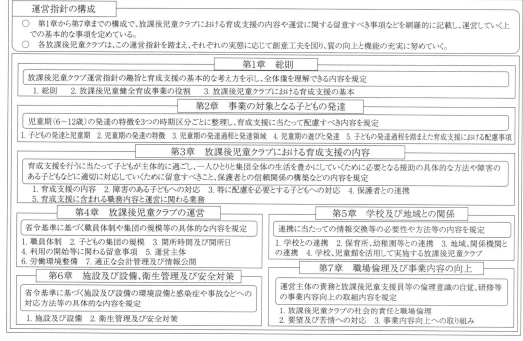

出典：内閣府子ども・子育て本部　平成30年『子ども・子育て支援新制度について』

　2012（平成24）年の児童福祉法の改正を受け、2014（平成26）年4月に「放課後児童健全育成事業の設備及び運営に関する基準（平成26年厚生労働省令第63号）」を策定し、放課後児童クラブにおける運営や支援の質の確保に向けた取組をより一層進めることとした。放課後児童健全育成事業の運営主体は、この運営指針において規定される支援の内容をふまえ、利用する児童の支援方法を工夫する等、質向上に努めなければならない。

（藤田）

第2節　保育

（1）「保育所保育指針」新旧対比

平成29年告示	平成20年告示
第1章　　総則	第1章　　総則
１．保育所保育に関する基本原則	１．趣旨
２．養護に関する基本的事項	２．保育所の役割
３．保育の計画及び評価	３．保育の原理
４．幼児教育を行うべき施設として共有すべき事項	４．保育所の社会的責任
第2章　　保育の内容	第2章　　子どもの発達
１．乳児保育に関わるねらい及び内容	１．乳幼児期の発達の特性
２．１歳以上３歳未満児の保育に関わるねらい及び内容	２．発達過程
３．３歳以上児の保育に関するねらい及び内容	第3章　　保育の内容
４．保育の実施に関して留意すべき事項	１．保育のねらい及び内容
第3章　　健康及び安全	２．保育の実施上の配慮事項
１．子どもの健康支援	第4章　　保育の計画及び評価
２．食育の推進	１．保育の計画
３．環境及び衛生管理並びに安全管理	２．保育の内容等の自己評価
４．災害への備え	第5章　　健康及び安全
第4章　　子育て支援	１．子どもの健康支援
１．保育所における子育て支援に関する基本的事項	２．環境及び衛生管理並びに安全管理
２．保育所を利用している保護者に対する子育て支援	３．食育の推進
３．地域の保護者等に対する子育て支援	４．健康及び安全の実施体制等
第5章　　職員の資質向上	第6章　　保護者に対する支援
１．職員の資質向上に関する基本的事項	１．保育所における保護者に対する支援の基本
２．施設長の責務	２．保育所に入所している子どもの保護者に対する支援
３．職員の研修等	３．地域における子育て支援
４．研修の実施体制等	第7章　職員の資質向上
	１．職員の資質向上に関する基本的事項
	２．施設長の責務
	３．職員の研修等

出典：平成29年保育所保育指針および平成20年保育所保育指針を基に筆者作成

　　保育所保育指針は、1965年に当時の厚生省（現厚生労働省）が保育所の保育向上を図るガイドラインとして作成し、その後改定を繰り返し、2008年に告示化された。児童福祉法の改正に則り、「子どもの最善の利益」の考慮と「幼児教育を行う施設として共有すべき事項」を明記した。3歳以上児については「幼稚園教育要領」、「幼保連携型認定こども園教育・保育要領」とほぼ同様の内容で幼児教育を、また0、1、2歳児の保育内容を充実させ、養護の重要性も示した。

（髙玉）

第2節　保育

（2）認可保育所の設備・運営に関する基準

1.　保育士の配置	乳児3人：保育士1人 1・2歳児6人：保育士1人 3歳児20人：保育士1人 4歳以上児20人：保育士1人
2.　設備の基準 （1）面積の基準	乳児又は満2歳に満たない幼児を入所させる保育所には、乳児室又はほふく室、医務室、調理室及び便所を設けること。 乳児室の面積：1.65m²/人 ほふく室の面積：3.3m²/人 乳児室又はほふく室には、保育に必要な用具を供えること。 満2歳以上児の幼児を入所させる保育所には、保育室又は遊戯室、屋外遊戯場（保育所の付近にある屋外遊戯場に代わる場所を含む。）、調理室及び便所を設けること。 保育室又は遊戯室の面積：1.98m²/人 屋外遊戯場：3.3m²/人
（2）非常事態への対処	乳児室、ほふく室、保育室又は遊戯室を2階以上に設ける建物は、建築基準法に規定する耐火建築物・準耐火建築物であること。調理室の外部延焼防止措置が講じていること。非常警報器具または非常警報設備等を完備、カーテン、敷物、建具等は防炎処理が施されていること。
3.　職員	保育所には、保育士、嘱託医及び調理員を置くこと。 保育に従事する者はすべて保育士であること。
4.　保育時間	1日につき8時間を原則とし、その地方における乳幼児の保護者の労働時間その他家庭の状況等を考慮して、保育所の長がこれを定める。
5.　保育内容	保育所における保育は、養護と教育を一体的に行うことをその特徴をし、その内容については、厚生労働大臣が定める指針に従う（保育所保育指針）。

出典：「児童福祉施設の設備及び運営に関する基準」（厚生労働省令第127号）に基づき筆者作成

　保育所は児童福祉法第39条に規定された児童福祉施設であり、保護者の労働や疾病などの事由により保護者から預かり保育する施設である。認可保育所は「児童福祉施設の設備及び運営に関する基準」に定められた基準を満たしており、設置・運営は主に社会福祉法人等が行い、都道府県知事の認可を得ている。一方、待機児童問題により増加している認可外保育施設は、民間事業者や個人が「認可外保育施設指導監督基準」に従い設置・運営している。

（髙玉）

第2節　保育

（3）保育所に関わる規制緩和事項

年度	規制緩和事項
1998（平成10）年度	短時間勤務保育士の導入容認／給食調理の業務委託容認 定員超過入所の規制緩和—年度当初10%、年度途中15%（育休明け20%）
1999（平成11）年度	定員超過入所の規制緩和の拡大—年度当初15%、年度途中25%（育休明けに産休明けを加えて規制撤廃）*
2000（平成12）年度	保育所の設置主体の制限撤廃
2001（平成13）年度	短時間勤務保育士の割合拡大（定員超過分） 定員超過入所の規制緩和の拡大—年度後半の制限撤廃
2002（平成14）年度	保育所の分園の条件緩和—定員規制および分園数規制の緩和 短時間勤務保育士の最低基準上の保育士定数2割未満の規制緩和
2003（平成15）年度	児童福祉施設最低基準緩和—保育所の防火・避難基準緩和
2006（平成18）年度	認定こども園の制度化—地方裁量型等で実質的な規制緩和が行われた
2010（平成22）年度	定員超過入所の規制緩和の拡大—年度当初の規制撤廃 給食の外部搬入容認—3歳以上児・公私ともに
2011（平成23）年度	最低基準の地方条例化に関わる地域主権改革一括法の成立 2013年3月末日までに、都道府県・政令市・中核市で条例化
2014（平成26）年度	4階以上に保育室設置の場合の避難用外階段必置規制の緩和
2015（平成27）年度	新制度実施により創設された地域型保育事業で、保育所の基準を緩和した基準の設定（面積・保育士資格）
2016（平成28）年度	最低基準における保育士配置に関する規制緩和（特例での実施とされているが期限等はない）—最低2人配置原則の適用除外、小学校教諭等による代替容認、認可定員上必要とされる人員を上回って、常時基準を満たすために配置されるべき人員について知事等が認める者でも容認する 企業主導型保育事業の創設で、保育所の基準を緩和した基準の設定（面積・保育士資格）

＊は最低基準を達成した範囲での規制緩和

出典：全国保育団体連絡会、保育研究所編『保育所白書2016年版・2018年版』ひとなる書房　p.60、p.50

　児童福祉法で定められている保育所は、入所を希望する子どもの増加により1998年以降規制緩和施策が実施されている。開所時間の延長による保育士の勤務時間の多様化に対応するため短時間保育士を導入し、給食の業務委託や外部搬入も可能となった。待機児童に対応するため、定員を超過して受け入れ、分園の条件も緩和された。設置主体はこれまで社会福祉法人が主であったが、制限を取り払い民間事業者も参入することとなった。

（髙玉）

第2節　保育

（4）保育所の公立私立別施設数の年次推移

	2000年	2005年	2006年	2007年	2008年	2009年	2010年	2011年	2012年	2013年	2014年	2015年
施設数	22,195	22,570	22,699	22,848	22,909	22,925	23,069	22,959	23,685	24,036	24,424	23,537
（対前年比）		375	129	149	61	16	144	△110	726	351	388	△889
公立（公営）	12,723	12,090	11,848	11,602	11,327	11,009	10,760	10,242	10,280	10,031	9,791	9,198
（対前年比）		△633	△242	△246	△275	△318	△249	△518	38	△249	△240	△593
私立（私営）	9,472	10,480	10,851	11,246	11,582	11,916	12,309	12,717	13,405	14,005	14,633	14,339
（対前年比）		1,008	371	395	336	334	393	408	688	600	628	△294

資料：各年の「福祉行政報告例」（厚生労働省）より作成。2000年は、「公営」「私営」の区分、2005年以降は「公立」「私立」の区分。

2005年の二重枠内の数値は2000年との比較。

注：東日本大震災の影響により、2011年は宮城県（仙台市以外）及び福島県（郡山市及びいわき市以外）を除いて集計した敷値。

2012年は、福島県（郡山市及びいわき市以外）の一部を除いて集計した数値。そのため、2011～2012年の数値の比較には注意が必要である。

出典：全国保育団体連絡会、保育研究所編『保育所白書2016年版』ひとなる書房　p.115

　児童福祉法改正により、公立保育所の民営化が進んでいる。公立は2000～2005年の間に633園減少し、その後も減少し続けている。反対に、私立は同時期に1008園増加し、それ以降も年々増え、施設数においては逆転現象が起きている。地方公務員の削減、公共施設の民営化と合わせて実施されている。地方交付税の減額や公立保育所運営費等の一般財源化なども背景にある。都市部においては待機児童対策の一環として進められている。

（髙玉）

第2節　保育

（5）小規模認可保育所認可基準と保育事業数

		（公私の内訳）			（設置主体別内訳）		
		公立	私立	社会福祉法人	株式会社・有限会社	個人	その他
A 型	962	32	930	161	319	219	263
B 型	572	18	554	44	215	201	112
C 型	121	10	111	15	25	50	31
合計	1,655	60	1,595	220	559	470	406

2015 年 4 月 1 日現在

出典：全国小規模保育協議会著『2016 年版小規模保育白書』全国小規模保育協議会　p.22

　小規模保育所は 0 ～ 2 歳児を対象とした定員 6 ～ 19 名規模の保育所であり、待機児童解消のために設置された。当初は認可外保育施設であったが、2015 年の子ども・子育て支援法の制定により法定化され、補助金が支給されている。A 型、B 型、C 型では職員資格や保育室等の基準が異なっている。A 型の設置数が一番多く、設置主体は株式会社や有限会社が多い。保育の特徴として、小グループで子どもの人数に対し職員数が手厚いことである。

（髙玉）

第2節　保育

(6) 就学前児童の保育状況

(注1) 保育所入所児童数は福祉行政報告例（厚生労働省〈2015年4月1日現在〉）（概数）による。
(注2) 幼稚園在園児童数は学校基本調査（文部科学省〈2015年5月1日現在〉）による。
(注3) 認可外保育施設は厚生労働省の「認可外保育施設の現況」〈2015年3月31日現在〉による。
(注4) 就学前児童数（0〜5歳児人口）は人口推計（総務省統計局〈2015年10月1日現在〉）をもとに、以下のような修正を加え4月1日現在の人口を推計した。A歳児人口＝10月1日現在のA歳児人口×$\frac{6}{12}$＋10月1日現在の(A+1)歳児人口×$\frac{6}{12}$
(注5) 合計は100.0％にならない場合がある。
(注6) 認定こども園等の在園児数は、全年齢において、幼保連携型認定こども園のほかに、地方裁量型の在園児数を含む。3歳未満児については、幼稚園型のほかに、地域型保育事業の入所児童数を含む。

出典：全国保育団体連絡会、保育研究所編『保育白書2016年版』ひとなる書房　p.59

　就学前の子どもの状況では、保育施設（保育所、認定こども園、認可外保育施設、幼稚園）での保育の全体割合は、2003年は54.9％であり、2015年には65.9％と増加している。年齢別の比較では、1・2歳児は家庭等にいる子どもが2003年に74.9％、2015年では57.2％と減少し、2015年では、3歳児では89.4％と保育施設を利用する割合が多くなる。4歳以上児をみると、すべての子どもがなんらかの保育施設を利用している。

（髙玉）

第2節 保育

(7) 登録された保育士と勤務者数の推移

○ 保育士登録者数は約119万人、勤務者数は約43万人であり、潜在保育士（保育士資格を持ち登録されているが、社会福祉施設等で勤務していない者）は約76万人

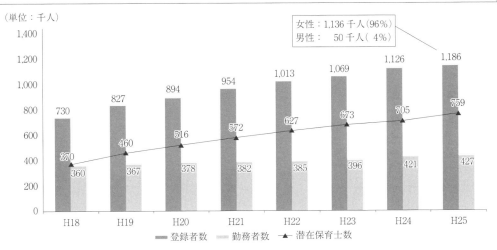

（注）勤務者数について、平成21年以降は調査対象施設のうち回収できなかった施設があるため、平成20年以前との年次比較は適さない。（回収率　H21:97.3%　H22:94.1%　H23:93.9%　H24:95.4%　H25:93.5%）

※ H23の勤務者数については、東日本大震災の影響で宮城県と福島県の28市町村で調査未実施である影響で少ない数となっているため、潜在保育士の数は67万人よりは少なくなることに留意。

出典：登録者数：厚生労働省雇用均等・児童家庭局保育課調べ（各年4月1日）
　　　勤務者数：厚生労働省大臣官房統計情報部「社会福祉施設等調査」（各年10月1日）

都市部では待機児童問題と同様に深刻な保育士不足が起きている。毎年保育士養成校から保育士資格を取得して卒業する者が4万2千人いるが、すべてが保育所等に勤務するわけではない。保育士登録者は年々増加しているが、そのうち約5～6割しか勤務せず、離職率も10.3%（2013〈平成25〉年）ある。保育所等に勤務し、結婚・出産で退職した者や他業種に勤務した者等、資格を持ちながら保育に携わっていない潜在保育士が約76万人存在する。

（髙玉）

第2節　保育

（8）保育所等待機児童数

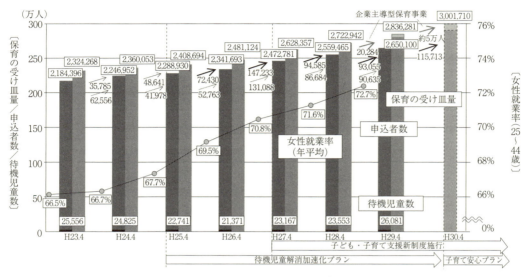

出典：内閣府「平成30年版少子化社会対策白書」
https://www8.cao.go.jp/shoushi/shoushika/whitepaper/measures/w-2018/30webhonpen/html/b2_s1-1-2.html
2018年12月18日確認

　政府は2013年4月策定の「待機児童解消加速化プラン」で、2013年度から2017年度末までの5年間に50万人分の保育目標を掲げた。企業主導型保育事業を加えると、合計約42.8万人分の保育の受け皿拡大を達成している。しかし、女性の就業率は年々上昇し結婚・出産しても働き続けるなど、保育の利用申込者数も増加している。それにより、保育所等待機児童数は、2017年4月の時点で依然として約2万人が保育を必要としている現状がある。

（髙玉）

第2節　保育

（9）保育所・幼稚園の状況

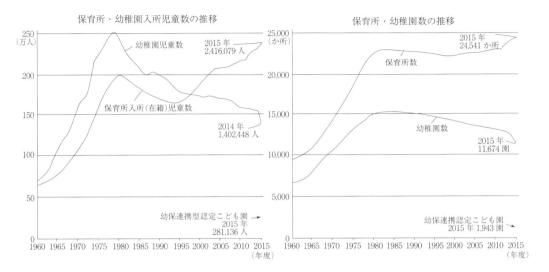

保育所／1960～2008年度まで「社会福祉施設等調査報告」各年10月1日現在、2009年度以降「福祉行政報告例」各年3月1日現在、幼稚園・幼保連携型認定こども園／「学校基本調査」各年5月1日現在

出典：全国保育団体連絡会・保育研究所編『保育所白書2016年版』ひとなる書房　p90

　保育所と幼稚園の入所入園児童数の推移をみると、1965～1995年までは幼稚園児童数が上回っているが、その後逆転し現在に至るまで保育所入所児童数が伸びている。これは共働き世帯数の増加と一致し、子育てしながら働く女性が増加していることが関係している。保育所数・幼稚園数の推移をみると、1960年代から一貫して保育所数が幼稚園数をはるかに上回り、出生数低下が続く近年でも保育所利用希望が多く、幼稚園数は減少している。

(髙玉)

第2節　保育

（10）ベビーホテル・認可外保育施設の状況

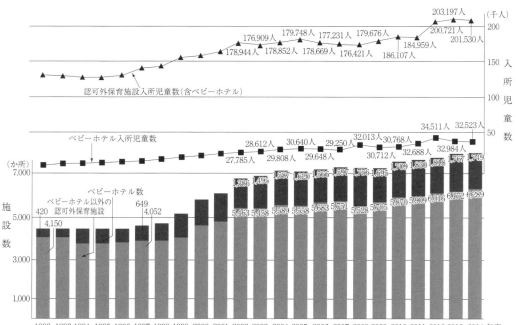

(注1) 施設数・児童数は都道府県等が把握した数。
(注2) ベビーホテル以外の認可外保育施設については、1992年度は2月1日現在、1993年度から1999年度までは各年度1月10日現在、2000年度は12月31日現在、2001年度以降は3月31日現在。
(注3) ベビーホテルについては、1992年度は3月31日現在、以降はベビーホテル以外の認可外保育施設と同じ。
(注4) 厚生労働省のベビーホテルの定義は以下のとおり。
　　　認可外保育施設のうち、①夜8時以降の保育、②宿泊を伴う保育、③一時預かりのいずれかを常時運営している施設である（ただし、③については都道府県等が確認できた日における利用児童のうち、一時預かりが半数以上を占めている場合をいう）。
資料：厚生労働省雇用均等・児童家庭局保育課「認可外保育施設の現況」各年度より作成
　　　　　　　出典：全国保育団体連絡会・保育研究所編『保育所白書2016年版』ひとなる書房　p.125

　都道府県知事の認可を受けずに設置・運営している認可外施設の中にはベビーホテルがある。全ての認可外保育施設が「認可外保育施設指導監督基準」に沿って運営しているわけではなく、ベビーホテルのように夜8時以降の保育を行っていたり、宿泊がある保育、一時預かりを常時行っていたりなど、行政側として正確な実態把握が難しい。昼間保育所を利用できない事情をもつ保護者の中には、生活のためやむなく利用せざるを得ない者もいる。

（髙玉）

第3節　子育て支援

（1）共働き世帯数

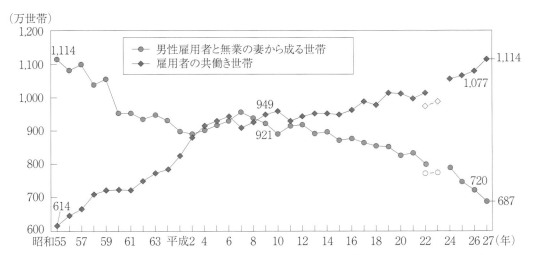

（備考）1. 昭和55年から平成13年までは総務庁「労働力調査特別調査」（各年2月。ただし，昭和55年から57年は各年3月），平成14年以降は総務省「労働力調査（詳細集計）」より作成。「労働力調査特別調査」と「労働力調査（詳細集計）」とでは，調査方法，調査月等が相違することから，時系列比較には注意を要する。
2. 「男性雇用者と無業の妻から成る世帯」とは，夫が非農林業雇用者で，妻が非就業者（非労働力人口及び完全失業者）の世帯。
3. 「雇用者の共働き世帯」とは，夫婦共に非農林業雇用者（非正規の職員・従業員を含む。）の世帯。
4. 平成22年及び23年の値（白抜き表示）は，岩手県，宮城県及び福島県を除く全国の結果。

出典：内閣府「男女共同参画社会白書平成28年版」http://www.gender.go.jp/about_danjo/whitepaper/h28/gaiyou/html/honpen/b1_s03.html　2018年12月18日確認

　近年女性の社会進出は高まり、その労働力率は年々上昇している。それに伴い結婚、出産しても働き続ける女性が増え、共働き世帯数が伸びている。「男性雇用者と無業の妻から成る世帯」とは専業主婦世帯を指し、1980（昭和55）年には1,114万世帯あったが、2015（平成27）年になると687万世帯に減少している。一方、共働き世帯は昭和55年の614万世帯から、平成27年には1,114万世帯と逆転している。働く母親の増加は待機児童問題と関係している。

（髙玉）

第3節　子育て支援

（2）保育所等待機児童数及び放課後児童クラブの利用を希望するが利用できない児童数の推移

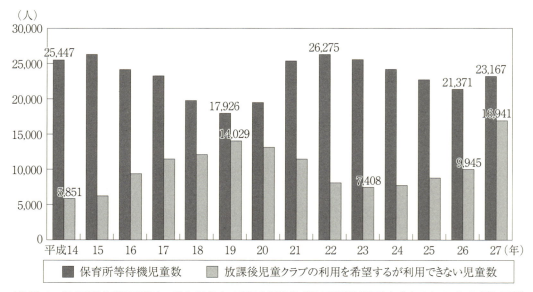

（備考）1. 保育所等待機児童数は、平成26年までは厚生労働省「保育所関連状況取りまとめ」、27年は「保育所等関連状況取りまとめ」より作成。放課後児童クラブの利用を希望するが利用できない児童数は、厚生労働省「放課後児童健全育成事業（放課後児童クラブ）の実施状況」より作成。
　　　　2. 保育所等待機児童数は、各年4月1日現在。放課後児童クラブの利用を希望するが利用できない児童数は、各年5月1日現在。
　　　　3. 平成27年の保育所等待機児童数は、27年4月から施行した子ども・子育て支援新制度において新たに位置づけられた幼保連携型認定こども園等の特定教育・保育施設と特定地域型保育事業（うち2号・3号認定）を含む。
　　　　4. 東日本大震災の影響により、平成23年値は、保育所等待機児童数は岩手県陸前高田市・大槌町、宮城県山元町・女川町・南三陸町、福島県浪江町・広野町・富岡町を除く。また、同年の放課後児童クラブの利用を希望するが利用できない児童数は、岩手県宮古市・久慈市・陸前高田市・大槌町、福島県広野町、楢葉町、富岡町、大熊町、双葉町、浪江町、川内村、葛尾村を除く。

出典：内閣府「平成28年版男女共同参画社会白書」p.51

　2002（平成14）年に「待機児童ゼロ作戦」が始まり、2007（平成19）年までに1万7,926人と徐々に減少したが、翌年から再び上昇し、2010（平成22）年には2万6,275人となった。その後も「待機児童解消『先取り』プロジェクト」や「待機児童解消加速化プラン」が策定されたが、解消するまでには至っていない。保育所等を利用している子どもは小学校に入ると、放課後児童クラブ（学童）を利用するようになるが、現状は利用できない待機児童が増えている。

（髙玉）

第3節　子育て支援

（3）待機児童解消加速化プラン

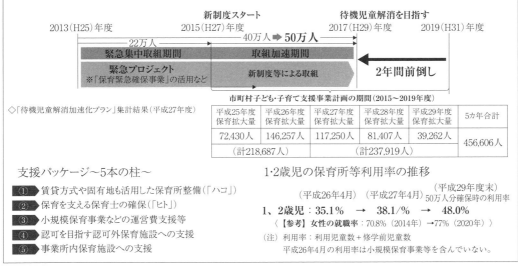

資料：厚生労働省資料
出典：内閣府「平成28年度少子化社会対策白書」https://www.8.cao.go.jp/shoushi/shoushika/whitepaper/measures/w-2016/28pdfhonpen/pdf/s3-1-2.pdf　2018年12月18日確認

　国は2002（平成14）年の「待機児童ゼロ作戦」策定以来、これまでにも様々な待機児童対策を実施してきたが、いまだ解消していない。2013（平成25）年度から「待機児童解消加速化プラン」が始まり、2017（平成29）年度末までに40万人の受け皿を確保する目標を掲げて進めてきた。働く母親の増加がさらに見込まれると、整備目標を50万人に前倒しし、特に1.2歳児の保育所等の利用率増加を勘案し設定している。
（髙玉）

第3節　子育て支援

（4）認定こども園の概要と法改正

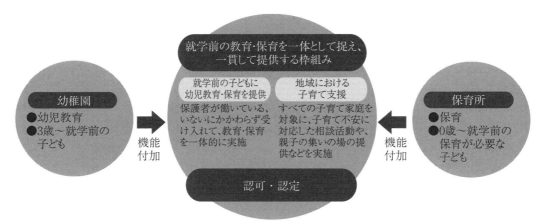

出典：https://www8.cao.go.jp/shoushi/kodomoen/img/ikkan_b.gif　2018年12月18日確認

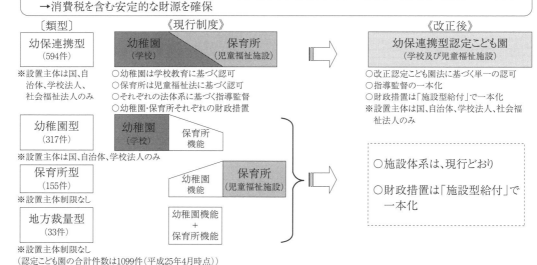

出典：内閣府子ども・子育て本部「子ども・子育て支援新制度について」平成30年5月 https://www8.cao.go.jp/shoushi/shinseido/outline/pdf/setsumei.pdf　2018年12月18日確認

認定こども園は教育・保育を一体的に行う施設で、親の就労の有無に関係なく、就学前の子どもに幼児教育・保育を提供する施設である。認定こども園法を改正し、4類型のうちの「幼保連携型認定こども園」を「学校及び児童福祉施設としての法的位置付けを持つ単一の施設」とした。財源措置は「施設型給付」で一本化された。2017（平成29）年4月現在、幼保連携型3,618件、幼稚園型807件、保育所型592件、地方裁量型64件である。

（髙玉）

第4章　福祉

第3節　子育て支援

（5）地域子ども・子育て支援事業の種類

利用者支援	子ども及び保護者が、確実に子ども・子育て支援給付を受け、地域子ども・子育て支援事業その他の子ども・子育て支援を円滑に利用できるよう、子ども及び保護者の身近な場所において、相談に応じ、必要な情報提供及び助言を行うとともに、関係機関との連絡調整等を総合的に行う事業	（子）第59条第1号
延長保育事業	特定教育・保育施設又は特定地域型保育事業の延長保育に係る利用料について、その全部又は一部を助成することにより必要な保育を確保する事業	（子）第59条第2号
実費徴収に係る補足給付を行う事業	世帯の所得状況等を勘案して市町村が定める基準に基づき、特定教育・保育等を受けた場合に係る日用品や文房具その他教育・保育に必要な物品の購入に要する費用又は特定教育・保育に係る行事への参加に要する費用の全部又は一部を助成する事業	（子）第59条第3号
多様な事業者の参入を促進する事業	特定教育・保育施設への民間事業者の参入の促進の調査研究、多様な事業者の能力を活用した特定教育・保育施設等への設置、運営を促進するための事業	（子）第59条第4号
放課後児童健全育成事業（放課後児童クラブ）	保護者が労働等により昼間家庭にいない小学校に就学している児童について、放課後に適切な遊び及び生活の場を与え、健全育成を図る事業	（子）第59条第5号 （児）第6条の3第2項
子育て短期支援事業	保護者の疾病その他の理由により家庭において養育を受けることが一時的に困難となった児童について、児童養護施設等に入所させ、必要な保護を行う事業	（子）第59条第6号 （児）第6条の3第3項
乳児家庭全戸訪問事業	すべての乳児のいる家庭を訪問し、「子育てに関する情報提供」「乳児及び保護者の心身の状況及び養育環境の把握」「養育についての相談・助言・援助」を行う事業	（子）第59条第7号 （児）第6条の3第4項
養育支援訪問事業、要支援児童・要保護児童等の支援に資する事業	乳児家庭全戸訪問事業の実施等により把握した要支援児童や特定妊婦に対し、要支援児童等の居宅において、養育に関する相談、指導、助言その他の援助を行う事業	（子）第59条第8号 （児）第6条の3第5項 第25条の2
地域子育て支援拠点事業	乳幼児及びその保護者が相互に交流を行う場所を開設し、子育ての相談、情報提供、助言その他の援助を行う事業	（子）第59条第9号 （児）第6条の3第6項
一時預かり事業	家庭において保育を受けることが一時的に困難となった乳幼児について、保育所その他の場所において一時的に預かり、必要な保護を行う事業	（子）第59条第10号 （児）第6条の3第7項
病児保育事業（病児・病後児保育）	疾病にかかっている「保育を必要とする乳幼児」及び「家庭において保育を受けることが困難となった小学生」を保育所、認定こども園、病院、診療所等の施設において保育を行う事業	（子）第59条第11号 （児）第6条の3第13項
子育て援助活動支援事業（ファミリー・サポート・センター事業）	児童の一時的な預かり又は外出支援について、援助を受けることを希望する者と援助を行うことを希望する者の連絡・調整・講習の実施その他必要な支援を行う事業	（子）第59条第12号 （児）第6条の3第14項
妊娠健診	市町村が必要に応じて、妊娠に対して行う健康診査	（子）第59条第13号 （母）第13条第1項

出典：平成25年厚生労働省資料を基に筆者作成

　地域子ども・子育て支援事業は、子ども・子育て支援法第59条に定める13の事業を市町村の子ども・子育て支援事業計画に基づいて実施する。事業の大多数はこれまで国庫補助事業として行われていたものであり、これらを一旦廃止し、新しい子ども・子育て支援制度に組み込んで実施することとなった。国、都道府県、市町村の各費用負担率はそれぞれ1/3ずつとしているが、妊婦健診については自治体が負担する。

（髙玉）

第3節　子育て支援

(6)「利用者支援事業」の概要

事業の目的
○ 子育て家庭や妊産婦が、教育・保護施設や地域子ども・子育て支援事業、保健・医療・福祉等の関係機関を円滑に利用できるように、身近な場所での相談や情報提供、助言等必要な支援を行うとともに、関係機関との連絡調整、連携・協働の体制づくり等を行う

実施主体
○ 市区町村とする。ただし、市区町村が認めた者への委託等を行うことができる。

地域子育て支援拠点事業と一体的に運営することで、市区町村における子育て家庭支援の機能強化を推進

3つの事業類型

【基本型】
○「基本型」は、「利用者支援」と「地域連携」の2つの柱で構成している。

【利用者支援】
地域子育て支援拠点等の身近な場所で、
○子育て家庭等から日常的に相談を受け、個別のニーズ等を把握
○子育て支援に関する情報の収集・提供
○子育て支援事業や保育所等の利用に当たっての助言・支援
　→当事者の目線に立った、寄り添い型の支援

【地域連携】
○より効果的に利用者が必要とする支援につながるよう、地域の関係機関との連絡調整、連携・協働の体制づくり
○地域に展開する子育て支援資源の育成
○地域で必要な社会資源の開発等
　→地域における、子育て支援のネットワークに基づく支援

《職員配置》専任職員（利用者支援専門員）を1名以上配置
　※子ども・子育て支援に関する事業（地域子育て支援拠点事業など）の一定の実務経験を有する者で、子育て支援員基本研修及び専門研修（地域子育て支援コース）の「利用者支援事業（基本型）」の研修を修了した者等

【特定型（いわゆる「保育コンシェルジュ」）】
○ 主として市区町村の窓口で、子育て家庭等から保育サービスに関する相談に応じ、地域における保育所や各種の保育サービスに関する情報提供や利用に向けての支援などを行う
《職員配置》専任職員を1名以上配置
　※子育て支援員基本研修及び専門研修（地域子育て支援コース）の「利用者支援事業（特定型）」の研修を修了している者が望ましい

【母子保健型】
○ 主として市町村保健センター等で、保健師等の専門職が、妊娠期から子育て期にわたるまでの母子保健や育児に関する妊産婦等からの様々な相談に応じ、その状況を継続的に把握し、支援を必要とする者が利用できる母子保健サービス等の情報提供を行うとともに、関係機関と協力して支援プランの策定などを行う
《職員配置》母子保健に関する専門知識を有する保健師、助産師等を1名以上配置

出典：厚生労働省子ども子育て支援「利用者支援事業とは」https://www.mhlw.go.jp/file/06-Seisakujouhou-11900000-Koyoukintoujidoukateikyoku/riyoshasien.pdf　2018年12月18日確認

　子ども・子育て支援新制度になり、市町村の事業計画の子育て支援事業に新規事業として実施されることになった。その目的は、子育て家庭が身近な場所で教育・保育・保健などの子育てに関する情報を知りたいときに情報提供し、必要に応じて相談・助言を行い、関係機関と連絡調整することである。実施主体は市町村であり、子育て家庭への支援機能の強化を図っている。「基本型」、「特定型」、「母子保健型」があり、専任職員を1名以上配置している。

（髙玉）

第3節　子育て支援

（7）地域型保育事業

○　子ども・子育て支援新制度では、教育・保育施設を対象とする施設型給付・委託費に加え、以下の保育を市町村による認可事業（地域型保育事業）として、児童福祉法に位置付けた上で、地域型保育給付の対象とし、多様な施設や事業の中から利用者が選択できる仕組みとすることにしている。
　　◇小規模保育（利用定員6人以上19人以下）
　　◇家庭的保育（利用定員5人以下）
　　◇居宅訪問型保育
　　◇事業所内保育（主として従業員の子どものほか、地域において保育を必要とする子どもにも保育を提供）

○　都市部では、認定こども園等を連携施設として、小規模保育等を増やすことによって、待機児童の解消を図り、人口減少地域では、隣接自治体の認定こども園等と連携しながら、小規模保育等の拠点によって、地域の子育て支援機能を維持・確保することを目指す。

地域型保育事業の位置付け

認可定員		保育の実施場所等	
19人〜6人	小規模保育　事業主体：市町村、民間事業者等		事業所内保育
5人〜1人	家庭的保育　事業主体：市町村、民間事業者等	居宅訪問型保育　事業主体：市町村、民間事業者等	事業主体：事業主等
	保育者の居宅その他の場所、施設（右に該当する場所を除く）	保育を必要とする子どもの居宅	事業所の従業員の子ども＋地域の保育を必要とする子ども（地域枠）

資料：内閣府資料

出典：平成30年版「少子化社会対策白書」https://www.8.cao.go.jp/shoushi/shoushika/whitepaper/measures/
w-2018/30pdfgaiyoh/pdf/s3-1-1.pdf　2018年12月18日確認

　新制度の施行により、市町村の認可事業として「小規模保育」（6人以上19人以下）、「家庭的保育」（5人以下）、「事業所内保育」（従業員の子どものほか地域の子どもも保育）等の事業を「児童福祉法」（昭和22年法律第164号）に規定した。2016年4月1日現在3,719件あり、うち「小規模保育事業」約2,429件、「家庭的保育事業」958件、「事業所内保育事業」323件、「居宅訪問型保育事業」9件となっている。

（髙玉）

第3節　子育て支援

（8）子育て短期支援事業

（1）概要
① サービス・給付内容
《短期入所生活援助（ショートステイ）事業》
　保護者が、疾病・疲労など身体上・精神上・環境上の理由により児童の養育が困難となった場合等に、児童養護施設など保護を適切に行うことができる施設において養育・保護を行う（原則として7日以内）。

《夜間養護等（トワイライトステイ）事業》
　保護者が、仕事その他の理由により、平日の夜間又は休日に不在となり児童の養育が困難となった場合等の緊急の場合に、児童養護施設など保護を適切に行うことができる施設において児童を預かるもの。宿泊可。

② 実施状況
《短期入所生活援助（ショートステイ）事業》672箇所
《夜間養護等（トワイライト）事業》363箇所（H24年度交付決定ベース）

（2）サービス提供・給付責任
　サービス提供・給付の義務付けはない。（※市町村の判断（児童福祉法に事業の着実な実施に向けた努力義務有り））

（3）基盤整備
施設整備補助
　児童養護施設等の本体整備に伴い、子育て短期支援事業のための居室を整備する場合に加算として補助を実施。
《国庫補助対象》都道府県等・社会福祉法人・日本赤十字社・公益法人
《国庫補助単価》児童養護施設に専用居室を整備する場合1人当たり総事業費ベース約180万円を施設整備費に加算
《費用負担》定額国1/2相当、都道府県等1/2相当（都道府県等が設置する場合）
　　　　　　定額国1/2相当、都道府県等1/4相当、設置者1/4相当（上記以外）

出典：内閣府「地域子ども・子育て支援事業について」https://www.8.cao.go.jp/shoushi/shinseido/meeting/kodomo_kosodate/b_2/pdf/s4-2.pdf　2018年12月18日確認

　子ども・子育て支援法第59条に定められている13事業のうちの1つである。短期入所生活支援（ショートステイ）事業と夜間養護等（トワイライトステイ）事業がある。保護者の急な疾病や負傷、出産、親族の看護、冠婚葬祭、出張などにより一時的に家庭での養育が困難となった場合、乳児院や児童養護施設等で預かることができる。対象は0〜18歳未満の子どもで、保護者以外に養育をする人がいない場合に利用できる。

（髙玉）

第3節 子育て支援

（9）ファミリー・サポート・センター事業（子育て援助活動支援事業）

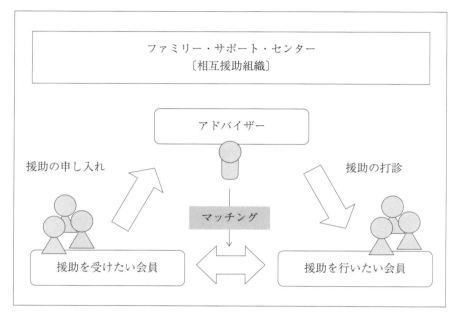

出典：厚生労働省　https://www.mhlw.go.jp/bunya/koyoukintou/ikuji-kaigo01/　2018年12月18日確認

　通称「ファミサポ」と呼ばれ、乳幼児や小学生等の子どもを養育している子育て家庭の保護者や主婦等を会員とし、子どもの預かりを希望する保護者は援助を受けたい会員として登録、一方、子育て支援を援助する者を提供会員とし、その間を仲介し相互援助活動に関する連絡、調整を行う事業である。保育施設への送迎や預かり、小学生の下校後の預かり、習い事への送迎、保護者の病気、病児・病後児の預かり、早朝・夜間等の緊急預かりなどに対応している。

（髙玉）

第3節　子育て支援

（10）企業主導型保育事業の運営・設置基準

		子ども・子育て支援新制度の事業所内保育事業		企業主導型保育事業	認可外保育施設 認可外保育施設指導監督基準
		定員 20 人以上	定員 19 人以下 （小規模保育事業と同様）		
職員	職員数	0 歳児　　　　3：1 （1・2 歳児　　　6：1） （3 歳児　　　　20：1） 4・5 歳児　　30：1 最低 2 人配置	保育所（定員 20 人以上）の 配置基準＋1 名以上 最低 2 人配置	保育所（定員 20 人以上）の 配置基準＋1 名以上 最低 2 人配置	0 歳児　　　　3：1 （1・2 歳児　　　6：1） （3 歳児　　　　20：1） 4・5 歳児　　30：1 最低 2 人配置
	資格	保育士 ※保健師、看護師又は准看護師のみなし特例（1 人まで）	保育従事者（1/2 以上保育士） ※保健師、看護師又は准看護師のみなし特例（1 人まで） ※保育士以外には研修実施	小規模保育事業と同様 ※保育士以外には研修実施（研修修了予定者等を含む）	保育従事者（1/3 以上保育士） ※看護師、准看護師でも可 ※1 日に保育する乳幼児 6 人以上施設
設備・面積	保育室等	0・1 歳児 乳児室 1.65m²/ 人 ほふく室 3.3m²/ 人 2 歳児以上 保育室又は遊戯室 1.98m²/ 人	0・1 歳児 乳児室又はほふく室 3.3m²/ 人 2 歳児以上 1.98m²/ 人	原則、事業所内保育事業と同様 ※認可外基準は遵守	保育室 1.65m²/ 人 ※0 歳児は他年齢の幼児の保育室と別区画
	屋外遊技場	2 歳児以上　　3.3m²/ 人	2 歳児以上　　3.3m²/ 人	原則、事業所内保育事業と同様	－
処遇等	給食	自園調理 （連携施設等からの搬入可） 調理室 調理員	自園調理 （連携施設等からの搬入可） 調理設備 調理員	原則、事業所内保育事業と同様 ※認可外基準は遵守	自園調理（外部搬入可） 調理室 調理員

出典：内閣府　https://www8.cao.go.jp/shoushi/shinseido/ryouritsu/pdf/jisshi_gaiyou.pdf　2018 年 12 月 18 日確認

　企業主導型保育事業は、子ども・子育て支援法の一部改正（2016 年）により、新たな事業として設置された。待機児童の解消を図り、仕事と子育ての両立を支援するための提供体制を整えるために、運営費・整備費を事業主拠出金から充当して整備し、最大 5 万人の保育を見込んでいる。本事業の特長として、保護者の多様な就労形態に対応し、複数企業による共同利用が可能であること、延長・夜間・休日等の多様な保育を実施することなどである。

（髙玉）

第4節　少子化対策

（1）これまでの取組（少子化対策）

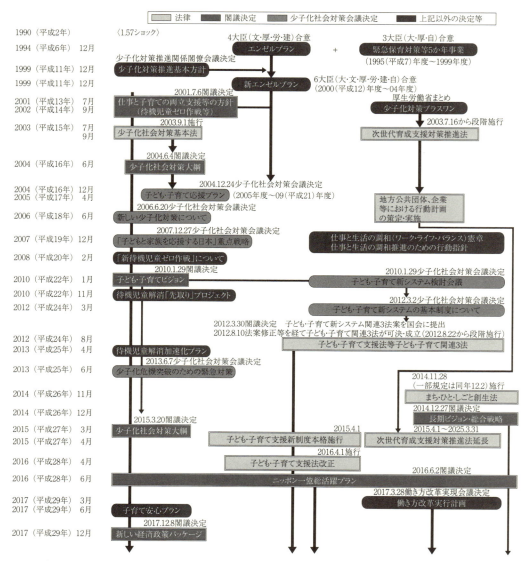

出典：内閣府「平成28年度少子化対策白書」https://www.8.cao.go.jp/shoushi/shoushika/data/torikumi.html
2018年12月18日確認

　我が国の「少子化対策」は、1990年の1.57ショック（合計特殊出生率）を契機に急速な少子化に対するさまざまな計画の策定や対策が講じられている。1994年の「エンゼルプラン」から始まった少子化対策は、2010年の「子ども子育てビジョン」より子ども・子育て支援対策に視点が変換され、2015年の「少子化社会対策大綱」までの保育や子育て支援に関する事業等の具体的な整備計画によって、子ども・子育て支援の拡充を目指している。

（千葉）

第4節　少子化対策

（2）エンゼルプランと新エンゼルプランの主な数値目標

事　　項	エンゼルプラン	新エンゼルプラン	
	数値目標 （1999年度）	現状 （1999年度）	数値目標 （2004年度）
低年齢児の受け入れ枠の拡大	60万人	58万人	68万人
延長保育の推進	7000ヵ所	7000ヵ所	1万ヵ所
休日保育の推進		100ヵ所	300ヵ所
乳幼児健康支援一時預かりの推進	500ヵ所	450ヵ所 7～11年度の5ヵ年で1600ヵ所	500市町村 16年度までに2000ヵ所
多機能保育所等の整備	1500ヵ所		2000ヵ所
地域子育て支援センターの整備		1500ヵ所	3000ヵ所
一時保育の推進	3000ヵ所	1500ヵ所	3000ヵ所
放課後児童クラブの推進	9000ヵ所	9000ヵ所	1万1500ヵ所
国立成育医療センター（仮称）の整備等			13年度開設
周産期医療ネットワークの整備		10都道府県	47都道府県
小児救急医療支援の推進		118地区	13年度までに360地区
不妊専門相談センターの整備		24ヵ所	47ヵ所

出所：厚生労働省「当面の緊急保育対策等を推進するための基本的考え方」、厚生労働省「新エンゼルプランについて」

出典：井村圭壯、相澤譲治編著「児童家庭福祉の理論と制度」勁草書房、p.91、2015（筆者著作部分）

　（1）これまでの取組（少子化対策）のうち、1994年に政府は今後10年間に取り組むべき基本的方向と重点施策を定めた「エンゼルプラン」を策定、主として保育所での保育サービスの拡充を目指し具体的な数値目標が設定された。しかし、1999年の「少子化対策推進基本方針」の策定を受けて「エンゼルプラン」の計画が見直され「新エンゼルプラン」が策定。そのことにより2004年までの新たな数値目標が設定された。
（千葉）

第4節　少子化対策

（3）子ども・子育て応援プラン、子ども・子育てビジョン、少子化社会対策大綱（2015）の主な数値目標

事　　項	子ども・子育て応援プラン		子ども・子育てビジョン		少子化社会対策大綱（2015）	
	現状（2004年度）	数値目標（2009年度）	現状（2009年度）	数値目標（2014年度）	現状大綱策定時の直近値	数値目標（2019年度／2020年）
平日昼間の保育サービス（認可保育所）等（3歳未満児の保育サービス利用率）	203万人	215万人	215万人（75万人）	241万人（102万人35％）	234万人（86万人）	267万人（注1）（116万人）
延長等の保育サービス	12,783ヶ所	16,200ヶ所	79万人	96万人	81万人	101万人
夜間保育	66ヶ所	140ヶ所	77か所	280か所		
トワイライトステイ事業	310ヶ所	560ヶ所	304か所	410か所	延べ5万人	延べ14万人
休日保育	666ヶ所	2,200ヶ所	7万人	12万人		
病児・病後児保育（子ども・子育て応援プランは病後児保育のみ）	507ヶ所	1,500ヶ所	延べ31万人	延べ200万人	延べ57万人	延べ150万人
認定こども園			358ヶ所	2000ヶ所以上	（認可保育所等に含）	（認可保育所等に含）
放課後児童クラブ	15,133ヶ所	17,500ヶ所	81万人	111万人	94万人	122万人
ショートステイ事業	569ヶ所	870ヶ所	613か所	870か所	延べ7万人	延べ16万人
地域子育て支援拠点事業	2,954ヶ所	6,000ヶ所	7,100ヶ所	10,000ヶ所	6,233ヶ所	8,000ヶ所
ファミリー・サポート・センター事業	368ヶ所	710ヶ所（全国の市町村の約4分の1で実施）	570市町村	950市町村	738市町村	950市町村
一時預かり事業	5,935ヶ所	9,500ヶ所	延べ348万人	延べ3,952万人	延べ406万人	延べ1,134万人

（注1）少子化社会対策大綱（2015）で認可保育所等とは認定こども園、認可保育所、地域型保育事業、地方自治体が一定の施設基準に基づき運営費支援等を行っている認可外保育施設等をいう。

出典：厚生労働省「少子化社会対策大綱に基づく重点施策の具体的実施計画について」、内閣府「子ども・子育てビジョン」、内閣府「少子化社会対策大綱（2015）」を基に筆者作成

　2004年には「子ども・子育て応援プラン」策定され、国が地方公共団体や企業等とともに計画的に取り組む必要がある事項について2009年までの施策を計画して整備された。2010年の「子ども・子育てビジョン」では「少子化対策」から「子ども・子育て支援」に政策の視点の転換が図られ、2015年までの施策の計画がなされた。2015年には「少子化社会対策大綱」が新たに策定され、2019年までの施策が計画された。

（千葉）

第4節　少子化対策

（4）婚姻件数及び婚姻率の年次推移

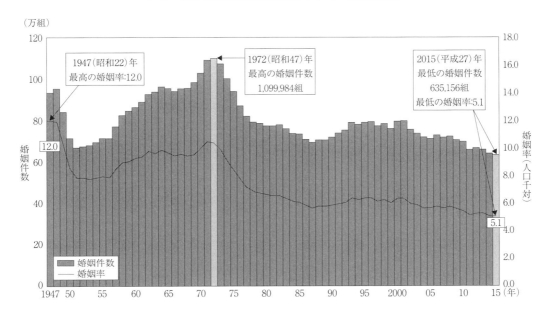

資料：厚生労働省「人口動態統計」
　　出典：内閣府「平成29年度少子化社会対策白書」https://www8.cao.go.jp/shoushi/shoushika/whitepaper/measures/w-2017/29webhonpen/html/b1_s1-1-2.html　2018年12月18日確認

　婚姻率は第1次ベビーブームの1947年に12.0、婚姻件数では第1次ベビーブームで生まれた団塊の世代が25歳前後の年齢になった1972年に最高値（1,099,984組）を示している。1972年以降、婚姻に対する考え方の多様化が進み、婚姻率、婚姻件数どちらの数値も減少傾向を示し、2015年は婚姻件数（635,156組）及び婚姻率（5.1）ともに統計を取り始めてから最低の数値を記録している。

（千葉）

第4節　少子化対策

（5）年齢（5歳階級）別未婚率の推移（男性）（女性）

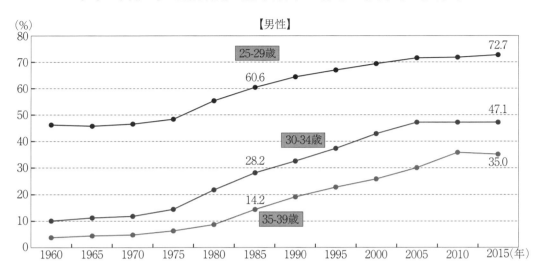

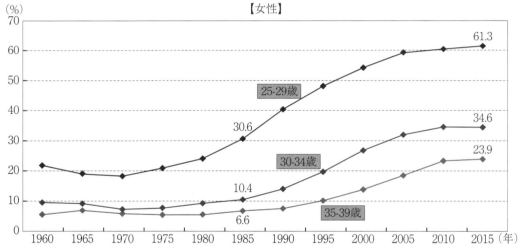

資料：総務省「国勢調査」

注：1960〜1970年は沖縄県を含まない。

出典：内閣府「平成29年度少子化社会対策白書」https://www8.cao.go.jp/shoushi/shoushika/whitepaper/measures/w-2017/29webhonpen/html/b1_s1-1-2.html　2018年12月18日確認

　1970年より未婚率は上昇傾向が続いているが、男性の30〜34歳、35〜39歳、女性の30〜34歳では2010年度の調査よりほぼ横ばいの状況である。また、2015年の調査では30〜34歳の階級で男性は約2人に1人、女性は約3人に1人が未婚、35〜39歳では男性が約3人に1人、女性が4人に1人が未婚である。未婚化の要因として、近年では若年男性の経済格差の広がりによる経済的な不安などの要因があげられている。

（千葉）

第4節　少子化対策

（6）50歳時の未婚率（生涯未婚率）の推移と将来推計

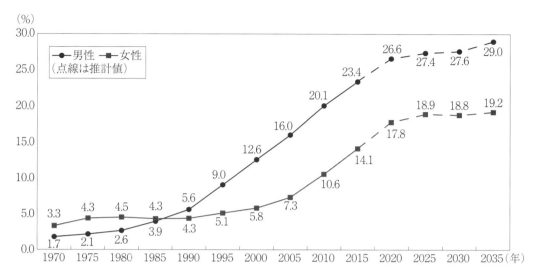

資料：1970年から2015年までは各年の国勢調査に基づく実績値（国立社会保障・人口問題研究所「人口統計資料集2017」）
2020年以降は推計値（「日本の世帯数の将来推計（全国推計2013年1月推計）」）であり、2010年の国勢調査を基に推計を行ったもの。
注：45～49歳の未婚率と50～54歳の未婚率の平均である。
出典：内閣府「平成29年度少子化社会対策白書」https://www8.cao.go.jp/shoushi/shoushika/whitepaper/measures/w-2017/29webhonpen/html/b1_s1-1-2.html　2018年12月18日確認

　50歳時の未婚率では、男性が1970年から上昇を示し、女性が1990年より上昇を続けている。2015年の未婚率では男性が2割、女性が1割を超え、2035年の推計値では男性が約3割、女性が約2割の未婚率が予想されている。また、50歳時の未婚割合は生涯未婚率とも呼ばれ、我が国では子どもを持つことが結婚を前提として考えられているため（婚外出生が少ない）、単身世帯の増加は少子化の要因の1つと捉えられている。

（千葉）

第4節　少子化対策

（7）平均初婚年齢と出生順位別母の平均年齢の年次推移

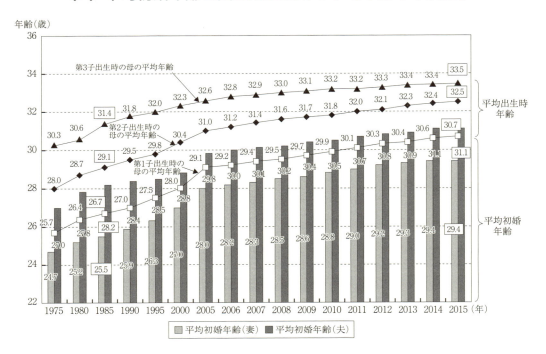

出典：内閣府「平成29年度少子化社会対策白書」https://www8.cao.go.jp/shoushi/shoushika/whitepaper/measures/w-2017/29webhonpen/html/b1_s1-1-2.html　2018年12月18日確認

　平均初婚年齢と出生順位別母の平均年齢の40年間の推移である。平均初婚年齢は1975年より夫、妻ともに上昇を続け、2015年では夫が31.1歳、妻が29.4歳で晩婚化の進行がみられる。また、出生時の母親の平均年齢では、第1～3子のいずれも1975年から上昇がみられ、2015年の調査では第1子で30.7歳、第2子で32.5歳、第3子で33.5歳となっており、女性の出産年齢の高齢化が進んでいる。

（千葉）

第4節　少子化対策

（8）諸外国の合計特殊出生率の動き（欧米）

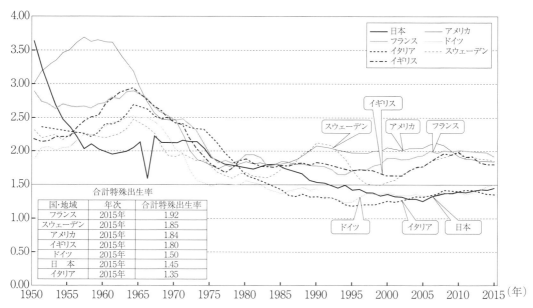

資料：1959年まで United Nations "Demographic Yearbook" 等、1960年以降は OECD Family database（2017年5月更新版）及び厚生労働省「人口動態統計」を基に内閣府作成。

出典：内閣府「平成29年度少子化社会対策白書」https://www8.cao.go.jp/shoushi/shoushika/whitepaper/measures/w-2017/29webhonpen/html/b1_s1-1-5.html　2018年12月18日確認

　7カ国の合計特殊出生率は1980年まで低下傾向を示しているが、1990年頃より回復する国がみられる。特にフランス、スウェーデンは1990年中頃までは合計特殊出生率が低下（スウェーデンは1990年前半に一時回復したがその後低下）したが、1990年代後半より増加傾向を示すようになり2.0前後まで回復している。その理由として、子育て世帯に対する育児と就労の「両立支援」の充実が要因としてあげられている。

（千葉）

第4節 少子化対策

(9) 各国の家族関係社会支出の対GDP比の比較

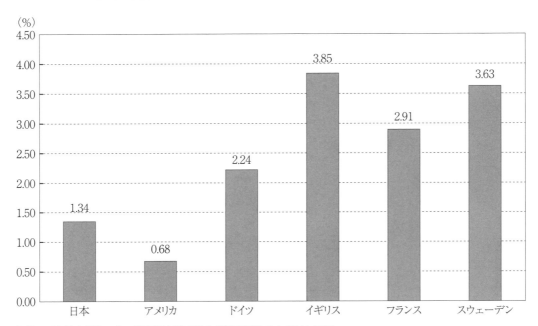

資料：国立社会保障・人口問題研究所「社会保障費用統計」（2014年度）

注：1. 家族関係社会支出…家族を支援するために支出される現金給付及び現物給付（サービス）を計上。計上されている給付のうち、主なものは以下のとおり（国立社会保障・人口問題研究所「社会保障費用統計」巻末参考資料より抜粋）。
- 児童手当：給付、児童育成事業費等
- 社会福祉：特別児童扶養手当給付費、児童扶養手当給付諸費、児童保護費、保育所運営費等
- 協会健保、組合健保、国保：出産育児諸費、出産育児一時金等
- 各種共済組合：出産育児諸費、育児休業給付、介護休業給付等
- 雇用保険：育児休業給付、介護休業給付
- 生活保護：出産扶助、教育扶助
- 就学援助・就学前教育：初等中等教育等振興費、就学前教育費（OECD Education Databaseより就学前教育費のうち公費）

2. 日本は2014年度、アメリカ、ドイツ、イギリス、フランス、スウェーデンは2013年度

出典：内閣府「平成29年度少子化社会対策白書」https://www8.cao.go.jp/shoushi/shoushika/whitepaper/measures/w-2017/29webhonpen/html/b1_s1-1-5.html 2018年12月18日確認

　家族関係社会支出（注1で挙げた、家族を支援するため現金給付や現物給付等）の対GDP比において、日本は1.34％と6カ国のなかで2番目に低い数値である。特に欧州4カ国と比較して低水準の数値である。日本は国民負担率が欧州4カ国と比較して低いため、家族関係社会支出が低水準になることが想定できるが、その他の公的社会支出と比較して家族政策全体の財政的な規模が低いことが指摘されている。

(千葉)

第4節　少子化対策

（10）女性の出産後の継続就業率

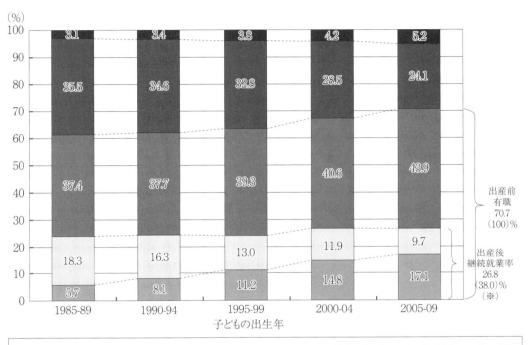

資料：国立社会保障・人口問題研究所「第14回出生動向基本調査（夫婦調査）」
（※）（）内は出産前有職者を100として、出産後の継続就業者の割合を算出
出典：厚生労働省「平成28年度　厚生労働白書」https://www.mhlw.go.jp/wp/hakusyo/kousei/16/backdata/02-01-08-02.html　2018年12月18日確認

　子どもの出生年、4年ごとにみた女性の出産後継続就業率である。2005〜2009年の調査では38.0％で約4割の継続就業に留まり、出産を契機に仕事を退職することが多いことが示されている。都市部では待機児童などの問題により、育児と就労の両立が困難なために止むを得ず仕事を退職するケースが少なくなく、保育や子育て支援などの充実が急務となっている。

（千葉）

第5節　虐待

（1）虐待の定義（厚生労働省：虐待の定義）（児童虐待の防止に関する 法律　第二条）

児童虐待は以下のように4種類に分類されます。

身体的虐待	殴る、蹴る、投げ落とす、激しく揺さぶる、やけどを負わせる、溺れさせる、首を絞める、縄などにより一室に拘束する　など
性的虐待	子どもへの性的行為、性的行為を見せる、性器を触る又は触らせる、ポルノグラフィの被写体にする　など
ネグレクト	家に閉じ込める、食事を与えない、ひどく不潔にする、自動車の中に放置する、重い病気になっても病院に連れて行かない　など
心理的虐待	言葉による脅し、無視、きょうだい間での差別的扱い、子どもの目の前で家族に対して暴力をふるう（ドメスティック・バイオレンス：DV）　など

出典：厚生労働省HP（http://www.mhlw.go.jp/seisakunitsuite/bunya/kodomo/kodomo_kosodate/dv/about.html）

2018年10月15日確認

児童虐待の防止等に関する法律
（平成十二年五月二十四日法律第八十二号）

最終改正：平成二八年六月三日法律第六三号
（最終改正までの未施行法令）
平成二十八年六月三日法律第六十三号（一部未施行）

（目的）

第一条　この法律は、児童虐待が児童の人権を著しく侵害し、その心身の成長及び人格の形成に重大な影響を与えるとともに、我が国における将来の世代の育成にも懸念を及ぼすことにかんがみ、児童に対する虐待の禁止、児童虐待の予防及び早期発見その他の児童虐待の防止に関する国及び地方公共団体の責務、児童虐待を受けた児童の保護及び自立の支援のための措置等を定めることにより、児童虐待の防止等に関する施策を促進し、もって児童の権利利益の擁護に資することを目的とする。

（児童虐待の定義）

第二条　この法律において、「児童虐待」とは、保護者（親権を行う者、未成年後見人その他の者で、児童を現に監護するものをいう。以下同じ。）がその監護する児童（十八歳に満たない者をいう。以下同じ。）について行う次に掲げる行為をいう。

一　児童の身体に外傷が生じ、又は生じるおそれのある暴行を加えること。

二　児童にわいせつな行為をすること又は児童をしてわいせつな行為をさせること。

三　児童の心身の正常な発達を妨げるような著しい減食又は長時間の放置、保護者以外の同居人による前二号又は次号に掲げる行為と同様の行為の放置その他の保護者としての監護を著しく怠ること。

四　児童に対する著しい暴言又は著しく拒絶的な対応、児童が同居する家庭における配偶者に対する暴力（配偶者（婚姻の届出をしていないが、事実上婚姻関係と同様の事情にある者を含む。）の身体に対する不法な攻撃であって生命又は身体に危害を及ぼすもの及びこれに準ずる心身に有害な影響を及ぼす言動をいう。）その他の児童に著しい心理的外傷を与える言動を行うこと。

出典：厚生労働省「児童虐待の防止に関する法律（http://law.e-gov.go.jp/htmldata/H12/H12HO082.html）」

2018年10月18日確認

当時福祉・医療・教育現場などで問題視されていた児童虐待に対して、我が国で初めて 1990 年に大阪で虐待に対する民間団体である「児童虐待防止協会」が設置されている。その後、虐待により子どもが死亡する事件が頻発するなど児童虐待が社会的問題として認知され、2000 年には「児童虐待の防止等に関する法律」が制定された。同法では児童虐待を「身体的虐待」「性的虐待」「ネグレクト」「心理的虐待」の 4 種類に分類して定義している。

（千葉）

第4章　福祉

第5節　虐待

（2）児童相談所での児童虐待相談対応件数とその推移

1. 平成28年度の児童相談所での児童虐待相談対応件数
   平成28年度中に、全国210か所の児童相談所が児童虐待相談として対応した件数は122,578件（速報値）で、過去最多。
   ※対前年度比118.7%（19,292件の増加）
   ※相談対応件数とは、平成28年度中に児童相談所が相談を受け、援助方針会議の結果により指導や措置等を行った件数。
   ※平成28年度の件数は、速報値のため今後変更があり得る

2. 児童虐待相談対応件数の推移

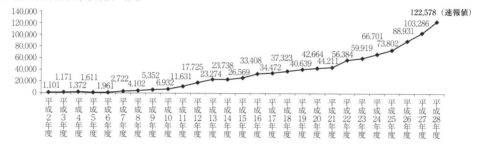

年度	平成18年度	平成19年度	平成20年度	平成21年度	平成22年度	平成23年度	平成24年度	平成25年度	平成26年度	平成27年度	平成28年度（速報値）
件数	37,323	40,639	42,664	44,211	注)56,384	59,919	66,701	73,802	88,931	103,286	122,578
対前年度比	108.3%	108.9%	105.0%	103.6%	-	-	111.3%	110.6%	120.5%	116.1%	118.7%

注）平成22年度の件数は、東日本大震災の影響により、福島県を除いて集計した数値。

出典：厚生労働省「平成29年度児童相談所での児童虐待相談対応件数（速報値）」https://www.mhlw.go.jp/content/11901000/000348313.pdf　2018年12月18日確認

　2017（平成29）年度の虐待相談応件数は133,778件で、統計を取り始めた1990（平成2）年度の1,101件から約130倍以上にまで増加しており、児童虐待問題の深刻さが表れている。原因として、以前は家庭内での暴力がしつけの範疇とみなされ、虐待の社会的理解が広まっていなかったが「児童虐待の防止等に関する法律」の制定により児童虐待に対する社会的理解が広まり、公的機関の介入の必要性が認知されたことがきっかけである。

（千葉）

第5節　虐待

（3）被虐待者の年齢別対応件数の年次推移、児童虐待の相談種別対応件数の年次推移

（単位：件）

	平成24年度		25年度		26年度		27年度		28年度		対前年度	
		構成割合(%)		構成割合(%)		構成割合(%)		構成割合(%)		構成割合(%)	増減数	増減率(%)
総数	66 701	100.0	73 802	100.0	88 931	100.0	103 286	100.0	122 575	100.0	19 289	18.7
0～2歳	12 503	18.7	13 917	18.9	17 479	19.7	20 324	19.7	23 939	19.5	3 615	17.8
3～6歳	16 505	24.7	17 476	23.7	21 186	23.8	23 735	23.0	31 332	25.6	7 597	32.0
7～12歳	23 488	35.2	26 049	35.3	30 721	34.5	35 860	34.7	41 719	34.0	5 859	16.3
13～15歳	9 404	14.1	10 649	14.4	12 510	14.1	14 807	14.3	17 409	14.2	2 602	17.6
16～18歳	4 801	7.2	5 711	7.7	7 035	7.9	8 560	8.3	8176	6.7	△384	△4.5

注：平成27年度までは「0～2歳」「3～6歳」「7～12歳」「13～15歳」「16～18歳」は、それぞれ「0～3歳未満」「3歳～学齢前」「小学生」「中学生」「高校生・その他」の区分の数である。

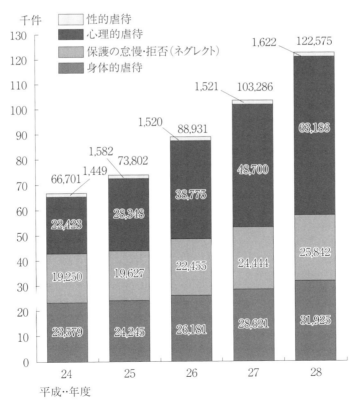

出典：2点ともに厚生労働省「平成28年度　福祉行政報告例の概況」https://www.mhlw.go.jp/toukei/saikin/hw/gyousei/16/dl/gaikyo.pdf　2018年12月18日確認

被虐待者の年齢別では、年少者が増加している。児童虐待の相談種別対応件数においては「心理的虐待」の相談件数が増加しており、相談件数の約50%を占めている。その原因として、2004（平成16）年の「児童虐待の防止等に関する法律」の改正によって、児童の同居する家庭での配偶者間の暴力（面前DV）が心理的虐待の定義に追加され、DVの通報を受けた警察からの通告の増加によるものと報告されている。

（千葉）

第4章　福祉

第5節　虐待

（4）死亡事例数及び人数（心中以外の虐待死）（心中による虐待死）

死亡事例数及び人数（心中以外の虐待死）

区分	第1次	第2次	第3次	第4次	第5次	第6次	第7次	第8次	第9次	第10次	第11次	第12次	第13次	総数
例数	24	48	51	52	73	64	47	45	56	49	36	43	48（8）	636
人数	25	50	56	61	78	67	49	51	58	51	36	44	52（8）	678

死亡事例数及び人数（心中による虐待死）

区分	第1次	第2次	第3次	第4次	第5次	第6次	第7次	第8次	第9次	第10次	第11次	第12次	第13次	総数
例数	-	5	19	48	42	43	30	37	29	29	27	21	24（0）	354
人数	-	8	30	65	64	61	39	47	41	39	33	27	32（0）	486

　　出典：厚生労働省「子ども虐待による死亡事例等の検証結果について（13次報告）」https://www.mhlw.go.jp/
　　　　file/06-Seisakujouhou-11900000-Koyoukintoujidoukateikyoku/0000177954.pdf　2018年12月18日確認

　虐待死数の報告である。第13次報告は2015（平成27）年4月〜2016（平成28）年3月までの1年間に発生又は表面化した、子ども虐待死事例である。また、（　）で示されている数字は、都道府県等で虐待による死亡事例と判断できないが、社会保障審議会児童部会児童虐待等要保護事例の検証に関する専門委員会で検証を行い、死亡事例として判断した事例（疑義事例）を示している。

（千葉）

第5節　虐待

（5）死亡時点の子どもの年齢（心中以外の虐待死）（心中による虐待死）

区分		第1次	第2次	第3次	第4次	第5次	第6次	第7次	第8次	第9次	第10次	第11次	第12次	第13次	総数
0歳	人数	11	23	20	20	37	39	20	23	25	22	16	27	30（4）	313
	構成割合	44.0%	46.0%	35.7%	32.8%	47.4%	58.2%	40.8%	45.1%	43.1%	43.1%	44.4%	61.4%	57.7%	46.2%
1歳	人数	3	6	6	7	11	4	8	9	8	7	3	4	4（2）	80
	構成割合	12.0%	12.0%	10.7%	11.5%	14.1%	6.0%	16.3%	17.6%	13.8%	13.7%	8.3%	9.1%	7.7%	11.8%
2歳	人数	5	7	1	5	6	4	3	7	6	3	5	1	3（1）	56
	構成割合	20.0%	14.0%	1.8%	8.2%	7.7%	6.0%	6.1%	13.7%	10.3%	5.9%	13.9%	2.3%	5.8%	8.3%
3歳	人数	1	4	9	13	9	3	7	4	3	2	2	7	5（0）	69
	構成割合	4.0%	8.0%	16.1%	21.3%	11.5%	4.5%	14.3%	7.8%	5.2%	3.9%	5.6%	15.9%	9.6%	10.2%
4歳	人数	2	1	6	7	3	8	2	2	4	1	0	0	1（0）	37
	構成割合	8.0%	2.0%	10.7%	11.5%	3.8%	11.9%	4.1%	3.9%	6.9%	2.0%	0.0%	0.0%	1.9%	5.5%
5歳	人数	2	1	3	2	3	2	3	3	2	3	3	1	2（0）	30
	構成割合	8.0%	2.0%	5.4%	3.3%	3.8%	3.0%	6.1%	5.9%	3.4%	5.9%	8.3%	2.3%	3.8%	4.4%
6歳	人数	1	2	2	1	1	1	0	0	1	1	1	2	1（0）	14
	構成割合	4.0%	4.0%	3.6%	1.6%	1.3%	1.5%	0.0%	0.0%	1.7%	2.0%	2.8%	4.5%	1.9%	2.1%
7歳	人数	0	2	2	2	2	0	2	0	2	0	1	0	2（0）	15
	構成割合	0.0%	4.0%	3.6%	3.3%	2.6%	0.0%	4.1%	0.0%	3.4%	0.0%	2.8%	0.0%	3.8%	2.2%
8歳	人数	0	0	1	0	1	0	0	1	0	0	0	0	0（0）	3
	構成割合	0.0%	0.0%	1.8%	0.0%	1.3%	0.0%	0.0%	2.0%	0.0%	0.0%	0.0%	0.0%	0.0%	0.4%
9歳	人数	0	1	0	1	0	1	1	0	2	1	0	0	1（0）	8
	構成割合	0.0%	2.0%	0.0%	1.6%	0.0%	1.5%	2.0%	0.0%	3.4%	2.0%	0.0%	0.0%	1.9%	1.2%
10歳	人数	0	0	0	1	1	1	0	0	1	0	0	0	0（0）	4
	構成割合	0.0%	0.0%	0.0%	1.6%	1.3%	1.5%	0.0%	0.0%	1.7%	0.0%	0.0%	0.0%	0.0%	0.6%
11歳	人数	0	1	1	1	1	1	0	1	0	1	0	0	0（0）	7
	構成割合	0.0%	2.0%	1.8%	1.6%	1.3%	1.5%	0.0%	2.0%	0.0%	2.0%	0.0%	0.0%	0.0%	1.0%
12歳	人数	0	0	0	0	0	1	0	0	1	1	0	0	0（0）	4
	構成割合	0.0%	0.0%	0.0%	0.0%	0.0%	1.5%	0.0%	0.0%	1.7%	2.0%	0.0%	0.0%	0.0%	0.4%
13歳	人数	0	1	0	0	1	0	0	0	1	1	0	0	0（0）	4
	構成割合	0.0%	2.0%	0.0%	0.0%	1.3%	0.0%	0.0%	0.0%	1.7%	2.0%	0.0%	0.0%	0.0%	0.6%
14歳	人数	0	0	0	0	0	0	0	0	1	2	0	1	2（1）	6
	構成割合	0.0%	0.0%	0.0%	0.0%	0.0%	0.0%	0.0%	0.0%	1.7%	3.9%	0.0%	2.3%	3.8%	0.9%
15歳	人数	0	1	0	0	0	0	1	0	0	1	0	0	0（0）	3
	構成割合	0.0%	2.0%	0.0%	0.0%	0.0%	0.0%	2.0%	0.0%	0.0%	2.0%	0.0%	0.0%	0.0%	0.4%
16歳	人数	0	0	1	0	2	1	0	0	1	1	0	0	0（0）	6
	構成割合	0.0%	0.0%	1.8%	0.0%	2.6%	1.5%	0.0%	0.0%	1.7%	2.0%	0.0%	0.0%	0.0%	0.9%
17歳	人数	0	0	0	1	0	0	0	1	0	1	0	0	0（0）	3
	構成割合	0.0%	0.0%	0.0%	1.6%	0.0%	0.0%	0.0%	2.0%	0.0%	2.0%	0.0%	0.0%	0.0%	0.4%
不明	人数	0	0	4	0	0	1	2	0	0	3	5	1	1（0）	17
	構成割合	0.0%	0.0%	7.1%	0.0%	0.0%	1.5%	4.1%	0.0%	0.0%	5.9%	13.9%	2.3%	1.9%	2.5%
計	人数	25	50	56	61	78	67	49	51	58	51	36	44	52（8）	678
	構成割合	100.0%	100.0%	100.0%	100.0%	100.0%	100.0%	100.0%	100.0%	100.0%	100.0%	100.0%	100.0%	100.0%	100.0%

出典：厚生労働省「子ども虐待による死亡事例等の検証結果について（13次報告）」https://www.mhlw.go.jp/file/06-Seisakujouhou-11900000-Koyoukintoujidoukateikyoku/0000177954.pdf　2018年12月18日確認

　第13次報告（2015〈平成27〉年度）の心中以外の虐待死の年齢は、0歳が30人（57.7%）で最も多く、3歳未満の合計が37人（71.2%）で全体の約7割を超える状況である。2003年度の第1次報告からの調査結果をみると、4歳以上は調査年度ごとに人数の変化が大きいが、3歳以下はほとんどの調査年度で多くの人数が示されている（特に0歳）。この傾向は13年間を通して変化が少なく、体力的に未熟な幼児に虐待死亡事例が多いことがわかる。

（千葉）

第5節　虐待

（6）死因となった主な虐待の類型（心中以外の虐待死）

区分		第1次	第2次	第3次	第4次	第5次	第6次	第7次	第8次	第9次	第10次	第11次	第12次	第13次	総数
身体的虐待	人数	18	41	44	35	52	44	29	32	38	32	21	24	35(3)	445
	構成割合	72.0%	82.0%	78.6%	57.4%	66.7%	65.7%	59.2%	62.7%	65.5%	62.7%	58.3%	54.5%	67.3%	65.6%
ネグレクト	人数	7	7	7	23	26	12	19	14	16	14	9	15	12(2)	181
	構成割合	28.0%	14.0%	12.5%	37.7%	33.3%	17.9%	38.8%	27.5%	27.6%	27.5%	25.0%	34.1%	23.1%	26.7%
心理的虐待	人数	0	0	0	0	0	0	0	0	0	0	1	0(0)		1
	構成割合	0.0%	0.0%	0.0%	0.0%	0.0%	0.0%	0.0%	0.0%	0.0%	0.0%	2.3%	0.0%		0.1%
その他	人数	0	1	0	0	0	0	0	0	0	0	0	0(0)		1
	構成割合	0.0%	2.0%	0.0%	0.0%	0.0%	0.0%	0.0%	0.0%	0.0%	0.0%	0.0%	0.0%		0.1%
不明	人数	0	1	5	3	0	11	1	5	4	5	6	4	5(3)	50
	構成割合	0.0%	2.0%	8.9%	4.9%	0.0%	16.4%	2.0%	9.8%	6.9%	9.8%	16.7%	9.1%	9.6%	7.4%
計	人数	25	50	56	61	78	67	49	51	58	51	36	44	52(8)	678
	構成割合	100.0%	100.0%	100.0%	100.0%	100.0%	100.0%	100.0%	100.0%	100.0%	100.0%	100.0%	100.0%	100.0%	100.0%

出典：厚生労働省「子ども虐待による死亡事例等の検証結果について（13次報告）」https://www.mhlw.go.jp/file/06-Seisakujouhou-11900000-Koyoukintoujidoukateikyoku/0000177954.pdf　2018年12月18日確認

　第13次（2015〈平成27〉年度）の心中以外の虐待死の死因となった主な虐待の類型では、「身体的虐待」が35人（67.3%）、「ネグレクト」が12人（23.1%）であった。なお、第6次の不明11人を除いては、第1次報告～第13次報告において「身体的虐待」が約6割、「ネグレクト」が約3割程度の割合を推移しており、「身体的虐待」「ネグレクト」が原因で死亡するケースが多いことを示唆している。

（千葉）

第5節　虐待

（7）虐待死した子どもの直接の死因

区分		第12次						第13次					
		心中以外の虐待死			心中による虐待死（未遂含む）			心中以外の虐待死			心中による虐待死（未遂含む）		
		人数	構成割合	有効割合	人数	構成割合	有効割合	人数	構成割合	有効割合	人数	構成割合	有効割合
頭部外傷		10	22.7%	26.3%	7	25.9%	28.0%	8 (1)	15.4%	17.4%	1 (0)	3.1%	3.4%
胸部外傷		0	0.0%	0.0%	1	3.7%	4.0%	0 (0)	0.0%	0.0%	0 (0)	0.0%	0.0%
腹部外傷		2	4.5%	5.3%	0	0.0%	0.0%	0 (0)	0.0%	0.0%	0 (0)	0.0%	0.0%
外傷性ショック		2	4.5%	5.3%	0	0.0%	0.0%	1 (0)	1.9%	2.2%	0 (0)	0.0%	0.0%
頚部絞扼による窒息		4	9.1%	10.5%	11	40.7%	44.0%	8 (0)	15.4%	17.4%	9 (0)	28.1%	31.0%
頚部絞扼以外による窒息		8	18.2%	21.1%	0	0.0%	0.0%	7 (1)	13.5%	15.2%	0 (0)	0.0%	0.0%
溺水		2	4.5%	5.3%	2	7.4%	8.0%	3 (0)	5.8%	6.5%	7 (0)	21.9%	24.1%
熱傷		0	0.0%	0.0%	0	0.0%	0.0%	0 (0)	0.0%	0.0%	0 (0)	0.0%	0.0%
車中放置による熱中症・脱水		1	2.3%	2.6%	0	0.0%	0.0%	0 (0)	0.0%	0.0%	0 (0)	0.0%	0.0%
中毒（火災によるものを除く）		0	0.0%	0.0%	1	3.7%	4.0%	1 (0)	1.9%	2.2%	1 (0)	3.1%	3.4%
出血性ショック		0	0.0%	0.0%	1	3.7%	4.0%	2 (1)	3.8%	4.3%	1 (0)	3.1%	3.4%
低栄養による衰弱		3	6.8%	7.9%	0	0.0%	0.0%	2 (0)	3.8%	4.3%	0 (0)	0.0%	0.0%
脱水		0	0.0%	0.0%	0	0.0%	0.0%	0 (0)	0.0%	0.0%	0 (0)	0.0%	0.0%
凍死		0	0.0%	0.0%	0	0.0%	0.0%	0 (0)	0.0%	0.0%	0 (0)	0.0%	0.0%
火災による熱傷・一酸化炭素中毒		0	0.0%	0.0%	0	0.0%	0.0%	6 (0)	11.5%	13.0%	6 (0)	18.8%	20.7%
病死		0	0.0%	0.0%	0	0.0%	0.0%	1 (1)	1.9%	2.2%	0 (0)	0.0%	0.0%
その他		6	13.6%	15.8%	2	7.4%	8.0%	7 (2)	13.5%	15.2%	4 (0)	12.5%	13.8%
内訳（再掲）	自動車内での練炭使用自殺	0	0.0%	0.0%	0	0.0%	0.0%	0 (0)	0.0%	0.0%	2 (0)	6.3%	6.9%
	低体温症又は窒息などの呼吸不全	1	2.3%	2.6%	0	0.0%	0.0%	2 (0)	3.8%	4.3%	0 (0)	0.0%	0.0%
	自宅マンションからの転落	1	2.3%	2.6%	1	3.7%	4.0%	0 (0)	0.0%	0.0%	0 (0)	0.0%	0.0%
	轢死	0	0.0%	0.0%	0	0.0%	0.0%	0 (0)	0.0%	0.0%	1 (0)	3.1%	3.4%
	低酸素虚血性脳症	0	0.0%	0.0%	0	0.0%	0.0%	1 (0)	1.9%	2.2%	0 (0)	0.0%	0.0%
	上記以外	3	6.8%	7.9%	1	3.7%	4.0%	2 (0)	3.8%	4.3%	1 (0)	3.1%	3.4%
小計		38	86.4%	100.0%	25	92.6%	100.0%	46 (6)	88.5%	100.0%	29 (0)	90.6%	100.0%
不明		6	13.6%		2	7.4%		6 (2)	11.5%		3 (0)	9.4%	
計		44	100.0%	100.0%	27	100.0%	100.0%	52 (8)	100.0%	100.0%	32 (0)	100.0%	100.0%

https://www.mhlw.go.jp/file/06-Seisakujouhou-11900000-Koyoukintoujidoukateikyoku/0000177954.pdf　2018年12月18日確認

　　第13次報告（2015〈平成27〉年度）の心中以外の虐待死の直接の死因では「頭部外傷」「頚部絞扼による窒息」が8人で最も多い。心中による虐待死の直接の死因では「頚部絞扼による窒息」が9人で最も多く、続いて「溺水」が7人であった。「頭部外傷」については「乳幼児揺さぶられ症候群（疑い含む）」の有無について4人が有りとの同調査で報告されている。主な加害者は「実父」の3例が最も多く、動機は「泣きやまないことにいらだったため」の2例が報告されている。

（千葉）

第5節　虐待

（8）加害の動機（心中以外の虐待死）

区分		第2次	第3次	第4次	第5次	第6次	第7次	第8次	第9次	第10次	第11次	第12次	第13次	総数
しつけのつもり	人数	9	9	7	9	10	8	3	10	3	4	4	5(2)	81
	構成割合	18.0%	16.1%	11.5%	11.5%	14.9%	16.3%	5.9%	17.2%	5.9%	11.1%	9.1%	9.6%	12.4%
子どもがなつかない	人数	0	5	2	1	1	1	0	0	0	1	1	1(0)	13
	構成割合	0.0%	8.9%	3.3%	1.3%	1.5%	2.0%	0.0%	0.0%	0.0%	2.8%	2.3%	1.9%	2.0%
パートナーへの愛情を独占されたなど、子どもに対する嫉妬心	人数	0	0	0	0	1	1	0	1	1	1	0	0(0)	5
	構成割合	0.0%	0.0%	0.0%	0.0%	1.5%	2.0%	0.0%	1.7%	2.0%	2.8%	0.0%	0.0%	0.8%
パートナーへの怒りを子どもに向ける	人数	0	2	1	1	0	1	0	2	0	0	0	0(0)	7
	構成割合	0.0%	3.6%	1.6%	1.3%	0.0%	2.0%	0.0%	3.4%	0.0%	0.0%	0.0%	0.0%	1.1%
慢性の疾患や障害の苦しみから子どもを救おうという主観的意図	人数	0	0	2	2	0	0	0	1	0	0	0	0(0)	5
	構成割合	0.0%	0.0%	3.3%	2.6%	0.0%	0.0%	0.0%	1.7%	0.0%	0.0%	0.0%	0.0%	0.8%
子どもの暴力などから身を守るため	人数	0	0	0	0	0	0	0	0	0	0	0	0(0)	0
	構成割合	0.0%	0.0%	0.0%	0.0%	0.0%	0.0%	0.0%	0.0%	0.0%	0.0%	0.0%	0.0%	0.0%
MSBP（代理ミュンヒハウゼン氏症候群）	人数	0	0	0	0	3	0	0	1	0	0	0	0(0)	4
	構成割合	0.0%	0.0%	0.0%	0.0%	4.5%	0.0%	0.0%	1.7%	0.0%	0.0%	0.0%	0.0%	0.6%
保護を怠ったことによる死亡	人数	3	5	18	13	4	8	11	9	9	6	5	6(0)	97
	構成割合	6.0%	8.9%	29.5%	16.7%	6.0%	16.3%	21.6%	15.5%	17.6%	16.7%	11.4%	11.5%	14.9%
子どもの存在の拒否・否定	人数	0	5	5	6	8	10	2	3	4	4	14	5(0)	66
	構成割合	0.0%	8.9%	8.2%	7.7%	11.9%	20.4%	3.9%	5.2%	7.8%	11.1%	31.8%	9.6%	10.1%
泣きやまないことにいらだったため	人数	0	0	4	13	5	5	6	7	8	4	2	5(0)	59
	構成割合	0.0%	0.0%	6.6%	16.7%	7.5%	10.2%	11.8%	12.1%	15.7%	11.1%	4.5%	9.6%	9.0%
アルコール又は薬物依存に起因した精神症状による行為	人数	0	0	0	0	0	0	0	0	0	0	0	1(1)	1
	構成割合	0.0%	0.0%	0.0%	0.0%	0.0%	0.0%	0.0%	0.0%	0.0%	0.0%	0.0%	1.9%	0.2%
依存系以外に起因した精神症状による行為（妄想などによる）	人数	3	5	4	7	2	1	2	2	2	2	3	3(0)	36
	構成割合	6.0%	8.9%	6.6%	9.0%	3.0%	2.0%	3.9%	3.4%	3.9%	5.6%	6.8%	5.8%	5.5%
その他	人数	23	6	1	2	10	3	7	9	2	1	9	12(3)	85
	構成割合	46.0%	10.7%	1.6%	2.6%	14.9%	6.1%	13.7%	15.5%	3.9%	2.8%	20.5%	23.1%	13.0%
不明	人数	12	19	17	24	23	11	20	13	22	13	6	14(2)	194
	構成割合	24.0%	33.9%	27.9%	30.8%	34.3%	22.4%	39.2%	22.4%	43.1%	36.1%	13.6%	26.9%	29.7%
計	人数	50	56	61	78	67	49	51	58	51	36	44	52(8)	653
	構成割合	100.0%	100.0%	100.0%	100.0%	100.0%	100.0%	100.0%	100.0%	100.0%	100.0%	100.0%	100.0%	100.0%

出典：厚生労働省「子どもの虐待による死亡事例等の検証結果について（13次報告）」https://www.mhlw.go.jp/file/06-Seisakujouhou-11900000-Koyoukintoujidoukateikyoku/0000177954.pdf　2018年12月18日確認

　第13次報告（2015〈平成27〉年度）の心中以外の虐待死の加害の動機では、「保護を怠ったことによる死亡」が6人（11.5%）、「しつけのつもり」「子どもの存在の拒否・否定」「泣きやまないことにいらだったため」が5人（9.6%）であった。第2次報告〜第13次報告までの推移をみると「しつけのつもり」「子どもの存在の拒否・否定」「泣きやまないことにいらだったため」が加害の動機として多い。

（千葉）

第5節　虐待

（9）妊娠期・周産期の問題（心中以外の虐待死）

区分		第3次 (56人)	第4次 (61人)	第5次 (78人)	第6次 (67人)	第7次 (49人)	第8次 (51人)	第9次 (58人)	第10次 (51人)	第11次 (36人)	第12次 (44人)	第13次 (52人)	総数 (603人)
切迫流産・切迫早産	人数	1	6	1	4	5	4	2	2	3	4	7(2)	39
	構成割合	1.8%	9.8%	1.3%	6.0%	10.2%	7.8%	3.4%	3.9%	8.3%	9.1%	13.5%	6.5%
妊娠高血圧症候群	人数	2	1	2	2	0	2	1	2	3	1	0(0)	16
	構成割合	3.6%	1.6%	2.6%	3.0%	0.0%	3.9%	1.7%	3.9%	8.3%	2.3%	0.0%	2.7%
喫煙の常習	人数	1	1	3	7	4	7	8	6	4	4	3(1)	48
	構成割合	1.8%	1.6%	3.8%	10.4%	8.2%	13.7%	13.8%	11.8%	11.1%	9.1%	5.8%	8.0%
アルコールの常習	人数	2	1	2	5	1	1	2	3	1	4	2(1)	24
	構成割合	3.6%	1.6%	2.6%	7.5%	2.0%	2.0%	3.4%	5.9%	2.8%	9.1%	3.8%	4.0%
違法薬物の使用/薬物の過剰摂取等	人数	−	−	−	−	−	−	−	−	−	0	1(1)	1
	構成割合	−	−	−	−	−	−	−	−	−	0.0%	1.9%	0.2%
マタニティブルーズ	人数	1	0	0	1	0	0	0	4	1	3	2(1)	12
	構成割合	1.8%	0.0%	0.0%	1.5%	0.0%	0.0%	0.0%	7.8%	2.8%	6.8%	3.8%	2.0%
予期しない妊娠/計画していない妊娠	人数	7	10	11	21	11	10	18	14	8	24	18(5)	152
	構成割合	12.5%	16.4%	14.1%	31.3%	22.4%	19.6%	31.0%	27.5%	22.2%	54.5%	34.6%	25.2%
若年（10代）妊娠	人数	4	8	12	15	7	14	14	4	6	9	13(2)	106
	構成割合	7.1%	13.1%	15.4%	22.4%	14.3%	27.5%	24.1%	7.8%	16.7%	20.5%	25.0%	17.6%
お腹をたたく等の堕胎行為	人数	−	−	−	−	−	−	−	−	−	0	1(0)	1%
	構成割合	−	−	−	−	−	−	−	−	−	0.0%	1.9%	0.2%
母子健康手帳の未発行	人数	6	9	11	20	9	9	9	11	5	13	11(2)	113
	構成割合	10.7%	14.8%	14.1%	29.9%	18.4%	17.6%	15.5%	21.6%	13.9%	29.5%	21.2%	18.7%
妊婦健診未受診	人数	4	9	10	21	7	11	21	17	10	18	17(5)	145
	構成割合	7.1%	14.8%	12.8%	31.3%	14.3%	21.6%	36.2%	33.3%	27.8%	40.9%	32.7%	24.0%
胎児虐待	人数	1	2	2	0	2	5	8	7	0	−	−	27
	構成割合	1.8%	3.3%	2.6%	0.0%	4.1%	9.8%	13.8%	13.7%	0.0%	−	−	4.5%
その他（妊娠期の母体側の問題）	人数	−	−	−	−	−	−	1	3	3	1	1(1)	9
	構成割合	−	−	−	−	−	−	1.7%	5.9%	8.3%	2.3%	1.9%	1.5%
自宅分娩（助産師などの立ち会いなし）	人数	−	−	−	−	−	−	−	−	2	14	11(3)	27
	構成割合	−	−	−	−	−	−	−	−	5.6%	31.8%	21.2%	4.5%
遺棄	人数	−	−	−	−	−	−	−	−	5	15	10(2)	30
	構成割合	−	−	−	−	−	−	−	−	13.9%	34.1%	19.2%	5.0%
墜落分娩	人数	2	5	5	9	2	2	5	3	1	5	7(2)	46
	構成割合	3.6%	8.2%	6.4%	13.4%	4.1%	3.9%	8.6%	5.9%	2.8%	11.4%	13.5%	7.6%
飛び込み出産	人数	−	−	−	−	−	−	−	−	2	2	1(0)	5
	構成割合	−	−	−	−	−	−	−	−	5.6%	4.5%	1.9%	0.8%
陣痛が微弱であった	人数	0	1	1	1	1	0	2	0	−	−	−	6
	構成割合	0.0%	1.6%	1.3%	1.5%	2.0%	0.0%	3.4%	0.0%	−	−	−	1.0%
帝王切開	人数	2	2	8	4	7	7	12	7	3	7	11(2)	70
	構成割合	3.6%	3.3%	10.3%	6.0%	14.3%	13.7%	20.7%	13.7%	8.3%	15.9%	21.2%	11.6%
救急車で来院	人数	−	−	−	−	−	−	4	3	−	−	−	7
	構成割合	−	−	−	−	−	−	6.9%	5.9%	−	−	−	1.2%

区分		第3次 (56人)	第4次 (61人)	第5次 (78人)	第6次 (67人)	第7次 (49人)	第8次 (51人)	第9次 (58人)	第10次 (51人)	第11次 (36人)	第12次 (44人)	第13次 (52人)	総数 (603人)
医療機関から連絡	人数	–	–	–	–	–	–	5	3	6	1	6(3)	21
	構成割合	–	–	–	–	–	–	8.6%	5.9%	16.7%	2.3%	11.5%	3.5%
その他（出産時の母体側の問題）	人数	–	–	–	–	–	–	3	3	0	0	1(0)	7
	構成割合	–	–	–	–	–	–	5.2%	5.9%	0.0%	0.0%	1.9%	1.2%
低体重	人数	1	4	6	9	8	7	8	11	4	8	6(3)	72
	構成割合	1.8%	6.6%	7.7%	13.4%	16.3%	13.7%	13.8%	21.6%	11.1%	18.2%	11.5%	11.9%
多胎	人数	2	0	1	4	1	3	0	1	0	0	2(0)	14
	構成割合	3.6%	0.0%	1.3%	6.0%	2.0%	5.9%	0.0%	2.0%	0.0%	0.0%	3.8%	2.3%
新生児仮死	人数	0	4	0	0	4	0	1	0	2	2	0(0)	13
	構成割合	0.0%	6.6%	0.0%	0.0%	8.2%	0.0%	1.7%	0.0%	5.6%	4.5%	0.0%	2.2%
その他の疾患・障害	人数	–	4	2	0	3	0	4	6	6	2	1(1)	28
	構成割合	–	6.6%	2.6%	0.0%	6.1%	0.0%	6.9%	11.8%	16.7%	4.5%	1.9%	4.6%
出生時の退院の遅れによる母子分離	人数	2	4	3	6	5	3	5	3	1	3	4(3)	39
	構成割合	3.6%	6.6%	3.8%	9.0%	10.2%	5.9%	8.6%	5.9%	2.8%	6.8%	7.7%	6.5%
NICU入院	人数	1	5	3	2	4	1	4	6	3	2	3(1)	34
	構成割合	1.8%	8.2%	3.8%	3.0%	8.2%	2.0%	6.9%	11.8%	8.3%	4.5%	5.8%	5.6%

出典：厚生労働省「子どもの虐待による死亡事例等の検証結果について（13次報告）」https://www.mhlw.go.jp/file/06-Seisakujouhou-11900000-Koyoukintoujidoukateikyoku/0000177954.pdf　2018年12月18日確認

　第13次報告（2015〈平成27〉年度）の心中以外の虐待死のうち、妊娠期・周産期の問題では、「予期しない妊娠／計画していない妊娠」が18人（34.6%）と最も多く、「妊婦健診未受診」が17人（32.7%）、「若年（10代）妊娠」が13人（25%）であった。第3次報告からの推移をみると、上記3つの問題が継続して高い割合で出現している。そのため虐待死を防ぐには出産前からの連携が重要視されている。

（千葉）

第5節　虐待

（10）児童虐待の発生予防と早期発見・早期対応のための連携

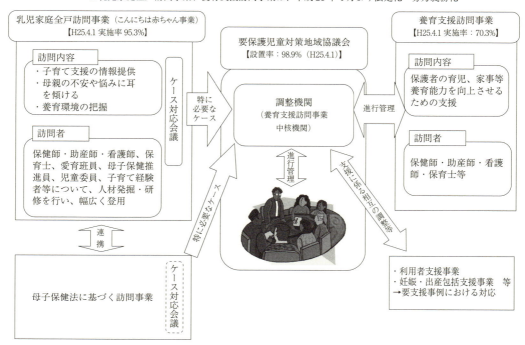

出典：厚生労働省「児童虐待防止対策について」https://www.mhlw.go.jp/stf/shingi/2r9852000001
w361-att/2r9852000001x8qy.pdf　2018年12月18日確認

　生後4ヶ月までの育児をしている子育て家庭を対象とした「乳児家庭全戸訪問事業」によって養育支援が特に必要な家庭（虐待のリスクが高い家庭等）として判断された場合は、要保護児童対策地域協議会（養育支援訪問事業中核機関）に報告され、養育支援訪問事業で養育支援をうける。養育支援訪問事業では、保健師・助産師・看護師・保育士等の専門職によって、養育に関する指導、助言等を行い、支援が必要な家庭に対して適切な養育の実施を確保する。

（千葉）

第6節　社会的養護

（1）児童福祉施設の種類と目的

施設名称（児童福祉法）	施設の目的
助産施設（36条）	保健上必要があるにもかかわらず、経済的理由により、入院助産を受けることができない妊産婦を入所させて、助産を受けさせることを行うことを目的とする施設とする。
乳児院（37条）	乳児（保健上、安定した生活環境の確保その他の理由により特に必要のある場合には、幼児を含む）を入院させて、これを養育し、あわせて退院した者について相談その他の援助を行うことを目的とする施設とする。
母子生活支援施設（38条）	配偶者のない女子又はこれに準ずる事情にある女子及びその者の監護すべき児童を入所させて、これらの者を保護するとともに、これらの者の自立の促進のためにその生活を支援し、あわせて退所した者について相談その他の援助を行うことを目的とする施設とする。
保育所（39条）	日日保護者の委託を受けて、保育に欠けるその乳児又は幼児を保育することを目的とする施設とする。 2　保育所は、前項の規定にかかわらず、特に必要があるときは、保育を必要とするその他の児童を日々保護者の下から通わせて保育することができる。
幼保連携型認定こども園（39条の2）	義務教育及びその後の教育の基礎を培うものとしての満三歳以上の幼児に対する教育（教育基本法（平成十八年法律第百二十号）第六条第一項に規定する法律に定める学校において行われる教育をいう。）及び保育を必要とする乳児・幼児に対する保育を一体的に行い、これらの乳児又は幼児の健やかな成長が図られるよう適当な環境を与えて、その心身の発達を助長することを目的とする施設とする。 2　幼保連携型認定こども園に関しては、この法律に定めるもののほか、認定こども園法の定めるところによる。
児童厚生施設（40条）	児童遊園、児童館等児童に健全な遊びを与えて、その健康を増進し、又は情操をゆたかにすることを行うことを目的とする施設とする。
児童養護施設（41条）	保護者のない児童（乳児を除く。ただし、安定した生活環境の確保その他の理由により特に必要のある場合には、乳児を含む。以下この条において同じ。）、虐待されている児童その他環境上養護を要する児童を入所させて、これを養護し、あわせて退所した者について相談その他の自立のための援助を行うことを目的とする施設とする。
障害児入所施設（42条）	次の各号に掲げる区分に応じ、障害児を入所させて、当該各号に定める支援を行うことを目的とする施設とする。 1．福祉型障害児入所施設 　保護、日常生活の指導及び独立自活に必要な知識技能の付与 2．医療型障害児入所施設 　保護、日常生活の指導、独立自活に必要な知識技能の付与及び治療
児童発達支援センター（43条）	次の各号に掲げる区分に応じ、障害児を日々保護者の下から通わせて、当該各号に定める支援を提供することを目的とする施設とする。 1．福祉型児童発達支援センター 　日常生活における基本動作の指導、独立自活に必要な知識技能の付与又は集団生活への適応のための訓練 2．医療型児童発達支援センター 　日常生活における基本動作の指導、独立自活に必要な知識技能の付与又は集団生活への適応のための訓練及び治療
児童心理治療施設（43条の2）	家庭環境、学校における交友関係その他の環境上の理由により社会生活への適応が困難となつた児童を、短期間、入所させ、又は保護者の下から通わせて、社会生活に適応するために必要な心理に関する治療及び生活指導を主として行い、あわせて退所した者について相談その他の援助を行うことを目的とする施設とする。
児童自立支援施設（44条）	不良行為をなし、又はなすおそれのある児童及び家庭環境その他の環境上の理由により生活指導等を要する児童を入所させ、又は保護者の下から通わせて、個々の児童の状況に応じて必要な指導を行い、その自立を支援し、あわせて退所した者について相談その他の援助を行うことを目的とする施設とする。
児童家庭支援センター（44条の2）	地域の児童の福祉に関する各般の問題につき、児童に関する家庭その他からの相談のうち、専門的な知識及び技術を必要とするものに応じ、必要な助言を行うとともに、市町村の求めに応じ、技術的助言その他必要な援助を行うほか、第26条第1項第2号及び第27条第1項第2号の規定による指導を行い、あわせて児童相談所、児童福祉施設等との連絡調整その他厚生省令の定める援助を総合的に行うことを目的とする施設とする。

出典：厚生労働省「児童福祉法」、厚生労働省雇用均等・児童家庭局長通知（平成28年6月3日）「児童福祉法等の一部を改正する法律の交付について」を基に筆者作成

　児童福祉施設とは児童福祉法に規定されている施設である。上記の表は児童福祉施設の種類と目的を表したものである。また、児童福祉施設は児童福祉法の改正等に伴い施設名称等が変更されている。2010年には障害児の入所及び通所施設が「障害児入所施設」「児童発達支援センター」にまとめられ、2017年には「情緒障害児短期治療施設」が「児童心理治療施設」に名称変更されている。

（千葉）

第6節　社会的養護

（2）社会的養護の現状（施設数、里親数、児童数等）

保護者のない児童、被虐待児など家庭環境上養護を必要とする児童などに対し、公的な責任として、社会的に養護を行う。対象児童は、約4万5千人。

里親	家庭における養育を里親に委託		登録里親数	委託里親数	委託児童数	ファミリーホーム	養育者の住居において家庭養護を行う（定員5～6名）	
			11,405 世帯	4,038 世帯	5,190 人			
	区分（里親は重複登録有り）	養 育 里 親	9,073 世帯	3,180 世帯	3,943 人		ホ ー ム 数	313 か所
		専 門 里 親	689 世帯	167 世帯	202 人			
		養子縁組里親	3,798 世帯	309 世帯	301 人		委託児童数	1,356 人
		親 族 里 親	526 世帯	513 世帯	744 人			

施設	乳児院	児童養護施設	児童心理治療施設	児童自立支援施設	母子生活支援施設	自 立 援 助 ホ ー ム
対象児童	乳児（特に必要な場合は、幼児を含む）	保護者のない児童、虐待されている児童その他環境上養護を要する児童（特に必要な場合は、乳児を含む）	家庭環境、学校における交友関係その他の環境上の理由により社会生活への適応が困難となった児童	不良行為をなし、又はなすおそれのある児童及び家庭環境その他の環境上の理由により生活指導等を要する児童	配偶者のない女子又はこれに準ずる事情にある女子及びその者の監護すべき児童	義務教育を終了した児童であって、児童養護施設等を退所した児童等
施 設 数	138 か所	615 か所	46 か所	58 か所	232 か所	143 か所
定 員	3,895 人	32,605 人	2,049 人	3,686 人	4,779 世帯	934 人
現 員	2,801 人	26,449 人	1,399 人	1,395 人	3,330 世帯 児童 5,479 人	516 人
職員総数	4,793 人	17,137 人	1,165 人	1,743 人	2,080 人	604 人

小規模グループケア	1,341 か所
地域小規模児童養護施設	354 か所

※里親数、FH ホーム数、委託児童数、乳児院・児童養護施設の施設数・定員・現員は福祉行政報告例（平成 29 年 3 月末現在）
※施設数＊、ホーム数（FH 除く）、定員＊、現員＊、小規模グループケア、地域小規模児童養護施設のか所数は家庭福祉課調べ（平成 28 年 10 月 1 日現在）（＊乳児院・児童養護施設除く）
※職員数（自立援助ホームを除く）は、社会福祉施設等調査報告（平成 28 年 10 月 1 日現在）
※自立援助ホームの職員数は家庭福祉課調べ（平成 28 年 3 月 1 日現在）
※児童自立支援施設は、国立 2 施設を含む

出典：厚生労働省「社会的養護の現状について（平成 29 年 12 月）」https://www.mhlw.go.jp/file/06-Seisakujouhou-11900000-Koyoukintoujidoukateikyoku/0000187952.pdf　2018 年 12 月 18 日確認

　1955（昭和30）年度をピークに里親委託児童は減少を続けていたが、社会的養護の家庭養護の推進にともない里親等委託児童は増加傾向にある。2017 年 3 月末現在で里親への委託児童数は 5,190 人、ファミリーホームで 1,356 人となっており、1999 年の調査（里親とファミリーホームの委託児童を合わせて 2,122 人）より 3 倍に増加している。社会的養護の対象児童の年齢や状況によって様々な施設がある。

（千葉）

第6節　社会的養護

（3）養護問題発生理由別児童数

	児童数							構成割合（％）						
	里親委託児	養護施設児	情緒障害児	自立施設児	乳児院児	ファミリーホーム児	援助ホーム児	里親委託児	養護施設児	情緒障害児	自立施設児	乳児院児	ファミリーホーム児	援助ホーム児
総数	4,534	29,979	1,235	1,670	3,147	829	376	100.0	100.0	100.0	100.0	100.0	100.0	100.0
父の死亡	113	142	6	14	2	8	2	2.5	0.5	0.5	0.8	0.1	1.0	0.5
母の死亡	403	521	13	17	24	22	8	8.9	1.7	1.1	1.0	0.8	2.7	2.1
父の行方不明	99	141	1	6	4	6	1	2.2	0.5	0.1	0.4	0.1	0.7	0.3
母の行方不明	388	1,138	10	17	79	36	9	8.6	3.8	0.8	1.0	2.5	4.3	2.4
父母の離婚	97	872	33	133	56	50	18	2.1	2.9	2.7	8.0	1.8	6.0	4.8
両親の未婚	＊	＊	＊	＊	195	＊	＊	＊	＊	＊	＊	6.2	＊	＊
父母の不和	18	233	18	30	41	8	2	0.4	0.8	1.5	1.8	1.3	1.0	0.5
父の拘禁	47	419	4	9	18	8	3	1.0	1.4	0.3	0.5	0.6	1.0	0.8
母の拘禁	130	1,037	14	26	121	31	2	2.9	3.5	1.1	1.6	3.8	3.7	0.5
父の入院	27	180	-	2	7	7	1	0.6	0.6	-	0.1	0.2	0.8	0.3
母の入院	131	1,124	9	9	96	32	3	2.9	3.7	0.7	0.5	3.1	3.9	0.8
家族の疾病の付添	＊	＊	＊	＊	11	＊	＊	＊	＊	＊	＊	0.3	＊	＊
次子出産	＊	＊	＊	＊	19	＊	＊	＊	＊	＊	＊	0.6	＊	＊
父の就労	44	963	11	22	11	10	1	1.0	3.2	0.9	1.3	0.3	1.2	0.3
母の就労	109	767	12	65	123	16	-	2.4	2.6	1.0	3.9	3.9	1.9	-
父の精神疾患等	16	178	9	17	13	-	2	0.4	0.6	0.7	1.0	0.4	-	0.5
母の精神疾患等	356	3,519	179	127	686	94	33	7.9	11.7	14.5	7.6	21.8	11.3	8.8
父の放任・怠だ	46	537	27	77	9	13	8	1.0	1.8	2.2	4.6	0.3	1.6	2.1
母の放任・怠だ	431	3,878	133	268	340	84	17	9.5	12.9	10.8	16.0	10.8	10.1	4.5
父の虐待・酷使	124	2,183	161	152	82	58	45	2.7	7.3	13.0	9.1	2.6	7.0	12.0
母の虐待・酷使	249	3,228	214	129	186	73	35	5.5	10.8	17.3	7.7	5.9	8.8	9.3
棄児	94	124	5	6	18	19	1	2.1	0.4	0.4	0.4	0.6	2.3	0.3
養育拒否	750	1,427	78	65	217	71	28	16.5	4.8	6.3	3.9	6.9	8.6	7.4
破産等の経済的理由	249	1,762	12	13	146	28	10	5.5	5.9	1.0	0.8	4.6	3.4	2.7
児童の問題による監護困難	69	1,130	＊	＊	19	33	74	1.5	3.8	＊	＊	0.6	4.0	19.7
その他	392	3,619	156	172	547	60	57	8.6	12.1	12.6	10.3	17.4	7.2	15.2
特になし	＊	＊	91	202	＊	＊	＊	＊	＊	7.4	12.1	＊	＊	＊
不詳	152	857	39	92	77	62	16	3.4	2.9	3.2	5.5	2.4	7.5	4.3

注）＊は、調査項目としていない。

出典：厚生労働省「児童養護施設入所児童等調査結果（平成 25 年 2 月 1 日）」https://www.mhlw.go.jp/file/04-Houdouhappyou-11905000-Koyoukintoujidoukateikyoku-Kateifukushika/0000071184.pdf　2018 年 12 月 18 日確認

　養護問題の発生理由を虐待にあてはまる「放任・怠惰」「虐待・酷使」「棄児」「養育拒否」の構成割合の合計でみると、里親委託児 37.4％、養護施設児 37.9％、情緒障害児 50％、自立施設児 41.7％、乳児院児 27.1％、ファミリーホーム児 38.4％、援助ホーム児 35.6％になっており、虐待を理由とした入所（委託）児の割合が多い現状が理解できる。

（千葉）

第6節　社会的養護

（4）児童養護施設の形態の現状

平成24年3月現在の児童養護施設の5割が大舎制。平成20年3月は児童養護施設の7割が大舎制だったので、小規模化が進んでいる。引き続き、家庭的養護の推進のため、施設の小規模化の推進が必要。

①大舎・中舎・小舎の現状、小規模ケアの現状

		寮舎の形態			小規模ケアの形態		
		大舎	中舎	小舎	小規模グループケア	地域小規模児童養護施設	その他グループホーム
保有施設数 (N=561) (平成24年3月)	施設数	283	153	231	323	143	34
	%	50.4	27.3	41.2	57.6	25.5	6.1
保有施設数 (N=489) (平成20年3月)	施設数	370	95	114	212	111	55
	%	75.8	19.5	23.4	43.4	22.7	11.3

※社会的養護の施設整備状況調査、調査回答施設数561（平成24年3月1日現在）、調査回答施設数489（平成20年3月1日現在）

※「大舎」：1養育単位当たり定員数が20人以上、「中舎」：同13～19人、「小舎」：同12人以下、「小規模グループケア」：6名程度

②定員規模別施設数

定員	施設数
～ 20	7 （1.2%）
～ 30	69 （11.4%）
～ 40	113（18.7%）
～ 50	143（23.7%）
～ 60	106（17.6%）
～ 70	57 （9.5%）
～ 80	49 （8.1%）
～ 90	23 （3.8%）
～ 100	13 （2.2%）
～ 110	13 （2.2%）
～ 120	3 （0.5%）
～ 150	5 （0.8%）
151 ～	2 （0.3%）
総　数	603（100%）

家庭福祉課調べ（平成28年10月1日）

出典：厚生労働省「社会的養護の現状について（平成29年12月）」https://www.mhlw.go.jp/file/06-Seisakujouhou-11900000-Koyoukintoujidoukateikyoku/0000187952.pdf　2018年12月18日確認

　2012（平成24）年の「児童養護施設等の小規模化及び家庭的養護の推進について」の通知によって、児童養護施設では家庭的養護が推進された。児童養護施設の小規模化や、小集団での支援の実施など、家庭的な養育環境の形態に移行している。定員規模別施設数でもわかるように、「中舎」「小舎」「小規模グループケア」「地域小規模児童養護施設」などの小集団で支援する施設形態の数が増加している。

（千葉）

第6節　社会的養護

（5）里親制度の概要、養育里親の研修と認定の流れ

里親制度の概要

○里親制度は、児童福祉法第27条第1項第3号の規定に基づき、児童相談所が要保護児童（保護者のない児童又は保護者に監護させることが不適当であると認められる児童）の養育を委託する制度であり、その推進を図るため、
・平成14年度に親族里親、専門里親を創設
・平成20年の児童福祉法改正で、「養育里親」と「養子縁組を希望する里親」とを制度上区分
・平成21年度から、養育里親と専門里親について、研修を義務化
・平成29年度から、里親の新規開拓から委託児童の自立支援までの一貫した里親支援を都道府県（児童相談所）の業務として位置付けるとともに、養子縁組里親を法定化し、研修を義務化

種類	養育里親	専門里親	養子縁組里親	親族里親
対象児童	要保護児童	次に挙げる要保護児童のうち、都道府県知事がその養育に関し特に支援が必要と認めたもの ①児童虐待等の行為により心身に有害な影響を受けた児童 ②非行等の問題を有する児童 ③身体障害、知的障害又は精神障害がある児童	要保護児童	次の要件に該当する要保護児童 ①当該親族里親に扶養義務のある児童 ②児童の両親その他当該児童を現に監護する者が死亡、行方不明、拘禁、入院等の状態となったことにより、これらの者により、養育が期待できないこと
登録里親数	9,073世帯	689世帯	3,798世帯	526世帯
委託里親数	3,180世帯	167世帯	309世帯	513世帯
委託児童数	3,943人	202人	301人	744人

里親に支給される手当等

里親手当（平成29年度）　養育里親　86,000円（2人目以降43,000円加算）
（月額）　　　　　　　　専門里親　137,000円（2人目以降94,000円加算）
※平成29年度に引き上げ（それ以前は児童1人当たり、養育里親72,000円、専門里親123,000円）

一般生活費（食費、被服費等。1人当たり月額）乳児58,310円、乳児以外50,570円（平成29年度）

その他（幼稚園費、教育費、入進学支度金、就職支度費、大学進学等支度費、医療費、通院費等）

出典：厚生労働省「社会的養護の推進に向けて（平成28年12月）」https://www.mhlw.go.jp/file/06-Seisakujouhou-11900000-Koyoukintoujidoukateikyoku/0000187950.pd9　2018年12月18日確認

養育里親の里親研修と認定の流れ

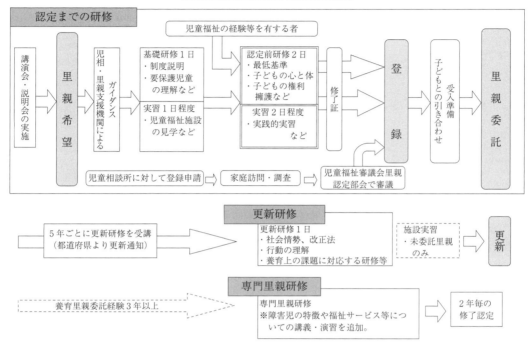

出典：厚生労働省「社会的養護の現状について（参考資料）」平成29年12月 https://www.mhlw.go.jp/file/06-Seisakujouhou-11900000-Koyoukintoujidoukateikyoku/0000187952.pdf　2018年12月18日

　里親制度の概要と、養育里親の研修と認定の流れを示した。養子縁組を前提としない「養育里親」の普及啓発を進めるために、2008（平成20）年の児童福祉法の改正によって、里親の種類を「養育里親」「養子縁組を希望する里親」「親族里親」に分類して制度的な位置付けを明確にした。また、同改正では自治体間でばらつきが多かった里親の研修について「養育里親」になるための研修と、5年ごとの更新研修が義務化されている。

（千葉）

第6節　社会的養護

（6）施設の小規模化と家庭的養護の推進

社会的養護が必要な児童を、可能な限り家庭的な環境において安定した人間関係の下で育てることができるよう、施設のケア単位の小規模化、里親やファミリーホームなどを推進

より家庭的な養育環境

児童養護施設
大舎（20人以上）、中舎（13〜19人）、小舎（12人以下）
1歳〜18歳未満（必要な場合0歳〜20歳未満）
職員は施設長等のほか
　就学児童 5.5:1　（→4:1）
　3歳以上4:1　（→3:1）
　3歳未満2:1
＊（）は27年度〜
602か所
定員33,017人
現員27,828人

地域小規模児童養護施設
（グループホーム）
本体施設の支援の下で地域の民間住宅などを活用して家庭的養護を行う
定員6人 職員2人＋非常勤1人＋管理宿直
27年度329か所→31年度目標390か所

小規模グループケア
（本園ユニットケア）　　　　　　（分園型）
本体施設や地域で、小規模なグループで家庭的養護を行う
1グループ6〜8人（乳児院は4〜6人）
職員1人＋管理宿直を加算
27年度1,218か所→
31年度目標1,870か所（乳児院等を含む）

小規模住居型
児童養育事業
（ファミリーホーム）
養育者の住居で養育を行う家庭養護
定員5〜6人
養育者及び補助者
合わせて3人
27年度257か所
→31年度目標
　　　　520か所
→将来像1,000か所

里親
家庭における養育を里親に委託する家庭養護
児童4人まで
登録里親数9,949世帯
うち養育里親7,893世帯
　専門里親　676世帯
　養子縁組里親3,072世帯
　親族里親　485世帯
委託里親数3,644世帯
委託児童数4,731人
→31年度目標
　養育里親登録9,800世帯
　専門里親登録 850世帯

乳児院
乳児（0歳）、必要な場合幼児（小学校就学前）
134か所
定員3,865人、現員2,939人

里親等
委託率 ＝ $\dfrac{\text{里親＋ファミリーホーム}}{\text{養護＋乳児＋里親＋ファミリーホーム}}$
27年3月末16.5%→31年度目標22%

→41年度までに、本体施設、グループホーム、里親等を各概ね3分の1
児童養護施設の本体施設は、全て小規模グループケアに

児童自立生活援助事業
（自立援助ホーム）
児童養護施設等退所後、就職する児童等が共同生活を営む住居において自立支援
27年度123か所
→31年度目標190か所

※「31年度目標」は、少子化社会対策大綱
　登録里親数、委託里親数、FHホーム数、委託児童数は、平成27年3月末福祉行政報告例。
　施設数、ホーム数（FH除く）、定員、現員、小規模グループケア、地域小規模児童養護施設の数は、平成27年10月1日家庭福祉課調べ

　出典：厚生労働省「社会的養護の推進に向けて（平成28年11月）」https://www.mhlw.go.jp/seisakunitsuite/bunya/kodomo/kodomo_kosodate/dv/kaigi/dl/140804-02.pdf　2018年12月18日確認

　2011（平成23）年には「社会的養護の課題と将来像」が策定された。社会的養護の原則として、家庭的養護の優先と施設養護における家庭的な養育環境の形態への改変を推進している。また、2017年には「新しい社会的養育ビジョン」が策定され、里親受託率について3歳未満の子どもは概ね5年以内、それ以外の就学前の子どもが概ね7年以内に75%以上、就学後の子どもは10年以内に50%以上の数値目標が設定されている。

（千葉）

第6節　社会的養護

（7）施設職員の基本配置の引き上げ

施設種別	職種	配置基準			
		平成24年度以前		平成24年度以降	
乳児院	看護師、児童指導員、保育士	0～2歳児未満	1.7：1	0～2歳児未満	1.6：1
		2～3歳児未満	2：1	2～3歳児未満	2：1
		3歳児以上の幼児	4：1	3歳児以上の幼児	4：1
児童養護施設	児童指導員、保育士	－	－	2歳児未満	1.6：1
		3歳未満	2：1	2歳～3歳児未満	2：1
		3歳以上の幼児	4：1	3歳以上の幼児	4：1
		少年	6：1	少年	5.5：1
児童心理治療施設	児童指導員、保育士	児童	5：1	児童	4.5：1
児童自立支援施設	児童自立支援専門員、児童生活指導員	児童	5：1	児童	4.5：1
母子生活支援施設	母子支援員	母子20世帯以上	2人以上	母子20世帯以上	3人以上
				母子10世帯～20世帯未満	2人以上
	少年を指導する職員	母子20世帯以上	2人以上	母子20世帯以上	2人以上

※＿は改正された職員数

出典：厚生労働省「人員配置基準の引上げに伴う児童福祉施設設備運営基準の改正」を基に筆者作成

　平成24年度の児童福祉施設最低基準の見直しによる、施設職員の基本配置の引き上げについて示した。24時間体制の支援が必要な乳児院や児童養護施設などの社会的養護施設の現状を踏まえ、慢性的な職員不足の問題の解消、子どもに対して最善の利益が実現できる支援体制を目指して、2012（平成24）年に「児童福祉施設の設備及び運営に関する基準」の社会的養護施設の職員の配置基準が引き上げられた。児童養護施設では2歳児未満の配置基準ができた。下線部分が、改正された職員数である。

（千葉）

第6節　社会的養護

（8）児童相談所における相談援助活動の体系・展開

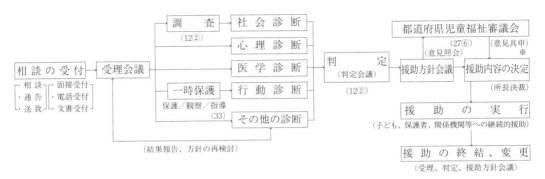

出典：厚生労働省ホームページ http://www.mhlw.go.jp/bunya/kodomo/dv-soudanjo-kai-zuhyou.html　2018年10月15日確認

　児童福祉法では児童相談所の業務として、要保護児童等の情報に対する市町村相互間の連絡調整、子どもに関する家庭その他からの「相談」、支援を要する児童などに対する「調査」「判定」「指導」、緊急に保護が必要な児童などに対する「一時保護」が規定されている。児童相談所への通報には全国共通ダイヤル189（いちはやく）があり、発信した電話の市内局番等から当該地域を特定し、管轄の児童相談所へ電話が転送される。

（千葉）

第6節　社会的養護

（9）児童相談所の相談の種類及び内容、種類別相談対応件数の年次推移

養護相談	1．養護相談	父又は母等保護者の家出、失踪、死亡、離婚、入院、稼働及び服役等による養育困難児、棄児、迷子、虐待を受けた子ども、親権を喪失した親の子、後見人を持たぬ児童等環境的問題を有する子ども、養子縁組に関する相談。
保健相談	2．保健相談	未熟児、虚弱児、内部機能障害、小児喘息、その他の疾患（精神疾患を含む）等を有する子どもに関する相談
障害相談	3．肢体不自由相談	肢体不自由児、運動発達の遅れに関する相談。
	4．視聴覚障害相談	盲（弱視を含む）、ろう（難聴を含む）等視聴覚障害児に関する相談。
	5．言語発達障害等相談	構音障害、吃音、失語等音声や言語の機能障害をもつ子ども、言語発達遅滞、学習障害や注意欠陥多動性障害等発達障害を有する子ども等に関する相談。ことばの遅れの原因が知的障害、自閉症、しつけ上の問題等他の相談種別に分類される場合はそれぞれのところに入れる。
	6．重症心身障害相談	重症心身障害児（者）に関する相談。
	7．知的障害相談	知的障害児に関する相談。
	8．自閉症等相談	自閉症若しくは自閉症同様の症状を呈する子どもに関する相談。
非行相談	9．ぐ犯等相談	虚言癖、浪費癖、家出、浮浪、乱暴、性的逸脱等のぐ犯行為若しくは飲酒、喫煙等の問題行動のある子ども、警察署からぐ犯少年として通告のあった子ども、又は触法行為があったと思料されても警察署から法第25条による通告のない子どもに関する相談。
	10．触法行為等相談	触法行為があったとして警察署から法第25条による通告のあった子ども、犯罪少年に関して家庭裁判所から送致のあった子どもに関する相談。受け付けた時には通告がなくとも調査の結果、通告が予定されている子どもに関する相談についてもこれに該当する。
育成相談	11．性格行動相談	子どもの人格の発達上問題となる反抗、友達と遊べない、落ち着きがない、内気、緘黙、不活発、家庭内暴力、生活習慣の著しい逸脱等性格もしくは行動上の問題を有する子どもに関する相談。
	12．不登校相談	学校及び幼稚園並びに保育所に在籍中で、登校（園）していない状態にある子どもに関する相談。非行や精神疾患、養護問題が主である場合等にはそれぞれのところに分類する。
	13．適性相談	進学適性、職業適性、学業不振等に関する相談。
	14．育児・しつけ相談	家庭内における幼児のしつけ、子どもの性教育、遊び等に関する相談。
	15．その他の相談	1～14のいずれにも該当しない相談。

出典：厚生労働省 http://www.mhlw.go.jp/bunya/kodomo/dv-soudanjo-kai-zuhyou.html　2018年10月15日確認

（単位：件）

	平成 24 年度		25 年度		26 年度		27 年度		28 年度		対前年度	
		構成割合（%）		構成割合（%）		構成割合（%）		構成割合（%）		構成割合（%）	増減数	増減数（%）
総　　数	384 261	100.0	391 997	100.0	420 128	100.0	439 200	100.0	457 472	100.0	18 272	4.2
障害相談	175 285	45.6	172 945	44.1	183 506	43.7	185 283	42.2	185 186	40.5	△ 97	△ 0.1
養護相談	116 725	30.4	127 252	32.5	145 370	34.6	162 119	36.9	184 314	40.3	22 195	13.7
育成相談	52 182	13.6	51 520	13.1	50 839	12.1	49 978	11.4	45 830	10.0	△ 4 148	△ 8.3
非行相談	16 640	4.3	17 020	4.3	16 740	4.0	15 737	3.6	14 398	3.1	△ 1 339	△ 8.5
保健相談	2 538	0.7	2 458	0.6	2 317	0.6	2 112	0.5	1 807	0.4	△ 305	△ 14.4
その他の相談	20 891	5.4	20 802	5.3	21 356	5.1	23 971	5.5	25 937	5.7	1 966	8.2

出典：厚生労働省「平成 28 年度福祉行政報告例の概況」https://www.mhlw.go.jp/toukei/saikin/hw/gyousei/16/dl/gaikyo.pdf　2018 年 12 月 18 日確認

　児童相談所で受け付ける相談の種類は、主として「養護相談」「保健相談」「障害相談」「非行相談」「育成相談」の 5 つである。種類別相談対応件数をみると 2012（平成 24）年度から 2016（平成 28）年度にかけて「障害相談」が最も多い。近年は児童虐待が社会に認知されることで、児童虐待に関する相談の大幅な増加により「養護相談」の相談件数が「障害相談」とほぼ同じ相談件数になっている。

（千葉）

第4章　福祉

第6節　社会的養護

（10）要保護児童対策地域協議会について

果たすべき機能

要保護児童等（要支援児童や特定妊婦を含む。）の早期発見や適切な保護や支援を図るためには、
- 関係機関が当該児童等に関する情報や考え方を共有し、
- 適切な連携の下で対応していくことが重要

であり、市町村において、要保護児童対策地域協議会を設置し、
① 関係機関相互の連携や役割分担の調整を行う機関を明確にするなどの責任体制を明確化するとともに、
② 個人情報の適切な保護と関係機関における情報共有の在り方を明確化することが必要

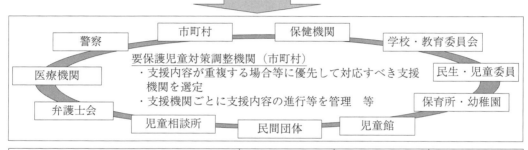

		平成23年度	平成24年度	平成25年度
設置している市町村数		1,587（98.0％）	1,714（98.4％）	1,722（98.9％）
登録ケース数（うち児童虐待）		121,530（62,954）	141,058（74,657）	178,610（84,917）
調整機関職員数	① 児童福祉司と同様の専門資格を有する職員	1,030	1,156	1,586
	② その他専門資格を有する職員	1,805	2,304	3,091
	③ ①②以外の職員（事務職等）	2,240	2,617	3,556
	④ 合計	5,075	6,077	8,233

出典：厚生労働省「在宅の子ども・子育て家族支援事業の概要」https://www.mhlw.go.jp/file/05-Shingikai-12601000-Seisakutoukatsukan-Sanjikanshitsu_Shakaihoshoutantou/0000104548.pdf　2018年12月18日確認

　2004（平成16）年の児童福祉法の改正では、要保護児童の早期発見や適切な保護を図るために、その子どもの情報や考え方を共有し、適切な連携の下での対応の重要性が述べられ、その責任体制と情報共有の関係の明確化の必要性が示された。そこで、要保護児童に関する情報交換や支援内容を関係機関等で協議するために市町村に設置されたのが「要保護児童対策地域協議会」（地域協議会、要対協と略すこともある）である。

（千葉）

第7節　ひとり親家庭

（1）母子及び父子並びに寡婦福祉法の用語の定義

（定義）

第六条　この法律において「配偶者のない女子」とは、配偶者（婚姻の届出をしていないが、事実上婚姻関係と同様の事情にある者を含む。以下同じ。）と死別した女子であって、現に婚姻（婚姻の届出をしていないが、事実上婚姻関係と同様の事情にある場合を含む。以下同じ。）をしていないもの及びこれに準ずる次に掲げる女子をいう。

一　離婚した女子であって現に婚姻をしていないもの

二　配偶者の生死が明らかでない女子

三　配偶者から遺棄されている女子

四　配偶者が海外にあるためその扶養を受けることができない女子

五　配偶者が精神又は身体の障害により長期にわたって労働能力を失っている女子

六　前各号に掲げる者に準ずる女子であって政令で定めるもの

2　この法律において「配偶者のない男子」とは、配偶者と死別した男子であって、現に婚姻をしていないもの及びこれに準ずる次に掲げる男子をいう。

一　離婚した男子であって現に婚姻をしていないもの

二　配偶者の生死が明らかでない男子

三　配偶者から遺棄されている男子

四　配偶者が海外にあるためその扶養を受けることができない男子

五　配偶者が精神又は身体の障害により長期にわたって労働能力を失っている男子

六　前各号に掲げる者に準ずる男子であって政令で定めるもの

3　この法律において「児童」とは、二十歳に満たない者をいう。

4　この法律において「寡婦」とは、配偶者のない女子であって、かつて配偶者のない女子として民法（明治二十九年法律第八十九号）第八百七十七条の規定により児童を扶養していたことのあるものをいう。

5　この法律において「母子家庭等」とは、母子家庭及び父子家庭をいう。

6　この法律において「母子・父子福祉団体」とは、配偶者のない者で現に児童を扶養しているもの（配偶者のない女子であって民法第八百七十七条の規定により現に児童を扶養していたもの（以下「配偶者のない女子で現に児童を扶養しているもの」という。）又は配偶者のない男子であって同条の規定により現に児童を扶養しているもの（以下「配偶者のない男子で現に児童を扶養しているもの」という。）をいう。第八条第二項において同じ。）の福祉又はこれに併せて寡婦の福祉を増進することを主たる目的とする次の各号に掲げる法人であって当該各号に定めるその役員の過半数が配偶者のない女子又は配偶者のない男子であるものをいう。

一　社会福祉法人　理事

二　前号に掲げるもののほか、営利を目的としない法人であって厚生労働省令で定めるもの厚生労働省令で定める役員

出典：厚生労働省「母子及び父子並びに寡婦福祉法」https://www.mhlw.go.jp/web/t_doc?dataId=82099000&dataType=0&pageNo=1　2018年12月18日

　ひとり親家庭の定義は「母子及び父子並びに寡婦福祉法」によって上記のように定義されている。同法ではひとり親家庭として「配偶者のない女子」「配偶者のない男子」「寡婦」を規定している。当初、同法は「母子家庭」のみを対象としていたが、1981（昭和56）年の同法の改正により「寡婦」を追加、2002（平成14）年の改正では「父子家庭」も対象とされた。この法律では児童は20歳に満たない者をいう。

（千葉）

第7節　ひとり親家庭

（2）母子家庭と父子家庭の状況

	母子世帯	父子世帯
1　世帯数［推計値］	123.2 万世帯 （123.8 万世帯）	18.7 万世帯 （22.3 万世帯）
2　ひとり親世帯になった理由	離婚　79.5%（80.8%） 死別　 8.0%（ 7.5%）	離婚　75.6%（74.3%） 死別　19.0%（16.8%）
3　就業状況	81.8%（80.6%）	85.4%（91.3%）
就業者のうち　正規の職員・従業員	44.2%（39.4%）	68.2%（67.2%）
うち　自営業	3.4%（ 2.6%）	18.2%（15.6%）
うち　パート・アルバイト等	43.8%（47.4%）	6.4%（ 8.0%）
4　平均年間収入 　　［母又は父自身の収入］	243 万円（223 万円）	420 万円（380 万円）
5　平均年間就労収入 　　［母又は父自身の就労収入］	200 万円（181 万円）	398 万円（360 万円）
6　平均年間収入 　　［同居親族を含む世帯全員の収入］	348 万円（291 万円）	573 万円（455 万円）

※（　）内の値は、前回（平成 23 年度）調査結果を表している。

※「平均年間収入」及び「平均年間就労収入」は、平成 27 年の 1 年間の収入。

※集計結果の構成割合については、原則として、「不詳」となる回答（無記入や誤記入等）がある場合は、分母

出典：厚生労働省「平成 28 年度全国ひとり親世帯等調査結果の概要」https://www.mhlw.go.jp/file/06-Seisakuj
　　　ouhou-11920000-Kodomokateikyoku/0000188182.pdf　2018 年 12 月 18 日確認

　2016（平成 28）年度の調査では母子世帯の総数が 123.2 万世帯、父子世帯の総数が 18.7 万世帯である。ひとり親世帯になった原因として母子世帯と父子世帯ともに離婚が最も多い理由。就業状況では、母子世帯において正規の職員・従業員の 44.2% が最も多くなった。前回調査（平成 23 年度）ではパート・アルバイト等の就業が 47.4% と最も多く、平均年間収入は 223 万円と不安定な就労形態に伴う母子世帯の貧困が問題となっている。

（千葉）

第7節 ひとり親家庭

(3) ひとり親家庭等の自立支援策の体系

○平成14年より「就業・自立に向けた総合的な支援」へと施策を強化し、「子育て・生活支援策」、「就業支援策」、「養育費の確保策」、「経済的支援策」の4本柱により施策を推進中。
○平成24年に「母子家庭の母及び父子家庭の父の就業の支援に関する特別措置法」が成立
○平成26年の法改正（※）により、支援体制の充実、就業支援施策及び子育て・生活支援施策の強化、施策の周知の強化、父子家庭への支援の拡大、児童扶養手当と公的年金等との併給制限の見直しを実施。（※母子及び父子並びに寡婦福祉法、児童扶養手当法）
○平成28年の児童扶養手当法の改正により、第2子、第3子以降加算額の量大倍増を実施。

自立促進計画（地方公共団体が国の基本方針を踏まえて策定）

子育て・生活支援	就業支援	養育費確保支援	経済的支援
○母子・父子自立支援員による相談支援 ○ヘルパー派遣、保育所等の優先入所 ○子どもの生活・学習支援事業等による子どもへの支援 ○母子生活支援施設の機能拡充 など	○母子・父子自立支援プログラムの策定やハローワーク等との連携による就業支援の推進 ○母子家庭等就業・自立支援センター事業の推進 ○能力開発等のための給付金の支給 など	○養育費相談支援センター事業の推進 ○母子家庭等就業・自立支援センター等における養育費相談の推進 ○「養育費の手引き」やリーフレットの配布 など	○児童扶養手当の支給 ○母子父子寡婦福祉資金の貸付 　就職のための技能習得や児童の修学など12種類の福祉資金を貸付 など

出典：厚生労働省子ども家庭局家庭福祉課「ひとり親家庭等の支援について」（平成30年10月）」https://www.mhlw.go.jp/content/000331152.pdf　2018年12月18日確認

　ひとり親家庭の施策は、2003（平成15）年に「母子家庭及び寡婦の生活の安定と向上のための措置に関する基本的方針」が策定された。これにより「子育て・生活支援」「就業支援」「養育支援確保」「経済的支援」を中心とした施策が推進され、母子及び寡婦福祉法（現：母子及び父子並びに寡婦福祉法）の一部改正により都道府県等にひとり親家庭の自立促進計画の策定が規定されている。

（千葉）

第7節　ひとり親家庭

（4）ひとり親家庭の子育て・生活支援関係の主な事業

事業名		支援内容	実績等
母子・父子自立支援員による相談・支援		ひとり親家庭及び寡婦に対し、生活一般についての相談指導や母子父子寡婦福祉資金に関する相談・指導を行う。	（勤務場所）原則、福祉事務所 （配置状況）1,712 人 　（常勤 470 人非常勤 1,242 人） （相談件数）746,253 件
ひとり親家庭等日常生活支援事業		修学や疾病などにより家事援助、保育等のサービスが必要となった際に、家庭生活支援員の派遣等を行う。	（派遣延件数）33,889 件
ひとり親家庭等生活向上事業	相談支援事業	ひとり親家庭等が直面する様々な課題に対応するために相談支援を行う。	（相談延件数）24,746 件
	家計管理・生活支援講習会等事業	家計管理、子どものしつけ・育児や健康管理などの様々な支援に関する講習会を開催する。	（受講延件数）11,956 件
	学習支援事業	高等学校卒業程度認定試験の合格のために民間事業者などが実施する対策講座を受講している親等に対して、補習や学習の進め方の助言等を実施する。	（利用延件数）11,963 件
	情報交換事業	ひとり親家庭が定期的に集い、お互いの悩みを相談しあう場を設ける。	（開催回数）　　396 回
	子どもの生活・学習支援事業	ひとり親家庭の子どもに対し、放課後児童クラブ等の終了後に基本的な生活習慣の習得支援、学習支援や食事の提供等を行い、ひとり親家庭の子どもの生活の向上を図る。	（利用延人数）69,753 人
母子生活支援施設		配偶者のない女子又はこれに準ずる事情にある女子及びその者の監護すべき児童を入所させて、これらの者を保護するとともに、これらの者の自立の促進のためにその生活を支援し、あわせて退所した者について相談その他の援助を行うことを目的とする施設	施設数：225 か所 定員　　4,702 世帯 現員　　3,246 世帯（児童 5,411 人）
子育て短期支援事業		児童の養育が一時的に困難となった場合に、児童を児童養護施設等で預かる事業。	ショートステイ実施：　　845 箇所 トワイライトステイ実施：413 箇所

（注）実績等について母子・父子自立支援員：平成 28 年度末現在、母子生活支援施設：平成 29 年 10 月 1 日現在、子育て短期支援事業：平成 29 年度変更交付決定ベース、ひとり親家庭等日常生活支援事業及びひとり親家庭等生活向上事業：平成 28 年度実績

出典：厚生労働省子ども家庭局家庭福祉課「ひとり親家庭等の支援について」（平成 30 年 10 月）」https://www.mhlw.go.jp/content/000331152.pdf　2018 年 12 月 18 日確認

　一人で子育てなどの生活の全てをまかなうひとり親家庭の母親や父親は、心身共に疲憊してしまうリスクが高い。そのため、「子育て・生活支援」では「母子・父子自立支援員による相談支援」「ヘルパー派遣、保育所等の優先入所」「子どもの生活・学習支援事業等による子どもへの支援」「母子生活支援施設の拡充」等の施策を中心とした事業が実施され、ひとり親家庭への生活支援を行っている。

（千葉）

第7節　ひとり親家庭

（5）ひとり親家庭の就業支援関係の主な事業

事　業　名	支　援　内　容
1　ハローワークによる支援 ・マザーズハローワーク事業 ・生活保護受給者等就労自立促進事業 ・職業訓練の実施　・求職者支援制度　など	子育て女性等に対する就業支援サービスの提供を行う。
2　母子家庭等就業・自立支援センター事業（H15年度創設） ・平成28年度自治体実施率：97.4%（112/115） ・相談件数：7万8,848件　・就職実人数：5,443人	母子家庭の母等に対し、就業相談から就業支援講習会、就業情報の提供等までの一貫した就業支援サービスや養育費相談など生活支援サービスを提供する。
3　母子・父子自立支援プログラム策定事業（H17年度創設） ・平成28年度自治体実施率：64.0%（579/904） ・プログラム策定数：6,970件	個々の児童扶養手当受給者の状況・ニーズに応じ自立支援計画を策定し、ハローワーク等と連携のうえ、きめ細かな自立・就労支援を実施する。
4　自立支援教育訓練給付金（H15年度創設） ・平成28年度自治体実施率：94.2%（852/904） ・支給件数：816件　・就職件数：637件	地方公共団体が指定する教育訓練講座（雇用保険制度の教育訓練給付の指定教育訓練講座など）を受講した母子家庭の母等に対して、講座終了後に、対象講座の受講料の6割相当額（上限20万円）を支給する。
5　高等職業訓練促進給付金（H15年度創設） ・平成28年度自治体実施率：95.9%（867/904） ・総支給件数：7,110件（全ての修学年次を合計） ・資格取得者数：2,475人 （看護師934人、准看護師1,161人、保育士142人、介護福祉士61人等） ・就職者数：1,920人 （看護師823人、准看護師782人、保育士119人、介護福祉士53人等）	看護師等の経済的自立に効果的な資格を取得するために1年以上養成機関等で修学する場合に、生活費の負担軽減のため高等職業訓練促進給付金（月額10万円（住民税課税世帯は月額7万500円）、上限3年）を支給する。
6　ひとり親家庭高等職業訓練促進資金貸付事業（H27年度創設（補正）） ・貸付件数　入学準備金：787件　就職準備金：362件	高等職業訓練促進給付金を活用して就職に有利な資格の取得を目指すひとり親家庭の自立の促進を図るため、高等職業訓練促進資金（入学準備金50万円、就職準備金20万円）を貸し付ける。
7　高等学校卒業程度認定試験合格支援事業（H27年度創設） ・平成28年度自治体実施率：22.6%（204/904） ・事前相談：164件　支給件数：28件	ひとり親家庭の親又は児童が高卒認定試験合格のための講座を受け、これを修了した時及び合格した時に受講費用の一部（最大6割、上限15万円）を支給する。

（※）115自治体（都道府県、政令市、中核市の合計）、904自治体（都道府県、市、福祉事務所設置町村の合計）

出典：厚生労働省子ども家庭局家庭福祉課「ひとり親家庭等の支援について」（平成30年10月）」https://www.mhlw.go.jp/content/000331152.pdf　2018年12月18日確認

　非正規雇用やダブルワークの常態化など、就業状態が厳しいひとり親家庭（特に母子家庭）が多い。そのため「就業支援」では「母子・父子自立支援プログラムの策定やハローワーク等との連携による就業支援の推進」「母子家庭等就業・自立支援センター事業の推進」「能力開発等のための給付金の支給」等の施策を中心とした事業が実施され、ひとり親家庭の安定した収入に繋がる雇用を目指している。

（千葉）

第7節　ひとり親家庭

（6）民法における面会交流、養育費等の取り決めの明確化

（「民法等の一部を改正する法律」（平成23年6月3日公布）における民法の改正内容）

（平成24年4月1日施行）

改　　正　　後	改　　正　　前
（離婚後の子の監護に関する事項の定め等） 第766条　父母が協議上の離婚をするときは、子の監護をすべき者、父又は母と子との面会及びその他の交流、子の監護に要する費用の分担その他の子の監護について必要な事項は、その協議で定める。この場合においては、子の利益を最も優先して考慮しなければならない。 2　前項の協議が調わないとき、又は協議をすることができないときは、家庭裁判所が、同項の事項を定める。 3　家庭裁判所は、必要があると認めるときは、前二項の規定による定めを変更し、その他子の監護について相当な処分を命ずることができる。 4　前三項の規定によっては、監護の範囲外では、父母の権利義務に変更を生じない。	（離婚後の子の監護に関する事項の定める等） 第766条　父母が協議上の離婚をするときは、子の監護をすべき者その他監護について必要な事項は、その協議で定める。協議が調わないとき、又は協議をすることができないときは、家庭裁判所が、これを定める。 （新設） 2　子の利益のため必要があると認めるときは、家庭裁判所は、子の監護をすべき者を変更し、その他監護について相当な処分を命ずることができる。 3　前二項の規定によっては、監護の範囲外では、父母の権利義務に変更を生じない。

出典：厚生労働省子ども家庭局家庭福祉課「ひとり親家庭等の支援について」（平成30年10月）」https://www.mhlw.go.jp/content/000331152.pdf　2018年12月18日確認

　「養育費確保支援」に関する施策では、2011年の「民法等の一部を改正する法律」によって離婚の際の養育費や子どもとの面会等の取決めが明確化された。改正後と改正前を示したものである。この背景として、ひとり親家庭の経済的困窮や養育費の受給率の低さなどがあげられ、この改正により養育費の受給率の改善などをすることで、ひとり親家庭の生活の安定を目指している。

（千葉）

第7節　ひとり親家庭

（7）母子（父子）世帯の母（父）の養育費の取り決め状況等、母子（父子）世帯の母（父）の養育費の取り決めをしていない理由

母子世帯の母の養育費の取り決め状況等

総　　数	養育費の取り決めをしている						養育費の取り決めをしていない	不　詳
		文書あり			文書なし	不詳		
			判決、調停、審判などの裁判所における取り決め、強制執行認諾条項付きの公正証書	その他の文書				
平成23年 （100.0）	（37.7）						（60.1）	（2.2）
（100.0）	（70.7）	（*）	（*）	（27.7）	（1.6）			
平成28年 1,817 （100.0）	780 （42.9）	572	455	117	205	3	985 （54.2）	52 （2.9）
	（100.0）	（73.3）	（58.3）	（15.0）	（26.3）	（0.4）		

父子世帯の父の養育費の取り決め状況等

総　　数	養育費の取り決めをしている						養育費の取り決めをしていない	不　詳
		文書あり			文書なし	不詳		
			判決、調停、審判などの裁判所における取り決め、強制執行認諾条項付きの公正証書	その他の文書				
平成23年 （100.0）	（17.5）						（79.1）	（3.4）
（100.0）	（60.3）	（*）	（*）	（38.4）	（1.4）			
平成28年 308 （100.0）	64 （20.8）	48	35	13	15	1	229 （74.4）	15 （4.9）
	（100.0）	（75.0）	（54.7）	（20.3）	（23.4）	（1.6）		

第4章　福祉

母子世帯の母の養育費の取り決めをしていない理由（最も大きな理由）

総　　数	自分の収入等で経済的に問題がない	取り決めの交渉がわずらわしい	相手に支払う意思がないと思った	相手に支払う能力がないと思った	相手に養育費を請求できることを知らなかった
平成23年 （100.0）	（2.1）	（4.6）	（48.6）		（3.1）
平成28年 985 （100.0）	28 （2.8）	53 （5.4）	175 （17.8）	205 （20.8）	1 （0.1）

子どもを引き取った方が、養育費を負担するものと思っていた	取り決めの交渉をしたが、まとまらなかった	現在交渉中又は今後交渉予定である	相手から身体的・精神的暴力を受けた	相手と関わりたくない	その他	不　詳
（1.5）	（8.0）	（1.0）	（*）	（23.1）	（5.7）	（2.2）
6 （0.6）	53 （5.4）	9 （0.9）	47 （4.8）	309 （31.4）	70 （7.1）	29 （2.9）

父子世帯の父の養育費の取り決めをしていない理由（最も大きな理由）

総　　数	自分の収入等で経済的に問題がない	取り決めの交渉をしたが、まとまらなかった	相手に支払う意思がないと思った	相手に支払う能力がないと思った	相手に養育費を請求できることを知らなかった	子どもを引き取った方が、養育費を負担するものと思っていた
平成23年 （100.0）	（21.5）	（1.5）	（34.8）		（4.8）	（8.5）
平成28年 229 （100.0）	40 （17.5）	19 （8.3）	22 （9.6）	51 （22.3）	1 （0.4）	16 （7.0）

取り決めの交渉がわずらわしい	現在交渉中又は今後交渉予定である	相手から身体的・精神的暴力を受けた	相手と関わりたくない	その他	不　詳
(3.6)	(－)	(＊)	(17.0)	(4.8)	(3.3)
1	1	1	47	12	18
(0.4)	(0.4)	(0.4)	(20.5)	(5.2)	(7.9)

※今回調査から新たに設けた項目には、それ以前の調査欄が＊印

出典：厚生労働省「平成 28 年度全国ひとり親世帯等調査結果報告」https://www.mhlw.go.jp/file/04-Houdouhappyou-11923000-Kodomokateikyoku-Kateifukishika/0000190325.pdf　2018 年 12 月 18 日確認

　母子及び父子世帯で養育費の取り決めをしている世帯は、平成 28 年の調査において母子世帯が 42.9％、父子世帯が 20.8％となっており、いずれも低い数値を示している。取り決めをしていない理由としては、母子世帯は「相手と関わりたくない」、父子世帯は「相手に支払う能力がないと思った」が最も多い理由である。元配偶者に対して「養育費」の取り決めを諦めている状況がみられる。

（千葉）

第4章　福祉

第7節　ひとり親家庭

（8）母子（父子）世帯の母（父）の養育費の受給状況

母子世帯の母の養育費の受給状況

総　　　数	現在も養育費を受けている	養育費を受けたことがある	養育費を受けたことがない	不　　　詳
平成23年 （100.0）	（19.7）	（15.8）	（60.7）	（3.8）
平成28年 1,817 （100.0）	442 （24.3）	281 （15.5）	1,017 （56.0）	77 （4.2）

父子世帯の父の養育費の受給状況

総　　　数	現在も養育費を受けている	養育費を受けたことがある	養育費を受けたことがない	不　　　詳
平成23年 （100.0）	（4.1）	（2.9）	（89.7）	（3.4）
平成28年 308 （100.0）	10 （3.2）	15 （4.9）	265 （86.0）	18 （5.8）

出典：厚生労働省「平成28年度全国ひとり親世帯等調査結果報告」https://www.mhlw.go.jp/file/04-Houdouhappyou-11923000-Kodomokateikyoku-Kateifukishika/0000190325.pdf　2018年12月18日確認

　養育費の受給状況では、2016（平成28）年の調査において「現在も受けている」が母子世帯の母で24.3%、父子世帯の父で3.2%となっている。また、「受けたことがある」では、母子世帯の母が15.5%、父子世帯の父が4.9%となっている。政府による養育費の受給に対する啓発活動により、母子世帯の「現在も受けている」が2011（平成23）年より4.6%上昇しているが、養育費の受給状況は依然として低い状況である。

（千葉）

第7節　ひとり親家庭

（9）母子（父子）世帯の母（父）の面会交流の取り決め状況等

母子世帯の母の面会交流の取り決め状況等

総　数	面会交流の取り決めをしている						面会交流の取り決めをしていない	不詳
		文書あり			文書なし	不詳		
			判決、調停、審判などの裁判所における取り決め、強制執行認諾条項付きの公正証書	その他の文書				
平成23年 （100.0）	（ 23.4） （100.0）	（50.3）	（＊）	（＊）	（48.1）	（1.6）	（73.3）	（3.3）
平成28年 1,817 （100.0）	437 （ 24.1） （100.0）	423 （96.8）	422 （96.6）	1 （0.2）	6 （1.4）	8 （1.8）	1,278 （70.3）	102 （5.6）

父子世帯の父の面会交流の取り決め状況等

総　数	面会交流の取り決めをしている						面会交流の取り決めをしていない	不詳
		文書あり			文書なし	不詳		
			判決、調停、審判などの裁判所における取り決め、強制執行認諾条項付きの公正証書	その他の文書				
平成23年 （100.0）	（ 16.3） （100.0）	（51.5）	（＊）	（＊）	（48.5）	（－）	（79.9）	（3.8）
平成28年 308 （100.0）	84 （ 27.3） （100.0）	61 （72.6）	41 （48.8）	20 （23.8）	23 （27.4）	－ （－）	206 （66.9）	18 （5.8）

今回調査から新たに設けた項目には、それ以前の調査欄が＊印

出典：厚生労働省「平成28年度全国母子世帯等調査結果報告」https://www.mhlw.go.jp/file/04-Houdouhappyou-11923000-Kodomokateikyoku-Kateifukishika/0000190325.pdf　2018年12月18日確認

離婚後の面会交流の取り決めでは「取り決めをしている」が母子世帯の母で 24.1%、父子世帯の父が 27.3%である。2011（平成 23）年と比較すると父子世帯では 11%の上昇がみられるが、母子世帯では 0.7%でほぼ横這いの状況である。いずれも依然として低い数値であるが、父子家庭では改善傾向がみられ、母子家庭では離婚した元夫に対して関わることを拒否しているケースが多いことが理解できる。

（千葉）

第7節　ひとり親家庭

（10）児童扶養手当制度の概要

1.　目的 　　離婚によるひとり親世帯等、父又は母と生計を同じくしていない児童が育成される家庭の生活の安定と自立の促進に寄与するため、当該児童について手当を支給し、児童の福祉の増進を図る。（平成 22 年 8 月より父子家庭も対象）
2.　支給対象者 　　18 歳に達する日以後の最初の 3 月 31 日までの間にある児童（障害児の場合は 20 歳未満）を監護する母、監護し、かつ生計を同じくする父又は養育する者（祖父母等）。
3.　支給要件 　　父母が婚姻を解消した児童、父又は母が死亡した児童、父又は母が一定程度の障害の状態にある児童、父又は母の生死が明らかでない児童などを監護等していること。 　※　ただし、国内に住所を有しないとき、児童が父又は母と生計を同じくするとき、母又は父の配偶者に養育されるとき等は支給されない。平成 26 年 12 月より、受給者等の年金額が手当額を下回る場合は、その差額分の手当を支給。
4.　手当月額（平成 30 年 4 月〜） 　・児童 1 人の場合　　　　　全部支給：42,500 円　一部支給：42,490 円から 10,030 円まで 　・児童 2 人以上の加算額［2 人目］　全部支給：10,040 円　一部支給：10,030 円から　5,020 円まで 　　　　　　［3 人目以降 1 人につき］　全部支給：　6,020 円　一部支給：　6,010 円から　3,010 円まで
5.　所得制限限度額（収入ベース） 　・全部支給（2 人世帯）　160 万円 　・一部支給（2 人世帯）　365 万円
6.　受給状況 　・平成 29 年 3 月末現在の受給者数　　1,006,332 人　（母：943,917 人、父：57,484 人、養育者：4,931 人）
7.　予算額（国庫負担分）［30 年度予算］1,710.9 億円
8.　手当の支給主体及び費用負担 　・支給主体：都道府県、市及び福祉事務所設置町村 　・費用負担：国 1/3 都道府県、市及び福祉事務所設置町村 2/3

出典：厚生労働省子ども家庭局家庭福祉課「ひとり親家庭等の支援について」（平成 30 年 10 月）」https://www.mhlw.go.jp/content/000331152.pdf　2018 年 12 月 18 日確認

　2002（平成 14）年の児童扶養手当法の改正により、ひとり親家庭の自立促進を目的として児童扶養手当の受給期間を原則 5 年間とされ、その後は手当の一部を支給しないと規定された。しかし、ひとり親家庭の不安定な経済状況を鑑み、2008（平成 20）年には一定の事由に該当する場合は一部支給停止の適用を除外している。2018（平成 30）年より手当月額が変更された。

（千葉）

第8節　子どもの貧困

（1）子どもの貧困対策の推進に関する法律

目次
第一章　総則（第一条―第七条）
第二章　基本的施策（第八条―第十四条）
第三章　子どもの貧困対策会議（第十五条―第十六条）
附則

第一章　総則
（目的）
第一条　この法律は、子どもの将来がその生まれ育った環境によって左右されることのないよう、貧困の
　　　　状況にある子どもが健やかに育成される環境を整備するとともに、教育の機会均等を図るため、
　　　　子どもの貧困対策に関し、基本理念を定め、国等の責務を明らかにし、及び子どもの貧困対策の
　　　　基本となる事項を定めることにより、子どもの貧困対策を総合的に推進することを目的とする。
（基本理念）
第二条　子どもの貧困対策は、子ども等に対する教育の支援、生活の支援、経済的支援等の施策を、子ど
　　　　もの将来がその生まれ育った環境によって左右されることのない社会を実現することを旨として
　　　　講ずることにより、推進されなければならない。
（国の責務）
第三条　国は、前条の基本理念（次条において「基本理念」という。）にのっとり、子どもの貧困対策を
　　　　総合的に策定し、及び実施する責務を有する。
（地方公共団体の責務）
第四条　地方公共団体は、基本理念にのっとり、子どもの貧困対策に関し、国と協力しつつ、当該地域の
　　　　状況に応じた施策を策定し、及び実施する責務を有する。
（国民の責務）
第五条　国民は、国又は地方公共団体が実施する子どもの貧困対策に協力するよう努めなければならない。

第二章　基本的施策
（子どもの貧困対策に関する大綱）
第八条　政府は、子どもの貧困対策を総合的に推進するため、子どもの貧困対策に関する大綱（以下「大
　　　　綱」という。）を定めなければならない。

第三章　子どもの貧困対策会議
（設置及び所掌事務等）
第十五条　内閣府に、特別の機関として、子どもの貧困対策会議（以下「会議」という。）を置く。

（以下、省略）

出典：「子どもの貧困対策の推進に関する法律」より抜粋　http://elaws.e-gov.go.jp/search/elawsSearch/
elaws_search/lsg0500/detail?lawId=425AC1000000064　2018 年 12 月 18 日確認

　日本では、この法律の成立以前は子どもの貧困が話題に上がることはなかった。し
かし、2008（平成 20）年の経済危機（通称リーマンショック）を機に貧困問題に社会
の関心が高まり、2009 年 10 月に厚生労働省が「相対的貧困率」と「子どもの貧困率」
を初めて発表した。子どもの貧困率は 14.2％と約 7 人に 1 人の子どもが貧困状態にあ
ることが明らかになり、2013（平成 25）年 6 月に「子どもの貧困対策の推進に関す
る法律」が成立、翌年 1 月 17 日に施行された。

（髙玉）

第8節　子どもの貧困

（2）子どもの貧困対策法のポイント

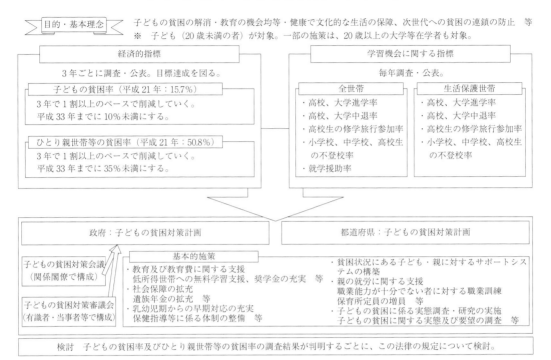

出典：衆議院 http://www.shugiin.go.jp/internet/itdb_annai.nsf/html/statics/housei/pdf/183hou19siryou-a.pdf/
$File/183hou19siryou-a.pdf　2018年12月10日確認

　法律の目的・基本理念は、貧困の解消を目指し、教育の機会均等を図り、子どもが生まれ育った環境によって将来が左右されないようにすること、また、貧困の世代間連鎖を防止することである。貧困調査を実施・公表し貧困率を下げ、学習機会の指標を定め、毎年調査し公表する。国および都道府県は子どもの貧困対策計画を策定し、低所得世帯への教育費・学習支援や保護者への生活・就労支援を行うことにより、夢と希望を持てるようにする。

（髙玉）

第8節　子どもの貧困

（3）子どもの貧困率の国際比較

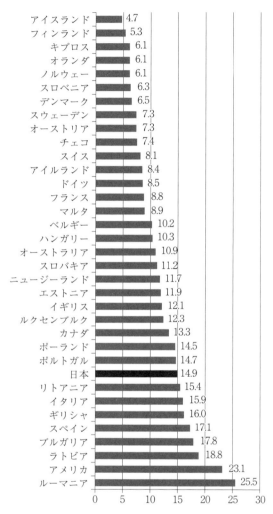

資料：Unicef（2012）Unicef Innocenti Report Card 10 "Measuring child poverty"（http://www.unicef.org.uk/Documents/Publications/RC10-measuring-child-poverty.pdf）

出典：全国保育団体連絡会・保育研究所編『2015 保育白書』ひとなる書房　p.14

　子どもの貧困率は、経済協力開発機構（OECD）の共通定義により算出されるが、国際社会における先進国35カ国の中で、日本の子どもの貧困率（2012年）は14.9％、第9位と高い。貧困率が20％を超えるルーマニアやアメリカに比べると低いが、ヨーロッパの先進国からみると高いといえる。一方、貧困率が低い国はアイスランドやフィンランドなど北欧の国々があげられるが、家族政策や所得の再分配が公平に行われていることが関係している。

（髙玉）

第8節　子どもの貧困

（4）ひとり親世帯の子どもの貧困率

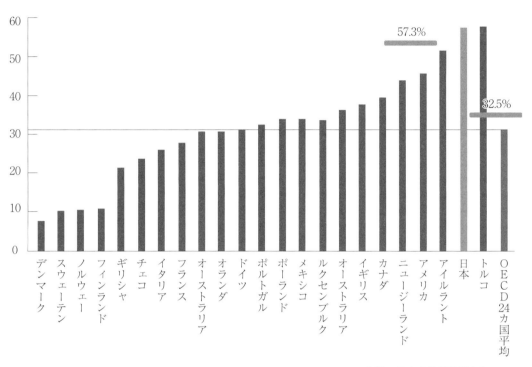

データ制作：特定非営利活動法人 3keys

出典：特定非営利活動法人 3keys http://3keys.jp/state/　2018年12月10日確認

　OECD加盟国24か国のうち、ひとり親世帯の子どもの貧困率が30％を超えない国は10か国しかなく、大多数の国で子どもの貧困率は高くなっている。OECD24か国の平均は32.5％であるが、日本は57.3％とトルコと同じように高い数値を示している。デンマークやスウェーデン、ノルウェー、フィンランドの北欧の国々は、貧困率が10％以下であることから、ひとり親世帯に対する国の手厚い支援施策が功を奏していることがわかる。

（髙玉）

第8節　子どもの貧困

（5）世帯タイプ別子ども（20歳未満）の貧困率

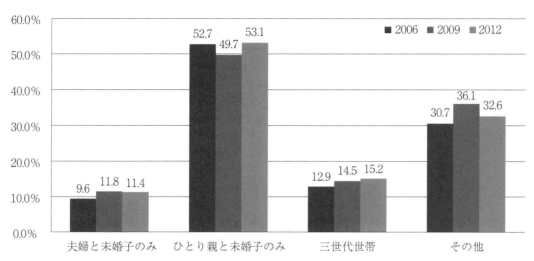

・厚生労働省「国民生活基礎調査」平成19年、平成22年、平成25年。・貧困率は、各調査年の前年の所得を聞いた質問から計算されるため、貧困率の該当年は2006年、2009年、2012年。・所得の定義は、等価可処分世帯所得（世帯人数で調整した税後・社会保険料後・社会保障給付後の世帯合算所得）。再分配後所得とも呼ばれる。・世帯人数を調整する等価スケールは、世帯人数の平方根。・相対的貧困率は、等価可処分世帯所得が中央値の50%以下のものの割合。
出典：https://www.hinkonstat.net/ 子どもの貧困/1-日本における子どもの貧困率の動向/　2018年12月18日確認

　子どもの貧困の世帯類型をみると、2006年、2009年、2012年の調査結果では、「ひとり親と未婚の子」の世帯の貧困率がいずれの年も一番高い。親が一人で仕事をしながら子育てすることは経済的に十分な収入を得ることが厳しく、特に子どもが乳幼児期には病気に罹患する率は高く、正規雇用となることが難しくなる。「三世代世帯」が次に続いているが、近年の晩婚化・晩産化により親の年齢も高く介護と育児のダブルケアとなることがある。

（髙玉）

第8節　子どもの貧困

（6）相対的貧困率の年次推移

出典：厚生労働省「平成28年国民生活基礎調査　結果の概要」を基に子ども・若者貧困研究センターが作成
https://www.tmu-beyond.tokyo/child-and-adolescent-poverty/wp-content/uploads/2018/11/相対的貧困率の動向：2012-15.pdf　2018年12月18日確認

　子どもの貧困率は全世帯の相対的貧困率と並行して緩やかに上昇をしていたが、2012年には全世帯を上回る結果となり、全世帯が16.1％に対し子どもの貧困率は16.3％になった。しかし、その後再び下降し2015年には13.9％となった。2013年に「子どもの貧困対策法」が成立し、政府が子どもの貧困対策に取り組む姿勢を取り始め、翌2014年8月に「子供の貧困対策に関する大綱について」が閣議決定し、重点施策が実施される運びとなった。

（髙玉）

第8節　子どもの貧困

（7）父親・母親の年齢別子どもの貧困率（2012年）

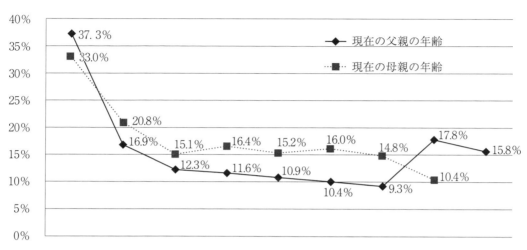

・厚生労働省「国民生活基礎調査」平成19年、平成22年、平成25年。・貧困率は、各調査年の前年の所得を聞いた質問から計算されるため、貧困率の該当年は2006年、2009年、2012年。・所得の定義は、等価可処分世帯所得（世帯人数で調整した税後・社会保険料後・社会保障給付後の世帯合算所得）。再分配後所得とも呼ばれる。・世帯人数を調整する等価スケールは、世帯人数の平方根。・相対的貧困率は、等価可処分世帯所得が中央値の50%以下のものの割合。

出典：阿部彩（2014）「相対的貧困率の動向：2006、2009、2012年」貧困統計ホームページ　https://www.hinkonstat.net/子どもの貧困/1-日本における子どもの貧困率の動向/　2018年12月18日確認

　子どもの貧困率は親の年齢層によっても異なる。20～24歳の父親や母親では貧困率が37.3%、33.0%と非常に高いことが特徴である。若年結婚によって子どもを出産して育てるには経済的基盤が不安定であることが関係している。30～50歳の親では、母親の方が父親よりも貧困率は高い。平均年間収入をみると、母子世帯は223万円、父子世帯は380万円と一般世帯の537万円より低く、ひとり親世帯の低収入は子どもの貧困につながる。

（髙玉）

第8節　子どもの貧困

（8）子どもの出生時の父親年齢（嫡出子のみ）

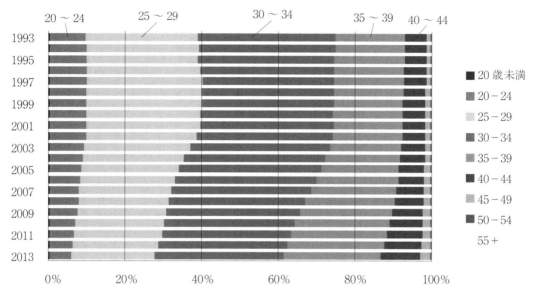

- 父親は高齢化している。
- 2012年時点の0歳児（2012年生まれ）の出生時の父親年齢が35歳以上は38.8％。
- 2012年時点の19歳児（1993年生まれ）の出生時の父親年齢が35歳以上は25.2％。
- 子どもの出生時の年齢が35歳以上の父親は、55歳までに子育てが終わらない。

出典：厚生労働省統計情報部『人口動態統計』出生／年を基に貧困統計ホームページが作成　https://www.hinkonstat.net/ 厚生労働省 - 国民生活基礎調査 - をもちいた相対的貧困率の動向分析／貧困率の長期的動向 - 国民生活基礎調査を用いて／　2018年12月18日確認

　子どもの出生時の父親の年齢が、1993年〜2013年までの間に上昇していることがわかる。30〜34歳の年齢層はいずれの年でも厚いが、20歳未満の父親は徐々に減少し、反対に40歳以上の父親が少しずつ増加している。女性の晩婚化・晩産化が進んでいるが、男性も同様の現象が起きていることから、子どもを持つ年齢が男女ともに高齢化している。子どもの出生時に40歳であると、60歳に子どもが成人を迎えることになる。

（髙玉）

第8節　子どもの貧困

（9）保護者（母親）の属性と貧困率

☑ 低学歴、低出産年齢と離婚経験は、貧困のリスク因子
中学校卒の母親8人に1人は現在生活保護を受給

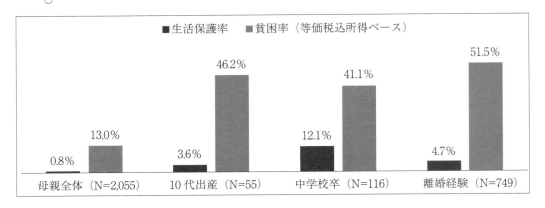

注：(1) 子育て世帯全体の数値は、世帯類型別の加重平均値である。母集団における母子世帯とふたり親世帯の割合は、厚生労働省「平成22年国民生活基礎調査」を基に、それぞれ5.79％、94.21％としている。
(2) 括弧の中の標本サイズは、生活保護率についてのものである。
出典：独立行政法人労働政策研究・研修機構「子どものいる世帯の生活状況および保護者の就業に関する調査」
平成23年11月調査 https://www.jil.go.jp/press/documents/20120229.pdf　2018年12月18日確認

　低学歴や低出産年齢、離婚経験は貧困のリスクに結びつきやすい。10代で出産した場合、貧困率は46.2％と高く、学歴が中学校卒業のみであると41.1％、離婚経験があると51.5％と高い数値が出ている。母親全体が13.0％であることから、これと比較すると歴然と格差があることがひと目でわかる。また、生活保護を受ける割合も高くなり、10代出産では3.6％、中学卒業では12.1％、離婚経験では4.7％と、一般の母親より貧困リスクが高い傾向がある。

(髙玉)

第8節　子どもの貧困

（10）要保護及び準要保護児童生徒数の推移（平成7〜27年）

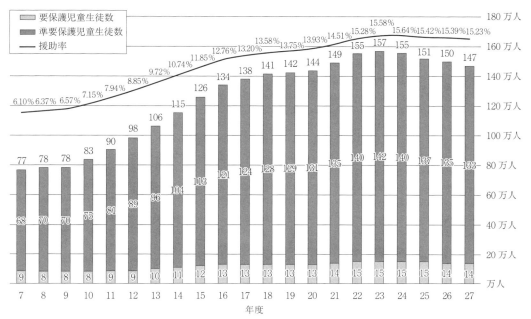

※要保護児童生徒数　　：生活保護法に規定する要保護者の数
※準要保護児童生徒数：要保護児童生徒に準ずるものとして、市町村教育委員会がそれぞれの基準に基づき認定した者の数
（文部科学省調べ）

出典：就学援助実施状況等調査結果　http://www.mext.go.jp/component/a_menu/education/detail/__icsFiles/afieldfile/2018/02/02/1632483_17_1.pdf　2018年12月18日確認

　国の就学援助制度は、学校教育法第19条に定められており、「経済的理由によって、就学困難と認められる学齢児童生徒の保護者に対しては、市町村は、必要な援助を与えなければならない」としている。平成27年度は就学援助の対象となる要保護及び準要保護児童生徒数が147万人。ここ数年減ってはいるが、援助率15.23％である。義務教育を受けるのに支障がないよう、学用品や通学費、修学旅行費等を支給する。

（髙玉）

第9節　障害児関係

（1）新たな障害保健福祉施策を講ずるための関係法律の整備に関する法律の概要

1.　趣旨

（平成24年6月20日成立・同年6月27日　公布）

　障がい者制度改革推進本部等における検討を踏まえて、地域社会における共生の実現に向けて、障害福祉サービスの実質等障害者の日常生活及び社会生活を総合的に支援するため、新たな障害保健福祉施策を講ずるものとする。

2.　概要

1.　題名
　「障害者自立支援法」を「障害者の日常生活及び社会生活を総合的に支援するための法律（障害者総合支援法）」とする。

2.　基本理念
　法に基づく日常生活・社会生活の支援が、共生社会を実現するため、社会参加の機会の確保及び地域社会における共生、社会的障壁の除去に資するよう、総合的かつ計画的に行われることを法律の基本理念として新たに掲げる。

3.　障害者の範囲（障害児の範囲も同様に対応。）
　「制度の谷間」を埋めるべく、障害者の範囲に難病等を加える。

4.　障害支援区分の創設
　「障害程度区分」について、障害の多様な特性その他の心身の状態に応じて必要とされる標準的な支援の度合いを総合的に示す「障害支援区分」に改める。
　※　障害支援区分の認定が知的障害者・精神障害者の特性に応じて行われるよう、区分の特定に当たっては適切な配慮等を行う。

5.　障害者に対する支援
①　重度訪問介護の対象拡大（重度の肢体不自由者等であって常時介護を要する障害者として厚生労働省令で定めるものとする）
②　共同生活介護（ケアホーム）の共同生活援助（グループホーム）への一元化
③　地域移行支援の対象拡大（地域における生活に移行するため重点的な支援を必要とする者であって厚生労働省令で定めるものを加える）
④　地域生活支援事業の追加（障害者に対する理解を深めるための研修や啓発を行う事業、意思疎通支援を行う者を養成する事業等）

6.　サービス基盤の計画的整備
①　障害福祉サービス等の提供体制の確保に係る目標に関する事項及び地域生活支援事業の実施に関する事項についての障害福祉計画の策定
②　基本指針・障害福祉計画に関する定期的な検証と見直しを法定化
③　市町村は障害福祉計画を作成するに当たって、障害者等のニーズ把握等を行うことを努力義務化
④　自立支援協議会の名称について、地域の実情に応じて定められるよう弾力化するとともに、当事者や家族の参画を明確化

3.　施行期日

平成25年4月1日（ただし、4.及び5.①～③については、平成26年4月1日）

4.　検討規定（障害者施策を段階的に講じるため、法の施行後3年を目途として、以下について検討）

①　常時介護を要する障害者等に対する支援、障害者等の移動の支援、障害者の就労の支援その他の障害福祉サービスの在り方
②　障害支援区分の認定を含めた支給決定の在り方
③　障害者の意思決定支援の在り方、障害福祉サービスの利用の観点からの成年後見制度の利用促進の在り方
④　手話通訳等を行う者の派遣その他の聴覚、言語機能、音声機能その他の障害のため意思疎通を図ることに支障がある障害者等に対する支援の在り方
⑤　精神障害者及び高齢の障害者に対する支援の在り方
※上記の検討に当たっては、障害者やその家族その他の関係者の意見を反映させる措置を講ずる。

出典：厚生労働省 https://www.mhlw.go.jp/seisakunitsuite/bunya/hukushi_kaigo/shougaishahukushi/sougoushien/dl/sougoushien-06.pdf　2018 年 10 月 15 日確認

　2012（平成 24）年 6 月の「地域社会における共生社会の実現に向けて新たな障害保健福祉施策を講じるための法律」の公布により、「障害者自立支援法」等が改正され、「障害者の日常生活及び社会生活を総合的に支援するための法律（障害者総合支援法）」となった。難病なども加え、障害者の範囲が拡大した。「基本的人権を享有する個人としての尊厳」が明記され、地域生活支援事業による支援を加え、それらの支援を総合的に行うこととした。

（藤田）

第9節　障害児関係

（2）障害児支援の体系—平成24年児童福祉法改正による障害児施設・事業の一元化

○　障害児支援の強化を図るため、従来の障害種別で分かれていた体系（給付）について、通所・入所の利用形態の別により一元化。

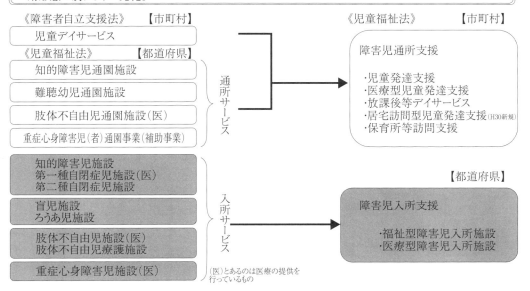

出典：厚生労働省 https://www.mhlw.go.jp/content/12200000/000360879.pdf　2018年12月10日確認

　2012（平成24）年児童福祉法改正では、障害児支援のより一層の強化を図るため、障害の種別で分かれていた施設・事業の体系について、通所・入所の利用形態の別により一元化された。これにより、障害種別に関係なく対応できることから、障害児とその家族が、身近な地域で支援が受けられるようになった。通所支援においては、量的拡大を図る観点から地域の実情に即した整備が促されるよう規制緩和されている。

（藤田）

第9節　障害児関係

（3）障害を理由とする差別の解消の推進に関する基本方針

項目	見出し
第1　施策に関する基本的な方向	1. 法制度の背景 2. 基本的な考え方 　　①法の考え方 　　②基本方針と対応要領・対応指針 　　③条例との関係
第2　行政機関等及び事業者が講ずべき障害を理由とするさべつを解消するための措置に関する共通的な事項	1. 法の対象範囲 　　①障害者　②事業者　③対象分野 2. 不当な差別的取扱い 　　①不当な差別的取扱いの基本的な考え方 　　②正当な理由の判断の視点 3. 合理的配慮 　　①合理的配慮の基本的な考え方 　　②過重な負担の基本的な考え方
第3　行政機関等が講ずるべき措置に関する基本的な事項	1. 基本的な考え方 2. 対応要領 　　①対応要領の位置付け及び作成手続き 　　②対応要領の記載事項 　　③地方公共団体等における対応要領に関する事項
第4　事業者が講ずべき措置に関する基本的な事項	1. 基本的な考え方 2. 対応指針 　　①対応指針の位置付け及び作成手続き 　　②対応指針の記載事項 3. 主務大臣による行政措置
第5　その他施策に関する重要事項	1. 環境の整備 2. 相談及び紛争の防止等のための体制の整備 3. 啓発活動 　　①行政機関等における職員に対する研修 　　②事業者における研修 　　③地域住民等に対する啓発活動 4. 障害者差別解消支援地域協議会 　　①趣旨 　　②期待される役割 5. 差別の解消に係る施策の推進に関する重要事項 　　①情報の収集・整理及び提供 　　②基本方針・対応要領・対応指針の見直し等

出典：内閣府「障害を理由とする差別の解消の推進に関する基本方針」を基に著者作成

　全ての国民が、障害の有無によって分け隔てられることなく、相互に人格と個性を尊重し合うことのできる共生社会を実現するために制定された。この法律では、社会的障壁を取り除き、障害者に対する不当な差別的取扱い及び合理的配慮の不提供を差別と規定し、行政機関等及び事業者に対し、具体的取組を求めている。これによりすべての国民の障害に関する正しい理解が深まり、障害者との相互理解が促進されることが期待されている。

（藤田）

第9節　障害児関係

（4）障害児通所支援の利用児童数の推移

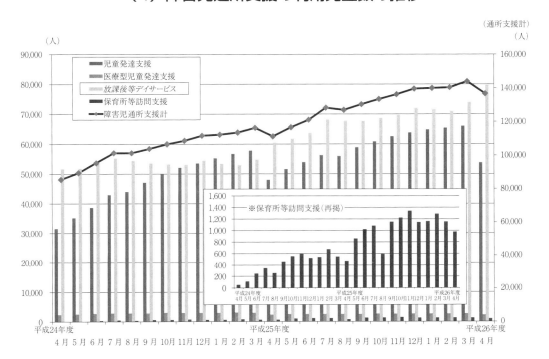

出典：厚生労働省 https://www.mhlw.go.jp/file/05-Shingikai-12201000-Shakaiengokyokushougaihokenfukushibu-Kikakuka/0000060448.pdf　2018年12月10日確認

　2012（平成24）年の児童福祉法の改正後、障害児支援に関する福祉サービスが一元化されたことや障害の早期支援システムの構築により、障害児支援の利用者数が増加傾向にある。また、障害の確定診断がない場合も、保健センターや児童相談所より発達支援の必要性が認められた場合、サービスが利用できることも影響しているといえる。今後も増加することが見込まれるため、サービスの質向上や専門職の確保や養成が課題となってくる。

（藤田）

第9節　障害児関係

（5）保育所における障害児の受け入れ状況について

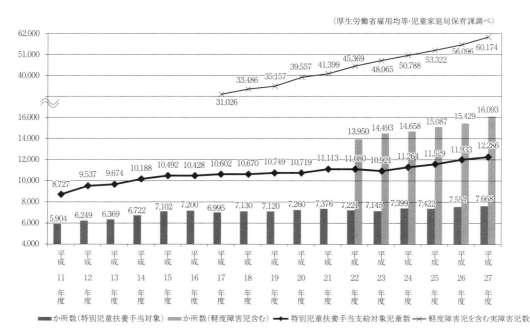

出典：厚生労働省 https://www.mhlw.go.jp/file/05-Shingikai-12601000-Seisakutoukatsukan-Sanjikanshitsu_Shakai
hoshoutantou/0000096740.pdf　2018年12月18日確認

　1998（平成10）年度より障害児保育促進事業が創設され、障害児を受け入れるための施設の改善や保育士等の研修に助成されるようになった。さらに、2005（平成17）年度からは保育環境改善等事業において引き続き補助を行っている。2015（平成27）年4月に施行された子ども・子育て支援新体制において、障害児の受け入れ体制の明確化、利用手続きにおける障害児への配慮、人的な環境整備への加算を設けている。

（藤田）

第9節　障害児関係

（6）障害児支援の事業所数の推移

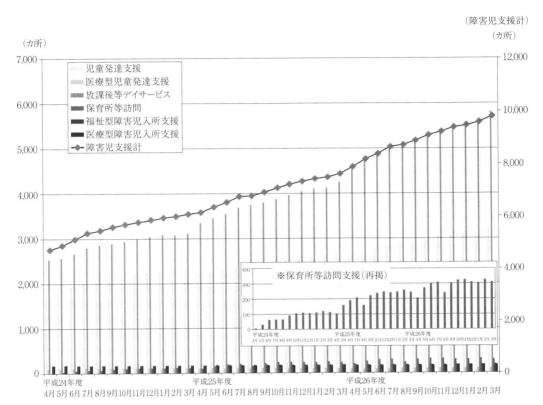

出典：厚生労働省ホームページ https://www.mhlw.go.jp/file/05-Shingikai-12601000-Seisakutoukatsukan-Sanjikanshitsu_Shakaihoshoutantou/0000096740.pdf　2018年12月10日確認

　2012（平成24）年の児童福祉法の改正後、障害児支援に関する福祉サービスが一元化されたこと、利用者数の増加等が影響し、障害児支援の事業所が急増している。障害児支援の内容については、支援の一定の質を担保するための全国共通の枠組みが必要であるため、障害児への支援の基本的事項や職員の専門性の確保等を定めるガイドラインとして「放課後等児童デイサービスガイドライン」「児童発達支援ガイドライン」が策定された。

（藤田）

第9節　障害児関係

（7）児童発達支援の現状

【児童発達支援の現状】
○　放課後等デイサービスに次いで、児童発達支援の総費用額、利用児童数、請求事業所数の全てにおいて伸びている。

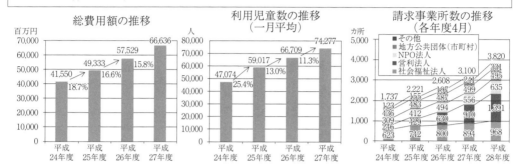

○実施主体別事業所数　※上段は平成24年4月、下段は平成28年6月

事業所数 （総数）	社会福祉法人 （社協以外）	社会福祉法人 （社協）	医療法人	民法法人 （社団・財団）	営利法人	非営利法人 （NPO）	農協
(1,737)	(565)	(58)	(30)	(18)	(246)	(309)	(0)
4,097	929	73	64	167	1,542	681	1

生協	その他法人	地方公共団体 （都道府県）	地方公共団体 （市町村）	地方公共団体 （広域連合・一部事務組合等）	非法人	国立施設	その他
(2)	(20)	(35)	(436)	(9)	(0)	(4)	(5)
2	70	33	503	13	0	6	13

出典：国保連データ、厚生労働省ホームページ　https://www.mhlw.go.jp/file/05-Shingikai-12201000-Shakaiengokyokushougaihokenfukushibu-Kikakuka/0000144238.pdf　2018年12月10日確認

　児童発達支援の利用者数及び事業所数が増加している。児童発達支援事業は、2012（平成24）年児童福祉法改正以前は、公立や社会福祉法人の運営が主であったが、改正後は、株式会社やNPO法人等が実施主体となり、増加傾向にある。児童発達支援は、幼児期にある子どもの障害の発見後の質の高い支援を目指すことが重要であるため、すべての事業所で、支援の質向上のための具体的な取組が必要である。

（藤田）

第9節　障害児関係

（8）児童養護施設入所児童等のうち障害等を有する児

	総　数	障害等あり	障害等あり内訳（重複回答）									
			身体虚弱	肢体不自由	視聴覚障害	言語障害	知的障害	てんかん	ADHD	LD	広汎性発達障害	その他の障害等
里親委託児	4,534 100.0%	933 20.6%	76 1.7%	27 0.6%	35 0.8%	33 0.7%	359 7.9%	46 1.0%	149 3.3%	35 0.8%	200 4.4%	224 4.9%
養護施設時	29,979 100.0%	8,558 28.5%	584 1.9%	101 0.3%	221 0.7%	298 1.0%	3,685 12.3%	369 1.2%	1,384 4.6%	352 1.2%	1,576 5.3%	2,319 7.7%
情緒障害児	1,235 100.0%	900 72.9%	7 0.6%	3 0.2%	3 0.2%	6 0.5%	173 14.0%	17 1.4%	243 19.7%	23 1.9%	367 29.7%	442 35.8%
自立施設児	1,670 100.0%	780 46.7%	16 1.0%	2 0.1%	4 0.2%	2 0.1%	225 13.5%	12 0.7%	255 15.3%	36 2.2%	246 14.7%	230 13.8%
乳児院児	3,147 100.0%	889 28.2%	526 16.7%	90 2.9%	87 2.8%	83 2.6%	182 5.8%	67 2.1%	5 0.2%	1 0.0%	41 1.3%	235 7.5%
母子施設児	6,006 100.0%	1,056 17.6%	116 1.9%	20 0.3%	24 0.4%	65 1.1%	268 4.5%	38 0.6%	123 2.0%	65 1.1%	225 3.7%	364 6.1%
ファミリーホーム児	829 100.0%	314 37.9%	24 2.9%	7 0.8%	11 1.3%	17 2.1%	114 13.8%	11 1.3%	59 7.1%	34 4.1%	85 10.3%	119 14.4%
援助ホーム児	376 100.0%	139 37.0%	8 2.1%	- 	1 0.3%	- 	37 9.8%	3 0.8%	24 6.4%	5 1.3%	24 6.4%	69 18.4%

出典：厚生労働省雇用均等・児童家庭局「児童擁護施設入所児童等調査結果」（平成 25 年 2 月 1 日現在）
https://www.mhlw.go.jp/file/04-Houdouhappyou-11905000-Koyoukintoujidoukateikyoku-Kateifukushika/
0000071184.pdf　2018 年 12 月 18 日確認

　社会的養護を必要とする児童においては、障害等のある児童が増加しており、2012
（平成 24）年度調査では、児童養護施設においては 28.5％が障害を有している児童と
なっている。各施設いずれも知的障害及び発達障害がある児童の割合が高い。児童養
護施設入所児童の支援においては個々の実態を丁寧に把握することが必要であるが、
障害の診断がある児童の場合は、障害特性を理解し、適切な支援が実施されることが
望まれる。

（藤田）

第9節　障害児関係

（9）法制度における発達障害の位置付け

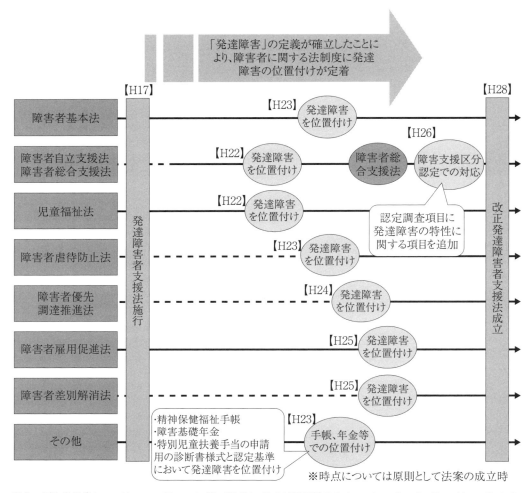

出典：厚生労働省 https://www.mhlw.go.jp/file/05-Shingikai-12601000-Seisakutoukatsukan-Sanjikanshitsu_Shakaihoshoutantou/0000128829.pdf　2018年12月10日確認

　発達障害は、発達障害者支援法（平成16年法律第167号）において、自閉症、アスペルガー症候群その他の広汎性発達障害、学習障害、注意欠陥多動性障害その他これに類する脳機能の障害であって、その症状が通常低年齢において発現するものとされている。2016（平成28）年8月に改正された発達障害者支援法の定義には「発達障害及び社会的障壁により日常生活または社会生活に制限を受けるもの」が加えられた。
（藤田）

第9節　障害児関係

（10）発達障害者支援センターの概要

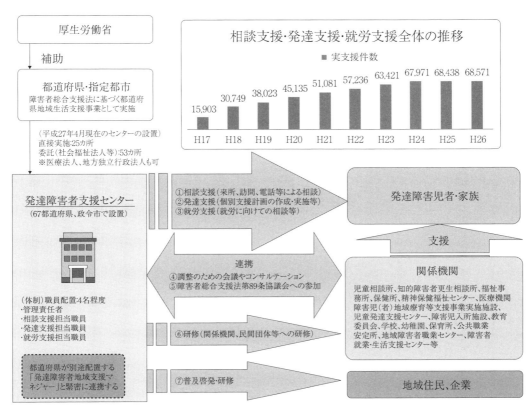

出典：厚生労働省 https://www.mhlw.go.jp/file/05-Shingikai-12601000-Seisakutoukatsukan-Sanjikanshitsu_Shakaihoshoutantou/0000128829.pdf　2018年12月10日確認

　発達障害者支援センターは、発達障害児（者）への支援を総合的に行うことを目的とした専門的機関で、都道府県・指定都市又は都道府県知事等が指定した社会福祉法人、特定非営利活動法人等が運営を担っている。発達障害児（者）とその家族が住み慣れた地域で豊かで幸せな地域生活を送れるように、保健、医療、福祉、教育、労働などの関係機関と連携し、発達障害児（者）とその家族の相談支援を展開している。

（藤田）

第9節 障害児関係

（11）障害児支援の体系（児童発達支援）

○事業の概要

- 日常生活の基本的な動作の指導、知識技能の付与、集団生活への適応訓練、その他必要な支援を行う（通所）
- 事業の担い手
  ① 児童発達支援センター（児童福祉法第43条）
  　通所利用障害児への療育やその家族に対する支援を行うとともに、その有する専門機能を活かし、地域の障害児やその家族の相談支援、障害児を預かる施設への援助・助言を行う。（地域の中核的な支援施設）
  ② それ以外の事業所
  　もっぱら、通所利用障害児への療育やその家族に対する支援を行う。

○対象児童

集団療育及び個別療育を行う必要があると認められる未就学の障害児

○提供するサービス

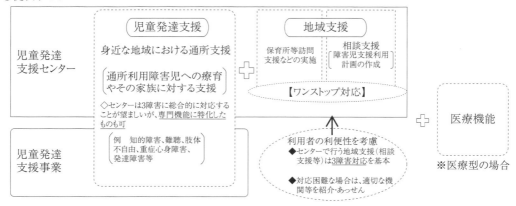

出典：厚生労働省 https://www.mhlw.go.jp/file/05-Shingikai-12601000-Seisakutoukatsukan-Sanjikanshitsu_Shakaihoshoutantou/0000096740.pdf　2018年12月10日確認

　児童発達支援は、集団療育及び個別療育を行う必要があると認められる未就学の障害児を対象としている。児童福祉法第6条の2の2第2項の規定に基づき、日常生活における基本的な動作の指導、知識技能の付与、集団生活への適応訓練その他の便宜を提供するものである。児童発達支援ガイドライン（厚生労働省）には、「発達支援」「家族支援」「地域支援」のサービスを行うことが明記されている。

（藤田）

第9節　障害児関係

（12）障害児支援の体系（放課後等デイサービス）

○事業の概要
- 学校通学中の障害児に対して、放課後や夏休み等の長期休暇中において、生活能力向上のための訓練等を継続的に提供することにより、学校教育と相まって障害児の自立を促進するとともに、放課後等の居場所づくりを推進。

○対象児童

学校教育法に規定する学校（幼稚園、大学を除く）に就学している障害児
（*引き続き、放課後等デイサービスを受けなければその福祉を損なうおそれがあると認めるときは満20歳に達するまで利用することが可能）

○利用定員

10人以上

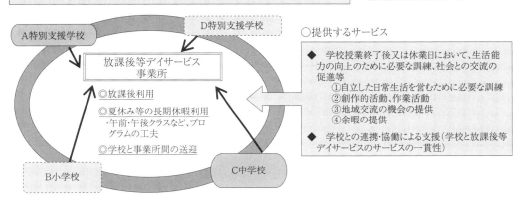

○提供するサービス
◆ 学校授業終了後又は休業日において、生活能力の向上のために必要な訓練、社会との交流の促進等
　①自立した日常生活を営むために必要な訓練
　②創作的活動、作業活動
　③地域交流の機会の提供
　④余暇の提供
◆ 学校との連携・協働による支援（学校と放課後等デイサービスのサービスの一貫性）

出典：厚生労働省 https://www.mhlw.go.jp/file/05-Shingikai-12601000-Seisakutoukatsukan-Sanjikanshitsu_Shakaihoshoutantou/0000096740.pdf　2018年12月10日確認

　放課後等デイサービスは、児童福祉法第6条の2の2第4項の規定に基づき、学校に就学している障害児に、授業の終了後又は休業日に、生活能力の向上のために必要な訓練、社会との交流の促進 その他の便宜を供与することとされている。放課後等デイサービスの利用は、学校教育と連続性があることから、特別支援学校等における教育課程と放課後等デイサービスにおける支援内容の一貫性を図るため、学校との連携が必要である。

（藤田）

第9節　障害児関係

(13) 障害児支援の体系（保育所等訪問支援）

○事業の概要
・保育所等を現在利用中の障害児、又は今後利用する予定の障害児が、保育所等における集団生活の適応のための専門的な支援を必要とする場合に、訪問支援を実施することにより、保育所等の安定した利用を促進。

○対象児童

保育所や、児童が集団生活を営む施設に通う障害児
＊「集団生活への適応度」から支援の必要性を判断
＊発達障害児、その他の気になる児童を対象

→ 相談支援事業や、スタッフ支援を行う障害児等療育支援事業等の役割が重要

○訪問先の範囲
・保育所、幼稚園、認定こども園
・小学校、特別支援学校
・その他児童が集団生活を営む施設として、地方自治体が認めたもの

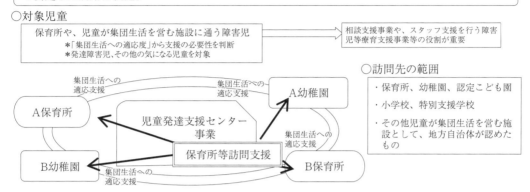

○提供するサービス
◆障害児が集団生活を営む施設を訪問し、当該施設における障害児以外の児童との集団生活への適応のための専門的な支援等

①障害児本人に対する支援（集団生活適応のための訓練等）
②訪問先施設のスタッフに対する支援（支援方法等の指導等）

◆支援は2週に1回程度を目安。障害児の状況、時期によって頻度は変化。
◆訪問支援員は、障害児施設で障害児に対する指導経験のある児童指導員・保育士（障害の特性に応じ専門的な支援が必要な場合は、専門職）を想定。

出典：厚生労働省 https://www.mhlw.go.jp/file/05-Shingikai-12601000-Seisakutoukatsukan-Sanjikanshitsu_Shakaihoshoutantou/0000096740.pdf　2018年12月10日確認

　児童発達支援センターにおいて、地域における中核的な支援機関として、通所する子どもや家族に加え、障害児あるいは発達が気になる児童を受け入れている地域の保育所・幼稚園、学校、放課後児童クラブ等への支援を行うことを保育所等訪問支援という。保育所等訪問支援の実施にあたっては、根拠法である児童福祉法の理念を十分に理解し、子どもにとって最善の利益を考慮したサービスを行うことが求められている。

（藤田）

第10節　福祉の専門職

（1）児童福祉施設の配置職員

施設名	配置職員
助産施設	助産師
乳児院	小児科医師又は嘱託医、看護師、個別対応職員、保育士、家庭支援専門相談員、栄養士及び調理員
母子生活支援施設	嘱託医、母子支援員、少年を指導する職員、心理療法担当職員、調理員
保育所	保育士、嘱託医、調理員
幼保連携型認定こども園	主幹保育教諭、指導保育教諭又は保育教諭、調理員
児童厚生施設	児童の遊びを指導する者
児童養護施設	児童指導員、嘱託医、保育士、個別対応職員、家庭支援専門相談員、栄養士、及び調理員
障害児入所施設	嘱託医、児童発達支援管理責任者、保育士、児童指導員、栄養士、調理員、その他、必要な職員
児童発達支援センター	嘱託医、児童発達支援管理責任者、保育士、児童指導員、栄養士、調理員
児童心理治療施設	医師、心理療法担当職員、看護師、保育士、児童指導員、家庭支援専門相談員、栄養士及び調理員
児童自立支援施設	嘱託医及び精神科医（嘱託可）、心理療法を担当する職員、児童自立支援専門員、児童生活支援員、個別対応職員、家庭支援専門相談員、栄養士、調理員
児童家庭支援センター	相談・支援を担当する職員、心理療法等を担当する職員

出典：林邦雄・谷田貝公昭監修、高玉和子編著『新版児童家庭福祉論』一藝社、2017年に加筆・修正（法改正後の名称、職名称の改定）し、筆者作成

　児童福祉施設の配置職員は表に示したように、施設ごとに定められている。これらは、各施設の法律規定や理念に合わせて最低基準等及び措置費における職員配置基準等を、厚生労働省が定めている。児童福祉施設職員の配置基準については「児童福祉施設の設備及び運営に関する基準」（厚生労働省）に記載されているが、今後、法改正とともに名称は変更になる可能性がある。

（藤田）

第10節　福祉の専門職

（2）保育士倫理綱領

　すべての子どもは、豊かな愛情のなかで心身ともに健やかに育てられ、自ら伸びていく無限の可能性を持っています。

　私たちは、子どもが現在（いま）を幸せに生活し、未来（あす）を生きる力を育てる保育の仕事に誇りと責任をもって、自らの人間性と専門性の向上に努め、一人ひとりの子どもを心から尊重し、次のことを行います。

　　私たちは、子どもの育ちを支えます。

　　私たちは、保護者の子育てを支えます。

　　私たちは、子どもと子育てにやさしい社会をつくります。

＜子どもの最善の利益の尊重＞

1．私たちは、一人ひとりの子どもの最善の利益を第一に考え、保育を通してその福祉を積極的に増進するよう努めます。

＜子どもの発達保障＞

2．私たちは、養護と教育が一体となった保育を通して、一人ひとりの子どもが心身ともに健康、安全で情緒の安定した生活ができる環境を用意し、生きる喜びと力を育むことを基本として、その健やかな育ちを支えます。

＜保護者との協力＞

3．私たちは、子どもと保護者のおかれた状況や意向を受けとめ、保護者とより良い協力関係を築きながら、子どもの育ちや子育てを支えます。

＜プライバシーの保護＞

4．私たちは、一人ひとりのプライバシーを保護するため、保育を通して知り得た個人の情報や秘密を守ります。

＜チームワークと自己評価＞

5．私たちは、職場におけるチームワークや、関係する他の専門機関との連携を大切にします。

　また、自らの行う保育について、常に子どもの視点に立って自己評価を行い、保育の質の向上を図ります。

＜利用者の代弁＞

6．私たちは、日々の保育や子育て支援の活動を通して子どものニーズを受けとめ、子どもの立場に立ってそれを代弁します。

　また、子育てをしているすべての保護者のニーズを受けとめ、それを代弁していくことも重要な役割と考え、行動します。

＜地域の子育て支援＞

7．私たちは、地域の人々や関係機関とともに子育てを支援し、そのネットワークにより、地域で子どもを育てる環境づくりに努めます。

＜専門職としての責務＞

8．私たちは、研修や自己研鑽を通して、常に自らの人間性と専門性の向上に努め、専門職としての責務を果たします。

社会福祉法人 全国社会福祉協議会
全国保育協議会
全国保育士会

　全国保育士会において、保育の更なる質の向上を目指し、保育士資格の法定化を機に「全国保育士会倫理綱領」が定められている。全国保育士会は1956年、保育士が集まって初めて結成された団体である。保育士倫理綱領には、子どもの最善の利益を尊重することをはじめ、保育士の社会的役割を認識し、保育士の専門性や姿勢が明確に記述されている。保育に携わるすべての者は、保育士倫理綱領を遵守することが求められる。

（藤田）

第10節　福祉の専門職

（3）児童福祉司の任用資格要件について

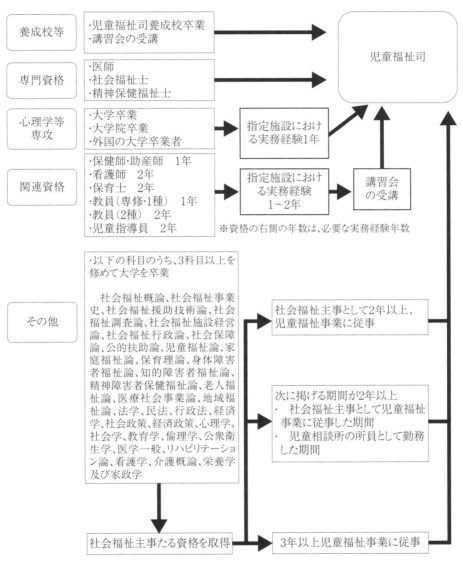

出典：高知県 HP　http://www.pref.kochi.lg.jp/soshiki/060301/files/2012121900150/
2012121900150_www_pref_kochi_lg_jp_uploaded_attachment_32886.pdf　2018年12月18日確認

　児童福祉司は、「都道府県・指定都市及び児童相談所設置市は、その設置する児童相談所に、児童福祉司を置かなければならない。（児童福祉法第13条第1項等）」と位置付けされている。任用資格条件として、都道府県知事の指定する児童福祉司養成校卒業や都道府県知事の指定する講習会の課程を修了等の要件が厚生労働省より定められている。児童虐待の増加に伴い、児童・保護者等への指導等を行う児童福祉司の増員を目指している。

（藤田）

第10節　福祉の専門職

（4）児童指導員及び指導員の資格要件等

	児童指導員	指導員
資格要件	○児童福祉施設の設備及び運営に関する基準（昭和23年厚生省令第63号） 第四十三条 　児童指導員は、次の各号のいずれかに該当する者でなければならない。 ① 地方厚生局長等の指定する児童福祉施設の職員を養成する学校その他の養成施設を卒業した者 ② 社会福祉士の資格を有する者 ③ 精神保健福祉士の資格を有する者 ④ 学校教育法の規定による大学の学部で、社会福祉学、心理学、教育学若しくは社会学を専修する学科又はこれらに相当する課程を修めて卒業した者 ⑤ 学校教育法の規定による大学の学部で、社会福祉学、心理学、教育学又は社会学に関する科目の単位を優秀な成績で修得したことにより、同法第百二条第二項の規定により大学院への入学を認められた者 ⑥ 学校教育法の規定による大学院において、社会福祉学、心理学、教育学若しくは社会学を専攻する研究科又はこれらに相当する課程を修めて卒業した者 ⑦ 外国の大学において、社会福祉学、心理学、教育学若しくは社会学を専修する学科又はこれらに相当する課程を修めて卒業した者 ⑧ 学校教育法の規定による高等学校若しくは中等教育学校を卒業した者、同法第九十条第二項の規定により大学への入学を認められた者若しくは通常の課程による十二年の学校教育を修了した者（通常の課程以外の課程によりこれに相当する学校教育を修了した者を含む。）又は文部科学大臣がこれと同等以上の資格を有すると認定した者であつて、二年以上児童福祉事業に従事したもの ⑨ 学校教育法の規定により、小学校、中学校、高等学校又は中等教育学校の教諭となる資格を有する者であつて、都道府県知事が適当と認めたもの ⑩ 三年以上児童福祉事業に従事した者であつて、都道府県知事が適当と認めたもの	・資格要件は特になし。 ・なお、平成24年2月8日事務連絡「障害者自立支援法・児童福祉法等の一部改正に伴う指定に係る留意事項等について」において、「指導員とは、従来の児童デイサービスの指導員と同様、障害児に対し適切な指導を行う能力を有する者」とお示しししている。
基準上、配置が求められる事業	・児童発達支援事業（児童発達支援センター以外で、主として重症心身障害児を通わせる場合に限る。） ・児童発達支援センター ・放課後等デイサービス（主として重症心身障害児を通わせる場合に限る。）	・児童発達支援事業（児童発達支援センター以外で、主として重症心身障害児を通わせる場合を除く。） ・放課後等デイサービス（主として重症心身障害児を通わせる場合を除く。）

出典：厚生労働省 https://www.mhlw.go.jp/file/05-Shingikai-12201000-Shakaiengokyokushougaihokenfukushibu-Kikakuka/0000047434.pdf　2018年12月18日確認

　児童指導員の資格要件は、児童福祉施設最低基準43条に基づき、都道府県が指定する児童福祉施設職員養成学校卒業や資格要件等が定められている。指導員は、資格要件は特にないが、平成24年2月8日事務連絡「障害者自立支援法・児童福祉法等の一部改正に伴う指定に係る留意事項等について」において「指導員とは、従来の児童デイサービスの指導員と同様、障害児に対し適切な指導を行う能力を有する者」と示している。

（藤田）

第10節　福祉の専門職

（5）児童発達支援センター等の人員配置基準

児童発達支援センター（福祉型）	児童発達支援センター（医療型）	児童発達支援事業	放課後等デイサービス事業	保育所等訪問支援事業
児童指導員及び保育士（4：1）、嘱託医1人、栄養士1人、調理員1人、児童発達支援管理責任者1人※1、※2、※3	児童指導員、保育士、看護師、作業療法士又は理学療法士、児童発達支援管理責任者各1人その他、医療法に規定する診療所として必要とされる従業者数※1	指導員又は保育士（10：2）児童発達支援管理責任者1人※1、※3	指導員又は保育士（10：2）児童発達支援管理責任者1人※1、※3	訪問支援員は事業規模に応じて訪問支援に必要な数、児童発達支援管理責任者1人

【備考】※1：機能訓練を行う場合（ただし、医療型については言語訓練等を行う場合）には機能訓練担当職員を置く。

※2：主として難聴児を通わせる場合は言語聴覚士4人

※3：主として重症心身障害児が通う場合には看護師1人、機能訓練担当職員1人

※4：主として重症心身障害児が通う場合には、嘱託医・看護師・児童指導員又は保育士・機能訓練担当職員・児童発達支援管理責任者を各1人

出典：全国保育団体連絡会・保育研究所編『保育白書2016』ひとなる書房 p.127

　児童発達支援センター等の人員基準は「児童福祉法に基づく指定通所支援の事業等の人員、設備及び運営に関する基準」（厚生労働省）で定められ、各事業所の特性により人員配置が異なっている。児童発達支援管理責任者は、障害児施設において支援計画を作成していた経験が5年以上ある者とし、児童発達支援管理責任者研修を修了していない者については、施行後3年間で児童発達支援管理責任者研修を修了することを条件としている。

（藤田）

第10節　福祉の専門職

（6）保育士資格の取得の特例の概要

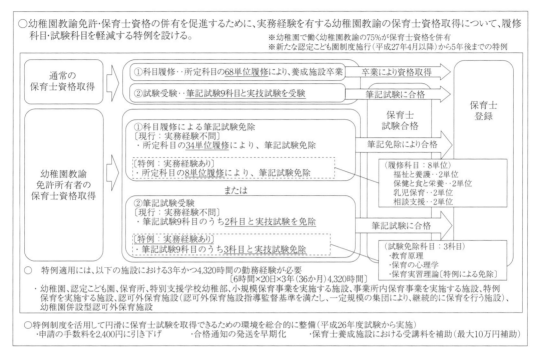

出典：厚生労働省ホームページ
http://www.mext.go.jp/b_menu/shingi/chukyo/chukyo3/002/siryo/__icsFiles/afieldfile/2013/05/23/1335251_03.pdf
2018年10月16日確認

　保育士資格取得特例制度は、新たな「幼保連携型認定こども園」への円滑な移行を進めるため、保育教諭として活躍できる人材を増やすために設置された。幼稚園教諭免許状を保持している者に対し、短期間で保育士資格を取得できる制度である。幼稚園等における「実務経験」により、免除される科目がある。特例制度による保育士試験受験期間は一定の期間に定められている。

（藤田）

第10節　福祉の専門職

（7）幼稚園免許状取得の特例の概要

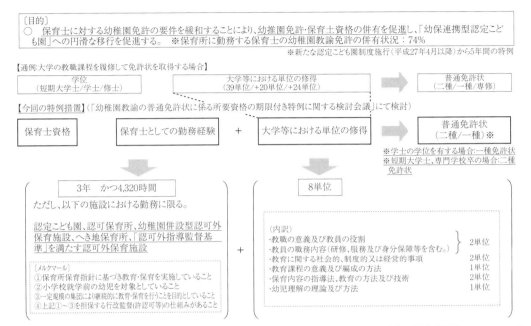

出典：厚生労働省ホームページ
http://www8.cao.go.jp/shoushi/shinseido/meeting/kodomo_kosodate/k_1/pdf/s9.pdf　2018年10月16日確認

　保育士資格を有する者について、保育士等の勤務経験を評価し、幼稚園教諭免許状の授与を受けるために修得することが必要な単位数を軽減するものである。幼保連携型認定こども園では、「保育教諭等」については、「幼稚園教諭免許状」と「保育士資格」の両方の免許・資格を有することを原則としているため、保育士資格のみを有する者に幼稚園教諭免許状を取得するよう促進することができる。

（藤田）

第 **5** 章
教育

総説

第 1 節	家庭教育・幼児教育	473
第 2 節	教育制度	487
第 3 節	教科・授業	514
第 4 節	学校内問題行動	536
第 5 節	学校文化	560
第 6 節	多文化教育・国際化教育	572
第 7 節	特別支援教育	585
第 8 節	校外生活	590
第 9 節	教員の免許・研修	594

編集委員

大沢 裕

中野由美子

中島朋紀

総説

　昨今は、AIの台頭に代表されるように、予測し難い未来に対して、子どもをいかに教育すべきか、という問題が喫緊のテーマとなっている。しかし私たちが抱えている問題は、必ずしも未来に向かっているものだけではない。過去から継続している教育問題、いわば負の遺産をいかに解決するかという課題にも直面している。

　戦後の日本の教育は、戦前・戦中の教育を否定するところから始まった。新学制による小学校、中学校が発足し、小中の義務教育9年制を伴う六・三・三・四制となった。教育内容も一新され、学習指導要領が試案の形で公開され、社会科が新設された。これは1947（昭和22）年のことである。翌1948（昭和23）年には幼稚園のための保育要領試案も公開された。その後、保育要領から1956（昭和31）年に名称が幼稚園教育要領に変わり、1958（昭和33）年には、小学校学習指導要領・中学校学習指導要領が全面改訂され、道徳の時間が特設された。また公立小中学校学級定員が50人となり、障害のある子どもたちに対する教育に関しても充実が見られ、高校進学率も次第に伸びていった。1965（昭和40）年頃より、国民の生活水準が向上した。我が国の科学技術の革新と高まる国際的地位に対応し、学習水準を一層高めるための学習指導要領の全面改訂が行われた。学校教育は、各教科・道徳・特別活動の3区分となり、教育内容の現代化が推し進められた。

　しかし高度成長は、公害問題、資源問題、石油ショック等を伴うものであった。物質的な豊かさが実現した反面、学校教育では、校内暴力、いじめ、自殺、登校拒否（不登校）などが顕在化していった。学校教育以外でも、家庭内暴力、非行が深刻な問題となった。こうした状況に対応するため、1977（昭和52）年にゆとりの時間を目玉とした学習指導要領の全面改訂が行われた。1980（昭和55）年には、公立小中学校の学級定員が50人から45人になり、今日では40人学級となっている。しかしそれでも、欧米のレベルには達していない。

　各種の政策的努力にも関わらず、いじめや不登校、体罰等の教育問題はさらに目立つようになった。1984（昭和59）年発足の臨時教育審議会は、国内の教育問題だけでなく、国外も意識した教育の課題解決に向け数回の答申を提出した。そこでは教育改革の柱として、個性重視の原則、生涯学習体系への移行、国際化・情報化社会への対応が盛り込まれた。

　平成に入り、学校教育では1990（平成2）年に日の丸・君が代が義務化された。小学校では生活科が新設され、中学校では選択教科の履修幅の拡大、習熟度別学級編成の導入が行われた。高校では普通教科の科目の多様化、また社会科が地理歴史科と公民科に分割された。そして各種の教育問題が解決せぬまま、2002（平成14）年度から学校週5日制が完全実施となった。さらに2009（平成21）年からは、学校教育の質向上を目指して、教員免許更新制が導入された。

　ちなみに2005（平成17）年には、食育基本法が制定され、学校においても「食を通した教育」への関心が深まっていった。我が国全体で見れば、熾烈を極めた受験競争の時代から一転し、進学先さえ選ばなければ、ほぼ全ての志願者が高等教育機関に入学することができる状況になりつつある。

　2015（平成27）年の中央教育審議会の答申では、将来的に今ある職種の多くがなくなり、新しい職種が誕生するとの予測のもと、不確定要素の高い未来に備えた教育のあり方が提唱された。想定外の事態にあっても、逞しく生き抜く人間の育成が考慮されるようになったのである。

　他方、我が国の喫緊の課題として、国際学力調査（PISA）の国際順位が低下したことへの危機感もあり、情報活用力、口頭で議論できる外国語力が重視されるようになった。同時に学校のカリキュラムも、社会に対して開かれたものであることが求められている。それは、学校が外部に対して閉鎖的であることに対する、一つの改善策である。学校教育に対する地域や保護者の関心が高まったため、学校にも説明責任が求められているのである。同時に学校間では、幼稚園と小学校との接続、小学校と中学校の接続など、送り出し側と受け入れ側の、教育上の円滑な連携が求められている。

　超少子高齢化社会に突入し、外国人と共に日々暮らし、深刻な環境問題の最中にあって生活しているのが子どもたちの現実である。このような子どもたちのおかれているリアルな姿、また将来彼らが未来に対して備えるべきことは何か、その具体的なヒントは、教育に関する各種の図表が私たちに提示してくれるであろう。

（大沢　裕）

第1節　家庭教育・幼児教育

（1）幼児をもつ母親の子育て意識

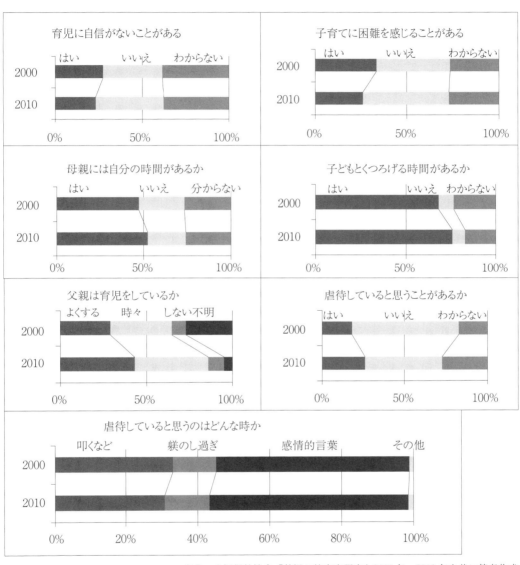

出典：小児保健協会「幼児の健康度調査」2000年、2010年を基に筆者作成

　2000（平成12）年と2010（平成22）年の比較である。10年間で子育て支援が充実したことにより、母親の子育ての自信のなさや子育て困難感はやや低下傾向にあり、父親の育児、母子の接触時間も増加している。しかし、母親の虐待不安は増加傾向にあり、身体的暴力よりも感情的言葉による心理的暴力が増えている。その背景には、乳幼児をもつ母親の就労増加や多重役割による心理的負担の増大等が考えられる。

（中野）

第1節　家庭教育・幼児教育

（2）6歳未満の子供を持つ夫の家事・育児関連時間（1日当たり・国際比較）

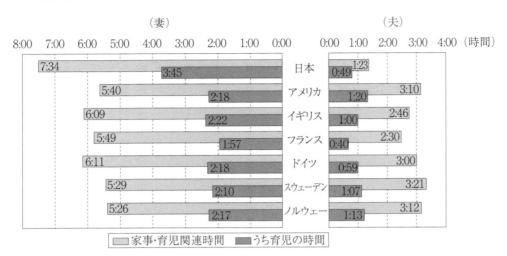

(備考) 1. Eurostat "How Europeans Spend Their Time Everyday Life of Women and Men"(2004)、Bureau of Labor Statistics of the U.S. "American Time Use Survey"(2016)及び総務省「社会生活基本調査」(2016年)より作成。
2. 日本の数値は、「夫婦と子供の世帯」に限定した夫と妻の1日当たりの「家事」、「介護・看護」、「育児」及び「買い物」の合計時間（週全体）である。

資料：内閣府資料

出典：内閣府「少子化に関するデータ」
https://www8.cao.go.jp/shoushi/shoushika/data/ottonokyouryoku.html
2019年5月22日確認

　男性が子育てや家事に費やす時間をみると、2016（平成28）年における我が国の6歳未満の子どもを持つ夫の1日当たりの家事・育児時間は、83分（家事34分・育児49分）、2011（平成23）年調査に比べて16分（家事6分・育児10分）増えたが、先進国中の最低水準にとどまっている。フランスも育児時間は短いが、家事時間は日本より1時間以上長い。

(中野)

第1節　家庭教育・幼児教育

（3）子育てで心がけていること

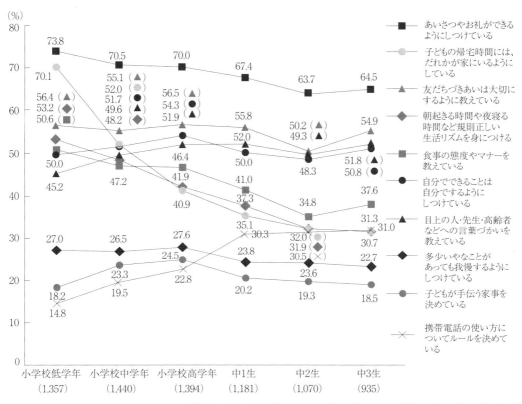

出典：ベネッセ「第4回子育て基本調査（小中版）」2011 を基に筆者作成

　学年段階別にみた、子育てで心がけていることのデータである。あいさつやお礼などの社会的マナー、友だちづきあいなど対人関係のしつけが最も重視され、生活リズムや自立心などのしつけが続く。しかし、学年が上がっても、忍耐力の育成や家事手伝いなどをさせる親は多くはない。加えて、生活リズムや生活習慣を損ないやすい携帯電話などの情報接触に関するしつけが学年を追うごとに増え、親の新しい悩みとなっている。

　　　　　　　　　　　　　　　　　　　　　　　　　　　　　　　　（中野）

第1節　家庭教育・幼児教育

（4）朝食の摂取状況

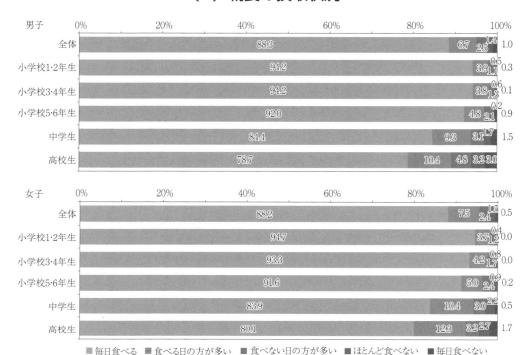

出典：公益財団法人日本学校保健会「児童生徒の健康状態サベーランス事業報告書」平成26年度

　朝食摂取は、全体で88％が「毎日食べる」と答えており、「食べる日の方が多い」を含めると95％以上となる。小学生はほぼ毎日食べるが、学年があがるにつれ「毎日食べる」が減っていく。中学生では男子6.3％、女子5.7％がほぼ食べていない（毎日食べない、ほとんど食べない、食べない日の方が多いの合計）となる。さらに高校生になると、男子11％、女子7.6％がほぼ食べておらず、学校種があがるほど欠食が増えることがわかる。

（中野）

第1節　家庭教育・幼児教育

(5) 教育についての考え

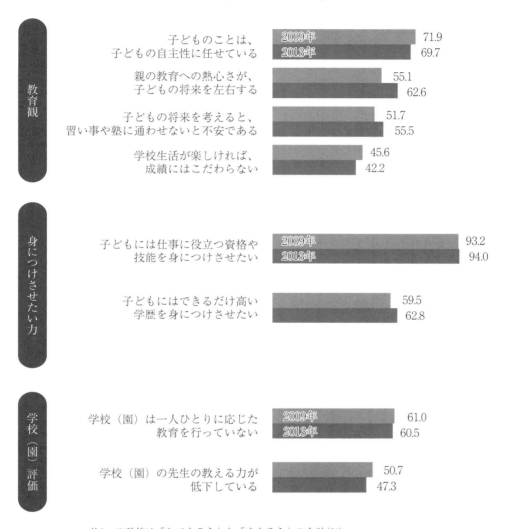

注1　※数値は「とてもそう」と「まあそう」の合計(%)。

出典：ベネッセ教育総合研究所「第2回学校外教育活動に関する調査」2013年

　将来役立つ資格や技能を望む親が最も多く、2009（平成21）年と2013（平成25）年の比較では、高い学歴を望む親、親の教育熱心さが子どもの将来につながる・将来のために習い事や塾に通わせないと不安な親が増加している。楽しければ学校の成績にこだわらない、子どもの自主性を尊重する親は減少傾向にあり、将来への不安から教育熱心な親が増加している。しかし、学校の先生の教え方などの学校教育への評価は低下してはいない。

（中野）

第1節　家庭教育・幼児教育

（6）子どもの将来に期待すること

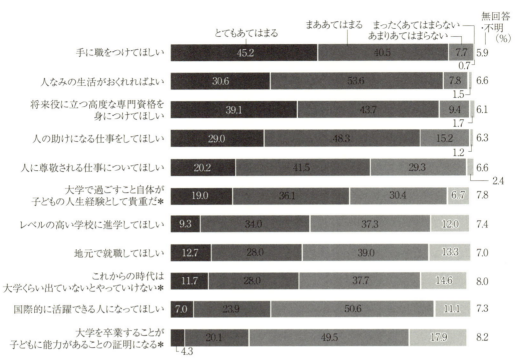

※＊は「とてもあてはまる」「まああてはまる」「あまりあてはまらない」「まったくあてはまらない」「大学に進学させる予定はない」の5段階でたずねており、数値は、「大学に進学させる予定はない」を除いて算出している。

出典：ベネッセ教育開発センター「学校教育に対する保護者の意識調査」2013年

　保護者の80％が、手に職をつけてほしい、人なみの生活が送れればよい、将来役に立つ高度な専門資格を身につけてほしいと願っている。次に、人の助けになる仕事・人から尊敬される仕事についてほしいと望んでいる。「大学に進学させる予定はない」という層を除き、大学で過ごすこと自体が人生経験として貴重だと考える親は半数を超える。同様に、これからの時代は大学を出ていないとやっていけないと考える親は40％近くいる。

(中野)

第1節　家庭教育・幼児教育

（7）親の学習へのかかわり

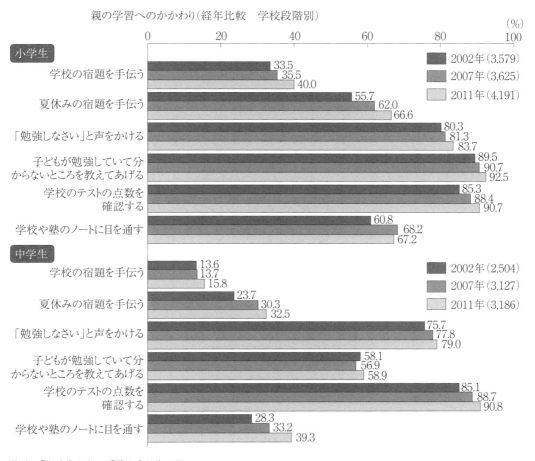

注1）「よくある」+「時々ある」の%。
注2）11項目中6項目を図示した。
注3）（　）内はサンプル数。

出典：ベネッセ教育総合研究所「第4回子育て生活基本調査（小中版）」2011年

　2002年からの10年間に、小中ともに親の学習への関わりはほぼすべての項目で増加傾向にある。小中学生ともに、学校の宿題や夏休みの宿題を手伝う親、学校のテストの点数や学校や塾のノートに目を通す親が増加し、中学生でも、夏休みの宿題を手伝う、「勉強しなさい」と声かけする親も微増している。学習に関わることで学習意欲を高め、勉強することの意義や大切さを伝えようとする親の意図が読み取れる。

（中野）

第1節　家庭教育・幼児教育

(8) 学校教育の満足度

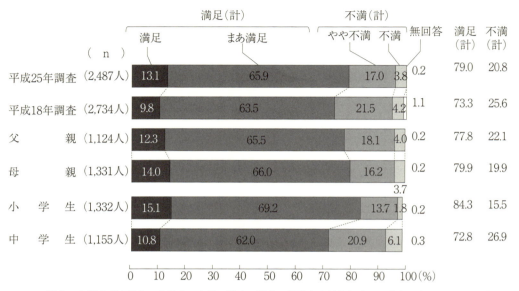

出典：内閣府「小学生・中学生の意識に関する調査・保護者を対象とする調査」平成25年を基に筆者作成

　保護者対象の調査である。2013（平成25）年は「満足＋まあ満足」が父親約78％、母親約80％、小学生の保護者約84％、中学生の保護者約73％であり、中学生の保護者の満足度が最も低い。満足度は2006年（平成18）年調査から7年間で、「満足」が9.8％→13.1％、「やや満足」を含めると73.3％→79％に上昇、「やや不満＋不満」が25.7％→20.8％に低下し、学校教育の満足度はやや上昇している。

（中野）

第1節　家庭教育・幼児教育

（9）幼稚園設置者別学校数の推移

文科省　文部科学統計要覧（平成 31 年版）

	計	国立	公立	私立	私立の割合%
昭和 30	5426	32	1893	3501	64.5
35	7207	35	2573	4599	63.8
40	8551	35	3134	5382	62.9
45	10796	45	3908	6843	63.4
50	13106	47	5263	7796	59.5
55	14893	48	6064	8781	59.0
60	15220	48	6269	8903	58.5
平成 2	15076	48	6243	8785	58.3
7	14856	49	6168	8639	58.2
12	14451	49	5923	8479	58.7
17	13949	49	5546	8354	59.9
22	13392	49	5107	8236	61.5
27	11674	49	4321	7304	62.6
28	11252	49	4127	7076	62.9
30	10474	49	3737	6688	63.9

第5章　教育

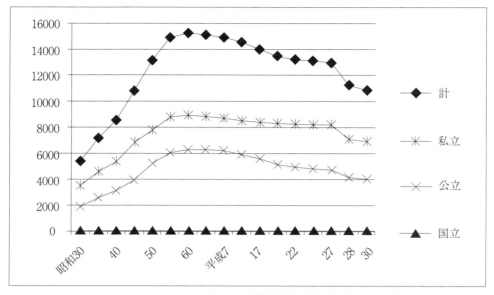

出典：文部科学省「文部科学統計要覧」平成31年版を基に筆者作成

　幼稚園数は1955〜1985（昭和30〜60）年に急増したが、1989（平成の初め）頃にピークを迎えた後、減少傾向にある。公立・私立の割合は、1990（平成2）年は42：58、2000（平成12）年は41：59、2010（平成22）年は38：62、2018（平成30）年は36：64と、私立割合が増加。国立に変化はないが公立はピーク時の2/3に減少し、保育所入所希望者の増加とともに、私立も2013（平成25）年以降は減少傾向にある。

（中野）

第1節　家庭教育・幼児教育

（10）幼稚園の学級数および年齢別園児数

区　分	学級数	園　児　数				
		計	男	女	3 歳	比率（%）
平成 20 年度	72,396	1,674,163	848,274	825,889	427,135	25.5
25	70,083	1,583,610	803,539	780,071	440,512	27.8
26	69,470	1,557,461	789,801	767,660	441,834	28.4
27	62,367	1,402,448	710,913	691,535	398,054	28.4
28	60,055	1,339,761	678,658	661,103	384,109	28.7
29	57,653	1,271,918	643,621	628,297	370,274	29.1
30	55,327	1,207,884	612,122	595,762	357,309	29.6

つづき　　　　　　　　　　　　　　　　　　　　　　　　　　　　　（単位：人）

区　分	園　児　数				一学級当たり園児数	本務教員一人当たり園児数
	4 歳	比率（%）	5 歳	比率（%）		
平成 20 年度	602,105	36.0	644,923	38.5	23.1	15.1
25	554,321	35.0	588,777	37.2	22.6	14.3
26	540,560	34.7	575,067	36.9	22.4	14.0
27	488,412	34.8	515,982	36.8	22.5	13.8
28	460,583	34.4	495,069	37.0	22.3	13.4
29	435,782	34.3	465,862	36.6	22.1	13.0
30	411,642	34.1	438,933	36.3	21.8	12.6

出典：文部科学省「学校基本調査」平成 30 年度

　2018（平成 30）年度の学級数は前年度より約 2,300 の減少、園児数も約 64,000 人減少した。学級数の減少幅は大きく、10 年前と比べると 17,069 も減っている。園児の比率は 3 歳児が 29.6%、4 歳児が 34.1%、5 歳児が 36.3%である。3 歳児保育が広がる一方、保育所選択割合も増えて 4・5 歳児は減少傾向にある。1 学級当たり園児数は 21.8 人と若干減少し、教員一人当たりでは 12.6 人とこちらも減少した。

（中野）

第1節　家庭教育・幼児教育

（11）各国の就学前教育の在籍率

日本

		[在籍者数]				[在籍率]			
		2009	2010	2011	2012 （平成24）	2009	2010	2011	2012 （平成24）
幼稚園	歳	千人	千人	千人	千人	%	%	%	%
	3	416.0	435.5	443.8	442.5	39.9	40.8	41.4	m
	4	584.2	559.5	570.8	567.0	54.6	52.7	53.6	m
	5	630.1	610.9	581.7	594.7	57.0	56.5	54.8	m
	3〜5	1,630.3	1,605.9	1,596.2	1,604.2	50.7	50.0	49.9	m
保育所	3	415.2	409.0	398.4	m	39.1	38.4	37.2	m
	4	438.7	422.7	431.9	m	41.0	39.8	40.6	m
	5	439.2	417.9	422.8	m	39.9	38.7	39.8	m
	3〜5	1,293.1	1,249.6	1,253.0	m	40.0	38.9	39.2	m
計	3〜5	2,923.4	2,855.5	2,849.2	m	90.5	88.9	89.1	m

アメリカ合衆国

		[在籍者数]				[在籍率]			
		2007	2008	2009	2010	2007	2008	2009	2010
	歳	千人	千人	千人	千人	%	%	%	%
幼稚園	3	119	97	78	76	2.9	2.3	1.8	1.7
	4	364	283	281	386	8.9	6.7	6.7	8.9
	5	3,004	2,978	3,068	2,987	73.4	72.0	73.4	72.9
	3〜5	3,488	3,358	3,428	3,449	28.3	26.7	27.0	26.6
保育学校	3	1,598	1,558	1,698	1,642	38.6	37.1	38.9	36.6
	4	2,410	2,521	2,417	2,603	58.9	59.4	57.9	59.7
	5	561	492	533	552	13.7	11.9	12.8	13.5
	3〜5	4,569	4,570	4,648	4,797	37.1	36.3	36.5	37.0
幼稚園・ 保育学校	3	1,717	1,655	1,776	1,718	41.5	39.4	40.7	38.2
	4	2,774	2,804	2,698	2,988	67.8	66.1	64.6	68.6
	5	3,565	3,470	3,601	3,540	87.1	83.9	86.1	86.4
	3〜5	8,056	7,928	8,076	8,246	65.4	63.0	63.5	63.7

（注）在籍率は、連邦政府の公表数値。

イギリス

			[在籍者数]				[在籍率]			
			2009	2010	2011	2012	2009	2010	2011	2012
保育学校	公立	歳	千人	千人	千人	千人	%	%	%	%
及び初等	（営）	3	223.9	231.7	236.1	242.6	37	37	36	36
学校付設		4	471.9	476.0	489.9	503.7	78	78	77	77
保育学級	私立	3〜4	695.7	707.7	726.1	746.4	57	57	57	56
		3	24.3	24.7	24.3	24.4	4	4	4	4
特別支援学校		4	27.0	25.2	25.8	25.8	4	4	4	4
		3〜4	51.3	50.0	50.0	50.2	4	4	4	4
		3	1.7	1.6	1.5	1.7	n	n	n	n
		4	2.3	2.4	2.5	2.5	n	n	n	n
その他民間		3〜4	4.0	4.0	4.0	4.0	n	n	n	n
保育施設		3	352.5	362.0	376.0	402.4	58	57	58	60
		4	118.9	133.5	135.7	136.8	20	22	21	21
		3〜4	471.5	495.5	500.7	539.2	39	40	40	41
計		3〜4	1,223.7	1,259.7	1,294.9	1343.7	101	101	101	102

フランス

		[在籍者数]				[在籍率]			
		2007	2008	2009	2010	2007	2008	2009	2010
	歳	千人	千人	千人	千人	%	%	%	%
幼稚園等	3	788.1	791.7	807.6	797.3	99.0	98.5	97.8	98.0
	4	793.6	798.0	800.6	821.8	100.0	100.0	99.4	99.3
	5	790.1	785.8	791.0	797.9	99.2	98.8	99.0	99.0
	3〜5	2,371.8	2,375.4	2,399.2	2,417.0	99.4	99.1	98.7	98.8

ドイツ

		[在籍者数]				[在籍率]			
		2007	2008	2009	2010	2007	2008	2009	2010
	歳	千人	千人	千人	千人	%	%	%	%
幼稚園等	3	564.5	579.3	572.9	577.6	79.7	84.0	84.5	83.6
	4	679.7	673.0	667.4	651.5	94.3	95.1	96.8	96.0
	5	695.0	682.3	679.8	673.8	96.1	96.2	96.1	97.6
	3〜5	1,929.3	1,934.6	1,920.0	1,902.9	90.1	91.9	92.5	92.3

（注）在籍者数は、2008 年までは各年 3 月 15 日現在の、2009 年以降は 3 月 1 日現在の幼稚園及び保育所の在籍者数である。

出典：文部科学省「教育指標の国際比較」平成 25 年

　先進 5 か国の 3 〜 5 歳の在籍率の比較では、2 〜 5 歳児対象の無償の幼稚園があるフランス、多様な保育・教育施設をもつイギリスではほぼ 100％である。次いで、日本とドイツが 90％前後、アメリカが 60％である。2000 年からの在籍率の変化をみると、イギリス・ドイツで急上昇し、日本・アメリカで横ばい、フランスは 100％を保っている。OECD の乳幼児期の教育・保育効果への注目が、就学前教育の改革を促進している。

（中野）

第1節　家庭教育・幼児教育

（12）保育室等の施設基準

幼稚園	○　職員室、保育室、遊戯室、保健室_(※1)、便所は必置。 ○　ただし、特別な事情があるときは、保育室と遊戯室、職員室と保健室の兼用可。 ○　保育室の数は、学級数を下回ってはならない。
保育所	○　満2歳未満の乳幼児を入所させる場合、乳児室又はほふく室は必置_(※2)。医務室、便所は原則設置。 ○　満2歳以上の幼児を入所させる場合、保育室又は遊戯室は必置。便所は原則設置。
認定こども園 （現行）	○　保育室又は遊戯室は必置。満2歳未満の子どもを入所させる場合は、乳児室又はほふく室は必置。

※1　幼保連携型認定こども園では、学校保健安全法が準用されるため、保健室が必置となる。したがって、現在保育所に必置の「医務室」は「保健室」として整理。

※2　ほふくしない子どもに対しては「乳児室」を、ほふくをする子どもに対しては「ほふく室」を設けなければならない取扱いとなっている。

出典：内閣府「幼保連携型認定こども園の認可基準について」平成26年

　幼稚園・保育所・認定こども園には収容年齢に応じた施設・設備が必置である。すべての園には、職員室・便所は必置、保育所とこども園は調理室が必置である。園舎や保育室の面積、園庭設置や面積には規定がある。満2歳未満児には、乳児室又はほふく室と保健室（職員室と保健室の兼用可）、満2歳以上児には、保育室と遊戯室が必置（保育室と遊戯室の兼用可）である。満3歳以上児の保育室数は、学級数を下回ってはならない。

（中野）

第2節　教育制度

（1）初等中等教育機関の学校数、在学者数、教員数

区分	学校数（校）				在学者　数（人）				教員数（人）		
	計	国立	公立	私立	計	国立	公立	私立	計	うち女性	女性の比率(%)
幼稚園	(− 404)	(−)	(− 215)	(− 189)	(− 64,034)	(42)	(− 18,033)	(− 46,043)	(− 2,248)	(− 2,103)	(−)
	10,474	49	3,737	6,688	1,207,884	5,330	186,762	1,015,792	95,592	89,341	93.5
幼保連携型認定こども園	(848)	(−)	(98)	(750)	(98,214)	(−)	(11,268)	(86,946)	(17,268)	(16,369)	(−)
	4,521	−	650	3,871	603,954	−	75,071	528,883	92,883	87,969	94.7
小学校	(− 203)	(−)	(− 203)	(−)	(− 20,791)	(− 79)	(− 21,038)	(326)	(1,869)	(958)	(−)
	19,892	70	19,591	231	6,427,867	37,837	6,312,251	77,779	420,659	261,445	62.2
中学校	(− 55)	(−)	(− 58)	(3)	(− 81,664)	(− 462)	(− 80,128)	(− 1,074)	(− 2,831)	(− 760)	(0.2)
	10,270	71	9,421	778	3,251,670	29,639	2,983,705	238,326	247,229	107,103	43.3
義務教育学校	(34)	(−)	(34)	(−)	(12,189)	(− 18)	(12,207)	(−)	(1,217)	(652)	(− 0.1)
	82	2	80	−	34,559	1,602	32,957	−	3,015	1,617	53.6
高等学校	(− 10)	(−)	(− 12)	(2)	(− 44,586)	(31)	(− 39,901)	(− 4,716)	(− 1,123)	(37)	(0.2)
	4,897	15	3,559	1,323	3,235,661	8,579	2,184,920	1,042,162	232,802	74,660	32.1
中等教育学校	(−)	(−)	(−)	(−)	(− 293)	(− 71)	(− 32)	(− 190)	(19)	(2)	(− 0.1)
	53	4	31	18	32,325	2,999	22,367	6,959	2,629	911	34.7
特別支援学校	(6)	(−)	(6)	(−)	(1,435)	(− 38)	(1,475)	(− 2)	(798)	(579)	(0.1)
	1,141	45	1,082	14	143,379	2,945	139,661	773	84,600	51,879	61.3
専修学校	(− 12)	(−)	(1)	(− 13)	(− 2,122)	(− 15)	(− 284)	(− 1,823)	(− 122)	(− 62)	(−)
	3,160	9	189	2,962	653,132	368	24,956	627,808	41,246	21,808	52.9
うち高等課程を置く学校	(− 6)	(−)	(−)	(− 6)	(− 1,307)	(− 3)	(− 7)	(− 1,297)	(− 48)	(− 60)	(− 1.3)
	412	1	6	405	36,278	11	475	35,792	2,613	1,419	54.3
うち専門課程を置く学校	(− 17)	(−)	(1)	(− 18)	(92)	(− 12)	(− 281)	(385)	(− 117)	(− 1)	(0.1)
	2,805	9	186	2,610	588,315	357	24,474	563,484	37,548	20,177	53.7
各種学校	(− 19)	(−)	(−)	(− 19)	(1,323)	(−)	(− 13)	(1,336)	(83)	(68)	(0.4)
	1,164	−	6	1,158	123,275	−	531	122,744	8,912	3,838	43.1

（注）1　（　）は、前年度からの増減値である。

　　　2　専修学校の「うち高等課程を置く学校」と「うち専門課程を置く学校」は延べ数であり、高等課程と専門課程の両方を設置する専修学校はそれぞれの欄に1校ずつ計上している。

出典：文部科学省「学校基本調査」平成30年度

　在学者は2018（平成30）年度の幼稚園は120万人8千人で、前年度より6万4千人減少。幼保連携型認定こども園は60万4千人。小学校642万8千人で過去最低を更新した。中学校も325万2千人で過去最低を更新。高等学校は4万5千人減。特別支援学校は1千人増となり、過去最高を更新した。専修学校は65万3千人で前年度より2千人減。全体に少子化の影響が深刻である。特別支援学校が僅かに増加している。

（大沢）

第2節　教育制度

（2）就園率・進学率の推移

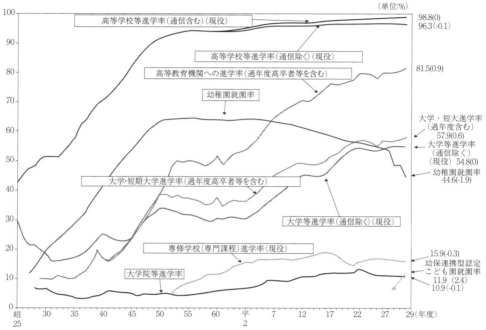

(注)　1　（　）内の数値は前年度からの増減値（単位：ポイント）である。
2　幼稚園就園率：小学校及び義務教育学校第1学年児童数に対する幼稚園修了者数の比率。
3　幼保連携型認定こども園就園率：小学校及び義務教育学校第1学年児童数に対する幼保連携型認定こども園修了者数の比率。
4　高等学校等進学率（通信除く）（現役）：中学校・義務教育学校卒業者及び中等教育学校前期課程修了者のうち、高等学校・中等教育学校後期課程・特別支援学校高等部の本科・別科、高等専門学校に進学した者の占める比率（高等学校の通信制課程（本科）への進学者を除く）。
5　高等学校等進学率（通信含む）（現役）：中学校・義務教育学校卒業者及び中等教育学校前期課程修了者のうち、高等学校・中等教育学校後期課程・特別支援学校高等部の本科・別科、高等専門学校、高等学校の通信制課程（本科）に進学した者の占める比率で、昭和59年から調査開始。
6　大学等進学率（通信除く）（現役）：高等学校本科及び中等教育学校後期課程卒業者のうち、大学の学部・別科、短期大学の本科・別科及び高等学校・特別支援学校高等部の専攻科に進学した者の比率（大学・短期大学の通信教育部への進学を除く）。
7　大学・短期大学進学率（過年度高卒者等を含む）：大学学部・短期大学本科入学者数（過年度高卒者等を含む）を、18歳人口（3年前の中学校卒業者及び中等教育学校前期課程修了者数、以下同じ）で除した比率。
8　大学院等進学率：大学学部卒業者のうち、大学院研究科、大学学部、短期大学の本科、大学・短期大学の専攻科・別科へ入学した者の比率。
9　専修学校（専門課程）進学率（現役）：高等学校卒業者及び中等教育学校後期課程卒業者のうち、専修学校専門課程に進学した者の占める比率。
10　高等教育機関への進学率（過年度高卒者等を含む）：大学・短期大学への入学者、高等専門学校4年等在学者（国立工業教員養成所入学者（昭和31～41年）、国立養護教諭養成所入学者（昭和40～52年）及び高等専門学校第4学年の計）、専修学校（専門課程）入学者を18歳人口で除した比率。

出典：文部科学省「学校基本調査　年次統計」平成30年度

　幼稚園の就園率が1975（昭和50）年より横ばいであったのに、1995（平成7）年頃に入ってから下降線をたどり、特にこの3年で急激に落ち込んでいる。幼保連携型こども園の普及、保育所の増加との関連も考えられる。高等学校への進学率、通信を除いた高等学校への進学率、過年度高卒者を含む高等教育機関、大学・短大への進学率は概ね増加の傾向である。専修学校進学は全体の割合は少ないが堅調である。

（大沢）

第2節　教育制度

（3）小学校の設置者別学校数

（単位：校）

区分	計	国立	公立	うち分校	私立
平成 20 年度	22,476	73	22,197	305	206
25	21,131	74	20,836	215	221
26	20,852	72	20,558	201	222
27	20,601	72	20,302	189	227
28	20,313	72	20,011	174	230
29	20,095	70	19,794	166	231
30	19,892	70	19,591	163	231

出典：文部科学省「学校基本調査」平成 30 年

　国立の数はほとんど変わらず、公立小学校は 2008（平成 20）年度と比較し、2 千校以上の減少となっている。逆に私立は 25 校増加している。小学校全体からみた割合では、公立学校が圧倒的に多いことがわかる。2018（平成 30）年度では、実に約 98％が国公立である。私立学校は 2％にしか過ぎず、圧倒的な少数派である。実際に、私学の経営者の間では、義務教育段階、特に私立小学校の存続は厳しいと考えられている。

（大沢）

第2節　教育制度

（4）小学校の学年別児童数、小学校の児童数の推移

小学校の学年別児童数

区分	計			第1学年	第2学年	第3学年
		男	女			
平成20年度	7,121,781	3,643,995	3,477,786	1,169,396	1,176,097	1,181,741
25	6,676,920	3,416,071	3,260,849	1,088,481	1,060,817	1,096,352
26	6,600,006	3,377,471	3,222,535	1,090,643	1,088,266	1,061,130
27	6,543,104	3,347,296	3,195,808	1,082,770	1,090,564	1,088,709
28	6,483,515	3,316,608	3,166,907	1,066,375	1,081,373	1,089,792
29	6,448,658	3,300,450	3,148,208	1,063,762	1,065,386	1,081,238
30	6,427,867	3,288,883	3,138,984	1,044,213	1,062,479	1,064,507

つづき　　　　　　　　　　　　　　　　　　　　　　　　　（単位：人）

区分	第4学年	第5学年	第6学年	一学級当たり の児童数	本務教員一人当 たりの児童数
平成20年度	1,200,215	1,192,310	1,202,022	25.6	17.0
25	1,121,060	1,141,523	1,168,687	24.4	16.0
26	1,096,680	1,121,306	1,141,981	24.2	15.8
27	1,061,767	1,097,271	1,122,023	24.0	15.7
28	1,088,002	1,061,200	1,096,773	23.9	15.5
29	1,089,453	1,087,744	1,061,075	23.6	15.4
30	1,080,540	1,088,922	1,087,206	23.5	15.3

小学校の児童数の推移

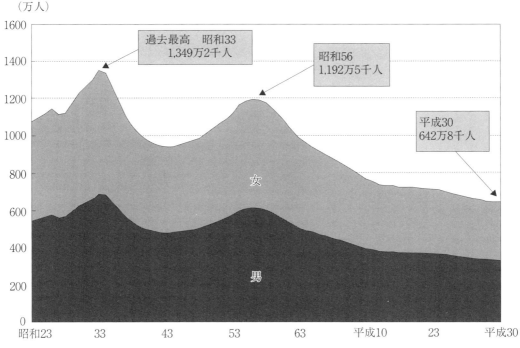

出典：文部科学省「学校基本調査」平成 30 年

　児童数は、ピークとなった1958（昭和33）年の1,349万2千人を境に減少し、1981（昭和56）年には持ち直した。しかし再び減少が続き、2018（平成30）年度には642万8千人となった。これを比較すると、平成30年度はピーク時の48％となる。2008（平成20）年度と2018（平成30）年度の比較では、どのデータも減少を示しており、教員1人あたりの児童数は平成20年度と比較すると、1.7人減少している。

(大沢)

第2節 教育制度

（5）中学校の設置者別学校数、中学校の編制方式別学級数

中学校の設置者別学校数

（単位：校）

区分	計	国立	公立	うち分校	私立	計のうち中高一貫教育を行う学校（再掲）	
						併設型	連携型
平成20年度	10,915	76	10,104	76	735	219	175
25	10,628	73	9,784	81	771	318	169
26	10,557	73	9,707	81	777	403	168
27	10,484	73	9,637	82	774	458	172
28	10,404	73	9,555	80	776	464	205
29	10,325	71	9,479	78	775	477	207
30	10,270	71	9,421	80	778	489	207

（注）中高一貫教育の実施形態について

①併設型とは、学校教育法第71条の規定により、高等学校入学者選抜を行わずに、同一の設置者による中学校と高等学校を接続する形態である。

②連携型とは、学校教育法施行規則第75条及び第87条の規定により、簡便な高等学校入学者選抜を行い、同一または異なる設置者による中学校と高等学校を接続する形態である。

中学校の編制方式別学級数

（単位：学級）

区分	計	単式学級	複式学級	特別支援学級
平成20年度	119,933	107,396	207	12,330
25	122,915	107,113	192	15,610
26	122,924	106,259	183	16,482
27	122,736	105,297	177	17,262
28	121,582	103,563	177	17,842
29	120,016	101,521	169	18,326
30	118,323	99,281	169	18,873

出典：文部科学省 学校基本調査 平成30年度

　中学校は2018（平成30）年度には2008（平成20）年度よりも645校減少している。これは、中学校の数が約6％減少したことを意味する。国公立はいずれも減少し私立は5.8％の増加である。中学校のうち中高一貫教育を行う学校は、併設型・連携型ともに増加。特に併設型は、2008（平成20）年度と比較すると、約2.2倍の489校となった。総学級数は減少しているものの、特別支援学級の数は増加している。

（大沢）

第2節　教育制度

（6）中学校の学年別生徒数、中学校の生徒数の推移

中学校の学年別生徒数

区分	計	男	女	第1学年	第2学年	第3学年
平成20年度	3,592,378	1,835,204	1,757,174	1,176,243	1,227,410	1,188,725
25	3,536,182	1,808,914	1,727,268	1,168,214	1,174,254	1,193,714
26	3,504,334	1,793,059	1,711,275	1,160,536	1,168,733	1,175,065
27	3,465,215	1,772,818	1,692,397	1,134,221	1,161,268	1,169,726
28	3,406,029	1,742,199	1,663,830	1,112,893	1,133,117	1,160,019
29	3,333,334	1,704,156	1,629,178	1,088,213	1,112,421	1,132,700
30	3,251,670	1,662,468	1,589,202	1,052,517	1,087,411	1,111,742

つづき　　　　　　　　　　　　（単位：人）

区分	一学級当たりの生徒数	本務教員一人当たりの生徒数
平成20年度	30.0	14.4
25	28.8	13.9
26	28.5	13.8
27	28.2	13.7
28	28.0	13.5
29	27.8	13.3
30	27.5	13.2

中学校の生徒数の推移

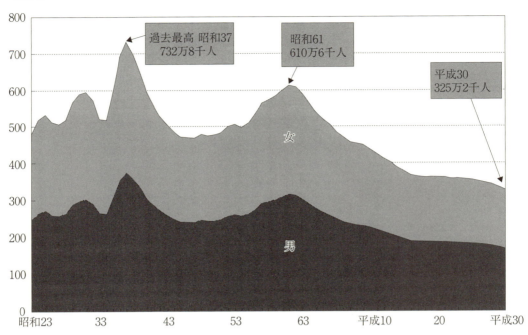

出典：文部科学省「学校基本調査」平成30年度

　中学校の生徒数は、1962（昭和37）年が過去最高の732万8千人だった。ここから急激な減少に転じた。これが1986（昭和61）年には610万6千人となってやや持ち直した。しかし、2018（平成30）年度は325万2千人となった。総数が44％に減少したことになる。2008（平成20）年度と比較すると、90％になった。男女ともに減少した。一学級あたりの生徒数は2.5名減少し、教員1人あたりの生徒数も1.2人減ったことになる。

（大沢）

第2節　教育制度

（7）高等学校の設置者別学校数

（単位：校）

区分	計	国立	公立	私立	計のうち中高一貫教育を行う学校（再掲）	
					併設型	連携型
平成20年度	5,243	16	3,906	1,321	220	81
25	4,981	15	3,646	1,320	318	83
26	4,963	15	3,628	1,320	404	86
27	4,939	15	3,604	1,320	459	84
28	4,925	15	3,589	1,321	465	87
29	4,907	15	3,571	1,321	478	90
30	4,897	15	3,559	1,323	490	92

出典：文部科学省「学校基本調査」平成30年度

　高等学校数は2008（平成20）年度が5,243校、2018（平成30）年度には4,897校となり、10年間で7%減少した。公立の数は減少傾向にあり、私立は2校増加している。中高一貫教育を行う学校は、併設型の場合、2008（平成20）年度から2.2倍の490校に増加した。連携型も92校に増加しているが、約1.1倍となっている。2018（平成30）年度の国公立と私立の対比は、3,574校対1,323校となり、国公立が2.7倍となっている。

（大沢）

第2節　教育制度

（8）高等学校卒業後の状況、高等学校卒業者の進路状況

高等学校卒業後の状況

区分	卒業者	大学・短大進学者（率）	うち大学（学部）進学者（率）	専門学校進学者（率）
平成 21 年 3 月	1,065,412	574,333 （53.9）	503,840 （47.3）	156,363 （14.7）
22 年 3 月	1,071,422	582,272 （54.3）	513,013 （47.9）	170,352 （15.9）
23 年 3 月	1,064,074	573,679 （53.9）	507,509 （47.7）	172,200 （16.2）
24 年 3 月	1,056,387	565,779 （53.6）	503,545 （47.7）	177,486 （16.8）
25 年 3 月	1,091,614	581,144 （53.2）	517,416 （47.4）	185,588 （17.0）
26 年 3 月	1,051,343	566,309 （53.9）	505,240 （48.1）	178,735 （17.0）
27 年 3 月	1,068,989	583,533 （54.6）	522,656 （48.9）	178,069 （16.7）
28 年 3 月	1,064,352	583,704 （54.8）	525,195 （49.3）	173,629 （16.3）
29 年 3 月	1,074,655	589,121 （54.8）	532,558 （49.6）	173,939 （16.2）
30 年 3 月	1,061,565	581,958 （54.8）	527,996 （49.7）	169,058 （15.9）

（注）　1　「就職者」には、大学・短大・専門学校等に進学した者のうち就職している者を含む。

2　大学・短期大学進学率＝ $\dfrac{\text{大学の学部、短期大学の本科、大学・短期大学の通信教育部、}}{\text{各年 3 月の高等学校卒業者及び中等教育学校後期課程卒業者}}$ 同別科及び高等学校・特別支援学校高等部の専攻科に進学した者

3　卒業者に占める就職者の割合＝ $\dfrac{\text{就職者}}{\text{各年 3 月の高等学校卒業者及び中等教育学校後期課程卒業者}}$

4　「その他」には、専修学校（一般課程）等入学者、公共職業能力開発施設等入学者、不詳・死亡の者を含む。

（単位：人、％）

就職者 （卒業者に占める 就職者の割合）	うち正規の職員等 （率）	一時的な仕事に就 いた者（率）	進学も就職もして いない者（率）	その他（率）
193,615 （18.2）	… （…）	13,592 （1.3）	54,678 （5.1）	74,035 （6.9）
168,727 （15.7）	… （…）	15,560 （1.5）	59,703 （5.6）	76,112 （7.1）
173,566 （16.3）	… （…）	14,994 （1.4）	56,965 （5.4）	73,865 （6.9）
176,931 （16.7）	… （…）	13,892 （1.3）	51,922 （4.9）	71,384 （6.8）
184,656 （16.9）	… （…）	13,623 （1.2）	53,951 （4.9）	73,637 （6.7）
183,635 （17.5）	… （…）	11,957 （1.1）	47,795 （4.5）	63,793 （6.1）
189,739 （17.7）	187,677 （17.6）	9,616 （0.9）	46,721 （4.4）	62,085 （5.8）
189,868 （17.8）	188,053 （17.7）	8,397 （0.8）	46,057 （4.3）	63,377 （6.0）
190,311 （17.7）	188,847 （17.6）	7,797 （0.7）	50,641 （4.7）	63,489 （5.9）
186,289 （17.5）	184,921 （17.4）	6,987 （0.7）	53,199 （5.0）	64,528 （6.1）

第5章 教育

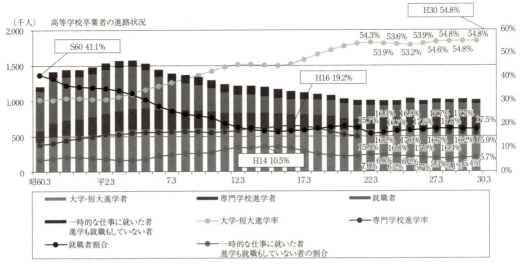

出典：文部科学省「学校基本調査」平成30年度

　2009（平成21）年と2018（平成30）年を比較すると、卒業者の総数は減っているが、大学と短大への進学者が0.9％増えている。そのうち、4大へ進学する者は、47.3％から49.7％へと増加した。専門学校への進学者も微増である。しかし、就職する生徒の数は微減で卒業者に占める就職者の割合は17.5％である。1985（昭和60）年には就職者割合は41.1％で、大学・短大進学率、専門学校進学率を大きく上回っていた。

(大沢)

第2節　教育制度

（9）中等教育学校の学校数、生徒数

学校数
Schools

区分	計 Total	国立 National	公立 Local	私立 Private	私立の割合 （%） Percentage of private school
平成 11 年（'99）	1	—	1	—	—
12（'00）	4	2	1	1	25.0
17（'05）	19	2	8	9	47.4
22（'10）	48	4	28	16	33.3
25（'13）	50	4	29	17	34.0
26（'14）	51	4	30	17	33.3
27（'15）	52	4	31	17	32.7
28（'16）	52	4	31	17	32.7
29（'17）	53	4	31	18	34.0
全　日　制 Full-time school	53	4	31	18	34.0
定　時　制 Part-time school（1）	—	—	—	—	—
全・定併置 Combined school（2）	—	—	—	—	—

（注）1　「全・定併置」とは、全日制と定時制の両方の課程を設置している学校をいう。

2　本校のみである。

(1) A Part-time school is one with the course where instruction is given in the daytime or evening, during a certain period of time.

(2) A combined school is one with both Full-time and Part-time courses.

生徒数
Students by Year

区分	計 Total	国立 National	公立 Local	私立 Private	全日制 Full-time course	定時制 Part-time course	私立の割合（%） Percentage of private
平成 11 年（'99）	236	—	236	—	117	—	—
12（'00）	1,702	1,435	238	29	828	—	1.7
17（'05）	7,456	1,422	2,066	3,968	2,677	3	53.2
22（'10）	23,759	2,251	13,920	7,588	9,273		31.9
25（'13）	30,226	3,014	19,134	8,078	13,953		26.7
26（'14）	31,499	3,160	20,424	7,915	15,103		25.1
27（'15）	32,317	3,142	21,466	7,709	15,693		23.9
28（'16）	32,428	3,107	21,941	7,380	15,877		22.8
29（'17）	32,618	3,070	22,399	7,149	16,129		21.9
前期課程 Lower division							
計 Total	16,489	1,458	11,522	3,509	…	…	21.3
男 Male	8,117	666	5,260	2,191	…	…	27.0
女 Female	8,372	792	6,262	1,318	…	…	15.7
1 学年 1st year	5,546	483	3,848	1,215	…	…	21.9
2 学年 2nd year	5,405	476	3,819	1,110	…	…	20.5
3 学年 3rd year	5,538	499	3,855	1,184	…	…	21.4
後期課程（本科） Upper division (Regular course)							
計 Total	16,129	1,612	10,877	3,640	16,129	—	22.6
男 Male	8,049	747	5,082	2,220	8,049	—	27.6
女 Female	8,080	865	5,795	1,420	8,080	—	17.6
1 学年 1st year	5,576	532	3,799	1,245	5,576	—	22.3
2 学年 2nd year	5,336	541	3,599	1,196	5,336	—	22.4
3 学年 3rd year	5,217	539	3,479	1,199	5,217	—	23.0
4 学年 4th year	—	—	—	—	—	—	—
専 攻 科 Advanced course（1）	—	—	—	—	—	—	—
別 科 Special course（2）	—	—	—	—	—	—	—

(1) Advanced course is a program subsequent to completion of upper division regular course, lasting 1 year or more.

(2) Special course is a program for graduates of lower division, lasting 1 year or more.

出典：文部科学省「文部科学統計要覧（平成 30 年版）」

　中等教育学校の学校数は、2017（平成 29）年度では全国で 53 校である。国立が 4 校、公立が 31 校、私立が 18 校であり、私立の占める割合は 34.0％となっている。定時制の学校はなく、すべて全日制である。生徒数は公立が最も多く、私立の割合が 21.9％となっている。国公立と私立と合わせての生徒数は、前期課程が 16,489 人、後期課程が 16,129 人と、ほぼ同数である。全国の生徒数は、32,618 人となる。

（大沢）

第2節　教育制度

（10）短期大学の設置者別学校数

短期大学の設置者別学校数

（単位：校、%）

区　分	計	国立	公立	私立	私立の割合
平成20年度	417	2	29	386	92.6
25	359	—	19	340	94.7
26	352	—	18	334	94.9
27	346	—	18	328	94.8
28	341	—	17	324	95.0
29	337	—	17	320	95.0
30	331	—	17	314	94.9

大学専門諸学校類型別学校数（昭和30年度）

学校

（a）昼夜別学校数

区分	大学			短期大学			
	計	昼	併置	計	昼	夜	併置
総数	228	188	40	264	166	50	48
国立	72	68	4	17	–	17	–
公立	34	32	2	43	31	6	6
私立	122	88	34	204	135	27	42

（注）「併置」とは昼間授業と夜間授業の両学部（学科）を持つ学校をいう。

短期大学類型別　学校数

区分	計	昼　夜　別			男　女　別		
		昼のみ	夜のみ	併　置	男のみ	女のみ	男・女
平成6年度	593	521	24	44	1	327	261
平成7年度	596	525	24	43	2	322	268
国　　立	36	25	11	—	1	—	35
公　　立	60	53	2	5	—	18	42
私　　立	500	447	11	38	1	304	191

昼夜別及び男女別の区分は、本科学生の在校状況による。なお、上記以外に本科学生のいない学校が4校（私立4校）ある。

出典：文部科学省「学校基本調査」昭和30年度、平成7年度、平成30年度

　短期大学の学校数は、1955（昭和30）年は264校あったものが、2018（平成30）年度は331校となった。63年の間で1.27倍となる。しかし、学校数が最も多かった1995（平成7）年は、596校だったので、それと比較すると、平成30年度は、約44%減少したことになる。当時は国立が36校、公立も60校あった。国立がなくなり、公立の校数も著しく減ったために、短大全体に対する私立の占める割合は約95%に上昇した。

（大沢）

第2節　教育制度

（11）大学の設置者別学校数

大学専門諸学校類型別学校数（昭和30年度）

学校
昼夜別学校数

区分	大学			短期大学			
	計	昼	併置	計	昼	夜	併置
総数	228	188	40	264	166	50	48
国立	72	68	4	17	—	17	—
公立	34	32	2	43	31	6	6
私立	122	88	34	204	135	27	42

（注）「併置」とは昼間授業と夜間授業の両学部（学科）を持つ学校をいう。

大学の設置者別学校数

（単位：校、％）

区分	計	国立	公立	私立	私立の割合
平成20年度	765	86	90	589	77.0
25	782	86	90	606	77.5
26	781	86	92	603	77.2
27	779	86	89	604	77.5
28	777	86	91	600	77.2
29	780	86	90	604	77.4
30	782	86	93	603	77.1

出典：文部科学省「学校基本調査」昭和30年度、平成7年度、平成30年度

第5章　教育

1955（昭和30）年の総数228校から2018（平成30）年度は782校と、約3.4倍となっている。国立は約1.2倍の増加、公立も2.7倍の増加となる。私立大学は122校から603校と4.9倍も増加した。少子化の中でも学校数が増加したのは、大学への進学率が伸びたことと、短大が4大に改組されたことが大きい。ちなみに全体に対する私立の割合は、77.1％であり、1955（昭和30）年と比較すると、23.9％増加している。

（大沢）

第5章　教育

第2節 教育制度

（12）学生数（短期大学）・関係学科別学生数（短期大学本科）

学生数（短期大学）

（単位：人、％）

区　　分	計	うち本科	うち女子	女子の占める割合	国　　立	公　　立	私　　立
平成 20 年度	172,726	166,448	153,518	88.9	52	10,565	162,109
25	138,260	133,714	122,176	88.4	—	7,649	130,611
26	136,534	131,341	120,722	88.4	—	7,388	129,146
27	132,681	127,836	117,461	88.5	—	6,956	125,725
28	128,460	124,374	113,975	88.7	—	6,750	121,710
29	123,949	119,728	109,898	88.7	—	6,670	117,279
30	119,035	114,774	105,530	88.7	—	6,221	112,814

関係学科別学生数の比率の推移（短期大学本科）

（単位：％）

区　　分	関　係　学　科　別　学　生　の　構　成　比									
	計	人文	社会	教養	工業	農業	保健	家政	教育	芸術	その他
平成 20 年度	100.0	12.4	12.0	1.4	3.5	0.8	7.6	20.8	29.8	4.5	7.1
25	100.0	9.2	9.8	1.9	2.7	1.0	9.7	18.9	36.2	3.5	7.1
26	100.0	9.3	9.1	1.9	2.6	1.0	9.7	18.6	37.4	3.3	7.0
27	100.0	9.3	8.7	2.0	2.6	1.0	9.8	18.5	37.8	3.4	7.0
28	100.0	9.4	8.9	2.1	2.5	0.9	9.7	18.5	37.6	3.4	7.0
29	100.0	9.8	9.0	2.0	2.4	0.7	9.4	18.4	37.4	3.6	7.3
30	100.0	9.9	9.6	2.1	2.3	0.5	9.1	18.0	37.1	3.8	7.6

出典：文部科学省 学校基本調査 平成 30 年度

　短期大学の学生数は 2008（平成 20）年度では 172,726 人だったものが、2018（平成 30）年度には 119,035 人となった。前年度より 4,914 人減少している。また女子の占める割合は、この 10 年間、88％台が続いており、ここ 3 年間は 88.7％となっている。2018（平成 30）年度の関係学科別の割合は、教育系が全体の 37.1％で最も高く、次に家政が 18.0％と続き、他の人文、社会、教養、工業、農業、保健、芸術などの学科は 10％未満となっている。

（大沢）

第2節　教育制度

（13）学生数（大学）

（単位：人、%）

区分	計 (a)	うち学部	うち大 学院(b)	うち社 会人(c)	うち女子 (d)	社会人の 占める割 合 c/b	女子の占 める割合 d/a	国立	公立	私立
平成20年度	2,836,127	2,520,593	262,686	53,667	1,140,755	20.4	40.2	623,811	131,970	2,080,346
25	2,868,872	2,562,068	255,386	55,355	1,216,012	21.7	42.4	614,783	146,160	2,107,929
26	2,855,529	2,552,022	251,013	56,074	1,220,091	22.3	42.7	612,509	148,042	2,094,978
27	2,860,210	2,556,062	249,474	57,289	1,231,868	23.0	43.1	610,802	148,766	2,100,642
28	2,873,624	2,567,030	249,588	58,806	1,247,726	23.6	43.4	610,401	150,513	2,112,710
29	2,890,880	2,582,670	250,891	59,635	1,263,893	23.8	43.7	609,473	152,931	2,128,476
30	2,909,159	2,599,684	254,013	60,935	1,280,406	24.0	44.0	608,969	155,520	2,144,670

（注）「学生数」には、学部学生・大学院学生のほか、専攻科・別科の学生及び科目等履修生・聴講生・研究生を含む。

出典：文部科学省 学校基本調査 平成30年度

　大学の学生数は2008（平成20）年度の283万6,127人から2018（平成30）年度の290万9,159人となり、微増となっている。平成30年度の学部、大学院、社会人の比率は、それぞれ89%、9%、2%となっている。また国立・公立・私立の比は、それぞれ21%、5%、74%となる。学生数では、私立が3／4を占めていることになる。学生のうち社会人は24.0%、女子の割合は44.0%とやや増加傾向にある。

（大沢）

第2節　教育制度

（14）日本の学校系統図

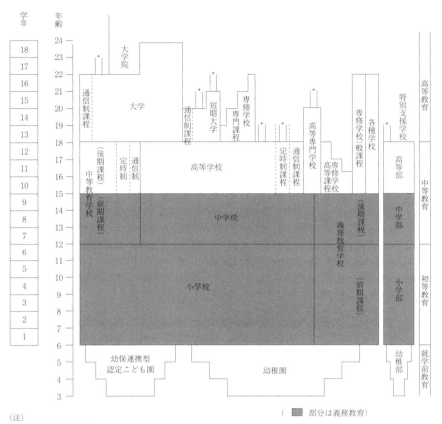

（注）
1. ＊印は専攻科を示す。
2. 高等学校、中等教育学校後期課程、大学、短期大学、特別支援学校高等部には修業年限1年以上の別科を置くことができる。
3. 幼保連携型認定こども園は、学校かつ児童福祉施設であり0～2歳児も入園することができる。
4. 専修学校の一般課程と各種学校については年齢や入学資格を一律に定めていない。

出典：文部科学省「諸外国の教育統計」平成29（2017）年版
http://www.mext.go.jp/b_menu/toukei/data/syogaikoku/__icsFiles/afieldfile/2017/09/27/1396544_01.pdf
2019年5月16日確認

　現在の学校系統図である。わが国の学校系統の特徴は、小学校と中学校が義務教育であり、単線型の学校制度となっているということである。中等教育学校が前期課程と後期課程と分かれているのは、一貫した教育を行いながらも、途中入学などのことを考え、また中学校と高等学校との関係性を保つためである。幼保連携型認定こども園は、幼稚園的機能と保育所的機能を兼ね備えた施設であり、0～2歳児も入園できる。

（大沢）

第2節　教育制度

(15) 在学者1人あたりの使途別年間教育支出総額（2013年）

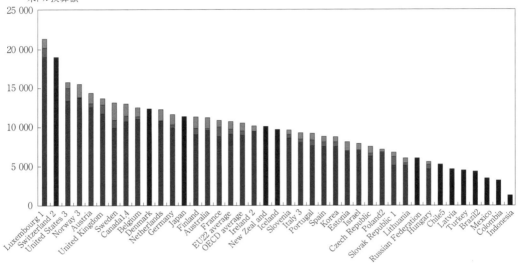

出典：OECD 図表でみる教育（Education at a Glance）OECD インディケータ 2016

　OECD加盟35ヶ国とパートナー諸国の教育制度の構造、財政と成果を示すデータとなっている。支出額の内訳は、教育サービスそのものの費用、補助的サービスの費用（教育機関が提供する交通機関、給食、宿舎の費用）、そして研究・開発活動の3つに区分されている。わが国の場合、義務教育以外の段階で、私費負担割合が特に高く、家計に重い負担をかけている。わが国の在学者1人あたりの公財支出・私費負担は概ね増加している。

（大沢）

第2節　教育制度

（16）教育機関に対する支出の私費負担割合（2013年）

教育機関に対する支出の私費負担割合を示している。私費負担には、私的財源から教育機関に移転される資金、すなわち公的資金による家計への補助、授業料、その他の私的支出（例：寮費）のすべてを含む。

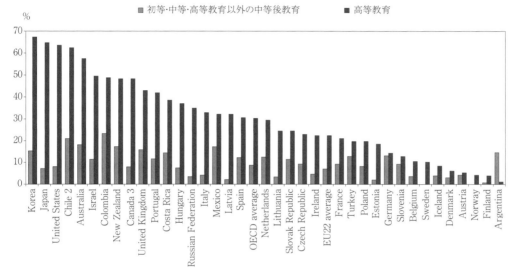

1. 私的部門を通じて教育機関へ支払われた公的補助を含む。
2. 調査年は2014年。
3. 調査年は2012年。

左から順に、高等教育機関に対する支出の私費負担割合が大きい国。
出典：OECD。表B3.1b。付録3の注を参照（www.oecd.org/education/education-at-a-glance-19991487.htm）。
Statlink: http://dx.doi.org/10.1787/888933397816

出典：OECD 図表でみる教育（Education at a Glance）OECD インディケータ 2016

　高等教育に対して、私費としてどれくらい家庭において負担されているかを示した図である。この値が高いものほど、家庭の実質的な負担は大きいことになる。すべての国の中のトップは韓国で、70％に近い値である。次に日本、アメリカ、チリ、オーストラリアと続く。ほとんどを公費でまかなうアルゼンチン、フィンランド、ノルウェーと比較したとき、その割合の差は歴然である。

（大沢）

第2節　教育制度

（17）学校系統図（学制による制度）1944（昭和19）年

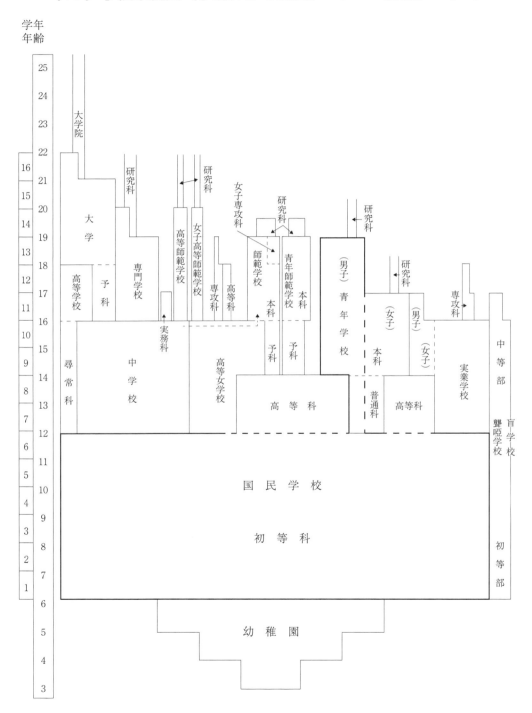

※第7図　昭和19年4月現在─国民学校令（昭和16年4月施行）を中心とし師範教育令改正（19年4月施行）までを含めて作成した。

※国民学校の高等科までの義務制は19年2月の戦時特例により実施されなかったので、義務制のわくからはずした。青年学校は男子は19歳まで義務制（ただし中学校等の在学者または卒業者は免除）で本科は男子は4年、女子は2年に短縮できることになっていた。師範学校・青年師範学校の本科は予科・中学・高女卒業で入学した。大学・専門学校・高等師範学校等は修業年限6か月以内臨時短縮できることになっていた。

出典：文部科学省「学校系統図」http://www.mext.go.jp/b_menu/hakusho/html/others/detail/1318188.htm

2019年5月16日確認

　1944（昭和19）年、太平洋戦争末期の学校系統を示す図である。現在の学校系統との違いは歴然である。国民学校初等科（現在の小学校）の次の中等教育機関が、高等学校・尋常科、中学校、高等女学校、国民学校の高等科、青年学校、実業学校と多岐にわたっている。大学に進学できるのは、高等学校の尋常科か中学校の卒業生だけである。このような多岐に分かれて進路が決定される制度を、複線型学校制度という。

（大沢）

第5章　教育

第2節　教育制度

（18）センター試験志願者数・受験者数等の推移

事項	平成2年度	平成3年度	平成4年度	平成5年度	平成6年度
1 志願者数	430,542人	455,855人	472,098人	512,712人	531,177人
2 受験者数	408,350人	430,341人	445,508人	481,885人	498,729人
本試験のみ	408,062人	430,138人	445,258人	481,430人	498,496人
追試験のみ	217人	129人	164人	308人	132人
再試験のみ	―	―	―	1人	―
本試験＋追試験	71人	74人	86人	146人	101人
本試験＋再試験	―	―	―	―	―
3 受験率	94.85%	94.40%	94.37%	93.99%	93.89%
4 全教科欠席者数	22,192人	25,514人	26,590人	30,827人	32,448人

事項	平成7年度	平成8年度	平成9年度	平成10年度	平成11年度
1 志願者数	557,400人	574,115人	599,962人	597,271人	580,064人
2 受験者数	521,681人	534,751人	553,202人	549,401人	531,438人
本試験のみ	520,751人	534,526人	552,825人	549,127人	530,851人
追試験のみ	595人	136人	255人	158人	409人
再試験のみ	2人	―	―	―	―
本試験＋追試験	295人	89人	114人	116人	178人
本試験＋再試験	38人	―	8人	―	―
3 受験率	93.59%	93.14%	92.21%	91.99%	91.62%
4 全教科欠席者数	35,719人	39,364人	46,760人	47,870人	48,626人

事項	平成12年度	平成13年度	平成14年度	平成15年度	平成16年度
1 志願者数	581,958人	590,892人	602,090人	602,887人	587,350人
2 受験者数	532,797人	539,209人	553,465人	555,849人	540,446人
本試験のみ	532,442人	538,966人	553,263人	555,474人	540,092人
追試験のみ	249人	155人	141人	239人	232人
再試験のみ	―	―	―	―	―
本試験＋追試験	106人	88人	61人	136人	118人
本試験＋再試験	―	―	―	―	4人
3 受験率	91.55%	91.25%	91.92%	92.20%	92.01%
4 全教科欠席者数	49,161人	51,683人	48,625人	47,038人	46,904人

事項	平成 17 年度	平成 18 年度	平成 19 年度	平成 20 年度	平成 21 年度
1 志願者数	569,950 人	551,382 人	553,352 人	543,385 人	543,981 人
2 受験者数	524,603 人	506,459 人	511,272 人	504,387 人	507,621 人
本試験のみ	524,393 人	506,241 人	511,105 人	504,136 人	507,345 人
追試験のみ	101 人	125 人	77 人	65 人	125 人
再試験のみ	―	―	―	―	―
本試験＋追試験	59 人	78 人	73 人	82 人	84 人
本試験＋再試験	50 人	15 人	17 人	104 人	67 人
3 受験率	92.04%	91.85%	92.40%	92.82%	93.32%
4 全教科欠席者数	45,347 人	44,923 人	42,080 人	38,998 人	36,360 人

事項	平成 22 年度	平成 23 年度	平成 24 年度	平成 25 年度	平成 26 年度
1 志願者数	553,368 人	558,984 人	555,537 人	573,344 人	560,672 人
2 受験者数	520,600 人	527,793 人	526,311 人	543,271 人	532,350 人
本試験のみ	519,707 人	527,405 人	525,838 人	542,943 人	531,987 人
追試験のみ	453 人	204 人	129 人	233 人	158 人
再試験のみ	―	―	―	―	―
本試験＋追試験	440 人	182 人	79 人	88 人	73 人
本試験＋再試験	0 人	2 人	265 人	7 人	132 人
3 受験率	94.08%	94.42%	94.74%	94.75%	94.95%
4 全教科欠席者数	32,768 人	31,191 人	29,226 人	30,073 人	28,322 人

事項	平成 27 年度	平成 28 年度	平成 29 年度	平成 30 年度	平成 31 年度
1 志願者数	559,132 人	563,768 人	575,967 人	582,671 人	576,830 人
2 受験者数	530,537 人	536,828 人	547,892 人	554,212 人	546,198 人
本試験のみ	530,177 人	536,659 人	547,391 人	553,762 人	545,588 人
追試験のみ	280 人	106 人	299 人	320 人	491 人
再試験のみ	―	―	2 人	0 人	0 人
本試験＋追試験	77 人	46 人	80 人	94 人	102 人
本試験＋再試験	3 人	17 人	120 人	36 人	17 人
3 受験率	94.89%	95.22%	95.13%	95.12%	94.69%
4 全教科欠席者数	28,595 人	26,940 人	28,075 人	28,459 人	30,632 人

出典：大学入試センター

https://www.dnc.ac.jp/center/suii/suii.html

2019 年 5 月 16 日確認

第5章　教育

　1990（平成 2）年度から 2019（平成 31）年度までの大学入試センター試験の志願者数、受験者、受験率、全教科欠席者の数である。30 年間の中で、最も志願者数が多かったのは 2003（平成 15）年度の 602,887 人、受験率が高かったのは、2016（平成 28）年度の 95.22% となった。受験率は 91% を下回る年はなかった。現行のセンター試験制度は 2020（令和 2）年 1 月実施試験が最後となり、翌年から新テストが実施される。

（大沢）

第3節　教科・授業

（1）学習時間・授業時間の変化（ゆとり教育に関して）

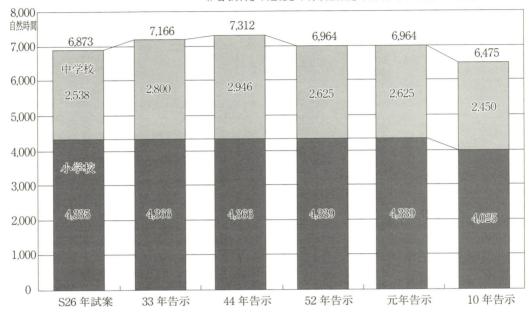

小学校の標準授業時数について

〔平成 10 年〕

教科等＼学年	1	2	3	4	5	6	計
国語	272 (8)	280 (8)	235 (6.7)	235 (6.7)	180 (5.1)	175 (5)	1377
社会	— —	— —	70 (2)	85 (2.4)	90 (2.6)	100 (2.9)	345
算数	114 (3.4)	155 (4.4)	150 (4.3)	150 (4.3)	150 (4.3)	150 (4.3)	869
理科	— —	— —	70 (2)	90 (2.6)	95 (2.7)	95 (2.7)	350
生活	102 (3)	105 (3)	— —	— —	— —	— —	207
音楽	68 (2)	70 (2)	60 (1.7)	60 (1.7)	50 (1.4)	50 (1.4)	358
図画工作	68 (2)	70 (2)	60 (1.7)	60 (1.7)	50 (1.4)	50 (1.4)	358
家庭	— —	— —	— —	— —	60 (1.7)	55 (1.6)	115
体育	90 (2.6)	90 (2.6)	90 (2.6)	90 (2.6)	90 (2.6)	90 (2.6)	540
道徳	34 (1)	35 (1)	35 (1)	35 (1)	35 (1)	35 (1)	209
特別活動	34 (1)	35 (1)	35 (1)	35 (1)	35 (1)	35 (1)	209
総合的な学習の時間	— —	— —	150 (3)	150 (3)	110 (3.1)	110 (3.1)	430
合計	782 (23)	840 (24)	910 (26)	945 (27)	945 (27)	945 (27)	5367

〔平成 20 年〕

教科等＼学年	1	2	3	4	5	6	計
国語	306 (9)	315 (9)	245 (7)	245 (7)	175 (5)	175 (5)	1461
社会	— —	— —	70 (2)	90 (2.6)	100 (2.9)	105 (3)	365
算数	136 (4)	175 (5)	175 (5)	175 (5)	175 (5)	175 (5)	1011
理科	— —	— —	90 (2.6)	105 (3)	105 (3)	105 (3)	405
生活	102 (3)	105 (3)	— —	— —	— —	— —	207
音楽	68 (2)	70 (2)	60 (1.7)	60 (1.7)	50 (1.4)	50 (1.4)	358
図画工作	68 (2)	70 (2)	60 (1.7)	60 (1.7)	50 (1.4)	50 (1.4)	358
家庭	— —	— —	— —	— —	60 (1.7)	55 (1.6)	115
体育	102 (3)	105 (3)	105 (3)	105 (3)	90 (2.6)	90 (2.6)	597
道徳	34 (1)	35 (1)	35 (1)	35 (1)	35 (1)	35 (1)	209
特別活動	34 (1)	35 (1)	35 (1)	35 (1)	35 (1)	35 (1)	209
総合的な学習の時間	— —	— —	70 (2)	70 (2)	70 (2)	70 (2)	280
外国語活動	— —	— —	— —	— —	35 (1)	35 (1)	70
合計	850 (25)	910 (26)	945 (27)	980 (28)	980 (28)	980 (28)	5645

注：（ ）内は週当たりのコマ数。

中学校の標準授業時数について

〔平成 10 年〕

教科等 \ 学年	1	2	3	計
国語	140 (4)	105 (3)	105 (3)	350
社会	105 (3)	105 (3)	85 (2.4)	295
数学	105 (3)	150 (3)	105 (3)	315
理科	105 (3)	105 (3)	80 (2.3)	290
音楽	45 (1.3)	35 (1)	35 (1)	115
美術	45 (1.3)	35 (1)	35 (1)	115
保健体育	90 (2.6)	90 (2.6)	90 (2.6)	270
技術・家庭	70 (2)	70 (2)	35 (1)	175
外国語	105 (3)	105 (3)	105 (3)	315
道徳	35 (1)	35 (1)	35 (1)	105
特別活動	35 (1)	35 (1)	35 (1)	105
選択教科等	0～30 (0～0.9)	50～65 (1.4～2.4)	105～165 (3～4.7)	155～280
総合的な学習の時間	70～100 (2～2.9)	70～105 (2～3)	70～130 (2～3.7)	210～335
合計	980 (28)	980 (28)	980 (28)	2940

〔平成 20 年〕

教科等 \ 学年	1	2	3	計
国語	140 (4)	140 (4)	105 (3)	385
社会	105 (3)	105 (3)	140 (4)	350
数学	140 (4)	105 (3)	140 (4)	385
理科	105 (3)	140 (4)	140 (4)	385
音楽	45 (1.3)	35 (1)	35 (1)	115
美術	45 (1.3)	35 (1)	35 (1)	115
保健体育	105 (3)	105 (3)	105 (3)	315
技術・家庭	70 (2)	70 (2)	35 (1)	175
外国語	140 (4)	140 (4)	140 (4)	420
道徳	35 (1)	35 (1)	35 (1)	105
特別活動	35 (1)	35 (1)	35 (1)	105
総合的な学習の時間	50 (1.4)	70 (2)	70 (2)	190
合計	1015 (29)	1015 (29)	1015 (29)	3045

注：（ ）内は週当たりのコマ数。

出典：国立教育政策研究所教育課程研究センター「各教科」「道徳」「特別活動」「総合的な学習の時間」の合計および、学習指導要領（現行平成 10 年→改訂平成 20 年）

　学習指導要領改訂に伴う 1977（昭和 52）年告示・1989（平成元）年告示・1998（平成 10）年告示と段階を経ながら施行されたゆとり教育。「教育内容をその後の学習や生活に必要な最小限の基礎的・基本的内容に徹底的に厳選する」、「教育内容の厳選は、単なる完全学校週 5 日制に対応するためのものにとどまらず、授業時数の縮減以上に思い切って」行うこととしたが、2008（平成 20）年告示以降は「脱ゆとり教育」に転じた。

（中島）

第3節　教科・授業

（2）授業時数の変化（小学校）

旧・改訂前　2008（平成20）年

	1学年	2学年	3学年	4学年	5学年	6学年	計
国語	306	315	245	245	175	175	1461
社会	-	-	70	90	100	105	365
算数	136	175	175	175	175	175	1011
理科	-	-	90	105	105	105	405
生活	102	105	-	-	-	-	207
音楽	68	70	60	60	50	50	358
図画工作	68	70	60	60	50	50	358
家庭	-	-	-	-	60	55	115
体育	102	105	105	105	90	90	597
道徳	34	35	35	35	35	35	209
特別活動	34	35	35	35	35	35	209
総合的な学習の時間	-	-	70	70	70	70	280
外国語活動	-	-	-	-	35	35	70
合計	850	910	945	980	980	980	5645

新・改訂　2017（平成29）年

	1学年	2学年	3学年	4学年	5学年	6学年	計
国語	306	315	245	245	175	175	1461
社会	-	-	70	90	100	105	365
算数	136	175	175	175	175	175	1011
理科	-	-	90	105	105	105	405
生活	102	105	-	-	-	-	207
音楽	68	70	60	60	50	50	358
図画工作	68	70	60	60	50	50	358
家庭	-	-	-	-	60	55	115
体育	102	105	105	105	90	90	597
特別の教科である道徳	34	35	35	35	35	35	209
特別活動	34	35	35	35	35	35	209
総合的な学習の時間	-	-	70	70	70	70	280
外国語活動	-	-	35	35	-	-	70
外国語	-	-	-	-	70	70	140
合計	850	910	980	1015	1015	1015	5785

※　この表の授業数の1単位時間は45分とする。

※　各教科の授業について、年間35単位時間を超える部分について、15分程度の短い時間を単位とするなど、柔軟な時間割を編成して実施することができる。

注：2020（令和2）年度より完全実施、2019（平成31）年度まで移行期間である。

出典：文部科学省初等中等教育局教育課程課「学習指導要領について」平成29年4月

　2017（平成29）年度学習指導要領改訂では、小学校第3・4学年に各35時間の外国語活動、小学校第5・6学年に各70時間の外国語が加わり、全学年に各35時間（1学年のみ34時間）の「特別の教科である道徳」が新設。学力の育成をめざし、授業の創意工夫や教科書等の教材の改善を示すものであり、知識の理解の質を高め資質・能力を育む「主体的・対話的で深い学び」としての授業改善を図るものである。

（中島）

第3節 教科・授業

（3）授業時数の変化（中学校）

区　　　　　　　　　　分		第1学年	第2学年	第3学年
各　教　科　の 授　業　時　数	国　　　　　語	140	140	105
	社　　　　　会	105	105	140
	数　　　　　学	140	105	140
	理　　　　　科	105	140	140
	音　　　　　楽	45	35	35
	美　　　　　術	45	35	35
	保　健　体　育	105	105	105
	技　術　・　家　庭	70	70	35
	外　　国　　語	140	140	140
特別の教科である道徳の授業時数		35	35	35
総合的な学習の時間の授業時数		50	70	70
特　別　活　動　の　授　業　時　数		35	35	35
総　　授　　業　　時　　数		1015	1015	1015

注1　この表の授業時数の1単位時間は、50分とする。

　　2　特別活動の授業時数は、中学校学習指導要領で定める学級活動（学校給食に係るものを除く。）に充てる
　　　ものとする。

出典：出典：文部科学省　初等中等教育局教育課程課「学習指導要領について」平成29年4月

　2017（平成29）年度学習指導要領改訂においては「特別の教科である道徳」への名
称変更をのぞき、教科等ごとの名称や標準授業数に変更はない。ただし、各教科では、
例えば社会科について歴史分野を5時間増の135時間、地理的分野を5時間減の115
時間とするなどの変更はみられる。中学校においても授業の質的転換に向けた「アク
ティブラーニング」が求められ、生涯にわたって能動的に学び続ける学習者を育てる
ことが期待される。

（中島）

第3節　教科・授業

（4）学校外の学習時間と宿題の種類と頻度

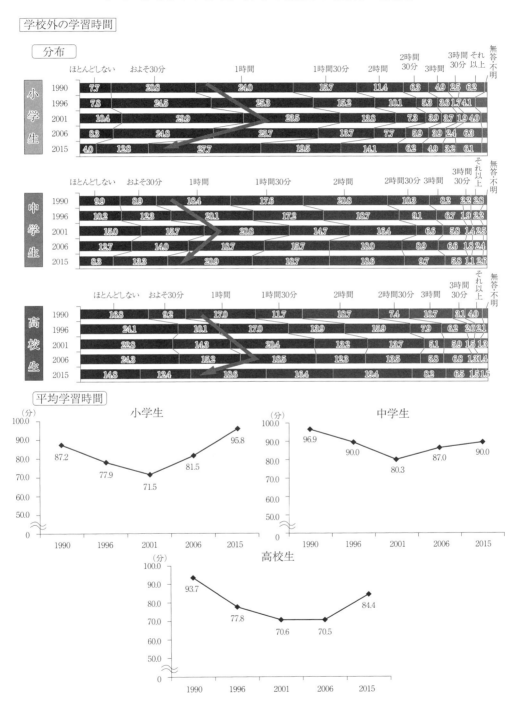

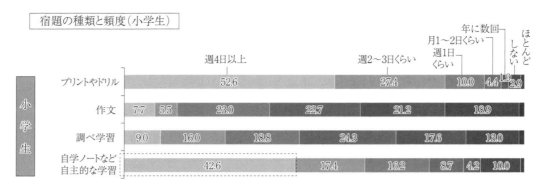

資料：ベネッセ教育総合研究所「第5回学習基本調査」2015年

　塾や予備校、家庭教師も含めた、小中高校生の学校の授業以外の1日の平均学習時間の経年変化である。小・中学生の平均学習時間は、2001（平成13）年を底に前回2006（平成18）年に引き続き増加傾向にある。一方、高校生の平日の平均学習時間は一貫して減少していたが、2015年で増加に転じた。時間は小・中・高校生ともに2006年と比べて増加しており、学習時間の増加には宿題の影響があると考えられる。

（中島）

第3節 教科・授業

(5) 教科や活動の好き嫌い

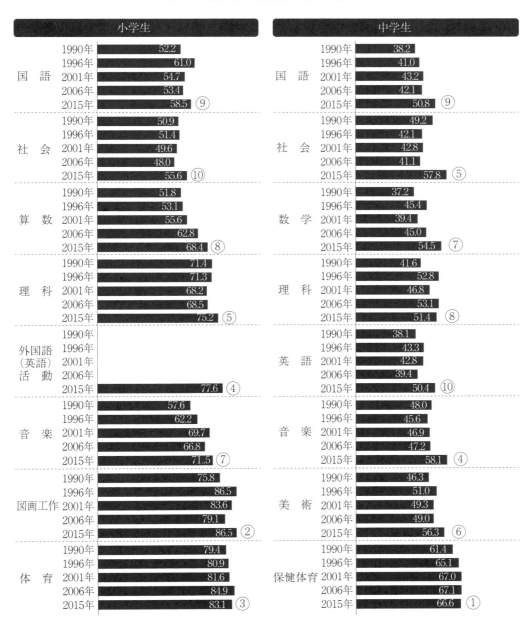

	小学生			中学生	
国語	1990年	52.2	国語	1990年	38.2
	1996年	61.0		1996年	41.0
	2001年	54.7		2001年	43.2
	2006年	53.4		2006年	42.1
	2015年	58.5 ⑨		2015年	50.8 ⑨
社会	1990年	50.9	社会	1990年	49.2
	1996年	51.4		1996年	42.1
	2001年	49.6		2001年	42.8
	2006年	48.0		2006年	41.1
	2015年	55.6 ⑩		2015年	57.8 ⑤
算数	1990年	51.8	数学	1990年	37.2
	1996年	53.1		1996年	45.4
	2001年	55.6		2001年	39.4
	2006年	62.8		2006年	45.0
	2015年	68.4 ⑧		2015年	54.5 ⑦
理科	1990年	71.4	理科	1990年	41.6
	1996年	71.3		1996年	52.8
	2001年	68.2		2001年	46.8
	2006年	68.5		2006年	53.1
	2015年	75.2 ⑤		2015年	51.4 ⑧
外国語(英語)活動	1990年		英語	1990年	38.1
	1996年			1996年	43.3
	2001年			2001年	42.8
	2006年			2006年	39.4
	2015年	77.6 ④		2015年	50.4 ⑩
音楽	1990年	57.6	音楽	1990年	48.0
	1996年	62.2		1996年	45.6
	2001年	69.7		2001年	46.9
	2006年	66.8		2006年	47.2
	2015年	71.5 ⑦		2015年	58.1 ④
図画工作	1990年	75.8	美術	1990年	46.3
	1996年	86.5		1996年	51.0
	2001年	83.6		2001年	49.3
	2006年	79.1		2006年	49.0
	2015年	86.5 ②		2015年	56.3 ⑥
体育	1990年	79.4	保健体育	1990年	61.4
	1996年	80.9		1996年	65.1
	2001年	81.6		2001年	67.0
	2006年	84.9		2006年	67.1
	2015年	83.1 ③		2015年	66.6 ①

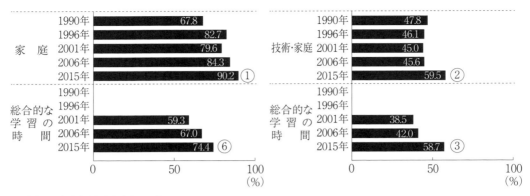

注1)「とても好き」+「まあ好き」の比率。
注2)「保健体育」は1990年、1996年、2001年、2006年は「体育」としてたずねている。
注3)「総合的な学習の時間」は2001年は「やっていない」「履修したことがない」を除いて集計。
注4)①〜⑩は、2015年における教科や活動の「とても好き」+「まあ好き」の比率の順位を表す。

出典：ベネッセ教育総合研究所「第5回学習基本調査」2015年

　小学生、中学生の教科や活動の好き嫌い経年比較である。教科や活動の「好き」の比率は小中ともに増加傾向で、小学生の好きな教科の比率が高いのは「家庭」で、中学生は「社会」と「総合的な学習の時間」の比率が増加した。特に算数は、小学生は1990（平成2）年には約半数だった好きな比率が68.4%まで増加している。中学生は小学生よりも教科間の好きの比率の差が小さく、保健体育以外はすべて5割台である。
（中島）

第3節　教科・授業

(6) PISA順位（2015）日本の成績変化

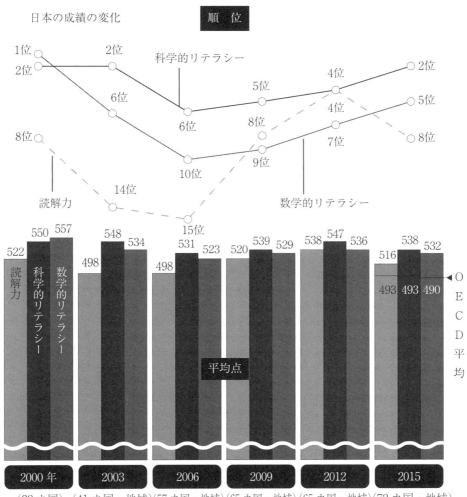

出典：朝日新聞 2016年12月6日朝刊紙

　3年ごとに本調査を実施している経済協力開発機構（OECD〈Organisation for Economic Co-operation and Development〉）が行う、世界の72カ国・地域の15歳約54万人を対象にした「生徒の学習到達度調査」（PISA〈Programme International Student Assessment〉）結果である。日本は「科学的応用力（科学的リテラシー）」は2位、「数学的応用力（数学的リテラシー）」は5位と前回（2012年）調査から順位を上げ、世界のトップ水準だった。一方「読解力」は前回より順位を落とし8位だった。
（中島）

第3節　教科・授業

（7）平成29年度職業体験・インターンシップ実施状況調査

※（　）は28年度の数値

職場体験の実施状況について（平成29年度調査時点）

公立中学校数	実施学校数	実施率
9,449校（9,472校）	9,319校（9,294校）	98.6%（98.1%）

※（　）は28年度の数値

インターンシップ実施状況について（平成29年度調査時点）（全日制・定時制）

公立高等学校数	実施学校数	実施率
4,051校（4,069校）	3,436校（3,406校）	84.8%（83.7%）

出典：国立教育政策研究所「平成29年度職業体験・インターンシップ実施状況調査」

　公立中高における職場体験・インターンシップの実施状況である。中学では、9,449校中9,319校が実施しており、実施率は98.6%。高校のインターンシップ実施率は、4,051校中、3,436校で、実施率は84.8%。ほとんどの中学校において、職業体験は教育課程上、総合的な学習の時間等に位置付けられている。高等学校は学科別でカウントされ、教育課程には位置付けしないという学校の割合が約半数である。

（中島）

第3節 教科・授業

（8）外国語教育担当教員数と学級数

調査対象学校数
分校と本校は、まとめて1校とする。

	平成29年度
小学校数	19,487

	外国語活動を実施		教科としての外国語を実施	
5・6年生の学級数	67,987	学級	5,964	学級
外国語教育担当教員数	73,801	人	8,105	人
学級担任	64,226	人	5,643	人
同学年他学級担任（授業交換等）	1,107	人	119	人
他学年学級担任（授業交換等）	621	人	23	人
専科教員等（当該小学校所属教員）	3,366	人	547	人
他小学校所属教員	384	人	69	人
中・高等学校所属教員	1,732	人	193	人
非常勤講師	1,768	人	540	人
特別非常勤講師	597	人	971	人

第5章 教育

	外国語活動を実施		教科としての外国語を実施	
5・6年生の学級数	67,987	学級	5,964	学級
学級担任	62,689	学級	5,296	学級
同学年他学級担任（授業交換等）	928	学級	114	学級
他学年学級担任（授業交換等）	474	学級	15	学級
専科教員等（当該小学校所属教員）	2,858	学級	306	学級
他小学校所属教員	100	学級	3	学級
中・高等学校所属教員	486	学級	76	学級
非常勤講師	348	学級	98	学級
特別非常勤講師	104	学級	56	学級

出典：文部科学省「平成29年度公立小学校・義務教育（前期課程）における英語教育実施状況調査」

　2020年度を見据え、英語教育の充実・強化が進められている。新学習指導要領では、小学3・4年生で「外国語活動」を年間35時間、5・6年生で教科「外国語」を年間70時間実施する。小学5・6年の英語教育（2019年度まで移行期間）において、学級担任が外国語活動を実施している学級は全体の92.2％、教科としての外国語を実施している学級は全体の88.7％となっており、教科「外国語」の新教育課程運用計画・配備が急がれる。

（中島）

第3節　教科・授業

（9）青少年の自然体験（経年比較）

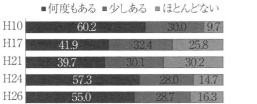
海や川で泳いだこと

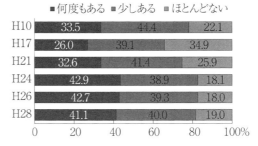
夜空いっぱいに輝く星をゆっくり見たこと

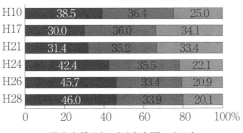
野鳥を見たり、鳴く声を聞いたこと

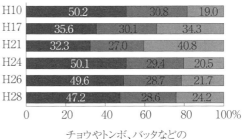
チョウやトンボ、バッタなどの昆虫をつかまえたこと

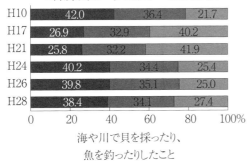
海や川で貝を採ったり、魚を釣ったりしたこと

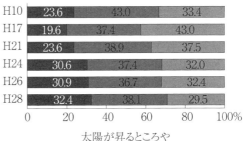
太陽が昇るところや沈むところを見たこと

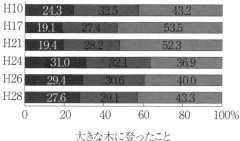

大きな木に登ったこと

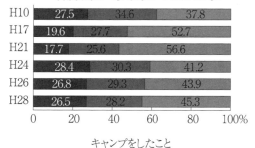

キャンプをしたこと

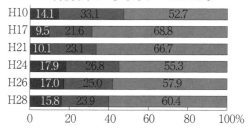

ロープウェイやリフトを使わ
ずに高い山に登ったこと

出典：国立青少年教育振興機構「青少年の体験活動等に関する意識調査」平成28年度調査

　小4、小6、中2が9項目の自然体験について、これまでどれくらいしたことがあるかについての経年比較である。半数以上が「何度もある」と答えたのは「海や川で泳いだこと」で、2009（平成21）年まで経験値は減っていたが再び増加した。「野鳥〜」や「昆虫〜」の割合も40%以上と多い。「ほとんどない」経験の割合が多いのは「ロープウェイやリフトを使わずに高い山に登ったこと」である。

（中島）

第3節　教科・授業

（10）原爆が投下された時の様子をだれから聞いたか

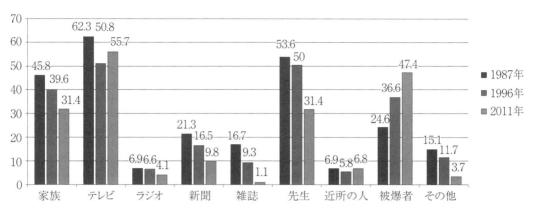

出典：広島平和教育研究所「第7回平和意識調査について」2015年

　広島県内の小・中学生を対象に定期的に行っている、平和意識調査の1987年、1996年、2011年の経年変化である。先生から聞いたという割合が激減している。多くの学校で、カリキュラムや推進体制の変更で系統的な学習ができにくくなっていることが、データの結果に影響していると考えられる。次世代の担い手となる子どもたちへの平和教育の在り方を充実させていく必要がある。

（中島）

第3節　教科・授業

（11）各学校種における人権教育の取組状況および力を入れている項目

全ての学校種における人権教育の取組の促進

【現状】各学校種における人権教育の取組状況〈小中高等学校〉

ア全体計画をすでに定めている。
イ年間指導計画をすでに定めている。

ウ人権教育担当者を置いている。
エ「協力的・参加的・体験的な学習」を
　「よく行っている」、「どちらかといえば、
　行っている」。

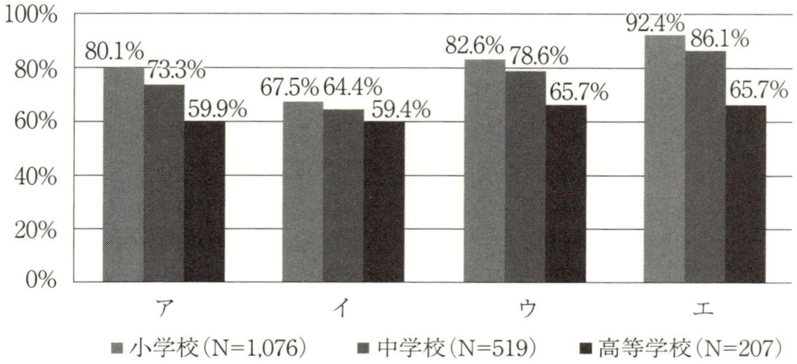

■ 小学校（N=1,076）　■ 中学校（N=519）　■ 高等学校（N=207）

【提言】いずれの学校種においても、それぞれの学校の児童生徒の実態に応じた人権教育の実践を
お願いしたい。

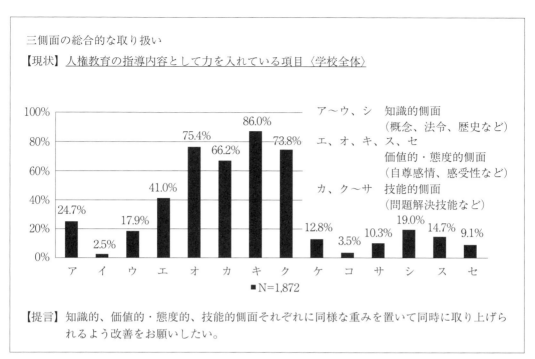

出典：文部科学省「平成24年度人権教育の推進に関する取組状況の調査について（概要）」

　各教育委員会や学校における人権教育の取組については、概ねその定着が図られている。取組状況は、小学校での割合が一番高く協力的・参加的・体験的な学習を「よく行っている」「どちらかといえばよく行っている」を合わせた数は92.4％にもなる。人権教育の指導内容として力を入れている項目には学校によりバラツキがあり、三側面（知識的側面、価値的・態度的側面、技能的側面）の総合的な取り扱いを提言している。

(中島)

第3節　教科・授業

（12）主に導入しているアクティブラーニングの手法

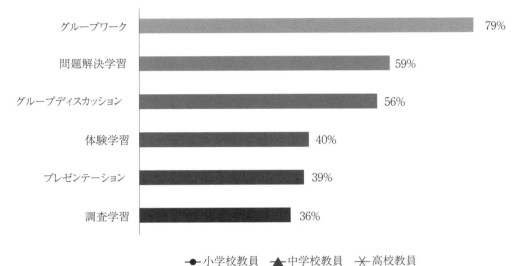

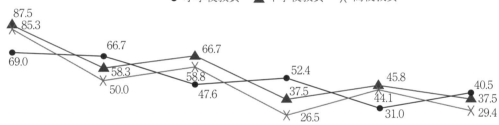

出典：eラーニング戦略研究所「アクティブラーニングに関する意識調査報告書」2015年

　アクティブラーニングを取り入れている小中高の教員に、どのような手法を導入しているかを聞いた結果である。全体では、グループワークが約8割と最も高く、次に問題解決学習、グループディスカッションと続く。従来の「受け身の学び」から自ら考え、調べ、解決へと導く「主体的・対話的で深い学び」への授業転換が活発に行われ、すでに「アクティブラーニング」の活用、授業改善に向けた取り組みが進んでいる。

（中島）

第3節　教科・授業

（13）教育課程の編成に関する小学校との連携

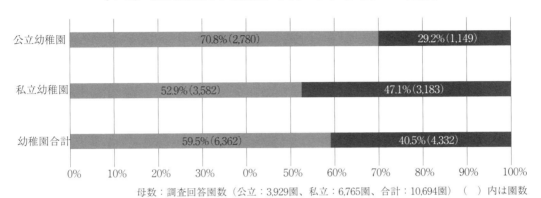

出典：文部科学省「平成28年度幼児教育実態調査」

　2016（平成28）年度の教育課程の編成にあたり、小学校との情報交換等の連携を行った幼稚園は、全体の59.5％である。内訳は、公立が70.8％、私立が52.9％である。具体的な例として「年長児の取組を小学校教諭が参観し、その後幼稚園教諭との話し合いを行い相互理解を深めた」等である。幼小接続のため、子どもの状況を幼小が共有し、双方にまたがる「接続期」を設け、学校間の連携協力に基づいた教育課程を編成する必要がある。

（中島）

第3節　教科・授業

（14）教師同士、教師と保育士の交流

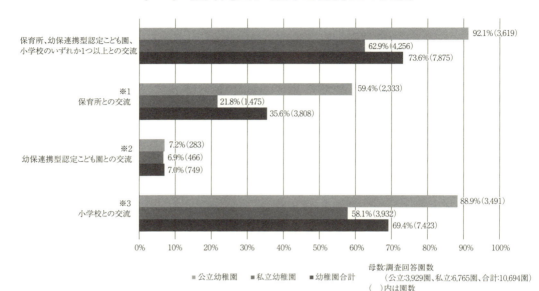

出典：文部科学省「平成28年度幼児教育実態調査」

　保育所、幼保連携型認定こども園又は小学校の保育士や教師と交流を行った幼稚園は、全体の73.6％であった。公立幼稚園では交流の機会が多い。保育所、こども園、小学校のいずれか1つ以上との交流は9割以上の園で、小学校との交流も約90％の園で行なわれており、近隣との交流を深めている。幼保小の連携や接続のさらなる充実が求められる。幼児期と小学校段階で育成する資質・能力をつなぐ必要性も論じられている。

（中島）

第3節　教科・授業

(15) 教員のICT活用指導力の推移

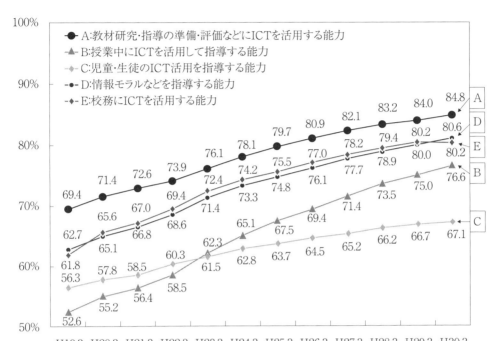

出典：文部科学省「平成29年度学校における教育の情報化の実態等に関する調査結果（概要）」平成30年

　全国公立学校における教員が自己評価した結果であり、2007（平成19）年からのICT（情報通信技術）活用指導力の推移である。すべてのICT（Information and Communication Technology）能力は上昇している。教材研究・指導の準備・評価などにICTを活用する能力は、84.8％まで到達した。一方、児童・生徒のICT活用を指導する能力は56.3％から67.1％と他の項目に比べ、この10年であまり上昇していない。

(中島)

第4節　学校内問題行動

（1）就学免除猶予者数および一年以上居所不明者数

（単位：人）

区　分	計			就学免除者			就学猶予者			一年以上居所不明者数		
	計	学齢児童	学齢生徒	計	学齢児童	学齢生徒	計	学齢児童	学齢生徒	計	学齢児童	学齢生徒
平成20年度	3,144	2,320	824	1,639	1,225	414	1,505	1,095	410	355	249	106
25	3,572	2,449	1,123	2,393	1,661	732	1,179	788	391	705	498	207
26	3,604	2,480	1,124	2,397	1,669	728	1,207	811	396	383	239	144
27	3,735	2,597	1,138	2,527	1,766	761	1,208	831	377	118	73	45
28	3,735	2,590	1,145	2,596	1,815	781	1,139	775	364	104	61	43
29	3,855	2,667	1,188	2,699	1,885	814	1,156	782	374	84	57	27
30	3,885	2,657	1,228	2,703	1,839	864	1,182	818	364	63	43	20

出典：文部科学省「学校基本調査」平成30年度

　教育基本法5条の規定により、保護者が児童生徒を就学させない場合は罰金を科せられる。しかし、病弱・発育不全等のやむを得ない事由で就学困難の場合には、就学免除や就学猶予が一定の期間認められる場合もあるが、その期間の経過とともに就学義務が生じる。前年比で就学免除者は4名、就学猶予者は26人増加した。一方、一年以上居所不明者はこの10年で17％に激減しており、前年度からは21人減少している。

（中野）

第4節　学校内問題行動

（2）長期欠席児童生徒数の推移

区分	計	小学校	中学校	特別支援学校	
				小学部	中学部
昭和 35 年度間	155,684	79,818	75,866	…	…
40（'65）	90,453	40,586	48,640	780	447
45（'70）	61,921	31,206	29,325	874	516
50（'75）	50,166	24,922	23,584	1,138	522
55（'80）	57,430	24,660	29,653	2,017	1,100
60（'85）	74,202	21,218	49,948	1,814	1,222
平成 2（'90）	94,639	25,491	66,435	1,643	1,070
7（'95）	193,342	71,047	116,778	3,485	2,032
12（'00）	229,062	78,044	145,526	3,398	2,094
17（'05）	192,089	59,053	128,596	2,705	1,735
18（'06）	201,409	61,095	135,472	2,996	1,846
19（'07）	204,082	60,236	138,882	3,017	1,947
20（'08）	196,208	55,674	135,804	2,867	1,863
21（'09）	185,762	52,437	128,210	3,156	1,959
22（'10）	182,442	52,594	124,544	3,209	2,095
23（'11）	181,781	54,340	122,053	3,292	2,096
24（'12）	180,966	53,952	121,509	3,259	2,246
25（'13）	186,744	55,486	125,465	3,476	2,317
26（'14）	190,571	57,862	126,850	3,523	2,336
27（'15）	200,787	63,091	131,807	3,453	2,436
28（'16）	212,323	67,093	139,200	3,543	2,487
病気	47,143	20,325	22,488	2,611	1,719
経済的理由	36	12	17	2	5
不登校	134,050	30,448	103,235	116	251
その他	31,094	16,308	13,460	814	512

（注）　1 「長期欠席児童生徒」とは、平成 2 年度間までは通算 50 日以上欠席、平成 3 年度間以降は通算 30 日以上欠席した児童生徒をいう。
　　　2 「特別支援学校」は、平成 17 年度間以前は、盲学校、聾学校及び養護学校の合計値である。
資料　平成 27 年度以降の小・中学校　文部科学省「児童生徒の問題行動・不登校等生徒指導上の諸課題に関する調査」
　　　平成 26 年度以前、平成 27 年度以降の特別支援学校　文部科学省「学校基本統計（学校基本調査報告書）」
（Note）　Until 1990 "Long absentees" were those pupils who were absent from school for the total of 50 days or more in the school year. From 1991 on. they included those absent for the total of 30 days or more in the school year.

出典：文部科学省「文部科学統計要覧」平成 30 年版

　　年間 30 日以上の欠席を長期欠席者という。1995 〜 2007（平成 7 〜 19）年にかけて増加傾向、その後は横ばいだが、最近では上昇する気配がある。小学生 6 万 7 千人、中学生 13 万 9 千人、全体では約 21 万 2 千人である。欠席の第 1 理由は不登校で、小中ともに前年比を上回って増加中である。2016（平成 28）年度の長期欠席者は、小学校 0.5％、中学校 3.0％、全体で 1.3％が不登校であり、病気や経済的理由は少ない。

（中野）

第4節　学校内問題行動

（3）不登校児童生徒の推移

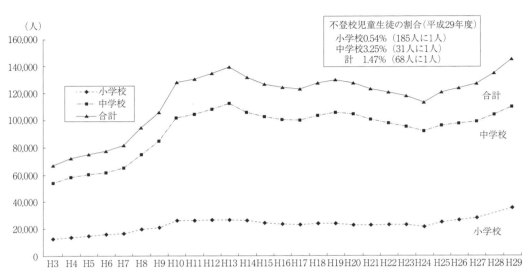

区分	小学校 (A)全児童数（人）	小学校 (B)不登校児童数（人）カッコ内 (B/A×100)(%)	小学校 不登校児童数の増▲減率(%)	中学校 (A)全生徒数（人）	中学校 (B)不登校生徒数（人）カッコ内 (B/A×100)(%)	中学校 不登校生徒数の増▲減率(%)	計 (A)全児童生徒数（人）	計 (B)不登校児童生徒数の合計（人）カッコ内 (B/A×100)(%)	計 不登校児童生徒数の増▲減率(%)
3年度	9,157,429	12,645 (0.14)	—	5,188,314	54,172 (1.04)	—	14,345,743	66,817 (0.47)	—
4年度	8,947,226	13,710 (0.15)	8.4	5,036,840	58,421 (1.16)	7.8	13,984,066	72,131 (0.52)	8.0
5年度	8,768,881	14,769 (0.17)	7.7	4,850,137	60,039 (1.24)	2.8	13,619,018	74,808 (0.55)	3.7
6年度	8,582,871	15,786 (0.18)	6.9	4,681,166	61,663 (1.32)	2.7	13,264,037	77,449 (0.58)	3.5
7年度	8,370,246	16,569 (0.20)	5.0	4,570,390	65,022 (1.42)	5.4	12,940,636	81,591 (0.63)	5.3
8年度	8,105,629	19,498 (0.24)	17.7	4,527,400	74,853 (1.65)	15.1	12,633,029	94,351 (0.75)	15.6
9年度	7,855,387	20,765 (0.26)	6.5	4,481,480	84,701 (1.89)	13.2	12,336,867	105,466 (0.85)	11.8
10年度	7,663,533	26,017 (0.34)	25.3	4,380,604	101,675 (2.32)	20.0	12,044,137	127,692 (1.06)	21.1
11年度	7,500,317	26,047 (0.35)	0.1	4,243,762	104,180 (2.45)	2.5	11,744,079	130,227 (1.11)	2.0
12年度	7,366,079	26,373 (0.36)	1.3	4,103,717	107,913 (2.63)	3.6	11,469,796	134,286 (1.17)	3.1
13年度	7,296,920	26,511 (0.36)	0.5	3,991,911	112,211 (2.81)	4.0	11,288,831	138,722 (1.23)	3.3
14年度	7,239,327	25,869 (0.36)	▲2.4	3,862,849	105,383 (2.73)	▲6.1	11,102,176	131,252 (1.18)	▲5.4
15年度	7,226,910	24,077 (0.33)	▲6.9	3,748,319	102,149 (2.73)	▲3.1	10,975,229	126,226 (1.15)	▲3.8
16年度	7,200,933	23,318 (0.32)	▲3.2	3,663,513	100,040 (2.73)	▲2.1	10,864,446	123,358 (1.14)	▲2.3
17年度	7,197,458	22,709 (0.32)	▲2.6	3,626,415	99,578 (2.75)	▲0.5	10,823,873	122,287 (1.13)	▲0.9
18年度	7,187,417	23,825 (0.33)	4.9	3,609,306	103,069 (2.86)	3.5	10,796,723	126,894 (1.18)	3.8

19 年度	7,132,874	23,927 (0.34)	0.4	3,624,113	105,328 (2.91)	2.2	10,756,987	129,255 (1.20)	1.9
20 年度	7,121,781	22,652 (0.32)	▲ 5.3	3,603,220	104,153 (2.89)	▲ 1.1	10,725,001	126,805 (1.18)	▲ 1.9
21 年度	7,063,606	22,327 (0.32)	▲ 1.4	3,612,747	100,105 (2.77)	▲ 3.9	10,676,353	122,432 (1.15)	▲ 3.4
22 年度	6,993,376	22,463 (0.32)	0.6	3,572,652	97,428 (2.73)	▲ 2.7	10,566,028	119,891 (1.13)	▲ 2.1
23 年度	6,887,292	22,622 (0.33)	0.7	3,589,774	94,836 (2.64)	▲ 2.7	10,477,066	117,458 (1.12)	▲ 2.0
24 年度	6,764,619	21,243 (0.31)	▲ 6.1	3,569,010	91,446 (2.56)	▲ 3.6	10,333,629	112,689 (1.09)	▲ 4.1
25 年度	6,676,920	24,175 (0.36)	13.8	3,552,455	95,442 (2.59)	4.4	10,229,375	119,617 (1.17)	6.1
26 年度	6,800,006	25,864 (0.39)	7.0	3,520,730	97,033 (2.76)	1.7	10,120,736	122,897 (1.21)	2.7
27 年度	6,543,104	27,583 (0.42)	6.6	3,481,839	98,408 (2.83)	1.4	10,024,943	125,991 (1.26)	2.5
28 年度	6,491,834	30,448 (0.47)	10.4	3,426,962	103,235 (3.01)	4.9	9,918,796	133,683 (1.35)	6.1
29 年度	6,463,416	35,032 (0.54)	15.1	3,357,435	108,999 (3.25)	5.6	9,820,851	144,031 (1.47)	7.7

（注1）調査対象：国公私立小・中学校（小学校には義務教育学校前期課程、中学校には義務教育学校後期課程及び中等教育学校前期課程を含む。）

（注2）年度間に連続又は断続して 30 日以上欠席した児童生徒のうち不登校を理由とする者について調査。不登校とは、何らかの心理的、情緒的、身体的、あるいは社会的要因・背景により、児童生徒が登校しないあるいはしたくともできない状況にあること（ただし、病気や経済的理由によるものを除く。）をいう。

出典：文部科学省「平成 29 年度児童生徒の問題行動・不登校等生徒指導上の諸問題に関する調査結果について 」平成 30 年

　病気や経済的理由以外で年間 30 日以上欠席した児童生徒で、何らかの心理的、情緒的、身体的、社会的要因や背景により、登校しないまたはできない状況にある場合を不登校という。そのピークは 2001（平成 13）年度でその後は緩やかな増減を繰り返したが、2013（平成 25）年度以降、小中ともに増加傾向にある。中学生の 31 人に 1 人、小中児童の 68 人に 1 人が不登校であり、多様な原因への対策が急がれている。

(中野)

第4節　学校内問題行動

（4）学年別不登校児童生徒数の推移

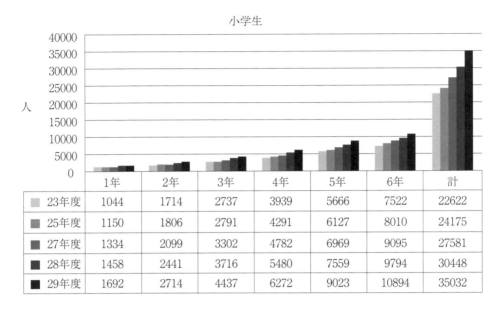

小学生

	1年	2年	3年	4年	5年	6年	計
23年度	1044	1714	2737	3939	5666	7522	22622
25年度	1150	1806	2791	4291	6127	8010	24175
27年度	1334	2099	3302	4782	6969	9095	27581
28年度	1458	2441	3716	5480	7559	9794	30448
29年度	1692	2714	4437	6272	9023	10894	35032

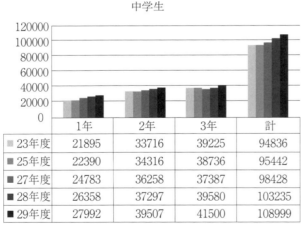

中学生

	1年	2年	3年	計
23年度	21895	33716	39225	94836
25年度	22390	34316	38736	95442
27年度	24783	36258	37387	98428
28年度	26358	37297	39580	103235
29年度	27992	39507	41500	108999

出典：文部科学省「児童生徒の問題行動等生徒指導上の諸問題に関する調査」平成23～29年度を基に筆者作成

　2017（平成29）年度の不登校児は、小学生3万5,032人、中学生10万8,999人、小中全体では、14万4,031人、小学生の0.5％、中学生の3.2％、全体の1.5％（約68人に1人）である。学年が上がるほど増加傾向にあり、中3が最も多い。ピークは2001（平成13）年、増減を繰り返し、2012（平成24）に最低値を示したが、2011～2017（平成23～29）年度をみると、各学年で上昇傾向が続いている。

（中野）

第4節　学校内問題行動

（5）不登校の要因（小学校）

学校、家庭に係る要因（区分）／本人に係る要因（分類）	分類別児童数	学校に係る状況								家庭に係る状況	左記に該当なし
		いじめ	いじめを除く友人関係をめぐる問題	教職員との関係をめぐる問題	学業の不振	進路に係る不安	クラブ活動、部活動等への不適応	学校のきまり等をめぐる問題	入学、転編入学進級時の不適応		
「学校における人間関係」に課題を抱えている。	4,420	186	2,304	703	351	37	22	93	177	1,121	157
	—	4.2%	63.4%	15.9%	7.9%	0.8%	0.5%	2.1%	4.0%	25.4%	3.6%
	12.6%	72.7%	42.4%	50.0%	7.1%	10.6%	25.3%	13.0%	13.0%	5.9%	2.7%
「あそび・非行」の傾向がある。	282	1	21	8	71	0	0	20	5	195	22
	—	0.4%	7.4%	2.8%	25.2%	0.0%	0.0%	7.1%	1.8%	69.1%	7.8%
	0.8%	0.4%	0.3%	0.6%	1.4%	0.0%	0.0%	2.8%	0.4%	1.0%	0.4%
「無気力」の傾向がある。	9,701	9	655	116	1,950	70	12	184	213	6,561	1,396
	—	0.1%	6.8%	1.2%	20.1%	0.7%	0.1%	1.9%	2.2%	67.6%	14.4%
	27.7%	3.5%	9.9%	8.3%	39.7%	20.0%	13.8%	25.6%	15.7%	34.6%	24.0%
「不安」の傾向がある。	12,888	52	2,794	472	2,064	209	47	327	768	5,938	2,490
	—	0.4%	21.7%	3.7%	16.0%	1.6%	0.4%	2.5%	6.0%	46.1%	19.3%
	36.8%	20.3%	42.2%	33.6%	42.0%	59.7%	54.0%	45.5%	56.5%	31.3%	42.8%
「その他」	7,741	8	347	107	482	34	6	94	197	5,127	1,759
	—	0.1%	4.5%	1.4%	6.2%	0.4%	0.1%	1.2%	2.5%	66.2%	22.7%
	22.1%	3.1%	5.2%	7.6%	9.8%	9.7%	6.9%	13.1%	14.5%	27.1%	30.2%
計	35,032	256	6,621	1,406	4,918	350	87	718	1,360	18,942	5,824
	100.0%	0.7%	18.9%	4.0%	14.0%	1.0%	0.2%	2.0%	3.9%	54.1%	16.6%

出典：文部科学省「平成29年度児童生徒の問題行動・不登校等生徒指導上の諸課題に関する調査結果」平成30年

　不登校の要因を「本人に係る要因」でみると、不安傾向36.8％、無気力傾向27.7％、学校の人間関係は12.6％である。不安傾向と関連する要因は、家庭に係る状況が46.1％、いじめを除く友人関係をめぐる問題が21.7％である。無気力傾向では、家庭に係る状況が67.6％、学業の不振が20.1％である。「学校の人間関係に課題を抱えている」では、いじめを除く友人関係の問題が63.4％と突出している。

（中野）

第4節　学校内問題行動

（6）不登校の要因（中学校）

本人に係る要因（分類） ＼ 学校、家庭に係る要因（区分）	分類別生徒数	学校に係る状況								家庭に係る状況	左記に該当なし
		いじめ	いじめを除く友人関係をめぐる問題	教職員との関係をめぐる問題	学業の不振	進路に係る不安	クラブ活動、部活動等への不適応	学校のきまり等をめぐる問題	入学、転編入学進級時の不適応		
「学校における人間関係」に課題を抱えている。	19,332	362	13,758	1,093	2,083	513	957	314	1,177	2,750	603
	—	1.9%	71.2%	5.7%	10.8%	2.7%	5.0%	1.6%	6.1%	14.2%	3.1%
	17.7%	77.5%	44.7%	45.0%	8.8%	9.7%	32.3%	8.3%	15.4%	8.2%	3.5%
「あそび・非行」の傾向がある。	5,383	2	551	147	1,387	200	67	1,688	152	2,319	581
	—	0.0%	10.2%	2.7%	25.8%	3.7%	1.2%	31.4%	2.8%	43.1%	10.8%
	4.9%	0.4%	1.8%	6.0%	5.8%	3.8%	2.3%	44.7%	2.0%	6.9%	3.4%
「無気力」の傾向がある。	33,317	12	4,259	389	10,487	1,536	696	978	1,910	12,781	5,397
	—	0.0%	12.8%	1.2%	31.5%	4.6%	2.1%	2.9%	5.7%	38.4%	16.2%
	30.6%	2.6%	13.8%	16.0%	44.2%	28.9%	23.5%	25.9%	25.0%	38.1%	31.4%
「不安」の傾向がある。	34,999	79	10,732	617	8,133	2,628	1,026	511	3,491	9,012	5,261
	—	0.2%	30.7%	1.8%	23.2%	7.5%	2.9%	1.5%	10.0%	25.7%	15.0%
	32.1%	16.9%	34.9%	25.4%	34.3%	49.5%	34.6%	13.5%	45.7%	26.8%	30.6%
「その他」	15,968	12	1,459	185	1,648	434	221	282	901	6,712	5,344
	—	0.1%	9.1%	1.2%	10.3%	2.7%	1.4%	1.8%	5.6%	42.0%	33.5%
	14.6%	2.6%	4.7%	7.6%	6.9%	8.2%	7.4%	7.5%	11.8%	20.0%	31.1%
計	108,999	467	30,759	2,431	23,738	5,311	2,967	3,773	7,631	33,574	17,186
	100.0%	0.4%	28.2%	2.2%	21.8%	4.9%	2.7%	3.5%	7.0%	30.8%	15.8%

（注1）「本人に係る要因（分類）」については、「長期欠席者の状況」で「不登校」と回答した児童生徒全員につき、主たる要因一つを選択。

（注2）「学校、家庭に係る要因（区分）」については、複数回答可。「本人に係る要因（分類）」で回答した要因の理由として考えられるものを「学校に係る状況」「家庭に係る状況」より全て選択。

（注3）「家庭に係る状況」とは、家庭の生活環境の急激な変化、親子関係をめぐる問題。家庭内の不和等が該当する。

（注4）中段は、各区分における分類別児童生徒数に対する割合。下段は、各区分における「学校、家庭に係る要因（区分）」の「計」に対する割合。

出典：文部科学省「平成29年度児童生徒の問題行動・不登校等生徒指導上の諸課題に関する調査結果」平成30年

　中学生では、学校での友人関係や部活等への不適応、進学に伴う学業不振や進路に係る不安、学校の規則をめぐる遊びや非行の問題など、思春期特有の要因が加わり複雑になっていく。小学生よりも不安や無気力傾向と家庭に係る状況との関連は減少するが、いじめや友人関係、教職員との関係や部活動など、学校生活との関連で不登校が増加している現状に対して、学校のあり方自体を問い直す必要がある。

（中野）

第4節　学校内問題行動

（7）高校中途退学者数及び中途退学率の推移

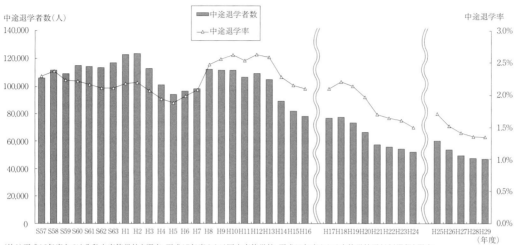

(注1) 平成16年度までは公私立高等学校を調査。平成17年度からは国立高等学校、平成25年度からは高等学校通信制課程も調査。
(注2) 中途退学率は、在籍者数に占める中途退学者数の割合。
(注3) 高等学校には中等教育学校後期課程を含む。

年　度	平成20	21	22	23	24	25	26	27	28	29
中途退学者数（人）	66,243	56,947	55,415	53,869	51,781	59,923	53,391	49,263	47,249	46,802
国　立	52	51	43	56	40	34	43	44	43	51
公　立	45,742	39,412	38,372	37,483	35,966	38,602	33,982	31,083	29,531	28,929
私　立	20,449	17,484	17,000	16,330	15,775	21,287	19,366	18,136	17,675	17,822
中途退学率（％）	2.0	1.7	1.6	1.6	1.5	1.7	1.5	1.4	1.4	1.3
国　立	0.5	0.5	0.4	0.6	0.4	0.3	0.4	0.4	0.4	0.5
公　立	1.9	1.7	1.6	1.6	1.5	1.6	1.4	1.3	1.3	1.3
私　立	2.0	1.8	1.7	1.6	1.5	1.9	1.7	1.6	1.5	1.5

出典：文部科学省「平成29年度児童生徒の問題行動・不登校等生徒指導上の諸課題に関する調査結果」平成30年

　2017（平成29）年度の高校中途退学者数は46,802人、全生徒数の1.3％である。国立51人、公立28,929人、私立17,822人で、中途退学率は、それぞれ、0.5％、1.3％、1.5％である。中途退学率は1989（平成元）年に2％を超えてその後減少したが、1996（平成8）年頃から再上昇し、2001（平成13）年は2.6％である。その後2％台を維持し、2009（平成21）年以降は減少して、ここ10年では1％台となっている。
　　　　　　　　　　　　　　　　　　　　　　　　　　　　　　　　　　（中野）

第4節　学校内問題行動

（8）事由別中途退学者数の構成比の推移と学年別中途退学者数

事由別中途退学者数の構成比の推移

（単位：％）

	学業不振	学校生活・学業不適応	進路変更	病気・けが・死亡	経済的理由	家庭の事情	問題行動等	その他
57 年度	19.1	19.2	17.8	6.2	5.4	9.1	12.4	10.8
58 年度	14.8	23.4	21.8	5.7	5.2	11.4	10.6	7.1
59 年度	13.8	26.1	24.0	5.6	5.1	10.1	9.1	6.2
60 年度	14.0	26.6	26.5	5.3	4.6	9.8	7.8	5.4
61 年度	13.6	26.8	28.3	5.2	4.1	9.9	7.2	4.9
62 年度	12.4	26.8	30.7	5.2	3.6	9.2	7.0	5.1
63 年度	12.2	26.9	32.6	5.1	3.1	8.3	7.0	4.7
元 年度	12.4	26.9	35.1	4.5	2.6	7.4	6.8	4.5
2 年度	11.3	26.6	38.9	4.2	1.9	6.5	5.9	4.6
3 年度	10.3	27.1	40.9	4.1	2.0	5.8	5.5	4.2
4 年度	9.9	26.5	43.3	4.0	2.1	5.5	4.7	3.9
5 年度	9.4	26.1	43.8	4.0	2.3	5.5	4.5	4.3
6 年度	8.8	26.9	43.3	3.9	2.5	5.6	4.8	4.2
7 年度	7.9	28.6	43.3	3.9	2.2	5.4	4.7	3.9
8 年度	7.0	31.4	42.7	3.7	2.4	4.7	4.8	3.4
9 年度	7.1	33.4	40.8	3.7	2.5	4.5	4.6	3.4
10 年度	6.7	35.8	38.5	3.5	3.0	4.3	4.8	3.4
11 年度	6.7	37.1	36.8	3.5	3.2	4.4	4.9	3.4
12 年度	6.6	37.4	36.5	3.4	3.2	4.4	4.8	3.6
13 年度	6.4	38.1	36.3	3.5	3.3	4.4	4.5	3.4
14 年度	6.2	38.5	34.9	3.8	3.7	4.5	4.4	3.8
15 年度	6.5	37.5	35.3	4.0	3.8	4.5	4.8	3.5
16 年度	6.5	38.4	34.3	3.9	3.7	4.5	4.8	3.9
17 年度	6.9	38.6	34.2	4.2	3.6	4.3	4.6	3.6
18 年度	7.3	38.9	33.4	4.2	3.4	4.2	4.8	3.7
19 年度	7.3	38.8	33.2	4.2	3.6	4.4	4.9	3.6
20 年度	7.3	39.1	32.9	4.1	3.3	4.5	5.1	3.7
21 年度	7.5	39.3	32.8	4.0	2.9	4.5	5.5	3.4
22 年度	7.0	39.0	34.0	4.0	1.9	4.5	6.0	3.6
23 年度	7.2	38.9	34.0	3.8	1.8	4.8	5.9	3.6
24 年度	7.6	40.0	33.3	3.7	1.6	4.5	5.7	3.5
25 年度	8.1	36.3	32.9	3.7	2.2	4.2	4.8	7.7
26 年度	7.7	34.9	34.8	4.0	2.3	4.3	4.5	7.6
27 年度	7.8	34.1	34.3	4.2	2.8	4.5	4.1	8.2
28 年度	7.9	33.6	33.8	4.5	2.6	4.4	3.9	9.4
29 年度	7.6	34.9	34.7	4.3	1.8	4.2	3.9	8.6

（注）平成 16 年度までは公私立高等学校を調査。平成 17 年度からは国立高等学校、平成 25 年度からは高等学校通信制課程も調査。

学年別中途退学者数

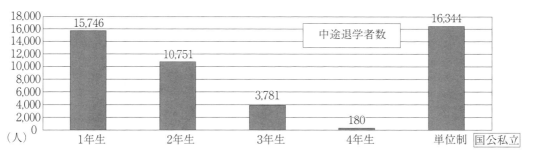

出典：文部科学省「平成29年度児童生徒の問題行動・不登校等生徒指導上の諸課題に関する調査結果」平成30年

　2016～2017（平成28～29）年の高校中途退学者は、「学校生活・学業不適応」「進路変更」の割合が33.6、34.9％、「学業不振」が約8％で、初めから高校進学意欲がない、別の高校希望や就職希望者の退学が約70％を占める。「病気・けが・死亡」「家庭の事情」「問題行動」がそれぞれ約4％あり、「経済的理由」の割合は2.6％から1.8％に減った。学年別でみると中途退学者は1年生が最も多く、学年とともに減少する。

（中野）

第4節 学校内問題行動

（9）都道府県・指定都市における小学生、中学生および高校生に関する教育相談件数

区分			小学生	中学生	高校生	合計
来所相談		教育相談総件数	10,542	19,722	5,672	35,936
	内数	いじめに関する教育相談件数（件）	143	261	78	482
		教育相談総件数に占める割合（％）	1.4	1.3	1.4	1.3
		不登校に関する教育相談件数（件）	5,529	16,828	3,280	25,637
		教育相談総件数に占める割合（％）	52.4	85.3	57.8	71.3
電話相談		教育相談総件数	28,906	40,788	27,415	97,109
	内数	いじめに関する教育相談件数（件）	3,309	2,470	1,810	7,589
		教育相談総件数に占める割合（％）	11.4	6.1	6.6	7.8
		不登校に関する教育相談件数（件）	7,096	20,114	5,975	33,185
		教育相談総件数に占める割合（％）	24.5	49.3	21.8	34.2
訪問相談		教育相談総件数	1,531	2,608	326	4,465
	内数	いじめに関する教育相談件数（件）	115	85	26	226
		教育相談総件数に占める割合（％）	7.5	3.3	8.0	5.1
		不登校に関する教育相談件数（件）	733	2,177	220	3,130
		教育相談総件数に占める割合（％）	47.9	83.5	67.5	70.1
巡回相談		教育相談総件数	7,744	5,259	261	13,264
	内数	いじめに関する教育相談件数（件）	58	56	8	122
		教育相談総件数に占める割合（％）	0.7	1.1	3.1	0.9
		不登校に関する教育相談件数（件）	1,585	3,265	88	4,938
		教育相談総件数に占める割合（％）	20.5	62.1	33.7	37.2
計		教育相談総件数	48,723	68,377	33,674	150,774
	内数	いじめに関する教育相談件数（件）	3,625	2,872	1,922	8,419
		教育相談総件数に占める割合（％）	7.4	4.2	5.7	5.6
		不登校に関する教育相談件数（件）	14,943	42,384	9,563	66,890
		教育相談総件数に占める割合（％）	30.7	62.0	28.4	44.4

出典：文部科学省「平成29年度児童生徒の問題行動・不登校等生徒指導上の諸課題に関する調査結果」平成30年

　小中高ともに、不登校の相談が44.4％と最多で、いじめの相談が5.6％と続く。不登校の相談は中学生で際立ち、相談件数の62.0％を占める。いじめの相談の割合は小学生、高校生、中学生の順に多い。相談形態では、電話相談が最も多く64.4％、来所相談23.8％で、両者を合わせると88.2％に達する。問題解決の入り口である電話相談は手軽に利用され、来所、訪問、巡回相談などは重篤な問題に対応している。

（中野）

第4節　学校内問題行動

（10）体罰を受けた児童生徒数の推移（公立学校）

年度	小学校	中学校	高等学校	特別支援学校	計
平成 24	1130	2129	1388	39	4686
平成 25	1892	3973	2968	45	8878
平成 26	425	815	441	40	1721
平成 27	321	643	437	27	1428
平成 28	359	402	335	44	1140
平成 29	295	362	369	18	1044

出典：文部科学省「公立学校教職員の人事行政状況調査」平成 24 〜 29 年度を基に筆者作成

　学校教育法第 11 条は、懲戒を行うことは校長及び教員に認めているが、体罰については禁じている。体罰の対象は高校生が最も多く、次いで中学生である。2012（平成 24）年から 6 年間の推移をみると、2012 〜 2013（平成 24 〜 25）年は急増したが、体罰への社会的批判によって、翌年には急激に減少し、2014 〜 2017（平成 26 〜 29）年度も合計数は減っている。特別支援学校では、増減を繰り返している。

（中野）

第4節　学校内問題行動

（11）体罰が行われた場所

場所	年度	小学校	中学校	高等学校	特別支援学校	計（%）
教室	25	717	418	262	22	1420（35.9）
	29	114	61	63	7	245（41.4）
職員室	25	1	19	34	0	54（1.4）
	29	1	4	6	0	11（1.9）
運動場・体育館	25	128	742	456	3	1329（33.6）
	29	19	74	62	2	157（27.0）
生徒指導室	25	7	75	24	1	107（2.7）
	29	0	6	3	0	9（1.5）
廊下・階段	25	115	254	80	3	452（11.4）
	29	29	28	21	1	79（13.7）
その他	25	80	311	189	10	591（15.0）
	29	13	33	34	2	82（14.0）

出典：文部科学省「公立学校教職員の人事行政状況調査」平成25、29年度を基に筆者作成

　体罰が行われた場所の2013（平成25）年度と2017（平成29）年度のデータである。小学校では教室、運動場・体育館、廊下・階段と続く。中学・高校では、運動場・体育館が最多で、次いで教室が多い。特別支援学校でも教室が多い。全体では、1位は教室、2位が運動場・体育館、3位が廊下・階段である。体罰は教師が児童生徒と個々に直接的な関わりをもつ場面で起きており、教師の自己統制力や指導力の不足が課題となる。

（中野）

第4節　学校内問題行動

（12）体罰の態様と被害の状況

体罰の態様　　　　　　　注（　）は、区分ごとの発生件数に対する割合

区分	小学校	中学校	義務教育学校	高等学校	中等教育学校	特別支援学校	合計
素手で殴る・叩く	80 (44.0%)	123 (47.7%)	1 (100.0%)	191 (60.3%)	2 (100.0%)	8 (61.5%)	405 (52.4%)
棒などで殴る・叩く	2 (1.1%)	12 (4.7%)	0 (0.0%)	23 (7.3%)	0 (0.0%)	1 (7.7%)	38 (4.9%)
蹴る・踏みつける	16 (8.8%)	23 (8.9%)	0 (0.0%)	32 (10.1%)	0 (0.0%)	2 (15.4%)	73 (9.4%)
投げる・突き飛ばす・転倒させる	24 (13.2%)	27 (10.5%)	0 (0.0%)	13 (4.1%)	0 (0.0%)	1 (7.7%)	65 (8.4%)
つねる・ひっかく	9 (4.9%)	9 (3.5%)	0 (0.0%)	5 (1.6%)	0 (0.0%)	1 (7.7%)	24 (3.1%)
物をぶつける・投げつける	20 (11.0%)	26 (10.1%)	0 (0.0%)	16 (5.0%)	0 (0.0%)	0 (0.0%)	62 (8.0%)
教室等に長時間留め置く	0 (0.0%)	2 (0.8%)	0 (0.0%)	0 (0.0%)	0 (0.0%)	0 (0.0%)	2 (0.3%)
正座など一定の姿勢を長時間保持させる	2 (1.1%)	4 (1.6%)	0 (0.0%)	7 (2.2%)	0 (0.0%)	0 (0.0%)	13 (1.7%)
その他	29 (15.9%)	32 (12.4%)	0 (0.0%)	30 (9.5%)	0 (0.0%)	0 (0.0%)	91 (11.8%)

被害の状況　　　　　　　注（　）は、区分ごとの発生件数に対する割合

区分	小学校	中学校	義務教育学校	高等学校	中等教育学校	特別支援学校	合計
骨折・捻挫など	6 (3.3%)	5 (1.9%)	0 (0.0%)	4 (1.3%)	0 (0.0%)	1 (7.7%)	16 (2.1%)
鼓膜損傷	0 (0.0%)	0 (0.0%)	0 (0.0%)	2 (0.6%)	0 (0.0%)	0 (0.0%)	2 (0.3%)
外傷	11 (6.0%)	16 (6.2%)	0 (0.0%)	6 (1.9%)	0 (0.0%)	0 (0.0%)	33 (4.3%)
打撲	18 (9.9%)	33 (12.8%)	0 (0.0%)	39 (12.3%)	0 (0.0%)	1 (7.7%)	91 (11.8%)
鼻血	4 (2.2%)	2 (0.8%)	0 (0.0%)	4 (1.3%)	0 (0.0%)	1 (7.7%)	11 (1.4%)
髪を切られる	0 (0.0%)	0 (0.0%)	0 (0.0%)	0 (0.0%)	0 (0.0%)	0 (0.0%)	0 (0.0%)
その他	8 (4.4%)	14 (5.4%)	0 (0.0%)	26 (8.2%)	0 (0.0%)	3 (23.1%)	51 (6.6%)
傷害なし	135 (74.2%)	188 (72.9%)	1 (100.0%)	236 (74.4%)	2 (100.0%)	7 (53.8%)	569 (73.6%)

出典：文部科学省「平成29年度公立学校教職員の人事行政調査について」平成30年

　国公私立の合計数である。小中では素手で殴る・叩く体罰が40％台で、身体の小さい小学生には投げる・突き飛ばす・転倒させるなどが多く、中高生には蹴る・踏みつけると足を使った体罰が8.9％、10.1％、物をぶつける・投げつけるが10.1％、5.0％である。被害状況では合計73.6％が「傷害なし」だが、打撲が11.8％、外傷が4.3％、骨折・捻挫が2.1％ある。体罰件数は大幅に減少しているが根絶には程遠い。ゆとりをもった生徒と教師の関わりが求められる。

（中野）

第4節　学校内問題行動

(13) いじめの認知（発生）件数の推移

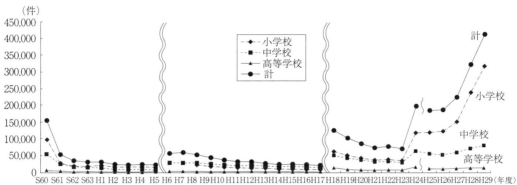

	60年度	61年度	62年度	63年度	元年度	2年度	3年度	4年度	5年度
小学校	96,457	26,306	15,727	12,122	11,350	9,035	7,718	7,300	6,390
中学校	52,891	23,690	16,796	15,452	15,215	13,121	11,922	13,632	12,817
高等学校	5,718	2,614	2,544	2,212	2,523	2,152	2,422	2,326	2,391
計	155,066	52,610	35,067	29,786	29,088	24,308	22,062	23,258	21,598

	6年度	7年度	8年度	9年度	10年度	11年度	12年度	13年度	14年度	15年度	16年度	17年度
小学校	25,295	26,614	21,733	16,294	12,858	9,462	9,114	6,206	5,659	6,051	5,551	5,087
中学校	26,828	29,069	25,862	23,234	20,801	19,383	19,371	16,635	14,562	15,159	13,915	12,794
高等学校	4,253	4,184	3,771	3,103	2,576	2,391	2,327	2,119	1,906	2,070	2,121	2,191
特殊教育諸学校	225	229	178	159	161	123	106	77	78	71	84	71
計	56,601	60,096	51,544	42,790	36,396	31,359	30,918	25,037	22,205	23,351	21,671	20,143

	18年度	19年度	20年度	21年度	22年度	23年度	24年度
小学校	60,897	48,896	40,807	34,766	36,909	33,124	117,384
中学校	51,310	43,505	36,795	32,111	33,323	30,749	63,634
高等学校	12,307	8,355	6,737	5,642	7,018	6,020	16,274
特別支援学校（特殊教育諸学校）	384	341	309	259	380	338	817
計	124,898	101,097	84,648	72,778	77,630	70,231	198,109

	25年度	26年度	27年度	28年度	29年度
小学校	118,748	122,734	151,692	237,256	317,121
中学校	55,248	52,971	59,502	71,309	80,424
高等学校	11,039	11,404	12,664	12,874	14,789
特別支援学校	768	963	1,274	1,704	2,044
計	185,803	188,072	225,132	323,143	414,378

(注1) 平成5年度までは公立小・中・高等学校を調査。平成6年度からは特殊教育諸学校。平成18年度からは国私立学校を含める。
(注2) 平成6年度及び平成18年度に調査方法等を改めている。
(注3) 平成17年度までは発生件数。平成18年度からは認知件数。
(注4) 平成25年度からは高等学校に通信制課程を含める。
(注5) 小学校には義務教育学校前期課程。中学校には義務教育学校後期課程及び中等教育学校前期課程。高等学校には中等教育学校後期課程を含む。
出典：文部科学省「平成29年度児童生徒の問題行動・不登校等生徒指導上の諸課題に関する調査結果について」平成30年

　1994（平成6）年までは公立学校が認知した発生件数としていたが、1998（平成18）年から国立・私立も加え、いじめの認定変更（発生件数から認知件数へ）のため件数が増加し、単純比較はできない。学校認知件数から児童生徒の訴えた件数に変更し、中学校よりも小学校で被害件数が高く、2012（平成24）年以降は小学校の件数増加が著しい。2017（平成29）年のいじめ認知件数は414,378で1,000人当たり30.9件である。

（中野）

第4節　学校内問題行動

（14）いじめの認知件数の学年別・男女別内訳

【小学校】　　　　　　　　　　　　　　　　　　　　　　　　　　　　　　　　　　　　　　（件）

区分	1年生	2年生	3年生	4年生	5年生	6年生	計
国　立	940	891	698	920	713	472	4,634
（男子）	474	453	386	453	382	221	2,369
（女子）	466	438	312	467	331	251	2,265
公　立	55,691	61,421	58,744	53,757	46,136	35,573	311,322
（男子）	31,444	33,836	33,032	30,491	25,974	19,776	174,553
（女子）	24,247	27,585	25,712	23,266	20,162	15,797	136,769
私　立	165	186	190	225	193	206	1,165
（男子）	91	102	97	125	107	103	625
（女子）	74	84	93	100	86	103	540
計	56,796	62,498	59,632	54,902	47,042	36,251	317,121
（男子）	32,009	34,391	33,515	31,069	26,463	20,100	177,547
（女子）	24,787	28,107	26,117	23,833	20,579	16,151	139,574

【中学校】　　　　　　　　　　　　　（件）

区分	1年生	2年生	3年生	計
国　立	361	278	135	774
（男子）	206	148	61	415
（女子）	155	130	74	359
公　立	40,090	25,071	11,976	77,137
（男子）	23,165	13,722	6,347	43,234
（女子）	16,925	11,349	5,629	33,903
私　立	1,344	768	401	2,513
（男子）	774	446	228	1,448
（女子）	570	322	173	1,065
計	41,795	26,117	12,512	80,424
（男子）	24,145	14,316	6,636	45,097
（女子）	17,650	11,801	5,876	35,327

第5章　教育

【高等学校】　　　　　　　　　　　　　　　　　　　　　　　　　　　　　（件）

区分	1年生	2年生	3年生	4年生	計
国立	92	82	31	0	205
（男子）	51	46	19	0	116
（女子）	41	36	12	0	89
公立	5,889	3,530	1,756	37	11,212
（男子）	3,188	1,780	897	19	5,884
（女子）	2,701	1,750	859	18	5,328
私立	1,704	1,116	551	1	3,372
（男子）	950	599	290	1	1,840
（女子）	754	517	261	0	1,532
計	7,685	4,728	2,338	38	14,789
（男子）	4,189	2,425	1,206	20	7,840
（女子）	3,496	2,303	1,132	18	6,949

【特別支援学校】　　　　　　　　　　　　　　　　　　　　　　　　　　　（件）

区分	小学部							中学部				高等部				合計
	1年生	2年生	3年生	4年生	5年生	6年生	計	1年生	2年生	3年生	計	1年生	2年生	3年生	計	
国立	2	0	8	1	3	3	17	13	21	8	42	21	21	15	57	116
（男子）	1	0	6	1	1	2	11	10	15	6	31	20	21	12	53	95
（女子）	1	0	2	0	2	1	6	3	6	2	11	1	0	3	4	21
公立	36	48	41	41	50	63	279	135	108	124	367	576	380	321	1,277	1,923
（男子）	29	27	32	33	26	46	193	97	67	88	252	394	262	203	859	1,304
（女子）	7	21	9	8	24	17	86	38	41	36	115	182	118	118	418	619
私立	0	0	0	0	0	0	0	0	0	0	0	2	1	2	5	5
（男子）	0	0	0	0	0	0	0	0	0	0	0	0	0	0	0	0
（女子）	0	0	0	0	0	0	0	0	0	0	0	2	1	2	5	5
計	38	48	49	42	53	66	296	148	129	132	409	599	402	338	1,339	2,044
（男子）	30	27	38	34	27	48	204	107	82	94	283	414	283	215	912	1,399
（女子）	8	21	11	8	26	18	92	41	47	38	126	185	119	123	427	645

学年別いじめの認知件数のグラフ（国立私立）

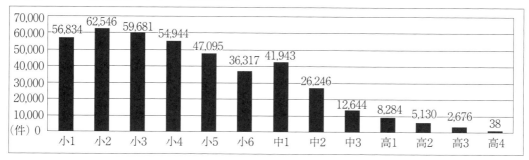

出典：文部科学省「平成29年度児童生徒の問題行動・不登校等生徒指導上の諸課題に関する調査結果について」
平成30年

　いじめの学年別認知件数では、従来は中学1・2年生が最も高かったが、いじめの認知変更（発生件数→認知件数）に伴い、小学生の認知件数が高まっている。2017（平成29）年度の調査結果では、最も多いのは小2、高学年になるにつれて件数減、中学1年生で再上昇し、その後は緩やかに減少している。学校教育段階のギャップが大きい小1、中1へのいじめ発生対策が重要になる。男女別内訳では男子が多い。

（中野）

第4節　学校内問題行動

（15）いじめに起因する事件の原因・動機別の推移

区分		年	20年	21年	22年	23年	24年	25年	26年	27年	28年	29年
検挙・補導人員（人）			313	313	281	219	511	724	456	331	267	245
原因・動機（％）	はらいせ	いい子ぶる・なまいき	21.1	20.4	12.8	19.6	18.4	21.7	19.1	21.5	18.4	14.7
		よく嘘をつく	8.3	8.3	9.3	1.8	7.6	6.6	6.4	5.7	5.2	3.3
		仲間から離れようとする	4.2	1.9	1.1	3.2	2.5	3.7	0.7	4.8	3.4	1.6
		人気がある	0.6	0.0	0.4	0.0	0.2	0.0	0.4	1.5	0.4	0.4
		家柄、家族の資産を自慢	0.0	3.5	2.1	0.5	2.9	0.8	0.0	0.9	1.1	0.4
		学力がすぐれている	0.3	0.0	0.4	0.5	0.0	0.1	0.2	0.6	0.0	0.0
		その他	3.8	5.4	6.4	8.7	8.8	7.9	9.9	8.8	7.5	11.4
	からかい面白半分	力が弱い・無抵抗	40.3	37.7	50.2	45.2	40.3	37.0	41.7	36.0	40.4	34.3
		態度動作が鈍い	7.0	11.8	16.7	14.2	14.9	8.6	13.4	12.1	11.6	10.2
		肉体的欠陥がある	4.5	0.3	0.4	2.3	2.3	3.6	0.4	2.4	5.6	2.0
		非行や規則違反等を知って	1.9	2.6	0.4	2.7	1.6	2.1	1.3	0.0	1.1	6.1
		すぐに泣く	0.6	1.9	2.1	0.0	1.2	0.1	0.7	0.6	0.7	1.2
		その他	3.5	1.9	7.1	2.3	7.2	8.4	5.0	8.5	11.2	6.9
	違和感	転校生	0.0	0.3	0.0	0.5	2.9	0.6	0.0	0.0	0.7	0.0
		交わろうとしない	1.9	4.5	2.8	0.5	2.0	2.1	1.3	1.5	0.4	2.9
		その他	0.3	1.3	0.0	0.0	0.4	0.4	0.2	0.0	0.4	1.2
	その他		3.8	1.0	5.3	5.5	2.9	4.6	5.3	2.7	0.7	6.1

（注1）複数回答である。

（注2）いじめの仕返しによる事件の原因・動機については、いじめた少年側の原因・動機を計上している。

出典：警察庁「平成29年中における少年の補導及び保護の概況」平成30年

　検挙・補導された児童生徒は2011（平成23）年までは少数だったが、2012（平成24）年以降上昇し近年は落ち着いている。原因・動機は「はらいせ」で「いい子ぶる・なまいき」が21.1％から14.7％へ減った。「よく嘘をつく」が続く。「からかい面白半分」では、「力が弱い・無抵抗」が増減を繰り返して34.3％、「態度動作が鈍い」が続く。ストレスのはけ口にいじめて面白がる遊び感覚の原因・動機が多い。

（中野）

第4節　学校内問題行動

（16）いじめの問題に対する対応

【国立私立】

区分		小学校		中学校		高等学校		特別支援学校		計	
		学校数（校）	構成比（%）	学校数（校）	構成比（%）	学校数（校）	構成比（%）	学校数（校）	構成比（%）	学校数（校）	構成比（%）
職員会議等を通じて、いじめの問題について教職員間で共通理解を図った。	28年度	19,915	97.9	10,165	97.0	5,131	90.0	1,021	90.9	36,232	96.3
	29年度	19,780	98.2	10,123	97.1	5,121	90.1	1,047	92.4	36,071	96.5
いじめの問題に関する校内研修を実施した。	28年度	16,837	82.8	8,033	76.7	3,074	53.9	643	57.3	28,587	76.0
	29年度	17,197	85.4	8,341	80.0	3,227	56.8	696	61.4	29,461	78.8
道徳や学級活動の時間にいじめにかかわる問題を取り上げ、指導を行った。	28年度	19,426	95.5	9,805	93.6	3,299	57.9	811	72.2	33,341	88.6
	29年度	19,365	96.1	9,759	93.6	3,269	57.5	829	73.2	33,222	88.9
児童・生徒会活動を通じて、いじめの問題を考えさせたり、児童・生徒同士の人間関係や仲間作りを促進したりした。	28年度	16,278	80.0	8,434	80.5	2,469	43.3	666	59.3	27,847	74.0
	29年度	16,760	83.2	8,563	82.1	2,552	44.9	728	64.3	28,603	76.5
スクールカウンセラー、相談員、養護教諭を積極的に活用して教育相談体制の充実を図った。	28年度	17,121	84.2	9,474	90.4	4,668	81.9	578	51.5	31,841	84.6
	29年度	17,261	85.7	9,545	91.5	4,731	83.2	603	53.2	32,140	86.0
教育相談の実施について、学校以外の相談窓口の周知や広報の徹底を図った。	28年度	15,136	74.4	7,837	74.8	3,349	58.8	568	50.6	26,890	71.5
	29年度	14,891	73.9	7,806	74.9	3,451	60.7	589	52.0	26,737	71.5
学校いじめ防止基本方針をホームページに公表するなど、保護者や地域住民に周知し、理解を得るよう努めた。	28年度	15,509	76.3	7,678	73.3	3,724	65.4	836	74.4	27,747	73.7
	29年度	16,455	81.7	8,110	77.8	3,960	69.7	876	77.3	29,401	78.6
PTAなど地域の関係団体等とともに、いじめの問題について協議する機会を設けた。	28年度	9,377	46.1	4,676	44.6	1,302	22.9	268	23.9	15,623	41.5
	29年度	9,413	46.7	4,676	44.8	1,293	22.7	306	27.0	15,688	42.0
いじめの問題に対し、警察署や児童相談所など地域の関係機関と連携協力した対応を図った。	28年度	5,686	28.0	3,722	35.5	1,202	21.1	223	19.9	10,833	28.8
	29年度	5,968	29.6	3,857	37.0	1,280	22.5	242	21.4	11,347	30.4
インターネットを通じて行われるいじめの防止及び効果的な対処のための啓発活動を実施した。	28年度	14,863	73.1	8,562	81.7	3,964	69.6	598	53.3	27,987	74.4
	29年度	15,546	77.2	8,753	84.0	4,087	71.9	667	58.9	29,053	77.7
学校いじめ防止基本方針が学校の実情に即して機能しているか点検し、必要に応じて見直しを行った。	28年度	17,704	87.1	8,639	82.4	3,792	66.5	874	77.8	31,009	82.4
	29年度	18,261	90.7	9,036	86.7	4,080	71.8	946	83.5	32,323	86.5
学校いじめ防止基本方針に定めているとおり、いじめ防止等の対策のための組織を招集した。	28年度	17,005	83.6	8,672	82.8	4,212	73.9	845	75.2	30,734	81.7
	29年度	17,336	86.1	8,845	84.8	4,279	75.3	913	80.6	31,373	83.9

（注1）複数回答可とする。
（注2）構成比は、各区分における学校総数に対する割合。

出典：文部科学省「平成29年度児童生徒の問題行動・不登校等生徒指導上の諸課題に関する調査結果について」平成30年

　学校内取組として、教職員での共通理解は95%以上、道徳の時間等での指導や仲間づくり促進などが70〜80%で実施されている。学校内外の相談体制支援では、スクールカウンセラー活用や専門機関との連携が70〜80%で実施されている。地域住民への周知は70%程度で、PTAや地域の関係団体等との協議はまだ十分ではない。ネットいじめに対応した啓発活動やいじめ防止への点検活動など、学校は多様な対応を迫られている。

（中野）

第4節　学校内問題行動

（17）いじめられた児童生徒への特別な対応の推移

【国立私立】

区分		小学校		中学校		高等学校		特別支援学校		計	
		件数 （件）	構成比 （%）	件数 （件）	構成比 （%）	件数 （件）	構成比 （%）	件数 （件）	構成比 （%）	件数 （件）	構成比 （%）
スクールカウンセラー等の相談員が継続的にカウンセリングを行う	28年度	6,480	2.7	5,535	7.8	2,072	16.1	130	7.6	14,217	4.4
	29年度	6,142	1.9	5,619	7.0	2,258	15.3	137	6.7	14,156	3.4
別室の提供や常時教職員が付くなどして、心身の安全を確保	28年度	7,032	3.0	6,103	8.6	1,106	8.6	563	33.0	14,804	4.6
	29年度	8,001	2.5	6,583	8.2	1,307	8.8	383	18.7	16,274	3.9
緊急避難として欠席	28年度	272	0.1	369	0.5	182	1.4	9	0.5	832	0.3
	29年度	274	0.1	309	0.4	186	1.3	8	0.4	777	0.2
学級担任や他の教職員等が家庭訪問を実施	28年度	23,791	10.0	22,068	30.9	1,732	13.5	120	7.0	47,711	14.8
	29年度	25,789	8.1	23,154	28.3	1,859	12.6	112	5.5	50,914	12.3
学級替え	28年度	257	0.1	229	0.3	142	1.1	13	0.8	641	0.2
	29年度	206	0.1	226	0.3	117	0.8	8	0.4	557	0.1
当該いじめについて、教育委員会と連携して対応	28年度	4,661	2.0	3,545	5.0	385	3.0	34	2.0	8,625	2.7
	29年度	6,921	2.2	4,245	5.3	490	3.3	28	1.4	11,684	2.8
児童相談所等の関係機関と連携した対応（サポートチームなども含む）	28年度	728	0.3	599	0.8	129	1.0	21	1.2	1,477	0.5
	29年度	872	0.3	623	0.8	121	0.8	26	1.3	1,642	0.4

（注1）複数回答可とする。

（注2）構成比は、各区分における認知件数に対する割合。

出典：文部科学省「平成29年度児童生徒の問題行動・不登校等生徒指導上の諸課題に関する調査結果について」平成30年

　いじめられた児童生徒には、小中高ともに家庭訪問やスクールカウンセリングなど個人的対応を中心にしている。小学生では別室提供、中学生では別室提供や教育委員会との連携が増える。全般に、学校はアンケートによる実状把握と、個別面談や日記交換などによるコミュニケーションづくりを図り、さらに家庭訪問による保護者との連携に努めている。近年、教育委員会や専門機関との連携による対応が増える傾向にある。

（中野）

第4節　学校内問題行動

（18）いじめの認知件数に対するネットいじめの構成比の推移

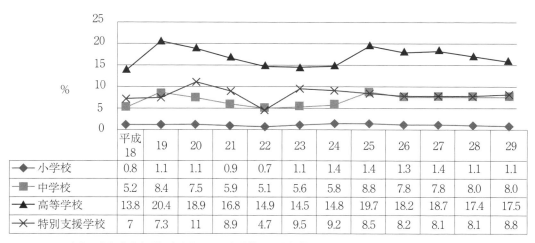

	平成18	19	20	21	22	23	24	25	26	27	28	29
小学校	0.8	1.1	1.1	0.9	0.7	1.1	1.4	1.4	1.3	1.4	1.1	1.1
中学校	5.2	8.4	7.5	5.9	5.1	5.6	5.8	8.8	7.8	7.8	8.0	8.0
高等学校	13.8	20.4	18.9	16.8	14.9	14.5	14.8	19.7	18.2	18.7	17.4	17.5
特別支援学校	7	7.3	11	8.9	4.7	9.5	9.2	8.5	8.2	8.1	8.1	8.8

出典：文部科学省「児童生徒の問題行動等の生徒指導上に関する調査」2006～2017年を基に筆者作成

　いじめの様態のうち「パソコンや携帯電話で誹謗中傷や嫌なことをされる」項目をネットいじめと定義し、調査が開始された2006（平成18）年から10年間のいじめの認知件数に占める割合（％）を比較した。小学校と特別支援学校は元々少ないが、中学・高校の推移は2007～2009（平成19～21）年頃に高まり、その後は減少傾向で推移したのち、中高生のスマホ所持率が急上昇した2013（平成25）年に増加した。

（中野）

第4節　学校内問題行動

(19) 学校の管理下・管理下以外における暴力行為発生件数の推移

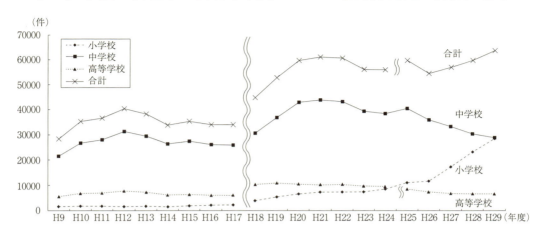

	9年度	10年度	11年度	12年度	13年度	14年度	15年度	16年度	17年度	18年度	19年度	20年度	21年度	22年度	23年度	24年度	25年度	26年度	27年度	28年度	29年度
小学校	1,432	1,706	1,668	1,483	1,630	1,393	1,777	2,100	2,176	3,803	5,214	6,484	7,115	7,092	7,175	8,296	10,896	11,472	17,078	22,841	28,315
中学校	21,585	26,783	28,077	31,285	29,388	26,295	27,414	25,984	25,796	30,564	36,803	42,754	43,715	42,987	39,251	38,218	40,246	35,683	33,073	30,148	28,702
高等学校	5,509	6,743	6,833	7,606	7,213	6,077	6,201	5,938	6,046	10,254	10,739	10,380	10,085	10,226	9,431	9,322	8,203	7,091	6,655	6,455	6,308
合計	28,526	35,232	36,578	40,374	38,231	33,765	35,392	34,022	34,018	44,621	52,756	59,618	60,915	60,305	55,857	55,836	59,345	54,246	56,806	59,444	63,325

(注1) 平成9年度からは公立小・中・高等学校を対象として、学校外の暴力行為についても調査。
(注2) 平成18年度からは国私立学校も調査。
(注3) 平成25年度からは高等学校に通信別課程を含める。
(注4) 小学校には義務教育学校前期課程、中学校には義務教育学校後期課程及び中等教育学校前期課程、高等学校には中等教育学校後期課程を含める。

出典：文部科学省「平成29年度児童生徒の問題行動・不登校等生徒指導上の諸課題に関する調査結果について」平成30年

　2017（平成29）年度の学校の管理下、管理下外における暴力行為の発生件数は合計で63,325件である。前年度の59,444件よりも3,881件増加している。小学校で28,315件、中学校で28,702件、高校6,308件となっている。中高では減少傾向だが、小学校では件数が5年前の2倍以上増加していることが気になるところである。1,000人当たりの発生件率にすると、5年間で1.6人から4.4人に増えていることになる。

（中野）

第4節　学校内問題行動

（20）学校の管理下における暴力行為発生件数の推移

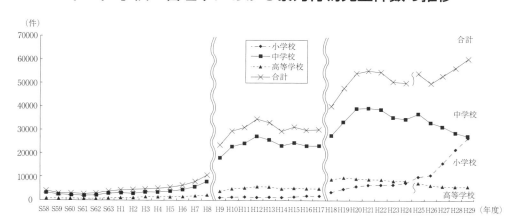

(件)

	58年度	59年度	60年度	61年度	62年度	63年度	元年度	2年度	3年度	4年度	5年度	6年度	7年度	8年度
小学校	—	—	—	—	—	—	—	—	—	—	—	—	—	—
中学校	3,547	2,518	2,441	2,148	2,297	2,858	3,222	3,090	3,217	3,666	3,820	4,693	5,954	8,169
高等学校	768	647	642	653	774	1,055	1,194	1,419	1,673	1,594	1,725	1,791	2,077	2,406
合計	4,315	3,165	3,083	2,801	3,071	3,913	4,416	4,509	4,890	5,260	5,545	6,484	8,031	10,575

	9年度	10年度	11年度	12年度	13年度	14年度	15年度	16年度	17年度
小学校	1,304	1,528	1,509	1,331	1,465	1,253	1,600	1,890	2,018
中学校	18,209	22,991	24,246	27,293	25,769	23,199	24,463	23,110	23,115
高等学校	4,108	5,152	5,300	5,971	5,896	5,002	5,215	5,022	5,150
合計	23,621	29,671	31,055	34,595	33,130	29,454	31,278	30,022	30,283

	18年度	19年度	20年度	21年度	22年度	23年度	24年度
小学校	3,494	4,807	5,996	6,600	6,579	6,646	7,542
中学校	27,540	33,525	39,161	39,382	38,705	35,411	34,528
高等学校	8,985	9,603	9,221	8,926	9,010	8,312	8,195
合計	40,019	47,935	54,378	54,908	54,294	50,369	50,265

	25年度	26年度	27年度	28年度	29年度
小学校	10,078	10,609	15,870	21,605	26,864
中学校	36,869	32,986	31,274	28,690	27,389
高等学校	7,280	5,392	6,111	5,955	5,944
合計	54,227	49,987	53,255	56,250	60,197

（注1）平成8年度までは、公立中・高等学校を対象として、「校内暴力」の状況について調査している。
（注2）平成9年度からは調査方法等を改めている。
（注3）平成9年度からは公立小学校、平成18年度からは国私立学校も調査。
（注4）平成25年度からは高等学校に通信制課程を含める。
（注5）小学校には義務教育学校前期課程、中学校には義務教育学校後期課程及び中等教育学校前期課程、高等学校には中等教育学校後期課程を含める。
出典：文部科学省「平成29年度児童生徒の問題行動・不登校等生徒指導上の諸課題に関する調査結果について」平成30年

　学校管理下における暴力行為の発生件数は2006（平成18）年以降増加し、その後やや持ち直した。2013（平成25）年から中学校ではやや減少したが、小学校での急激な増加が心配される。2017（平成29）年には全学校の31.6％で暴力行為が発生しており、発生件数も小学校で増加した。2017（平成29）年度は前年度より3,947件増えており、暴力行為の低年齢化、社会性の発達の未熟さが心配される。

（中野）

第5節 学校文化

（1）校則の見直し状況、改訂された校則の内容、校則見直しの手続き

校則の見直し状況

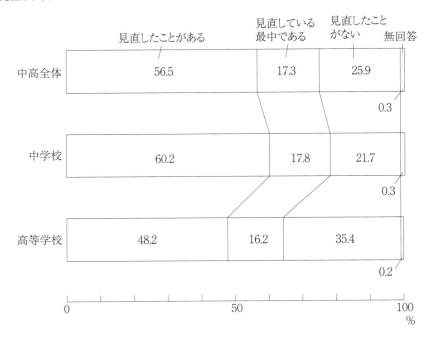

改訂された校則の内容（複数回答）

順位 \ 学校	中・高全体	中学校	高等学校
第1位	服装（60.7%）	服装（60.2%）	服装（62.2%）
第2位	校外生活（37.5%）	校外生活（42.5%）	頭髪（26.9%）
第3位	校内生活（33.4%）	校内生活（38.7%）	校外生活（23.3%）
第4位	頭髪（29.5%）	頭髪（30.4%）	校内生活（18.1%）
第5位	所持品（24.7%）	所持品（27.5%）	所持品（16.6%）
第6位	登下校（18.1%）	登下校（19.0%）	登下校（15.5%）
第7位	その他（9.4%）	その他（7.4%）	その他（15.0%）

校則見直しの手続き（複数回答）

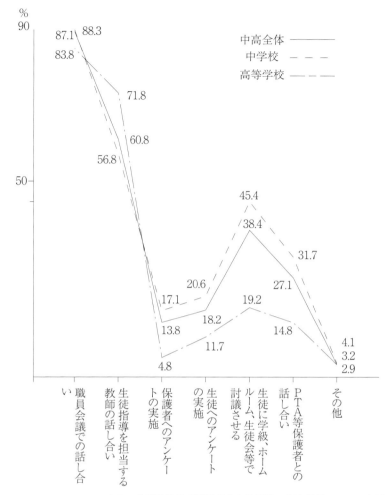

出典：文部科学省「校則見直し状況等の調査結果について」平成3年

　30年近く前のかなり古いデータであるが、校則の見直しに関する希少な公的な調査結果である。いつの時代も学校生活に校則はつきものであり、大抵の中高には校則がある。児童規則、生徒規則などともいう。1991（平成3）年当時は、見直し中も含めて7割の学校で校則見直しの取組があった。最近では、校則を撤廃、制服や宿題がない、担任制をとらないという公立中もあるが、それが全国ニュースになるほど珍しい例である。

(中島)

第5節 学校文化

（2）食育への関心度、食育への関心理由

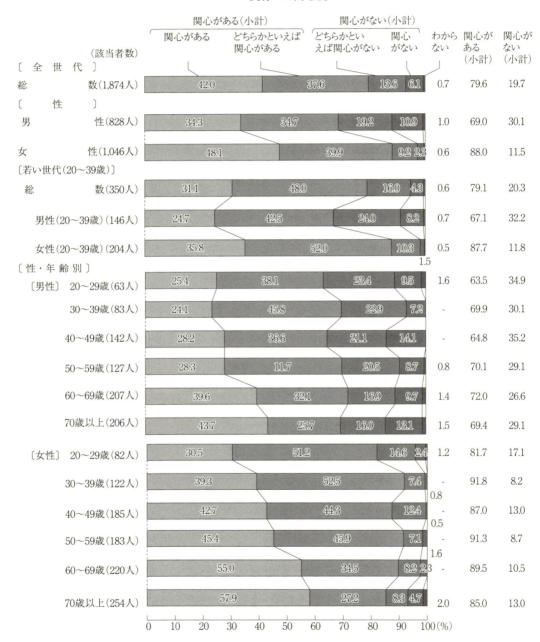

食育への関心理由

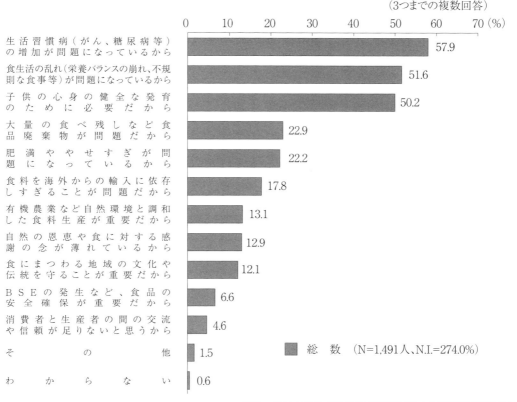

出典：農林水産省「平成29年食育に関する意識調査報告書」

　食育に関しての農林水産省調査である。「関心がある」割合は女性の30代から70代以上で高く、「関心がない」の回答は男性で年代は全世代で高い。食育への関心理由では、「子供の心身の健全な発育のために必要だから」が50.2％と半数を超え、全体で第3位である。食生活の乱れからくる食をめぐる諸課題への対応、食品の安全性の確保等における食育の役割の必要性が増加していることがわかる。

(中島)

第5節　学校文化

（3）栄養教諭の配置数の推移

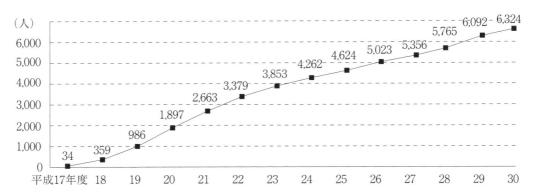

(注)　1　文部科学省の公表資料に基づき、当省が作成した。
　　　2　栄養教諭数には、教育委員会等に勤務する者を含む。

出典：総務省「食育の推進に関する政策評価〈評価結果に基づく意見〉」平成27年を基に筆者作成

　文部科学省の公表資料に基づき、総務省が作成したグラフに、ここ3年の栄養教諭の配置数を加えた。学校における食に関する指導を充実し、児童生徒が望ましい食習慣を身につけることができるよう、2004（平成16）年の学校教育法の改正により、栄養教諭制度が創設された。その数は着実に増えており、最新データの2018（平成30）年度によると、全国の小中学校で6,324人の栄養教諭が配置されていることがわかる。
（中島）

第5節　学校文化

（4）栄養教諭の配置状況と児童の食育に関する認識や実践の関連

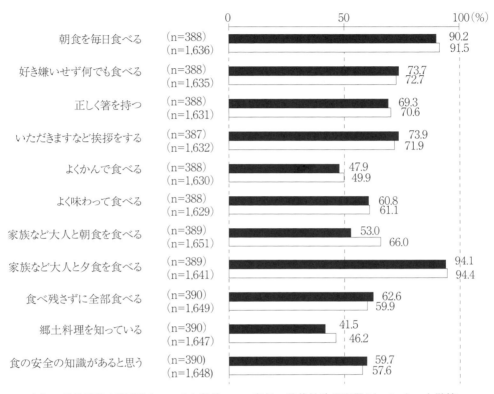

出典：総務省「食育の推進に関する政策評価〈評価結果に基づく意見〉」平成27年

　専任の栄養教諭が配置されている小学校と、そうではない小学校の児童に聞いた食育に関する認識や実践の関連結果である。グラフのように、栄養教諭の配置による児童の食育に関する認識や実践への影響には大きな差は見られない。朝食を毎日食べる児童では、専任の栄養教諭が配置されていない小学校のほうが1.3％割合が高い。専任であるかそうでないかは、食育の実践においての相関は少ないと考えられる。

(中島)

第5節　学校文化

（5）保健室利用状況の比較

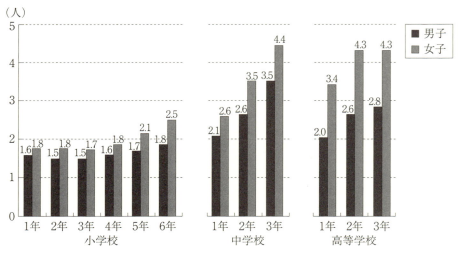

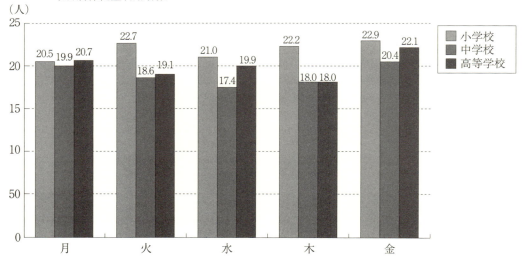

出典：日本学校保健会「保健室利用状況に関する調査報告書」平成28年度調査結果

　１日の保健室利用者数は学年が上がるにつれてどの校種も増加する傾向にある。最も利用者が多い学年は、中学３年である。高校受験のストレス等も考えられよう。性別では男子より女子の利用者が多い。高校では男女差が大きく、女子は男子の約1.5倍の利用である。曜日別にみた利用状況の比較では、来室時間帯はどの校種も金曜日が多い。１週間の疲れがたまり、保健室利用につながると予想される。

(中島)

第5節　学校文化

（6）保健室利用者の来室理由

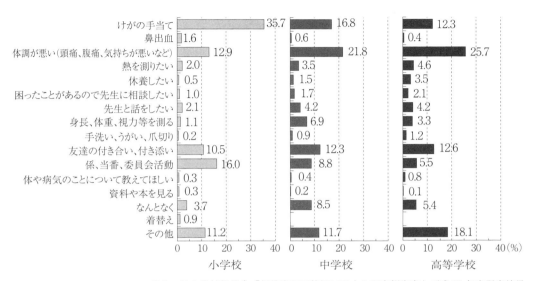

出典：日本学校保健会「保健室利用状況に関する調査報告書」平成28年度調査結果

　一番多い、保健室利用の来室理由は、小学校は「けがの手当」が圧倒的で35.7％、中学校、高等学校は「体調が悪い」がそれぞれ21.8％、25.7％で、2番目が「けがの手当」となっている。小学校は「係、当番、委員会活動」16.0％、「体調が悪い」12.9％と続く。「友だちの付き合い、付き添い」はどの学校種の児童生徒も一定数いることがわかる。「先生に相談したい」、「先生と話をしたい」という層は中高校生に多い。
（中島）

第5節　学校文化

（7）学校行事の実施状況（小学校、中学校）

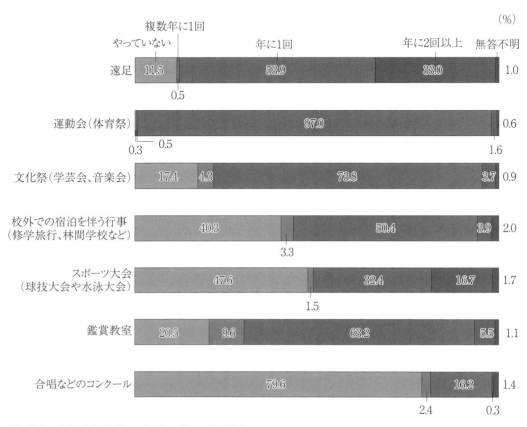

注）「年に2回以上」は「年に2回」+「年に3回以上」の%。

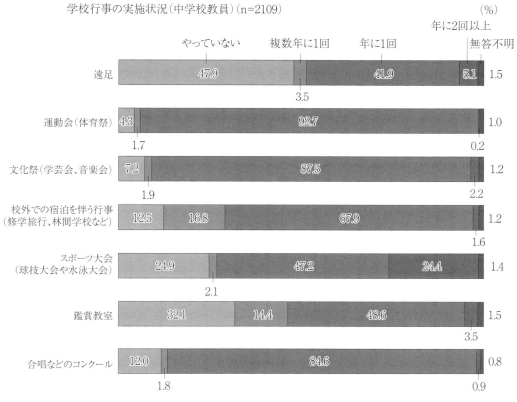

出典:ベネッセ教育研究所「第4回学習指導基本調査」2007年

　教員に聞いた学校行事の実施状況である。10年以上前のデータであるが、大きな変化はないと推測される。運動会(体育祭)は、小中ともに9割以上で年に1回以上実施する。小中で実施に差がある行事を挙げてみる。小学校では半数が年1回の遠足を実施しているが、中学では47.9%が実施しない。合唱などのコンクールは、中学では8割以上が実施するのに対し、小学校では8割近くが実施しない。授業時数の増加により、学校行事は縮小している。

(中島)

第5節　学校文化

（8）運動部活動参加率等

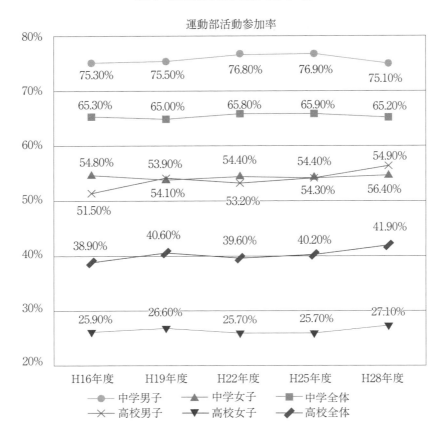

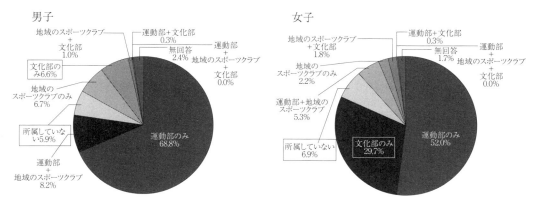

部活動等の所属内訳(中学2年生)

出典：スポーツ庁「運動部活動の現状について」平成29年　折れ線グラフは教育基本調査、日本中学校体育連盟、全国高等学校体育連盟、日本高等学校体育連盟の調査を基にスポーツ庁において作成
円グラフはスポーツ庁「平成28年度全国体力・運動能力、運動習慣等調査」

　スポーツ庁が発表した、中高生の運動部活動の調査である。2004（平成16）年度からの推移では、運動の部活動への参加率は中高ともに横ばいで、中学全体では微減。中学2年対象の調査では、女子の約4割が文化部のみの活動をしていることがわかった。ちなみに運動系の部活動について、2018（平成30）年策定の国のガイドラインでは平日の活動時間は2時間程度、休養週2日以上としている。

（中島）

第6節　多文化教育・国際化教育

（1）就学別・地域別在留邦人（学齢期）子女数（長期滞在者）

各年4月15日現在
（単位：人）

	地域	平成20年	21年	22年	23年	24年	25年	26年	27年	28年	29年
小学部 / 日本人学校	全世界	15,017	14,451	14,089	14,753	15,776	16,257	16,291	16,104	15,688	15,627
	アジア	11,364	10,835	10,707	11,474	12,447	13,011	12,981	12,733	12,383	12,319
	大洋州	125	111	91	97	117	111	124	107	113	103
	北米	344	353	293	284	302	311	316	407	364	356
	中南米	407	396	404	431	468	442	500	507	492	493
	欧州	2,383	2,336	2,227	2,094	2,103	2,042	2,011	2,003	2,022	2,053
	中東	298	343	294	285	262	265	271	274	242	236
	アフリカ	96	77	73	88	77	75	88	73	72	67
補習授業校	全世界	13,159	13,190	13,194	13,269	13,749	14,351	15,200	16,003	16,628	17,275
	アジア	809	760	741	741	820	1,103	1,235	1,203	1,243	1,235
	大洋州	481	368	330	336	338	382	351	357	678	783
	北米	9,067	8,972	8,933	8,981	9,379	9,616	10,197	10,729	10,895	11,271
	中南米	101	97	77	74	68	87	81	134	156	184
	欧州	2,592	2,865	2,982	3,021	3,006	3,022	3,187	3,444	3,512	3,652
	中東	59	52	65	63	71	79	84	86	81	94
	アフリカ	50	76	66	53	67	62	65	50	63	56
現地・国際校	全世界	17,987	18,401	22,255	19,928	19,921	21,282	23,899	24,991	25,911	27,362
	アジア	6,178	6,175	7,586	7,281	7,062	6,205	8,939	9,565	9,461	10,349
	大洋州	1,097	1,089	1,047	1,104	1,183	1,101	1,325	1,486	1,036	1,135
	北米	6,133	6,582	7,694	6,287	6,250	7,915	6,666	6,131	6,631	7,209
	中南米	470	517	474	537	589	744	611	654	713	745
	欧州	3,477	3,379	4,818	4,042	4,110	4,586	5,573	6,347	7,205	7,000
	中東	289	326	340	341	389	424	440	459	462	496
	アフリカ	343	333	296	336	338	307	345	349	403	428
日本人学校	全世界	4,323	4,241	4,046	4,163	4,454	4,621	4,736	4,511	4,313	4,132
	アジア	3,238	3,155	3,057	3,220	3,505	3,699	3,752	3,478	3,296	3,184
	大洋州	26	39	37	40	31	29	33	39	31	35
	北米	133	116	109	103	109	102	119	142	161	111
	中南米	114	113	112	109	117	131	143	134	140	135
	欧州	714	702	630	601	601	582	610	624	599	590
	中東	70	90	84	84	79	58	57	68	62	55
	アフリカ	28	26	17	6	12	20	22	26	24	22

中学部	補習授業校	全世界	3,595	3,492	3,281	3,308	3,527	3,648	3,783	3,891	4,054	4,183
		アジア	170	162	164	173	168	196	252	262	269	234
		大洋州	111	84	90	84	65	83	82	60	161	176
		北米	2,712	2,533	2,332	2,336	2,516	2,609	2,693	2,771	2,820	2,927
		中南米	35	32	31	30	21	19	21	38	42	38
		欧州	532	647	637	659	718	698	700	735	734	766
		中東	17	16	11	9	16	14	12	10	15	24
		アフリカ	18	18	16	17	23	29	23	15	13	18
	現地・国際校	全世界	7,171	7,713	10,457	9,529	9,548	11,469	12,627	12,812	12,657	13,992
		アジア	2,068	2,235	3,371	3,609	3,476	3,372	5,077	5,344	4,731	5,104
		大洋州	530	539	529	516	605	587	652	679	533	570
		北米	2,656	2,937	3,561	3,289	3,182	4,987	4,135	3,796	4,159	4,962
		中南米	191	194	201	219	274	361	276	332	304	352
		欧州	1,536	1,583	2,570	1,652	1,746	1,858	2,153	2,338	2,610	2,641
		中東	80	107	107	113	129	173	200	216	206	195
		アフリカ	110	118	118	131	136	131	134	107	114	168
総計		全世界	61,252	61,488	67,322	64,950	66,975	71,628	76,536	78,312	79,251	82,571
		アジア	23,827	23,322	25,626	26,498	27,478	27,586	32,236	32,585	31,383	32,425
		大洋州	2,370	2,230	2,124	2,177	2,339	2,293	2,567	2,728	2,552	2,802
		北米	21,045	21,493	22,922	21,280	21,738	25,540	24,126	23,976	25,030	26,836
		中南米	1,318	1,349	1,299	1,400	1,537	1,784	1,632	1,799	1,847	1,947
		欧州	11,234	11,512	13,864	12,069	12,284	12,788	14,234	15,491	16,682	16,702
		中東	813	934	901	895	946	1,013	1,064	1,113	1,068	1,100
		アフリカ	645	648	586	631	653	624	677	620	689	759

出典：外務省「海外在留邦人数調査統計（平成 30 年要約版）」

　外国に長期滞在している邦人の子女の学校在籍者は、日本人学校、補習授業校、現地・国際校の区分に分けられる。2017（平成 29）年の小学部・日本人学校を地域別にみるとその比率は、アジアが 79%、欧州が 13%、中南米が 3.1%、北米が 2.2%、中東が 1.5%、大洋州が 0.6%、アフリカが 0.4% となっている。また学校区分で言えば、小学部、中学部ともに、日本人学校や補習授業校よりも、現地・国際校が多くなっている。

（大沢）

第 5 章　教育

第6節　多文化教育・国際化教育

（2）地域別在留邦人（学齢期）子女数（長期滞在者）推移

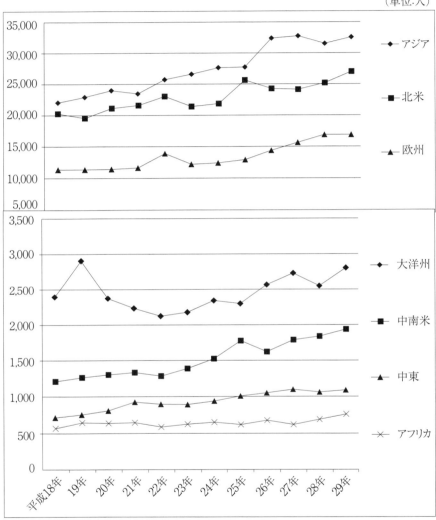

各年4月15日現在
（単位：人）

地域名	平成18年	19年	20年	21年	22年	23年	24年	25年	26年	27年	28年	29年
アジア	21,954	22,801	23,827	23,322	25,626	26,498	27,478	27,586	32,236	32,585	31,383	32,425
大洋州	2,394	2,900	2,370	2,230	2,124	2,177	2,339	2,293	2,567	2,728	2,552	2,802
北米	20,218	19,443	21,045	21,493	22,922	21,280	21,738	25,540	24,126	23,976	25,030	26,836
中南米	1,225	1,277	1,318	1,349	1,299	1,400	1,537	1,784	1,632	1,799	1,847	1,947
欧州	11,231	11,277	11,234	11,512	13,864	12,069	12,284	12,788	14,234	15,491	16,682	16,702
中東	713	760	813	934	901	895	946	1,013	1,064	1,113	1,068	1,100
アフリカ	569	651	645	648	586	631	653	624	677	620	689	759
全体合計	58,304	59,109	61,252	61,488	67,322	64,950	66,975	71,628	76,536	78,312	79,251	82,571

出典：外務省 海外在留邦人数調査統計（平成30年要約版）

　外国に長期滞在する者の子女の数を地域別に分け、年次推移を表したデータである。2006（平成18）年と2017（平成29）年の比較では、アジアは1.5倍、大洋州は1.1倍にとどまっている。北米は1.3倍、中南米は、1.6倍、欧州と中東は1.5倍、アフリカは1.3倍となっている。全世界の合計では、1.4倍となっている。10年間で、大洋州が増減をくりかえしているのに対して、他の地域はほぼ増加の傾向にある。

（大沢）

第5章　教育

第6節　多文化教育・国際化教育

(3) 小学校子女数（長期滞在者）推移と中学生子女数（長期滞在者）推移

小学校子女数　　　　　　　　　　　　　　　各年4月15日現在
（単位:人）

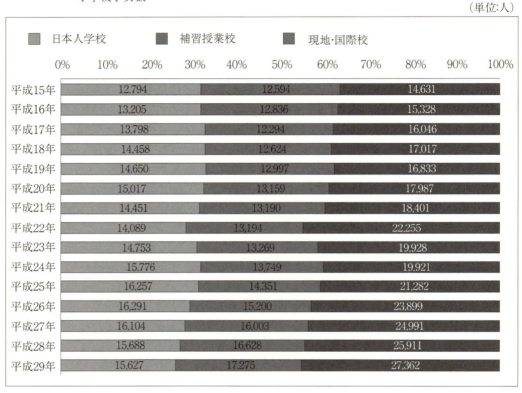

年	日本人学校	補習授業校	現地・国際校
平成15年	12,794	12,594	14,631
平成16年	13,205	12,836	15,328
平成17年	13,798	12,294	16,046
平成18年	14,458	12,624	17,017
平成19年	14,650	12,997	16,833
平成20年	15,017	13,159	17,987
平成21年	14,451	13,190	18,401
平成22年	14,089	13,194	22,255
平成23年	14,753	13,269	19,928
平成24年	15,776	13,749	19,921
平成25年	16,257	14,351	21,282
平成26年	16,291	15,200	23,899
平成27年	16,104	16,003	24,991
平成28年	15,688	16,628	25,911
平成29年	15,627	17,275	27,362

第5章　教育

576

中学校子女数　　　　　　　　　　　　　　　　　各年4月15日現在
（単位:人）

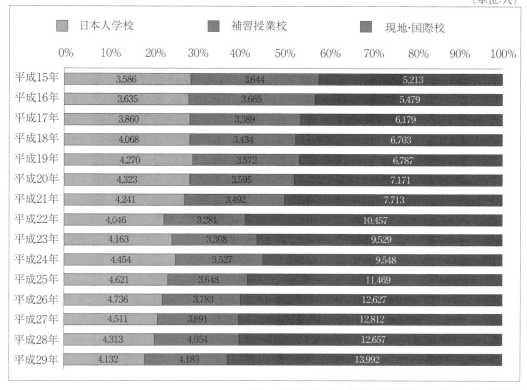

出典：外務省「海外在留邦人数調査統計（平成30年要約版）」

　外国に長期滞在する小学生と中学生について、日本人学校、補習授業校、現地・国際校の3つに分類した場合の年次推移を表したデータである。小学生は、2003（平成15）年と2017（平成29）年の比較では、日本人学校の割合が減少し、補習授業校の割合が減り、現地・国際校の増加は著しい。中学生では、さらにその傾向が強まり、日本人学校や補習授業校の割合が減り、現地・国際校の占める割合が増えている。

（大沢）

第6節　多文化教育・国際化教育

（4）日本語指導が必要な外国籍の児童生徒が在籍する学校数

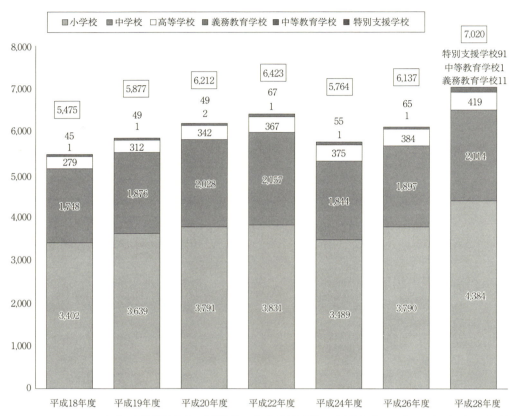

出典：文部科学省「日本語指導が必要な児童生徒の受入状況等に関する調査（平成28年度）」

　日本語指導が必要な外国人の子どもが在籍する学校は、段階が低いほど割合が高い。2006（平成18）年度でみると、すべての学校段階を100％とした場合、小学校が62％、ついで中学校が32％となり、高等学校は5％となる。年次推移でみると、2006（平成18）年度から学校数が増加し、2010（平成22）年度が一つめのピークとなり、2012（平成24）年度には若干落ち込んだが、2016（平成28）年度には、過去最高となった。

（大沢）

第6節　多文化教育・国際化教育

（5）日本語指導が必要な外国籍の児童生徒の母語別在籍状況

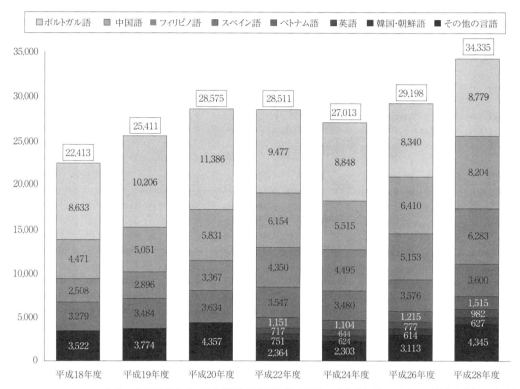

出典：文部科学省「日本語指導が必要な児童生徒の受入状況等に関する調査」（平成28年度）

　日本語指導が必要な外国人の子どもの数は増加しており、2006（平成18）年度と比較すると、1.5倍である。母国語別に分けると、2016（平成28）年度でポルトガル語が25.5％、中国語が23.8％、フィリピノ語が18.2％、スペイン語が10.4％、ベトナム語が4.4％、英語が2.8％となり、それ以外の言葉を母国語とする子どもたちは12％を超える。英語は少数派で、わが国と近隣国の母国語の子どもが多いわけでもない。

（大沢）

第6節　多文化教育・国際化教育

（6）日本語指導が必要な外国籍の児童生徒数

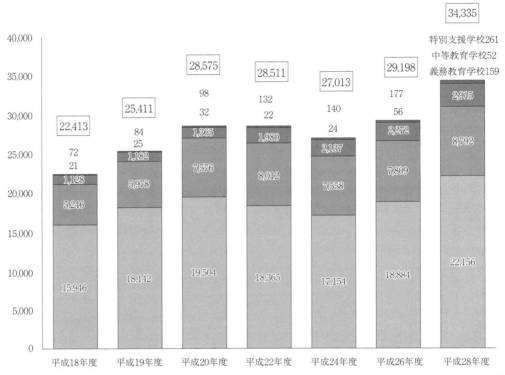

出典：文部科学省「日本語指導が必要な児童生徒の受入状況等に関する調査（平成28年度）」

　日本語指導が必要な外国籍の児童生徒数全体は、2010（平成22）、2012（24）年度に減っているが、2016（平成28）年度にはピークに達し、34,335人となった。平成28年度の各学校段階の生徒全体に占める割合は、小学生が65％、中学生が26％、高校生が8％と、学校段階が高くなるにつれ少なくなる。中等教育学校は0.5％、特別支援学校が0.8％に過ぎないのは、この二種の学校の総数が少ないことと関連している。

（大沢）

第6節　多文化教育・国際化教育

（7）国際理解教育目標構造図

川崎市国際理解教育目標構造図

| 1科学的で実行力のある市民 | 2民主的で明るい市民 | 3心身共に豊かな市民 |
| 4生産的でたくましい市民 | | 5国際的ではばのある市民 |

川崎市教育目標

各学校での教育目標

国際性ある子ども像（総合目標）
広い視野をもち、たくましく生きる子ども

| B　違いを認めて理解しあえる | C　主体的に自分を表現できる |

認識・理解レベル　　　　　　　　　　　　　　行動レベル

B-1　自文化理解
・自国の文化、歴史、習慣、言語等について
　認識・理解する。

C-1　思考力・判断力
・その場の状況に応じて自分の考えを
　もったり、自分の判断で行動したりする。

B-2　多文化理解
・ものの見方や考え方、行動様式の多様性について認識・
　理解する。
・地方文化、外国文化、歴史、習慣、言語等について認識・
　理解する。

C-2　自己表現力・行動力
・自分の考えをさまざまな方法ではっきりと表現したり、自分の
　考えで行動したりする。
・身近な問題や地域活動等に関心をもち、改善したり
　参加したりする。

B-3　相互依存関係理解
・資源、国際的制度、法律、情報等の共有の状態や、公害、環
　境、福祉問題等の共通課題を認識・理解する。

C-3　コミュニケーション能力
・言葉や身体表現等で自分の考えや意志を相手に正しく伝
　えたり、相手の考えや意志を正しく受け止めたりする。

A　豊かな社会性をもつ

情動・価値観レベル

A-1　自尊感情の育成
・日本人としての自覚をもち、自己肯定的な個の確立を図る。
　様々な人やものとのかかわりを通し、自分の良さや個性を知り、自分の生き方に誇りをもつ。

A-2　生命・人権の尊重
・他の人の考え、行動、ものの見方・感じ方を理解し、受け入れ尊重しようとする。
・民族や人種の違いを超え、生命や人権の尊さに気付く。

A-3　平和・共生への態度
・すべての人々が協力し、共に生き、安全で平和な社会をつくろうとする。
・身近な問題から、地域規模の問題に興味・関心をもつ。

〈川崎市総合教育センター　平成13年度国際理解教育研究会議作成〉

出典：川崎市総合教育センター「国際理解教育目標構造図」平成13年度国際理解教育研究会議作成

　川崎市の2001（平成13）年度・国際理解教育研究会議の資料の一つとして、国際理解教育目標構造図が公開されている。市民教育の目標を各種学校段階で達成すべく、国際性ある子どもの姿は、広い視野をもち、たくましく生きる子どもであることが明らかにされている。この子どもの姿は「豊かな社会性」をもち、「違いを認めて理解」しあい、「主体的に自分を表現できる」子どもである。この姿はさらに三つの観点から具体化されている。

（大沢）

第6節　多文化教育・国際化教育

（8）子ども多文化共生サポーターの派遣事業

【支援内容】

・コミュニケーションの円滑化

・生活適応

・心の安定

・学習の補助　等

校種	派遣校数
小学校	222
中学校	88
高等学校・特別支援学校 中等教育学校	15
合計	325

言語	派遣校数（校）	サポーター数（人）
中国語	129	66
フィリピノ語	59	27
ベトナム語	24	11
ポルトガル語	22	11
スペイン語	19	12
韓国・朝鮮語	14	9
ネパール語	14	4
インドネシア語	10	4
ロシア語	10	4
モンゴル語	6	3
タイ語	5	2
アラビア語	4	2
ベンガル語	3	3
ヒンディ語	3	1
ウルドゥ語	1	1
カンボジア語	1	1
ペルシャ語	1	1
合計（現在）	325	162

出典：兵庫県・多文化共生センター「兵庫県における子ども多文化共生教育の取組」平成28年

　兵庫県での、外国語を話す子どもを支援するためのサポーターの派遣活動のデータである。支援内容は、コミュニケーションの円滑化、心の安定、学習の補助などである。派遣される校種としては、小学校が68％を占める。次いで中学校、さらに他の学校となる。サポーターの関わる子どもたちの言語は多種にわたる。圧倒的に多いのが中国語、ついでフィリピノ語、ベトナム語、ポルトガル語、スペイン語、韓国・朝鮮語と続く。

（大沢）

第6節　多文化教育・国際化教育

(9) 英語に関する意識

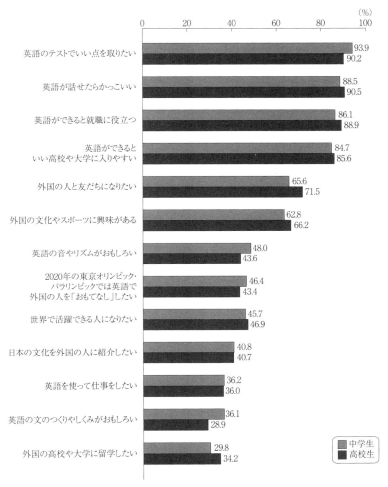

「とてもそう思う」「まあそう思う」の％。

出典：ベネッセ総合教育研究所「中高生の英語学習に関する実態調査」2014

　中高校生の英語に関する意識の調査結果である。特に割合の高かったものは、「英語のテストでいい点を取りたい」であり、中高ともに90％を超える。「英語が話せたらかっこいい」もほぼ90％である。また就職に役立つと回答した子どもも8割を大きく超える。英語ができると良い学校に入れると意識している割合も大きい。「外国人と友人になりたい」が7割近くを占め、「外国文化やスポーツに興味がある」も6割を超える。

(大沢)

第6節　多文化教育・国際化教育

（10）社会での英語の必要性と自分が英語を使うイメージ、身につけたい英語力

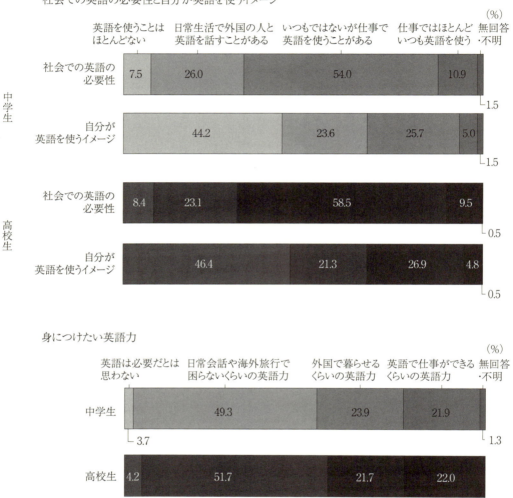

出典：ベネッセ総合教育研究所「中高生の英語学習に関する実態調査」2014

（9）同様、中高生に聞いた実態調査結果である。中高生は、日常的に仕事で英語を使うものではないと考えている割合が高いことがわかる。日常生活の中で、外国人と英語を話す機会がある子どもは、3割にも満たない。また、身につけたい英語力としては、日常会話や海外旅行で困らないくらいのレベルで良いと思っている子どもたちが約半分であり、英語が必要だとは思わないという子も3〜4％いる。

（大沢）

第7節　特別支援教育

（1）特別支援学校における校内体制の整備

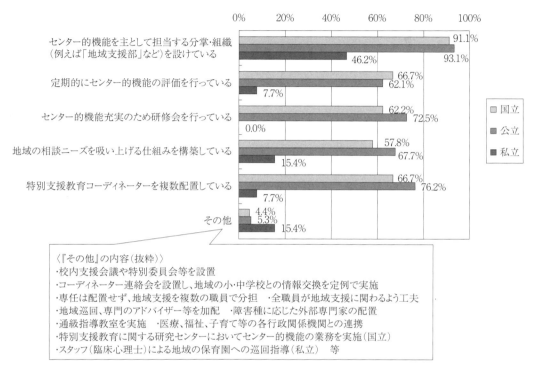

出典：文部科学省「平成27年度特別支援学校のセンター的機能の取組に関する状況調査について」

　特別支援学校は、校内での教育に専念するだけではなく、都道府県・指定都市との連携をはかり、地域に対してセンター的な役割を果たしていかなければならない。そこで校内体制として、センター的な役割を担うための業務を組織化し、職務の分掌化をはかっている。また、自身の機能を定期的に評価したり、研修会を行ったりしている。さらに、地域の相談に応ずる仕組みを構築し、特別支援教育コーディネーターを複数配置している。

（大沢）

第7節　特別支援教育

（2）特別支援学校（幼稚部・小学部・中学部・高等部）に在学する幼児児童生徒数、国公私立計

（平成 27 年 5 月 1 日現在）

区分	学校数（校）	在籍幼児児童生徒数（人）				
		計	幼稚部	小学部	中学部	高等部
視覚障害	83	5,716	215	1,767	1,229	2,505
聴覚障害	118	8,625	1,174	3,139	1,943	2,369
知的障害	745	124,146	218	34,737	27,987	61,204
肢体不自由	345	32,089	132	13,541	8,316	10,100
病弱	145	20,050	32	7,490	5,604	6,924
総計	1,114	137,894	1,499	38,845	31,088	66,462

※複数の障害種を対象としている学校、また、複数の障害を併せ有する幼児児童生徒については、それぞれの障害種ごとに重複してカウントしている。よって、それぞれの障害種別の合計は「総計」と一致しない。

出典：文部科学省「特別支援教育について」

http://www.mext.go.jp/a_menu/shotou/tokubetu/002.htm

2019 年 5 月 20 日確認

　障害別区分ごとに学校数を見たところ、2015（平成 27）年度では視覚障害が 7%、聴覚障害が 11%、知的障害が 67%、肢体不自由が 31%、病弱が 13% となっている。在籍幼児児童生徒数全体を区分すると、視覚障害が 4%、聴覚障害 6%、知的障害 90%、肢体不自由 23%、病弱 15% となっている。ちなみに、学校段階別の割合は、幼稚部の幼児が 1%、小学部が 28%、中学部が 23%、高等部が 48% の構成となっている。

（大沢）

第7節　特別支援教育

（3）小中学校における特別支援学級に在籍する児童生徒数、国公私立計

（平成 27 年 5 月 1 日現在）

区分	小学校		中学校		合計	
	学級数 （学級）	児童数 （人）	学級数 （学級）	生徒数 （人）	学級数 （学級）	児童生徒数 （人）
知的障害	16,927 （45.4%）	66,720 （47.8%）	8,505 （49.3%）	33,495 （54.1%）	25,432 46.6%）	100,215 （49.7%）
肢体不自由	2,061 （5.5%）	3,286 （2.4%）	785 （4.5%）	1,086 （1.8%）	2,846 （5.2%）	4,372 （2.2%）
病弱・身体虚弱	1,237 （3.3%）	2,112 （1.5%）	555 （3.2%）	918 （1.5%）	1,792 （3.3%）	3,030 （1.5%）
弱視	350 （0.9%）	407 （0.3%）	90 （0.5%）	103 （0.2%）	440 （0.8%）	510 （0.3%）
難聴	699 （1.9%）	1,075 （0.8%）	297 （1.7%）	443 （0.7%）	996 （1.8%）	1,518 （0.8%）
言語障害	479 （1.3%）	1,541 （1.1%）	110 （0.6%）	150 （0.2%）	589 （1.1%）	1,691 （0.8%）
自閉症・情緒障害	15,571 （41.7%）	64,385 （46.1%）	6,920 （40.1%）	25,772 （41.6%）	22,491 （41.2%）	90,157 （44.7%）
総計	37,324	139,526	17,262	61,967	54,586	201,493

出典：文部科学省「特別支援教育について」

http://www.mext.go.jp/a_menu/shotou/tokubetu/002.htm

2019 年 5 月 20 日確認

　障害別では、小学校では、知的障害が約 47.8%、次いで自閉症・情緒障害が 46.1% と多く、次に肢体不自由が 2.4% となり、病弱・身体虚弱が 1.5% となっている。言語障害、弱視、難聴はぐっと割合が少なくなる。中学校も似た傾向となり、知的障害が約 54.1%、次いで自閉症・情緒障害が 41.6% と多く、次に肢体不自由が 1.8% となり、病弱・身体虚弱が 1.5% となる。 弱視、難聴、言語障害は 1% 未満である。

（大沢）

第7節　特別支援教育

（4）小中学校における通級による指導を受けている児童生徒数、公立

平成 27 年 5 月 1 日現在

区分	小学校				中学校				合計
	計（人）	自校通級（人）	他校通級（人）	巡回指導（人）	計（人）	自校通級（人）	他校通級（人）	巡回指導（人）	計（人）
言語障害	34,908	14,331	19,148	1,429	429	148	233	48	35,337（39.1%）
自閉症	12,067	5,413	6,003	651	2,122	974	965	183	14,189（15.7%）
情緒障害	8,863	3,434	4,881	548	1,757	622	1,019	116	10,620（11.8%）
弱視	139	20	92	27	22	5	17	—	161（0.2%）
難聴	1,691	294	1,182	215	389	65	240	84	2,080（2.3%）
学習障害	10,474	7,044	2,273	1,157	2,714	1,738	613	363	13,188（14.6%）
注意欠陥多動性障害	12,554	6,844	4,644	1,066	2,055	1,068	751	236	14,609（16.2%）
肢体不自由	61	4	17	40	7	—	2	5	68（0.08%）
病弱・身体虚弱	11	6	1	4	7	4	—	3	18（0.02%）
計	80,768（89.5%）	37,390	38,241	5,137	9,502（10.5%）	4,624	3,840	1,038	90,270（100.0%）

※自校通級・他校通級・巡回指導のうち複数の方法で指導を受けている児童生徒は、該当するもの全てカウントしている。

出典：文部科学省「特別支援教育について」
http://www.mext.go.jp/a_menu/shotou/tokubetu/002.htm
2019 年 5 月 20 日確認

　　通級指導の形態は、自校通級、他校通級、巡回指導に分けられる。中でも他校通級が多数で、自校通級がそれに続き、巡回指導を受ける数は少ない。障害別では、言語障害が 39.1%、注意欠陥多動性障害が 16.2%、自閉症が 15.7%、学習障害が 14.6%、情緒障害が 11.8% となり、難聴は 2.3%。弱視、肢体不自由、病弱・身体虚弱はそれぞれ 1% 未満である。小・中学校の障害別の通級指導の障害別・比率はほぼ同様である。
（大沢）

第7節　特別支援教育

（5）特別支援学校（高等部）卒業後の状況調査

1. 計

区分	計	大学等進学者 (A)	うち大学・短期大学の通信教育部への進学者を除く進学者	専修学校（専門課程）進学者 (B)	専修学校（一級課程）等入学者 (C)	公共職業能力開発施設等入学者 (D)	就職者	左記以外の者	不詳・死亡の者	左記以外の者	大学等進学率（%）	通信教育部を除いた進学率	専修学校（専門課程）進学率（%）	卒業者に占める進学者の割合（%）	区分
平成29年3月	21,292	396	389	46	24	311	6,411	14,075	29	13,253	1.9	1.8	0.2	30.1	平成29年3月
平成30年3月	21,657	427	422	44	26	272	6,760	14,046	82	13,241	2.0	1.9	0.2	31.2	平成30年3月
国立	393	48	48	2	—	9	91	243	—	225	12.2	12.2	0.5	23.2	国立
公立	21,168	328	323	42	26	263	6,653	13,774	82	12,993	1.5	1.5	0.2	31.4	公立
私立	96	51	51	—	—	—	16	29	—	23	53.1	53.1	—	16.7	私立

出典：文部科学省「学校基本調査」平成30年度

　2018（平成30）年3月の時点で、特別支援学校（高等部）を卒業した者の進路をまとめたものである。総数21,657人を100％とすると、大学等進学2.0％、通信教育部進学を除く進学率は1.9％で昨年度より微増している。専修学校は0.2％、就職が6,760人で31.2％となった。公共職業能力開発施設等の入学者は272人で1.25％、これらのいずれにも該当しない者は14,046人で65％となっている。また、不詳・死亡した者は、0.3％である。

（大沢）

第8節 校外生活

（1）小・中学生の家庭学習時間等の推移

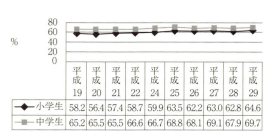
平日に1時間以上勉強する生徒の割合（％）

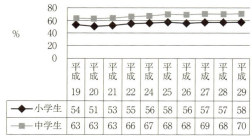
休日に1時間以上勉強する生徒の割合（％）

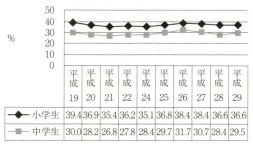
平日30分以上読書する生徒の割合（％）

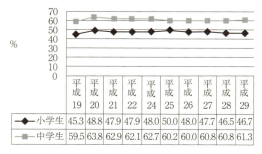
学習塾（家庭教師）で勉強する生徒の割合（％）

出典：文部科学省「全国学力・学習状況調査」平成19〜29年度を基に筆者作成

　平日・休日に1時間以上家庭学習する割合は、小中ともにやや増加傾向にある。家庭学習時間は小学生よりも中学生がやや長いが、全く家庭学習をしない割合は中学生で多い。学習塾に通う小学生は50％弱、中学生は約60％で推移しているが、2013（平成25）年度以降はやや減少傾向にあり、経済的要因の影響が考えられる。平日に30分以上読書をする割合は、小学生が中学生よりも高い。

（中野）

第8節 校外生活

（2）若者（13～29歳）のボランティアに対する興味および、興味がある理由

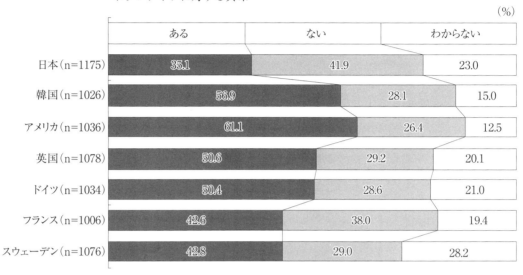

ボランティアに対する興味

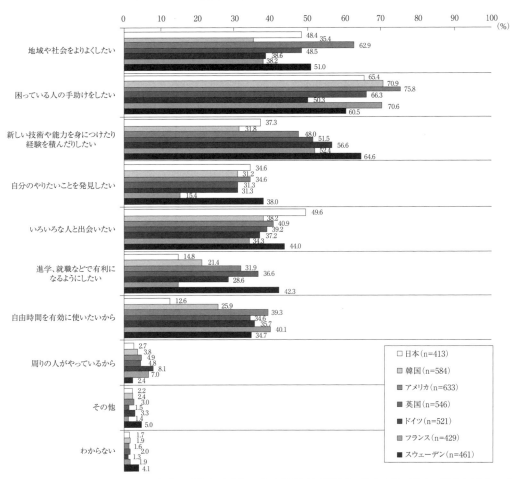

ボランティアに興味がある理由

出典：内閣府「平成 25 年度我が国と諸外国の若者意識に関する調査」平成 26 年

　若者のボランティアに対する興味とその理由の調査結果である。「興味がある」は 35.1％で「ない」41.9％が上回った。米 61.1％、韓・英・独が約 50％、仏・スウェーデンは 40％超、日本は先進 7 か国の最下位である。理由は、「困っている人の手助けをしたい」「いろいろな人と出会いたい」「地域や社会をよりよくしたい」等が続く。西欧諸国に比べ、新しい技術の獲得機会・進学が有利になる等の理由が低く、ボランティア活動への社会的評価の低さが影響している。

（中野）

第8節　校外生活

（3）年代別投票率、および世界各国・地域の選挙権年齢

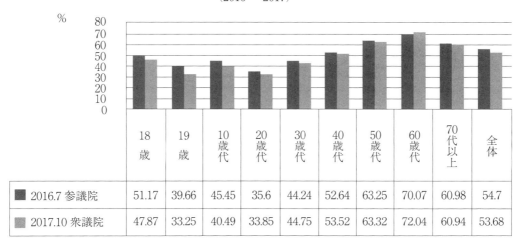

選挙年代別投票率　10代の投票率
（2016～2017）

	18歳	19歳	10歳代	20歳代	30歳代	40歳代	50歳代	60歳代	70代以上	全体
2016.7 参議院	51.17	39.66	45.45	35.6	44.24	52.64	63.25	70.07	60.98	54.7
2017.10 衆議院	47.87	33.25	40.49	33.85	44.75	53.52	63.32	72.04	60.94	53.68

世界各国・地域の選挙権年齢

年齢	国数（％）
16歳	6（3.2）
17歳	3（1.6）
18歳	167（88.4）
19歳	1（0.5）
20歳	4（2.1）
21歳	8（4.2）
	189（100）

出典：総務省「年代別投票率」2016～2017・国立国会図書館「世界各国・地域の選挙権年齢」2016を基に筆者作成

　公職選挙法一部改正により2016（平成28）年に18歳～20歳未満の選挙権が施行され、同年7月参議院・2017（平成29）年10月衆議院選挙で実施された。投票率は18歳が参議院51.17％（衆議院47.87）、19歳が39.66％（33.25）で、19歳は学生の住民票移動未手続が影響している。10代の合計は45.45％（40.49）で、20代をやや上回った。国際的にみると、88.4％の国が選挙権年齢は18歳以上で、日本もようやく世界標準になったといえる。

（中野）

第9節　教員の免許・研修

（1）大学における教育養成の現状

1. 課程認定数

（平成28年5月1日現在）

	大学				短期大学				大学院			
	国立	公立	私立	計	国立	公立	私立	計	国立	公立	私立	計
大学等数	82	86	584	752	0	18	331	349	86	77	463	626
課程認定を有する大学等数	76	60	469	605	0	10	231	241	78	40	315	433
割合	92.7%	69.8%	80.3%	80.5%	0.0%	55.6%	69.8%	69.1%	90.7%	51.9%	68.0%	69.2%

2. 国立教員養成系大学・学部の現状（平成29年度）

学部			
大学数	入学定員		合計
	教員養成課程	新課程	
44 （うち単科大学11）	11,265	1,585	12,850

注）新課程：教員就職率の低下に伴い、昭和62年度から教員養成課程の一部を、教員以外の職業分野の人材や高い教養と柔軟な思考力を身につけた人材を養成することを目的とした課程として改組したもの。

大学院（修士課程）

設置大学数	研究科数	専攻数	入学定員
39	39	117	2,614

教職大学院（専門職学位課程）

区分	設置大学数	入学定員
国立	46	1,171
私立	7	205
合計	53	1,376

出典：文部科学省「国立教員養成大学・学部関係基礎資料集」

　高等教育機関の中で、教員養成課程をもっている学校がどれだけあるかを示した図表である。4年制大学では全体の80.5%、短大は全体の69.1%、大学院も全体の69.2%が教員免許が取得できる。また「国立教員養成系大学・学部の現状」では、教職につかない人材育成の新課程を有する割合が、全体の12%となっていることがわかる。教職大学院は、入学定員で見ると、私立約15%、国立約85%となっている。

（中島）

第9節　教員の免許・研修

（2）教員免許状授与件数

区分			幼稚園	小学校	中学校	高等学校	特別支援学校	養護教諭	栄養教諭	特別支援学校自立教科等	計
普通免許状	専修免許状	平成27年度	248	1,524	5,017	6,302	265	105	22		13,483
		平成28年度	261	1,577	4,887	6,187	225	101	20		13,258
		平成29年度	264	1,701	4,740	5,901	265	96	12		12,979
	一種免許状	平成27年度	17,772	23,157	43,700	57,388	4,681	2,978	1,213	34	150,923
		平成28年度	18,832	23,395	43,130	56,479	4,803	2,885	1,186	49	150,759
		平成29年度	18,316	23,337	41,519	54,020	5,023	2,861	1,189	44	146,309
	二種免許状	平成27年度	33,638	3,690	2,081		5,756	1,642	740	7	47,554
		平成28年度	33,681	3,676	2,060		5,980	1,240	667	6	47,310
		平成29年度	32,312	3,756	2,176		6,844	1,096	708	3	46,895
	小計	平成27年度	51,658	28,371	50,798	63,690	10,702	4,725	1,975	41	211,960
		平成28年度	52,774	28,648	50,077	62,666	11,008	4,226	1,873	55	211,327
		平成29年度	50,892	28,794	48,435	59,921	12,132	4,053	1,909	47	206,183
特別免許状		平成27年度		0	52	153				10	215
		平成28年度		0	49	126				11	186
		平成29年度		12	42	105				10	169
臨時免許状		平成27年度	261	2,951	2,072	2,570	589	116		19	8,578
		平成28年度	236	3,130	1,928	2,408	584	106		13	8,405
		平成29年度	208	3,426	1,895	2,289	563	113		7	8,501
合計		平成27年度	51,919	31,322	52,922	66,413	11,291	4,841	1,975	70	220,753
		平成28年度	53,010	31,778	52,054	65,200	11,592	4,332	1,873	79	219,918
		平成29年度	51,100	32,232	50,372	62,315	12,695	4,166	1,909	64	214,853

出典：文部科学省「平成29年度教員免許状授与件数等調査結果について」

　2015（平成27）年度から2017（平成29）年度までは、どの免許状でもさほど数の増減はない。2017（平成29）年度でみると、普通免許状の学校種別の割合では、一番数が多いのは高等学校、次に幼稚園、中学校、小学校と続く。また学校種別ごとに普通免許の種類の割合に違いも見られる。幼稚園では、二種免許が一番多く、次に一種となり、専修免許取得は、全体の0.5％に過ぎない。

（中島）

第9節 教員の免許・研修

（3）試験区分（志願者数、受験者数、採用者数、競争率）

区分	志願者数	受験者数	女性（内数）	採用者数	女性（内数）	競争率（倍率）
小学校	58,189	53,606	28,478	14,699	8,940	3.6
中学校	65,168	59,076	23,642	8,277	3,604	7.1
高等学校	39,674	35,680	11,402	5,108	1,830	7.0
特別支援学校	11,273	10,601	6,125	2,846	1,799	3.7
養護教諭	10,924	9,890	9,804	1,334	1,332	7.4
栄養教諭	1,876	1,602	1,502	208	204	7.7
計	187,104	170,455	80,953	32,472	17,709	5.2

（注）1. 採用者数は、平成 28 年 6 月 1 日までに採用された数である（以下同じ）。

2. 学校種の試験区分を分けずに選考を行っている県市の受験者数は、小学校の受験者数に含んでいる。（第 2 表参照。以下同じ。）

3. 中学校と高等学校の試験区分を分けずに選考を行っている県市の受験者数は、中学校の受験者数に含んでいる。（第 2 表参照。以下同じ。）

4. 特別支援学校の受験者数は、「特別支援学校」の区分で選考試験を実施している県・市の数値のみを集計したものである。（第 2 表参照。以下同じ。）

5. 競争率（倍率）は、受験者数÷採用者数である。

出典：文部科学省「教職員課調べ」平成 28 年度

　受験者総数は 170,455 人であり、教員採用の競争倍率はすべての学校を平均すると 5.2 倍となり、栄養教諭が 7.7 倍と最も難関である。また小学校が 3.6 倍、特別支援学校が 3.7 倍となっている。採用者の男女比で見ると、小学校で女性の占める割合は約 61％であり、中学校で約 44％、高等学校で約 36％と減少する。逆に特別支援学校では女性は約 63％、養護教諭でほぼ 100％、栄養教諭でも約 98％となっている。

（中島）

第9節　教員の免許・研修

（4）公立学校における本務教員の年齢構成

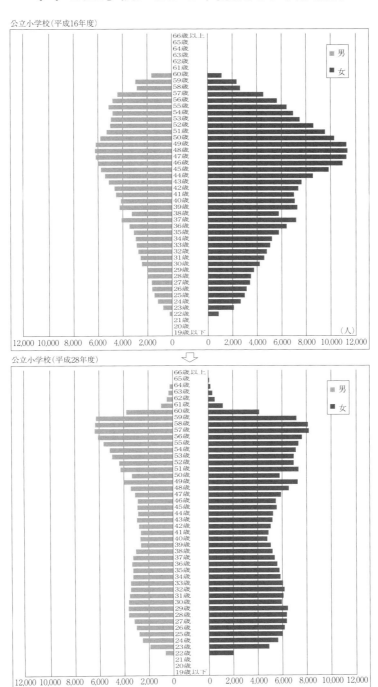

公立中学校(平成16年度)

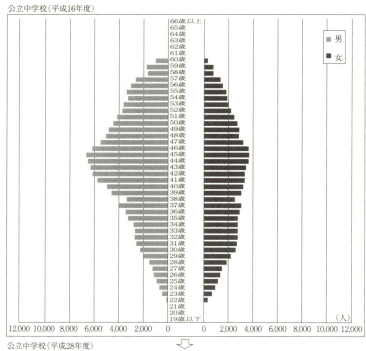

公立中学校(平成28年度)

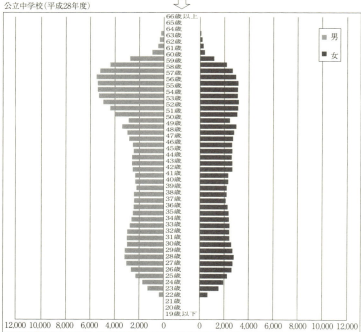

第5章 教育

598

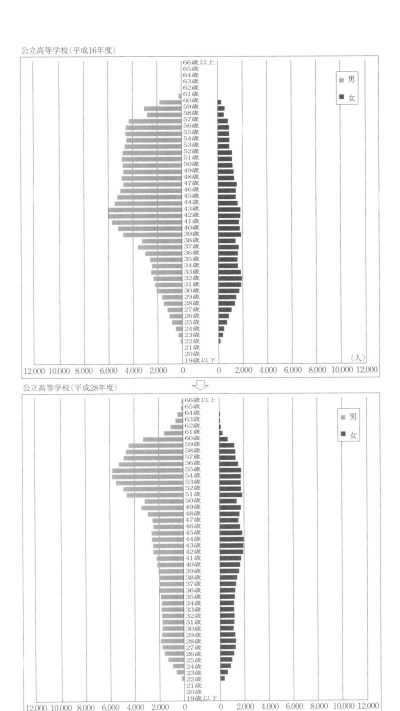

出典：文部科学省「平成28年度学校教員統計調査（確定値）の公表について」

　2004（平成16）年度と2016（平成28）年度の公立学校教員の年齢構成である。一番人数が多かった世代が12年後に繰り上がっていない。公立小学校で人数が多かった2004年の40代女性教員は、総数としては現在も多いが人数は減った。また、どの学校種も2016年は30代後半から40代前半の教員の数が少ない。人数が極端に少ない歳は2004年に36歳、2016年に50歳の丙午生まれである。

（中島）

第9節　教員の免許・研修

（5）教員の平均年齢の推移（幼稚園〜高等学校）

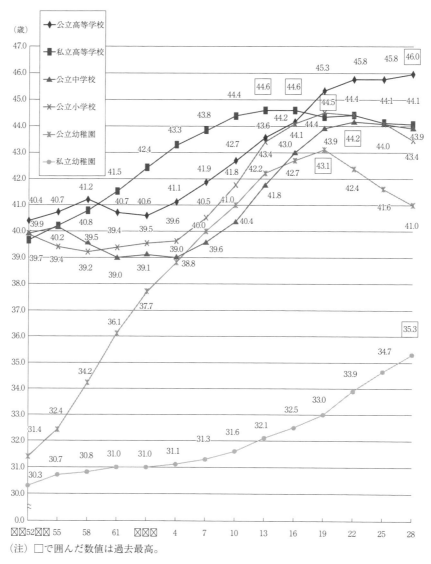

（注）□で囲んだ数値は過去最高。

出典：文部科学省「平成28年度学校教員統計調査（確定値）の公表について」

　3年ごとに実施する教員の平均年齢の調査である。どの学校種別でも上昇するように見えるが、必ずしもそうではない。公立幼稚園は平成19年の43.1歳をピークとしそれから下降、平成28年に41.0歳となった。私立幼稚園は上昇を続け、過去最高の35.3歳となった。小中学校はここ数年、40代半ばで推移している。公立高等学校は平成28年で過去最高の46.0歳となった。退職者も増加する年代に入っており、教員不足が深刻な問題である。

（中島）

第9節　教員の免許・研修

（6）校長等人数及び登用者数

(単位：校、人)

		小学校	中学校 義務教育学校	高等学校 中等教育学校	特別支援学校	合計
校長数		19,076	9,113	3,473	976	32,638
	女性（内数）	3,737	610	268	222	4,837
	割合（％）	19.6%	6.7%	7.7%	22.7%	14.8%
うち校長登用者数		3,716	1,400	655	231	6,002
	女性（内数）	771	120	53	56	1,000
	割合（％）	20.7%	8.6%	8.1%	24.2%	16.7%
副校長数		2,149	1,154	856	361	4,520
	女性（内数）	731	180	92	84	1,087
	割合（％）	34.0%	15.6%	10.7%	23.3%	24.0%
うち副校長登用者数		381	226	233	97	937
	女性（内数）	131	36	25	29	221
	割合（％）	34.4%	15.9%	10.7%	29.9%	23.6%
教頭数		17,490	8,788	4,615	1,397	32,290
	女性（内数）	4,410	1,027	425	384	6,246
	割合（％）	25.2%	11.7%	9.2%	27.5%	19.3%
うち教頭登用者数		3,674	1,957	793	336	6,760
	女性（内数）	1,149	293	86	108	1,636
	割合（％）	31.3%	15.0%	10.8%	32.1%	24.2%
主幹教諭数		9,965	6,337	3,560	1,366	21,228
	女性（内数）	4,108	1,618	565	531	6,822
	割合（％）	41.2%	25.5%	15.9%	38.9%	32.1%
うち主幹教諭登用者数		1,914	1,151	534	270	3,869
	女性（内数）	679	298	111	105	1,193
	割合（％）	35.5%	25.9%	20.8%	38.9%	30.8%
指導教諭数		1,192	713	535	140	2,580
	女性（内数）	733	347	138	80	1,298
	割合（％）	61.5%	48.7%	25.8%	57.1%	50.3%
うち指導教諭登用者数		277	129	81	19	506
	女性（内数）	164	60	25	13	262
	割合（％）	59.2%	46.5%	30.9%	68.4%	51.8%
（参考） 公立 学校数	本校	19,428	9,421	3,511	972	33,332
	分校（外数）	<163>	<80>	<86>	<110>	<439>

（注）1. 公立学校数は平成30年度学校基本調査通報（平成30年5月1日現在）の数
　　　2. 高等学校の公立学校数とは、全日制、定時制、通信制の独立校及びそれらいずれかの併置校の合計数
　　　　　出典：文部科学省「平成29年度公立学校教職員の人事行政状況調査について」

　学校における人事配置の人数、及び新規に新しい職位に就いた教員（登用者と言う）の数を示す図表である。これを見ると、校長のうち新規に任用された者の割合が、全ての学校を合わせて約18%であることがわかる。小学校の場合は約19%、中学校・義務教育学校では約15%、高等学校・中等教育学校では約19%、特別支援学校では、約24%となり、特別支援学校の場合、新任の校長が多いことがわかる。

（中島）

第9節　教員の免許・研修

（7）校長・副校長・教頭に占める女性の割合（各年4月1日現在）

（単位：%）

校種／年度	小学校			中学校 義務教育学校			高等学校 中等教育学校			特別支援学校			合計		
	校長	副校長	教頭	校長	副校長	教頭	校長	副校長	教頭	校長	副校長	教頭	校長	副校長	教頭
26	19.0	27.8	21.4	5.7	9.7	7.9	6.7	9.5	7.4	21.3	26.1	23.6	14.1	19.4	15.9
	(22.1)	(28.0)	(25.2)	(6.4)	(11.3)	(8.5)	(8.4)	(8.1)	(8.0)	(27.1)	(35.4)	(26.5)	(16.9)	(18.7)	(18.2)
27	19.1	28.8	22.2	6.0	9.8	8.5	7.1	9.0	7.6	22.7	25.4	24.1	14.3	19.8	16.5
	(20.6)	(34.2)	(27.2)	(7.9)	(8.9)	(11.0)	(7.6)	(8.3)	(8.3)	(26.4)	(33.3)	(26.9)	(16.2)	(21.1)	(20.1)
28	19.1	29.9	22.5	6.3	11.8	9.5	7.3	9.4	7.9	22.5	24.9	24.8	14.4	20.7	17.0
	(20.6)	(35.1)	(26.5)	(6.9)	(14.3)	(12.6)	(8.3)	(10.3)	(10.3)	(28.0)	(28.8)	(29.0)	(16.2)	(22.9)	(20.7)
29	19.4	31.3	23.8	6.6	12.8	10.4	7.5	8.3	9.0	23.3	23.9	25.8	14.7	21.5	18.2
	(21.1)	(35.7)	(29.6)	(7.3)	(12.3)	(13.4)	(7.2)	(6.3)	(12.5)	(23.6)	(26.1)	(31.7)	(16.4)	(20.8)	(23.1)
30	19.6	34.0	25.2	6.7	15.6	11.7	7.7	10.7	9.2	22.7	23.3	27.5	14.8	24.0	19.3
	(20.7)	(34.4)	(31.3)	(8.6)	(15.9)	(15.0)	(8.1)	(10.7)	(10.8)	(24.2)	(29.9)	(32.1)	(16.7)	(23.6)	(24.2)

（注）（　）は新たに登用された者に占める女性の割合

出典：文部科学省「平成29年度公立学校教職員の人事行政状況調査について」

　我が国においては、どの学校種であっても、女性の学校管理職の占める割合は高くはない状況が続いている。また同一の年度でも、学校種別で見た場合、女性管理職の比率には大きな差がある。2018（平成30）年度の校長の割合を見ると、小学校で20.7%、中学校で8.6%、高等学校で8.1%となっている。小・中・高と学校段階が上がるほど学校管理職に占める女性の割合は減少する。しかし特別支援学校では24.2%となっている。

（中島）

第9節　教員の免許・研修

（8）免許状更新講習

講習の領域	時間数	講習の選び方
必修領域	6時間以上	◆必修領域の講習については、お持ちの免許状の種類は関係なく、全員共通の内容です。
選択必修領域	6時間以上	◆所有する免許状の種類や勤務する学校の種類等により、所定の内容から選択して受講・修了します。 ※各講習に認定されている「主な受講対象者」は、講習内容に照らし、対象となる学校種等をわかりやすく示すために大学が独自に設定しているものであり、当該項目に所持する免許状の教科が明記されていない場合も、教員免許更新のための講習と認められます。
選択領域	18時間以上	◆講習は、対象職種(教諭・養護教諭・栄養教諭)に応じた講習を受講・修了する必要があります。(下図参照) ◆複数の免許状を所持する場合、旧免許状・新免許状のどちらを所持するかによって、選択する講習が異なる場合があります。(詳細は次ページ) 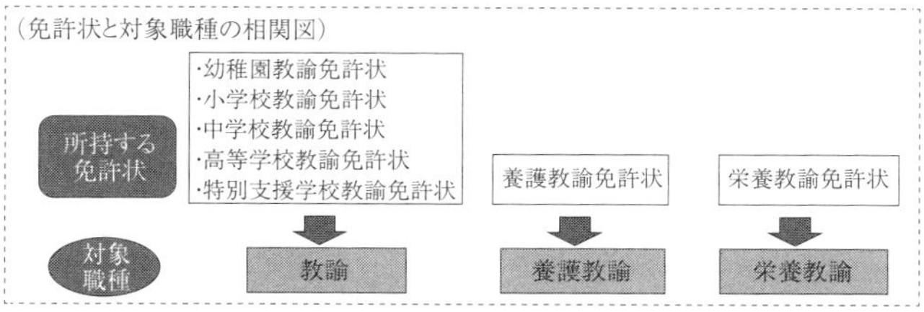 (免許状と対象職種の相関図) 所持する免許状：・幼稚園教諭免許状　・小学校教諭免許状　・中学校教諭免許状　・高等学校教諭免許状　・特別支援学校教諭免許状／養護教諭免許状／栄養教諭免許状 対象職種：教諭／養護教諭／栄養教諭 ※各講習に認定されている「対象職種」以外に、「主な受講対象者」という項目がありますが、「主な受講対象者」は、講習内容に照らし、対象となる学校種等をわかりやすく示すために大学が独自に設定しているものであり、当該項目に所持する免許状の教科が明記されていない場合も、該当する職種を対象にした講習であれば、教員免許更新のための講習と認められます。

出典：文部科学省「教員免許状の更新について」

http://www.mext.go.jp/component/a_menu/education/micro_detail/__icsFiles/afieldfile/2019/02/05/1388544_2.pdf

2019 年 6 月 7 日確認

　2009（平成21）年4月1日から教員免許更新制が導入された。その目的は、教員として必要な資質能力が保持されるよう定期的に最新の知識技能を身に付けることで、教員が自信と誇りを持って教壇に立ち、社会の尊敬と信頼を得ることを目指すものである。免許更新の該当教員等は、2年間内に30時間（必修領域6時間以上、選択必修領域6時間以上、選択領域18時間以上）の更新講習を受講し、修了することとされている。

（中島）

第5章　教育

第9節　教員の免許・研修

（9）教員研修の実施体系

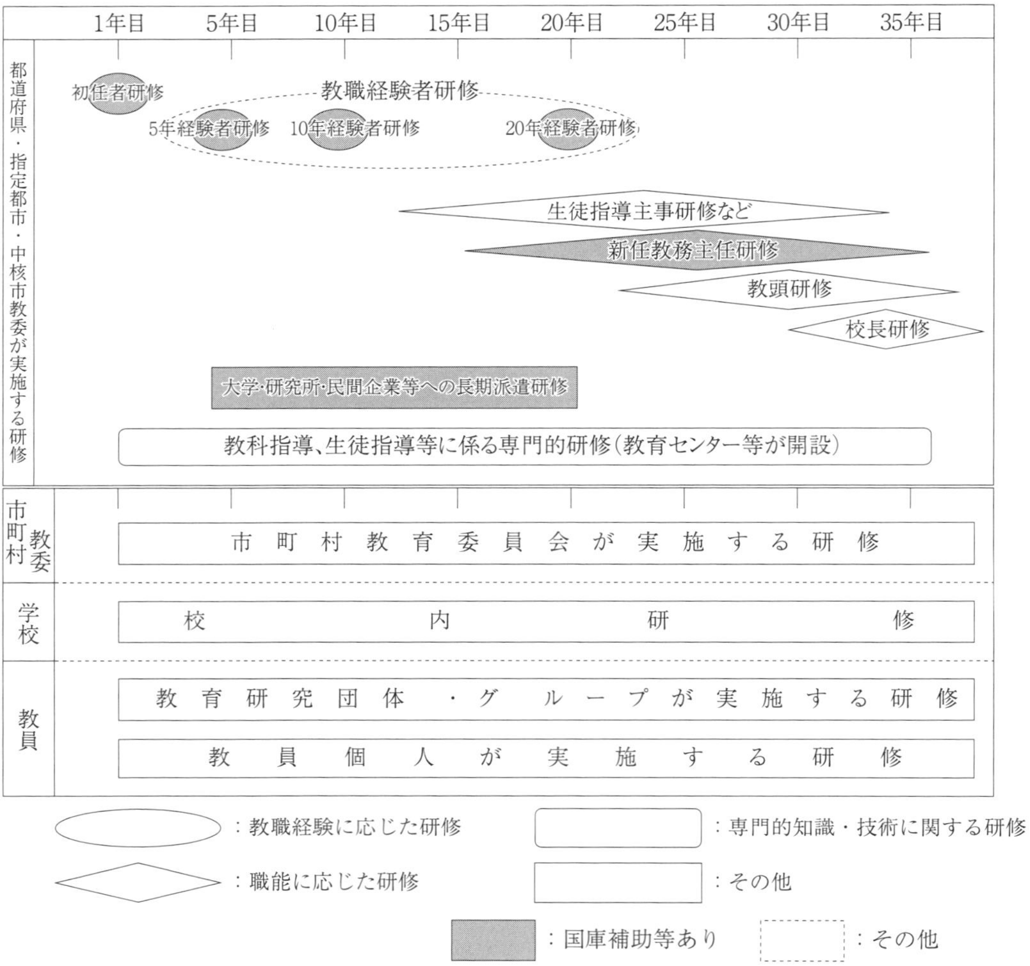

	1年目	5年目	10年目	15年目	20年目	25年目	30年目	35年目

都道府県・指定都市・中核市教委が実施する研修

- 初任者研修
- 教職経験者研修
  - 5年経験者研修　10年経験者研修　20年経験者研修
- 生徒指導主事研修など
- 新任教務主任研修
- 教頭研修
- 校長研修
- 大学・研究所・民間企業等への長期派遣研修
- 教科指導、生徒指導等に係る専門的研修（教育センター等が開設）

市町村教委
- 市 町 村 教 育 委 員 会 が 実 施 す る 研 修

学校
- 校 　 内 　 研 　 修

教員
- 教 育 研 究 団 体 ・ グ ル ー プ が 実 施 す る 研 修
- 教 員 個 人 が 実 施 す る 研 修

○：教職経験に応じた研修　　□：専門的知識・技術に関する研修
◇：職能に応じた研修　　□：その他
■：国庫補助等あり　　[ ]：その他

出典：文部科学省「教員研修の実施体系」
http://www.mext.go.jp/b_menu/shingi/chousa/kokusai/002/shiryou/020801eb.htm を基に筆者作成

　社会の変化や時代のニーズに応え、学校の教育力・組織力を向上させるためには、教職員の職務やキャリアに応じた資質能力の向上が不可欠である。教員一人ひとりが、経験、職位、教科等を基準としたプログラム等、様々な面においてスキルアップを図ることができる研修機会が多岐にわたり用意されている。より充実した研修体系の整備とともに、主体的意欲をもって参加できる教員の実りある自主的・自発的研修になることが求められる。

（中島）

【責任編集紹介】

谷田貝公昭（やたがい・まさあき）
　目白大学名誉教授
　NPO 法人子どもの生活科学研究会理事長

〔主な著書〕
　『子ども学講座［全 5 巻］』（監修、一藝社、2009 ～ 2010 年）、『改訂新版保育用
語辞典』（編集代表、一藝社、2019 年）、『コンパクト版保育内容シリーズ［全
6 巻］』（監修、一藝社、2018 年）、『実践・保育内容シリーズ［全 6 巻］』（監修、
一藝社、2014 ～ 2015 年）、『保育者養成シリーズ［全 21 巻］』（監修、一藝社、
2011 ～ 16 年）、『しつけ事典』（監修、一藝社、2013 年）、『絵でわかるこども
のせいかつずかん［全 4 巻］』（監修、合同出版、2012 年）、『生活の自立 Hand
Book』（監修、学研、2009 年）ほか多数

【各章編集委員紹介】

第1章　生活
髙橋弥生（たかはし・やよい）　目白大学教授
本間玖美子（ほんま・くみこ）　目白大学名誉教授
福田真奈（ふくだ・まな）　横浜創英大学准教授

第2章　文化
村越 晃（むらこし・あきら）　元目白大学教授
おかもとみわこ　目白大学教授
渡辺厚美（わたなべ・あつみ）　小田原短期大学准教授
谷田貝 円（やたがい・まどか）　明治学園羽鳥幼稚舎教諭

第3章　環境
西方 毅（にしかた・つよし）　元目白大学教授
杉山倫也（すぎやま・みちや）　玉川大学教授
野末晃秀（のずえ・あきひで）　松蔭大学准教授

第4章　福祉
髙玉和子（たかたま・かずこ）　駒沢女子短期大学教授
藤田久美（ふじた・くみ）　山口県立大学教授
千葉弘明（ちば・ひろあき）　東京家政大学准教授

第5章　教育
大沢 裕（おおさわ・ひろし）　松蔭大学教授
中野由美子（なかの・ゆみこ）　元目白大学教授
中島朋紀（なかしま・とものり）　鎌倉女子大学短期大学部准教授

カバーデザイン　本田いく
編集協力　長谷川正和

図説子ども事典

2019年9月10日	初版第1刷発行

責任編集	谷田貝　公昭
発行者	菊池　公男
発行所	株式会社 一 藝 社 〒160-0014 東京都新宿区内藤町1-6 TEL 03-5312-8890 FAX 03-5312-8895 振替　東京 00180-5-350802 E-mail : info@ichigeisha.co.jp HP : http://www.ichigeisha.co.jp
印刷・製本	モリモト印刷株式会社

©Masaaki Yatagai 2019 Printed in Japan

ISBN978-4-86359-195-0 C3537
乱丁・落丁本はお取り替えいたします。